Les prix de transfert dans l'industrie des matières premières stratégiques en Côte d'Ivoire

Dr. Noël-Faustin KOUAME

Les prix de transfert dans l'industrie des matières premières stratégiques en Côte d'Ivoire

Aspects juridiques, fiscaux et économiques

L'Harmattan

5-7, rue de l'École-Polytechnique, 75005 Paris

www.harmattan.fr
diffusion.harmattan@wanadoo.fr

ISBN : 978-2-343-07482-5
EAN : 9782343074825

REMERCIEMENTS

Qu'il me soit permis ici d'exprimer mes remerciements à un certain nombre de personnes qui ont rendu possible la présente étude.

Je tiens tout d'abord à dire ma profonde gratitude aux Professeurs Arnaud Raynouard et Filiga Michel Sawadogo qui, malgré leurs préoccupations diverses, ont accepté spontanément de codiriger cette thèse. A M. Raynouard, je n'oublierai jamais votre soutien permanent, votre disponibilité, votre confiance et vos conseils toujours stimulants et enrichissants. J'ai eu beaucoup de bonheur à travailler avec vous. A M. Sawadogo, je garde un souvenir vivace de vos avis toujours éclairés, votre grande sollicitude et votre sens de la rigueur et du devoir bien accompli. Je vous remercie de m'avoir fait partager ces valeurs essentielles du travail.

Mes remerciements vont également à l'endroit de M. le Professeur Patrick Rassat. Votre ouvrage dédié à la matière a beaucoup compté pour moi comme document de référence. C'est sans doute votre implication personnelle, aussi bien morale qu'intellectuelle pour le bon aboutissement de mes travaux qui m'a le plus marquée. Je vous en suis infiniment gré.

MM les Professeurs Patrick Rassat et Frédéric Douet, vous avez accepté d'être les Rapporteurs de cette thèse. Je vous en remercie, ainsi qu'à MM les Professeurs Bernard Castagnède, Jean-Pierre Gastaud, M. Gianmarco Monsellato et M. Saint Cyr Djikalou de me faire l'honneur de participer au Jury de soutenance.

Je voudrais témoigner aussi ma reconnaissance à tous les organismes, entreprises et cabinets qui ont bien voulu accepter que j'effectue à bon terme mes recherches au sein de leurs services respectifs. Je citerai notamment, la Direction Générale des Impôts de Côte d'Ivoire, le cabinet *Taj* membre de Deloitte et Touche, le cabinet Fidafrica membre de Pricewaterhouse, la Bourse du Café et du Cacao (BCC), la Représentation Permanente de la Côte d'Ivoire, basée à Londres, auprès des Organisations Internationales chargées des produits de base, l'Organisation Internationale de Café (International Coffee Organization ou ICO), l'Organisation Internationale de Cacao (International Cocoa Organization ou ICCO), la société Oustpan Ivoire, la coopérative COOPAAI.

Au cours de ces années de recherches, j'ai constamment bénéficié de précieux conseils et des encouragements de la part de plusieurs personnes. Je tiens donc à remercier sincèrement à toutes celles-là en particulier, à MM les Professeurs Bernard Beignier et Joseph Issa-Sayegh, M. Dominique Taty, M. Aboulaye Camara, M. Justin Kantinan Koné, M. Benoît Djaha Konan, M. Ehi Marc Behira, Mme Jacqueline Lohoues-Oble, M. Théodore Hoegah, M. Philippe Petithuguenin, M. Jean Luc Akpo, M. Péfougne Abraham Yéo, M. Moussa Thioye, M. Hugues Kenfack, M. Gianmarco Monsellato, Mme Sabine Wahl, Mme Juliette Bourgeois, Mme Sylvie Cresson, M. Michel Taly, M. Hervé Israël, M. Jean-Pierre Douvier. Grégoire De Voguë, Claudine Chambert, Michèle Sellier, Daniel Rousselet, Josette Méhamdia, je vous remercie vivement pour votre amitié sans cesse témoignée à mon égard.

Et j'en viens à ma grande famille Kouamé, Sonan, Koffi, Affro, Menan, Tongban et Akmel qui m'a supportée continuellement, soyez en remercié ! Enfin, Guy, Serges, Camille, Hermann, Eric, Samira, Diakité, Abissa, Coul, Privat, Aziber et Lise, vos prières m'ont toujours accompagné. Sachez simplement que ce travail est aussi le vôtre !

SOMMAIRE

LISTE DES SIGLES

ACE	Audit contrôle expertise
APP	Accord préalable sur les prix de transfert
ARCC	Autorité de régulation du café et du cacao
BCC	Bourse du café et du cacao
BCEAO	Banque Centrale des Etats de l'Afrique de l'Ouest
BNETD	Bureau national d'études techniques et de développement
CAF	Coût assurance fret
CASA	Crédit d'ajustement du secteur agricole
CDC	Confirmation de l'enregistrement
CGI	Code général des impôts
CIM	Comité interministériel des matières premières
COOPEX	Coopérative d'exportation du café et du cacao
CSSPPA	Caisse de stabilisation et de soutien des prix des produits agricoles
DFE	Déclaration fiscale d'existence
DGI	Direction générale des impôts
DUS	Droit unique de sortie
EUR 1	Europe 1.
F CFA	Franc de la Communauté Financière d'Afrique
FRC	Fonds de régulation et de contrôle
IRC	International Revenue Code
IRS	International Revenue Service
JORCI	Journal officiel de la République de Côte d'ivoire
LPF	Livre des procédures fiscales
MEF	Ministère de l'économie et des finances
N°	Numéro
OCDE	Organisation de coopération et de développement économiques
OHADA	Organisation pour l'harmonisation en Afrique du droit des affaires
Op. cit.	*Opere citato* (dans l'ouvrage cité)
OTA	Ochratoxine A
p.	Page
PMEX	Petites et moyennes entreprises exportatrices

Préc.	Précité
RDAI	Revue de droit des affaires internationales
R&D	Recherche et développement
RCCM	Registre de commerce et du crédit mobilier
RCI	République de Côte d'Ivoire
Rev. Franç. Fin. Pub.	Revue française de finances publiques
RJF	Revue de jurisprudences fiscales, Editions Francis Lefebvre
Rev. Soc.	Revue des sociétés
Rev. Trim. Dr. Com.	Revue trimestrielle de droit commercial
SACO	Société africaine de cacao
SIDAM	Système informatique de la douane
TSE	Taxe sur équipement
UEMOA	Union économique et monétaire ouest-africaine

PRÉFACE

Un sujet de thèse est le plus souvent révélateur d'une préoccupation passée, le temps nécessaire à la recherche et à la rédaction impliquant un décalage entre la constatation de l'objet étudié et la livraison des réflexions de l'auteur. De fait, le début des années 2000 a vu fleurir des travaux sur les prix de transfert. Pour autant, l'appréhension du phénomène ne l'a pas vidé de ses difficultés. L'intérêt de se pencher à nouveau sur la question pouvait donc se justifier.

Mais l'auteur, Monsieur Noël-Faustin KOUAME ne s'est pas contenté d'une promenade sur un chemin escarpé, quoique balisé (...), il nous offre une réflexion unique et nouvelle, en situant sa recherche consacrée aux *« prix de transfert dans l'industrie des matières premières stratégiques, dans la perspective des pays à faibles revenus - exemple de l'industrie du café et du cacao en Côte d'Ivoire »,* embrassant ses aspects juridiques, fiscaux et économiques. Sans doute, en premier chef, s'agit-il d'un travail de juriste. Mais un juriste honnête homme, refusant de s'enfermer dans un juridisme stérile, coupé de la réalité du monde.

Il eu été pourtant plus facile de se retrancher dans un droit conçu, comme trop souvent encore, tel un système clos, lorsque l'on vient d'un pays, et d'une région du monde, qui n'a pas offert suffisamment de stabilité économique, sociale et morale à ses jeunes du début du XXIème siècle. Arrivant, pour la première fois, en Europe continentale, initialement à Toulouse, puis à Paris Dauphine, après de brillantes études à l'Université d'Abidjan, l'auteur va derechef s'attaquer à son sujet en l'ancrant dans son contexte unique, qui est celui d'une industrie particulière et d'un pays en développement. Cette approche fait déjà l'originalité et confère sa nature novatrice à la thèse. Ne se contentant toutefois pas de cela, l'auteur revisite et apporte aux aspects plus classiques et techniques des prix de transfert.

La difficulté en matière de prix de transfert (« transfer pricing » selon l'expression anglaise consacrée), on le sait, est simple à énoncer ; les solutions et marges de manœuvres le sont moins.

De fait, comme l'indique, après d'autres, Monsieur KOUAME, les prix de transfert, c'est-à-dire la facturation interne à un groupe, de prestations de diverses natures permettant une remontée de fonds vers la société-mère, aboutissent à priver les gouvernements d'une partie des recettes fiscales, ces sociétés multinationales diminuant alors leur base imposable localement. En même temps, le traitement des prix de transfert peuvent faire courir le risque d'une double imposition, dont l'effet sur l'investissement est *a priori* négatif. Etre attractif sans être spolié, tel est l'équilibre que recherchent alors des pays producteurs de matières premières, qui sont parfois exploités par des sociétés multinationales, seules à disposer des moyens (financiers, humains, techniques, commerciaux) permettant une exploitation profitable.

L'auteur montre alors très clairement que les régimes juridiques sont une donnée essentielle du traitement de la question fiscale des prix de transfert et, notamment, les techniques d'organisation des groupes de sociétés, au surplus dans un contexte comportant un élément d'extranéité. La grande particularité de cette recherche réside précisément dans le « démontage » méticuleux des structures sociétaires entre une entreprise multinationale et sa structure locale, faisant ressortir clairement et très concrètement les difficultés à saisir et à régir les prix de transfert.

Si la globalisation (économique) a accentué l'importance de la recherche d'une répartition des recettes de l'impôt entre des souverainetés fiscales différentes, et donc la question de la définition des bases d'imposition, l'absence, toujours d'actualité, d'une volonté de coopération politique globale limite très sérieusement l'adoption d'une solution unitaire.

La réponse est à trouver dans le contrôle des opérations intragroupe permettant aux administrations fiscales de rectifier les données comptables des entreprises concernées afin de déterminer un résultat fiscal (imposable) corrélé au résultat qui serait obtenu au moyen des transactions de marché, indépendamment de la structure du groupe. Dit autrement, on détermine un niveau réaliste des prix de transfert pratiqués, en retraitant les prix fixés par l'entreprise, ce qui se fait en prenant comme base de calcul ce que l'on nomme *les prix de pleine concurrence*, c'est-à-dire ceux qui seraient pratiqués sur un marché libre et ouvert.

Mais, il n'est pas possible d'ignorer la démonstration des limites du prix de pleine concurrence. Cette approche, la réponse la plus communément admise, et considérée, en théorie du moins, comme la plus réaliste, se heurte à un problème pratique évident : on peine à trouver une définition univoque des prix de pleine concurrence et de ses modalités de mise en œuvre. Cette définition, nous montre très clairement Monsieur Noël-Faustin KOUAME, est à géométrie variable, son contenu changeant selon que l'on se place du point de vue de l'Administration ou de l'entreprise.

La sécurité juridique, élément non négligeable de la confiance des opérateurs économiques, et donc de leur capacité à investir et à entreprendre, en ressort bien malmenée !

D'où une réponse, défendue par l'auteur, logée dans une approche « contractuelle » du problème, c'est-à-dire une démarche volontaire et conventionnelle entre l'Administration et l'entreprise. Il ne faut toutefois pas être excessivement crédule et l'on sait que cette démarche volontaire peine à s'instaurer en pratique, en raison de la défiance naturelle des acteurs impliqués.

Dans le contexte plus spécifique de la Côte d'Ivoire, premier pays producteur au monde de café et de cacao, cela amène à tenir compte de l'impérieux besoin d'investissements directs étrangers et de développement des infrastructures, et donc de proposer des réformes législatives combinant cet objectif avec les intérêts des opérateurs privés.

C'est, au demeurant, une belle défense de l'approche dite de « droit continental » qui nous est offerte, car cherchant à favoriser la sécurité juridique en conciliant des intérêts *a priori* divergents, ceux de l'Administration (intérêt général) et ceux de l'entreprise (intérêt privé).

Pour terminer, il est particulièrement agréable à celui qui fut le « directeur des travaux de recherche », en parfaite collaboration avec mon cher collègue, Filiga Michel SAWADOGO, dont le rôle, se borne à faciliter la mise en eau d'un navire, d'indiquer que cette thèse participe d'une approche managériale de droit, en ce qu'elle montre comment les intérêts légitimes, mais opposés, en présence, supposent des outils juridiques pragmatiques et efficaces, afin de gérer de manière corrélée tant l'intérêt collectif que l'intérêt privé.

Je suis certain que, mis en eau, le navire ira loin, barré par un capitaine rigoureux et progressiste, capable d'apporter à la Côte d'Ivoire, (et par extension, au continent), un savoir et savoir-faire originaux et nécessaires pour accompagner sa volonté de développement.

Prof. Arnaud Raynouard
Vice-président
Université Paris Dauphine

AVANT-PROPOS

Avec la mondialisation de l'économie, les prix de transfert sont devenus un enjeu majeur, tant pour les groupes de sociétés que pour les administrations fiscales. Pour les premiers, il s'agit à la fois de gérer leur sécurité fiscale, mais aussi leur charge fiscale globale. Pour les secondes, il s'agit de préserver leurs ressources fiscales, en évitant que les mécanismes de prix de transfert ne viennent éroder ces dernières.

La question des prix de transfert a longtemps été marquée par une dissymétrie d'informations, entre des groupes ayant une vision mondiale de leur flux et de leurs facteurs de création de valeurs, et des administrations fiscales ayant une vue parcellaire et limitée aux frontières géographiques de leurs Etats respectifs.

Pour les administrations fiscales, cette dissymétrie ne posait pas de problème majeur tant que l'essentiel de l'économie mondiale n'était pas intragroupe. Au vu du poids actuel des multinationales dans l'économie, c'est devenu pour les Etats un enjeu de première importance.

En effet, le chiffre d'affaires des 1 000 plus grandes entreprises mondiales représente aujourd'hui près de 40% du PIB mondial, pour un profit net supérieur à 2 500 milliards de dollars. Par ailleurs, une part prépondérante du commerce mondial est maintenant intragroupe, du fait de la baisse des coûts de transport, et de la décomposition des chaînes de valeur. Ainsi, là où on échangeait auparavant des produits finis, on échange maintenant des composants ou des actifs incorporels dont le seul marché est intragroupe. De plus, la part de l'incorporel dans la création de valeurs est de plus en plus forte (poids des marques, des brevets, du savoir-faire, notamment dans l'économie digitale), attachant de ce fait une part importante du profit fiscal à des éléments par nature volatiles.

C'est dans ce contexte que l'OCDE a lancé en 2013 le programme BEPS[1] (Base Erosion & Profit Shifting), dont l'objectif est notamment d'éradiquer certaines pratiques fiscales dommageables, d'adapter certaines règles existantes (en particulier sur la compréhension du principe de pleine concurrence), mais surtout, d'accroitre la transparence sur les opérations intragroupe.

Même s'il est clair qu'il y aura un avant et un après BEPS, beaucoup de choses restent à faire pour vraiment atteindre les objectifs assignés par l'OCDE. En particulier, les travaux doivent encore se poursuivre sur l'application effective des règles anti-abus, l'attribution des profits aux établissements stables, l'évaluation des incorporels complexes ou encore les méthodes de partage des profits.

Au travers de ces évolutions, la volonté est d'aligner les profits fiscaux avec la substance et la création de valeurs économiques. Cela revient à mettre en œuvre des solutions d'analyses de plus en plus complexes, fondées sur des principes économiques tout autant que fiscaux. Et cela veut dire que le profil des spécialistes en prix de transfert doit nécessairement évoluer : ils doivent être à la fois juristes, fiscalistes, mais, de plus en plus, économistes. En outre, pour mener leur travail de manière efficace, ils doivent avoir une vision sur l'ensemble de la chaîne de valeurs, permettant d'analyser les contributions respectives des différentes parties à la création de valeurs.

En ce sens, BEPS semble aujourd'hui surtout un outil à la main des administrations fiscales de pays puissants économiquement, à même de mettre en œuvre des raisonnements économiques complexes et de peser sur les contribuables de leurs pays, afin d'avoir une vision holistique de leur chaîne de valeur. L'IRS[2] américaine, par exemple, s'est largement renforcée par l'embauche d'économistes.

Dès lors, un certain nombre de voix se sont élevées pour affirmer que le monde issu de BEPS était une nouvelle manière de laisser hors du jeu les pays en voie de développement, qui ne disposeraient pas des capacités permettant de juger de la pertinence économique du profit laissé localement (que ce soit du fait de la capacité à obtenir l'information, ou de la capacité à la traiter de manière pertinente au regard de l'ensemble du groupe). Ainsi, les groupes seraient tentés d'arbitrer leurs prix de transfert au profit des pays ayant la plus grande « force de frappe » fiscale.

---

[1] Base Erosion & Profit Shifting (Lutter contre l'érosion des bases d'imposition et le transfert de bénéfices). Travaux menés par l'OCDE entre 2013 et 2015, validés par le G20 du 9 octobre 2015

[2]Internal Revenue Services, l'administration fiscale américaine.

Et ces mêmes voix de proposer l'application de formules de répartition plus ou moins globales (en fonction des effectifs (éventuellement pondérés de la masse salariale), du chiffre d'affaires, ou encore d'indicateurs macro-économiques s'éloignant totalement de la performance réelle du groupe).

A cet égard, Monsieur Noël-Faustin KOUAME a raison de s'intéresser à la question des prix de transfert dans l'industrie des matières premières stratégiques, en particulier du café et du cacao, parce que c'est par l'exemple que l'on peut illustrer au mieux la situation et les impacts éventuels de telle ou telle mesure. Et, par l'exemple, l'on parvient à montrer les difficultés actuelles des administrations fiscales des pays en voie de développement pour appréhender la question des prix de transfert.

Est-ce qu'une méthode forfaitaire donnerait d'ailleurs un meilleur résultat que les pratiques actuelles pour les produits agricoles ou miniers ? Pas nécessairement ! Par exemple, le chiffre d'affaires local de ces industries est quasiment nul, car pour l'essentiel tourné vers l'export intragroupe. Dès lors, une clé fondée sur le chiffre d'affaires n'attribuerait aucun profit local. De même, l'intensité en main d'œuvre peut varier fortement d'une production à l'autre, rendant toute méthode s'appuyant sur les effectifs, en pratique, peu pertinente.

Alors, quelles solutions ?

En l'absence de bases de données fiables pour réaliser des études de comparables sur les zones en voie de développement, les administrations fiscales locales pourraient par exemple définir des tunnels de rentabilité garantissant aux groupes un « safeharbour ». Cette approche empirique permettrait à la fois de donner de la sécurité aux groupes, et d'assurer un niveau « garanti » de rémunération aux administrations fiscales.

Mais au-delà, l'évolution doit passer par la mise en œuvre de normes locales plus poussées en matière de prix de transfert favorisant la transparence. Il s'agit ainsi d'amener les groupes à détailler leur politique de prix de transfert, ainsi que les facteurs clés de création de valeurs. La mise en œuvre du « country by country reporting » et du « master file » au niveau d'un groupe sont par exemple des outils essentiels pour les administrations fiscales locales. Mais, au-delà de l'information, la question de l'utilisation de celle-ci se pose. A cet égard, il est essentiel que les administrations fiscales locales puissent bénéficier du savoir-faire développé dans les pays les plus avancés. Par exemple, il est essentiel que des personnes du calibre de Monsieur Noël-Faustin KOUAME puissent mettre au service de leur pays leur savoir-faire et leur expérience ; permettant ainsi aux administrations fiscales concernées de mener avec les groupes un dialogue équilibré sur la question des prix de transfert.

Mais au final, une partie de la solution vient probablement de l'utilisation de la fiscalité comme un outil de développement économique, permettant de pousser au développement en local d'industries à plus forte valeur ajoutée. L'exemple de l'entreprise marocaine OCP est à cet égard criant : à l'origine producteur de phosphate, l'entreprise a peu à peu remonté la chaîne de valeur du traitement du phosphate, pour s'affirmer aujourd'hui comme l'un des leaders mondiaux des produits dérivés du phosphate, à plus forte valeur ajoutée. Outre la protection des intérêts économiques des pays, la fiscalité doit donc servir à favoriser, pour les Etats concernés, l'émergence de nouveaux OCP dans les pays en voie de développement.

Patric Rassat
Professeur Emérite – Groupe HEC

Grégoire de Vogüé
Avocat associé
Taj, Société d'avocats

INTRODUCTION GÉNÉRALE

« Quiconque prétend s'ériger en juge de la vérité et du savoir s'expose à périr sur les éclats de rire des dieux puisque nous ignorons comment sont réellement les choses et que nous n'en connaissons que la représentation que nous en faisons. »

(Albert Einstein / 1879-1955)

Chacun de nous, un jour ou l'autre, s'est interrogé : « Qu'est-ce qui est apparu en premier : l'œuf ou la poule ? ». Si on vous répond « c'est l'œuf », vous demandez « mais qui a pondu l'œuf ? ». Si on vous répond, « c'est la poule », vous demandez « mais cette poule sort bien d'un œuf, non ? » La question est d'une grande simplicité. Les réponses sont, pourtant, sources d'une étrange complexité, tant elles sont limitées, insuffisantes, voire insatisfaisantes. Du moins, elles paraissent toutes relatives et partent toujours d'un postulat[3]. Cette façon de relativiser et de recourir à des hypothèses, à des principes et à des postulats, propice aux situations faites de paradoxes[4], peut également trouver singulièrement à s'appliquer dans un domaine aussi complexe que celui du droit fiscal international, en l'occurrence en matière de prix de transfert.

Des questions précises, des réponses relatives. De même, l'ascendance de l'œuf sur la poule – ou de la poule sur l'œuf - constitue une énigme pour l'intelligence de l'homme, de même la matière fiscale recèle des subtilités, des phénomènes, des questionnements auxquels aucune solution n'est définitive, absolue, voire évidente. La difficulté peut provenir des

---

[3] Pour les créationnistes, il s'agit d'une question futile de cosmogonie. Ils se fondent sur le Livre de la Genèse dans la Bible pour considérer que Dieu a créé la poule (incluant le coq) : *« Dieu créa les grands poissons et tous les animaux vivants qui se meuvent, et que les eaux produisirent en abondance, selon leur espèce. Il créa aussi tout oiseau ailé selon son espèce. Dieu vit que cela était bon ».* Ainsi, la poule précéda l'œuf.
Pour les partisans des théories de l'évolution, un être vivant ne naît pas d'un être vivant exactement identique. Ainsi, *« toute poule ne naît pas forcément d'un œuf de poule ».* En revanche, une poule reste une poule à l'éclosion. Ainsi, l'œuf a précédé la poule. Plus concrètement, les oiseaux sont *« des dinosaures transformés »* et spécialisés. Donc grossièrement, la première poule est éclose d'un œuf.

[4] A. COHEN et P. BOULANGER, *Trésor des paradoxes*, Paris, Belin, 2007.

divergences de vue, des intérêts souvent contradictoires entre Fisc et contribuables[5], en ce qui concerne la façon dont ces derniers rémunèrent les transactions entre entités juridiquement liées. Dans le jargon des fiscalistes, on préfère utiliser le vocable « prix de transfert » pour désigner une telle situation. Depuis une vingtaine d'années, le problème des prix de transfert fait l'objet de toutes les attentions, tant du côté des autorités fiscales que des entreprises multinationales et, en conséquence, des fiscalistes d'entreprises.

Cette préoccupation est au cœur des débats pour de nombreuses raisons au nombre desquelles la recrudescence des contrôles fiscaux et les difficultés, d'ordre tant conceptuel que méthodologique, que présente l'évaluation du prix d'une transaction donnée[6]. Ceci est d'autant plus vrai que la compétition économique actuelle, s'étant déportée sur le marché planétaire, a fini par propulser aux devants de la scène l'entreprise multinationale, désormais regardée comme « un agent présumé du transfert »[7] indirect de bénéfices. Cette dernière a beau proclamer « la justesse » de ses prix, arguant qu'ils obéissent à l'intérêt supérieur du groupe, c'est peine perdue ! Dans pareille hypothèse, et c'est tout le paradoxe des prix de transfert, où situer la vérité, du côté des pouvoirs publics, ou au contraire de celui des opérateurs économiques ? Il est certain qu'en raison des disparités observées dans la réglementation fiscale des Etats, les entreprises peuvent être tentées d'effectuer des arbitrages, en minimisant leurs charges fiscales dans les territoires lourdement imposés, et en maximisant leurs profits là où la pression fiscale est plus légère. Par ailleurs, et c'est là où réside véritablement le paradoxe, même sans aucune intention de manipulation des prix, les entreprises multinationales se trouvent en face d'administrations fiscales très agressives, plutôt préoccupées par le redressement de la situation fiscale de celles-ci. A cet égard, il suffit que leur opinion diverge, même faiblement, de celle du contribuable, pour que le niveau des prix pratiqués devienne suspect à leurs yeux. Et ce, sans qu'elles aient à préjuger à ce stade de la pertinence de leur point de vue.

Plan. La fiscalité est une affaire de couple. Elle crée une relation nécessaire mais douloureuse entre l'Etat, dominateur dans sa fonction régalienne, et le contribuable, dominé dans son état de citoyen. A l'évidence, les rapports entre les entreprises multinationales et l'administration fiscale ressemblent étrangement à « une scène de ménage entre couple », généralement très tendue, rarement apaisée. Ce constat, propre à tous les Etats, revêt une importance particulière dans les pays en développement, à

[5] P.-J. LE GALL, « Le regard de l'universitaire sur l'optimisation fiscale », *Lamy optimisation fiscale de l'entreprise*, Mai 2002, n°109-3, p. 109-1.
[6] P.-J. DOUVIER, B. GIBERT, S. GELIN et A. Le BOULANGER, *Prix de transfert*, Francis Lefebvre, 2008, n° 1, p.11.
[7] J. -L. BILON, *Transfert indirect de bénéfices à l'étranger (régime fiscal)*, Librairies Techniques, 1981, p. 21.

l'instar de la Côte d'Ivoire. Aussi, l'objet de cette recherche nous donne l'opportunité de présenter l'esprit qui sous-tendra ces développements (I), afin d'en dégager les intérêts aussi bien théorique que pratique de l'étude (II). Il s'agira ensuite d'expliciter notre méthode de travail (III), de fixer la délimitation du sujet par l'exclusion des concepts, certes voisins mais ne présentant pas d'enjeu réel en la matière. De cette façon, il serait plus aisé de cerner la problématique (IV), au cœur de notre réflexion, et qui conduira, enfin, à l'annonce du plan de l'étude.

I. L'OBJET DE LA RECHERCHE

Un certain nombre de précisions, portant d'une part sur la terminologie utilisée, l'évolution des prix de transfert au niveau international (A), et d'autre part sur la définition du secteur d'activité choisie (B), ainsi que la présentation succincte des entreprises multinationales du secteur (C) qui serviront de fil d'Ariane à notre investigation.

A. Terminologie et tendances internationales des prix de transfert

1. Terminologie

Approche conceptuelle des prix de transfert. Du point de vue juridique, *stricto sensu*, les prix de transfert constituent une notion douteuse et ambiguë[8]. Si « les prix » peuvent recevoir une onction législative, étant perçus comme une somme d'argent due par l'acquéreur au vendeur[9], selon les termes de l'article 1583 du Code civil, l'expression « prix de transfert », quant à elle, ne recouvre aucun sens précis. En droit civil, on l'ignore complètement, ne connaissant que le prix. C'est donc en vain qu'on lui cherchera une quelconque définition dans la loi ou dans les lexiques juridiques appropriés. Elle serait ainsi traduite du concept anglo-saxon « transfer pricing », traduction, somme toute, mal faite de notre point de vue, en ce sens qu'elle correspondrait plutôt à la thématique de « prix de cession », à laquelle la littérature économique est bien coutumière[10]. Il

[8] A cet égard, un auteur affirme qu'au sens des prix de transfert, la notion de « transfert » est ambiguë, parce qu'elle comporte un hiatus entre, d'un côté, l'aspect juridique qui met en face deux personnes morales (des sociétés) et, de l'autre, l'aspect économique en vertu duquel les deux entités relèvent d'une logique unique (celle du groupe) ; voir en ce sens P. H. DEMBINSKI, « Enjeux éthiques des prix de transfert », *Rapport moral sur l'argent dans le monde*, AEF, Paris, 2005, p. 227 et s.

[9] L'article 1583 du Code civil dispose : « *La vente est parfaite entre les parties, et la propriété est acquise de droit à l'acheteur à l'égard du vendeur, dès qu'on est convenu de la chose et du prix, quoique la chose n'ait été livrée et le prix payé.* »

[10] Voir notamment : A. I. BUGUET, *Détermination et implication des prix de cession interne*, Mémoire DEA, Bordeaux 2, 2002, 149p.; J.-G. MBIANGA, *Contribution à l'étude des*

semble toutefois qu'elle doive son essor à l'importance du commerce interne aux groupes multinationaux, à l'accélération de la mondialisation de l'économie. En dépit de ces précisons, l'Organisation pour la Coopération et le Développement des Etats, ou OCDE, la première à se préoccuper des relations entre entreprises associées, a préféré retenir le concept de « prix de transfert », sans doute parce qu'il est plus proche de la version anglaise « transfer pricing ».

Définition. A défaut d'une définition légale, l'acception retenue par le Comité des affaires fiscales de l'OCDE est d'usage constant. Selon cette organisation, les prix de transfert désignent « *les prix auxquels une entreprise transfère des biens corporels, des actifs incorporels ou rend des services à des entreprises associées* ». Tel que défini, le terme « prix de transaction intragroupe » ne renvoie à aucune « notion sulfureuse ». Or, pendant longtemps, il a acquis une « connotation péjorative »[11] au sein des administrations fiscales. Les prix de transfert évoqueraient alors l'idée d'une manipulation systématique des prix afin de réduire artificiellement les bénéfices, de provoquer des pertes, d'éviter des taxes ou des impôts dans un pays déterminé[12]. Cela explique donc, en partie, que les manuels dédiés à la matière abordent le sujet, incidemment, à l'occasion du transfert indirect de bénéfices à l'étranger. Pas plus que les prix de transfert, ce type de procédés « irréguliers, inavoués et occultes » n'a pas non plus donné lieu à clarification de la part du législateur. Par conséquent, on oppose traditionnellement volontiers les techniques de transfert indirect de bénéfices au transfert direct de bénéfices[13]. Considéré comme le mode normal de distribution de dividendes d'une société à une autre qui en est l'actionnaire, le transfert direct de bénéfices est exclusif de tout autre mode de rémunération de profits entre entreprises liées, jugé illégal et suspect. Au demeurant, ce genre d'opérations est bien évidemment préjudiciable au budget des Etats, puisqu'elles se traduisent par une perte nette de recettes fiscales[14]. Dépassées par ce phénomène, les autorités publiques ont basculé dans une forme « d'agressivité fiscale » sans précédent, afin de réagir contre

---

déterminants des politiques de prix de cession interne, Thèse Doctorat, Grenoble, 1998, 464p.; G. N. KALATI, *Système de prix de cession interne et choix stratégiques*, Mémoire DEA, Bordeaux 1, 1986, 76p., P. WAVELET, *Les prix de cession interne*, Thèse compl., Caen, 1972, 210p. ; S. LOUREIRO, *La facturation des prix de cession interne*, Mémoire DESS, Montpellier 2, 2000, 110p.

[11] S. R.- F. PLASSCHAERT, *Les prix de transfert et les entreprises multinationales*, Paris, PUF, 1979, p. 27. Cette « connotation dévalorisante » est en partie liée à la « stigmatisation » de l'entreprise multinationale ; en ce sens, M. DELMAS-MARTY et K. TIEDMANN, « La criminalité, le droit pénal et l'entreprise multinationale », *JCP*, 1979, I, n° 2935, pp. 1-19.

[12] N. GHARBI, *Le contrôle des prix de transfert*, L'Harmattan, Paris, 2005, n° 11, p. 21.

[13] Cl. LAZARUS, « Le régime fiscal des prix de transfert », *L'entreprise multinationale face au droit*, Paris, Litec, 1977, p. 258 ou encore J.-L. BILON, *op. cit.*, p. 21 et s.

[14] Inversement, l'entreprise multinationale réalise une économie d'impôt proportionnelle.

les pratiques frauduleuses des entreprises multinationales, agissant comme si les frontières étatiques n'existaient plus[15].

2. Evolution et tendance internationale des prix de transfert

Présentation. Face à l'ingéniosité des entreprises, les Etats répondent par « l'agressivité ». Reste que tous ne disposent pas de la même force de réaction. On notera que la « combativité fiscale » des pays est tributaire de leur niveau de développement économique. Naturellement, les plus offensifs et actifs demeurent les pays occidentaux. Les territoires en transition économique le sont moins, tandis qu'on observe un « éveil tardif » du côté des Etats en développement.

a. Au niveau des Etats développés

Etats-Unis. L'Administration fiscale américaine est le « porte-flambeau » de la guerre économique, ayant pour enjeu essentiel les prix de transfert, à laquelle se livrent les Etats entre eux et contre les firmes internationales. Tout est parti de la constatation, ou prétendue telle, que les entreprises américaines sous contrôle étranger paient moins d'impôt que celles qui sont sous contrôle purement américain, et n'apportent pas leur « *fair contribution* au budget américain »[16]. Face à ce constat, l'Internal Revenue Service[17] développe une contre-offensive, conduisant à durcir ses règles de contrôle des prix de transfert, contenues dans la Section 482 du Code de l'impôt sur le revenu[18]. En vérité, les Etats-Unis d'Amérique font peser « une épée de Damoclès » sur pratiquement tous les investisseurs étrangers exerçant sur leur territoire, considérant qu'une position sur le riche marché américain entraîne la constitution « d'un incorporel commercial » qui devrait être rémunérée[19]. Une telle position ne pourrait qu'entraîner un accroissement du risque de double imposition, dans la mesure où les autres administrations ont peu de chances de partager cette analyse. Par ailleurs,

---

[15] P. RASSAT et G. MONSELLATO, *Prix de transfert*, Maxima, Paris, 1998, p. 9.

[16] B. GOUTHIERE, « Prix de transfert, les entreprises françaises face à l'administration fiscale américaine », *BF* 7/92, n°1, p. 455 et s.

[17] L'Internal Revenue Service, ou IRS, désigne l'Administration fiscale américaine.

[18] Bien que le régime américain adhère au standard de pleine concurrence, il présente néanmoins plusieurs particularités. L'utilisation généralisée de la méthode des bénéfices comparables à la place de la méthode transactionnelle de la marge nette, plus rigoureuse et plus ciblée, est un des traits distinctifs de la réglementation américaine. Un autre trait caractéristique est le standard de « la proportionnalité aux revenus » (« commensurate with income »), qui prévoit un ajustement annuel des revenus des incorporels afin d'aligner le paiement intragroupe sur les revenus provenant de ces incorporels - même si les incorporels sont achetés et non exploités sous licence. Voir en ce sens, DOUVIER, GILBERT, GELIN, LE BOULANGER et *alii, op. cit.*, n° 1600, p. 316.

[19] G. MONSELLATO, « Les rendez-vous juridiques et fiscaux », *Echanges,* Janv. 2007, n° 239, p. 64.

force est de constater que l'exemple américain a entraîné un effet de « boomerang » dans le concert des nations, non pas du fait du succès de leur « évangélisation fiscale »[20], mais de la nécessité pour les administrations des autres pays de l'imiter, en vue de protéger leurs recettes fiscales.

Japon. Les règles relatives aux prix de transfert ont été introduites en 1986 et trouvent leur source à l'article 66-4 de la loi sur les régimes fiscaux spéciaux, dénommée « Special Taxation Measures Law », en abrégé STML. Ces dispositions sont complétées par l'article 39-12 des dispositions de mise en œuvre de la STML et par l'article 66-4 de la circulaire d'application de la STML. Le dispositif est enrichi par les lignes directrices évoquant des affaires de prix de transfert, traitées par l'Administration fiscale, publiées en 2001 par l'Agence Fiscale Nationale, ou NTA, autorité nationale rattachée au Ministère des finances[21].

Europe. Allemagne, Royaume-Uni, France, Italie et Espagne[22]. Ils ont, chacun de leur côté, tenté de répondre aux défis posés par le commerce

---

[20] L'expression est de P. RASSAT et de G. MONSELLATO, voir en ce sens, RASSAT et MONSELLATO, *op. cit.*, p. 88.

[21] Ces Lignes directrices ont été régulièrement modifiées. Par exemple, en 2006 le régime pour les incorporels a subi une modification. En 2007, les Lignes directrices ont été complétées par un Livret de 80 pages détaillant et analysant 26 cas réels (le nom des parties n'étant pas divulgué) ; voir en ce sens DOUVIER, GILBERT, GELIN, LE BOULANGER, *op. cit.*, n° 1560, p. 306 et s.

[22] On se réfèrera utilement aux principes essentiels qui régissent les prix de transfert dans les Etats ci-après : **Allemagne** : Art. 1er de la Loi sur la Fiscalité internationale (« Aussensteuergesetz ») : adoption du principe de pleine concurrence et définition des parties liées et Art. 8, paragraphe 3 de la Loi sur la fiscalité des sociétés (« Körperschaftsteuergesetz ») : les bénéfices distribués occultes/distributions indirectes de bénéfices. **La législation britannique** sur les prix de transfert est fondée sur la Section 770 A et la Schedule 28 AA de la Loi relative à l'impôt sur le revenu et les sociétés, résultant de l'article 108 de la Schedule 16 de la Loi de finances pour 1998. **Les normes fiscales françaises** internes applicables aux prix de transfert ont suivi des évolutions reflétant les développements européens et internationaux en la matière. Les dispositions légales actuellement en vigueur sont le reflet de la volonté d'intégrer dans le dispositif juridique de nouveaux moyens efficaces de contrôle des prix de transfert. Parmi ces règles légales, une seule se situe dans le Code général des impôts (CGI); les autres sont des règles de procédures et se trouvent dans le Livre de procédures fiscales (LPF) : Il s'agit, d'une part pour le CGI des quatre alinéas de l'article 57 et, d'autre part, des articles L 13 B, L 45, L 188 A ; L 80 B 7° et L 189 A du LPF. La jurisprudence en matière de prix de transfert est assez abondante, mais se limite dans la plupart des cas à constater que l'administration fiscale n'a pas réussi à démontrer l'existence d'un avantage consenti à une entreprise étrangère, soit dans le cas contraire, que l'entreprise a réussi à montrer que cet avantage n'étant pas représentatif d'un acte anormal de gestion. Au niveau de la doctrine administrative, on citera, entre autres, à toute fin utile l'instruction du 4 mai 1973 relative aux conditions d'application de l'article 57 du CGI, modifiée en avril 1983 ; l'instruction du 23 février 2006 relative à la mise en œuvre en droit interne des procédées à éviter les doubles impositions et l'instruction relative au contrôle des comptabilités informatisées du 24 janvier 2006. **En Italie**, le traitement fiscal des prix de transfert est actuellement régi par l'article 110 de la Loi relative à l'impôt sur le revenu, fondé sur le Décret présidentiel n°917 du 22 décembre 1986 modifié par le décret

international intragroupe, par l'adoption de réglementations conformes au principe de pleine concurrence, suivant les recommandations de l'OCDE relatives aux « Principes directeurs applicables en matière de prix de transfert à l'intention des administrations fiscales et des entreprises multinationales »[23].

b. Au niveau des Etats en transition économique

Chine. Depuis le 1er janvier 2008, la réglementation en matière de prix de transfert a pour source la loi relative à l'impôt sur les sociétés, ainsi que son règlement d'application, les circulaires et instructions du « State Administration of Taxation », ou SAT[24] et les conventions fiscales signées par la Chine. Les principes retenus sont similaires aux recommandations de l'OCDE. Le terme de référence, « les prix pratiqués par les entreprises indépendantes », est équivalent au prix de pleine concurrence. Bien qu'aucune référence à des recommandations de l'OCDE ne soit expressément indiquée, en pratique, les agents chinois appliquent directement les règles de l'OCDE en cas de lacunes ou d'imprécision des textes[25].

Inde. La règlementation sur les prix de transfert est très récente. Elle trouve son origine dans la loi de finances pour 2001, ayant introduit dans la loi de l'impôt sur le revenu les dispositions des articles 92, 92A, 92B, 92C, 92D, 92E et 92F relatives au mécanisme de fixation des prix de transfert conforme au principe de pleine concurrence. C'est le 25 janvier 2008 que l'Inde a accédé au statut d'observateur au Comité des affaires fiscales de l'OCDE, suite à une conférence fiscale internationale tenue à Mumbaï[26] pour examiner un vaste ensemble de questions fiscales internationales, notamment la problématique des prix de transfert. En tant qu'observateur, le pays est désormais en mesure de participer directement ou indirectement aux travaux du comité des affaires fiscales de l'OCDE, qui contribuent à la fixation des normes fiscales internationales, en particulier dans des domaines tels que les conventions fiscales et les prix de transfert.

Brésil. C'est la loi n° 9430 du 27 décembre 1996 qui définit les règles relatives aux prix de transfert. Elle détermine les méthodes de calcul des prix de transactions intragroupe. L'originalité de la législation brésilienne réside dans la prescription de la méthode choisie pour l'établissement des prix de

---

législatif n° 344 du 12 décembre 2003. **La législation espagnole** des prix de transfert résulte principalement de l'article 16 de la Loi fiscale sur les revenus des entreprises.

[23] OCDE, Principes applicables en matière de prix de transfert à l'intention des entreprises multinationales et des administrations fiscales, OCDE 2001 (pagination multiple).

[24] La SAT désigne l'Administration fiscale centrale chinoise.

[25] P.-J. DOUVIER, B. GIBERT, S. GELIN, A. Le BOULANGER, *op. cit.*, n°1530, p.298.

[26] Cette conférence, intitulée : « A la croisée des chemins de la coopération fiscale », a été organisée conjointement par la branche indienne de l'Association Fiscale Internationale et l'Organisation de Coopération et de Développement Economique.

transfert qui doit être la plus avantageuse pour le contribuable. Toutefois, la loi n°11723 du 23 juin 2008 a apporté plusieurs amendements à la législation fiscale fédérale, notamment en ce qui concerne la notion de paradis fiscal, aux fins de la détermination des règles applicables en matière de prix de transfert. Ces règles seront mises en vigueur à partir du 1er janvier 2009.

Afrique du Sud. La législation relative à la sous-capitalisation et aux prix de transfert a pour fondement la loi sur l'impôt sur le revenu adoptée en 1995. La « South African Revenue Service »[27] est fondée à effectuer des redressements lorsque dans le cadre d'une activité réalisée par une entreprise locale avec une entreprise étrangère associée, le prix convenu n'est pas conforme au principe de pleine concurrence et dont il en résulte une perte de recette pour le Trésor public. En 1999, elle a publié une note globale concernant les méthodes de fixation des prix de transfert et la documentation y liée.

c. Au niveau des Etats en développement

A l'exception de celui de la Tunisie qui ne contient aucune disposition générale sur ce point, le Code général des impôts de l'ensemble des pays de **l'Union Maghreb Arabe, ou UMA[28],** autorise d'une manière générale l'Administration fiscale à redresser les prix des transactions internationales en cas de transferts indirects de bénéfices[29].

Cameroun. Avant la loi de finances pour 2007, l'article 19 du Code général des impôts prévoyait la possibilité de taxer au Cameroun les bénéfices indirectement transférés à des entreprises liées situées à l'étranger, soit par voie de majoration ou de diminution du prix des transactions, soit par tout autre moyen. Désormais, l'article L 19 bis nouveau du Livre des procédures fiscales précise que, lorsque dans le cadre d'une vérification de comptabilité, l'Administration a réuni des éléments faisant présumer que l'entreprise a opéré un transfert indirect de bénéfices, elle peut demander des compléments d'informations concernant aussi bien l'entreprise camerounaise que celle située à l'étranger[30].

---

[27] La « South African Revenue Service », ou SARS, qui désigne l'Administration fiscale sud-africaine, possède une équipe composée de spécialistes des prix de transfert.

[28] L'UMA désigne l'organisation économique et politique formée par les cinq pays du Maghreb, à savoir l'Algérie, la Lybie, le Maroc, la Tunisie et la Mauritanie. Créée en février 1989, l'UMA n'a, en 2008, que très peu d'influence sur la politique des Etats membres.

[29] Voir notamment, l'Algérie : Art. 189 du CGI ; le Maroc : Art 213 II du CGI et la Mauritanie : Art. 22 du CGI.

[30] Les demandes susvisées doivent être aussi précises que possible et indiquer, explicitement par nature d'activité ou de produit :

- le pays ou le territoire concerné ;
- l'entreprise visée ;
- les montants en cause.

Côte d'Ivoire. L'article 33 de l'annexe fiscale de la loi de finances pour 2006 a renforcé de manière significative le droit de communication de l'administration fiscale en introduisant un nouvel article 50 bis au Livre des procédures fiscales. Il est désormais prévu que lorsqu'au cours d'une vérification de comptabilité l'administration, a réuni des éléments faisant présumer qu'une entreprise a opéré un transfert indirect de bénéfices, au sens des dispositions de l'article 38 du CGI, peut demander à cette entreprise des informations et des documents précisant la nature des relations entre cette entreprise et une ou plusieurs autres entreprises exploitées à l'étranger, la méthode de détermination de prix des opérations effectuées, les éléments qui la justifient, ainsi que, le cas échéant, les contreparties consenties, les activités exercées par les entreprises exploitées à l'étranger, liées aux opérations concernées, le traitement fiscal lié aux opérations à l'étranger.

Cette pérégrination dans le temps et dans l'espace a le mérite de présenter les prix de transfert comme l'une des préoccupations essentielles des Etats à l'heure actuelle. Toutefois, elle ne rend pas nécessairement compte de l'ampleur du phénomène dans la vie économique interne des Etats. Or, c'est justement au regard de l'importance des flux commerciaux à partir d'un pays en direction de l'étranger qu'on apprécie la réalité des transactions intragroupe. Plus un territoire constitue « une plaque tournante » dans un secteur d'activité de l'économie mondiale, plus il devrait s'attendre à faire face à des problèmes cruciaux de prix de cession interne, en raison de la prégnance des entreprises multinationales. A cet égard, l'industrie du café et du cacao dans laquelle la Côte d'Ivoire joue un rôle international de premier plan peut constituer un « panel d'investigation » des questions que soulèvent les prix de transfert.

B. Définition du secteur d'activité choisi

Un aperçu de la filière, à travers l'importance économique et la production du café et du cacao, et les éléments que fournissent le cadre conventionnel de la libéralisation permettront de définir le secteur d'activité.

1. Aperçu de la filière café et cacao

L'importance du café et du cacao. L'économie ivoirienne reste dominée par l'agriculture. Après avoir été classée troisième producteur mondial de café pendant près de trente ans, la Côte d'Ivoire connait une baisse de production, passant de 365 000 tonnes en 2000 à 110 000 tonnes en

Le défaut de réponse du contribuable peut amener l'Administration à opérer des redressements sur la base d'éléments dont elle dispose. Dans ce cas, la charge de la preuve pèse sur l'entreprise.

2006[31] pour, ensuite, remonter à une production de 200 000 en 2008. Elle en est aujourd'hui le dixième producteur mondial. La Côte d'Ivoire est, avec près de 40% de la production de cacao, le premier producteur mondial devant le Ghana. La production nationale atteint 1, 335 millions de tonnes au cours de la campagne 2003/2004, avant de chuter à 1,060 tonne pour la campagne 2007/2008. Les deux activités de production occupent une place très importante dans l'économie nationale. Elles génèrent environ 60% des recettes d'exportations du pays et contribuent à hauteur de 25% des recettes budgétaires, soit 34% de la valeur ajoutée agricole et 15% du PIB. Elles occupent les populations rurales de la zone forestière estimée à 6 millions d'habitants, selon le recensement général de la population de 1998 et les estimations de 2005, soit 33% de la population ivoirienne. A celles-ci s'ajoute la population urbaine qui s'adonne aux activités de commercialisation intérieure et au transport de ces produits. Entre octobre 2007 et juillet 2008, l'Etat a engrangé 324 milliards de FCFA de prélèvements de cacao, contre 292,7 milliards de FCFA pour la saison précédente[32]. Les revenus distribués aux producteurs sont estimés à environ 620 milliards de FCFA pour la campagne 2007/2008 et de 533 milliards de FCFA lors de la campagne précédente. A chaque campagne, près de 40% des activités bancaires concernent ces deux cultures. L'industrie locale de transformation de ces produits, qui se développe en aval, apporte une contribution non moins négligeable à l'économie nationale. On observe en 2007 des investissements nets de 126,09 milliards de FCFA, près d'un millier d'emplois permanents créés, une valeur ajoutée de 37 milliards de FCFA et une masse salariale de 5 à 6 milliards de FCFA.

Production de café et de cacao. Les cultures du café et du cacao ont été introduites en Côte d'Ivoire à la fin du XIX[è] siècle. Elles s'étaient développées initialement dans le Sud-Est, avant de s'étendre sur l'ensemble de la région forestière, dans la moitié Sud du pays[33]. En Côte d'Ivoire, les systèmes actuels de production de café et de cacao sont encore de type traditionnel. Ils reposent largement sur l'extension des superficies. L'usage

---

[31] Direction Générale de l'Economie (dir-.), *La Côte d'Ivoire en chiffres*, Ministère de l'Economie et des Finances de RCI, Dialogue Production, Abidjan, 2007.

[32] B. MIEU, « Cacao : le grand ménage continue », *Jeune Afrique,* du 21 au 27 septembre 2008, n° 2489, p. 44.

[33] Plusieurs facteurs expliquent ce développement rapide :

- l'existence de réserves forestières libres d'accès ;
- la forte migration vers les zones cultivables à partir de certaines régions locales (pays baoulé) et des pays limitrophes (Burkina Faso et Mali) ;
- le désenclavement de nouvelles zones de production par la réalisation d'infrastructures routières ;
- les appuis techniques apportés par l'Etat (Recherche et vulgarisation des variétés améliorées, traitements antiparasitaires, conseils techniques et de gestion) ;
- l'environnement institutionnel et économique favorable (stabilisation des prix au producteur, existence d'un dispositif de commercialisation).

des ingrédients agricoles dominés par le matériel végétal sélectionné, les engrais et les produits phytosanitaires, est limité : 10% des exploitations sont concernés. L'absence d'un système efficace de crédit agricole serait à la base de cette situation. Les exploitations caféières et cacaoyères sont, en grande majorité, de petites tailles : 69% de la production de café et 84% de celle de cacao proviennent d'exploitations dont la superficie est inférieure à 5 hectares. Le verger présente une tendance structurelle au vieillissement[34].

	Production CAFE[35]		**Production CACAO[36]**	
Années	Tonnage	Part/monde	Tonnage	Part/monde
1960	185 000	4%	93 600	8%
1970	240 000	6%	179 200	12%
1980	366 000	8%	417 000	25%
1990	199 000	3%	804 300	32%
1995/96	165 293	3%	1 186 201	36%
1996/97	320 000	5%	1 108 020	37%
1997/98	248 000	4%	1 113 000	36%
1998/99	248 000	4%	1 125 000	38%
1999/00	365 000	5%	1 395 982	45%
2000/01	230 000	5%	1 175 000	41%
2001/02	220 000	4%	1 225 000	43%
2002/03	120 000	2%	1 300 000	43%
2003/04	250 866	6%	1 407 200	43%
2004/05	220 000	6%	1 286 300	44%
2005/06	110 000	4%	1 407 800	45%
2006/07	175 000	5%	1 229 300	41%
2007/08	200 000	5%	1 300 000	40%

Source : Bureau National des Etudes Techniques et du Développement.

---

[34] 58% des caféières et 69% des cacaoyères ont un âge proche de 25 ans. La plupart des chefs d'exploitation ont un âge avancé avec un faible niveau d'instruction : environ 80% des producteurs de café et de cacao ont plus de 50 ans.

[35] Les principales zones de production caféière sont situées dans les régions du Centre-Ouest, du Sud et de l'Ouest, avec respectivement 37%, 26% et 21% de la production. La Côte d'Ivoire produit essentiellement du Café Robusta. Elle se classe au 10[è] rang des pays producteurs de café au 5[è] rang des pays producteurs de Robusta (après le Vietnam, l'Indonésie, le Brésil et l'Ouganda) et au 3[è] rang des Pays africains producteurs de café (après l'Ethiopie et l'Ouganda).

[36] La production nationale de cacao s'est accrue régulièrement de 1960 à 1970, puis s'est stabilisée autour de 700 000 à 800 000 Tonnes jusqu'au début des années 90. Suite à la dévaluation du Franc CFA intervenue en 1999, qui a engendré la hausse des cours sur le marché mondial, elle a augmenté régulièrement et a atteint un plafond record de 1 407 838 tonnes sur la campagne 2005-2006. La principale zone de production cacaoyère est la région du Centre-Ouest, avec 36% de la production nationale. Viennent ensuite par ordre d'importance les régions du Sud-Ouest et de l'Ouest. Les productions du Centre-Ouest et du Sud-Ouest sont en hausse, alors que celles de la région du Sud sont actuellement en régression. Avec 40% de l'offre mondiale, la Côte d'Ivoire est le premier producteur mondial de cacao, devant le Ghana, le Nigéria, le Brésil et le Cameroun.

Le tableau 1 retrace les évolutions observées sur la période 1960-2008 :

Système de commercialisation du café et du cacao. De 1960 à 1990, le système de commercialisation était placé sous le contrôle de la Caisse de stabilisation, chargée de garantir un prix aux producteurs. Ce prix était établi à l'aide d'un barème négocié avec les exportateurs, définissant la valeur des produits aux différents stades de la commercialisation[37]. La Caisse de stabilisation fixait également les conditions de participation des opérateurs privés au dispositif de commercialisation, procédait à des ventes directes (ventes contractées avec des clients à l'extérieur) et des ventes libres (ventes contractées avec des exportateurs locaux). Ce système de stabilisation a connu cependant de nombreuses faiblesses[38] qui ont conduit l'Etat à initier une série de réformes, ayant abouti à la libéralisation totale de la filière depuis 1998.

2. Le cadre conventionnel et les conséquences juridiques de la libéralisation

Cas de la sous-filière cacao. Conscient de sa position dominante sur le marché mondial et soucieux de la préservation et de l'amélioration de la qualité des produits de Côte d'Ivoire, l'Etat ivoirien a signé différentes conventions[39] avec chacune des sociétés transformatrices. Ces dernières devaient, en priorité, transformer le « cacao sous-grade » et le « petit grainage ». A partir de 1995, il s'agissait d'apporter le soutien nécessaire à l'industrie pour favoriser son développement et atteindre à moyen terme un taux de transformation primaire de 50% de la production. Les rapports entre l'Etat et les sociétés transformatrices se caractérisent par des bouleversements qui se sont accentués avec la libéralisation. Aussi, ces conventions se trouvent aujourd'hui vidées de leur substance :

---

[37] La différence entre le prix de vente CAF réalisé par les exportateurs et le prix CAF du barème garanti à ces derniers, était reversée au Fonds de stabilisation lorsqu'elle était positive, ou faisait l'objet d'un soutien aux opérateurs si elle était négative.

[38] Voir notamment, P. A. KOUASSI, *Caisse de stabilisation de Côte d'Ivoire : réponses à trente années d'interrogations*, 2éd., éditeur non spécifié, p. 108 et s.

[39] Ces conventions prévoyaient un certain nombre d'avantages en contrepartie de la mise en œuvre effective des objectifs ci-dessous :

- Une compensation financière répartie forfaitairement :
  - Une participation, dite décote qualitative fixée à 60 FCFA/kg de fèves transformées, à la charge de la filière ;
  - Une limitation du Droit Unique de Sortie (DUS) sur les exportations.
- L'application de la table de réfaction *« ad valorem »* pour les fèves de petites tailles traitées par les usines ;
- Une garantie de déblocage consentie par la Caisse de stabilisation égale au moins à trois mois de production ;
- Une garantie d'approvisionnement ;
- Une clause de non discrimination.

- suppression de la décote qualitative et de la table de réfaction[40] ;
- inopportunité de la garantie de déblocage et d'approvisionnement[41] ;
- limitation du DUS sur les exportations de produits transformés ;
- non respect de la clause de non-discrimination[42].

Cas de la sous-filière café. Contrairement à la sous-filière cacao, il n'existe pas de convention spécifiant, en bonne et due forme, les relations entre les transformateurs et l'Etat. Le fonctionnement de la sous-filière est régi par des textes législatifs et réglementaires qui en précisent le mécanisme. En vue de faciliter la transformation des grains de café vert marchand de qualité inférieure, deux types d'incitations sont pratiqués : la décote sur l'achat de grades inférieurs et le différentiel DUS. Les transformateurs bénéficiaient d'une décote qualité[43]. Avec le désengagement de l'Etat, la prime de qualité a été supprimée, dans le cadre d'un système de stabilisation des prix aux producteurs. Désormais, les torréfacteurs locaux, notamment NESTLE, cherchent à acheter des grains de qualité pour la

[40] Le décret n°2000-192 du 17 mars 2000 complétant et modifiant le décret n°99-272 du 6 avril 1999 fixant les modalités de conditionnement du cacao à l'exportation, rend désormais sans objet « une prime à l'absorption » par le marché local en vue de la transformation du « sous-grade » et du « petit grainage ». Les exportateurs ou usiniers négocient librement les prix de fèves « hors normes ».

[41] Dans un marché actuel caractérisé par la libre concurrence, le mécanisme de déblocage, assimilable à un dispositif d'autorisation préalable à l'exportation, ne trouve plus à s'exercer. Les prix étant librement fixés, il appartient à chaque exportateur de négocier avec les producteurs et les acheteurs à l'étranger selon l'offre et la demande. Dans le même sens, une garantie d'approvisionnement en fèves hors normes qui avait été consentie à SACO et à UNICAO n'avait plus sa raison d'être.

[42] En dépit des différentes conventions qui prévoient une clause de non discrimination, l'on a assisté à une rupture d'égalité de traitement entre les industriels en matière de régime douanier applicable aux exportations de produits dérivés du cacao. Cette rupture d'égalité de traitement est apparue suite à l'audience accordée au groupe CARGILL par le Premier Ministre Kablan DUNCAN le 17 octobre 1997. Aux termes de cette rencontre, et par arrêté n°87/MEF pris le 14 décembre 2000 relatif à la fixation du DUS, le Groupe CARGILL bénéficie d'une seconde formule de DUS dite « formule 2 ». La difficulté vient du fait que cette « formule 2 » de DUS, applicable à MICAO selon l'Administration des Douanes, assure à ladite société une protection effective tarifaire supérieure, le différentiel DUS étant égal à 77 FCFA/kg de fèves transformées pour la masse totale brute et à 107 FCFA pour le beurre et la poudre. L'on était donc à une taxation à double vitesse avec d'un côté la formule 2 initiale et de l'autre une formule 2 spécifique très favorable à MICAO/CARGILL. L'arrêté n° 32/MEF du 16 mars 2001 portant modification du DUS sur les fèves du cacao et sur les produits dérivés du cacao, modifié par l'arrêté n°47/MEF du 03 avril 2001, est venu remettre en cause le *statu quo* existant. En abrogeant toutes les dispositions antérieures relatives au DUS, ces textes rétablissent un régime douanier uniforme applicable à tous les industriels sans exception et assurent dès lors l'égalité de traitement prévue dans toutes les conventions.

[43] Les décotes se présentent comme suit : - de grade 1 à grade 2 : 15 FCFA/Kg ; - de grade 2 à 3 : 10 FCFA/Kg ; - de grade 3 à grade 4 : 10 FCFA/Kg. Les industriels portaient leur choix sur le grade 3. L'incitation à la production du café soluble a été soutenue par un différentiel DUS de 65 FCFA/Kg : - Café vert et café torréfié ou moulu : 110 FCFA/Kg ; - Café soluble : 45 FCFA/Kg.

transformation ou pratiquent des systèmes de primes à la qualité lorsque les grains ne correspondent pas aux normes requises. Par ailleurs, afin de compenser la baisse des cours internationaux et de ne pas pénaliser les producteurs, le DUS sur les grains de café vert et les grains torréfiés a été ramené à 10 FCFA/Kg. Celui sur le café soluble a été supprimé. L'avantage fiscal n'est plus que de 10 FCFA/Kg. Etant donné que l'Etat n'a pas d'engagement spécifique à travers une quelconque convention, la libéralisation de la filière café n'a pas de conséquence juridique sur l'exploitation des unités de transformation. Cependant, elle a entraîné l'émergence de nouveaux torréfacteurs[44], opérant de manière informelle : SICO, CAFE DE L'INDENIE, IDAL, AGM INDUSTRIE, CICAFE, SOCAF.

En dépit de l'existence de ces sociétés de type informel, opérant en toute illégalité, force est de noter que l'Etat de Côte d'ivoire a su créer un environnement institutionnel et économique propice à l'essor d'une industrie nationale de café et de cacao, tournée vers l'exportation, au moyen d'un ensemble de textes réglementaires et conventionnels. Ce cadre a en effet, favorisé l'implantation de grandes entreprises multinationales spécialisées dans la transformation du café vert et des fèves de cacao en produits finis et semi-finis. Ces entreprises sont toutes associées à des sociétés d'exportation, qui sont elles-mêmes des filiales des mêmes groupes internationaux et dont l'étude offre une vue d'ensemble.

C. Panorama des entreprises multinationales

On distinguera les entreprises, dont la vocation est de transformer la matière première en produits finis et semi-finis, appelées entreprises de transformation, et les entreprises qui exportent le café et/ou le cacao en l'état brut, désignées entreprises de négoce.

1. Les entreprises de transformation

a. Présentation des unités

Les unités. Il existe en Côte d'Ivoire une seule entreprise locale de transformation du café : NESTLE-CI[45] et quatre entreprises transformatrices de cacao : SACO, UNICAO, MICAO et CEMOI-CI. Elles sont toutes filiales d'importants groupes multinationaux tels qu'ils sont indiqués dans le tableau 2.

[44] Non agréés pour l'exportation, ces petits torréfacteurs exportent en fraude dans les pays voisins sans acquitter ni le DUS ni les différentes taxes et redevances supportées par les concurrents nationaux.

[45] Il faudrait exclure les sociétés SAT et IVOIRE TORREFACTION qui ne sont en réalité que de simples torréfacteurs.

Entreprise de transformation	Groupe International correspondant
SACO	Barry-Callebaut
UNICAO	ADM
MICAO	Cargill
CEMOI-CI	CEMOI-France

Source : BNETD (Exploitation des données d'enquête juin-juillet 2001).

SACO est une filiale du Groupe international Barry-Callebaut. Elle est installée en Côte d'Ivoire depuis 1964 et dispose de trois usines composées de beurreries et d'une chocolaterie d'une capacité totale de 100 000 tonnes de fèves par an. Sur la période 97-2000, elle a broyé en moyenne 97 000 tonnes de fèves, soit 95% de sa capacité totale. L'essentiel des activités de SACO est directement dirigé vers la préparation de produits semi-finis, masse ou liqueur exportée (52%), beurre (20%), tourteaux (13%), poudre (10%) et couverture (5%). Ils sont exportés pour l'essentiel vers des sites industriels de Barry-Callebaut, société mère implantée en Suisse. Cependant, il existe un marché intérieur de poudre, de couverture et de produits chocolatés, ainsi que de beurre en croissance.

	1997/96	1998/97	1999/98	2000/99	Moyenne période
Capacité de production (en Tonnes)	100 000	100 000	100 000	100 000	100 000
Taux d'utilisation de la capacité	91%	93%	98%	99%	95%
Tonnage de fèves transformées	90 500	92 600	98 300	98 700	98 025
Production (en Tonnes)					
- Total masse	73 462	75 624	80 401	79 549	77 259
- masse ou liqueur exportée	40 911	38 980	39 355	40 799	40 011
- beurre	14 733	14 630	17 459	15 724	15 636
- tourteaux	11 020	11 081	9 537	9 191	10 207
- poudre	4 026	6 531	10 731	9 887	7 794
- couverture et produits chocolatés	2 772	4 402	3 319	3 948	3 610
Effectifs permanents	527	499	484	458	492
Investissements nets (Millions)	12 317	13 802	13 621	12 417	13 040

Tableau n°3 : Source : BNETD (Exploitation des données d'enquête juin-juillet 2001). Evolution du tonnage de fèves transformées et des produits fabriqués par SACO[46] de 1997 à 2000.

[46] Sur la période sous revue, l'entreprise a réalisé des investissements nets annuels moyens de 13 milliards de F CFA, avec un effectif moyen de 492 salariés. Ses équipements sont, fortement automatisés, en bon état de fonctionnement, l'unité de beurre de San Pedro étant neuve. Ils proviennent des constructeurs européens BARTH et BUHLER.

UNICAO est une filiale du Groupe international ADM-SIFCA. Installée en Côte d'Ivoire durant les années 1980, elle dispose d'une beurrerie dont la capacité est estimée à 75 000 tonnes de fèves par an. Sur la période 1997-2000, elle a broyé en moyenne 62 170 tonnes de fèves de cacao, soit 83% de sa capacité initiale. L'essentiel de l'activité de UNICAO est dirigé vers la préparation de produits semi-finis ; masse ou liqueur exportée (33%) ; beurre (34%) ; tourteaux (33%). Ils sont, dans leur ensemble, exportés vers les sites industriels implantés à l'étranger. Sur la période 97-00, l'entreprise a enregistré un effectif moyen de 206 salariés et des investissements nets moyens annuels de 3 milliards de F CFA.

	1997/96	1998/97	1999/98	2000/99	Moyenne période
Capacité de production (en Tonnes)	75 000	75 000	75 000	75 000	75 000
Taux d'utilisation de la capacité	77%	89%	84%	82%	83%
Tonnage de fèves transformé	57 811	66 969	62 660	61 240	62 170
Production (en Tonnes)					
- Total masse	47 272	56 753	80 401	79 549	77 259
- masse ou liqueur exportée	17 551	24 254	12 139	20 584	18 632
- beurre	13 883	14 813	20 502	12 766	15 491
- tourteaux	15 838	17 686	17 486	15 643	16 663
- poudre	0	0	0	0	0
- couverture et produits chocolatés	0	0	0	0	0
Effectifs permanents	279	192	174	177	206
Investissements nets (en Millions)	5 133	1 035	5 718	492	3 094

Tableau n°4 : Evolution du Tonnage de fèves transformées et des produits fabriqués par UNICAO de 1997/00. Source : BNETD (Exploitation des données d'enquête juin-juillet 2001)

CEMOI-CI est une filiale du Groupe CEMOI-France. Installée en Côte d'Ivoire depuis 1997, elle dispose d'une beurrerie de 60 000 tonnes de fèves par an. Sur la période 1997-2000, elle a broyé en moyenne 42 178 tonnes de fèves soit 70% de sa capacité totale. CEMOI-CI prépare essentiellement des produits semi-finis dominés par la masse ou liqueur exportée (69%), le beurre (14%) et les tourteaux (17%). Ils sont, dans leur ensemble, exportés vers les sites européens du groupe CEMOI implantés notamment en France, en Espagne et au Royaume-Uni.

	1997/96	1998/97	1999/98	2000/99	Moyenne période
Capacité de production (en Tonnes)	60 000	60 000	60 000	60 000	60 000
Taux d'utilisation de la capacité	25%	66%	96%	94%	70%
Tonnage de fèves transformé	14 928	39 730	57 620	56 432	42 178
Production (en Tonnes)					
- Total masse	11 946	31 602	43 844	45 918	33 327
- masse ou liqueur exportée	10 946	22 825	30 174	28 564	22 963
- beurre	900	3 591	6 279	7 639	4 602
- tourteaux	756	5 186	7 391	9 714	5 762
- poudre	0	0	0	0	0
- couverture et produits chocolatés	0	0	0	0	0
Effectifs permanents	133	133	152	167	146
Investissements nets (en Millions)	18 992	18 992	17 222	15 350	17 639

Tableau n°5 : Evolution du tonnage de fèves transformés et des produits fabriqués par CEMOI-CI[47] de 1997/00. Source : BNETD (Exploitation des données d'enquête juin-juillet 2001)

MICAO est une filiale du Groupe CARGILL. Elle est installée en Côte d'Ivoire depuis 2000 et dispose d'une beurrerie de capacité estimée à 65 000 tonnes de fèves par an. Sur la période 2000-2001, elle a broyé en moyenne 47 568 tonnes de fèves soit 73% de sa capacité totale.

	1997/96	1998/97	1999/98	2000/99	2001[48]/00	Moyenne Période
Capacité de production (en Tonnes)	-	-	-	65 000	65 000	65 000
Taux d'utilisation de la capacité	-	-	-	62%	85%	73%
Tonnage de fèves transformé	-	-	-	40 080	55 056	47 568
Production (en Tonnes)						
- Total masse	-	-	-	32 943	37 126	35 034
- masse ou liqueur exportée	-	-	-	11 847	16 603	14 225
- beurre	-	-	-	9 894	10 339	10 117
- tourteaux	-	-	-	3 966	830	2 398
- poudre	-	-	-	7 236	9 353	8 294
- couverture et produits chocolatés	-	-	-	0	0	0
Effectifs permanents	-	-	-	176	181	179
Investissements nets (en Millions)	-	-	-	22 505	42 555	32 530

Tableau n°6 : Evolution du tonnage de fèves transformées et des produits fabriqués par MICAO[49] de 2000/01. Source : BNETD (Exploitation des données d'enquête 2000-2001).

[47] Sur la période 1997-2000, 146 salariés sont employés en moyenne par an et des investissements nets moyens annuels de 17,6 milliards de FCFA sont réalisés. Les équipements sont neufs et fortement automatisés. Ils proviennent des constructeurs BARTH, STOLZ, BAUERMEISTER, WEINER et VITALI.

[48] Les données de 2001 sont estimées sur la base de 5 mois d'activités.

b. Système d'approvisionnement des unités

Au plan de leur approvisionnement en fèves de cacao, chacune des sociétés SACO, UNICAO, CEMOI-CI et MICAO achète ses produits auprès d'un réseau de traitants et de coopératives en pratiquant un préfinancement ou plus fréquemment un paiement au comptant à la livraison des lots. Outre cette pratique, les entreprises SACO, UNICAO et MICAO s'approvisionnent directement auprès des sociétés exportatrices auxquelles elles sont associées. Dans tous les cas, la qualité des fèves constitue un paramètre minutieusement surveillé par les transformateurs dans le cadre de l'approvisionnement de leurs unités respectives.

c. Techniques de transformation

Transformation des fèves de cacao en produits semi-finis et finis. Les fèves subissent une étape préliminaire, consistant à traiter les fèves de cacao. D'abord, elles sont prélavées, c'est-à-dire, débarrassées des matières étrangères ; ensuite elles sont pré-séchées, par rayonnement infrarouge[50] ; enfin, elles sont concassées, les fèves étant éliminées par ventilation. Après ce traitement, les fèves connaîtront deux transformations successives.

La première transformation se décompose en deux principales étapes : le broyage qui aboutit à la production en « masse non dégraissée » ou « masse brute »[51] et le pressage qui conduit à la production du beurre et de la poudre de cacao. Cette étape est réalisée par une industrie lourde qui consomme beaucoup d'énergie. Elle se divise en trois opérations :

- Alcalinisation éventuelle de la pâte avec de la potasse ou parfois de l'ammoniac pour donner la couleur finale du produit sec ;
- Extraction du beurre par presse hydraulique ou par solvant ;
- Concassage et pulvérisation du tourteau résiduel ; la poudre du cacao obtenue est un produit commercialisé. Celui-ci contient l'arôme cacao et est utilisé dans tous les produits chocolatés - lait, glace, crème, etc.

La deuxième transformation part des produits semi-finis obtenus plus haut et aboutit à la fabrication des produits chocolatés.

Transformation du café en produits semi-finis et finis. Comme dans le cas du cacao, la transformation des grains de café se décompose en deux

---

[49] L'essentiel des activités de MICAO est dirigé vers la préparation de produits semi-finis : masse ou liqueur exportée (41%), (29%) tourteaux (7%) et poudre (24%). Ils sont dans leur ensemble exportés vers les sites de CARGILL implantés en Europe, au Brésil et aux USA, en Amérique. Sur la période 2000-2001, l'entreprise enregistre un effectif moyen de 179 salariés et des investissements nets moyens de 32,5 milliards de F CFA par an. A court terme, MICAO envisage de porter sa capacité à 100 000 tonnes.

[50] Le réchauffement des fèves facilite, ainsi, la séparation de la coque.

[51] Cette première étape permet de produire la pâte de cacao (appelée encore masse ou liqueur) qui est la matière première de base pour la fabrication du chocolat. Les entreprises qui réalisent cette opération sont appelées les « broyeurs ».

étapes : la torréfaction et la préparation du café soluble. Au stade de la torréfaction, le café vert est préalablement débarrassé des matières étrangères qu'il peut encore contenir. Cette opération consiste en un traitement thermique, à air chaud - à 240°C - ce qui permet de générer des arômes spécifiques du café à partir de leurs précurseurs[52]. La torréfaction peut être plus ou moins poussée selon les espèces de café traité et le goût spécifique attendu par les consommateurs[53]. Le café Robusta est généralement torréfié plus foncé que l'Arabica. Les grains torréfiés peuvent être commercialisés en l'état. Mais ils sont, le plus souvent, moulus dans la même usine à l'aide de moulins meules, puis réfrigérés pour éviter les pertes d'arômes. La deuxième transformation porte sur la préparation du café soluble. Celle-ci associe une série d'opérations technologiques. Après le nettoyage préalable, le café est tout d'abord torréfié, puis moulu. La mouture est ensuite soumise à une extraction liquide/solide, suivie d'une concentration qui conduit à un extrait fortement concentré - jusqu'à 50% de matière sèche.

Toutes les entreprises, précédemment observées, revêtent une double qualité. En tant que sociétés de transformation, elles bénéficient de la qualité « d'industriel ». Par ailleurs, les produits transformés sont rarement consommés sur le marché intérieur. A cet égard, elles obtiennent généralement des autorités de la filière, un agrément d'exportation, leur conférant le statut « d'exportateur » de produits semi-transformés ou finis. A l'exception des firmes NESTLE-CI et CEMOI-CI, les autres entreprises que sont SACO, MICAO, UNICAO sont liées à des entreprises locales, elles-mêmes adossées à des groupes multinationaux. Ces dernières entreprises ont vocation à exporter les fèves de cacao en l'état. On les appelle alors des « négociants ».

2. Les entreprises de négoce

La qualité de négociant. En règle générale, on distingue les usiniers-exportateurs que sont SACO, MICAO, UNICAO des entreprises négociants-exportateurs. Comme indiqué plus haut, les premiers transforment totalement ou partiellement leurs produits avant de les exporter vers l'étranger. Au contraire, les négociants, qui manipulent des lots importants, sont spécialisés dans l'importation et l'exportation des produits. Ces entreprises exportent les matières premières en l'état brut, c'est-à-dire, les fèves de cacao ou les cerises du café. La profession de négociant-exportateur consiste à acheter ou à préfinancer les produits auprès des producteurs, des pisteurs, des traitants, des coopératives ou des Petites et Moyennes Entreprises Exportatrices, en abrégée PMEX.

---

[52] Lorsque le degré de torréfaction désiré a été atteint, les grains sont immédiatement refroidis.
[53] Le degré de torréfaction agit sur la saveur du produit.

La diversité des négociants. Si le nombre des entreprises transformatrices est limité à quatre, facilitant leur étude, il en va différemment des sociétés ayant vocation à faire du négoce. Aussi diverses qu'elles soient, ces dernières restent instables, d'autant plus que leur nombre fluctue au gré des années. En dépit de cette inconstance, on peut en citer quelques unes, parce qu'elles ont été régulièrement, sans discontinuité, agréées en qualité d'exportateurs au cours de ces dernières années, et surtout compte tenu de l'importance des flux manipulés. Par exemple, en ce qui concerne la campagne 2005-2006, **Outspan Ivoire SA**, une filiale d'Olam, une société du groupe Kewalram Chanrai, dont le siège social se trouve à Singapour, était le principal exportateur, maniant près de 107 700 tonnes de fèves de cacao. Le deuxième plus gros exportateur était **Cargill West Africa**. Le plus gros exportateur européen est **Tropival**, une filiale de la société britannique EDF & Man Holding Ltd qui, se classe en troisième position, tandis qu'une autre compagnie américaine, **ADM**, occupe le quatrième rang. **PROCI**, qui appartient au groupe français Touton, et la **Cipexi,** qui appartient à la société néerlandaise Continaf Holding BV, étaient, quant à elles, les cinquième et sixième gros exportateurs en 2005-2006, en ce qui concerne la grande campagne allant d'octobre à mars.

Exportateurs	Nationalité de contrôle	Groupe	Exportations	Parts de marché en %	Cumul parts de marché	Classement
Cargill	USA	Cargill	50 153	19,28	19,28	1
Zamacom	Brésil	Estève	25 976	9,99	29,17	2
ADM Cocoa	USA	ADM	21 321	8,20	35,67	3
Outspan Ivoire	Singapour	Olam	18 718	7,20	42,87	4
Proci	France	Gepro	18 047	6,94	49,81	5
Delbau	Côte d'Ivoire	Touton[54]	17 496	6,73	56,53	6
Dafci	France	Bolloré	16 233	6,24	62,77	7
Tropival	Royaume-U	ED&Man	16 074	6,18	68,95	8
Cocoaf Ivoire	Hong Kong	Noble	14 903	5,73	74,68	9
Sifca-coop	Côte d'Ivoire	Anaproci	12 696	4,88	79,56	10
Cipexi	Pays Bas	Continaf	11 237	4,32	83,88	11
Armajaro	Royaume-U	Armajaro	8 735	3,36	87,27	12
Coopacdi	Côte d'Ivoire	Tapé Doh	7 601	2,92	90,16	13
Barry Callebaut Négoce	Suisse	Jacobs Suchard	2 502	0,86	93	14

En milliers de Tonnes de fèves exportées. (Source BNETD)
Tableau 7 : Exportations des fèves de cacao à mi-campagne : 1er/10 au 14/12/03.

Il est certain que la représentation que nous offre ce tableau est loin d'être symptomatique de l'importance des entreprises du secteur, en termes de parts de marché. Et pour cause, la méthode de travail peut être discutée, puisque la période étudiée est ciblée, limitée à **trois mois de la campagne cacao**. Néanmoins, le tableau fournit, à ce stade, de précieux enseignements

[54] Delbau est une société dont le capital est détenu à 51% par des capitaux ivoiriens, la différence appartenant au groupe français Touton, auquel elle est adossée.

pour la suite des travaux. Tout d'abord, on notera que plus d'une quarantaine d'entreprises ont obtenu un agrément à l'exportation, au cours de la campagne 2003-2004. Pourtant, c'est « une poignée » de cinq entreprises qui détient près de la moitié des parts de marché du cacao en Côte d'Ivoire. Pour la campagne 2005-2006, quatre-vingt ont reçu l'agrément. A eux seuls, dix de ces exportateurs représentaient plus de la moitié des achats, achetant 60,1% de la récolte, soit 623 815 tonnes de cacao. Ensuite, ces entreprises appartiennent toutes à des groupes multinationaux. Enfin, la quasi-totalité des achats effectués est revendue à des entreprises sœurs situées à l'étranger. Ce sont autant de raisons qui ne sont pas indifférentes dans le choix de ce secteur d'activité, et qui confèrent à l'analyse des prix de transfert un intérêt tout particulier.

II. L'INTÉRÊT DE LA RECHERCHE

L'objet de ces développements est d'évoquer succinctement l'originalité d'une recherche portant sur les prix de transfert, particulièrement dans le cadre de l'industrie du café et du cacao en Côte d'Ivoire. On tentera de situer l'intérêt du sujet à un double niveau, théorique et pratique.

A. Intérêt du point de vue théorique

On peut noter avec satisfaction que la littérature sur la matière des prix de transfert, très pauvre, il y a une dizaine d'années, s'est considérablement enrichie au cours de cette dernière décennie. Ce regain d'intérêt[55] pour le commerce intragroupe aujourd'hui est tel que, chaque année - ou presque -, des recherches doctorales lui sont dédiées, en partie ou totalement. On évoquera brièvement les plus récentes. En effet, à partir de l'exemple du droit français, Térence Wilhelm[56] s'est intéressé, en 2007, aux difficultés que suscitent les prix de transfert à l'aune de la mondialisation de l'économie. Bien que prégnante, il estime que cette situation n'en demeure pas moins

[55] Voir notamment ; D. BREGEAUT, *Aspect fiscal et financier des prix de transfert,* Thèse de 3è Cycle, 1983, Rennes 1, 425p. ; P. CARLI, *Prix de transfert et évasion des capitaux : aspects douaniers et cambiaires de la surfacturation des marchandises importées*, Thèse 1991, Lille 3, 420p. ; A.-G GAUX-HAMONIC, *Le régime fiscal des prix de transfert pratiqués entre des sociétés françaises et américaines : le cas des droits de propriétés incorporels*, Thèse, 2002, Paris 2, 388p. ; K. M. DIAW, *Allocation des coûts, taxes et prix de transfert, Thèse Gestion,* Toulouse 1 (en anglais), 2001, 157p. ; I. A. C. SOUBAYA, Commerce intrafirme et investissement direct, Thèse, Paris 1, 2002, 350p. ; J.-D. VASSEUR, *Le prix de transfert en matière bancaire : un champ herméneutique du droit fiscal* internat Thèse, Paris 2, 2002, 432p. ; S. SMADJA, *La problématique des prix de transfert sous un angle stratégique,* Thèse, 2005, Paris 1, 444p.

[56] T. J.-M. WILHELM, *Le droit français des prix de transfert à l'aune des phénomènes de la mondialisation et de construction communautaire*, Thèse Strasbourg, 2007.

réversible, d'autant plus que certaines organisations internationales, à l'instar de l'OCDE et de l'UE, multiplient les initiatives en faveur d'une prévention et d'une résolution des doubles impositions qui menacent et obèrent les groupes multinationaux. Quant à Najib Gharbi[57], il s'est attaché à examiner la question du contrôle fiscal des prix de transfert dans son contexte international, en analysant les solutions françaises, inspirées par la méthodologie de l'OCDE, et en démontrant clairement l'impact au plan interne de la réforme fiscale d'envergure engagée, à l'aube des années 80, aux Etats-Unis d'Amérique.

Contribuer à l'enrichissement de la littérature existante. Nonobstant la pertinence et la qualité de ces études, elles ne présentent les questions liées au prix de transfert qu'en fonction de la vision des Etats de l'OCDE[58]. En effet, les développements effectués jusque-là donnent une lecture « sectorielle » des défis posés par le commerce international au sein des groupes multinationaux, sous l'angle exclusif des pays développés, c'est-à-dire dans une perspective Nord-Nord. Or, une telle conception occulte un pan non négligeable des flux intragroupe, déployés entre les pays de l'hémisphère Nord et ceux de l'hémisphère Sud. C'est en cela que réside le principal intérêt de notre recherche qui se propose d'apporter une modeste contribution à la recherche des solutions à une problématique d'envergure « globale ». Pour ce faire, la conception retenue est celle qui vise à envisager les prix de transfert, non plus simplement dans une perspective exclusivement occidentaliste, mais également sous le prisme des Etats économiquement pauvres, dont les ressources budgétaires reposent essentiellement sur la production agricole.

A l'attention des fiscalistes. L'étude vise également à attirer une plus grande attention des fiscalistes à l'égard des produits agricoles des pays africains au Sud du Sahara, comme les autres régions en développement. Alors que les économies africaines reposent en grande partie sur les activités agricoles qui constituent la principale source d'emploi et très souvent de devises, l'agriculture a été très souvent tenue à l'écart du champ d'exploration des travaux menés dans le cadre de la fiscalité. Il est pourtant fréquent de constater que les mesures visant à libéraliser le commerce et les prix des produits agricoles, prises dans le cadre des programmes d'ajustement structurel, (PAS), n'ont pas permis d'atteindre les objectifs de développement économique et social, faute d'avoir reconnu l'importance de la contribution de l'agriculture dans les recettes publiques. Dans un grand nombre de pays, notamment la Côte d'Ivoire, les réformes touchant au secteur agricole se sont heurtées à une contrainte budgétaire sévère et ont été

---

[57] N. GHARBI, *Le contrôle fiscal des prix de transfert : analyse rétrospective et étude prospective*, Thèse Paris 13, 2004. Cette Thèse a été publiée, voir GHARBI, *Le contrôle fiscal des prix de transfert*, Paris L'harmattan, Paris, 2005, (Préf. Thierry LAMBERT).

[58] Comme si les prix de transfert, cette problématique globale, n'étaient qu'une affaire propre aux Etats de l'OCDE.

détournées de leur objectif par le jeu de la fiscalité[59]. En réalité, les mesures d'accompagnement consécutives à la dévaluation du Franc CFA, qui devraient garantir la stabilité de l'environnement économique et créer les conditions pour une reprise de l'investissement intérieur, ont généralement servi à accroître le niveau des prélèvements fiscaux ou parafiscaux sur les exportations agricoles. C'est ce que de célèbres auteurs, spécialistes des produits de base, qualifient de « paradoxe de la fiscalité agricole en Afrique sub-saharienne »[60]. Ce d'autant plus que les producteurs agricoles ne sont quasiment jamais assujettis à des impôts directs ; mais, ils subissent une pression fiscale indirecte élevée à travers les taxes sur la commercialisation des produits agricoles et sur la consommation des produits intermédiaires[61].

Par ailleurs, en dépit des nombreux dispositifs d'exonération, les agriculteurs ivoiriens supportent aussi l'incidence de tarifs et de la fiscalité indirecte - TVA, droits d'accises - frappant certaines de leurs consommations intermédiaires. Malgré la modicité apparente de cette dernière catégorie de prélèvements et de leur nature indirecte, leur multiplicité entraîne des surcoûts qui affectent fortement la compétitivité des produits agricoles directement exposés à la concurrence internationale. Force est donc de constater le relatif désintérêt suscité par la fiscalité agricole. Désintérêt qui contraste avec le rôle économique et social de l'agriculture en Afrique, notamment l'importance des prélèvements fiscaux dans l'industrie du café et du cacao en Côte d'Ivoire. Ce qui est vrai pour la fiscalité agricole en général l'est également pour les règles fiscales applicables aux prix de transfert, particulièrement dans les exportations des matières premières agricoles, telles que le café et le cacao.

B. Intérêt du point de vue pratique

Apporter une plus grande sécurité fiscale aux entreprises. La volonté des firmes multinationales d'intensifier leurs échanges commerciaux, notamment de café et de cacao au niveau mondial est commandée par différentes motivations parmi lesquelles la fiscalité occupe une place de choix. Comment parvenir à organiser ces activités économiques sur un marché désormais planétaire de manière à mieux optimiser ses coûts fiscaux, sans courir le risque d'un redressement systématique du fisc ? Le but de cette étude est donc de tenter de « briser le mur de défiance » entre

[59] Ainsi, la dépréciation des taux de change réels était un objectif général des programmes d'ajustement structurel dont on pouvait attendre une augmentation des prix réels payés aux producteurs des cultures d'exportation. Hélas ! Ceux-ci ont vu leurs revenus se réduire comme une peau de chagrin au profit de la parafiscalité.

[60] C. ARAUJO BONJEAN et G. CHAMBAS, « Le paradoxe de la fiscalité agricole en Afrique Sub-saharienne », *Revue Tiers monde*, n°168, oct-déc. 2001, pp. 773-788.

[61] En tant que consommateurs, les producteurs africains supportent également la fiscalité indirecte frappant leurs consommations finales.

l'administration et les entreprises multinationales qui opèrent sur le territoire national. Ces dernières ont besoin d'être rassurées, sensibilisées et surtout d'avoir plus de garanties sur les transactions passées avec leurs affiliées ivoiriennes. C'est pourquoi, les règles et les procédures de contrôle des prix de transaction doivent être claires, précises et cohérentes avec celles des administrations fiscales étrangères. Ce besoin de sécurité des entreprises implique que l'arsenal fiscal ivoirien ne soit pas trop répressif, susceptible de faire des amalgames entre des prix de transfert jugés comme étant anormaux et ceux considérés comme justes. La meilleure façon de réaliser ce vœu cher aux entreprises est de conclure des accords préalables en matière de prix de transfert. L'accord préalable semble être un outil de sécurité fiscale efficace, car il apporte aux contribuables de sérieuses garanties sur le traitement fiscal des transactions intragroupe. Il est un précieux moyen pour limiter, sinon éliminer totalement, les risques de contestation entre les entreprises multinationales et l'Administration fiscale ivoirienne d'une part, et d'autre part entre cette dernière et son homologue étrangère.

Autant la législation fiscale ivoirienne ne doit pas être répressive, autant elle ne saurait être trop bienveillante, au risque d'ouvrir la voie à certains abus, de sorte que n'importe quelle entreprise multinationale peut être tentée de transférer en toute impunité ses bénéfices vers l'étranger aux dépens du Trésor Public.

Garantir des recettes fiscales plus régulières au Trésor Public. Au-delà de la sécurité qu'une réglementation fiscale claire, précise et cohérente, basée sur le standard de pleine concurrence peut apporter au contribuable, c'est surtout de la préservation de l'assiette fiscale de l'Etat ivoirien dont il est question. Un système fiscal plus sécurisant est sans conteste un gage de confiance pour l'investissement. Ici encore, on peut affirmer que la sécurité procurée par les accords préalables en matière de prix de transfert, ou APP, aux entreprises multinationales a pour corollaire l'assurance que les ressources de l'Etat seront approvisionnées par des entrées régulières de recettes fiscales.

Par ailleurs, cette étude donne l'occasion à l'Administration fiscale de Côte d'Ivoire de se rendre compte de l'opportunité qu'offrent les prix de transfert, constituant aujourd'hui un nouveau terrain d'investigation[62]. A l'occasion de la vérification de comptabilité de type classique, le Fisc peut remettre en cause le mode de facturation internationale intragroupe des entreprises multinationales, qui dissimule un transfert de bénéfices. Les risques de rectification sont d'autant élevés que ces prix apparaissent comme étant établis de manière arbitraire, sans méthode définie au préalable et appliquée de manière cohérente et justifiée. On pourrait ainsi assister à des

---

[62] C. DESJARDINS, « Les contrôles se multiplient sur les prix de transfert », *Option Finance*, n° 497, 27 avril 1998, p. 24.

redressements d'entreprises ivoiriennes[63] qui prennent des dimensions significatives, fondés sur les prix intragroupe[64]. A dire vrai, dans les pays où la notion des prix de transfert est au cœur de la politique fiscale de l'administration, les redressements qui en résultent sont aussi rentables[65] que les impôts dits traditionnels, notamment la TVA ou l'impôt BIC[66]. Reste que dans ces administrations, les inspecteurs chargés du contrôle ont reçu une spécialisation en matière de prix de transfert, et relèvent de formations diverses : ils sont juristes, fiscalistes, financiers ou économistes, etc.

Evidemment, on réalise déjà le degré d'interdisciplinarité de la matière des prix de transfert.

III. MÉTHODE DE TRAVAIL

Transversalité du sujet. Comme il est aisé de s'en rendre compte, cette thèse est pluridisciplinaire. Elle permet de vérifier les grands principes du droit fiscal des affaires et du droit des groupes de sociétés et apporte une contribution à la théorie générale du droit. Toutefois, elle privilégie l'aspect fiscal, car c'est là où l'antagonisme entre les intérêts, parfois contradictoires, des contribuables et de l'Etat est patent. En vérité, quand une administration fiscale opère sur le fondement des prix de transfert le redressement d'une entreprise, le seul véritable risque est fiscal : le risque de double imposition économique. Aussi, une place de choix sera réservée aux grands principes du droit fiscal tels que le principe de la non-immixtion du fisc dans la gestion de l'entreprise, la territorialité de l'impôt, la neutralité fiscale, l'abus de droit, l'acte anormal de gestion, etc. Il en sera de même du droit des groupes de sociétés, où seront examinés les grands thèmes de la matière, à savoir : l'absence de reconnaissance de l'intérêt du groupe, l'autonomie des sociétés membres d'un groupe, le principe de pleine concurrence ou principe de transaction à prix normal, etc. Des questions du droit des obligations sont

---

[63] C'est le cas de la Société africaine de cacao, SACO, filiale du holding suisse Barry Callebaut, en Côte d'Ivoire qui s'est vue notifier un redressement fiscal de plus de 106 milliards de FCFA par le Fisc ivoirien, en 2001, soit 161 596 millions d'Euros.

[64] Par exemple, en France entre 1995 et 1999, selon les statistiques de la DVNI, les redressements en matière de prix de transfert se sont multipliés par 5 ; voir R. DHONNEUR et C. MAUCOUR, « Quelles garanties pour le contribuable lors d'un contrôle sur les prix de transfert ? », *Option Finance*, n° 668, 10 décembre 2001, p. 26.

[65] Ainsi dans les trois plus grandes affaires portées devant le juge de l'impôt américain, les redressements de prix de transfert atteignaient pour la première la somme de 4,4 milliards de dollars (affaire « Exxon Corporation »), pour la deuxième la somme de 1,9 milliards de dollars (affaire « Mobile Corporation ») et, pour la troisième la somme de 1,3 milliards de dollars (affaire « Texaco Incorporation »). Voir notamment, S. WRAPPE, « APA : the IRS rediscovers ADR », *Taxes Notes International*, 1994/96, p. 1581.

[66] Au Maroc, un spécialiste de la question affirmait : *« Le prix de transfert (...) constitue aujourd'hui le principal chef de redressement fiscal des multinationales ; voir E. MARTIN, « Les prix de transfert sous haute surveillance »*, **L'Economiste,** du jeudi 10 décembre 2005.

également traitées, par exemple, l'expression de la volonté individuelle au niveau sociétaire, le libre consentement, la qualité des parties au contrat, l'exigence d'un objet certain et d'une cause licite, les contrats avec soi-même, etc. Le droit du commerce international n'a pas non plus été ignoré avec l'examen de la règle de libre détermination de la loi applicable au contrat, les recours aux usages professionnels, le crédit documentaire, etc.

Cette diversité des sujets abordés n'est pas surprenante. En effet, la fiscalité et le droit s'insèrent dans un réseau très dense des contraintes économiques, financières, administratives, voire humaines, dont il est nécessaire de tenir compte pour convenir du « juste prix » intragroupe dans l'industrie du café et du cacao ou dans les autres domaines. « N'étant pas une science exacte », la matière des prix de transfert commande que ses praticiens - entreprises, administration ou conseil fiscal - agissent « en bon père de famille », c'est-à-dire, avec modération, parcimonie et circonspection, conformément au principe de prudence. Cette règle peut être ainsi définie comme « l'expression de la sagesse populaire qui, face à l'incertitude, préfère la prudence à une audace qui pourrait être suicidaire » à l'expansion du commerce mondial. « Il est le refus d'une société où l'homme, quel qu'il soit », agent du fisc ou simple contribuable, « jouerait sans contrôle à l'apprenti sorcier » dans l'établissement et/ou le contrôle des prix intragroupe.

Champ d'investigation retenu. La fiscalité est « un maquis » ; seule une connaissance approfondie des mesures administratives d'application et des décisions rendues en justice permet de s'y aventurer[67]. Malheureusement, en la matière, ces moyens font défaut au chercheur en Côte d'Ivoire. La doctrine administrative fiscale ivoirienne est assez récente. Elle ne concerne que les dispositions en vigueur au 31 décembre 2002[68]. En matière fiscale, la jurisprudence est quasi inexistante, aucune décision de fond, seulement quatre arrêts sur des questions juridiques sans grande portée pour le sujet traité[69]. On tentera alors de combler cette lacune, notamment sur le plan

---

[67] Z. TOGBA, *L'imposition des revenus des sociétés étrangères en Côte d'Ivoire*, Thèse, Paris 12, 1984, p. 9.

[68] La Direction Générale des Impôts a publié la Doctrine fiscale ivoirienne, en deux tomes. Le premier tome porte sur les années 1960 à 1995 et le second concerne les années 1996 à 2002. Un troisième tome serait en cours d'élaboration, et devrait paraître incessamment. En ce qui concerne les mesures de lutte contre les transferts indirects de bénéfices à l'étranger, on mentionnera la note administrative n°035/DGI/CT du 13 janvier 1982 relative à l'analyse des nouvelles dispositions prévues en matière de fiscalité intérieure par l'annexe fiscale de la loi de finances pour 1982, n°81-1127 du 30 décembre 1981.

[69] Deux arrêts en 1964 (Cour Suprême) et en 1974 (Cour d'appel) sont relatifs à la législation pénale fiscale : nature civile des sanctions fiscales en matière douanière, d'où la non-application à ces réparations du principe de non-cumul des peines et répression de la concussion sous forme d'exonération illégale ; deux arrêts de la Cour suprême (en 1966) et de la Cour Appel d'Abidjan (en 1972) traitent du contentieux fiscal : rejet du recours pour excès de pouvoir au profit du recours de pleine juridiction en matière de demande de réduction

jurisprudentiel, en recourant au droit fiscal français, soit pour retrouver l'origine d'un texte ivoirien, soit pour l'illustrer par des exemples ou en donnant une interprétation possible. Le recours est justifié par la parenté entre les deux systèmes fiscaux, parenté consacrée par des situations de fait et de droit. En effet, malgré une refonte de la fiscalité ivoirienne, surtout dans sa partie relative à l'imposition des entreprises, celle-ci reste encore une adaptation du système hérité de la colonisation. Dans certains cas, on assiste même à l'introduction de régimes créés en France, comme ceux des sociétés mères (art. 22 et art. 233 et s. du CGI) et des sociétés et clubs d'investissement - art. 234 du CGI. Il faut remarquer ici qu'une bonne partie des cadres ivoiriens a été formée jusqu'à présent dans la même école que leurs homologues français. L'esprit d'école qui en découle entraîne souvent chez ces fonctionnaires une identité de raisonnement. Or, le raisonnement par analogie est une méthode d'analyse tentante pour l'esprit dans un domaine aussi technique que la fiscalité applicable à la matière des prix de transfert. Sur un plan plus juridique, le chercheur est frappé par l'identité textuelle entre maintes dispositions des Codes des impôts français et ivoirien. S'agissant du sujet, mentionnons, à titre d'exemples, que l'art. 38, al. 1 et 2 du CGI français correspond aux articles 14 et 15 du CGI ivoirien et l'article 57 français à l'article 38 ivoirien[70].

Par ailleurs, il peut paraître étonnant que le sujet soit traité par un privatiste de formation. Que l'on ne se méprenne pas ! Les questions abordées et les instruments d'analyse utilisés sont imposés par la matière. En effet, outre les connaissances économiques, comptables et financières qu'il nécessite pour la compréhension de son esprit, le droit fiscal est cette branche de la science juridique qui réalise le mariage réussi entre deux grandes divisions classiques que sont le droit privé et le droit public. Il est difficile d'en douter, à moins de vouloir entretenir « une querelle de cabales »[71]. Michel Fleuriel a justement écrit à cet égard : « la traditionnelle distinction entre le droit public et le droit privé avait un sens dans une économie dominée par une mystique de la liberté des individus (...). Cette

---

d'impôt et affirmation de la compétence des tribunaux de droit commun en matière fiscale (art. 5 du Code de procédure civile, administrative et commerciale).

[70] Dans les lois de finances respectives pour la gestion 1982 en France et en Côte d'Ivoire, les deux textes ont été complétés dans le sens d'un renversement de la charge de la preuve : d'une part, pour les transferts indirects de bénéfices à destination d'un Etat ou territoire étranger dont le régime fiscal est privilégié au sens de l'art. 238-A, (voir, art. 90 de la loi de finances française, in Droit fiscal 1982, n° 2-3.) ; d'autre part, l'alinéa 3 de l'art. 38 du CGI ivoirien, (Voir art. 9 annexe fiscale à la loi de finances n°81-1127 du 30 décembre 1981, in JO 1982, n°7, p. 124). Sur la reprise des textes français, voir en ce sens, P. KERLAN : « L'interrelation du système fiscal français et des pays en développement », *ONU*, New York, 1971, ST/ECA/149.

[71] M. COZIAN, « Propos désobligeant sur une « tarte à la crème » : l'autonomie et le réalisme du droit fiscal », *Revue de droit fiscal*, 1999, n° 13, p. 530 et s.

conception n'est plus du tout adaptée à la réalité d'une société dont l'Etat assume au moins en partie le développement économique »[72].

Domaines exclus. L'ampleur des domaines embrassés par les prix de transfert a conduit à éliminer certaines matières en dépit de l'intérêt réel qu'elles présentent. C'est ainsi que le droit comparé, le droit fiscal pénal ou le droit fiscal des affaires et la fiscalité agricole seront cités à titre d'illustrations sans faire l'objet d'une étude détaillée. De même, le droit fiscal international ne sera pas envisagé de façon exhaustive, quoique les prix de transfert ressortissent de cette branche de la fiscalité. En raison de la densité du réseau conventionnel de la Côte d'Ivoire, un recours fréquent aux conventions fiscales internationales sera fait, sans pour autant que certains concepts propres aux règles conventionnelles telles que le commerce électronique ou l'établissement stable ne soient traités dans le cadre limité de cette thèse. En effet, les problématiques des prix de transfert et d'établissement stable peuvent interagir. Il faut cependant garder à l'esprit que ces deux concepts sont distincts.

A présent, il faut souhaiter que ce travail puisse faciliter l'exploration d'un domaine aussi peu connu que celui des prix de transfert, singulièrement dans l'industrie du café et du cacao.

IV. PROBLÉMATIQUE DE LA RECHERCHE

Exposé du problème. L'observation des règles qui gouvernent les prix de transfert et la pratique en l'occurrence dans le secteur du café et du cacao, laissent planer un certain nombre de paradoxes qu'il importe de détecter.

De l'existence des marchés boursiers. Une opinion dominante dans la pratique des prix de transfert tend à susciter une certaine curiosité ; celle de croire que les filières des matières premières seraient des secteurs « réfractaires » à toute problématique de rémunération intragroupe. Sous le prétexte que les matières premières notamment, le pétrole, l'or, le cuivre, le café et le cacao, étant cotées sur les places boursières de Londres, de New York et de Paris, ne sauraient donner lieu à une quelconque manipulation de prix. *A priori* concevable[73], cette conception ne doit pas pour autant faire illusion et faire oublier que le mécanisme de base des prix de transfert revêt une double dimension : positive et négative à la fois. Du point de vue négatif, la question des prix de transfert se pose lorsque, par exemple, les produits [74]de l'entreprise sont **minorés,** notamment les prix de cession interne du café ou du cacao sont réduits considérablement. Positivement, les

---

[72] M. FLEURIEL, « Les techniques de l'économie concertée », *Dalloz Sirey*, Paris, 1974, p. 212.

[73] La raison résiderait en ce que les cours fixés sur ces marchés boursiers peuvent bien constituer une référence irréfutable pour la détermination des transactions intragroupe.

[74] Le terme « produits » est pris ici au sens comptable du terme, par opposition aux charges.

contribuables peuvent plutôt avoir intérêt à **majorer** les charges de l'entreprise, particulièrement les redevances, le *know how*, la rémunération d'incorporels, de sorte à transférer les profits sur un territoire autre que celui de la Côte d'Ivoire. Dans un cas comme dans l'autre, les bénéfices de l'entreprise multinationale de café ou de cacao se trouvent diminués d'autant. De la sorte, l'existence d'une bourse de matières premières n'occulte pas l'intérêt de notre recherche. D'ailleurs, les produits dérivés des produits de base de cacao, tels que les tourteaux, le beurre et la pâte ne sont vendus sur aucun marché boursier. Suivant les cours des fèves de cacao, les entreprises déterminent librement des ratios de conversion pour chaque type de produits semi-élaborés, laissant entière toute la problématique des prix de transfert[75].

Des mesures incitatives à l'investissement et les règles répressives en matière de contrôle des prix de transfert. A l'heure où « la bataille économique fait rage » entre les Etats, la Côte d'Ivoire s'est dotée d'un régime fiscal incitatif contenu dans le code des investissements issu de la loi n° 95-620 du 3 août 1995 et le décret n° 95-172 du 13 septembre 1995, à travers ses régimes d'agrément à l'investissement et de déclaration à l'investissement[76]. Par ailleurs, sous l'angle des prix de transfert, le fait d'utiliser l'incitation fiscale à l'investissement comme levier de développement économique de la Côte d'Ivoire peut se révéler, après coup, comme une arme à double tranchant. D'une part, il faut alors craindre qu'après avoir attiré, dans un premier temps, sur son territoire de nombreuses entreprises multinationales, à travers divers avantages fiscaux incitatifs, l'Etat durcisse, dans un second temps, ses règles de taxation des flux internationaux au sein des grands groupes. Le risque est que les pouvoirs publics encouragent les multinationales étrangères à s'installer sur le sol ivoirien pour ensuite les taxer « sévèrement », principalement par le biais des règles et procédures contraignantes de contrôle des transactions entre la filiale locale et le groupe[77]. D'autre part, il est établi que les sacrifices consentis par le législateur, en se privant d'une portion de ses recettes fiscales, visent, comme but essentiel, à rassurer les investisseurs à

---

[75] On rappellera tout simplement que c'est à propos de la contestation des ratios fixés par la société SACO par l'Administration que celle-ci a notifié à celle-là un redressement en 2001, fondé sur les prix de transfert.

[76] Ces avantages consistent entre autres en des exonérations sur certains impôts pendant un certain nombre d'années (5 ans pour la zone A et 8 ans pour la zone B). Pour le régime de la déclaration à l'investissement, les impôts concernés sont l'impôt sur le bénéfice industriel et commercial ou l'impôt sur les bénéfices non commerciaux, la contribution des patentes et des licences. Pour le régime de l'agrément, en plus des exonérations précitées, il faut y ajouter la contribution foncière sur les propriétés bâties au cas où l'investissement est supérieur à deux milliards de francs CFA. De même, le montant du Droit Unique de Sortie qui leur est appliqué est de 60 francs par kilogramme sur le cacao transformé.

[77] G. MONSELLATO, « Evitons la guerre fiscale », *La rédaction web des Echos*, 6 décembre 2004.

s'implanter sur le sol ivoirien, qui devient ainsi plus compétitif. En contrepartie, les entreprises multinationales sont tenues à un minimum d'impôt applicable aux activités bénéficiant des avantages fiscaux, une sorte « d'impôt plancher » à l'américaine. A cet égard, tout manquement à cette obligation est de nature à saper les efforts consentis par l'Etat[78]. D'où la nécessité pour l'administration et les contribuables de s'accorder sur le caractère « du juste prix » des flux intragroupe.

De l'évolution dialectique de la conception du « juste prix ». Parce que le prix est incontestablement un instrument de l'autonomie de la volonté[79], la première approche[80] du prix - sous l'angle tant du droit civil que des branches spécialisées du système juridique - est purement « subjectiviste ». En effet, le prix serait juste[81] dans la mesure où il a fait l'objet d'un accord de volonté, ou comme l'écrivent des auteurs « chacun étant le meilleur juge de ses intérêts, le juste prix est celui sur lequel les parties parviennent à s'accorder dès lors que leur comportement a été libre et éclairé »[82].

Par ailleurs, avec les directives de l'OCDE, en l'occurrence sur la base des méthodes dites traditionnelles fondées sur les transactions, les choses vont évoluer dans le sens d'une renonciation à la « subjectivité des parties », compte tenu de ce que les liens de parenté entre elles peuvent avoir une influence sur les conditions des échanges[83]. Le juste prix est alors perçu comme représentant « la contrepartie d'un bien ou d'une prestation correspondant à sa valeur normale, raisonnable »[84]. Le caractère normal ou raisonnable est apprécié au regard du principe de pleine concurrence, « l'étalon de mesure » des transactions entre sociétés d'un groupe multinational, lequel principe postule que le prix juste, normal ou raisonnable, est celui qui se réfère au marché, ou du moins est comparable à celui des entreprises indépendantes. Ainsi, c'est une valeur « objectivée » qui aboutit à un « prix objectif » puisque ses conditions de négociation sont

[78] Les dividendes que l'Etat est en droit d'espérer recueillir en contrepartie des avantages fiscaux concédés ne seraient plus garantis précisément en raison de la pratique des prix de transfert dans le secteur du café et du cacao.
[79] M. THIOYE, *Recherches sur la conception du prix dans les contrats*, PUAM, Marseille, Tome 1, n°30, p. 37.
[80] Voir *infra*, Première partie.
[81] On peut essayer de définir un « juste prix » comme « le prix le plus bas qui permet à l'entreprise d'obtenir la qualité désirée, sur l'horizon escompté du besoin, dans des conditions de sécurité raisonnables et de délais respectés », voir, O. BRUEL, *Politique d'achat et d'approvisionnement*, 2è éd. Dunod, 1996, p. 137.
[82] F. TERRE, Ph. SIMLER, Y. LEQUETTE, *Droit civil, Les obligations*, Dalloz, 7è éd., 1998, n° 276, p. 263.
[83] L'existence d'une relation de parenté entre des sociétés fait présumer que la négociation n'est pas nécessairement libre. Encore, faut-il que les parties combattent cette présomption en apportant la preuve contraire, que l'apparentement n'a à aucun moment affecté l'indépendance prétendue des deux partenaires.
[84] H. CAPITANT, *Vocabulaire juridique de l'Association*, G. CORNU et *alii (dir-)*, 8è éd. 2007, V° Juste prix.

extérieures à la volonté des parties, mais déterminées à l'aune du marché dans la mesure où celui-ci est concurrentiel. Logiquement, cette approche « objective » ou comparative des prix devrait conduire au respect scrupuleux de l'égalité de traitement des prix pratiqués sur les marchés libres et captifs[85].

Or, cette tendance « d'objectivation » juridique des prix de transfert, perçue comme « dogmatique » et « mécanique », a évolué, voire a été écartée aujourd'hui pour une approche plus « dynamique » et « pragmatique » du principe de pleine concurrence de l'OCDE. Si bien qu'il ne s'agit plus de rechercher si les parties à l'opération considérée ont négocié comme des tiers indépendants, mais plutôt si l'entreprise, qui ne se conforme pas aux prix comparables du marché, a des raisons commerciales et financières légitimes à faire valoir pour fonder une politique de prix à première vue anormale[86]. Dès lors, on perçoit avec le Pr. J.-P. Le Gall que « l'attention se déplace, subtilement, de l'identité du prix à la normalité du prix, c'est-à-dire d'une analyse quantitative, objective – le prix fixé est-il celui de concurrents indépendants ? – à une analyse qualitative, subjective – le prix fixé est-il normal compte tenu des circonstances propres à l'entreprise et à sa politique ? » [87]. Tout se passe comme si les règles devant régir les transactions internationales entre sociétés d'un même groupe étaient dotées d'une grande flexibilité, oscillant entre subjectivité, objectivité et « objectivo-subjectivité » du prix.

Annonce du plan. De cette dialectique sur l'évolution de la conception du prix, il ressort clairement que la question doit être posée à l'interprète de savoir ce qu'est finalement le « juste prix » de transfert dans une industrie comme celle du café et du cacao ? Certes, le prix a toujours préoccupé les juristes (entre autres) et les préoccupera sans aucun doute indéfiniment, mais la vérité reste que, les approches qui ont été faites de ce concept restent fragmentaires et toutes cantonnées à tel ou tel aspect déterminé de la notion. Les interprètes se sont, en effet, beaucoup penchés sur la question de la notion du prix réel et sérieux, ils ont aussi abondamment réfléchi sur les problèmes de la lésion, de la (pré)fixation du prix dans le contrat et la pratique dite « open price contract ».

Jusque-là, les questions abordées, notamment de prix réels et sérieux, envisagent généralement le prix dans son existence. Or, l'existence du prix (est une chose et sa détermination étant une autre) permet de qualifier le caractère onéreux ou gratuit de la transaction intragroupe de café et de cacao.

---

[85] On entend par « marché captif », un marché ou un segment de marché qui ne laisse aucune place au libre jeu de la concurrence. Le commerce intragroupe en est une hypothèse. Il s'oppose donc au « marché libre », dont les acteurs sont indépendants et les négociations reposent sur la loi de l'offre et de la demande.

[86] J.-P Le GALL, « Quelques réflexions sur « l'arm's length principle » d'après le 46è Congrès de l'International Fiscal Association (Cancun-Oct. 1992) », DF 1992, n° 50, 1942.

[87] J.-P Le GALL, *op. cit.*, n° 50, p. 1942.

En revanche, la question de la détermination du prix, qui ne se pose que parce que le prix stipulé au contrat de vente existe, se présente comme une règle technique ayant vocation à arrêter le *quantum* de l'obligation monétaire de la vente. Or, suivant l'article 1591 du code civil qui dispose que « le prix de la vente doit être déterminé et fixé par les parties », c'est dans sa dimension de technique juridique que les questions posées par la détermination du prix deviennent assez embarrassantes.

Il s'ensuit clairement que la détermination du prix de la transaction intragroupe dans l'industrie du café et du cacao pose le problème de l'évaluation du juste prix ou du prix normal[88] des produits échangés. Cette difficulté finit nécessairement par nous mener dans une sorte d'impasse tant la notion même de « juste prix » est source d'incertitude et d'ambiguïté. Mais surtout, compte tenu de l'adéquation du prix à la valeur, ce dernier concept est d'une grande complexité[89]. Faut-il alors renoncer à définir le juste prix de la transaction intragroupe, à partir du moment où il semble constamment « écartelé, tiraillé » par l'ambivalence de la mesure du « juste »? Comment vouloir imposer un juste équilibre si l'on n'en maîtrise pas les paramètres ? La tâche est à l'évidence ardue et l'issue douteuse.

Cette complexité n'empêche pas, néanmoins, de remarquer que deux séries de conceptions se dégagent spontanément de cette étude des prix de transfert, consacrée au secteur du café et du cacao. D'une part « une conception purement juridique », qui s'intéresse davantage à la recherche d'éléments dans l'unique but de fonder l'existence du prix. Quand vient le moment de fixer techniquement le *quantum* de la transaction intragroupe, les critères que véhicule la perception juridique des prix de transfert s'avèrent inappropriés, soit parce qu'ils sont incertains soit qu'ils s'avèrent insuffisants (Première Partie). Mais le juriste confronté aux réalités ne semble guère se résigner et clamer son impuissance. Il n'hésitera point à développer, d'autre part, « une approche plus économique » de la problématique des prix de transfert (Seconde Partie). Se rapprochant en cela de la position du Professeur Saintourens qui perçoit le prix juste comme l'expression de la valeur par rapport au contexte économique et social dans lequel évoluent les produits échangés.

---

[88] D'emblée, nous utilisons la terminologie de « juste prix » indifféremment du concept de « prix normal ». Même si l'on convient que la première a un champ d'application plus étendu et que l'administration fiscale marque sa préférence pour l'expression de « prix normal » plutôt que de « juste prix », sans doute, compte tenu de l'acception polysémique de cette dernière. Ainsi, elle le définit négativement par l'expression du « prix anormalement bas ou élevé », notamment dans la théorie de l'acte anormal de gestion ou dans la pratique des prix de transfert.

[89] La valeur n'étant pas une notion juridique mais économique, il est donc possible qu'il y ait des écarts entre le prix et la valeur, *cf* A. MRABTI, *Contribution à l'étude critique de la notion de lésion*, Thèse Paris II, 1986, p. 23 et s. et 139 et s. ; L. ORSINI, *Le juste prix dans la vente d'un immeuble*, Thèse Aix- Marseille III, 1994, p. 150 s.

Face à « l'imbroglio juridique », l'analyse économique semble être la voie la plus judicieuse d'exploration, compte tenu de son pragmatisme et du fait qu'elle permettrait d'ajuster les prix de transfert aux réalités à la fois économiques[90], financières, sociologiques et commerciales des entreprises multinationales du secteur café- cacaoyer.

Première partie : La perception juridique du mécanisme des prix de transfert

Seconde partie : L'adaptation économique de la pratique fiscale des prix de transfert.

[90] Faut-il faire ici le parallèle entre la discipline des prix de transfert et le paradoxe « de l'œuf et de la poule », en ce sens qu'ils sont finalement réglés par un postulat. En ce qui concerne les prix de transaction intragroupe, il faut partir du postulat selon lequel, toutes les entreprises doivent commercer entre elles, comme si elles étaient indépendantes, sans tenir compte des liens de droit ou de fait qui pourraient exister.

PREMIÈRE PARTIE

La perception juridique du mécanisme des prix de transfert

Plan. Parce qu'ils désignent les prix auxquels une entreprise transfère des biens corporels, des actifs incorporels, ou rend des services à des entreprises associées[91], les prix de transfert dans l'industrie du café et du cacao peuvent être perçus comme des prix facturés à l'occasion des transactions, portant sur ces matières premières et leurs produits dérivés, effectuées entre des sociétés d'un même groupe et résidentes d'Etats différents. Il résulte de la définition que les prix de transfert[92] supposent non seulement le passage des frontières ivoiriennes, mais également reposent sur des transactions intragroupe qui en constituent l'objet (Titre 2), dont il conviendrait de déterminer la valeur. Autrement dit, ils visent des opérations d'import-export de café et de cacao qui se déroulent à l'intérieur d'un groupe multinational. En revanche, sont exclues de leur périmètre d'application toutes transactions à destination de l'international avec des sociétés indépendantes ainsi que toutes transactions intragroupe se déroulant à l'intérieur du territoire national. Sur le plan de l'analyse juridique, admettre que les transactions internes constituent l'objet des prix de transfert n'incite-t-il pas à s'interroger sur la qualité du sujet ? Ce sujet d'un « nouveau genre »[93] est représenté par des entités juridiques considérées comme des agents économiques. Ce sont ces dernières qui ont pour vocation de conclure, notamment, des contrats de vente du café ou du

---

[91] En raison du silence de la loi et de la jurisprudence ivoiriennes, il est constant de se référer à la définition proposée par l'Organisation de Coopération et de Développement Economique, OCDE ; voir en ce sens *OCDE, Principes applicables en matière de prix de transfert à l'intention des entreprises multinationales et des administrations fiscales, OCDE 2001.*

[92] Le concept « prix de transfert » n'est pas utilisé ici au sens générique du terme. Par hypothèse, il va désigner les prix des transactions intragroupe pratiqués dans l'industrie du café et du cacao.

[93] « (...) Ces entités d'un nouveau genre règnent sur l'économie, abolissant les frontières, réagissant à la vitesse de la lumière, se déplaçant en très peu d'heures d'un point à un autre du globe, jouant sur la fiscalité considérée comme un paramètre décisif de gestion. » ; voir G. MONSELLATO et P. RASSAT, *op. cit.*, p. 8.

cacao. La dimension internationale de ces entreprises leur confère un statut particulier, à savoir celui « d'entreprises multinationales » (Titre 1) que traduit une organisation relationnelle de nature variée.

TITRE PREMIER

Le sujet des transactions intragroupe

Dépasser la complexité. « Le sujet » des prix de transfert, entendu comme « une entreprise multinationale » est *a priori* facile à définir. D'origine latine, *subjectum,* le sujet[94] désigne toute personne[95] considérée en tant que support de droit subjectif. En se référant à la définition des prix de transfert donnée plus haut, « le sujet » nous renvoie à « l'entreprise », plus exactement à l'entreprise qui appartient à un groupe implanté sur plusieurs Etats. Une fois cette signification donnée, les choses semblent se compliquer. Qu'est ce qu'une entreprise multinationale ? Certes, les recommandations de l'OCDE la définissent comme étant une « société qui fait partie d'un groupe multinational »[96]. Mais, outre le fait que cette définition semble quelque peu tautologique, l'extrême diversité des entreprises multinationales comme la technicité des règles qui gouvernent le négoce des produits de base ne facilitent pas leur étude. En retenant la seule forme sociétaire, l'OCDE vise sans doute à écarter du périmètre d'application du « sujet » des prix de transfert les autres formes possibles d'activité économique comme les entreprises personnelles, les associations, les succursales ou établissements stables. Cela suffit-il, pour autant, à élucider le concept ? Une société est-elle toujours membre d'un groupe multinational en raison du pouvoir de contrôle qu'une autre exerce sur elle ? En pratique, une définition réductrice de l'entreprise multinationale aurait augmenté les possibilités de fraude et d'évasion fiscales[97]. Ce constat ne doit cependant pas décourager. Il est tout à fait possible de dresser la variante du sujet (Chap II), permettant ainsi d'établir une typologie des entreprises multinationales, de déterminer du point de vue juridique les traits caractéristiques de celui-ci. Tout se passe comme si l'on établissait « l'identité » du sujet (Chap I).

---

[94] G. CORNU, *Vocabulaire juridique*, Quadrige/PUF, Paris, mars 2007, p. 896.

[95] Par l'expression « toute personne », on entend faire allusion à la personne physique et à la personne morale. Mais, c'est seulement sur cette dernière que portera l'objet de notre étude.

[96] OCDE, *op. cit.*, OCDE 2001, Glossaire, p. G5.

[97] Puisqu'il suffirait de transférer du bénéfice à une entreprise indépendante étrangère, mais avec qui sont conclus des contrats d'approvisionnement exclusifs, pour écarter les éventuelles possibilités de contrôle de l'Etat.

CHAPITRE I

L'identité du sujet

Précision. L'homme a créé les sociétés à son image, il les a douées d'une semblable liberté que réalise la personnalité morale et qu'exprime l'autonomie patrimoniale[98]. Cette affirmation du Professeur Georges Ripert est très révélatrice de la similitude entre les sujets de droit, quels qu'ils soient, personne physique ou personne morale. Certes, une telle symétrie peut paraître excessive, au premier abord, compte tenu des nombreux points de distinctions entre l'homme et la société, il ne reste pas moins qu'un faisceau d'indices identitaires peut contribuer à les assimiler. Aux termes de l'article 4 de l'Acte uniforme sur les sociétés commerciales et du GIE, la société est créée par deux ou plusieurs personnes qui conviennent, par contrat, d'affecter à une activité des biens en numéraire ou en nature, dans le but de partager le bénéfice ou de profiter de l'économie qui pourra en résulter. Les associés s'engagent à contribuer aux pertes dans les conditions prévues par le présent Acte uniforme. La société commerciale doit être créée dans l'intérêt commun des associés. Il s'ensuit qu'à l'instar des personnes physiques, les sociétés sont dotées d'une volonté qui émane de la commune intention des parties de s'associer, *l'affectio societatis*, d'un patrimoine formé par la somme des apports des associés. De plus, elles portent un nom, disposent d'un domicile, acquièrent une nationalité, peuvent ester en justice, naissent, vivent et meurent[99]. En un mot, à l'instar des êtres humains, l'entreprise multinationale a une véritable identité.

Signification du concept « identité ». S'interroger sur l'identité du « sujet » des transactions intragroupe n'est pas faire œuvre inutile. Même si l'utilisation du concept « d'identité » peut paraître équivoque à première vue, lorsqu'on

[98] G. RIPERT, *Aspects juridiques du capitalisme moderne*, LGDJ, 1951, n° 30, p.73.

[99] Certains auteurs n'ont pas hésité à pousser cette comparaison à son paroxysme. Pour eux, la notion de famille en droit de la famille trouve son corollaire en droit des sociétés dans le concept de groupe de sociétés. En effet, l'ensemble formé par la société mère et ses filiales n'est rien d'autre qu'une famille de sociétés. Voir en ce sens, J. PAILLUSSEAU, « Le droit moderne de la personnalité morale », *RTD Civ.* 1993, p. 705.

s'adresse à des entités autres que les personnes physiques. Et pourtant, elle se justifie pleinement ici dans les deux sens du terme. D'une part, dans son acception latine *identitas*, l'identité est généralement employée à l'égard des personnes afin de marquer ce qui fait leur particularité, spécificité et les distingue des autres. D'autre part, pris dans le sens de similitude, « l'identité » du sujet nous amène à retrouver les traits caractéristiques qui peuvent contribuer à reconnaître entre plusieurs entreprises celles qui présentent une grande ressemblance. Ainsi, à partir de ces éléments, il serait plus aisé d'identifier l'entreprise multinationale, mais surtout de déterminer sa qualité de « sujet de prix de transfert ». Faut-il préciser, à juste titre, qu'une telle qualité n'est pas reconnue à n'importe quelle firme multinationale. Pour y prétendre, il faudrait que l'entreprise soit assujettie au droit national, c'est-à-dire, soit considérée comme résidente du territoire ivoirien (Section I). Etant par définition « une entreprise multinationale », on comprend dès lors que cette entreprise puisse appartenir à un groupe multinational (Section II). Cette double nature, à la fois nationale du pays et multinationale à l'égard du groupe ne constitue-t-elle pas la véritable « identité » de l'entreprise multinationale, en tant que sujet des transactions intragroupe ?

SECTION I : UN SUJET DE DROIT NATIONAL

Présentation. L'objet de cette étude est de montrer que l'entreprise multinationale peut être un sujet de droit juridiquement indépendant. Comme tel, elle a des droits et est soumise subséquemment à des obligations. Dans la mesure où la firme se constitue en société, elle dispose de la personnalité morale nécessaire à l'accomplissement des actes juridiques. Cependant, pour certains actes, l'acquisition de la seule personnalité juridique ne sera pas suffisante. En l'occurrence, l'entreprise multinationale ayant vocation à réaliser des opérations d'exportation destinées aux entreprises liées situées à l'étranger, doit impérativement obtenir en outre un agrément administratif. Cette condition est indispensable à l'acquisition de la qualité d'exportateur, en droit interne ivoirien (Parag I). En contrepartie des prérogatives que lui confère cette qualité, elle doit assumer un certain nombre d'obligations, qui peuvent être distinguées selon leur nature juridique ou fiscale (Parag II).

Parag I : La reconnaissance de la qualité d'exportateur

En la matière, l'exportation de café ou de cacao par une entreprise suppose qu'elle existe juridiquement, en tant que personnalité morale. L'immatriculation demeure la voie d'accès à la vie juridique de la société (A). Cependant, celle-ci est tenue de requérir auprès des autorités administratives compétentes un agrément pour exporter ses produits vers l'étranger (B).

A. L'immatriculation au Registre du commerce

Une société valablement constituée doit être impérativement immatriculée[100]. L'immatriculation au Registre du commerce et du crédit mobilier confère non seulement la qualité de la personnalité morale, mais également le bénéfice de ses attributs.

1. L'acquisition de la personnalité morale

Importance de l'immatriculation. Aux termes de l'article 98 de l'Acte uniforme sur les sociétés commerciales et du GIE, toute société jouit de la personnalité juridique à compter de son immatriculation au registre du commerce et du crédit mobilier, à moins que le présent acte en dispose autrement. Deux conséquences sont attachées à l'affirmation du principe d'immatriculation, tel qu'énoncé. Le législateur de l'OHADA consacre l'obligation légale d'immatriculation à la charge des sociétés commerciales et la rupture avec la conception traditionnelle de l'immatriculation qui a été pendant longtemps perçue comme un simple acte administratif dépourvu d'effet juridique. Initialement, il était admis que la société acquérait la personnalité morale au moment où le contrat était conclu entre les associés[101]. Désormais, l'exigence de l'immatriculation constitue la source créatrice, l'acte de naissance de la personne morale. Les exceptions à cette règle sont rares. Seul peut être évoqué le cas de la société en participation qui, il faut le reconnaître, est une société juridiquement marginale en ce sens qu'une bonne partie des règles du droit des sociétés lui est inapplicable. Il y a également le cas de la société de fait et de la société créée de fait qui ne sont pas des formes sociales, à proprement parler, mais des constructions doctrinales et jurisprudentielles visant à caractériser certaines situations de fait qui se rapprochent de la société[102]. A vrai dire, dans le cadre des prix de transfert, ces dérogations présentent peu d'intérêt dans la mesure où la qualité de « sujet » de transaction intragroupe suppose préalablement que l'entreprise bénéficie de la personnalité morale[103].

---

[100] La seule exception notable à cette prescription concerne la société en participation

[101] F. ANOUKAHA, A. CISSE, N. DIOUF et *alii* (dir-), *Sociétés commerciales et GIE*, OHADA, Juriscope, 2002, p. 196.

[102] M. KONE, *Le nouveau droit commercial des pays de la zone OHADA : comparaison avec le droit français*, Thèse Bordeaux, LGDJ, 2002.

[103] Cette idée explique que les succursales ne puissent être considérées par nous comme « des sujets » de prix de transfert. Certes, elles existent en pratique, comme une entreprise directement rattachée à une autre. Mais, à la différence de la filiale, elles n'ont pas une personnalité morale propre, distincte de la « maison-mère ». Ce sont de simples structures décentralisées, dépourvues de personnalité juridique. Elles ne disposent donc pas de la capacité commerciale nécessaire pour passer des contrats. On notera, cependant, qu'en matière conventionnelle, pour l'imposition des entreprises, la clé principale de répartition repose sur la notion *d'établissement stable*. Chaque Etat est compétent pour imposer non seulement les sociétés, mais aussi *les établissements stables* installés sur son territoire, c'est-à-

Consécration de la thèse de la fiction. La position affichée par le législateur de l'OHADA appelle une question. En proclamant le principe d'immatriculation comme le fondement de la naissance de la personne morale, l'Acte uniforme sur les sociétés commerciales et les GIE ne prend-il pas le parti des partisans de la thèse de la fiction au détriment des défenseurs de la thèse de la réalité ? En d'autres termes, cette prise de position du législateur ne met-il pas un coup d'arrêt à cette crise ouverte pendant près d'un siècle entre la théorie de la fiction[104] et celle de la réalité[105]? Notre intention n'est pas de consacrer un long développement au sujet de la nature juridique de la personne morale, tant la question a fait l'objet de nombreuses réflexions de la part d'éminents juristes. Cependant, il nous paraît évident de constater qu'en soumettant à l'onction législative l'attribution de la personnalité par le truchement de l'immatriculation, le législateur communautaire de l'OHADA semble opter pour la théorie de la fiction. Par ailleurs, il faut reconnaître que son apport est loin de mettre un terme définitif au malaise qui a pendant longtemps secoué la personnalité morale. Car, si en 1980, le professeur Yves Guyon[106] dénonçait déjà une crise de la personne morale, et qu'en 1991, le Professeur Freyria stigmatisait également une dérive de la personnalité morale, aujourd'hui, le malaise est omniprésent. En effet, la nature de la personnalité morale continue d'entretenir le mythe dans la mesure où il existe des groupements dénués de personnalité morale mais fonctionnant quasiment comme de véritables sujets de droit[107]. Et paradoxalement, des personnes morales reconnues

---

dire les succursales comme plus généralement des activités économiques ayant un certain degré de permanence malgré leur absence de personnalité morale (comptoirs, usines, bureaux d'études, bureaux de liaison, etc.). Du fait de leur stabilité, ces établissements doivent être assimilés à des sociétés locales et imposés comme elles. Pour l'exemple des risques d'une disqualification de la filiale en établissement stable par l'Administration fiscale, voir CE, Sect., 30 juin 2003, n° 224.407, Sté Interhome AG, Dr. Fisc., 2004, n° 30-36, comm. 657, concl. S. Austry ; en l'espèce la disqualification n'a pas été retenue.

[104] Selon la théorie de la fiction, la personnalité morale ne serait qu'une vue de l'esprit, une construction intellectuelle juridiquement reconnue pour son utilité mais qui ne pourrait se défaire tout à faire de son abstraction. Voir en ce sens, B. BEIGNIER et C. BLERY, *Manuel d'introduction au droit*, PUF, Paris, 2004, n° 168, p. 29.

[105] Pour les partisans de cette théorie, la personnalité morale relèverait au contraire d'un constat de la réalité, il existe des groupements qui agissent dans la vie juridique comme une personne et qui deviennent à ce titre des sujets de droit. Voir en ce sens, B. BEIGNIER et C. BLERY., *op. cit.*, n° 168, p. 29.

[106] Y. GUYON, « Personnalité morale des sociétés », *Juris-class.soc.*, 1980, fasc. 27 E-1, n°14.

[107] D'un autre point de vue, la création de la société unipersonnelle par l'Acte uniforme sur les sociétés commerciales et les GIE consacre la thèse du patrimoine d'affectation. De plus, des groupements dénués de la personnalité ont acquis le droit au nom en dépit de leur nature juridique. Il s'agit notamment d'une part des sociétés en participation et d'autre part des sociétés créées de fait.

expressément par le législateur comme telles, évoluent sans le support d'un groupement ou d'un intérêt collectif[108].

Certes, l'absence de cohésion et d'unité d'approches autour de la notion de la personnalité morale est la cause principale des difficultés nées de l'ébauche d'une théorie en la matière. Mais, quand vient le moment de lui reconnaître une existence propre, ainsi que des attributs attachés à sa qualité de sujet de droit, et donc de « sujet » de transactions intragroupe, la doctrine semble retrouver sa cohésion autour du sujet.

2. Les attributs de la personnalité juridique

Le nom de la personne morale. « Nonobstant la pluralité dans sa désignation, dénomination sociale, raison sociale, dénomination ou titre, le nom présente la singularité d'être l'émanation de la personnalité, et d'émanation il finit peu à peu par être le reflet de cette personnalité »[109]. Certes, l'affirmation de Camille-Marie Bénard soutenue à l'occasion de sa thèse paraît justifiée. En ce sens que la nomination est une exigence nécessaire pour identifier les personnes, quelles qu'elles soient. Cependant, la question qui se pose généralement est celle de savoir si celle-ci serait propre à leur personnalité. Autrement dit, le nom est-il l'apanage de la personne ? C'est par la négative que la doctrine répond à la question posée, car le nom n'est pas forcément et automatiquement lié à la personnalité, même si c'est souvent le cas[110]. Le nom est en principe donné à la naissance de l'entité économique, que ce soit une entreprise, un magasin, un nouveau produit ou un service. Dès qu'il y a naissance d'un objet nouveau au sein de l'exploitation commerciale, le commerçant est confronté à la nécessité de lui attribuer un nom[111]. De plus, on l'a déjà évoqué, des groupements de personnes non « personnifiées » notamment, les sociétés en participation et les sociétés créées de fait[112] ont acquis le droit au nom, nonobstant leur nature juridique. En sus de cette fonction d'identification, en matière de prix de transfert, le nom peut constituer un bien incorporel commercial. En tant que tel, il représente un instrument économique appréciable dans la

---

[108] Ch. BOUCHARD, *La personnalité morale démythifiée*, Thèse Paris 1, LGDJ 1997, p. 28.

[109] C.-M. BENARD, *Les limites de la personnalité morale en droit privé*, Thèse Toulouse 2003, n°216.

[110] V. SIMONART, *La personnalité morale en droit privé comparé*, Ed. Bruylant, Bruxelles, 1995, n°154.

[111] A. MENDOZA, *Les noms de l'entreprise*, Thèse Toulouse 2001, n°23.

[112] L'amalgame peut être faite entre la société créée de fait et la société de fait. Or, ces deux entités se distinguent profondément. La société créée de fait est une société dans laquelle les parties se sont comportées comme des associées sans avoir sacrifié aux formalités inhérentes à la constitution de la société. Alors que la société de fait aura été consciemment constituée par les associés, mais fera l'objet ultérieurement d'une procédure d'annulation. Par conséquent, elle a bénéficié de la qualité de personne morale jusqu'à la procédure d'annulation en raison de son immatriculation.

valorisation du prix, eu égard à sa notoriété et à sa crédibilité[113]. Ce qui explique que certaines multinationales du secteur, à l'instar du groupe Bolloré à l'occasion de la reprise en juin 1999 de la société DAFCI en difficultés financières, se soient uniquement intéressées à l'enseigne commerciale[114].

Le domicile de la personne morale. L'article 23 de l'Acte uniforme sur les sociétés commerciales et du GIE dispose que « toute société a un siège social qui doit être mentionné dans les statuts. » Il en résulte que le siège social est à la société ce que le domicile est à la personne physique. Le domicile des personnes morales est à la fois une exigence légale et statutaire.

Au demeurant, la théorie du siège réel paraît, à notre avis, illusoire du fait de la mondialisation croissante de l'économie qui a fini par « faire voler celle-ci en éclat ». D'une part, le développement des groupes multinationaux de sociétés a contribué à prendre en considération l'idée que le véritable centre de direction des filiales pouvait être en réalité le siège de la société mère et qu'il existait un centre unique de décision pour toutes les sociétés du groupe[115]. D'autre part, dans une économie mondialisée au sein de laquelle l'activité internationale est réalisée par les entreprises multinationales, la détermination du centre effectif de direction de chaque société du groupe devient hypothétique, voire impossible, en raison de l'éclatement des centres financier, commercial et administratif. Du reste, les difficultés que connaît le concept de siège réel, ici, participent à restituer à la notion de siège social toute son importance. La notion de siège social intervient dans la détermination de la nationalité de la société.

La nationalité des personnes morales. L'existence de la nationalité des personnes physiques est clairement établie et reconnue. Mais, s'agissant des personnes morales, « existe-t-il vraiment une nationalité des sociétés ?»[116] La question est toujours débattue et garde encore toute sa pertinence. Car, contrairement à la personne physique dont l'attribution de la nationalité suscite des sentiments forts au plan économique, politique et social, les conséquences liées à la nationalité sont rarement respectées à l'égard de la personne morale. C'est pourquoi, le Professeur Guyon, entre autres, s'est érigé en défenseur de cette cause à travers ce plaidoyer : « [...] il ne serait pas absurde de leur reconnaître un droit de vote dans certaines élections, puisque les décisions économiques, politiques et sociales sont souvent

---

[113] OCDE, Prix de transfert et entreprises multinationales, juillet 1995, VI-3.

[114] B. LOSCH, *op. cit.*, p. 476.

[115] B. GOLDMAN, « La nationalité des sociétés dans la Communauté européenne », *Travaux du comité français de DIP*, 1966-1969, p. 240.

[116] J.-P. NIBOYET, « Existe-t-il vraiment une nationalité de sociétés ? », *Revue de droit international privé,* 1927, p. 402.

indissociables »[117]. Il est vrai que des dispositions d'ordre pratique s'imposent afin de parvenir à cette situation[118].

Afin de qualifier la nationalité de la personne morale, le législateur retient comme critère principal, le domicile. Ce choix ne peut faire illusion, tant il paraît superficiel à l'égard des autres éléments que sont l'incorporation[119], le contrôle[120] et l'exploitation, eu égard à l'intensité du rattachement national éprouvé. Le problème du domicile fictif étant bien réel et la liberté d'établissement étant reconnue aux personnes morales, cela permet une sorte de « forum shopping »[121] évident. A dire vrai, le problème ne réside pas tant dans la possibilité que l'on puisse choisir son domicile et donc sa nationalité que dans les motivations à l'origine du choix. Ces motivations sont majoritairement fiscales, et les exemples en sont légion[122]. Par conséquent, « [...] la discussion porte plutôt sur la rectification du vocabulaire que sur les effets de la nationalité ». En substance, le terme de « *nationalité porte une forte dose de connotation directement attachée à la personne physique, mais puisqu'on est dans l'incapacité de lui trouver un vocable de remplacement* »[123] s'agissant des personnes morales, c'est presqu'une certitude de considérer que son usage serait pendant longtemps toléré.

Par ailleurs, il est constant de considérer telle ou telle entreprise multinationale implantée en Côte d'Ivoire sous la dénomination de sa maison mère, comme ayant la nationalité de celle-ci. Par exemple, on entendra dire que les sociétés locales, Cargill, Nestlé, Barry Callebaut et Cémoi sont respectivement de nationalités américaine, suisse et française. Cette conception, qui nous semble juridiquement incorrecte, conduit à faire des amalgames entre la sociologie économique des grandes firmes

---

[117] Y. GUYON, « Droits fondamentaux et personnes morales de droit privé », *AJDA,* 20 juillet/20 août 1998, n° spécial, p. 140

[118] Il s'agira de régler les questions relatives à la détermination des scrutins ouverts à ces citoyens de type particulier, ainsi que de l'attribution des voix, la neutralité de la double représentation éventuelle de certaines personnes, notamment la surreprésentation de certaines personnes morales, membres de certaines personnes morales votant en leur nom propre ainsi que celui de la personne morale représentée.

[119] Le critère de l'incorporation est d'origine anglo-saxonne et consiste à attribuer la nationalité en fonction de la loi selon laquelle la société s'est constituée.

[120] Il consiste à retenir la nationalité des associés qui contrôlent effectivement la société, détention du capital social, direction de la société : majorité des sièges au Conseil d'Administration, etc.

[121] L'idée de « forum shopping », qui s'est développée par l'internationalisation croissante de l'économie, trouve un terrain particulièrement propice dans le droit des sociétés. En ce sens, les groupes multinationaux ont toute faculté de choisir parmi les territoires étatiques celui qui répondra au mieux à leurs intérêts, du fait du caractère fictif du domicile et de la liberté d'établissement.

[122] Il s'agit des cas d'optimisation fiscale à laquelle s'adonnent les groupes de sociétés par l'implantation de la holding dans des pays à fiscalité plus clémente.

[123] C.-M.BENARD, *Op. cit*, n°222 et 231. Par exemple à l'égard des personnes morales, il propose de substituer les attributs des personnes physiques que sont la volonté et l'honneur par des équivalents, [la capacité décisionnelle] et [la réputation].

multinationales, qui ne correspond à aucune réalité juridique[124], avec leur rattachement juridique à l'Etat d'implantation territoriale. C'est pour cette raison que Jacques Béguin[125] préfère, lui, parler de « nationalité économique », notion purement sociologique. De la sorte, la distinction avec la nationalité juridique des sociétés est nette. N'est-ce pas d'ailleurs au nom de cette dernière qu'une société plutôt que telle autre peut se prévaloir de sa qualité de sujet de droit ivoirien, qui lui confère, entre autres, la faculté d'exploiter son entreprise sur le territoire national, d'y réaliser des bénéfices et éventuellement de solliciter des autorités publiques un agrément pour l'exportation de certains produits agricoles, comme le café et le cacao.

B. L'agrément à l'exportation

Définition. Le mot « agrément » dérive du latin *gratus*, qui désigne ce qui est agréable, bienvenu, accueilli avec faveur[126]. Quant au fait « d'agréer », il consiste à « admettre quelqu'un » ou peut-être quelque chose, parce qu'il plaît et qu'il convient. Du point de vue juridique, peu de définitions ont été consacrées à la notion. L'un des rares auteurs à en proposer est bien le Doyen Cornu. Pour lui, l'agrément est une « approbation ou autorisation à laquelle est soumis un projet, notamment, de contrat, de nomination, et qui suppose, de la part de celui à qui on doit la demander, un pouvoir d'appréciation en général discrétionnaire »[127]. Aussi l'agrément va-t-il permettre à son bénéficiaire de participer à une activité dont les intérêts sont dignes d'obtenir protection. Elle apparaît là où l'accession requiert, au préalable, que l'on soit investi. Bien entendu, cette investiture constitue en quelque sorte un droit dont peuvent se prévaloir « les nationaux », c'est-à-dire les sujets de droit ivoirien. Dès lors, toute société qui manifeste l'intention de participer à des opérations d'exportation du café et du cacao est en droit de solliciter auprès des pouvoirs publics son agrément. Compte tenu de l'importance de la procédure, le législateur ivoirien a pris soin de l'encadrer, en posant un certain nombre de conditions. En réalité, puisqu'il permet à la fois d'investir et de contrôler l'accès à la profession d'exportateur, l'agrément dévoile par là ses effets : l'investiture à l'égard du bénéficiaire et le contrôle de l'activité d'exportation.

---

[124] Sauf si, l'on se réfère exceptionnellement au critère de contrôle pour la détermination de la nationalité des entreprises.

[125] L'auteur a le mérite de faire cette distinction entre « la nationalité économique » et « la nationalité juridique » des sociétés, même si nous ne partageons pas forcément le fond de sa pensée quant à l'idée de faire correspondre ces deux types de nationalités. Voir en ce sens, J. BEGUIN, « La nationalité juridique des sociétés commerciales devrait correspondre à leur nationalité économique », *Mélanges en l'honneur* de Pierre CATALA, Litec 2001, p. 859.

[126] A. REY (dir-), *Dictionnaire historique de la langue française*, Le Robert, 1992, V : gré

[127] G Cornu, Vocabulaire juridique, *op. cit.*, V°: agrément.

1. Les conditions requises à l'agrément

Rappel. Longtemps marqué par la prépondérance de l'Etat[128], le système de commercialisation du café et du cacao n'a pu échapper aux avatars de la mondialisation avec son corollaire de libre-échange. Ainsi, sous l'impulsion des bailleurs de fonds, notamment les *Institutions de Bretton Woods*[129], les années 98 et 99 marqueront la libéralisation totale de ce secteur d'activité emportant le transfert des compétences de l'Etat au secteur privé. Au demeurant, le désengagement étatique ne saurait s'accommoder d'un retrait total dans la filière. Il traduit ainsi une réorientation de l'intervention des pouvoirs publics qui jouent plutôt le rôle d'un d'arbitre plutôt que celui d'acteur dans un contexte mondial empreint de libéralisme économique. La création d'une société d'Etat, l'Autorité de Régulation du Café et du Cacao, A.R.C.C.[130], par le décret n° 2000-751 du 10 octobre 2000 participe de cette nouvelle donne au cours de laquelle l'Etat reste confiné dans sa fonction régalienne de contrôle et de régulation administrative. En sa qualité de régulateur, l'ARCC est l'organe en charge de délivrer les agréments aux opérateurs économiques désirant exercer la profession d'exportateur, lequel agrément est soumis à des conditions de fond et de forme.

---

[128] Le système dit de stabilisation a été au cœur de la politique interventionniste de l'Etat, marqué par une forte implication des autorités publiques dans les secteurs économiques, particulièrement du café et du cacao. Il était d'ailleurs loin d'être l'apanage de la Côte d'ivoire. Plusieurs pays aussi bien francophones, lusophones qu'anglophones l'ont expérimenté, sous différentes appellations selon les pays : en Côte d'Ivoire, la CAISTAB ; au Cameroun, l'ONCPB ; au Brésil, l'IBC ; au Nigeria, la NCB et au Ghana, le COCOBOD (Ghana Cocoa Board). A l'exception de cette dernière, toutes les structures étatiques n'ont pu résister aux vents frais du libéralisme.

[129] Face à la chute drastique des prix des produits de base, notamment de café et de cacao accentué par le fardeau de la dette sous lequel ployait la plupart des pays en développement, les *Institutions de Bretton Woods* ont dû proposer à leurs dépends une thérapie de choc comprenant les conditionnalités suivantes :

- désengagement de l'Etat des secteurs productifs pour ne conserver que le rôle de régulation, la lutte contre la pauvreté etc. ;
- suppression du Programme de Ventes Anticipées à la Moyenne ;
- arrêt du prix garanti aux producteurs ;
- suppression des déblocages ;
- libéralisation du traitement phytosanitaire et concession du contrôle qualité au secteur privé.

Ce programme est intervenu dans un cadre plus global, celui des Plans d'ajustement structurels et visaient, entre autres, l'accès direct des opérateurs au marché et l'accroissement corrélatif de leurs revenus suite à la suppression des prélèvements de stabilisation, charges de stabilisation, budget de la CAISTAB et excédents de campagne.

[130] Prévue par l'ordonnance n° 2000-583 du 17 Août 2000, puis créée par le décret 2000-751 du 10 octobre 2000, l'ARCC est une société d'Etat régie par la loi n° 97-519 du 04 Septembre 1997 portant organisation et définition des sociétés d'Etat et par l'Acte uniforme sur les Sociétés commerciales et du G.I.E.

a. Les conditions de fond

Les conditions financières. Elles tiennent au capital social, à la caution bancaire et aux états financiers[131]. La nécessité pour le candidat à l'exportation de détenir un certain seuil du capital social est régie par le décret n°2000-585 du 17 Août 2000. Il dispose que le capital social est compris entre 3 et 5% du chiffre d'affaires précédent ou du chiffre d'affaires prévisionnel pour les nouvelles sociétés sans que celui-ci ne soit inférieur à 200 millions de FCFA. Faut-il le souligner ? Cette exigence financière a connu une évolution notable au gré du temps. A l'origine, toute société pouvait introduire son dossier d'agrément sans justifier d'un minimum de capital social[132]. Il a fallu attendre le décret n° 71-510 du 2 octobre 1971 pour qu'un minimum de 30 millions de capital soit requis aux demandeurs d'agrément. Vingt ans plus tard, ce seuil atteint les 100 millions FCFA. Et depuis le décret n° 93-779 du 29 septembre 1993, le minimum exigé est de 200 millions. A l'expérience, le montant du capital social apparaît élevé, traduisant, sans nul doute, la volonté manifeste de l'Autorité de Régulation du Café et du Cacao de « filtrer » les sociétés désireuses d'exporter afin de tenir compte des sommes colossales susceptibles d'être manipulées à l'occasion de la campagne café-cacao. N'est-ce pas pour ces mêmes raisons qu'une caution bancaire est également réclamée aux potentiels exportateurs ?

De même que le capital social, la caution bancaire a été instituée par différents décrets successifs qui ont fait passer le seuil de 30 millions à 200 millions aujourd'hui. Cependant, celle-ci est régie par l'Acte uniforme relatif aux sûretés en ses articles 3 à 27. L'augmentation du montant du cautionnement au gré du temps traduit aussi la volonté de l'ARCC, de renforcer l'arsenal financier et de rendre plus rigide les conditions d'accès à la profession d'exportateur.

Les conditions de moralité. Comme pour témoigner du fait d'avoir des ressources financières ne suffit pas à être apte à l'exercice de l'exportation, le législateur dispose qu'il faut en outre faire preuve de grande probité. A ce titre, le demandeur d'agrément a l'obligation de produire dans les trois mois qui suivent sa requête un casier judiciaire pour chacun des dirigeants de la société. Cette disposition est assez récente, car les décrets antérieurs disposaient que les dirigeants ne devraient pas avoir subi de peines afflictives ou infamantes sans que les éléments matériels qui puissent attester de la bonne moralité du requérant soient apportés. Ce souci de moralisation est la raison pour laquelle le casier judiciaire est apparu comme une pièce nécessaire à l'agrément. Par ailleurs, une déclaration sur l'honneur est exigée

---

[131] A ces trois conditions financières, on pourrait adjoindre la condition tenant à la régularité fiscale et douanière qui traduit une sorte de *quitus* que les services des impôts et des douanes octroient aux candidats à l'agrément pour certifier de leur régularité vis-à-vis de ses services.

[132] Le décret n° 63-419 du 4 octobre 1963 n'imposait aucune restriction liée au capital à l'égard des sociétés d'exportation.

des administrateurs qui doivent attester qu'ils n'ont jamais été dirigeants ou administrateurs d'une société dont l'agrément a été retiré.

Il est certes nécessaire qu'une société candidate à l'exportation remplisse les conditions de finances suffisantes et de bonne moralité. Cependant, ces conditions s'avèrent insuffisantes pour obtenir l'agrément des autorités de l'ARCC. Il faut en outre que les requérants satisfassent à certaines conditions techniques et administratives.

Les conditions techniques et administratives. Elles sont relatives, d'une part, à l'organisation technique et commerciale et, d'autre part, au statut du personnel de la société. Le négoce des matières premières nécessitant une expertise avérée, les candidats à l'exportation doivent disposer des infrastructures appropriées afin de tenir leurs engagements commerciaux vis-à-vis de leurs partenaires. A cet effet, l'ARCC est chargée de vérifier que la société dispose des ressources techniques d'exportation potentiellement suffisantes et susceptibles de contribuer à la rentabilisation de l'entreprise. Une attestation lui est délivrée dans cette hypothèse afin de faire valoir son aptitude à la profession d'exportateur. Aussi la société doit-elle prouver qu'elle dispose de partenaires économiques fiables de nature à faciliter son accès aux produits physiques de café et de cacao. Dès lors, elle est tenue de faire connaître la liste des traitants mandatés avec qui elle contractera au cours de la campagne. Au demeurant, l'obligation est faite aux exportateurs de fournir la liste de leurs personnels cadre en indiquant la fonction et la nationalité de chacun d'eux.

Cette exigence a suscité pas mal de débats auprès de certains experts de la filière pour qui, à moins de se soustraire au droit du travail, dans le cadre du contrat de travail des expatriés, cette condition tend à alourdir inutilement la procédure d'octroi de l'agrément[133]. A notre avis, l'importance de cette exigence se justifie fondamentalement par des considérations d'ordre statistique. En effet, l'ARCC étant l'organe tributaire de la régulation administrative du secteur, elle demeure avant tout dépositaire de la mémoire collective de la filière. Elle est par conséquent autorisée à requérir toute sorte d'informations qu'elle juge utiles afin de tenir des statistiques diverses aussi bien de l'ensemble des opérations économiques qu'au niveau d'une entreprise donnée, comme son personnel ou son actionnariat. C'est d'ailleurs, à juste titre, que les autorités compétentes exigent non seulement de prendre connaissance des statuts[134] de la société, mais également des documents présentant la liste des actionnaires, leurs différentes mises ainsi que leur nationalité. Ces exigences remplies, le dossier d'agrément doit également obéir à des exigences de forme.

---

[133] J. GBEDE, *Le cadre juridique de la commercialisation du café et du cacao en Côte d'ivoire*, Thèse, Abidjan 2001, p. 59.

[134] En plus des statuts, l'ARCC réclame que le demandeur à l'exportation produise une attestation du siège social. Cette exigence nous semble superflue eu égard à l'existence de cette mention dans les statuts sociaux.

b. La condition de forme

L'organe compétent. Il importe de distinguer l'organe détenteur de *l'imperium* de décision finale de celui qui recueille la demande d'agrément. Dans ce dernier cas, et aux termes de l'article 5 nouveau du décret n°2000-585 du 17 août 2000[135], la demande d'agrément est adressée à l'Autorité de régulation du café et du cacao pour étude technique et avis. En pratique, l'autorité compétente de l'étude technique est chargée, de prime abord, de s'assurer que la société demanderesse remplit toutes les conditions de fond, notamment financières et éthiques nécessaires, à l'accomplissement de sa mission. Ensuite, elle se rendra sur les lieux aux fins de vérifier la fiabilité des installations techniques en relation avec la réalisation de sa mission d'exportation. Un avis est rendu aux termes de ses investigations relativement à l'aptitude de la société à exercer la profession d'exportateur. L'organe qui incarne le pouvoir décisionnel est le comité interministériel de l'Agriculture et des Ressources animales, de l'Economie et des Finances, du Commerce et de l'Industrie, et du Développement du secteur privé. Sur la base de l'avis de l'ARCC et au regard de l'article 6 du décret, le comité interministériel prend un arrêté conjoint. Suivant l'esprit du décret, tout porterait à penser que le collège des ministères dispose d'une entière liberté en la matière et n'est nullement lié par l'avis rendu par l'ARCC. A la vérité, cet avis est largement suivi par les différents ministères de l'arrêté conjoint[136].

La durée de l'agrément. Le bénéfice de l'agrément est accordé pour un an[137], à compter de sa date d'octroi. Il permet l'obtention d'un code d'exportateur attestant qu'il est habilité à exercer la profession d'exportateur du café et/ou du cacao.

2. L'agrément, un moyen de contrôle théorique

Une efficacité relative. Théoriquement, l'agrément est synonyme de moyen de contrôle des autorités régaliennes sur les opérations d'exportation. En pratique, l'on peut émettre des doutes sur la réalité de ce contrôle, compte tenu des difficultés éprouvées à plus d'un titre dans des domaines variés de la filière. D'une part, l'on observera que, de façon récurrente, les autorités publiques font « des appels de fonds » auprès des entreprises multinationales du secteur, en vue de renflouer les caisses du Trésor Public, exsangues. Ces

---

[135] Ce décret modifie le décret n° 99-95 du 20 Février 1999 qui accordait la compétence de la réalisation de l'étude technique des dossiers d'agrément.

[136] J. GBEDE, *op. cit.*, p. 69.

[137] L'année qui sert de référence, différente de l'année civile (bien que souvent le retard accusé par la délivrance de l'agrément peut entraîner des coïncidences) est celle qui part d'octobre à septembre et qui correspond au début et à la fin de la campagne café cacaoyère.

sommes représentent le paiement anticipé[138] du droit unique de sortie. Cette pratique a pour conséquence de relativiser l'efficacité du pouvoir de contrôle et de régulation qu'implique la technique d'agrément. D'autant plus qu'elle entraîne une sorte de dépendance économique des pouvoirs publics vis-à-vis des firmes multinationales. D'autre part, si les différentes politiques, notamment de contrôle de la filière ont contribué, dans une certaine mesure, à hisser la Côte d'Ivoire à la première place mondiale de la production de cacao, il nous paraît incompréhensible qu'en matière de qualité toutes les mesures engagées au fil des années, à grands frais financiers, aient connu des résultats peu glorieux.

Aujourd'hui, « l'origine ivoire » fait l'objet de décote sur le marché, contrairement à celle du Ghana voisin, qui représente la norme de référence. C'est dire que, des efforts doivent donc être déployés par l'ensemble des opérateurs, autorités publiques comme privées, en vue d'assainir et de rendre plus compétitive la filière. Au nombre de ces acteurs figurent en bonne place les exportateurs. Parce qu'ils sont considérés à juste titre comme un maillon essentiel de la chaîne des valeurs dans l'industrie du café et du cacao, la responsabilité qui pèse sur les sociétés exportatrices est d'autant plus grande. En témoignent les nombreuses contraintes tant juridiques que fiscales auxquelles elles sont astreintes, à l'occasion de la procédure d'exportation des produits.

Parag II : Les obligations liées à la qualité d'exportateur

Plan. Concomitamment à l'exercice de l'exportation, les sociétés sont soumises à des contraintes assez variées, mais qui peuvent se distinguer selon qu'on se place sur le terrain juridique ou sur le plan fiscal.

A. Les contraintes juridiques

On peut appréhender les contraintes juridiques sous trois angles, en considération soit de leur nature déclarative, soit de leur finalité de garantie, soit encore de leur caractère formaliste.

---

[138] En 2006, un panel d'experts de l'ONU en Côte d'Ivoire a découvert qu'un contrat avait été conclu entre le gouvernement et une entreprise de la place révélant que pour la campagne 2005-2006, certaines sociétés exportatrices avaient payé au moins 20 millions de dollars US d'avance au titre du DUS. Voir en ce sens Global WITNESS, « Chocolat chaud : comment le cacao a alimenté le conflit en Côte d'Ivoire », *Rapport*, juin 2007, p. 25.

1. Les contraintes de nature déclarative

Les déclarations d'achats. Il importe de rappeler, avant tout propos, qu'au cours de la période dite stabilisée[139], les exportateurs étaient astreints à une double obligation, de quota d'achat et de quota de vente. Et ce, eu égard à la prééminence de la Caisse de stabilisation dont le pouvoir de régulation s'étendait aussi bien en matière commerciale qu'administrative. Il a fallu attendre l'année quatre-vingt dix-neuf (1999), au cours de la période du libéralisme économique, pour assister à la fin théorique des systèmes de quotas[140]. Mais, cette suppression est loin de sonner le glas des contraintes administratives qui pèsent sur la commercialisation en matière de café et de cacao. Car, la nécessité de maintenir une vigilance accrue sur les flux des achats des produits de café et de cacao destinés à l'exportation a conduit l'Etat à plafonner les quantités d'achats de produits au moment de l'approvisionnement. Cette initiative tire son origine d'un arrêté du 29 octobre 2001[141], dont l'objectif est de réduire les risques de survenance de situations constitutives de monopoles ou de positions dominantes, susceptibles d'obérer la filière, ou un pan de son activité, ou encore d'affecter gravement une partie des acteurs de la filière.

L'enregistrement des ventes. Après l'achat du café et du cacao au traitant[142], les marchandises sont livrées dans les entrepôts de l'exportateur[143]. Par la suite, la société exportatrice a l'obligation d'effectuer une déclaration d'enregistrement de ses ventes au moyen d'un imprimé

---

[139] Le système des quotas a fait l'objet de vives critiques au point où lors des réformes de la filière en vue de sa libéralisation, sa suppression était vivement recommandée et obtenue par les *Institutions de Bretton Woods*. A la vérité, si l'esprit de quotas a participé pour une large part à prévenir les risques de position dominante, il n'en demeure pas moins que dans la pratique, l'on a assisté à l'émergence d'un type particulier de quota, « le quota politique », conditionnant son attribution à des critères de clientélisme basés sur les liens entre les « quotataires » et le pouvoir politique.

[140] L'évocation de l'adjectif « théorique » trouve son fondement ici dans le fait que les pouvoirs publics ont maintenu les minima d'achats de café et de cacao, à une époque où le libéralisme est « le maître mot ». On peut raisonnablement en déduire que la suppression des quotas ne concerne que l'exportation des produits.

[141] Décret n° 187 du 29 octobre 2001, modifié par le décret n° 420 du 26 septembre instituant un volume maximum d'achat de cacao par période de vente.

[142] Egalement appelés acheteurs, les traitants étaient autrefois soumis à l'agrément des exportateurs en vue d'exercer leurs activités. Aujourd'hui, ils tiennent, tout comme ces derniers, leur habilitation de l'ARCC. L'acheteur de produits est l'interface de deux acteurs majeurs du secteur café cacao. En amont, le traitant achète le café ou le cacao aux pisteurs et dans certains cas aux coopératives. En aval, il revend les produits aux exportateurs situés à Abidjan et à San-Pedro, deux villes portuaires. Au cours de la campagne 2002-2003, on dénombrait 726 traitants agréés dont près de 70% de nationalité étrangère (libanaise, burkinabé, malienne) qui commercialisent près de 80% de la production.

[143] La livraison peut s'effectuer le cas échéant auprès des transformateurs traduisant l'adossement pour une large part des activités de négoce et de transformation. Aussi, des sociétés de transformation disposent, elles, d'un rôle d'exportations des produits usinés.

disponible auprès de la Bourse du Café et du Cacao[144], BCC. Le mécanisme d'enregistrement comprend deux volets. Dans un premier temps, sur la base des informations affichées quotidiennement par la BCC relatives, à la quantité du produit, à la période d'embarquement, à la qualité, au prix CAF d'enregistrement et au taux de change correspondant à chaque période d'embarquement, à la garantie apportée, à la destination, l'exportateur est invité à enregistrer, par messagerie électronique, un lot de produits à exporter[145].

En principe, l'enregistrement présente un caractère immuable dans la mesure où il n'est soumis à aucune procédure d'annulation. Mais, en pratique, il s'est avéré que des erreurs[146] de manipulation, dues à l'absence de maîtrise de l'outil informatique de la part de certains exportateurs[147], posent la nécessité d'atténuer la portée de la règle. Ainsi, il a été convenu d'autoriser l'annulation de l'enregistrement, sur simple requête adressée au Directeur de la BCC, justifiant de la mention inexacte en cause. Lors de la procédure d'enregistrement, la société n'est nullement tenue d'exporter toute la quantité, en une seule fois. Elle dispose de la latitude d'échelonner les quantités sur plusieurs opérations, pourvu que la quantité totale soit entièrement embarquée avant la date prévue. On parle, à propos, d'apurement de la CDC dès lors que l'exportateur a embarqué la totalité de la quantité enregistrée, matérialisant, ainsi, son engagement vis-à-vis de la BCC. Cet engagement implique l'existence de solides garanties afin de s'assurer de la bonne fin des opérations de commercialisation.

---

[144] Cette exigence d'enregistrement consécutive à la période de libéralisation a connu un avènement difficile. Car, au départ, les bailleurs de fonds étaient hostiles à sa mise en œuvre. Mais finalement, ceux-ci ont concédé, après moultes tractations, aux autorités gouvernementales ivoiriennes, cette prérogative qui fait d'elles l'organe de contrôle par excellence de la filière ; voir D. BANZIO, *op. cit.*, p. 93

[145] En la matière, les exportateurs disposent d'une liberté dans la mesure où aucune limitation n'est fixée à l'enregistrement, effectué par 25 tonnes métriques avec une quantité minimale de 25 tonnes pour le cacao et de 5 tonnes métriques avec un minimum de 15 tonnes pour le café. Les périodes d'embarquement sont celles en vigueur sur le marché de Londres qui correspondent aux quatre trimestres de la campagne: octobre-décembre, janvier - mars, avril - juin, juillet - septembre. Le prix CAF d'enregistrement est obtenu à partir de la moyenne du prix de clôture de la veille et du prix d'ouverture du jour. Il est exprimé en prix CAF Europe corrigé du différentiel d'origine. Le taux de change retenu par période d'embarquement est celui de l'ouverture de marché de Londres correspondant à la période d'enregistrement. La garantie apportée peut être une caution bancaire ou un nantissement du produit. La destination du produit est librement choisie par l'exportateur.

[146] Les erreurs les plus courantes sont liées à des doubles, voire triples enregistrements pour un même contrat, un ou plusieurs zéros en plus pour un même tonnage, conversion en Kilogrammes alors que les enregistrements se font en tonnes, etc.

[147] En général, ces difficultés liées à la connaissance de l'outil sont l'apanage des COOPEX et des PMEX qui font leurs premiers pas dans le monde complexe du négoce international et dont l'apprentissage des Nouvelles Technologies de l'Information est assez timide.

2. Les contraintes en termes de garantie

Les garanties liées au financement. Les exigences liées au financement portent soit sur les opérations d'achat et de stock de produits, soit sur les opérations d'exportation.

- **Le financement des opérations d'achats et de stock.** En amont du processus de financement de la filière, les sûretés impliquées dans les transactions sont la caution bancaire et le nantissement des matières premières et de stock. La référence à la caution bancaire intervient à titre subsidiaire dans le mécanisme de financement des opérations à l'achat des produits. En effet, elle n'est requise qu'au moment de la CDC. En même temps qu'il accomplit cette formalité, l'exportateur doit fournir une caution bancaire de bonne fin d'exécution dans un délai de sept jours calendaires à partir de la date d'enregistrement afin de garantir les droits et taxes générés par l'exportation.

- **Le financement des opérations d'exportation.** L'exportation implique, par définition, nécessairement un transfert des produits de café et de cacao du territoire national vers une destination étrangère. Si cette procédure est quasiment le mode le plus usité en matière de commerce international, elle n'en demeure pas moins source de conflits réels d'intérêts entre acheteur et vendeur dans la vente commerciale. La distance séparant les contractants, la diversité des systèmes juridiques[148]; les incertitudes politiques constituent des causes de méfiances légitimes. Au demeurant, le crédit documentaire s'est imposé, au fil du temps, comme la garantie susceptible de rassurer les acteurs de transactions commerciales, car, il fournit une réponse adaptée aux différentes craintes naturelles éprouvées par les partenaires commerciaux. En effet, l'acheteur souhaite recevoir la marchandise qu'il a commandée, le vendeur de son côté souhaite en recevoir le prix. Dans cette mesure, le crédit documentaire apparaît comme un véritable « chef-d'œuvre bancaire » susceptible de réaliser un compromis acceptable pour chacune des parties et adaptable aux principales situations, grâce aux diverses modalités possibles (révocable, irrévocable, confirmé, non confirmé, transférable, adossé, à vue, à paiement différé, etc.).

Les garanties liées à la qualité du produit. En matière de vente, la délivrance de l'objet du contrat est sans aucun doute l'obligation principale à la charge du vendeur au profit de l'acquéreur, pourvu qu'il soit conforme aux termes contractuels, notamment, à la quantité, au délai convenu et à la qualité. Dans le domaine du négoce des matières premières, notamment de café et de cacao, la qualité revêt une importance particulière du fait de sa

---

[148] Sur les difficultés à régler les questions juridiques soulevées par la vente internationale ; voir, Ph. KAHN, « La Convention de Vienne du 11 avril 1980 sur les contrats de vente internationale de marchandises », *RIDC,* 1981, p. 951.

vocation à la consommation[149], mais surtout elle est diversement perçue par la diversité des acteurs[150]. Ainsi, si à l'égard des producteurs, la qualité dépend plutôt du séchage ou de la fermentation ; en revanche, pour les industriels de la chocolaterie, du broyage et de la torréfaction, elle se caractérise par l'arôme, la pureté et l'uniformité. Pour les consommateurs, ce sont les qualités gustatives[151] qui importent.

Les enjeux de la qualité du produit. Aujourd'hui, la qualité du café et du cacao présente un enjeu de premier plan à la fois pour l'économie internationale que nationale. Au plan international, l'intérêt porté par la communauté mondiale à ces matières premières s'est traduit principalement par des politiques d'incitation à l'amélioration de la qualité, à travers l'instauration des primes ou cotes et des décotes sur le marché international. Au plan national, en dépit de son premier rang de producteur mondial de fèves de cacao avec environ 41% de l'offre mondiale, la qualité des produits d'« origine Côte d'Ivoire »[152] est de plus en plus décriée, dépréciée et décotée, donnant lieu à des réfactions lors de la transaction du café ou du cacao sur le marché international. Le manque à gagner est important et se chiffre annuellement de l'ordre de 60 à 150 milliards de FCFA, soit 230 millions d'euros pour le budget[153] et une baisse conséquente du revenu des 620 000 producteurs du pays[154]. Pour améliorer la qualité des produits, un certain nombre de mesures ont été prises, telles que le projet, dit Plan national de la qualité[155]. Une telle initiative est salutaire en ce qu'elle permet d'établir la traçabilité et la certification du café et du cacao. Pourvu que cet effort ne soit pas compromis par l'importance des procédures et formalités consécutives à l'exportation des produits.

---

[149] Il convient de rappeler que les matières premières de café et de cacao sont destinées pour une large part à la confection de produits alimentaires, en l'occurrence des boissons « caféinées », des pâtes tartinées au chocolat, etc.

[150] Les acteurs du commerce sont assez variés, à titre indicatif, l'on peut évoquer le producteur, le consommateur, le pisteur, le traitant, le négociant, l'industriel, les spéculateurs, l'Etat producteur et l'Etat consommateur.

[151] Il est évident que tout consommateur averti du café sait distinguer l'arabica du robusta ainsi que des variétés inhérentes à chaque espèce ; de même, les goûts du chocolat au lait sont diffèrents du chocolat noir.

[152] La mise en œuvre de ce projet va coûter 42 milliards de F CFA, soit 64 millions d'euros au contribuable ivoirien.

[153] Selon un rapport de la BCC, organe chargé de la régulation commerciale en Côte d'Ivoire, du 28 Avril 2006.

[154] Dont neuf à dix millions d'habitants vivent directement ou indirectement de la culture du caco.

[155] Il vise à l'attribution d'une prime de récompense à la meilleure qualité depuis « le bord champ » jusqu'à la commercialisation.

3. Les contraintes à caractère formaliste

Des opérations essentiellement basées sur des règles procédurales. Les opérations d'achat et d'exportation des produits de café et de cacao présentent la caractéristique d'être essentiellement d'ordre procédural. Il va s'agir entre autres de l'accomplissement des formalités de transit, de l'établissement du certificat de désinsectisation des produits et la délivrance du visa « vu-embarquer ».

Les liasses documentaires. En ce qui concerne les liasses documentaires, sept catégories de documents sont nécessaires pour l'accomplissement des procédures d'exportation du café et du cacao en Côte d'Ivoire, qu'il convient d'évoquer.

- **Les documents relatifs au paiement.** Ils comprennent la facture commerciale, pièce comptable intégrant les éléments du contrat de vente et l'attestation d'exportation.

- **Le document relatif aux opérations de change**. C'est l'engagement de change : ce document doit être domicilié également auprès d'un intermédiaire agréé et permet d'initier la cession de fonds sur marché des changes après réception du transfert du client à l'étranger

-**Le document relatif au transport.** C'est le connaissement maritime qui est le titre de transport délivré par le transporteur maritime, l'armateur. Il est généralement établi en trois ou quatre exemplaires originaux et plusieurs copies.

- **Le document relatif au titre d'exportation.** Il s'agit de l'autorisation d'exportation, qui représente la licence d'exportation et est émise par le Ministère du Commerce Extérieur.

- **Le document relatif à l'assurance.** C'est le certificat d'assurance qui est joint à la liasse pour les contrats libellés CAF.

- **Le document relatif à l'origine.** Le certificat d'origine, communément appelé « EUR 1 » est une déclaration fournie au client attestant de la preuve de l'origine des marchandises exportées. Elle permet le traitement différencié des marchandises[156] et la tenue des statistiques du commerce extérieur. Elle est traitée et visée par la douane.

- **Les documents relatifs au contrôle quantitatif et d'agréage.** Ces documents sont nombreux. Il y a, en effet, le ticket de pesée de l'ACE, le bulletin de vérification, le certificat de poids, le certificat de qualité, le certificat phytosanitaire, l'attestation de désinsectisation.

Il résulte de ce qui précède que les liasses documentaires exigées sont si importantes du point de vue quantitatif qu'elles méritent des efforts de simplification de la part des autorités régulatrices de la filière, au risque de compromettre dangereusement l'efficacité de la réglementation relative aux procédures d'exportation. Car, « trop d'informations tuent l'information ». Cette critique essentiellement d'origine juridique peut trouver également à

---

[156] C'est l'hypothèse classique en cas d'application douanière préférentielle ou d'embargo.

s'appliquer en matière fiscale, puisque la charge fiscale que subissent les opérateurs semble élevée, au point qu'on puisse parler en la matière de pression fiscale.

B. Les exigences fiscales

A travers cette étude, notre but est de présenter de façon sommaire[157] les exigences fiscales auxquelles sont astreintes les sociétés d'exportation de café ou de cacao à l'occasion de la réalisation de leurs activités et de porter une analyse critique du régime fiscal de ces opérations d'export.

1. La présentation du régime fiscal des opérations d'exportation

Les sociétés d'exportation sont soumises au régime d'imposition de droit commun relatif à l'exercice de toute profession commerciale. Mais, elles sont également assujetties à des contributions spécifiques inhérentes à la particularité de leur activité d'export.

Les règles d'imposition de droit commun. Conformément à l'alinéa 1er de l'article 71 du CGI, toute personne qui entreprend l'exercice d'une activité commerciale, et donc l'exportateur de café ou de cacao, est tenue d'effectuer une déclaration fiscale d'existence ou DFE auprès du Service des Contributions. A celle-ci s'ajoutent d'autres obligations déclaratives au cours de la période d'activité, relativement aux impôts directs ou indirects.

Les impôts directs. L'impôt sur les bénéfices industriels et commerciaux, l'impôt sur les capitaux, l'impôt sur les traitements et salaires et la patente constituent les principales impositions relatives aux sociétés commerciales. L'impôt BIC et l'impôt BA sont régis par les dispositions des articles 1 à 114 du code général des impôts dus annuellement à raison des bénéfices réalisés, à titre professionnel[158], en Côte d'Ivoire, avec un taux de 27%[159]. L'impôt sur les revenus de créances[160] et l'impôt sur les revenus de valeurs mobilières[161] doivent être déclarés conformément aux délais prévus

---

[157] Cette présentation se veut sommaire d'autant plus que le régime fiscal des sociétés d'exportation ne constitue pas l'objet principal de notre étude. Tout intérêt qu'il peut présenter à l'étude des prix de transfert ne peut être qu'incident. Toutefois, cette description des règles fiscales applicables à l'exportation du café ou du cacao ne doit nullement être entendue dans son sens marginal. Dans l'industrie considérée, l'importance de ces règles est remarquable dans l'analyse des problématiques des prix de transfert.

[158] Ce qui suppose l'idée de répétition des activités et la recherche de profit.

[159] On signalera qu'en raison du marasme économique consécutif à la crise politico-militaire que traverse le pays depuis le 22 septembre 2002, ce taux qui était de 35% est passé à 27% pour les grandes entreprises et 25% pour les petites.

[160] Les revenus des créances subissent un prélèvement au taux de 18%.

[161] Le taux de l'IRVM est de 12%, sauf pour les lots payés aux porteurs d'obligations (25%) et porté à 16% plus 2% de contribution nationale, soit 18% pour les distributions de bénéfices exonérés.

par les articles 180 à 236 du CGI. L'impôt sur les traitements et salaires[162], issu des dispositions des articles 115 à 148 du CGI est dû, par retenue à la source au profit de la Recette des impôts, sur les sommes versées aux personnes employées par l'employeur. Des contributions foncières sont établies sur les propriétés bâties ou non bâties[163] au nom des propriétaires ou possesseurs des biens et fonds utilisés dans leur exploitation relativement aux articles 149 à 173 du CGI. De même, une patente[164] est due au titre du chiffre d'affaires réalisé et des moyens d'exploitation par toute personne physique ou morale qui exerce en Côte d'Ivoire un commerce, une industrie, une profession non expressément exonérée, au regard des dispositions des articles 264 à 299 du CGI.

Les impôts indirects. Ils tiennent à la taxe sur la valeur ajoutée ou TVA et à la taxe spéciale d'équipement ou TSE. Toutefois, le caractère contraignant des obligations fiscales auxquelles sont soumis les exportateurs est atténué, ici, du fait de nombreuses exemptions. A ce titre, la quasi-totalité des opérations d'exportation, notamment le café ou le cacao sont exemptées de TVA, sur le fondement des articles 356 du CGI[165]. Pour ce faire, les sociétés d'exportation doivent justifier de la réalité de l'exportation par la production d'une déclaration d'exportation[166] visée par les services de la Douane. Néanmoins, ces contributions restent dues au titre des opérations taxables comme la refacturation de sacs ou la cession de biens[167]. En revanche, la Taxe Spéciale d'Equipement ou TSE, instituée par la loi n° 2001-338 du 14 juin 2001 portant loi de finances pour la gestion 2001 reste due sur tout chiffre d'affaires, qu'il soit assujetti à la TVA ou non. Ainsi, l'exportation de café et de cacao est soumise à cette taxe au regard de

---

162 Sous réserve des conventions fiscales internationales, ces catégories de revenus sont imposables lorsque :

- le bénéficiaire a son domicile en Côte d'Ivoire ;
- le bénéficiaire est domicilié hors de Côte d'Ivoire, dès lors que l'activité s'exerce dans le pays.

163 La contribution foncière des propriétés non bâties est également calculée sur la base de la valeur vénale ; la valeur vénale représentant en fait la valeur de l'immeuble eu égard à sa situation présente et au prix que l'on tirerait normalement de sa vente, au taux de 1,5%.

164 La patente, bien que liquidée par les Service d'Assiette de la DGE, par voie de rôle, est désormais recouvrée par la Direction générale du Trésor et de la Comptabilité Publique.

165 L'article 356 du CGI dispose que « sont exemptées de la taxe sur la valeur ajoutée visée à l'article 339 du présent Code :

- les opérations de ventes, de commissions ou de courtages qui portent sur des objets ou marchandises exportés ;
- les exportations de biens et les services assimilés à des exportations.

166 Les déclarations d'exportation doivent être conservées à l'appui de la comptabilité.

167 Par exemple, les livraisons en Côte d'Ivoire à un exportateur de biens destinés à l'exportation ne constituent pas des exportations, même si l'acheteur les destine à l'exportation.

l'article 1084 du CGI[168]. A l'évidence, les entreprises multinationales de café et de cacao sont soumises à un florilège d'impositions propres à toute société commerciale. Au-delà des règles communes, il existe une fiscalité spécifique à l'exportation du café et du cacao.

Les règles d'imposition spécifiques à l'exportation du café ou du cacao. Compte tenu de l'importance de la filière dans l'économie nationale[169], il est légitime que les pouvoirs publics attendent des opérations d'exportation du café ou du cacao une contribution beaucoup plus grande au budget de l'Etat. A ce titre, en plus des exigences fiscales de nature générale, ces opérations sont soumises à des exigences spécifiques, notamment, à travers des prélèvements fiscaux ou des redevances.

Au titre des prélèvements fiscaux. Il faut distinguer la retenue à la source, la taxe d'enregistrement et le droit unique de sortie.

- La retenue à la source[170]. L'article 60 du CGI prévoit que « les exportateurs de café et de cacao sont tenus de prélever à la source pour le compte du Trésor Public une retenue de 2 FCFA par kilogramme de café et de 2,5 FCFA par kilogramme de cacao, livrés par les traitants. Le fait

---

168 L'annexe fiscale à la loi de finances pour la gestion 2001 a institué pour une période de trois ans une taxe spéciale d'équipement (TSE) pour le financement du programme de développement de la Direction générale des Impôts qui nécessitait la construction de Centres des Impôts, l'acquisition d'équipements informatiques et de véhicules. Cette taxe, assise au taux de 0,08 % sur le chiffre d'affaires total hors taxe des entreprises soumises à un régime réel d'imposition, a permis la réalisation d'une partie des investissements prévus et l'amélioration des prestations rendues aux contribuables par l'Administration fiscale. Toutefois, la crise que connaît la Côte d'Ivoire depuis le 19 septembre 2002 a eu un impact négatif sur le rendement de la taxe liée au chiffre d'affaires des entreprises redevables, compromettant ainsi l'achèvement des programmes d'investissements. La destruction et le pillage des investissements déjà réalisés dans les services déconcentrés situés en zone *ex*-assiégée ont davantage hypothéqué l'achèvement de ces programmes. C'est ainsi que la durée de perception de la taxe spéciale d'équipement a été prorogée jusqu'en août 2006. Cependant, la baisse des recettes de la taxe spéciale d'équipement s'est poursuivie du fait de la persistance de la crise alors même que la réunification du territoire national nécessitera la reconstruction rapide des infrastructures détruites en zone ex-assiégée. Afin de permettre la poursuite et l'achèvement du programme d'investissement de la Direction générale des Impôts, il est proposé de maintenir la taxe jusqu'à l'achèvement dudit programme. En outre, pour répondre aux souhaits des organisations professionnelles du secteur privé moderne qui sollicitent une aide de l'Etat pour renforcer leur capacité d'encadrement de leurs membres, le tiers du produit de la taxe sera reversé au secteur privé. Les modalités de rétrocession et de gestion de la quote-part du secteur privé moderne seront déterminées par arrêté du Ministre des Finances.

169 Article 1er de la loi n° 2000-583 du 17 août 2000 : « l'activité des opérateurs de la filière café-cacao, à raison de son importance prépondérante sur le fonctionnement de l'économie nationale et de son incidence directe sur le bien-être des populations, est régulée à l'effet de favoriser une amélioration des revenus des producteurs, de maintenir l'équilibre entre les opérateurs économiques de forces inégales. »

170 Elle a été instituée par l'ordonnance n°99-373 du 12-5-1999, modifiée par l'article 14-1° de l'annexe fiscale à la loi de finances pour la gestion 2001, elle-même, objet de la loi n°2001-338 du 14-6-2001.

générateur est constitué par la livraison des produits aux exportateurs. Le prélèvement est retenu pour toutes les sommes dues aux traitants par l'exportateur au titre des produits livrés. Cette retenue, constituant un acompte au titre d'impôt sur les bénéfices des traitants, apparaît comme un moyen à la fois pour inciter cette catégorie de contribuables à déclarer leurs bénéfices et à assurer un revenu minimum au profit du Trésor Public ivoirien.

- La taxe d'enregistrement sur le café et le cacao. Le droit d'enregistrement sur les exportations de café et de cacao est institué par la loi n°98-742 du 23 décembre 1998 portant loi de finances pour la gestion 1999, modifié par la loi n°2003-206 du 7 juillet portant loi de finances pour 2003. Le taux est passé de 2,3% à 5% de la valeur CAF d'enregistrement, fixée par la BCC, le jour de l'enregistrement par l'exportateur, à compter du 1er octobre 2003[171]. Il est à noter que la taxe d'enregistrement, ainsi calculée sur les quantités enregistrées, est perçue, que l'exportation ait lieu ou pas. Ainsi, elle diffère du DUS, qui est par essence dû à l'occasion de l'expédition des produits hors des frontières nationales.

- Le Droit unique de sortie. Au moment de l'embarquement, le café ou le cacao[172] supporte un droit unique de sortie, communément appelé DUS, perçu par les services de la douane pour le compte de l'Etat, dont le montant est régulièrement fixé par arrêté[173] du Ministre de l'Economie et des Finances. On relèvera que le montant du DUS a augmenté [174] au fil des années. Jusqu'en 1985, le DUS représentait une faible part du prélèvement total opéré sur la filière qui consistait principalement en des prélèvements de la Caisse de stabilisation, appelée Caistab. Après avoir été supprimé en 1989 et en 1993 à la suite de la baisse des cours, un DUS de 200 F CFA/kg a été réintroduit en 1994 au moment de la dévaluation du F CFA, tandis que les prélèvements de la Caisse de stabilisation, fortement réduits depuis 1990, sont devenus beaucoup plus rigides par rapport au prix international[175]. En

---

[171] Art. 555 du CGI, al. 1 et 2 dispose : « Les demandes d'autorisation d'exportation de café et de cacao doivent être présentées par l'exportateur à la formalité d'enregistrement.
Le fait générateur de la taxe est constitué par la confirmation d'enregistrement et la taxe est acquittée lors de la présentation de la demande d'autorisation d'exportation à la formalité d'enregistrement (...) »

[172] Le DUS est perçu sur le café et le cacao quelque soit son état de finition, brut, semi-élaboré ou transformé.

[173] A titre d'exemple, l'arrêté n°041/MEF du 07 mars 2003 a fixé un DUS de 10 FCFA/kg pour le café ; et l'arrêté n°242 /MEF/CAB du 13 août 2002 fixant un DUS de 220 FCFA/kg pour le cacao brut supérieur.

[174] A la différence du café dont le montant est resté constant à 10FCFA, le cacao est passé de 120FCFA/kg en 1998 à 220FCFA/kg en 2004.

[175] Dans l'ancien système de stabilisation, les produits semi-transformés bénéficiaient de subventions pour le broyage de fèves sous-grade. Ces subventions ont été supprimées avec la libéralisation, les usines ayant maintenant la possibilité d'appliquer une décote de prix pour les fèves sous-grade. Néanmoins, pour compenser les surcoûts liés à la transformation locale

1999-2000, malgré un prix international faible, le DUS demeure à un niveau relativement élevé. Globalement, il est passé de 120 FCFA (0,23 dollar US) le kilogramme à 220 F CFA (0,40 dollar US) le kilogramme en l'espace de trois années[176].

Cette stratégie de maintien d'une taxe élevée à l'exportation est sans doute justifiée par la position dominante de la Côte d'Ivoire sur le marché mondial et surtout par le désir des pouvoirs publics de capter le maximum de ressources fiscales nécessaires pour le développement[177]. Par ailleurs, la disparition progressive de la Caisse de stabilisation s'est accompagnée de la création de différentes structures, l'ARCC, la BCC, le FRC et le FDPCC ayant vocation à assurer la régulation administrative, commerciale et financière de la filière, d'une part et la promotion des activités des producteurs, d'autre part.

Les redevances professionnelles. Les pouvoirs publics[178] ont institué une redevance professionnelle[179] au profit de celles-ci.

- **La redevance-ARCC**. Elle est instaurée depuis la campagne 2000/2001, payée par les exportateurs au moment de l'enregistrement des produits à exporter pour financer les frais de fonctionnement de cette structure. Le montant de la redevance a été fixé à 5,3 F CFA/kg en 2000/2001 puis à 2,96 F CFA/kg en 2001/2002, à 2,77 F CFA/kg en 2002/2003, pour remonter à 5 F CFA/kg en 2003/2004 et depuis 2004/2005 à 5,65FCFA/kg[180].

- **La redevance-BCC**. Elle est prévue au cours de la campagne 2001/02 pour financer le fonctionnement de la BCC. Elle a été fixée à 7,23 FCFA, en l'absence du FRC, pour la campagne 2001/2002 puis ramenée à 4,90 FCFA/kg pour la campagne 2002/2003.

- **La redevance-FRC.** Elle a été instituée au cours de la campagne 2002/2003 suite à la mise en place de la structure, estimée à 3 FCFA/kg.

- **La Redevance-sacherie.** Ce prélèvement est payé par les exportateurs au moment de l'enregistrement des produits à exporter pour le financement de la sacherie brousse des producteurs adhérents des coopératives, sa quotité était fixé à 3,5 FCFA/kg jusqu'à la campagne 2001/2002 mais a été revue à la hausse depuis la campagne 2002/2003. Actuellement, elle est de 5 FCFA/kg.

---

des fèves, les produits transformés bénéficient d'un DUS à l'exportation inférieur au DUS qui s'applique sur « l'équivalent » fèves.

[176] Ed. N'GUESSAN, *op. cit.,* p. 186.

[177] Voir, G. CHAMBAS (dir-), *op. cit.*, pp. 17 et s.

[178] Au cours de chaque campagne, et au regard de l'évolution des cours mondiaux au cours d'un trimestre, le Comité Interministériel des Matières Premières, après consultation des acteurs de la filière peut déterminer le montant des redevances.

[179] Ordonnance n°2001-47 du 31 janvier 2001 relative à la redevance professionnelle en matière de café cacao.

[180] Ce montant comprend 1,5 F CFA/kg pour le pesage et 1, 5 F CFA pour le contrôle qualité du produit.

- **La Réserve de prudence.** Appliquée pour l'instant sur le cacao, elle a été instaurée depuis le début 2001/2002 dans le cadre de la mise en place d'un mécanisme de garantie des prix au producteur. Son taux est fixé sur une période de trois mois et révisé éventuellement en fonction du niveau des cours. La réserve de prudence est gérée par le FRC. Elle a été de l'ordre de 47 F CFA/kg au cours de la campagne 2001/2002. Au cours de la campagne 2002/2003, elle a été fixée dans un premier temps pour la période octobre-décembre à 64 FCFA/kg puis à 15 F CFA/kg et enfin à 10 F CFA/kg pour juillet-septembre. La moyenne au cours de cette campagne est de l'ordre de 40 F CFA/kg.

- **La redevance-FDPCC.** Etablie depuis janvier 2001, cette redevance sert à assurer le fonctionnement du Fonds de Développement des activités des Producteurs de Café Cacao. Ce montant prélevé par le FRC pour le compte des producteurs est géré directement par ces derniers. Le tarif de la redevance a été fixé en janvier 2001 à 35 F CFA/kg pour le cacao et 10 F CFA/kg pour le café. Depuis octobre 2003, elle est de 25 F CFA/kg pour le cacao.

Cette prolifération d'impôts et taxes parafiscales suscite de notre part une analyse critique. Cette analyse se bornera à apprécier, tout d'abord, le niveau de pression fiscale que subissent les opérations d'exportation, ensuite la pertinence des prélèvements fiscaux, enfin le risque d'utilisation abusive des redevances prélevées dans le secteur café et cacao.

2. L'analyse critique du régime fiscal des opérations d'exportation

Le niveau de pression fiscale. S'il est vrai que l'industrie du café et du cacao est un secteur où règne l'imposition multiple, on est en droit de s'interroger, toutefois, sur le niveau de charge fiscale que supportent les opérations d'exportation. Car, le cumul des taxes avoisine des sommes impressionnantes. A titre d'illustration, en 1999 le cumul du DUS, la taxe pour la nouvelle Caistab, la sacherie-brousse[181] s'élevait à 135,5 F CFA (0,26 dollar US) le kilogramme. En janvier-mars 2003, ce montant avait atteint son plus haut point, à savoir 361,9 F CFA (0,70 dollar US) le kilogramme[182]. Pour la principale campagne 2005-2006, les recettes issues du DUS s'élevaient à 178,70 milliards de F CFA (343 millions de dollars US) et les taxes d'enregistrement à 37,5 milliards de F CFA (68,5 millions de dollars US)[183]. En ce qui concerne 2006-2007, le total cumulé du DUS, de la taxe d'enregistrement et des redevances dédiées aux structures de la filière

[181] C'est un prélèvement prévu pour « les sacs brousse » aux producteurs.

[182] On notera que ce montant intègre les redevances perçues au profit des structures de gestion de la filière qui ont succédé à Nouvelle Caistab. Voir, Ed. N'GUESSAN, *op. cit.*, p. 186.

[183] ACE, *Rapport de l'industrie : principale campagne octobre,* 2005 - mars 2006.

se monte à 310 F CFA (0,60 dollar US) le kilogramme. Or, cette somme dépasse dans de nombreux cas, le prix payé aux producteurs[184].

En cas de flambée du prix du cacao sur le marché mondial, les autorités politiques ont une propension à augmenter le montant du DUS, comme en 2002. Mais le paradoxe, c'est que lorsque les cours mondiaux baissent, cet impôt reste inchangé, au préjudice des producteurs. D'autant plus que les exportateurs répercutent presque toujours la hausse des prélèvements et taxes sur les producteurs afin de pouvoir maintenir leur niveau de profit. Bien que la Banque mondiale ait déclaré que le montant du DUS ne devrait pas dépasser 20% du prix à l'exportation, la réalité en est tout autre, ce plafond ayant été très largement franchi depuis. Visiblement, on se rend bien compte que la priorité des autorités ivoiriennes est portée davantage vers le renflouement des caisses du Trésor Public, plutôt que la maîtrise de la surcharge fiscale qui obère les activités économiques.

Et pourtant, on peut affirmer que le poids de l'impôt dans l'industrie du café et du cacao est élevé. Sans doute, on pourrait croire que le niveau général des prélèvements semble modéré et inscrit dans la fourchette en deçà des standards internationaux, 33,33% en France contre 27% en Côte d'Ivoire pour l'impôt sur les bénéfices. Certes, on peut estimer que la pression fiscale globale est inférieure au taux enregistré dans la plupart des pays de la sous-région et du taux minimal de 17% exigé par les autorités de l'UEMOA[185]. Mais, faut-il pour autant et à la suite de cette institution estimer qu'une pression fiscale qui ne dépasserait pas le seuil de 17% n'offre aucune possibilité de ressources internes à l'Etat pour les investissements publics ? Nous en doutons, puisque la pression fiscale, en tant que ratio entre les prélèvements fiscaux, les impôts directs et indirects et les taxes parafiscales d'une part, et le produit intérieur brut d'autre part, est peut être faible. Cependant, elle occulte le fait qu'il y ait une concentration de la fiscalité sur un petit nombre d'opérateurs. En effet, une grande partie du fardeau des impôts repose sur la filière du café et du cacao

Même si cela peut paraître normal, du fait que l'économie du pays repose sur l'agriculture, il est nécessaire d'élargir l'assiette imposable aux autres contribuables, non imposés, ce qui aura pour avantage de « desserrer l'étau » autour de la poignée d'opérateurs économiques qui paye effectivement leurs impôts et d'amener dans le système formel la grande majorité qui se complaît dans l'informel. Nécessairement, les bénéficiaires immédiats seront les producteurs, étant donné qu'ils sont les premiers maillons de la filière, n'ayant aucune possibilité de répercutions des prix, en cas d'augmentation des prélèvements fiscaux. Au-delà du poids de la parafiscalité, le problème

[184] GLOBAL WITNESS, *op. cit.*, p.25.

[185] Depuis 1999, la pression fiscale ivoirienne est en dessous des 16% (14,8% en 1999, 15,2% en 2004, 14,5% en 2005, 15,3% en 2006, 15,5% en 2007 et 15,7% en 2008) ; voir BAD/OCDE, *Perspective économique en Afrique, Côte d'ivoire, 2008*, p. 277.

le plus récurrent dans la filière est celui de la mauvaise gestion des redevances prélevées.

La mauvaise gestion des prélèvements. La gestion des redevances dédiées aux structures de la filière a donné lieu à des pratiques abusives. On en a pour preuve le fait qu'en date du 12 juin 2008, la quasi-totalité des dirigeants des structures sont inculpés de « détournement de fonds, abus de confiance, abus de biens sociaux, escroquerie, de faux et usages de faux en écriture privée de commerce et de banque », sur ordre du Procureur de la République. Mais, cela pouvait-il en être autrement ? Rien n'est sûr ! Tant les abus dans le secteur prenaient de l'ampleur au fur et à mesure que les années s'écoulaient. Les audits se sont succédés, les études et diagnostics ont été renouvelés, mais les résultats restaient sans suite.

Toute chose qui a fini par conduire à l'exaspération des producteurs du café et du cacao, de la Communauté Internationale, de la Banque Mondiale et du FMI. En effet, les uns reprochent aux autorités de la filière la « non subvention » des activités de commercialisation des matières premières. Tandis que les autres critiquent les projets faramineux et risqués dans lesquels certaines structures, notamment le FRC[186] et le FDPCC[187] se sont lancées depuis quelques années. Dès lors, cette opération « mains propres » vient à propos, pourvu qu'elle aille jusqu'à son terme, soit réglée en toute justice afin que les coupables répondent de leurs actes devant les tribunaux. Et qu'elle ne soit pas utilisée comme « une opération de charme », avec des relents politiques et des visées électoralistes[188]. Quoiqu'il en soit, il n'est jamais trop tard pour bien faire, a-t-on coutume de dire.

D'ailleurs, le gouvernement lui-même[189] reconnaît que les résultats des réformes engagées ont été décevants : les prélèvements parafiscaux imposés au secteur n'ont pas bénéficié aux producteurs, comme cela était prévu, et n'ont pas contribué significativement à l'amélioration de la compétitivité du secteur dans son ensemble. Pour améliorer la situation, il a décidé de revisiter le fonctionnement des structures existantes et notamment leurs rôles dans le recouvrement des prélèvements parafiscaux. Le Gouvernement a entendu, à cet effet, adopter, à moyen terme, une nouvelle stratégie globale

---

[186] Le FRC a racheté une ancienne usine de Nestlé aux Etats-Unis, l'usine « Fulton », ainsi que « DAFCI » anciennement appartenue à Bolloré.

[187] Le FDPCC a racheté ou a participé à la création de plusieurs sociétés, notamment, la Forexi, spécialisé dans le forage de puits ; la société Cori, détenteur du monopole de la production et de la distribution des sacs normés de café, caco et de coton et la société Coco-services dans la commercialisation de volailles.

[188] On notera que les élections présidentielles en Côte d'Ivoire étant prévues pour le 30 novembre 2008, certains craignent que cette opération, qualifiée de « mains propres », ait pour unique finalité de redorer son « image » quelque peu ternie par le niveau de corruption dans le pays.

[189] Voir Charles Koffi DIBY et Guillaume Kigbafori SORO, « Lettre d'intention au FMI », *Mémorandum de politique économique et financière*, Protocole d'accord technique, 12 juillet 2007.

pour le secteur, avec l'aide des partenaires extérieurs, sur la base des études et audits existants. Dans l'attente de l'établissement de cette stratégie, il a pris, ou prévoit de prendre, un ensemble de mesures conservatoires qui auront des effets immédiats sur la transparence et la bonne gouvernance du secteur, en particulier concernant la gestion des prélèvements parafiscaux[190].

En définitive, les bénéfices escomptés de ces mesures d'assainissement vont au-delà des seuls intérêts des producteurs. C'est toute l'industrie du café et du cacao qui en profiterait, dès lors qu'elle repositionne les critères de compétitivité et de libre concurrence entre acteurs au cœur de la filière « libéralisée ». De plus, à travers cette opération qualifiée de « mains propres dans la filière » se joue toute la crédibilité de l'appareil judiciaire ivoirien. Régulièrement décriée à cause de ses verdicts qui « rament » à contre-courant du droit et de l'équité, notre Justice trouve là l'opportunité de se réhabiliter et de se réconcilier avec les justiciables. Parmi ces derniers figurent en bonne place les entreprises multinationales, et donc les investisseurs qui ont toujours besoin de gages de confiance et de sécurité. Ce d'autant plus que les impératifs de l'Etat de droit, de la bonne gouvernance et de l'indépendance de la justice sont autant de paramètres que les groupes multinationaux considèrent dans leur choix d'implantation sur un territoire donné.

SECTION II : UN SUJET MEMBRE D'UN GROUPE MULTI-NATIONAL

Avant tout propos. Il faut préciser que l'analyse faite du concept de groupe est indifférente, selon qu'on se place dans un cadre national ou multinational[191]. Par ailleurs, par quel mécanisme détermine-t-on la qualité de membre d'une société dans un groupe multinational ? Autrement dit, comment une entreprise peut-elle valablement appartenir à une

[190] L'essentiel des prélèvements continuera à être supervisé par le « comité Café/cacao ». Ce comité continuera à examiner la collecte et l'utilisation des prélèvements pour le FDPCC - Investissement et Réserve de prudence (de 10,55 F CFA/kg et de 5 F CFA/kg) et à approuver les programmes et projets proposés par les structures du secteur pour visa conjoint du Ministre de l'économie et de finances et du Ministre de l'agriculture. Par ailleurs, le mandat du Comité a été élargi pour couvrir la supervision des prélèvements parafiscaux en faveur du Fonds d'investissement en milieu rural (12,5 FCFA) - déposé sur un compte spécial à la BCEAO - et pour la sacherie. Le Comité établira des rapports annuels aux Ministres concernés et pour l'information du Conseil des Ministres. En outre, le Comité entend réduire de 2,65 F CFA/kg les prélèvements parafiscaux 2007/2008 afin d'en faire bénéficier les producteurs. En ce qui concerne les redevances parafiscales recouvrées sur la filière durant la période 2000-2005, le Gouvernement entend faire une analyse rétrospective des montants collectés et de leur utilisation par l'ARCC, la BCC, le FRC et le FDPCC (y compris les investissements). Voir Charles Koffi DIBY et Guillaume Kigbafori SORO, *op. cit.*

[191] Sous la précision que la question des prix de transfert ne trouve pas d'écho dans le strict cadre du droit interne. Elle n'a d'intérêt que dans une perspective internationale.

multinationale ? Voilà en substance la question que cette étude est appelée à trancher.

Approche évolutive de la notion de groupe. Pendant longtemps, le groupe de sociétés a été majestueusement ignoré par le droit, du moins, n'a pu faire l'objet d'une réglementation claire et précise[192]. Pourtant, devant la récurrence des problèmes posés par le groupe, en lieu et place d'une approche unitaire juridique, l'on a assisté à des tentatives éparses, chaque discipline juridique proposant ses propres solutions, estimées appropriées à la matière. Appréhender la notion du groupe dans un élan de dispersion est synonyme d'un manque de cohésion susceptible de desservir l'univers juridique lui-même. Aussi, un auteur a systématisé cette cacophonie dans l'approche du concept en affirmant que « l'on peut aisément parler d'incohérence, chacune des disciplines du droit choisit ses définitions, établit en toute liberté ses propres règles sans se préoccuper du chemin parcouru par chacune d'elles (...) »[193]. Cet aveu pourrait cacher manifestement un sentiment de regret quant à l'absence de reconnaissance légale du concept. Hélas ! Il n'en est rien, tant la doctrine dominante[194] paraît se complaire dans cet état de choses, prétextant que la complexité de la notion du groupe rend utopique le fait de croire que l'avènement de règles unanimement reconnues puisse s'adapter à tous. D'ailleurs, il est permis de penser que le législateur a jugé plus prudent de ne pas définir le groupe de crainte, sûrement, d'enfermer une réalité polymorphe dans un cadre juridique trop rigide où les inconvénients l'emporteraient sur les avantages escomptés. En effet, le groupe de sociétés est comparable à « un organisme vivant » dont la géométrie est en perpétuelle évolution qui suppose une grande souplesse dans les relations internes. On conçoit ainsi que l'absence d'un statut d'ensemble participe probablement au dynamisme des groupes en évitant lourdeur et complexité[195].

Plan. Avec l'avènement de l'Acte uniforme sur les sociétés commerciales et du groupement d'intérêt économique, le groupe de sociétés fait désormais l'objet d'une consécration légale. En effet, il dispose que « le groupe de sociétés est l'ensemble formé par des sociétés unies entre elles par des liens divers qui permettent à l'une d'elles de contrôler les autres »[196]. Il en résulte que le groupe est formé de sociétés dont les liens permettent de

---

[192] On a dû prétexter, à cet effet, du fait que le groupe ne pourrait être sujet de droit dès lors que les entités qui le composent bénéficient déjà de cette qualité de personnalité juridique.

[193] M. PARIENTE, « Les groupes de sociétés et la loi de 1966 », *Revue des sociétés*, 1996, p. 466.

[194] M. COZIAN, A. VIANDIER et Fl. DEBOISSY, *op. cit.* : « L'ensemble donne du droit des groupes l'image d'un jardin à l'anglaise, bien éloigné de l'esprit français. D'où la difficulté d'ordonner cette grenaille de règles et de décisions », n°1454, p. 638.

[195] N. GHARBI, *op. cit.*, n° 118, p. 66.

[196] Article 173 de l'Acte uniforme sur les sociétés commerciales et les groupements d'intérêts économiques.

distinguer, d'une part les sociétés filiales, et d'autre part, la société-mère dès lors que celle-ci détient plus de la moitié du capital social de celles-là[197], au sens du droit des sociétés. Quoiqu'il en soit, il peut sembler nécessaire que les sociétés membres du groupe soient liées par des relations financières. La notion de contrôle est à cet effet l'instrument juridique privilégié pour l'établissement de ces liens.

Cependant, la portée de cette technique peut s'avérer limitée sur le terrain des prix de transfert, dès lors qu'on a pu reconnaître la qualité de membre d'un groupe multinational à une société sur le fondement exclusif des relations d'affaires[198]. Il apparaît donc que le concept de dépendance doit être entendu dans l'acception la plus large du terme. De sorte que, pris au sens de l'article 173 de l'Acte uniforme, il peut être qualifié de dépendance de droit d'autant plus qu'il trouve sa raison d'être dans des critères juridiquement définis (Parag I). A défaut de liens capitalistiques permettant de prouver « un contrôle de droit », il reste néanmoins possible de démonter l'existence d'une dépendance résultant d'un état de fait. Cette dépendance proviendrait notamment de relations contractuelles entre des sociétés si l'une d'elles est intégrée au réseau de distribution de l'autre ou si elle est à la merci d'une rupture de contrat de l'autre (Parag II). Nous distinguerons donc aisément la qualité de membre selon qu'elle se fonde sur la dépendance de droit ou qu'elle se justifie en raison des liens de fait.

Parag I : La qualité de membre, en raison de liens de droit

Présentation. Au sens des transactions intragroupe, est dite société membre, une entreprise liée, apparentée ou associée à une Multinationale. La qualité de membre d'un groupe multinational est donc consubstantielle à la matière même des prix de transfert. En effet, elle transparaît clairement dans le dispositif de contrôle mise en place. En droit interne, l'article 38 CGI fait mention « des entreprises qui sont sous la dépendance ou qui possèdent le contrôle d'entreprises situées hors de Côte d'Ivoire »[199]. S'il est établi que

[197] Article 179 de l'Acte uniforme sur les sociétés commerciales et les groupements d'intérêts économiques. On notera néanmoins le libéralisme de la législation fiscale ivoirienne, car plus conforme à la pratique des affaires, puisqu'aux termes de l'article 22 du CGI, il suffit « d'une participation de 10% dans le capital de la société émettrice » pour bénéficier du régime fiscal des sociétés-mères. En ce sens, la fiscalité favorise dans une certaine mesure la constitution des groupes.

[198] Le Professeur Yves Guyon se plaît à désigner cette catégorie de relation de dépendance entre sociétés par le concept de *« contrat d'intégration »*. Les exemples les plus courants se résument aux contrats de sous-traitance, de concession et de franchise.

[199] Art. 38 du CGI : « Pour l'établissement de l'impôt sur les bénéfices industriels et commerciaux dû par les entreprises qui sont sous la dépendance ou qui possèdent le contrôle d'entreprises situées hors de Côte d'Ivoire, les bénéfices indirectement transférés à ces dernières soit par la majoration ou la diminution des prix d'achat ou de vente, soit par tout autre moyen, seront incorporés aux résultats. Il est procédé de même à l'égard des entreprises

cette disposition évoque expressément des liens de contrôle et de dépendance dans un cadre international, il est toutefois regrettable qu'il n'y apporte aucune définition. Si bien qu'on pourrait se poser la question de savoir ce que signifie en droit l'expression de « lien de dépendance ». C'est sur le plan du droit conventionnel que des prémices de solutions pourraient être trouvées. D'autant plus que les différentes conventions fiscales conclues par la Côte d'Ivoire définissent l'entreprise liée ou associée comme étant une entreprise dont la direction, le contrôle ou le capital est détenu par une entreprise d'un Etat partie à la convention. Etant prévu par le législateur, nous considérons ce lien de dépendance comme juridique. Dès lors, il convient de l'analyser sous ses composantes, de participation au capital et de direction. Ainsi, on distinguera le contrôle en capital du contrôle directionnel, auxquels sont soumises « les sociétés filialisées ».

A. Le contrôle du capital

Le lien capitalistique : forme courante de la filiation. Le lien de dépendance financière résultant de la participation au capital confère à son bénéficiaire des droits sociaux, notamment, la vocation aux bénéfices et l'attribution de voix lors des votes en assemblée d'associés. Le contrôle du capital d'une entreprise est le lien de dépendance le plus répandu entre des membres d'un groupe de sociétés. Ainsi, le terme de contrôle revêt toute sa signification dans la mesure où plus la participation dans le capital sera importante, plus la notion de contrôle ou de dépendance trouvera à s'appliquer.

Les droits de vote : critère déterminant du contrôle. Aux termes de l'article 175 de l'acte uniforme sur les sociétés et les groupements d'intérêt économique : « Une personne physique ou morale est présumée détenir le contrôle d'une société :

---

qui sont sous la dépendance d'une entreprise ou d'un groupe possédant également le contrôle d'entreprises situées hors de Côte d'Ivoire possédant également le contrôle d'entreprises situées hors de Côte d'Ivoire. A défaut d'éléments précis pour opérer les redressements prévus à l'alinéa précédent, les produits imposables seront déterminés par comparaison avec ceux des entreprises similaires exploitées normalement.

Les intérêts, arrérages et autres produits des obligations, créances, dépôts et cautionnements les redevances de cession ou concession de licences d'exploitation, de brevets d'invention, de marque de fabrique, procédés ou formules de fabrication et autres droits analogues ou les rémunérations de services payées ou dus par une personne physique ou morale domiciliée ou établie en Côte d'Ivoire à des personnes physiques ou morales qui sont domiciliées ou établies hors de Côte d'Ivoire ne sont admis comme charges déductibles pour l'établissement de l'impôt que si le débiteur apporte la preuve que ces dépenses correspondent à des opérations réelles et qu'elles ne présentent pas un caractère anormal et exagéré.

Les sommes versées ne sont admises comme charges déductibles pour l'établissement de l'impôt que dans la double limite de 5% du chiffre d'affaires hors taxe et de 20% des frais généraux de l'entreprise débitrice.

1°) lorsqu'elle détient, directement ou indirectement ou par personne interposée, plus de la moitié des droits de vote d'une société ;

2°) lorsqu'elle détient plus de la moitié des droits de vote d'une société, en vertu d'un accord ou d'accords conclus avec d'autres associés de cette société ». Il résulte de cette disposition que l'importance du contrôle doit être appréciée non pas en fonction de la participation dans le capital social mais en fonction des droits de vote. Quoi de plus normal ! Quand on sait que l'expression du suffrage participe des droits politiques. N'est-ce pas en vertu de cette prérogative que l'associé prend part à la vie sociale, qu'il s'agisse du choix des organes de direction, du vote des dividendes ou de l'information sur l'évolution des affaires sociales ? Au contraire, la participation dans le capital n'est que l'expression au sens *stricto sensu* de la vocation des associés au partage des bénéfices. Si cette présomption de contrôle nous semble *a priori* justifiée, elle n'est cependant pas à l'abri de critique, notamment quant au seuil de détention des suffrages. En le portant au-delà de « la barre fatidique » de 50% des droits de vote, le législateur de l'OHADA fait ainsi preuve de grande rigueur, là où son homologue français semble plus libéral[200].

D'ailleurs, le législateur français précise à l'article L 233-3, alinéa II, du Code de commerce que le contrôle est présumé lorsque la société dispose, directement ou indirectement, d'une fraction des droits de vote supérieure à 40% et qu'aucun autre associé ou actionnaire ne détient, directement ou indirectement, une fraction supérieure à la sienne. On peut affirmer que la position de rigueur des dispositions de l'Acte uniforme sur les sociétés commerciales et le groupement d'intérêt économique est peu compatible avec la souplesse que recommande le législateur fiscal en matière de prix de transfert, notamment dans les critères de définition du lien de dépendance en sociétés apparentées. Cette rigueur ne trouve-t-elle pas probablement son origine dans une sorte de confusion avec le seuil de « plus de 50% du capital social », prévu dans les dispositions de l'article 179 de l'Acte uniforme sur les sociétés commerciales et du groupement d'intérêt économique, (AUSCGIE) ? Rien n'est moins sûr !

---

[200] En droit français, l'article L 233-3, I du Code de commerce dispose qu' « une société est considérée comme en contrôlant une autre :

- lorsqu'elle détient directement ou indirectement une fraction du capital lui conférant la majorité des droits de vote dans les assemblées générales de cette société ;
- ou lorsqu'elle dispose seule de la majorité des droits de vote en vertu d'un accord conclu avec d'autres associés ou actionnaires ;
- ou encore lorsque, compte tenu des circonstances (par exemple une large diffusion des titres dans le public), elle a en fait, par les droits de vote dont elle dispose, la possibilité de faire prévaloir son point de vue lors des assemblées générales (contrôle de fait) ;
- ou encore lorsqu'elle est associée ou actionnaire de cette société et dispose du pouvoir de nommer ou de révoquer la majorité des membres des organes d'administration, de direction ou de surveillance de cette société. »

Or, à l'égard d'une partie de la doctrine ce chiffre paraît artificiel, du moins en droit des sociétés. Car une participation beaucoup plus faible dans le capital d'une société peut suffire, dans certains cas, pour dominer les organes de celle-ci, et lui imposer ses décisions, surtout lorsque les titres sont éparpillés dans le public et que les actionnaires « brillent » par leur absence légendaire. En revanche, les défenseurs de cette thèse reconnaissent que ce chiffre pourrait s'avérer insuffisant, dès lors que le nombre d'associés est limité, ne permettant pas de dominer l'assemblée générale extraordinaire au sein de laquelle les décisions sont prises, à la majorité des deux tiers[201]. Faut-il le rappeler qu'à la lueur de son autonomie, le droit fiscal n'est nullement tenu par les règles édictées par les autres disciplinaires. Ainsi, fiscalement, il est admis qu'une société mère puisse détenir au moins 10% du capital de sa filiale. Ce régime a été créé afin de réaliser la transparence fiscale de la société-mère, celle-ci n'étant, en ce qui concerne la distribution de bénéfices opérée par la filiale, qu'un intermédiaire entre cette dernière et ses propres actionnaires. En pratique, le capital des entreprises multinationales du secteur café et cacao est détenu en quasi-totalité par la société mère. Ainsi, elle s'assure de dominer la société filiale, sans se heurter à l'hostilité d'éventuels minoritaires.

Cette domination implique nécessairement le contrôle de la direction de la « société fille ». Toute chose qui témoigne de l'effectivité du contrôle.

B. Le contrôle de la direction

Les modalités du contrôle directionnel. Généralement, la détention par une société de la majorité des titres d'une seconde société peut permettre juridiquement à la première d'être en mesure d'imposer à la seconde la direction de son choix. Ainsi, certains ont pu affirmer que le contrôle financier était lié au contrôle directionnel[202]. Cependant, il arrive qu'en dehors de tout contrôle capitalistique, deux sociétés dans une relation d'affaires décident d'avoir une direction commune, à l'effet de négocier directement toutes les transactions commerciales. En droit interne, ni la doctrine administrative ni la jurisprudence n'évoquent explicitement la notion de contrôle directionnel de sorte que son appréhension demeure délicate. En revanche, seules les dispositions conventionnelles relatives aux entreprises associées font allusion tacitement à ce concept bien qu'elles restent muettes quant à sa définition[203]. Au regard de la doctrine, le contrôle de direction est appréhendé comme un mécanisme juridique en vertu duquel

[201] T. HOEGAH, *op. cit.*, p. 145.

[202] O. MARICHAL, *op. cit.* p. 227.

[203] Ainsi, l'article 9 des conventions fiscales ivoiro-française évoque les termes d'entreprises associées, notamment comme suit : *« Lorsqu' une entreprise d'un Etat contractant participe directement ou indirectement à la direction, au contrôle ou au capital d'une entreprise de l'autre Etat contractant ».*

une société dite dominante est susceptible d'influer notablement la politique commerciale d'une autre, appelée, société dominée par l'exercice d'une fonction de direction.[204]. Autrement dit, il s'agit de la participation de la société mère à la gestion de ses filiales[205]. Ainsi, on peut distinguer, le contrôle directionnel direct et le contrôle directionnel indirect, selon qu'il est exercé par la société dominante au sein des organes d'administration et de direction[206] ou est effectué par l'entremise de personnes interposées entre les deux sociétés.

Les difficultés d'application du contrôle directionnel. L'exercice de chacune des modalités de contrôle n'est pas exempt de difficultés. D'une part, selon l'article 421 de l'AUSGIE, « *une personne morale peut être nommée administrateur. Lors de sa nomination, elle est tenue de désigner, par lettre au porteur contre récépissé ou par lettre recommandée avec demande d'avis de réception adressée à la société, pour la durée de son mandat, un représentant permanent. Bien que ce représentant permanent ne soit pas personnellement administrateur de la société, il est soumis aux mêmes conditions et obligations et encourt les mêmes responsabilités civiles et pénales que s'il était administrateur en son nom propre, sans préjudice de la responsabilité solidaire de la personne morale qu'il représente* ». Il en résulte donc que le contrôle direct qui suppose la détention directe du pouvoir de contrôle par la société dominante peut connaître un assouplissement[207]. D'autre part, la désignation par la société-mère de son représentant permanent[208], le cas échéant, sa publicité au RCCM[209], confère au contrôle direct un caractère officiel. A l'inverse, le contrôle indirect est très souvent, occulte, matérialisé par une interposition de personnes, entre deux sociétés, en assumant des fonctions de direction à l'égard de la société dépendante. Aussi longtemps que cette interposition restera inconnue des tiers, ceux-ci pourraient croire légitimement à l'indépendance totale des sociétés en présence. En raison du silence de la loi, l'exercice du contrôle directionnel indirect sur le fondement de l'interposition des personnes peut s'avérer difficile.

Or, le droit fiscal étant la terre d'élection par excellence de la fictivité et du déguisement, il offre également à l'interposition de personnes un terrain

---

[204] J.-L. BILON, *op. cit.*, p. 49.

[205] H.-D. MODI KOKO BEKEY, « Le contrôle de la gestion des filiales par le société-mère dans le droit uniforme sur les sociétés commerciales en Afrique », in *Mélanges à l'honneur* de Yves Guyon, Dalloz, 2003.

[206] Il s'agit du Conseil d'administration ou du directoire.

[207] Par hypothèse, on admettra que la société dominée ait retenu la forme de la société anonyme conformément au droit OHADA.

[208] Cette représentation permanente doit être inscrite au RCCM dans l'hypothèse où la personne physique représentante était administrateur en son nom propre.

[209] Conformément à l'article 427 de l'Acte uniforme, la désignation d'un représentant permanent, qui dispose de la qualité d'administrateur en son nom propre, doit faire l'objet de publicité au RCCM.

d'action privilégié. Là, plus qu'ailleurs, des considérations incitent les individus à rester en coulisse en s'abritant derrière une marionnette complaisante acceptant d'occuper le devant de la scène juridique et fiscale[210]. L'administration fiscale n'est pas, pour autant, dépourvue de tout moyen pour traquer les faux dirigeants de personnes morales, ayant rendu impossible le recouvrement des dettes fiscales par des manœuvres frauduleuses Elle se réserve le droit d'engager leur responsabilité, que « la direction effective de la société ait été exercée en droit ou en fait, directement ou indirectement »[211]. De même, le régime de faveur[212] institué en faveur des entreprises nouvellement créées pour reprendre des entreprises en difficulté offre un autre exemple de présomption légale d'interposition de personne. En effet, l'article 8, alinéa 3, du CGI [213] dispose que le capital de la société nouvelle ne doit pas être détenu directement ou indirectement à plus de 10% par les personnes de droit privé qui, ensemble ou individuellement, ont détenu plus de 50% du capital de l'entreprise en difficulté pendant les deux années précédant la reprise.

Si dans l'esprit du législateur ivoirien, le recours à la détention indirecte de contrôle vise les hypothèses d'interposition de personnes, il n'en demeure pas moins que cette notion est équivoque et ambiguë, pouvant susciter d'importants contentieux. Il s'avère, par conséquent, impérieux que ce concept soit clairement précisé par la loi[214], par une énumération non exhaustive des personnes interposées. Certes, l'Administration peut se servir, sur le terrain du droit civil, de l'arme de la théorie de la simulation[215] et de la convention de prête-nom pour donner la preuve de l'interposition des personnes. En vain s'évertuera-t-elle à réaliser cette entreprise, dès lors que la dépendance directionnelle présente un caractère d'extranéité.

C'est pourquoi, le droit conventionnel est intervenu pour remédier aux insuffisances du droit positif ivoirien en la matière. En effet, les conventions

---

[210] Fl. DEBOISSY, *op. cit.*, n° 594, p 228.

[211] Art 155 nouveau du Livre de Procédures fiscales.

[212] Ce régime institue une exonération temporaire d'impôts sur les bénéfices industriels et commerciaux.

[213] Article 9 de l'annexe fiscale, de la loi n° 2002-156 du 15 mars 2002.

[214] En ce sens, le législateur français a été obligé de préciser la notion de détention indirecte résultant de l'article 209 B du CGI français : « *(...)Sont présumés indirectement détenus par la société française les droits détenus par l'intermédiaire d'une chaîne de participations, les droits détenus par l'intermédiaire de salariés ou de dirigeants de droit ou de fait de la société française, les droits détenus par l'intermédiaire d'un associé personne physique de la société française, son conjoint, leurs descendants ou les ascendants, ainsi que les droits détenus par l'intermédiaire d'une société ou d'un groupement ayant en commun avec la société française un actionnaire, un porteur de parts ou un titulaire de droits financiers ou de droits de vote disposant directement ou indirectement du nombre le plus élevé de droits de vote dans cette société et, enfin, les droits détenus par l'intermédiaire d'un partenaire commercial avec lequel il existe des liens de dépendance économique.* »

[215] Fl. DEBOISSY, *op. cit.*, n° 628, p.240.

fiscales internationales liant la Côte d'Ivoire, notamment à la France[216], prévoient expressément que le contrôle de direction puisse être exercé par le truchement de personnes interposées. Le mérite de cette disposition réside moins dans la clarification apportée au concept de personnes interposées que dans l'extension du champ d'application de celui-ci. En d'autres termes, elle remet en cause la conception stricte limitée à la dépendance directionnelle pour l'étendre au contrôle financier. Ainsi l'article 11, alinéa 2, de la convention affirme qu'« une entreprise est considérée comme participant à la gestion ou au capital d'une autre entreprise notamment lorsque les mêmes personnes participent directement ou indirectement à la gestion ou au capital de chacune de ces deux entreprises ». Cette extension du périmètre d'application du contrôle de direction n'est-elle pas emblématique de l'accroissement du domaine de la dépendance, au sens large du terme ? On ne peut qu'y croire, dès lors qu'il est admis que le lien de dépendance entre l'entreprise de droit ivoirien et le groupe multinational pourrait résulter d'un état de fait.

Parag II : La qualité de membre, en raison d'un état de fait

Plan. La dépendance de droit ne constitue pas un critère exclusif du lien d'appartenance à un groupe multinational. A défaut de liens étroits de nature juridique, caractéristiques de la qualité de membre d'une société ivoirienne de café et de cacao au sein d'une multinationale, il peut être établi une dépendance de fait. Si l'appréhension de la dépendance juridique suscite moins de difficultés, sans doute, du fait qu'elle est balisée par des mécanismes juridiques bien élaborés, il en va différemment de la dépendance de fait dont la complexité peut être perçue, à la fois au niveau de la notion elle-même, que de son domaine d'application.

A. La notion de dépendance de fait

Le bien-fondé. Que deux sociétés juridiquement indépendantes nouent des contrats de vente ou d'achat de café et de cacao, cela ne pose *a priori* aucun problème particulier. Mais, les inquiétudes peuvent naître dès lors que cette réalité camoufle un état de fait. Comme « un véhicule banalisé dans les fourrés, jouxtant la voie d'accélération d'une chaussée peut dissimuler un radar », les rapports d'échanges entre des entités juridiquement autonomes peuvent cacher entre elles des liens avérés de dépendance. Car, au-delà de l'apparence banale, et ordinaire qui résulte des rapports liant une entreprise ivoirienne et une entreprise étrangère, se déguisent des états de fait,

[216] Article 11, al. 2 de la convention fiscale, franco-ivoirienne du 6 avril 1966, modifiée par la loi n° 94-924 du 26 octobre 1994, JO du 27 octobre 1994.

symptomatiques de liens de dépendance[217]. La tentation de se fier à une telle apparence a été si grande que même le législateur n'a pu y échapper, lui qui pendant longtemps lui vouait une certaine indifférence, empreinte de bienveillance[218].

Or, en matière de prix de transfert, les effets redoutés[219] dans le cadre des transactions commerciales entre sociétés affiliées sont bien omniprésentes s'agissant des hypothèses évoquées. Pis, les risques peuvent être importants à partir du moment où aucune règle ne formalise les liens entre des entreprises juridiquement autonomes. Sans doute, c'est dans le souci de ne pas laisser prospérer aussi longtemps un tel traitement discriminatoire et inégalitaire vis-à-vis des sociétés juridiquement liées que le droit a éprouvé le besoin de régir désormais les situations de fait se rapportant à l'exercice du pouvoir de contrôle. Théoriquement, la réglementation de **la dépendance de fait s'est appuyée sur le fondement de l'apparence**. En effet, il va s'agir de « briser la nébuleuse », de dissiper « les brumes trompeuses » révélées par cet état de fait en vue de faire apparaître la vraisemblance, la réalité voilée des choses.

En pratique, il convient de rechercher l'intérêt commun des parties en présence. Il en résulte qu'il faut s'assurer de la possibilité de contrôle d'une société sur une autre, et de l'effectivité du contrôle. Contrairement à la situation de dépendance de droit[220] où l'appartenance au groupe multinational se fonde sur des mécanismes juridiques, notamment de détention majoritaire du capital ou des droits de vote[221], en l'espèce il appartiendra à l'Administration ivoirienne de démontrer l'existence de liens particuliers unissant les entreprises en cause, basés sur des éléments factuels de nature à matérialiser une certaine dépendance. Par ailleurs, cette preuve

---

[217] A titre d'illustration, on citera le cas d'une PME ivoirienne du secteur café et cacao qui, par un contrat exclusif d'approvisionnement, a convenu de livrer au cours de chaque campagne la totalité de ses produits à une entreprise multinationale étrangère, laquelle accepte en retour de financer son activité d'exportation.

[218] Ainsi, dans un sens similaire, le doyen Jean Carbonnier expliquant la mansuétude de la loi vis-à-vis de la simulation, expression même de l'apparence disait : *« le mot pouvait évoquer la duplicité. Pourtant la règle de droit qui s'était dégagée à partir de quelques articles du Code civil, c'était que la simulation ne nuit ni ne profite, qu'elle est un phénomène neutre. A condition de ne pas s'aggraver de fraude, elle est licite. Mieux que licite, indifférente au droit. Le droit passe et la laisse au bord de la route.* »

[219] En l'occurrence les cas de collusion frauduleuse ou de manipulation des prix de facturations des produits de café et de cacao à l'achat ou à la vente.

[220] En droit français, arrêt SA Adibu, CAA Paris 2 févr. 1995, n° 86-819 : RJF 12/95, n° 1363.

[221] Toutefois, certains auteurs, dont BREWER, préconisent la possibilité pour le contribuable d'apporter la preuve contraire à l'indépendance ; étant donné que le contrôle de droit repose sur l'idée selon laquelle une entreprise est susceptible de présider à la destinée économique d'une seconde par le biais des mécanismes juridiques automatiques, mais, qu'au-delà de cette relation de droit, le contribuable peut démontrer que certaines circonstances empêchent la domination de l'associé majoritaire. K. Brewer, "[The ownership or control] threshold: more questions than answer", *Journal of Global Transfer pricing*", vol. 2, n°1, févr.–mars 2000.

ne saurait se confiner à des hypothèses isolées susceptibles de créer, certes, une communauté d'intérêts, mais dont le degré d'intensité est si faible qu'elle n'entrainerait aucune véritable domination. Elle exige, par conséquent, la réunion d'un faisceau d'indices de nature à forger un sentiment fort de lien entre les entités économiques, qui s'apprécient à chaque cas d'espèce, avec le recours fréquent des facteurs suivants :

- la détention de droits incorporels ;
- l'intérêt pour chaque société au montage d'évasion fiscale ;
- la présence de conditions contractuelles, dérogatoires du droit commun ;
- les relations d'affaires privilégiées entre les deux entreprises, etc.

Il est regrettable que les dispositions de droit interne, en l'occurrence les dispositions de l'Acte uniforme sur les sociétés commerciales et le Code général des impôts ne fassent pas expressément référence à ce type de dépendance dont la réalité dans le secteur du négoce du café ou du cacao ne fait plus l'objet de doute. En revanche, en droit étranger, les dispositions paraissent d'une grande clarté. A ce propos, en France, une note administrative du 4 mai 1973 expose que « si la dépendance juridique ne peut être démontrée, il faut s'en tenir à la constatation d'une dépendance de fait. Le lien de dépendance peut être contractuel ou découler des conditions dans lesquelles s'établissent les relations entre les deux entreprises ». Quant au droit américain, des commentaires administratifs sous la section 482 précisent qu'il ne faut pas s'arrêter au mode ou à la forme d'exercice du contrôle mais bien à sa réalité[222].

Fort heureusement, au plan international, les conventions fiscales[223] conclues par l'Etat de Côte d'Ivoire permettent de pallier cette carence, définissant des entreprises associées comme « des entreprises qui sont, dans leurs relations commerciales ou financières, liées par des conditions convenues ou imposées, qui diffèrent de celles qui seraient convenues entre des entreprises indépendantes ». On pourrait se demander à l'analyse du fondement de la dépendance de fait, si celui-ci ne légitime pas d'une certaine manière l'immixtion de l'Administration dans la sphère contractuelle. Assurément ! Car autant en matière de droit de la consommation, le juge compétent peut rompre le contrat déséquilibré ou réorganiser les obligations des parties, autant le juge fiscal ne s'attache pas à caractériser l'abus de puissance économique d'une partie sur une autre, mais va s'efforcer à rechercher les indices qui fonderont l'existence de la dépendance[224]. En tout

---

[222] Reg. I. 482-IT (g) (4) : « *It is the reality of control that is decisive, not its form or the mode of its exercise* », *International Bureau of Fiscal Documentation 1993*, United States p. 13

[223] Exemple de l'article 9 de la convention fiscale entre la Côte d'Ivoire et la France.

[224] E. MUNDET, *Le régime fiscal des transferts indirects de bénéfices à l'étranger*, Thèse Montpellier I, ANRT Lille n°108, p. 103.

état de cause, ces motivations qui fondent la notion de dépendance de fait nous amènent à apprécier ses modalités.

Dépendance contractuelle ou dépendance économique ? Il n'est pas aisé de déterminer les modalités de la notion de dépendance de fait. A défaut de mieux, on s'en tient généralement à la distinction faite par la doctrine, selon que la dépendance tire sa substance d'une relation contractuelle ou s'inspire des conditions économiques de nature particulière. En ce qui concerne la dépendance contractuelle, un auteur affirmait que « la concentration contractuelle a sans doute précédé la concentration sociétaire »[225]. Il ne croyait pas si bien dire tant cette assertion est révélatrice du secteur de négoce de café et de cacao[226]. Généralement, les investisseurs étrangers qui désirent s'implanter en Côte d'Ivoire en vue de s'approvisionner en matières premières semblent peu enthousiastes, notamment du fait des politiques protectionnistes de l'Etat ivoirien ou pour des raisons stratégiques liées à l'environnement socio-économique du pays. Par conséquent, en lieu et place d'une implantation directe, sous la forme de filiales, les groupes multinationaux vont privilégier plutôt l'établissement de relations commerciales avec des entreprises locales. Ce qui permet à la fois de garantir à celles-ci l'exclusivité et la régularité des produits et, en contrepartie, d'assurer à leurs partenaires locaux des débouchés certains dans un environnement de marché international des plus compétitifs.

Au contraire, dès lors que le lien de dépendance n'est fondé ni sur des motifs juridiques ni sur des dispositions contractuelles, il importe de recourir aux conditions particulières ayant prévalu à l'établissement des relations. La doctrine préfère à cet égard parler de « conditions économiques ». Cette qualification présente le mérite de caractériser la dépendance économique et d'élargir par voie de conséquence le champ d'application de la dépendance proprement dite. Cependant, elle peut être source d'inquiétudes, et donner lieu à un usage abusif, compte tenu de son imprécision. De plus, à notre avis la formule conventionnelle de « conditions dans lesquelles les relations s'établissent » constitue une sorte de *clause balai* qui nécessite que la condition de dépendance économique soit fondée sur un faisceau d'indices convergents. Ainsi, dans l'exemple d'une relation classique de client à fournisseur, il est inutile de fonder uniquement le lien de dépendance sur le fait que l'un des partenaires ait un pouvoir de négociation supérieur à l'autre. Il faudrait en plus vérifier que l'une des entreprises a la capacité de fixer des conditions économiques défavorables à l'entreprise dépendante mais correspondant à son intérêt ou à celui du groupe.

En un mot, il ne suffit pas de démontrer une interdépendance économique mais qu'il aurait également fallu établir que la société dominante ait été en

---

225 Cl. CHAMPAUD, *op. cit.*, 1029.

226 On notera qu'à côté des entreprises multinationales implantées en Côte d'Ivoire, il existe une autre catégorie d'entreprises locales a priori indépendantes des multinationales, mais qui n'en demeurent pas moins membres de leur réseau d'approvisionnement ou de distribution. Ce sont ces types de relations qui aboutissent à la constitution de groupes contractuels.

mesure de dicter sa politique à la société ivoirienne. Ainsi, la dépendance de fait n'est pas constituée si les deux entreprises ont un simple intérêt économique en commun. L'influence de ce dernier ne conduira pas une entreprise à s'appauvrir au profit d'une autre dans un but purement fiscal. Dès lors, pour prouver l'existence d'une dépendance de fait, l'administration fiscale doit démontrer plus qu'une simple collaboration économique. Il faut notamment que la société dominante ait la capacité de s'immiscer dans la gestion quotidienne de cette dernière et cela dans son intérêt exclusif. Nous retrouvons donc ici les deux éléments qui conduisent à présumer la qualité de membre en raison des liens juridiques : la possibilité de contrôle et le contrôle effectif. Par ailleurs, à la différence de la dépendance de droit, le Fisc doit démontrer les deux éléments, il n'est aidé par aucune présomption. On observe ainsi toute la délicatesse de la notion de dépendance de fait, qui transparaît également au niveau de son domaine d'application.

B. Le champ d'application de la dépendance de fait

Un domaine étendu et non défini. Autant la notion de dépendance de fait est malaisée à cerner en raison de son imprécision, autant son domaine d'application est marqué par son étendue, du fait de l'absence de balises juridiques. Il en résulte une impossibilité d'appréhender le domaine d'application de la dépendance de fait dans son exhaustivité. Pour notre part, eu égard à l'inexistence de contentieux en la matière, c'est sur la base de la doctrine administrative que nous sommes parvenus à dresser quelques hypothèses susceptibles de refléter des liens de dépendance de fait, à titre indicatif et non exhaustif. Ainsi, on a pu retenir le fait que :

Une entreprise ivoirienne et une entreprise étrangère :

- avaient le même objet social ;
- recouraient aux mêmes représentants ;
- avaient le partage des commandes recueillies par ces représentants.

Deux sociétés étrangères étaient placées sous la dépendance de fait d'une société ivoirienne au regard du cumul des indices suivants :

- ces sociétés étrangères appartenaient au même groupe que la société ivoirienne ;
- elles ne disposaient d'aucun local et d'aucun personnel propres.

Une société ivoirienne était placée sous la dépendance de fait d'une société française, dès lors que :

- cette société française consentait des avances à la société ivoirienne ;
- surtout la société ivoirienne obtenait certains de ses marchés par l'entremise de la société française ;
- elle versait à celle-ci un pourcentage de ses bénéfices.

Au regard de ces exemples, l'on relèvera que dans la plupart des cas, le critère de l'existence du lien de dépendance, est fondé sur un grand nombre d'indices. Toutefois, cela n'a rien de rédhibitoire dès lors qu'il n'est pas exclu de connaître l'existence d'un tel lien sur le seul fondement d'un ou de deux indices. Dans une telle mesure, il serait judicieux de vérifier que le critère retenu révèle une situation de dépendance si caractérisée qu'il ne laisse place à aucun doute[227]. Par ailleurs, dans le cadre des relations contractuelles, deux types de contrats ont été considérés par la doctrine comme étant le terrain de prédilection de la dépendance de fait. En premier lieu, il s'agit des contrats dits d'union en vertu desquels deux ou plusieurs entreprises décident d'exploiter ensemble, conjointement ou solidairement, un marché de fournitures de biens ou de services. En second lieu, les contrats dits d'intégration constituent pour une large part le champ d'application des liens de dépendance de fait. A cet effet, il suffit de se référer aux divers contrats de distribution pour s'en convaincre. On rappellera, à propos, les contrats de concession exclusive, les contrats de distribution sélective et les contrats de franchise. Il s'ensuit que l'on peut démultiplier les espèces de liens de dépendance de fait, sans parvenir à épuiser son domaine, tant il se caractérise à la fois par son imprécision et son étendue. D'ailleurs, l'étendue du domaine du lien de dépendance de fait offre là une occasion de comprendre à quel point il est possible d'établir une typologie des entreprises multinationales de café et de cacao. Et ce, sans qu'on ait la prétention d'épuiser la notion d'entreprises multinationales, tant elles sont marquées par leur grande diversité.

[227] En France, cette situation est attestée par un arrêt rendu le 11 mars 1993 de la Cour administrative d'appel de Nancy, CAA Nancy, 11 mars 1993, 1993, n° 92-227, SA Vanstahl France : *Dr fisc.* 1993, n° 49, comm. 2359, concl. Mme J. Felmy ; *RJF* 6/93, n° 805.

CHAPITRE II

La variante du sujet

Un sujet hétérogène et complexe à classifier. On n'a de cesse d'affirmer que sous l'effet de la globalisation de l'économie, les entreprises multinationales ont fait florès dans la littérature juridique. Au demeurant, du fait de leur grande hétérogénéité et diversité, leur classification ne relève pas de l'évidence pour le juriste. Cette complexité prend une dimension particulière dans le secteur du café et du cacao. D'autant plus que l'imbrication des contextes politique, historique, sociologique et économique dans la filière des matières premières rend presque chimérique tout travail de synthèse. Mais, à mesure que l'on suit le processus de concentration des entreprises, il est possible de distinguer la concentration horizontale caractérisée par un pouvoir de contrôle de type capitalistique et patrimonial et la concentration verticale qui repose sur la domination du marché en raison des accords passés entre entreprises.

Dans l'hypothèse internationale et sur le fondement des dispositions de l'Acte uniforme sur les sociétés et les groupements d'intérêt économique, le premier critère nous permet de discriminer les entreprises ayant une vocation à faire partie d'un groupe de sociétés, compte tenu des liens financiers entre elles et leur société-mère. On peut ainsi légitimement les classer dans la catégorie des entreprises multinationales par nature (Sect I). Au contraire, rien ne prédestine les entreprises du second type de concentration dans l'univers de la « multinationalité ». Par conséquent, elles ne sauraient appartenir à titre principal à un groupe multinational, en raison de leur caractère indépendant et en l'absence de liens étroits avec une éventuelle société-mère. C'est donc à titre accessoire qu'elles le deviennent à partir de l'instant où de façon contractuelle elles décident de se placer sous la domination, la dépendance d'une autre, plus puissante (Sect II).

SECTION I : LA TYPOLOGIE DES ENTREPRISES MULTI-NATIONALES PAR NATURE

Plan. L'acception « entreprise multinationale par nature » suppose, avant tout, la prise en compte de deux éléments caractéristiques. D'une part, le lien de droit en vertu duquel une société dite société-mère exerce le pouvoir de contrôle sur une autre, appelée « société filiale ». En d'autres termes, l'entreprise multinationale par nature est par définition une société membre d'un groupe multinational en raison de liens de droit, notamment de détention d'une part prépondérante du capital ou des droits de vote. Par ricochet, l'on peut affirmer que celle-ci appartient au groupe dès sa constitution. En conséquence, elle n'a eu besoin d'aucune formalité ou artifice juridique particulier pour y accéder. D'autre part, il suffira que les différentes filiales et la société mère soient implantées sur des Etats différents. On notera, par la suite, que l'examen de l'évolution des firmes multinationales dans le secteur du café et du cacao ivoirien conduit nécessairement à établir une classification des firmes multinationales, soit sur la base de leur source (Parag I), soit au regard de leur objet (Parag II).

Parag I : La classification des entreprises selon la source

Des origines disparates. Le secteur agro-industriel ivoirien de café et de cacao est marqué par sa grande disparité quant à l'origine des entreprises multinationales qui y opèrent. Ainsi, à l'exception du continent asiatique[228], les trois grands continents (africain, européen et américain) sont présents dans la bataille pour le contrôle de la production du café et du cacao ivoirien. Si tous les acteurs aux prises avec cette compétition ne disposaient pas des mêmes atouts au cours de l'Histoire, il est évident que chacun a dû connaître ses périodes de gloire avant de tomber dans la disgrâce. Afin de distinguer les différentes firmes multinationales, parties prenantes dans cette épopée ivoirienne, selon l'expression de Bruno Losch,[229] il nous semble légitime de partir de l'origine africaine[230], théâtre de la compétition, ensuite voir l'influence du continent européen[231] et enfin jeter un regard sur les entreprises multinationales de source américaine, plus récentes. Ainsi, on envisage au cours des développements qui suivent dresser, respectivement la typologie des entreprises multinationales selon leur origine africaine (A), européenne (B) et américaine (C).

---

[228] Il est fort étonnant que les SOGO SHOSHA, grandes maisons de commerce japonaises qui font parties des leaders du commerce mondial, n'aient pas pris pied dans la bataille pour le contrôle des productions des matières premières de café et de cacao ivoiriennes.

[229] L'expression est de Bruno LOSCH ; voir le titre de sa thèse : « complexe du café cacao ivoirien », *op. cit.*

[230] On aurait pu bien dire origine ivoirienne ; mais pour des raisons évidentes de symétrie, nous retiendrons l'expression origine africaine.

[231] Historiquement, le continent européen a joué un rôle majeur dans l'économie du secteur du café et du cacao ivoirien. Il va de soi que nous l'abordions en seconde étape.

A. Les entreprises multinationales d'origine africaine

Le groupe SIFCA-SIFCOM : un modèle d'exception. Alors que la Côte d'Ivoire réussissait en l'espace d'un cinquantenaire à ravir la place honorable de leader au niveau mondial de la production de cacao et au niveau africain pour ce qui est du café soluble, l'on s'attendait concomitamment qu'elle contrôlât, via ses firmes, des parts prépondérantes de marchés internationaux dans le secteur du négoce et industriel des produits de base. A l'analyse des exportations de ces matières premières depuis la période d'indépendance jusqu'aujourd'hui, rien ne permet de confirmer ces attentes, tant les sociétés ivoiriennes du secteur sont cantonnées au niveau national et « supplantées » par des sociétés d'obédience étrangère. Au départ, seuls deux groupes, SIFCA-SIFCOM et JAG-OCTIDE, d'origine ivoirienne vont « émerger du lot ». Au regard de leur stratégie commerciale, elles incarneront véritablement les caractères d'un groupe multinational. Au final, la dernière qui ne survivra pas aux vicissitudes consécutives à la période post-libéralisation du secteur, sera rachetée partiellement par la première.

Des origines du succès de SIFCA. Tout d'abord, des raisons historiques peuvent expliquer le succès de ce groupe. A l'origine du groupe en Côte d'Ivoire, il y avait Henri Tardivat[232] dont la spécialisation dans l'exportation des cafés et cacaos constituait déjà un atout indéniable à l'accès à la filière du café-cacao. En vue de favoriser la concentration du groupe, SIFCA s'est lancé très tôt dans des opérations d'acquisitions « tous azimuts » à l'égard des sociétés de négoce et des usines de décorticage, de conditionnement ou de fabrication des produits[233]. Ensuite, le groupe a su consolider ses positions ivoiriennes sur un marché où la libéralisation a favorisé l'arrivée de nombreux négociants et industriels internationaux. Au plan industriel, dans le but d'améliorer les conditions de travail et de rémunération des planteurs, la SIFCA, à l'instar d'autres sociétés ivoiriennes[234], a mis en place deux usines de décorticage industriel, UNICAFE et USIKRO, respectivement à

---

[232] Henri TARDIVAT est ancien instituteur, résistant (blessé et amputé d'une jambe) qui décide après 1945 de s'installer en Côte d'Ivoire où la famille de sa femme possède la maison de traite « Périnand ». Il reprend la gestion ; puis, il rachète une vieille usine de conditionnement du café à un ressortissant libanais. Ce qui marque ses véritables débuts à l'exportation.

[233] Dès 1969, SIFCA-Tardivat rachète la société JA-Goldschmidt. Ce rachat se traduit par la création de Tardivat International, basé à Paris, en charge des activités de négoce, avec sa filiale située en Côte d'Ivoire. Elle reprend ensuite la Compagnie France Amérique, CFA, devenue Compagnie Ivoire Café en 1980. Puis, elle échange des participations avec Comafrique dont elle assure la logistique. Elle crée la COMIVEX en 1986 et contrôle la CAFCAO, devenue Nouvelle CAFCAO en 1988. Elle rachète en 1999 la société JAG.

[234] UTPA (Groupe JAG), DECORTICAF (Groupe DAFCI), SHAD (Groupe SHAC), et CIPRO (Groupe CIPEXI).

Aboisso et à Toumbokro[235]. Au niveau de la torréfaction, le groupe SIFCA a implanté l'usine S.A.T., Société Abidjanaise de Torréfaction, sous la marque « l'Or brun ». Quant à l'industrie du cacao, l'intervention de la SIFCA apparaît déjà à l'occasion du consortium associant des capitaux privés locaux et étrangers : Tardivat International, Intercafco et De Zaan[236] pour la reprise de PROCACI, qui donna naissance à une nouvelle société UNICAO, en 1988. En 1993, SIFCA entreprend sa restructuration et devient la holding SIFCOM, qui va créer une holding contrôlée à 100%, « OMNIPAR International » destinée à regrouper l'ensemble des intérêts européens. Ainsi, le pôle OMNIPAR comprendra les filiales Nord Cacao[237], INDCRESA[238] et UNICOM[239] implantées dans les principaux pays consommateurs de l'Union Européenne.

Enfin, si cette croissance exceptionnelle de SIFCOM trouve son bien-fondé dans la force anticipatrice et d'innovation du groupe multinational et de la maîtrise des arcanes du négoce international des produits de base par ses organes de direction, il n'en demeure pas moins que des considérations politiques ont contribué largement à la pérennité de son succès. En effet, elles reposent sur la politique « d'ivoirisation » entreprises par les autorités publiques dès 1960, matérialisée par la politique des quotas d'achats[240]. On comprend dès lors que l'année 1999, qui marque la fin du règne du parti au pouvoir, le PDCI RDA, et du mandat du Président Henri Konan Bédié[241], coïncide avec les déboires financiers du groupe le contraignant à la cession partielle de certains de ses actifs. Ceci explique également que le positionnement stratégique du groupe dans le secteur du café et du cacao soit de courte durée, laissant la place à des entreprises multinationales étrangères, notamment d'origine européenne, plus rompues aux « arcanes » du négoce mondial des produits de base.

---

235 Malheureusement, la baisse des cours des produits, ayant conduit à une paralysie financière du dispositif a eu pour conséquence l'abandon de l'expérience des usines de décorticage et le retour du décorticage artisanal au cours de la campagne 1991- 1992.

236 La société De Zaan est une filiale néerlandaise de la firme américaine Grace Cocoa.

237 L'usine Nord Cacao, établie à Dunkerque en France, est chargée de la transformation du cacao en beurre.

238 La filiale INDCRESA, implantée à Barcelone en Espagne, est destinée à la fabrication du cacao en tourteaux à l'usine.

239 UNICOM provient du rachat en mars 1993 aux Pays-Bas de la société Tardivat Nederland BV, chargée de la commercialisation de la production de la filiale UNICAO, et qui prendra par la suite le nom d'UNICOM International BV.

240 On a pu parler de quotas politiques tant leur attribution dépendait des relations privilégiés avec les autorités en place.

241 Suite au putsch militaire du 24 Décembre 1999 du Général Robert GUEI.

B. Les entreprises multinationales d'origine européenne

Une présence significative de portée historique. A l'aune de l'internationalisation croissante des échanges, l'on a pu croire que la présence des entreprises multinationales d'origine européenne tire uniquement son fondement dans ce phénomène nouveau. Que non ! Certes, en contribuant à parachever[242] un long processus d'implantation, la mondialisation apparaît comme la partie émergée de l'iceberg, la plus visible et la plus perceptible, car contemporaine. Mais, la source de l'émergence des entreprises multinationales d'obédience européenne sur l'arène ivoirienne va bien au-delà des origines actuelles ; avec une portée historique, parce qu'intimement liée à la période coloniale. Aujourd'hui, le concept de la « traite »[243] est d'usage constant[244] dans le milieu du commerce du café et du cacao en Côte d'Ivoire. Loin d'être fortuite, cette terminologie traduit, sans aucun doute, une rémanence des contextes économiques du secteur, fondés sur des liens étroits entre l'ancienne métropole et ses anciennes colonies. Une telle légitimité historique des firmes européennes est l'expression même de leur présence significative dans la filière aussi bien dans le temps que dans l'espace.

Importance des firmes européennes dans le temps. L'émergence des sociétés européennes peut se subdiviser en deux périodes. La première s'étend jusqu'à la seconde guerre mondiale, marquée par les maisons de traite[245] qui seront remplacées progressivement[246] par les sociétés de traite et caractérisées par la relation privilégiée, souvent exclusive, entre la métropole et ses colonies dans le cadre du système de la préférence impériale. La seconde période, qui précède les indépendances, se distingue par de profonds changements induits par la modification des contextes politique et économique au niveau territorial et international. Cette distinction dans le temps va nécessairement influencer la physionomie des origines des

---

[242] Car, pour répondre à l'appel de la libéralisation du secteur, certaines entreprises multinationales ont pris récemment pied dans la filière, en l'occurrence, Cémoi (France), Armajaro (Angleterre), etc.

[243] Cette notion fait référence au mode d'échanges ayant pour fondement les premiers contacts commerciaux entre l'Europe et le continent noir, réalisé à l'occasion des escales de navires sur la Côte d'Afrique : le troc entre produits d'ici et produits de là-bas ; entre outils, armes, alcools, bimbeloterie, d'une part, et esclaves, or, ivoire.

[244] Ainsi, pour désigner la campagne café-cacaoyère, on parle généralement de la grande traite ou de la petite traite. Certains acteurs de la filière tirent leur appellation de cette notion. Il s'agit des traitants, appelés également acheteurs de produits.

[245] Ces premières maisons sont mal connues. En Côte d'Ivoire, le pionnier est la maison Régis de Marseille qui s'établit à partir de 1844. Lui succèdent les années 1860-1890, les maisons *Verdier, Marchand Frères, Hyssens, Reinhardt, Swanzy*, puis au tournant du siècle *les W. King, Tessières et Garde, Salagna, Cohen Frères, Bordes, Amblard, Pozzo.*

[246] Leurs implantations sont réduites à quelques comptoirs, leur surface financière est limitée et il leur est difficile de tenir face à la concurrence des quelques sociétés commerciales qui vont peu à peu s'imposer par leur dynamisme et surtout leurs appuis bancaires métropolitains.

entreprises étrangères européennes en Côte d'Ivoire au cours de ces périodes successives.

Importance des entreprises européennes dans l'espace. Du point de vue de l'espace, les premières sociétés, au nombre de trois, apparues au cours de la période antérieure à la seconde guerre mondiale, sont en situation d'oligopoles[247], la SCOA, la CFAO et CFCI[248]. Par ailleurs, la professionnalisation rapide du secteur de négoce du café et du cacao, entendue dans le sens d'une spécialisation croissante qui rend nécessaire des investissements techniques adaptés, va provoquer d'une certaine manière un repli des « vétérans » de la traite. En effet, le marché du café et du cacao évolue rapidement avec l'ouverture du commerce international.

Cette nouvelle donne se traduit par une concurrence forte et la recherche de nouveaux débouchés, impliquant une meilleure compétitivité sur les prix et la qualité de conditionnement des produits. Il y avait là pour les vieilles sociétés commerciales coloniales, un choix stratégique à effectuer : celui d'adapter leur activité export aux nouvelles règles du jeu, si elles veulent éviter de déposer le bilan. Aucune ne le fera, ni la CFAO, ni la CFCI-Univeler, ni la SCOA, qui fermeront toutes progressivement leurs branches[249]. Entre-temps, on assiste à l'arrivée des filiales des sociétés étrangères européennes, françaises dans leur grande majorité.. Pour la France, ce sont plus particulièrement les « havrais »[250], mais aussi deux entreprises parisiennes, les établissements Jacques Borie et la Compagnie France Amérique, en abrégée C.F.A., du groupe Grands Moulins de Paris. On note également la présence de l'importateur allemand Rothfos, spécialisé dans le café, qui s'installe plus tardivement en 1968, avec sa filiale Ibéro-CI. Mais, il s'agit aussi de « grands » du commerce des céréales, le Comptoir commercial André, le groupe suisse de Lausanne, qui intervient sous le nom de la Compagnie commerciale africaine, (C.C.A.). Une mention spéciale mérite d'être faite à l'égard de la Société des Produits Alimentaires et Diététiques, ou SOPAD, filiale française de Nestlé qui crée en 1959 la Compagnie Africaine de Préparations Alimentaires, CAPRAL, première implantation du groupe en Afrique, avec une participation symbolique de

---

[247] Les garanties commerciales offertes par les sociétés de traite et leur situation oligopolistique en termes de marché invitent les grandes marques européennes à développer le système de la représentation commerciale exclusive. Le choix d'une seule et unique société sur un territoire donné renforce le phénomène de marché captif et restreint encore plus les marges de manœuvres pour ceux qui n'ont pas été choisis. Les plus grosses sociétés de traite s'en trouvent évidemment renforcées.

[248] SCOA : Société commerciales de l'Ouest Africain ; CFAO : Compagnie française de l'Afrique occidentale ; CFCI : Compagnie française de la Côte d'Ivoire ; UAC : United Africa Company (groupe Unilever) ; CICA (Société commerciale et Africaine de la Côte d'Afrique.)

[249] La SCOA arrête toute activité directe au début des années 1870, la CFCI reste active jusqu'en 1975-1976.

[250] Avec les sociétés Latham, Daniel Ancel et fils (qui crée DAF-CI en 1946) et Raoul-Duval (qui crée SHAC, Société havraise et africaine de commerce, en 1952.)

capitaux publics ivoiriens[251]. De même, en 1962, la société française du Cacao Barry[252] crée la SACO, Société africaine de cacao, avec l'aide de l'Etat ivoirien.

Suite à la libéralisation de la filière, la concurrence devient rude, les sociétés d'obédience européenne ont dû faire face aux entreprises multinationales d'origine américaines.

C. Les entreprises multinationales d'origine américaine

Des explications à l'implantation des firmes américaines. En se hissant sur « les fonds baptismaux » de la production mondiale du cacao, la Côte d'Ivoire venait de remplir les conditions nécessaires pour être au cœur d'une véritable « bataille économique » en vue du contrôle du marché du café-cacao sur son territoire. Face à la difficile conjoncture économique[253] au début des années quatre-vingts ; et conformément au vaste mouvement de libéralisation de l'économie mondiale, les institutions de Bretton Woods, FMI et Banque Mondiale, vont imposer au pays un « Programme d'Ajustement Structurel, dont les objectifs entre autres, visent la réduction drastique du train de vie de l'Etat, le rééquilibrage des déficits structurels et budgétaires et surtout, la rupture avec la politique interventionniste de l'Etat ivoirien dans le secteur économique, singulièrement celui du commerce du café et du cacao. En réalité, les motivations profondes sont simples. Il s'agit, non seulement, de réduire la consommation de rente sur le territoire national et d'instaurer un nouveau partage favorable aux acteurs internationaux de la filière, mais également de saper les positions dominantes des entreprises françaises pour ouvrir le marché aux multinationales américaines de dimension plus importante et faire table rase des relations privilégiées de connivence entre les élites locales et la France.

Une situation quasi oligopolistique de deux sociétés américaines : ADM & CARGILL. Après plusieurs tentatives vaines d'implantation en Côte d'Ivoire, la société Cargill a fini par s'installer, *via* sa filiale MICAO en 1998. Quant au groupe ADM, il a opté pour les prises de participations, engagées dès la fin des années 1980 lorsque s'est confirmé le boom de la production ivoirienne. A cette occasion, la filiale De Zaan néerlandaise de Grace Cocoa avait pris 20% des participations de la société ivoirienne de

---

[251] SOPAD-France 50%, Sociétés suisses 45% et Crédit de la Côte d'Ivoire 5%.

[252] Elle avait précédemment créé la SIC (Société industrielle des cacaos) à Douala au Cameroun en 1949.

[253] Au début des années 1970, la Côte d'Ivoire, pour sa politique de développement a dû recourir aux emprunts extérieurs des institutions bancaires internationales. Se fondant sur l'embellie des cours des matières premières du café et du cacao, elle a surestimé sa capacité d'endettement. Avec l'effondrement des cours des produits à partir de 1980, elle devient assez vulnérable, sa capacité de remboursement s'étant érodé et le mondant de sa dette ayant fortement augmenté atteignant près de 8 000 milliards de francs CFA.

broyage UNICAO, avec le groupe SIFCA-COMAFRIQUE. Grace Cocoa, qui sera rachetée par ADM, poursuit dans cette logique à l'occasion d'une ouverture du capital de SIFCA en mars 1996 où il acquiert 30% de l'exportateur ivoirien et lors de l'extension de la capacité d'UNICAO la même année. L'implantation définitive des groupes américains en Côte d'Ivoire est l'expression de la victoire du libéralisme prôné par les bailleurs de fonds internationaux. Dix ans après la libéralisation, à l'examen du secteur du café et du cacao, l'on convient aisément que les « deux sœurs jumelles » américaines CARGILL et ADM sont parvenues à prendre le « pouvoir commercial » dans le secteur ivoirien du café et du cacao. Mieux, elles exportent plus de 40% des produits, ce qui fait craindre naturellement le risque d'une cartellisation d'office entre elles. Par conséquent, elles pourraient désorganiser le marché, en éliminant les firmes de taille moyenne, en surpayant dans un premier temps les produits aux producteurs et, une fois le monopole obtenu, en sous payant les matières premières aux paysans.

Ces risques sont bien réels dans un secteur agro-alimentaire comme celui du café et du cacao quand on sait la forte concentration de ces firmes aussi bien au niveau du négoce proprement dit que de l'industrie. Cette intégration de leurs activités permet également de dresser une seconde typologie des firmes transnationales, selon la nature des fonctions assumées par l'entreprise.

Parag II : La classification des entreprises selon la fonction exercée

La fonction assumée : un critérium indispensable. En droit des sociétés, distinguer les entreprises selon la fonction assumée ne présente guère un intérêt particulier[254]. Au regard des règles qui régissent la matière, que l'entreprise assume, par exemple, la fonction de distribution ou de production des matières premières n'a aucune espèce d'influence sur sa qualité de commerçant. Au contraire, l'analyse fonctionnelle constitue la pierre angulaire du régime des prix de transfert. Selon le Rapport de l'OCDE, elle consiste à déterminer le rôle et les responsabilités de chacune des entreprises liées dans leur relation économique[255]. On distingue, en règle générale, trois grandes fonctions : la distribution, la production et la prestation de services. Dans l'hypothèse de notre secteur d'activité, le critère de distinction repose sur le fait que le café ou le cacao soit revendu en l'état ou pas. Dans un cas, l'entreprise assume la fonction de distribution pure et simple, dans l'autre de production. On peut également considérer un autre

[254] Que l'entreprise ait une vocation à la distribution, à la production ou à la prestation de services, les règles du droit des sociétés ne sauraient être bouleversées substantiellement dans un cas ou dans l'autre.
[255] Rapport de l'OCDE § I. 28.

critère selon lequel la transaction portant sur la matière première s'accompagne d'une autre transaction de nature immatérielle ou présentant un fort degré d'immatérialité. On préfère dans ce cas dire que l'entreprise réalise une prestation de services. En pratique, cette classification s'avère malaisée à réaliser, en raison de la spécificité et de l'imbrication des fonctions des entreprises du secteur du café et du cacao. Mais, pour des raisons pédagogiques, il convient de retenir ces différents critères qui permettent de distinguer les entreprises de distribution, celles de production et celles de prestation de services, sous réserve de certaines particularités à mentionner.

A. Les entreprises de distribution

Le repli des distributeurs. L'activité de distribution n'est pas définie dans l'Acte uniforme portant droit commercial général. Mais, elle peut se déduire de l'article 2 de l'Acte uniforme portant sur le droit commercial général qui cite « *l'acte d'achat d'un bien* » en vue de la revente comme un acte de commerce, pourvu que celui-ci le soit, en l'état, c'est-à-dire sans aucune transformation. Les entreprises multinationales[256] qui effectuent ces actes de commerce sont des distributeurs. Ici, on distingue deux catégories de distributeurs :

- les marchands, qui effectuent le commerce au détail et s'adressent directement à la clientèle ;
- les négociants, qui manipulent des lots importants et font de l'importation ou de l'exportation de marchandises.

C'est la seconde catégorie de distributeur qui nous intéresse dans la mesure où l'on peut y ranger beaucoup d'entreprises du secteur, exportant les matières premières en l'état brut. Il en résulte que les entreprises de multinationales qui exercent la fonction de distribution en exportant des fèves de cacao ou des cerises de café sont des négociants[257]. On parle, à ce propos, de firmes de négoce. La profession de négociant-exportateur consiste à acheter ou à préfinancer les produits auprès des producteurs, des pisteurs, des traitants, des coopératives ou des PMEX. Les entreprises multinationales exportatrices sont toutes regroupées au sein d'une association professionnelle privée, à savoir le GEPEX[258], Groupement Professionnel des

---

[256] Conformément à l'Acte uniforme relatif au droit commercial général, elles ont la qualité de commerçant par la forme.

[257] Parmi les négociants, on peut distinguer les négociants exportateurs des négociants courtiers. Les seconds jouent plus un rôle de spéculateur sur le marché des matières premières que de distributeur. Il est donc évident que notre étude portera sur les négociants exportateurs.

[258] Le GEPEX vise plusieurs objectifs :

- renforcer son rôle d'acteur dans l'organisation de la filière café-cacao en Côte d'Ivoire ;

Exportateurs de Café et de Cacao[259], créée le 22 juin 1960. Selon l'importance des flux, on citera, entre autres, Cargill, ADM Cocoa, Cipexi, Eburnéa, Barry Callebaut, Tropival, SHAC. Les firmes de négoce peuvent vendre leurs produits à des usines locales, à des négociants internationaux et à des exportateurs locaux[260]. Mais avant tout, elles ont l'obligation de mettre les produits en état d'exportation. On parle alors de conditionnement du produit. Au niveau du café, cette action est précédée du décorticage du produit. Ces fonctions connexes constituent une étape importante dans le processus d'exportation des entreprises de production.

B. Les entreprises de production

Terminologie. A l'instar des opérations de distribution, l'Acte uniforme n'a pas défini expressément les opérations de production. Il s'est toutefois contenté de qualifier l'acte de commerce comme étant une opération de manufacture. Cette appellation a beaucoup vieilli[261] et, aujourd'hui, on lui préfère l'expression « opération de fabrication ou de transformation ». Ainsi, dès lors qu'un bien acheté subit une transformation préalablement à sa revente, il s'agira bel et bien d'une activité de production. De façon générale, le concept de production recouvre au moins deux aspects selon que l'on se place sous l'angle de la technique ou de l'économie. La conception technique de production est une conception plus étroite que la conception économique. Elle revêt un caractère matériel : « (...) Du point de vue technique, la production est l'ensemble des opérations qui permettent d'obtenir, par la combinaison et la transformation de biens existants, mais

---

- professionnaliser le commerce du café et du cacao, en garantissant une éthique professionnelle rigoureuse ;
- créer un cadre propice aux affaires et faciliter la vie des entreprises ;
- garantir la qualité et accroître la compétitivité du café et du cacao ivoirien ;
- asseoir la notoriété du cacao et du café made in Côte d'Ivoire.

[259] Les divergences apparues entre les membres du GEPEX, à la suite de la libéralisation du secteur, vont conduire certains membres à créer l'UNOCC, qui vise, entre autres objectifs :
- d'être pour les acteurs des filières café et cacao, un partenaire et une force de propositions préoccupée par le long terme ;
- de gérer plus activement et plus efficacement les problèmes rencontrés par les dits acteurs en général, et plus particulièrement, ceux des acteurs nationaux ;
- d'œuvrer à l'instauration d'une saine et loyale concurrence entre les opérateurs de ces filières ;
- d'offrir sa collaboration à toutes les actions en cours, ou à venir, portant sur la réforme des filières café et cacao de Côte d'Ivoire.
- elle se tient à la disposition des autorités compétentes afin de participer à la restructuration et à la réhabilitation des filières café et cacao.

[260] Dans cette hypothèse, on parle de vente loco-magasin.

[261] Bien que le terme d'entreprise manufacturière existe encore dans la législation, en pratique l'on préfère avoir recours aux concepts de fabrique, d'usine, d'atelier ou de chantier pour désigner le lieu de production.

imparfaitement utilisables, des biens nouveaux, mieux adaptés à la satisfaction d'un besoin ; la production est une série de transformations successives »[262]. Les économistes appréhendent le concept de production de façon plus large. Ils « privilégient » le lien qui s'établit entre la production et la satisfaction des besoins. La production est définie comme la création d'utilités[263]. Cette conception extensive intègre dans la notion de production non seulement l'activité agricole, mais aussi l'activité industrielle et la fourniture de services[264]. Alors que « le négociant-exportateur » spécule entre le prix d'achat et de vente, l'objet restant le même, « le producteur », appelé également « industriel », transforme la matière première en produit fini ou semi-fini et établit le prix de vente en prenant en compte ses frais d'installation et de main d'œuvre.

Dans le secteur du café et du cacao, les activités de production varient en fonction du produit et de son degré de finition. On étudiera, par conséquent, successivement l'industrie du café et celle du cacao.

1. L'industrie du café

La production du café soluble. Dans les années cinquante, la forte croissance des exportations du café ivoirien et le développement simultané de la consommation du café sous forme soluble en Europe et surtout en Amérique du Nord ont conduit plusieurs investisseurs à envisager une implantation industrielle en Côte d'Ivoire. Ainsi, en 1959, l'Assemblée territoriale avait donné son aval à la filiale française de Nestlé, SOPAD, Société des produits alimentaires et diététiques, afin d'implanter en Côte d'Ivoire, la société CAPRAL[265], Compagnie Africaine de Préparation Alimentaire. La convention d'établissement accordait notamment l'autorisation d'exporter des cafés verts et prévoyait une exonération de tous les droits de sortie sur les cafés verts et solubles pendant douze ans. CAPRAL a débuté sa production de Nescafé en 1962 avec une capacité de 2 500 tonnes qui sera portée à 5 000 tonnes en 1978, puis à 9 000 tonnes. Elle achète des cafés de grade 3 et 4 et surtout des brisures qui ont pu contribuer jusqu'à 50% de ses matières premières. L'exportation des brisures étant interdite, celles-ci sont rachetées d'office par la Caisse de stabilisation et sont généralement détruites ou parfois revendues avec décote[266]. La

---

[262] Adam Smith définissait la production comme « *l'activité qui concourrait à la réalisation d'un bien matériel destiné à être vendu sur un marché* »; d'après P. PICARD, *Eléments de microéconomie, T.I, Théorie et application*, Ed. Montchrestien, paris, 1994, p. 131.
[263] Encyclopédie Universalis, p. 540.
[264] *Ibidem.* ; P. Picard définit la production comme « l'opération qui consiste à transformer par le travail des biens et services existants en d'autres biens et services », *Eléments de microéconomie*, p. 131.
[265] Il s'agit de la première implantation du groupe Nestlé en Afrique. Son actionnariat comprend : SOPAD-France 50%, sociétés suisses 45% et Crédit de la Côte d'Ivoire 5%.
[266] B. LOSCH, *op.cit.*, p. 91.

production de café soluble est aujourd'hui de l'ordre de 10 000 tonnes qui correspond à l'utilisation de près de 30 000 tonnes de cafés verts[267], soit environ entre 10 à 15% de la production totale de café selon les récoltes. La Côte d'Ivoire est le seul pays africain producteur de soluble[268].

La torréfaction. Il existe aujourd'hui trois usines de torréfaction en Côte d'Ivoire. Aux usines de la SAT, Société abidjanaise de torréfaction, du groupe SIFCA, avec sa marque « l'Or brun » et de la SICOB du groupe JAG, avec sa marque « Eléphant », est venue s'ajouter en 1997 une nouvelle unité créée par la société Eburcafé, entreprise créée en partenariat entre l'exportateur ivoirien Eburnéa et la société italienne Samoa-café. Les productions de cafés torréfiés sont faibles, de l'ordre de 700 tonnes et essentiellement destinées au marché national, une centaine de tonnes étant exportée vers les pays d'Afrique et vers l'Italie par Eburcafé. Contrairement au café, la production de l'industrie du cacao semble plus marginale.

2. L'industrie du cacao

Les produits semi-finis : broyage et extraction. L'industrie de broyage de fèves a pour origine une volonté d'amélioration des performances du secteur cacaoyer grâce à la valorisation par la transformation des cacaos de mauvaise qualité : fèves hors standard, c'est-à-dire, défectueuses et moisies et de faibles grainages, dont la teneur en beurre est réduite. La première transformation par torréfaction de broyage permet d'obtenir de la pâte de cacao, appelée aussi masse ou liqueur, puis, par pressage, du beurre et des tourteaux, à partir desquels sera produite la poudre[269]. La production ivoirienne des produits dérivés du cacao a véritablement débuté en 1965. Une première tentative avait eu lieu dans les années cinquante avec la création de la SOFABECAO, Société de fabrication de beurre de cacao, qui assure un début de production, sans suite, entre 1953 et 1955. Ses installations situées à Abidjan en Zone IV, sont reprises et réhabilitées par la société française du Cacao Barry[270], qui crée la SACO en 1962 avec l'aide de l'Etat et débute son activité avec une capacité d'usinage de 45 000 tonnes. La capacité de transformation locale est complétée par la mise en place de deux autres usines à Abidjan : une unité de 25 000 tonnes, créée en 1968 par la société, API, Industrie de transformation de produits agricoles et une unité

---

[267] Le ratio de transformation est de 38% enter le café soluble et vert (et de 82%entre torréfié et vert).

[268] Les autres pays ayant une production significative de soluble sont le Brésil (80 000 tonnes), le Mexique (20 000 tonnes), et la Colombie (12 000 tonnes), en termes de capacité installée de production.

[269] Les ratios techniques de transformation sont les suivants : pâte/fève : 80% (77% pour le hors standard), beurre/fèves : 40% (37% poudre le hors standard), tourteaux/fèves : 40% (identique pour le grade et le hors standard).

[270] Cacao Barry avait déjà implanté une filiale à Douala, au Cameroun, SIC (Société industrielle des cacaos).

de 18 000 tonnes en 1977 par la société PROCACI. Celle-ci est créée entièrement sur financement public avec un contrat de gestion confié à la firme suisse Jacobs Suchard puis la société britannique Gill et Duffus. La société est dissoute en 1987 et l'usine est reprise par SIFCA en association avec Tardivat International, Intercafco et De Zaan. Devant la croissance exponentielle des exportations de fèves, les autorités souhaitent vivement développer la transformation de la production et porter la capacité de broyage à 500 000 tonnes. Si cet objectif est bien louable, il paraît, somme toute, surréaliste, car les surcoûts locaux sont un handicap certain, d'autant plus que les subventions de démarrage qui avaient favorisé l'investissement industriel sont désormais impossibles, suite à la libéralisation du secteur[271].

Les produits finis. La Côte d'Ivoire possède une industrie de produits finis à base de cacao. Avec le Brésil, elle est le seul pays producteur de cacao exportateur de « chocolat de couverture ». La société de Chocolaterie et confiserie de Côte d'Ivoire, CHOCODI, créée en 1974 par SACO, Cacao Barry et l'Etat (50% du capital), produit de la masse et du chocolat de couverture destinés à l'exportation, et de tablettes, de la poudre et de la pâte à tartiner destinées au marché intérieur. La capacité de l'usine est de 15 000 tonnes de fèves. Il faut mentionner aussi une petite quantité de production de poudre de « petit déjeuner », fabriquée par CAPRAL, sous la marque « Nescao », à partir de la poudre fournie par CHOCODI, évaluée environ à 360 tonnes entre 1988 et 1989. Par ailleurs, il faut reconnaître que ces opérations de production ou de distribution d'apparente simplicité peuvent après coup s'avérer d'une extrême complexité dès lors qu'elles s'accompagnent de transaction ayant une nature immatérielle. Tel est le cas notamment lorsque la société mère apporte à sa filiale ivoirienne l'expertise d'un ou de plusieurs de ses employés pour superviser le processus de production.

Ainsi, il est utile d'aborder l'analyse des entreprises de prestation de service, bien que cette prestation ne soit que subsidiaire à l'objet principal de notre étude, qui porte sur des matières premières.

C. Les entreprises de prestation de services

Une fonction souvent occultée mais d'utilisation courante. De façon générale, les activités de services sont identifiées au secteur tertiaire, qui apparaît comme une notion résiduelle, se définissant comme ce qui est ni primaire ni secondaire[272]. Aucune disposition légale ne permet d'appréhender expressément la signification de la notion de prestation de services. Néanmoins, c'est *a contrario* de la définition donnée à propos de la

---

[271] B. LOSCH, *op.cit.*, p.94

[272] L. BIDAUD, *La délimitation du marché pertinent en droit français de la concurrence*, Litec, Paris, 2001, n°92, p.73.

notion de livraison de biens en matière de TVA que l'on comprendra l'expression « prestation de services ». Ainsi, aux termes de l'article 341 du CGI[273], la livraison d'un bien s'entend du transfert du pouvoir de disposer d'un bien meuble corporel comme un propriétaire. Il en résulte que les opérations qui ne consistent pas en des livraisons de biens telles que définies sont, d'un point de vue fiscal, des prestations de services. Il peut s'agir, entre autres, de livraisons de biens meubles incorporels, travaux immobiliers, transports, commissions, restauration, traitements de données informatiques. En droit civil, la prestation de services peut être définie comme étant une convention par laquelle une personne charge un entrepreneur d'exécuter de manière indépendante et sans représenter son cocontractant un ouvrage. Le travail à effectuer peut être purement matériel notamment la fabrication, la réparation d'une chose mobilière ou immobilière, ou intellectuel, la conception d'une œuvre. Dans ce dernier cas, il est parfois délicat de distinguer si la transaction doit être qualifiée de prestation de services ou si elle appartient à une autre catégorie de transactions. Par exemple, il pourrait être considéré que la mise à disposition de personnels, de systèmes d'expertise, d'expériences ou le transfert d'un droit nécessaire à l'utilisation de biens ne constitue pas une prestation de services mais une cession de droits incorporels.

Or, la qualification d'une transaction détermine directement le régime applicable en matière de prix de transfert. Si dans tous les cas, le prix demandé doit être celui de pleine concurrence, il ne sera pas procédé à l'évaluation de ce dernier de la même manière selon qu'il s'agit de la cession d'un droit incorporel, d'une vente de matières premières ou d'une prestation de services. A titre d'illustration, une société suisse produit et commercialise de la poudre du cacao, implante une filiale en Côte d'Ivoire qui a pour objet la fabrication de chocolat. La société suisse met à la disposition de la société ivoirienne des employés disposant de fortes connaissances concernant l'optimisation de la production de la poudre du cacao, acquise de la société suisse. Ainsi, cette prestation de mise à disposition de personnels permet de transférer à l'entreprise ivoirienne le savoir-faire de la société suisse. Ce contrat de mise à disposition est-il une prestation de services ou une cession de droit incorporel ? La distinction entre les deux catégories de transactions n'est pas encore totalement établie au plan des prix de transfert. Il semble néanmoins qu'il faille vérifier si le service crée pour le récipiendaire un actif ou une possibilité de recevoir un profit futur. Par ailleurs, si un service n'est qu'un accessoire à une transaction plus large comme une cession de droit

[273] Cette définition, proposée en matière de TVA, n'a pas une portée limitée au transfert de propriété, *stricto sensu*. Certes, les opérations telles que la vente, l'échange, l'apport en société ou tout autre contrat translatif de propriété sont visées. Mais, elle étend la notion de livraison même lorsque le transfert de propriété ne coïncide pas avec la livraison, notamment, en matière de location-vente, de vente à tempérament, vente avec clause de réserve de propriété et de livraison d'un bien effectuée en vertu d'un contrat de commission.

incorporel, cette prestation ne devra pas donner lieu à une analyse particulière mais elle sera comprise dans la transaction globale.

A priori, l'évocation de la notion de prestation de services dans une étude consacrée au flux de matières premières de café et de cacao peut paraître incongrue du fait des rapports exclusifs qu'entretiendraient la livraison de biens meubles corporels et la prestation de services. Là, se trouve une des causes probables qui justifient que les études menées dans le secteur du café et du cacao aient très souvent occulté cet aspect de la question. Et pourtant, les transactions portant sur le café ou le cacao sont généralement complétées de prestation de services diverses. La doctrine spécialisée les qualifie de frais d'assistance technique ou, selon la terminologie anglaise, de « management fees ». L'expérience montre que c'est à propos de ces charges que les problèmes de prix de transfert se posent avec le plus d'acuité. En effet, les matières premières de base étant cotées sur les bourses, leur valorisation pose *a priori* moins de difficulté. Au contraire, lorsqu'elles sont accompagnées de prestation de services, leur détermination devient une préoccupation majeure.

Par ailleurs, il faut noter que dans le secteur du café et du cacao, il existe un certain nombre d'entreprises qui se sont spécialisées dans la prestation de services, notamment dans la gestion des produits à l'occasion des opérations de stockage, du transit et du transport maritime. Aujourd'hui, les principaux prestataires de services sur ce segment de circuit de mise en marché sont la SAGA-CI et SDV-CI, qui assurent les deux tiers des volumes ; le tiers restant notamment par la SIT, Véritas, la SIVOM et Transcap. Le transport maritime des produits est régi par la règle[274] des 40-40-20 destinée à promouvoir et à protéger les armements nationaux[275]. Toutefois, le groupe Bolloré[276] est en position dominante dans ce secteur, avec le contrôle de SNCV qui assure plus de la moitié du fret ivoirien. On assiste ainsi à un autre type d'entreprise multinationale.

SECTION II : LA TYPOLOGIE DES ENTREPRISES MULTINATIONALES PAR ACCESSOIRE

Présentation. A côté de la classification des entreprises par nature coexiste un autre type qui se déduit de la volonté des parties dans une

[274] La répartition du fret est assurée par l'Office ivoirien des chargeurs, OIC, à travers une autorisation d'embarquement qui confirme le choix du transporteur effectué par l'exportateur ou son transitaire et vérifie l'application de la règle du 40-40-20.

[275] 40% du fret sont réservés aux armements nationaux, 40% à ceux des pays partenaires importateurs et 20% aux autres armements.

[276] Avec le contrôle de la SAGA-CI, de SDV-CI pour le transit et le conditionnement export, le contrôle de la SNCDV pour le transport maritime fait que le Bolloré possède dans la mise en marché du physique ivoirien une position dominante.

relation de contrats d'affaires. Contrairement à la première dont le caractère d'entreprise multinational s'impose par sa nature même, la seconde présente un lien de subsidiarité, c'est-à-dire accessoire aux rapports contractuels des partenaires économiques. En effet, dès lors que le lien de dépendance économique et l'élément d'extranéité sont établis lors d'une relation commerciale entre deux entreprises indépendantes, l'on peut conclure à l'existence d'une communauté d'intérêts susceptible d'engendrer un groupe multinational « par contrats ». Les deux hypothèses qui reflètent généralement au mieux cette situation sont sans aucun doute les contrats d'union et les contrats d'intégration.

Parag I : L'entreprise née d'un contrat d'union

La filiale commune ou joint venture. Appréhender la « joint venture » n'est pas une chose aisée, le concept étant d'origine anglo-américaine. C'est pourquoi, il nous paraît plus simple de recourir à ses éléments constitutifs : « joint » qui signifie ensemble et « venture » que l'on peut traduire aisément par « entreprise ». La « joint venture » est « une entreprise » ou un « projet » par lequel s'engagent au moins deux entités. Il ressort de cette définition qu'au cœur de l' « entreprise commune » demeure le contrat en vertu duquel les partenaires scelleront leur alliance, en vue d'atteindre les objectifs escomptés, que ce contrat soit explicite ou tacite, écrit ou non, occulte ou ostensible[277]. L'analyse portera exclusivement sur l'entreprise commune, c'est-à-dire la filiale commune dans la mesure où elle a vocation à être une entreprise multinationale. Mais, certaines particularités de la « joint venture », en l'occurrence l'*intuitus personae* et l'esprit de coopération incitent à la curiosité quant à sa compatibilité avec l'habillage juridique qu'elle pourrait revêtir, au travers des différentes formes sociales que l'acte uniforme sur les sociétés met à sa disposition (A). Par ailleurs, il est évident que les motivations profondes qui justifient cette pratique suscitent de réelles interrogations, notamment dans le secteur du café et du cacao en Côte d'Ivoire (B).

---

[277] De là, il découle qu'une confusion générale risque de s'emparer de la notion même de « joint venture », du point de vue de l'analyse juridique, si l'on n'y prend garde. En effet, la perception de la « joint venture » en tant qu'entreprise multinationale est antinomique au caractère occulte et non écrit du contrat. En plus, l'exigence de la structure sociétaire de l'entreprise commune est nécessaire car celle-ci doit être un sujet de droit, au sens strict du terme, c'est-à-dire, dotée de la personnalité juridique. Par conséquent, toute la panoplie des « joint venture » qui ne satisferont pas cette conditionnalité sont exclues, *ipso facto*, de cette étude, en l'occurrence celles qui existent sous la structure d'une société en participation, d'une société de fait ou même simplement d'un contrat.

A. Les formes juridiques admises

Une fonction déjà rencontrée. Parmi l'ensemble des « joint venture », celles qui sont conduites par le truchement d'une personne morale sont apparemment les plus nombreuses, ou du moins les plus visibles. C'est pourquoi, le terme de « joint venture » est souvent utilisé comme synonyme de filiale commune[278]. Et pourtant, les deux concepts ne sauraient être confondus car la joint venture désigne l'opération de coopération entre les partenaires tandis que la filiale commune n'est, le cas échéant, que l'instrument de cette coopération. Sous cette réserve, il convient également de noter qu'en droit ivoirien, aucune disposition particulière ne régit la filiale commune. La législation ivoirienne ne connaît que la filiale ! Il n'empêche qu'appréhender la « joint venture » en tant que personne morale conduit nécessairement à combiner les spécificités de cette forme structurelle à sa nature contractuelle. Autrement dit, le recours à l'une des formes juridiques pour structurer la « joint venture » se caractérise par des aménagements nombreux que les parties apportent au régime légal de cette société, qu'il s'agisse des SA, des SARL, des SNC ou des SCS.

La SA, *a priori* incompatible avec la joint venture, mais la plus répandue. La société anonyme est une « société commerciale (...) dans laquelle les associés (...) ne sont tenus des dettes sociales qu'à concurrence de leurs apports et dont le capital est divisé en actions librement cessibles »[279]. Cette définition sommaire suffit à démontrer que la société anonyme est à première vue incompatible avec « la joint venture », notamment en raison du caractère anonyme de l'actionnariat et de la négociabilité des actions qui sont opposés à l'esprit de coopération et au caractère *intuitu personae* de la joint venture. Pourtant, il s'agit de la structure la plus répandue au plan international si bien qu'aucun partenaire n'aura le sentiment mêlé de crainte du « saut dans l'inconnu », selon l'expression de Raape, à propos de l'application de la loi étrangère[280]. En utilisant la société anonyme comme véhicule de la filiale commune, il s'avère impérieux de l'adapter aux dispositions légales qui régissent cette forme sociale. En témoignent ces deux hypothèses inhérentes à la constitution du capital et au fonctionnement de la SA. D'une part, la SA est une société de capitaux, dans laquelle le capital apporté est plus important que l'associé qui l'apporte[281]. Elle a été conçue pour permettre la concentration des capitaux d'un grand nombre de personnes physiques ou morales qui s'effacent derrière la société opératrice seule en rapport avec les

---

[278] J.-P. BRILL, *La filiale commune*, Thèse dactyl. Strasbourg, 1975, J. MIRAILLET, *La filiale commune*, Thèse dactyl. Paris II, 1973.
[279] Vocabulaire juridique Henri Capitant, G. Cornu (dir-), V° Société.
[280] V. PIRONON, *Joint venture, une contribution juridique à un instrument de coopération internationale*, Thèse Paris II, 2001, n°342, p.200.
[281] M. COZIAN, E. VIANDIER et Fl. DEBOISSY, *op. cit.*, n° 602.

tiers. Or, la « joint venture » regroupe un petit nombre de personnes physiques ou morales pour lesquelles règne un très fort *intuitus personae* et la société peut rester au service exclusif des partenaires. D'autre part, l'utilisation d'une SA dans « une joint venture » implique une redéfinition des rapports liés au pouvoir de contrôle. Etant donné que dans la filiale commune, l'esprit coopératif incite les partenaires à exercer le contrôle en général de façon alternative ou partagée, le pouvoir est ainsi dissocié de la propriété, car un minoritaire pourra se voir accorder des pouvoirs plus étendus que sa participation au capital ne lui confère pas en principe. Une telle dissociation n'est pas inconnue du droit des sociétés. On rencontre cette hypothèse lorsqu'il s'agit d'apprécier le pouvoir de contrôle d'un actionnaire juridiquement minoritaire, en ce sens qu'il ne détient pas la majorité des droits de vote, mais en fait, majoritaire, compte tenu de la dispersion de l'actionnariat[282].

La SARL, *a priori* plus adaptée à la joint venture, mais la plus rebutée. L'utilisation d'une SARL dans la « joint venture » est assez rare, sans doute du fait que cette forme sociale apparaît comme assez hermétique, c'est-à-dire dans le sens le plus restrictif, une société dans laquelle « l'arrivée de nouveaux associés à l'occasion d'une cession de parts, d'une augmentation de capital, ou d'une opération de fusion, est subordonnée à l'agrément des associés en place ([...] et qui) ne peut pas faire appel à l'épargne public »[283]. Autrement dit, *l'intuitus personae* et l'esprit de coopération caractéristiques du contrat de « joint venture » se retrouvent dans l'esprit et la réglementation de ce type de société. Plus adaptée à la joint venture de ce chef, la SARL est pourtant incompatible avec l'aménagement des droits des associés, la règle de l'égalité étant d'ordre public[284].

La SNC, forme idéale. En raison de la souplesse de la SNC, cette structure sociale semble être la forme idéale à la « joint venture ». Toutefois, cette souplesse a un prix puisque les parties engagent leur responsabilité indéfinie et solidaire. Souvent citée parmi les formes plus adaptées aux opérations de « joint venture », la SNC est assimilée à celle-ci. En effet, la SNC se distingue d'abord par la simplicité de ses formalités de constitution et le caractère contractuel de ses principes de fonctionnement. Ensuite, elle se distingue par la transparence fiscale qui apparaît compatible aux objectifs de la filiale commune, puisque chaque partenaire supporte le fardeau fiscal

[282] En matière de joint venture, cette dissociation ne résulte pas d'une dispersion de l'actionnariat mais de la convention de base des parties.

[283] A. OUTIN-ADAM et J. SIMON, « Pour une société européenne », *Bull. Joly*, 1999-3, p. 337 § 65, spéc. p. 339, n°13.

[284] Article 336 de l'Acte uniforme sur les sociétés et du GIE qui prohibe la création de parts sociales à double ou sans droit de vote, par exemple.

sur ses propres revenus, et peut en retirer un avantage fiscal non négligeable si elle est déficitaire[285].

La SCS, a priori la forme la moins idoine à la joint venture. La SCS paraît a priori moins adaptée à l'organisation d'une joint venture. Certes, dans certaines « joint venture », l'un des partenaires apporte son savoir-faire tandis que l'autre apporte des capitaux, ce qui correspond bien à la répartition des rôles et des responsabilités dans la société en commandite. Pourtant, le régime légal n'est pas propice à la réalisation d'une opération de coopération, puisque la commandite consacre une rupture d'égalité entre commandités et commanditaires[286], toute chose contraire aux postulats de la joint venture. Cette rupture d'égalité se manifeste, notamment dans le droit de participation à la gestion, puisque seuls les commandités jouissent de cette prérogative interdite aux commanditaires.

B. Les motivations profondes

A l'analyse de la « joint venture », il apparaît clairement qu'elle revêt une acception dualiste aussi bien au sens économique que juridique.

La joint venture, au sens économique du terme. En économie, la « joint venture » est définie comme « une filiale commune à deux ou plusieurs entreprises indépendantes et créée d'un commun accord sans qu'aucune ne la domine, quel que soit le montant de sa participation. Cette technique financière est un moyen de collaboration entre sociétés pour la réalisation d'un même projet difficile »[287]. En dépit de ses liens avec le domaine du droit, vainement, nous avons cherché une définition du terme de la joint venture dans l'arsenal juridique ivoirien, voire français[288]. La seule définition proposée en la matière est essentiellement « états-unienne » où la notion de joint venture est présentée comme une « entité présentant les caractères suivants : (1) des apports en numéraires, en nature, en travail ou la réunion des compétences aux fins d'une entreprise commune ; (2) un intérêt patrimonial conjoint ; (3) une participation aux profits en proportion des apports[289]. Quel que soit l'angle d'approche, le critère dominant qui en résulte est incontestablement l'idée d'une structure commune à laquelle s'ajoute l'intention de coopération. Un tel cadre ne serait-t-il pas propice au

---

285 Sur l'attrait fiscal ; voir. M. COZIAN, « Le régime fiscal des sociétés de personnes », *Rev. Sociétés.*, 1980, p. 217.

286 En vertu de l'article 229 de l'Acte uniforme sur les sociétés et du GIE, la participation des commanditaires à la gestion est réduite et toute « immixtion » leur est interdite.

287 C-. D. ECHAUDEMAISON, *Dictionnaire d'économie et de sciences sociales*, Nathan, 4è éd., 1989.

288 La raison est que la "joint venture" n'est ni une forme juridique ni une notion légale, mais plutôt un concept doctrinal pour caractériser un genre de relation de coopération entre sociétés.

289 H. S. DAHL, *Dahl's Law Dictionary,* Dalloz, Paris, 1995.

développement des affaires dans un contexte de coopération internationale ? Assurément ! D'abord, perçue comme une solution de second choix, la coopération est devenue partie intégrante de la stratégie des entreprises. Aussi a-t-elle intéressé les économistes, dont elle remettait en cause les schémas habituels parce qu'elle se présente sous la forme d'organisation hybride entre la concurrence sur le marché et la hiérarchie au sein de la firme[290].

La joint venture, au sens juridique du terme. Les juristes pourraient s'étonner de la question de la « joint venture » en raison de l'égalité et de la fraternité entre des partenaires indépendants. En l'absence de « fort » et de « faible » et d'atteinte à des intérêts extérieurs ou supérieurs, le droit n'aurait d'ailleurs pas vocation à intervenir[291]. Toutefois, face à l'ampleur du phénomène coopératif, la science juridique s'est trouvée légitimement en situation « de nécessité » d'intervention à l'effet de s'interroger sur les valeurs réelles attachées à cette forme sociale. Les opérations de coopération entre entreprises ont rencontré au cours du siècle passé un succès grandissant qui ne s'est pas tari et dont les raisons sont bien connues[292]. De façon générale, la coopération permet aux entreprises de réaliser des économies d'échelle et des effets de synergie grâce à la mise en œuvre de moyens complémentaires.

D'autres justifications à la joint venture. En effet, le contexte actuel de mondialisation et de libéralisation de l'économie provoque une prolifération des coopérations et des « joint venture » internationaux. Si bien qu'on ne peut plus ouvrir un journal sans y lire l'annonce d'un nouvel accord stratégique entre telle et telle multinationale ou la conclusion de tel contrat de joint venture dans tel pays émergent ou en développement, que ce soit en Asie, en Amérique, en Europe ou en Afrique. En clair, le choix de la joint venture comme mode d'organisation est suscité par des motivations diverses, mais bien connues[293] . Pour certains, du fait du changement perpétuel de l'économie mondiale, lié au progrès technique et à la globalisation croissante des marchés et en raison des défis rencontrés dans les domaines technologique, marketing, managérial et financier, la coopération entre les entreprises devient une exigence indispensable[294]. Quand d'autres professent que si les alliances sont un moyen d'accélérer l'expansion internationale des entreprises, c'est parce qu'elles permettent d'entrer sur de nouveaux marchés

---

[290] J.-L. RAVIX (dir-), *Coopération entre les entreprises et organisation industrielle*, CNRS, Ed. Paris 1996, Le terme de *firm* qui désigne en droit anglo-américain, les membres du *partnership*, est employé en économie pour décrire les sociétés d'un même groupe.
[291] V. PIRONON, op. cit., p.9.
[292] M. PHILIPPE, *op. cit.,* p. 245, spéc., p. 246.
[293] M. PHILIPPE, *ibidem.*.
[294] Kl. LANGEFIELD-WIRTH, *Les joint venture internationales*, GLN Joly éditions, 1992, p.25

à moindre coût, en utilisant par exemple les réseaux de distribution[295] ou les savoir-faire spécifiques des partenaires locaux. En mettant à contribution ses partenaires, l'entreprise gagne énormément de temps dans son apprentissage des nouveaux marchés et réalise des économies considérables sur les investissements que nécessiterait une implantation autonome. Ce gain de temps et ces économies rendent possible une expansion rapide et simultanée dans de nombreuses régions du monde. A ce titre, la « joint venture » serait une alternative idéale de la fusion-acquisition[296]. De plus, les alliances incitent les entreprises à être plus sélectives dans leurs décisions d'investissement, ce qui les rend, à terme, plus efficaces. En effet, les coopérations permettent aux entreprises de concentrer leurs ressources sur les activités stratégiques correspondant à leurs compétences clefs, puisque les tâches reposant sur des savoir-faire plus périphériques peuvent être déléguées à des partenaires convenablement choisis.

La joint venture, un compromis idéal pour l'investissement en Côte d'Ivoire. A l'instar des responsables, bon nombre de pays en voie de développement, les autorités ivoiriennes en quête d'instruments juridiques idoines susceptibles de favoriser le « décollage » de son industrialisation, voient dans la « joint venture » une aubaine pour parvenir à ses fins, en associant dès le départ le « capital local » au « capital étranger », le personnel local au personnel étranger, la technique locale à la technique étrangère. En effet, elles trouvent là un compromis idéal entre la nécessité d'attirer les capitaux étrangers et la volonté d'en atténuer les inconvénients[297]. Cette quête d'industrialiser le pays par la voie des alliances stratégiques fait partie intégrante des priorités de l'Etat ivoirien et explique parfaitement la politique du gouvernement en matière d'entreprises conjointes. D'autant plus que les années soixante-dix et le début de la décennie suivante seront caractérisées par l'émergence de capitaux ivoiriens sous l'impulsion des pouvoirs publics qui favorisent la création de « joint venture » où l'Etat sert souvent de relais avant de céder ses participations au secteur privé national[298]. D'ailleurs, l'association avec un partenaire local permet une sorte de « légitimation nationale » à un investissement étranger[299]. En sus, souvent associée à l'activité des groupes, la coopération peut être perçue également comme un moyen pour les petites sociétés ivoiriennes, notamment du secteur café-cacao, de demeurer compétitives sur

---

[295] L. AMIEL-COSME, *Les réseaux de distribution*, LGDJ, 1995.

[296] J-V. Prévost, M. Féraud et H. de Dampierre, « La joint venture, une alternative aux fusion-acquisitions », *Option Finance*, avril 2002, n°684.

[297] Le rapatriement des capitaux sous formes de dividendes, de royalties ou de *management fees*.

[298] B. LOSCH, « Coup de cacao en Côte d'ivoire, Economie politique d'une crise structurelle », *Critique international*, n°9, octobre 2000, p.10.

[299] J. CALVO, « La pratique internationale des joint venture », *Petites affiches*, 16 mars 199O, p. 17.

le marché et de résister aux velléités de conquête des groupes multinationaux.

Des préoccupations fiscales et le choix de la joint venture. A dire vrai, l'une des raisons profondes de la préférence des pays en voie de développement en général et de la Côte d'Ivoire en particulier, pour la « joint venture » avec un partenaire local est d'ordre fiscal. Elle réside dans l'attitude des actionnaires locaux à l'égard des transferts de bénéfices à l'extérieur. En effet, si l'entreprise multinationale réussit à former à l'étranger des filiales entièrement contrôlées, elle peut dans une certaine mesure déplacer les profits de ces sociétés là où le fardeau fiscal est le plus léger[300]. Or, la marge de manœuvre en la matière de l'entreprise multinationale se trouve limitée dès l'instant où une partie des actions de la filiale sont cédées à des investisseurs locaux. D'abord, les partenaires locaux et étrangers peuvent rechercher des avantages fiscaux différents, qui découlent des systèmes fiscaux opposés. Ensuite, parce qu'ils n'ont pas à se soucier directement des objectifs à long terme de l'entreprise multinationale, les actionnaires locaux sont donc susceptibles de s'opposer à tous les transferts de bénéfices qui leur paraissent abusifs. A cet égard, les actionnaires locaux pourraient constituer donc, dans une certaine mesure, une réelle menace pour les intérêts de l'entreprise multinationale. Néanmoins, l'on ne saurait exagérer l'importance pratique de cette menace, car, lorsque les actionnaires locaux sont en minorité ou font partie d'un grand public, ils ne disposent le plus souvent pas des informations qui leur permettraient de justifier leurs réclamations. D'autre part, le véritable obstacle aux transferts indirects de bénéfices réside dans la vigilance des autorités fiscales.

Il résulte de ce qui précède que les entreprises industrielles qui s'engagent dans la « joint venture » recherchent que rarement un intérêt purement financier. Leurs participations sont liées à des stratégies complexes dans lesquelles le rendement financier est secondaire. Les filiales communes sont le plus souvent dépendantes d'un partenaire, soit pour leur approvisionnement en termes techniques, en matières premières et pour les semi-produits, soit simplement pour leurs débouchés[301]. Ces relations sont décisives pour les résultats et l'avenir de la « joint venture » et posent également la problématique de la dépendance commerciale, caractéristique des contrats d'intégration économique. La « joint venture », née d'un contrat d'union se distinguerait ainsi des contrats d'intégration économique en ce que ces dernières tendent à réaliser essentiellement une unité économique et non une coalition économique[302].

---

[300] J.-P. BEGUIN, *Les entreprises conjointes internationales dans les PVD*, IUHEI, Genève, p. 206.

[301] Klaus LANGEFELD-WIRTH, *op. cit.*, n°49.

[302] G. FARJAT, *Droit économique*, PUF, Thémis, 2e éd., 1982, p. 147.

Parag II : L'entreprise basée sur un contrat d'intégration

L'entreprise en réseau. Peut-on légitimement concevoir une entreprise multinationale en dehors de la sphère classique du groupe de sociétés ? Cette question peut paraître, *a priori*, absurde[303]. Néanmoins, elle garde toute sa pertinence en matière de droit des affaires, et particulièrement dans la problématique des prix de transfert[304]. Le postulat est qu'à côté des groupes de sociétés issues du processus de concentration horizontale coexistent des groupes fondés sur une concentration verticale[305]. Dans un cas, on parle de contrôle financier ou patrimonial, parce que la base du pouvoir économique est patrimoniale[306]. Dans l'autre, il est question du contrôle par le marché, du fait que la collusion entre des entreprises, fussent-elles, petites ou moyennes, suffit à créer un centre de décisions qui dominera plus ou moins le marché. D'ailleurs, au cours de cette dernière décennie, la doctrine s'est largement fait l'écho de l'ampleur des structures contractuelles, avouant que dans le domaine contractuel tout est a priori possible[307]. Aussi le Professeur Yves Guyon reconnaît-il que les entreprises puissent conclure des contrats d'intégration, donnant exceptionnellement naissance à un groupe de fait, si l'un des contractants domine entièrement l'autre[308]. Fabrice de Boüard[309] avait, quant à lui, attiré l'attention sur cette forme originale, qu'il a qualifiée de « filiérisation », l'opposant subtilement à la « filialisation ». Il la définit comme « un ensemble organisé et hiérarchisé d'entreprises juridiquement indépendantes, mais placées sous la maîtrise d'une entreprise dominante à l'activité de laquelle elles participent, sous son autorité et son contrôle »[310]. Dans une perspective, quelque peu différente, d'autres auteurs estiment que

---

303 Elle peut sembler absurde compte tenu de l'orthodoxie juridique fondée sur l'existence de liens capitalistiques du groupe, caractérisés par un double élément matériel et intentionnel. En effet, l'élément matériel résulte du fait que la société détienne une fraction significative des actions ou parts d'une autre société. Alors que l'élément intentionnel se justifie par le fait que la participation au capital doit être motivée dans la seule intention d'exercer une domination ou une influence sur la société qui a émis les actions ou les parts, en dehors de toute idée de placement.

304 En la matière, toute vision exclusive de la firme multinationale avec les seules lunettes des prises de participations capitalistiques aurait une portée simplificatrice et réductrice d'une notion en pleine essor.

305 G. FARJAT, *op. cit.*, p. 122

306 La détention d'une certaine quantité d'actions ou l'existence de liens financiers entre les différents responsables de sociétés juridiquement indépendantes.

307 BLIN-FRANCHOMME, *Essai sur la notion de groupe en droit des affaires,* Thèse Toulouse 1998, n° 782, p. 343.

308 Y. GUYON, *Droit des affaires*, T I, 11è éd. n°589, p. 630.

309 F. de BOUARD, *La dépendance économique née d'un contrat d'intégration en droit des obligations*, Thèse Paris-Sorbonne, 2003, 529p.

310 *Ibidem.*

cette structure contractuelle ne peut être désignée autrement que par l'expression « d'entreprises en réseau »[311].

Plan. Au-delà des divergences d'appellation, groupe de fait, filièrisation ou réseau, il est clairement établi que les entités qui incarnent cet ensemble bénéficient, pour une large part, des mêmes attributs que ceux qui régissent les relations société-mère et sociétés filiale[312]. Toutefois, le terme réseau marque notre préférence dans la mesure où il sied le mieux au secteur de la distribution. S'il est vrai qu'une conception large de l'entreprise multinationale nous autorise à prendre en compte les rapports nés des contrats d'intégration, cela reste t-il valable dans un secteur comme celui du café et du cacao ? Dans l'affirmative dépendra d'une confrontation des règles qui gouvernent la filière de café et de cacao, de l'amont en aval, c'est-à-dire du processus de production à la phase de la distribution. Il convient donc de distinguer l'entreprise en réseau dans une production intégrée (A) de celle d'une distribution intégrée (B).

A. L'entreprise en réseau dans une production intégrée

Présentation. Reconnaître l'entreprise en réseau dans le processus de production du café et du cacao n'est manifestement pas chose aisée, au regard des modalités de la production intégrée. D'une part, en raison du peu d'intérêt que la sous-traitance[313] occupe dans notre secteur d'activité, l'exportation. D'autre part, l'intégration agricole qui émaille tout le processus de commercialisation qui met en relation une société commerciale et des producteurs, notamment des coopératives agricoles, souffre d'une

---

[311] L'appréhension de la notion de réseau est mise en exergue par cette partie de la doctrine comme un groupe de contrats « unis dans la poursuite d'un but commun, qui révèle « une indéniable unité économique » et « visant un but commun à toutes les parties, connu et voulu par elles, qui assure la connexité de leurs conventions ; voir B. TEYSSIE, *Les groupes de contrats*, LGDJ, 1975, n° 205, p. 36 ; G. PACHE, et Cl. PARAPONARIS, L'entreprise en réseau, PUF, 1993. Par ailleurs, L. AMIEL-COSME va au-delà des aspects contractuels du réseau pour l'appréhender dans sa dimension institutionnelle, ce d'autant plus qu'il est « *une organisation créée et animée par une firme qui répartit ses éléments en divers points d'un marché pour exercer une action sur toute l'étendue de celui-ci.* ». Aussi estime -t-elle que le réseau naît de « la somme de volontés individuelles, unissant un fournisseur à un intégrateur, à une pluralité de revendeurs, distributeurs intégrés » ; voir L. ASMIEL-COSME, *Les réseaux de distribution*, LGDJ, 1995, n°3, p. 8.

[312] Il s'agit de relations entre sociétés appartenant à un groupe multinational.

[313] Le domaine de prédilection de la sous-traitance est bien celui des travaux publics et les industries du bâtiment. Elle met aux prises le maître d'ouvrage et un entrepreneur général, qui sous-traite avec des entrepreneurs spécialisés, charpentiers, plombiers et électriciens. Il est vrai qu'il est envisageable de sous-traiter des activités de transformation, de stockage ou de conditionnement des matières premières de café et de cacao. Mais, il faut reconnaître que cette éventualité est très marginale, voire inexistante dans le secteur. De plus, le législateur fait obligation au demandeur de l'agrément d'exportation d'exercer personnellement cette activité.

absence de réglementation cohérente. Or, les rapports contractuels entre les petits producteurs intégrés, regroupés sous la forme de coopératives agricoles et l'intégrateur, généralement société multinationale, agissant comme une centrale d'achat, sont caractéristiques d'une inégalité flagrante de puissance économique, susceptible d'abus de la part du second. Avant de relever ces risques d'abus(2), il importe de rendre compte du mécanisme de la production agricole intégrée (1), ce qui nous conduira à formuler des suggestions appropriées (3).

1. Le mécanisme de production agricole intégrée

Fidélisation des réseaux de traitants, de coopératives et de PMEX. Dans la perspective de l'entreprise en réseau dans une production agricole intégrée, l'on distingue, d'une part, les agriculteurs, qui sont très souvent regroupés sous la forme coopérative et, d'autre part, les grands groupes multinationaux. En règle générale, la production agricole intégrée[314] dans le secteur du café et du cacao porte sur des contrats de culture[315]. Il en résulte qu'une entreprise industrielle ou commerciale consent à un agriculteur un prêt sans intérêt et s'engage à acheter une quantité de produits, fixée annuellement. En contrepartie, l'agriculteur s'oblige à produire la quantité sollicitée, à ne pas la vendre à d'autres acheteurs, et à respecter les directives données relatives à la qualité, la quantité de production et aux méthodes de cultures et de gestion.

Dans la pratique, en dépit des politiques de promotion des coopératives ou des petites et moyennes entreprises exportatrices, celles-ci demeurent tributaires des réseaux des groupes multinationaux, implantés localement (Cargill, ADM, Barry Callebaut, etc.). En effet, la quasi-totalité de la production agricole du café et du cacao est profondément intégrée, d'autant plus que la fin des systèmes centralisés d'offre ainsi que l'orientation de la demande vers un « cacao ou café tout-venant mondial » marquent corrélativement une érosion très forte, voire la fin, du national et de la notion de « pays producteur », sur le marché des « *commodities* ». Les anciens standards nationaux sont désormais remplacés par la réputation des broyeurs à respecter les commandes des firmes chocolatières et des torréfacteurs en termes de temps, de volume et de qualité. Ainsi, aujourd'hui, la commercialisation ivoirienne reste très fruste et soumise à la loi « du collecteur de brousse » qui pousse ses achats et propose ses prix en fonction des directives de son exportateur, « donneur d'ordre ». **Les firmes exercent leur concurrence à travers la fidélisation de leurs réseaux de traitants** et

[314] G. MARTIN, « Les contrats d'intégration en agriculture » : *RTD com.* 1974, 1.

[315] Il convient de souligner qu'à côté des contrats de culture, l'on distingue le contrat d'élevage comme la seconde modalité des contrats d'intégration agricole. Il arrive souvent qu'un industriel ou un commerçant fournisse à un éleveur les jeunes animaux ainsi que les aliments, et les reprennent une fois engraissés moyennant rémunération forfaitaire.

non par celle des producteurs, par leur capacité à mettre en place la trésorerie nécessaire aux achats et par leur capacité et leur rapidité à « coller » aux prix de marché. La course au produit est la règle, les producteurs pouvant y gagner ponctuellement, et entraîne parfois des baisses significatives de la qualité. Celle-ci, malgré une plus grande instabilité, reste globalement stable avec cependant une baisse tendancielle au cours des dernières années.

Subséquemment, le processus d'intégration des firmes vers l'amont, par le contrôle de la production locale, se traduit par une forme d'érosion de la notion même de marché international, puisque les transactions sont désormais largement internalisées au sein des grands groupes mondiaux et marquées par une remontée vers l'origine qui permet la constitution de véritables entreprises en réseaux pour la collecte des matières premières. De la puissance commerciale du groupe va dépendre la stratégie de mise en réseau des coopératives, par la mise en place de dispositifs de production et de commercialisation adaptés ainsi que des modes de financement plus intéressants, soit un financement direct, soit une caution donnée en vue d'accéder au « fonds de garantie »[316] afin de résorber les difficultés récurrentes de trésorerie de celles-ci.

Le degré de concentration de la production entre les mains des multinationales n'est pas exempt de risque pour l'économie des agriculteurs, et partant de l'Etat, producteur dès l'instant où l'on peut craindre légitimement de possibles comportements de collusion des intégrateurs.

2. Les risques d'abus de production agricole intégrée

L'inféodation du producteur intégré. Il faut garder à l'esprit avant tout que le contrat d'intégration, à l'origine du phénomène de dépendance économique, se caractérise par une organisation des rapports de production qui évoque la société féodale. Il est susceptible d'établir un rapport de vassalité entre deux professionnels juridiquement indépendants, l'agriculteur et la société exportatrice. De même que le vassal s'inféodait au suzerain afin de bénéficier de sa protection, de même le producteur intégré se met-il au service d'un puissant partenaire qui, en l'associant à son cycle de production ou de distribution, lui donne l'occasion de développer son activité. Mais, de même que dans la société féodale, la sécurité du vassal n'était assurée qu'aux conditions du suzerain et pouvait être remise en cause par une

[316] Le gouvernement, avec l'appui de bailleurs de fonds, et notamment du STABEX, a mis en place un « Fonds de garantie » à hauteur de 19 milliards de FCFA, en 1991, qui placé dans les banques ivoiriennes, répond à deux fonctions :

- il génère des produits financiers qui permettent à la banque de consentir des prêts à des taux bonifiés ;
- il limite la prise de risque par les banques.

Par ailleurs, l'élaboration d'un dossier de financement, faisant intervenir le « Fonds de garantie » nécessite l'intervention d'un exportateur qui gèrera le remboursement du prêt, en prélevant une partie de la valeur des produits livrés par la coopérative.

modification de sa politique d'alliances, de même dans les rapports de dépendance économique, le marché sur lequel s'épanouit l'entrepreneur intégré reste sous l'entière maîtrise de l'intégrateur, qui peut l'en évincer à la suite d'une nouvelle orientation stratégique.

Au cœur de la problématique de la dépendance économique se trouve le fait que le producteur intégré exploite son entreprise principalement au profit de l'intégrateur et n'a pas la possibilité de capitaliser ses investissements, ni son travail. C'est la raison pour laquelle l'inféodation de l'intégré à l'intégrateur, qui peut dans certains cas être heureuse et faire la fortune des deux parties, est souvent malheureuse et source de désillusions pour celui qui a mis son outil de production et son activité au service d'un autre[317]. Au demeurant, la grande domination des firmes intégratrices peut influencer la géographie de la production. Cette perspective semble déjà bien engagée puisque, au cours de la dernière décennie, inquiètes de la dépendance du marché du cacao vis-à-vis de la Côte d'Ivoire, plusieurs grandes firmes ou leurs associations se sont impliquées dans des programmes de développement ou de relance de la production : Barry-Callebaut au Mexique, ED&F Man au Nigeria, l'Association américaine des producteurs de chocolat au Pérou, au Panama et au Vietnam.

A dire vrai, le producteur intégré n'a pas clairement conscience, dans la plupart des cas, de ce que le confortable ticket d'entrée que lui fournit la multinationale intégratrice pour accéder à son marché se transformera, à l'issue de leur relation d'affaires, en une redoutable barrière à la sortie. Dès lors, il s'avère nécessaire de sécuriser le cadre de production intégrée agricole.

3. La sécurisation de la production agricole intégrée

Un nouveau dispositif, qui gagnerait cependant à être renforcé. Conscientes des risques que représente une forte dépendance des producteurs vis-à-vis des entreprises exportatrices, les autorités publiques ont procédé à une refonte de la législation sur le mouvement coopératif en Côte d'Ivoire. En effet, la loi n° 97-721 du 23 décembre 1997 abroge l'étape pré-coopérative ou de Groupement à Vocation Coopérative (GVC) introduite par la loi n° 66-251 du 5 août 1966. Les coopératives sont désormais obligées de recruter un directeur ou un gérant chargé de la gestion, d'un niveau BAC ou supérieur, selon leur taille. Elles peuvent s'organiser en fédération et confédération. Aussi un dispositif incitatif[318] est-il mis en place en faveur des coopératives et des PME, de nature à promouvoir leurs activités d'exportation, notamment par l'exonération totale du paiement des

---

[317] Ainsi, l'agriculteur intégré peut être abandonné par l'entreprise agroalimentaire délaissant la production intensive pour se recentrer sur les produits labellisés.

[318] Conformément au décret n°99 du 10 janvier 1999 réglementant la profession d'exportateur, modifié par le décret n°2000-585 du 17 août 2000.

redevances professionnelles mises à la charge des sociétés exportatrices et de la réserve de prudence. Ces mesures qui paraissent nécessaires, seraient cependant privées d'efficacité réelle en l'absence d'un véritable statut du « lien de dépendance économique né d'un contrat d'intégration en agriculture entre les parties ». A notre avis, le législateur ivoirien doit s'inspirer des expériences heureuses de son homologue français, qui sur le fondement de la loi du 4 juillet 1964, complétée par la loi d'orientation agricole du 4 juillet 1980, a éprouvé le besoin de réguler les marchés et d'assurer une sécurité minimum aux agriculteurs[319]. Ce statut permettrait l'élaboration de contrats-types négociés entre représentants des *syndicats* agricoles et des syndicats d'industriels ou de commerçants ; les contrats individuels ne faisant que les adapter. Toute chose qui éviterait les clauses léonines parfois insérées dans les contrats par un intégrateur économiquement plus puissant et qui lèsent généralement les agriculteurs intégrés[320].

Par ailleurs, elles gagneraient à renforcer les capacités des acteurs locaux, coopératives, PMEX et structures interprofessionnelles, qui constituent la condition *sine qua non* et la seule véritable alternative à la reconquête durable de la marge de manœuvre perdue par les opérateurs ivoiriens.

B. L'entreprise en réseau dans une distribution intégrée

Originalité propre aux distributeurs en réseau.. Née de la pratique des affaires, la distribution intégrée n'a pas fait l'objet de réglementation particulière. Toutefois, en raison des risques d'atteintes aux règles de la concurrence, notamment, en matière d'ententes et de positions dominantes, les dispositions en la matière ont vocation à s'appliquer dans certaines hypothèses[321]. Le phénomène de la distribution intégrée dans le secteur du café et du cacao présente une double originalité. La première originalité est identique à l'ensemble du processus de distribution. Parce qu'elle traduit une commune volonté à l'ensemble des distributeurs souhaitant leur intégration, la distribution restitue à la notion d'entreprise en réseau toute sa pleine dimension collective. M. Pigassou observait à juste titre que le « réseau n'est pas une simple innovation de vocabulaire, il traduit une modification fondamentale de l'approche des phénomènes de distribution. La notion de réseau confère une dimension collective aux rapports bilatéraux établis entre un fournisseur et un revendeur en vue de former un ensemble cohérent »[322]. L'on rejoint alors l'opinion de M. Teyssié affirmant la présence d'un groupe

---

[319] J. DANET, *Droit et discipline de production et de commercialisation en agriculture*, thèse Paris II, 1982 ; J. PREVAULT, V° « Contrat d'intégration en agriculture », *Encyclopédie Dalloz de droit civil.*

[320] Y. GUYON, *Droit des affaires*, t 1, 11è, Economica, Paris, 2001 ; n°820, p. 878.

[321] Loi n°91-999 du 27 décembre 1991 relative à la concurrence *op. cit.*

[322] P. PIGASSOU, « La distribution intégrée », *RTD Com.* 1980, n°8, p.483.

de contrats au sein duquel les parties sont liées par une « connexité » qui les unit au jour de la conclusion de ces contrats[323] en ce sens qu'il existe un intérêt commun[324] et une *affectio cooperandi*[325].

Originalité propre à l'industrie du café et du cacao. La seconde originalité est propre à la filière de café et de cacao. En effet, les impératifs d'approvisionnement en matières premières justifient que les acteurs et les entreprises exportatrices, aient toujours accordé une place de choix au réseau dans leurs stratégies commerciales. Néanmoins, l'on s'accorde à reconnaître[326] que « l'onde de choc » de la distribution intégrée dans le secteur trouve son origine dans la libéralisation et corrélativement la suppression de la Caisse de stabilisation en 1999. En effet, l'effondrement du système de commercialisation intérieur de la période, caractérisé par « le grippage » des flux de collecte et la forte dégradation de la qualité des produits, a éveillé une réelle prise de conscience des industriels et des exportateurs professionnels sur la nécessité de la modernisation des réseaux d'approvisionnement. Par conséquent, le passage du système de traite d'un régime administré, avec des quotas d'achat et des prix fixés par un barème à chaque étape de la commercialisation, à un système de marché libre, s'est traduit non seulement par la prise de contrôle des principales entreprises ivoiriennes par les grandes firmes mondiales, mais également par une croissance du risque liée aux incertitudes sur les prix et l'approvisionnement. Il en résulte que la réduction des coûts de transaction inhérents à l'incertitude du « marché spot »[327] participe de l'intégration du secteur, où la firme internalise complètement la prise de risque par la mise en œuvre de contrats

---

[323] B. TEYSSIE, *Les groupes de contrats*, Thèse. Montpellier, LGDJ, 1975, n°205, p. 108 : « *Lorsqu'une entreprise pour « l'irrigation » du secteur dans lequel elle exerce ses activités, établit un réseau de distribution, elle est liée avec ses concessionnaires par des contrats qui visent tous à assurer la diffusion de ses produits dans telles régions. Ceux-ci réalisent un ensemble de contrats unis dans la poursuite d'un but commun dont le développement ne s'effectue pas seulement dans le temps mais également dans l'espace. (...) C'est sa dimension dans l'espace qui donne à un tel ensemble,* ***sa véritable originalité****. Ces complexes contrats sont, par nature, toujours divisibles. La disparition de l'un des contrats de concession n'affecte pas, en principe, l'exécution des autres. L'efficacité du réseau est diminuée mais l'objectif visé, malgré tout, est à la satisfaction de son promoteur, être atteint, au moins partiellement* ».

[324] D. PLANTAMP, « L'intérêt commun dans les contrats de distribution », *A.L.D.* 1990, p. 177.

[325] En droit des sociétés, un des éléments spécifiques du contrat de société est l'existence d'un élément intentionnel : *l'affectio societatis*. Celle-ci est présentée comme une volonté de coopération active. *L'affectio cooperandi* dans le contrat de distribution procède d'une analyse identique. Ce faisant, elle est mise au service d'un intérêt commun.

[326] B. LOSCH, *Thèse, op. cit.*, p.483

[327] On appelle marché « spot » le marché au comptant portant sur les devises, les taux ou les matières premières, où les prix se négocient au coup par coup en fonction de l'offre et de la demande.

entre les différentes catégories d'agents[328] de la chaîne de distribution, privilégiant la vente fidélisée. A cet égard, le désir de sécuriser leurs approvisionnements et trouver une alternative au tarissement des sources traditionnelles de financement de la traite, fondées sur la confiance et les avances de trésorerie, les sociétés d'exportation locales et les firmes multinationales seront incitées à une meilleure performance commerciale. Cela passe par la consolidation du système d'approvisionnement ou l'amélioration de leurs réseaux d'achats du café et de cacao.

Des expériences caractéristiques de distribution intégrée. On ne saurait nier l'existence d'une diversité de formes de distribution intégrée, propres à la stratégie de chaque groupe multinational intégrateur dans le secteur. Toutefois, trois expériences de mise en réseau d'entreprises dans le processus de distribution des produits sont caractéristiques du secteur café et cacao ivoirien et méritent précision.

Réseau ACCACI. La première expérience d'intégration, la plus significative est celle de la Société des acheteurs associés de Café-Cacao, ACCACI[329]. Elle a pris la forme d'une centrale d'achat qui assure le groupage des produits et leur conditionnement pour le compte de ses exportateurs associés[330]. L'expérience ACCACI constitue une réelle innovation puisque, tout en restant souple, elle offre un niveau intermédiaire entre le monde de la traite et les exportateurs qui n'ont pas à se préoccuper de la « course aux produits »[331]. Aussi ACCACI est-elle parvenue à développer un réseau d'approvisionnement fidélisé proposant des contrats de livraison et un appui technique. Elle travaille aussi bien avec les traitants traditionnels qu'avec les organisations coopératives et draine pour le compte de ses membres une quantité de produits de l'ordre de 100 000 à 120 000 tonnes.

Réseau SIFCA-SIFCOM, sous la forme de SOGEPAG. Initiée par le groupe SIFCA-SIFCOM, la deuxième expérience débutant à partir des années quatre-vingt dix, apparaît comme la plus formalisée. Elle repose sur un montage juridique sophistiqué, eu égard à « la rusticité » des relations existantes dans le cadre de la traite traditionnelle associant groupements de producteurs et exportateurs. Son objectif est de permettre l'établissement de liens durables entre vendeurs et acheteurs afin de stabiliser la collecte et de limiter le rôle des traitants. Elle vise la mise à disposition aux groupements

---

[328] Les catégories d'agents intéressés à distribution sont les pisteurs, les acheteurs ou traitants et les entreprises exportatrices. Seules ces dernières nous intéresserons au cours de cette analyse.

[329] Initiée en 1994, cette forme de distribution intégrée est toujours active dans le secteur aujourd'hui.

[330] Les cinq fondateurs sont *2CI, SEPRIV, AFRECO, AFROCOM et Tardivat CI* auxquels se sont joints par la suite *Delbau et Borro.*

[331] Il est établi que « la course aux produits » représente l'une des causes principales de la mauvaise qualité des produits.

de producteurs à la fois des structures de commercialisation dotées de moyens humains[332] et matériels[333], et d'un dispositif de paiement au comptant permettant un écoulement garanti au prix officiel, majoré de ristournes proportionnelles aux résultats. Le réseau comprend la Société de Gestion des Produits Agricoles, SOGEPAG, constituée sous la forme d'une société anonyme à capital variable, regroupant plusieurs organisations coopératives, dont les parts sociales évoluaient en fonction des tonnages livrés, et les exportateurs, eux censés apporter le capital de départ[334]. Entre 1990 et 1995, le dispositif a connu un bon développement, 17 SOGEPAG ont été mises en place et le réseau a réussi à atteindre 50 000 tonnes de cacao et 10 000 tonnes de café. Mais, du fait de ses coûts de fonctionnement prohibitifs[335], il n'a pas été en mesure de résister à la hausse du prix aux producteurs, induite par la dévaluation, à l'embellie des cours et surtout au rétrécissement des marges de gestion consécutive à la libéralisation de la filière.

Réseau de la société française Touton : SAO et Delbau. Enfin, la troisième expérience est la plus atypique mais aussi la plus marginale. Elle correspond cette fois à un processus d'intégration verticale de la production à la distribution. Elle a été engagée par la société de négoce française Touton en 1996 et marque une tentative tout à fait nouvelle dans le contexte ivoirien de création d'une chaîne intégrée de production de cacao de qualité. Elle comprend deux volets : un volet « production directe », avec la création de plantations de cacaoyers hybrides sous ombrage et un volet « préparation du produit », avec l'installation de deux centres de traitement post-récolte assurant la fermentation puis le séchage artificiel des fèves. Ce dispositif intégré repose sur deux opérateurs : tout d'abord, la Société Agricole de l'Ouest, SAO, créée à l'initiative de Touton, qui possède et gère les plantations et les centres de traitement post-récolte[336] ; ensuite, l'exportateur

---

[332] Il s'agit de l'encadrement technique apporté à la classe paysanne.

[333] Cette stratégie commerciale de l'intégrateur *SIFCA-SIFCOM* est basée sur l'équipement des GVC en véhicules de transports, notamment les petits camions *Nissan*, dont l'importateur, concessionnaire exclusif en Côte d'Ivoire est *Comafrique* ; en matériels de pesées et de décortiqueur de café.

[334] Le montage juridique du dispositif a été assuré par la *SIFCA*. Six autres exportateurs ont ensuite été associés en 1992 : *DAFCI, puis Delbau, SIDAI, SIEPAM, IPN et Internégoce*.

[335] Son équilibre reposait en effet sur un prélèvement de 5 FCFA/kg qui ne permettait d'atteindre un point d'équilibre que pour les SOGEPAG qui collectaient au minimum 5 000 tonnes de produit, la prise en charge par les sociétés qui n'atteignaient pas ce seuil, la lourdeur de gestion administrative avec un coût de gestion de 10 à 15 FCFA/kg.

[336] La SAO possède 4 000 ha dans le sud-ouest (dans la région de Soubré), et dans l'est (Abengourou). En 1999, 900 ha étaient déjà plantés dont de 250 ha de production. Cette technique de plantation en blocs hors agriculture familiale est exceptionnelle en Côte d'Ivoire. Les seules autres plantations de ce type sont les blocs historiques de la SPROA (4 000 ha, largement reconvertis en hévéas suite au rachat de cette vieille société coloniale par la SAPH) et les plantations d'Etat de Toumbokro (2 000ha) et du CEDAR (300ha). Dans l'attente d'un approvisionnement autonome par ses plantations, la SAO achète aux planteurs de la région.

Delbau[337] qui assure l'expédition directe du produit en France. Il permet, grâce à un cahier de charges et au contrôle de qualité assuré par la société de négoce, de préparer des lots de cacao homogènes et spécifiés et d'assurer une parfaite traçabilité du produit. Cette approche unique en Côte d'Ivoire esquisse une possible segmentation du système de l'offre en réponse à la segmentation, qui reste marginale des marchés de consommation.

En somme, la commercialisation ivoirienne reste très fruste et soumise à la loi du collecteur de brousse qui effectue ses achats et propose ses prix en fonction des directives de son exportateur, donneur d'ordres. Les firmes exercent leur concurrence à travers la fidélisation de leurs réseaux de traitants et non par celle des producteurs, par leur capacité à mettre en place la trésorerie nécessaire aux achats et par leur capacité et leur rapidité à « coller » aux prix de marché. La course au produit est la règle, les producteurs pouvant y gagner ponctuellement, entraînant parfois des baisses significatives de la qualité. L'analyse de l'entreprise intégrée a révélé sa spécificité eu égard à l'imbrication des processus de production et de distribution, justifiée par l' « internalisation » des flux des produits de café et de cacao. Toute chose qui traduit aisément l'objet des prix de transfert, caractérisé par le caractère intragroupe des transactions.

---

[337] La société d'exportation *Delbau* a été suscitée en 1985 par le négociant français Sucres & Denrées, *Sucden,* sous ce nom commercial (*Delbau* étant une vieille maison bordelaise spécialisée dans le commerce antillais rachetée par *Merkuria* dans les années 1870), est contrôlée aujourd'hui à 100% par la famille de Charles Donwahi. Toutefois, sur la base de contrat de dépendance économique, elle est adossée au négociant français Touton.

TITRE SECOND

L'objet des transactions intragroupe

Problème. Que deux sociétés commerciales[338] n'ayant aucun lien de parenté contractent entre elles, cela ne pose aucune difficulté apparente. Et pour cause ! La transaction est censée reposer sur la loi de l'offre et de la demande, émanation du marché libre dans lequel la volonté des parties s'exprime sans contrainte[339]. A mesure que s'opère un changement de cadre[340], la confiance placée dans cette catégorie d'échange tend également à s'effriter. En effet, dès lors que deux entreprises appartenant à un même groupe décident d'avoir des relations commerciales, voilà que le doute s'installe dans l'esprit du juriste. Si la première hypothèse semble refléter le mode usuel des échanges, au contraire, la seconde peut donner lieu à une suspicion légitime. Toutefois, sous l'impulsion de la mondialisation, la transaction intragroupe peut être considérée par les groupes multinationaux, notamment, comme un moyen de résoudre leur difficulté de trésorerie ou même de financement, par le jeu des relations financières intragroupe[341] et de garantir des sources d'approvisionnement régulières aux sociétés du groupe[342]. Il s'ensuit que si la transaction intragroupe dans le secteur du café et du cacao trouve son origine dans le contrat de vente, peu à peu elle s'en écarte, du fait de son particularisme. Ainsi, elle échappe à une emprise totale du droit, se révélant comme une situation de fait, qui nécessite qu'on lui accorde une attention particulière. Par ailleurs, la question des prix de transfert porte moins sur le concept de transaction intragroupe (Chap. I) que l'objet de l'échange proprement dit. Bien entendu, cet objet n'est autre que

---

[338] Notre hypothèse est celle des contrats équilibrés, excluant de ce chef toute clause léonine.

[339] Dans cette perspective, aucune considération autre que celle d'agir dans son intérêt propre n'éclaire la volonté des parties.

[340] A l'opposé du marché libre se situe le marché lié dans lequel les acteurs appartiennent à la même famille de sociétés. Elles sont généralement appelées sociétés membres du groupe, sociétés liées ou encore sociétés apparentées.

[341] Les sociétés excédentaires pourraient consentir des prêts ou procurer des sûretés à celles qui se porteraient moins bien.

[342] H.-D. M. KOKO BEBEY, *Article op. cit.*, p.845.

la représentation monétaire des marchandises échangées[343]. On l'appelle « objet monétaire », rémunération ou plus exactement prix de transaction intragroupe (Chap. II). Il convient donc d'apprécier la valorisation de la cession interne des biens, du point de vue des règles juridiques *stricto sensu*[344].

[343] On oppose ainsi volontiers « l'objet physique » de « l'objet monétaire ». En l'occurrence, dans le premier cas il s'agira de la matière première de café ou de cacao, dans l'autre cas, le prix du café ou du cacao vendu.

[344] Au cours de cette étude, on se bornera à recourir aux règles du droit des obligations, du droit des affaires et du droit fiscal pour apprécier la valorisation des transactions intragroupe, exception faite des principes économiques qui feront l'objet d'analyses approfondies dans la deuxième partie du travail.

CHAPITRE I

Le concept de transaction intragroupe

Plan. Compte tenu du particularisme du cadre dans lequel évoluent les transactions entre sociétés d'une même famille au niveau international, il est naturel que la question de la nature contractuelle se soit posée avec acuité en doctrine. A cet égard, certains auteurs ont affiché leur préférence pour le concept de « transaction », en lieu et place de celui « d'opération » afin de lever toute équivoque, car estiment-ils, les opérations internes des groupes ne peuvent pas, dans la plupart des cas, être considérées comme des contrats au sens du code civil, mais de simples décisions internes[345]. A l'inverse, d'autres pensent que c'est la terminologie de « cession interne »[346] qui rend mieux compte de cette réalité. Pour notre part, aucune ambiguïté n'est possible s'agissant de l'origine contractuelle de la transaction intragroupe du café et du cacao. D'ailleurs, le contrat de vente ne demeure-t-il pas, avant tout le socle sur lequel se consolide la transaction ? Mieux, ne représente-t-il-pas l'élément de mesure à l'aune duquel l'administration peut valablement apprécier l'importance économique des parties lors de leur relation commerciale ? Pour autant, l'on peut admettre qu'en raison des caractéristiques propres à cette catégorie de contrat, elle puisse se détacher parfois des règles de droit commun pour présenter certaines spécificités. Ces développements nous conduisent par conséquent à mener la réflexion sur la nature contractuelle de la transaction intragroupe (Sect. I), d'une part, et sur ce qui fait sa particularité (Sect. II), d'autre part.

---

[345] Cl. LAZARUS, Ch. LEBEN, A. LYON-CAEN et *alii, op. cit.*, n°268, p. 260.

[346] Cette terminologie est largement tributaire du langage des économistes qui préfèrent parler de « prix de cession interne » plutôt que de « prix de transfert ».

SECTION I : DE LA NATURE CONTRACTUELLE DE LA TRANSACTION INTRAGROUPE

Présentation. En déniant au groupe la capacité juridique, le législateur ignorait certainement qu'il offrait une rare opportunité aux sociétés qui n'hésiteraient point à emprunter le moule de la concentration. Au sein de « la famille », les sociétés disposent d'une grande liberté dans l'organisation de leurs flux économiques. Toutefois, la rigueur attachée au formalisme du contrat empêche les transactions passées à l'intérieur du groupe de concilier les opportunités de l'internalisation des échanges et la fidélité vis-à-vis des normes impératives contractuelles. D'autant plus que la liberté dont elle dispose ne peut être pleinement exercée que dans le strict cadre du contrat (Pg I), lequel contrat revêt la forme de contrat de vente internationale (Pg II). Reste à préciser l'objet réel de la vente qui porte à titre principal sur les matières premières de café ou de cacao et, subsidiairement sur des prestations de nature immatérielle.

Parag I : La transaction intragroupe : un contrat

Plan. Sous l'angle purement contractuel, l'avantage que peut procurer la position internalisée des relations intragroupe par rapport aux transactions ordinaires sur le marché libre n'est que purement théorique. Car en la matière, la liberté des sociétés n'est pas absolue, l'existence du lien contractuel est soumise aux conditions générales de l'article 1108 du Code civil relatives au consentement, à la capacité des parties, à l'exigence d'un objet certain et d'une cause licite. Notre propos ne prendra pas en considération les questions liées à la capacité[347] et à l'objet[348] pour la simple raison qu'elles ne revêtent aucune spécificité en la matière. En revanche, la nécessité d'une cause licite nous paraît assez fondamentale. Mais, ses implications liées à l'appréciation des obligations réciproques des parties justifient sa place au chapitre suivant, consacré au prix de transaction intragroupe. Restera donc le principe du consensualisme qui subordonne la conclusion d'une transaction par le fait que les contractants aient été en mesure d'exprimer leur consentement librement. Nous soulevons ici une problématique qui bouleverse aujourd'hui le monde des affaires et qui a trait à l'expression de la volonté individuelle dans ses rapports avec la volonté collective dans le cadre du groupe. Il serait cependant prétentieux au cours de cette étude de vouloir mener une analyse exhaustive sur une question qui dépasse largement les préoccupations spécifiques du droit des affaires, et partant, de la pratique des prix de transfert dans le secteur du café et du cacao, dans un monde où, « comme les Hommes, les sociétés balancent entre

---

[347] La capacité des personnes morales mettant en cause l'objet social, il suffira de vérifier que la transaction ait été accomplie conformément à celui-ci pour demeurer valable.

[348] L'objet de la transaction étant le café et le cacao, il est donc clairement déterminé.

l'instinct grégaire et la volonté d'indépendance »[349]. Dès lors, il conviendrait de s'intéresser uniquement à la qualité des parties contractantes et à l'expression du libre consentement entre celles-ci.

A. La qualité des parties contractantes

Autonomie juridique et qualité au contrat. Il est unanimement admis que la volonté de contracter met nécessairement en présence au moins deux contractants, ce qui paraît fort logique dans la mesure où c'est de la rencontre des volontés que naîtra le contrat. Force est cependant de reconnaître que cette logique ne nous semble pas tout à fait correspondre à la pratique des prix de transfert, en général, et dans le secteur du café et du cacao en particulier, en raison des liens très étroits entre les parties à la transaction. En effet, si la convention passée entre deux personnes indépendantes ne soulève pas de problème particulier, il en va autrement de la transaction intragroupe qui met en relation des entités soumises à une dépendance économique. Dans cette dernière hypothèse, la qualité de l'un des contractants serait douteuse. Déjà, la doctrine[350] émettait des réserves sur la nature réelle de ces transactions : peut-on admettre réellement qu'une filiale à 100% est un contractant différent de la société-mère ? Certes, de bonnes raisons[351] peuvent justifier le bien-fondé de cette interrogation. Néanmoins, en vertu de la théorie de l'autonomie de la personne morale, rien ne saurait valablement remettre en cause la nature contractuelle des transactions intragroupe de café et de cacao.

D'ailleurs, les groupes multinationaux de café et de cacao du secteur ne sont pas exclusivement constitués de filiales à 100%. Même dans le cas d'une filiale sous le contrôle exclusif de la mère, son autonomie n'est pas pour autant affectée. A ce propos, la réflexion du Professeur Maurice COZIAN[352] est assez éclairante quand il affirme que « *chacune des sociétés appartenant au groupe conserve sa personnalité juridique et sa personnalité fiscale, même s'il s'agit d'une filiale à 100% sous l'entière dépendance économique et financière de la société mère. Celle-ci a pris le choix - et le risque - d'engendrer un nouveau sujet de droit juridiquement indépendant ; elle aurait pu ne créer qu'un simple département sans personnalité propre. Si elle a décidé de doter l'univers juridique d'un être nouveau, elle doit respecter sa personnalité, même si la fille ne vit que par la mère, tout comme des parents se doivent de respecter la personnalité de l'enfant qu'ils mettent*

[349] Cl. CHAMPAUD, « Les méthodes de groupement de sociétés », *RTD Com.* 1967, p. 1003 s.
[350] Cl. LAZARUS, Ch. LEBEN, A. LYON-CAEN et *alii*, *op.cit.*, n°269, p. 261.
[351] Une filiale à 100% fait de la société mère la détentrice exclusive du titre de propriété économique de celle-là.
[352] M. COZIAN, « Les transactions intragroupe: le principe des transactions à prix normal », *BF* 3/96- Chronique Ed. Francis Lefebvre, n°2, p. 110.

au monde, même si l'enfant (...) ne vit que par la grâce de ses parents ». Il résulte clairement de ce principe que l'autonomie juridique des personnes morales du groupe suffit à faire de celles-ci des sujets de droit en dépit des liens de dépendance entretenus avec des sociétés apparentées. Sur le terrain strictement civiliste, cette règle ne souffre d'aucune ambiguïté. Mais, elle peut bien montrer ses limites sur le plan du droit des affaires, notamment, sur le fondement du contrat avec soi-même.

Contrats avec soi-même. A première vue, l'on conçoit mal comment il peut exister un contrat avec soi-même. Puisque, logiquement, il faut être deux pour pouvoir contracter. Or, en l'espèce, l'acte ne paraît procéder que d'une volonté unique. Pourtant, l'existence du contrat avec soi-même s'est maintes fois vérifiée[353]. Dans notre hypothèse, ce n'est pas la dualité des personnes morales qui est en cause, mais plutôt la légitimité de la défense des intérêts liés à la transaction. Il importe de rappeler que la philosophie en cause qui préside à l'hostilité du droit quant à la reconnaissance du contrat avec soi-même, repose sur l'obligation de loyauté à la charge du représentant. La raison étant que s'il contracte pour son propre compte en même temps que pour celui qu'il représente, il sera pris dans une sorte de dilemme : celui d'agir au mieux de ses propres intérêts, en achetant, par exemple au prix le plus bas ; ou au contraire, défendre les intérêts de celui qu'il représente, en vendant au prix le plus haut. En somme, l'intrigue réside dans la confrontation entre des intérêts contradictoires, l'un attaché à la personne du représentant, et l'autre lié au représenté. L'obligation de loyauté qui pèse sur la tête du premier au bénéfice du second vient comme pour lui rappeler son devoir de fidélité vis-à-vis des engagements pris consistant à traiter dans l'intérêt de celui-ci. A l'évidence, la représentation offre là un moyen efficace de récuser certaines formes de contrats avec soi-même.

Propriété juridique et propriété économique. A partir de ce constat, l'on peut s'interroger si ce qui est valable ici peut également l'être en matière de groupes multinationaux. A notre avis, la réponse ne peut être qu'affirmative pour deux raisons essentielles. D'une part, le groupe des sociétés développe un autre type de représentation fondée sur le contrôle de direction, en raison de l'interposition de personnes. En effet, lorsqu'une même personne participe à la gestion de deux sociétés, peut-elle conclure valablement, seule, une opération entre elles, en se servant des pouvoirs que lui confère sa qualité de représentant commun ? Assurément non ! La personne interposée aura une tendance naturelle à privilégier l'intérêt de l'une au dépend de l'autre en dépit de ses obligations contractuelles envers celle-ci. D'autre part, du fait de la concentration de plus en plus grande de l'économie, l'on assiste à l'émergence d'un phénomène nouveau,

---

[353] GOUGET, *Théorie générale du contrat avec soi-même,* Thèse Caen 1903.- VALLMARESCO, « Des actes juridiques avec soi-même », *RTD civ.,* 1926, n° 973. – Ph. PETEL, *Les obligations du mandataire*, Litec, Paris, 1988, n° 207.

l'équivalent de la propriété juridique dans l'ordre économique : la propriété économique[354].

Sous l'angle du droit subjectif, elle met en exergue les notions d'appartenance et de maîtrise[355]. L'appartenance étant le lien juridique qui unit le titulaire à la chose, objet de son droit, et la maîtrise appréhendée comme « *la faculté d'agir en maître de la chose* »[356]. Au contraire, la propriété économique est définie comme le pouvoir de diriger et de contrôler l'activité d'un ou de plusieurs agents économiques avec lesquels le titulaire de cette prérogative n'a aucun lien d'appartenance ou n'a qu'un lien partiel d'appartenance[357], opérant une dissociation entre l'appartenance et la maîtrise. Il s'ensuit qu'à côté de la propriété classique coexiste la propriété économique qui se caractérise par le pouvoir de domination de la société dominante. Dans cette circonstance, la qualification des transactions intragroupe du café ou du cacao en contrats passés entre des entités économiques placées sous la même propriété économique d'une même personne peut paraître fort bien suspecte. Ce, d'autant plus que la maîtrise exercée par cette dernière sur celles-ci témoigne de la défense d'un seul intérêt social, celui de la société-mère ou de la société intégratrice au détriment de l'intérêt des sociétés filiales ou des sociétés intégrées. Il reste donc à redouter que l'expression de l'unique volonté du titulaire de la propriété économique ne vicie le consentement de la personne morale contrôlée.

B. L'expression du libre consentement des parties

Sociétés de groupe et abus de faiblesse économique. Le droit des contrats a forgé son édifice autour du principe d'autonomie de la volonté[358]. Néanmoins, pour que sa volonté puisse l'enchaîner, elle doit être saine, c'est-à-dire non viciée par la violence, le dol ou l'erreur. A l'évidence, la théorie des vices du consentement se situe au cœur même de l'édifice contractuel. Toute vicissitude qui toucherait à la saine expression du consentement court nécessairement le risque d'affecter les fondations du contrat. Au regard des pratiques en la matière, peut-on admettre que les transactions intragroupe

---

[354] Son domaine de prédilection est aussi bien le droit des sociétés que celui des contrats. Juridiquement, la propriété se définit par le droit réel, c'est-à-dire, le droit direct qu'a le propriétaire sur sa chose.

[355] Aussi l'actionnaire « contrôlaire » à 100% gère-t-il son bien en toute liberté.

[356] J. DABIN, *Le droit subjectif*, Dalloz, 1952, p. 89.

[357] C. DEL CONT, *Propriété économique, dépendance et responsabilité*, L'Harmattan, Paris, 1997, p.2 1.

[358] L'on vient à insinuer à cet égard que nul ne peut se lier contractuellement que par sa volonté propre. Et, ce qui a été décidé par lui de concert avec d'autres, a force de loi.

soient aussi respectueuses de l'intégrité du consentement[359]? La réponse ne peut être que négative dans la mesure où le concours de volonté est susceptible d'être altéré[360]. Un auteur affirmait à ce propos que dans un groupe multinational, « les conditions financières des opérations internes peuvent bien faire l'objet, dans un premier temps, d'une négociation entre les parties, et aboutir à un accord. Mais, il n'en est pas toujours ainsi. Si un désaccord survient, c'est la société chef de file qui prend la décision en dernier ressort. Le dirigeant d'une société affiliée ne peut évidemment pas protester, à supposer qu'il en ait envie : sa carrière dépend de l'état-major du groupe. Un différend entre un dirigeant filiale et la société chef de file, se solde, en général, par le renvoi du directeur récalcitrant »[361].

Au cours d'une importante étude consacrée à la « Méthodologie d'un droit des groupes de sociétés »[362], MM. les Professeurs Oppetit et Sayag n'affirment pas autre chose : « *une constatation qui, à première vue, avait la force de l'évidence, a inspiré les auteurs des propositions publiées : les minoritaires, dont la position est désavantageuse dans une société isolée, face à une majorité qui détient tous les leviers du pouvoir en occupant les postes de direction, sont dans une situation bien plus grave encore lorsque leur société est affiliée à un groupe. Dans ce cas, non seulement la disproportion des forces est encore plus grande, puisque les intérêts majoritaires débordent la société elle-même, mais les risques d'abus seraient bien plus considérables. La majorité ne considérerait plus la société que comme « un pion » dans un jeu de plus vaste portée, que l'on n'hésiterait pas à sacrifier délibérément, si la stratégie générale du groupe l'exige.* ». Certes, il n'est pas question ici de pressions physiques, mais les différentes formes de domination des sociétés placées dans une subordination économique n'évoquent-elles pas une sorte d'abus de faiblesse économique ? Dans un secteur d'activité tel que celui du négoce des matières premières où la quasi-totalité des professionnels agricoles, notamment les coopératives de producteurs, vendent toute leur production à une société multinationale dominante, il est certain que ceux-ci se placent dans une position d'extrême vulnérabilité vis-à-vis de celle-là. Toute menace de sa part de mettre fin au contrat ou de ne pas le renouveler aurait nécessairement de graves conséquences financières à l'égard des entreprises dominées. A notre avis, ces pratiques sont constitutives d'abus de faiblesse

[359] Il est vrai qu'une telle interrogation peut paraître surprenante à plus d'un titre. Toutefois, les pressions qui pourraient s'exercer sur la volonté de certains dirigeants de filiales locales pour les contraindre à s'engager souvent dans des conditions pas trop avantageuses ne constituent-elles pourtant pas un obstacle à la libre expression du consentement ?

[360] Il faut garder à l'esprit que consentir veut non seulement dire vouloir, mais également s'accorder, c'est-à-dire concourir à une volonté.

[361] Cl. LAZARUS, Ch. LEBEN, A. LYON-CAEN et *alii, op cit.*, n°269, p.261.

[362] OPPETIT et SAYAG, « Les cessions des droits sociaux emportant le transfert du contrôle d'une société, essai de synthèse », *Rev. Soc.*, 1973, p. 577.

économique[363] et gagneraient à être sanctionnées avec la plus grande sévérité.

Centres de responsabilité et sociétés liées. A l'égard de la filiale, l'idée largement répandue selon laquelle l'appartenance de la filiale à un groupe multinational le priverait substantiellement de sa libre expression de volonté est de plus en plus remise en cause par les juristes eux-mêmes dont une frange considère que la notion du groupe n'a rien d'antinomique avec une survie de ses composantes[364]. Aussi la théorie moderne de la gestion développe-t-elle de plus en plus certaines vertus des schémas d'organisation basés sur une décentralisation poussée, c'est-à-dire une délégation du pouvoir de décision de la direction centrale, ou du quartier général, aux directions des différentes entités[365]. A dire vrai, la préférence témoignée pour un développement décentralisé dans l'entreprise se rattache à « l'idéologie du management » qui prévaut à l'heure actuelle. Cette idéologie tend à mettre l'accent sur la responsabilité effective des différentes unités de directions et sur leur participation aux prises de décision. Au demeurant, le principe de la décentralisation implique logiquement l'établissement de centres de responsabilités au sein desquels chaque unité du groupe multinational se voit attribuer une série spécifique d'activités. La forme la plus connue et répandue de centres de responsabilités est « le centre de profit »[366] qui commande que le profit réalisé par chaque division ne soit

---

[363] G. VIRASSAMY, *Les contrats de dépendance, essai sur les activités professionnelles exercées dans une dépendance économique*, préf. J. CHESTIN, L.G.D.J., 1986, p. 10 ; et G. FARJAT, *op. cit.*, p. 146.

[364] L'on pourrait utilement reprendre les propos de M. VANHAECKE dans sa thèse: « *Le groupe de sociétés est analogue, en fait, à une entreprise unique, à l'égard de la direction tout au moins. L'entreprise unique comporte une union de droit et de fait de tous les services qu'elle comprend. Les sociétés groupées par une participation de contrôle forment également, en fait un organisme unifié sous l'autorité d'une seule direction, mais ce lien, quelle que soit sa force, laisse subsister une division de droit puisqu'il consacre l'existence de deux ou plusieurs sociétés juridiquement distinctes. La différence existant dans l'ordre économique entre l'entreprise unique et les entreprises groupées par une société de contrôle, correspond assez exactement à celle qui sépare dans l'ordre politique l'Etat unitaire de l'Etat fédéral.* », (VANHAECKE, *Les groupes de sociétés*, Thèse LGDJ 1962, p. 217)

[365] Dans la pratique, la décentralisation s'accompagne fréquemment d'une « répartition en divisions », définie par un auteur comme étant « une décentralisation plus une délégation de la responsabilité de profit vers des niveaux auxquels le pouvoir de décision existe également », H.-C. VERLAGE, *Transfer prices for multinational enterprises*, Rotterdam University Press, 1975, p. 5.

[366] En effet, les filiales des groupes multinationaux, voire les divisions composant les entreprises à vocation nationale, sont généralement considérées comme des centres de profit autonomes. Ce concept implique que la filiale soit habilitée à fixer les prix de façon autonome et même à acquérir des biens ou même des services auprès des sociétés non affiliées au groupe. Cependant, il faut souligner que beaucoup de multinationales n'appliquent pas le « centre de profit » de façon intégrale et cohérente, et que ces entreprises sont tentées par certains avantages que présente une gestion financière centralisée permettant, par exemple, des économies fiscales résultant des manipulations des prix de transfert. Cf. notamment,

plus confondu avec les profits des autres divisions. En effet, les performances d'une division sont évaluées sur la base du bénéfice réalisé, et les rémunérations des managers en dépendent largement. Si bien que les filiales ivoiriennes de multinationales étrangères se trouvent dans une situation ambiguë[367]. Elles peuvent être tentées de chercher à maximiser leurs propres profits, au détriment des filiales apparentées et même du groupe multinational dans son ensemble[368].

De plus, la volonté des filiales de maximiser leur autonomie et leurs profits doit être conciliée avec l'optimisation des opérations globales du groupe multinational[369]. C'est à juste titre que « *la plupart des entreprises multinationales s'efforcent de faire tomber les barrières entre leurs différents départements fonctionnels, de même qu'elles recherchent une perpétuelle amélioration de leur capacité à nouer, développer et entretenir des relations privilégiées avec leurs clients, leurs fournisseurs et leurs partenaires. Leur mode de fonctionnement interne, qui s'appuie dans une large mesure sur des organisations matricielles, des systèmes informatiques intégrés, et l'émergence de nouvelles technologies de l'information, les conduit à écarter la notion fictive de fonctions prises isolément de tout contexte, vision statique et parcellaire, au profit d'une vision dynamique de leur organisation, les actions dépendent les unes des autres, où le produit d'une action donnée est le point de départ d'une série d'autres tâches. La réalité organisationnelle du groupe est fondée sur la mise en perspective de chaque tâche, et non sur leur répartition absolue entre telle ou telle entité. Ce fait est d'autant plus marqué que la plupart des groupes raisonnent au quotidien non pas en termes d'entités juridiques, mais de divisions, de*

BOOKE et H.-L. REMERS, *la stratégie de l'entreprise multinationale*, Sirey, Collection « Fondements de l'économie moderne », 1973.

[367] Ce terme est mis en évidence, notamment, par S.R.-F. PLASSCHAERT, « L'ambivalence congénitale des entreprises multinationales », *Revue de la société d'Etudes et d'Expansion*, juill. - août-sept. 1974, p. 339-406 ; C.-A. MICHALET, *Le capitalisme mondial*, PUF 1976.

[368] Pour s'en convaincre, il suffit de penser au cas d'une filiale, en amont dans l'organigramme du groupe multinational, fabriquant un bien ou un service, dont elle est libre de fixer les prix, qu'une autre filiale « captive », située en aval est forcée à accepter un prix éventuellement excessif. L'autonomie des filiales prendrait alors le pas sur l'interdépendance « congénitale » qui unit les différentes entités d'un même groupe multinational.

[369] En effet, il ne faut pas perdre de vue que la filiale fait partie d'un ensemble plus vaste, composé de sociétés affiliées à une société-mère. Cette dernière étant propriétaire des filiales, elle les contrôle et les influence fortement. Il ne serait donc pas surprenant que les opérations effectuées par les filiales, de même que leurs performances bénéficiaires, soient orientées vers l'amélioration du rendement global de la multinationale. A cet égard, les comptes consolidés, sont en termes de comptabilité, le reflet d'une telle stratégie d'ensemble. En fait, la filiale a, pour ainsi dire, « *une double personnalité* », et dans de telles circonstances, des conflits sont presque inévitables dans la mesure où elle se voit « *tiraillée* » entre infidélité envers sa maison-mère en vue de la quête du meilleur profit possible et sacrifice de son indépendance juridique sur l'autel de son allégeance à celle-ci, avec pour corollaire la remise en cause de son autonomie patrimoniale.

business units, de « centre de profits » ou de « centre de coûts »[370]. Afin de corroborer ceci, le Professeur Chartier fait remarquer que si « le raisonnement en la matière part toujours de l'idée qu'une filiale sacrifie ses intérêts et ceux des personnes qui lui sont liées à ceux de la société-mère », il s'agit là « d'une vue partielle des choses qui n'est sans doute pas conforme à la pratique la plus courante » car « pour le groupe, l'existence des sociétés distinctes peut au contraire avoir précisément pour intérêt de permettre à chacune de courir loyalement sa chance, ne serait-ce que pour stimuler les énergies de leurs dirigeants respectifs »[371] et de passer entre elles certains contrats nommément désignés, telle que la vente.

Parag II : La transaction intragroupe : un contrat de vente

Présentation. Une fois reconnue la nature contractuelle de la transaction intragroupe du café ou du cacao, force est de la nommer juridiquement. En raison de sa vocation à l'exportation, le négoce de ces deux produits de base peut être qualifié, à titre principal, de contrat de vente internationale de marchandises[372] (A). Etant donné que l'objet social des sociétés groupées porte sur la commercialisation des produits de café et de cacao, il ne fait aucun doute que ledit contrat soit perçu comme le contrat de base de la transaction intragroupe.

Néanmoins, à coté de ce contrat de base, s'ajoute le plus souvent une kyrielle de contrats accessoires, caractérisés par l'immatérialité et consistant, notamment, en des prestations de services, en l'assistance technique et en la cession ou concession de brevets (B).

A. La vente internationale de marchandises

Problème. L'identification de la transaction à l'intérieur des groupes de sociétés du café ou du cacao incite à procéder à sa qualification juridique. En effet, elle est certainement un contrat ; mais, de quel contrat s'agit-il ? Il est bien réel qu'il s'agisse de contrat de vente. Compte tenu du mécanise des

---

[370] S. GELIN et A. LE BOULANGER, Article *op. cit.* ; voir également, l'étude de HAMMER et STANTON, « How process interprises really work », *Haward Business Review,* nov.-déc. 1999, p. 108-109.

[371] Y. CHARTIER, *Droit des affaires 2, Sociétés commerciales,* PUF, 1988, p. 508.

[372] Les opérateurs du commerce international traduisent généralement les produits de base par l'expression anglo-saxonne de *commodities* qui est la signification imparfaite de l'expression marchandises agricoles. A cet égard, la marchandise n'est rien d'autre qu'un produit de base, bien caractérisé voire normalisé, largement utilisé, et négocié sur un marché régi par la loi de l'offre et de la demande. Ses caractéristiques favorisent la mise en place de circuit de production et de commercialisation à grande échelle, ce qui va dans le sens d'une standardisation des produits et d'une rationalisation des coûts, c'est-à-dire d'une optimisation sur le plan économique.

prix de transfert, le premier indice qui vient à l'esprit est celui du caractère international de la vente[373] portant sur le café ou le cacao. En effet, l'exportation de ces matières premières implique non seulement la traversée des frontières ivoiriennes mais également met en relation d'affaires des entités économiques situées sur des territoires distincts. L'une est naturellement résidente ivoirienne et l'autre étrangère[374]. Il s'ensuit que le terme « international » est utilisé pour marquer la différence entre une vente qui a lieu purement sur le territoire national, qualifiée de vente interne[375] et, une vente qui, d'une certaine manière, transcende les frontières, appelée, vente internationale. Par conséquent, il pose la problématique de la loi applicable au contrat des parties[376]. En raison de l'inexistence d'un Code des contrats internationaux[377] applicable à toutes les transactions de marchandises à l'échelon planétaire[378], différentes conventions internationales ont été élaborées à l'effet d'harmoniser les disparités des droits internes du contrat de vente sur la scène mondiale et subséquemment de régler les questions de conflits de lois[379]. L'Etat de Côte d'Ivoire n'ayant

---

[373] Aux termes de l'article 1582 du Code civil applicable en Côte d'Ivoire, la vente est un contrat par lequel une personne, le vendeur, transfère la propriété d'un bien à une autre personne, l'acheteur, qui a l'obligation d'en payer le prix.

[374] Concrètement, il s'agit d'hypothèses dans lesquelles les sociétés apparentées qui effectuent des transactions portant sur les matières premières de café et de cacao se situent à la fois sur le territoire de Côte d'Ivoire et sur un Etat étranger.

[375] On parle plutôt de vente ou de commercialisation intérieure.

[376] D'ailleurs, deux principaux critères sont utilisés classiquement, soit séparément soit cumulativement, pour définir le terme « international » en matière de contrat de vente. Le premier consiste à analyser la nature du litige, de sorte qu'une vente est considérée comme internationale si elle « met en jeu les intérêts du commerce international ». C'est la conception du droit ivoirien héritée du droit français qui s'en tient à ce critère purement économique de l'internationalité. Le second, « critère juridique », consiste à concentrer l'attention sur les parties quant à leur nationalité, leur domicile ou leur siège social ; voire même sur les modalités du contrat, en l'occurrence, son lieu de conclusion. Il n'en reste pas moins que ces définitions sont d'une extrême imprécision susceptible de laisser planer doute et incertitude dès lors qu'elles sont soumises à l'analyse critique.

[377] Au caractère international de la relation devrait en toute logique correspondre une réglementation de source elle-même internationale.

[378] L'élaboration d'un code des contrats internationaux pose un problème de légitimité que certains auteurs tels que DAVID et AUDIT ont bien voulu stigmatiser, estimant que « les Etats n'ont pas qualité pour régler les rapports du commerce international », dans la mesure où ceux-ci excèdent les limites de leur souveraineté, et qu'en s'arrogeant néanmoins le pouvoir, ils commettraient « un certain abus », respectivement in *Le Droit du commerce international. Réflexions d'un comparatiste sur le droit international privé*, Economica, Paris, 1987, p. 2. ; et in *La fraude à la loi*, Dalloz, 1974, n°87, p. 77.

[379] L'on peut citer d'abord, la convention de La HAYE du 15 juin 1955 sur la loi applicable aux ventes à caractère international d'objets mobiliers corporels ; les deux Conventions de La HAYE du 1er juillet 1964, l'une portant loi uniforme sur la vente internationale d'objets mobiliers corporels, l'autre portant loi uniforme sur la formation des contrats de vente internationale d'objets mobiliers corporels ; la Convention de La HAYE du 14 mars 1978 sur la loi applicable aux contrats d'intermédiaires et de la représentation ; et la convention de La HAYE du 22 décembre 1986 sur la loi applicable aux contrats de vente internationale de

ratifié aucune d'elles à l'heure actuelle, les différentes conventions internationales en matière de ventes internationales de marchandises n'ont pas en principe vocation à s'appliquer aux contrats de vente du café ou du cacao conclus entre une société résidente ivoirienne et une société apparentée située sur le territoire d'un Etat étranger[380].

Ces derniers demeurent cependant soumis à l'Acte uniforme sur le droit commercial général de l'OHADA dont les dispositions du Livre V portent sur la vente commerciale de marchandises[381] entre commerçants, personnes physiques ou morales[382]. Ce texte présente l'avantage de l'originalité en ce qu'il vise à régir spécifiquement et exclusivement la vente commerciale dans un corpus de règles homogènes d'une part[383], et d'autre part, il déroge sur bien des points au droit commun de la vente.[384] Au-delà de sa spécificité, les dispositions uniformes offrent le constat amer qu'aucune distinction n'a été opérée entre la vente commerciale internationale et la vente commerciale interne. Ce qui peut paraître fâcheux compte tenu des régimes distincts qui leur sont applicables et des risques de confusion possible. La justification de ce choix tient semble-t-il, essentiellement, d'après les rédacteurs de l'exposé des motifs de la première version de l'avant-projet d'Acte uniforme « au

---

marchandises. Ensuite, il y a la Convention de ROME du 19 juin 1980 sur la loi applicable aux obligations contractuelles ; celles de NEW YORK du 14 juin 1974 sur la prescription en matière de vente internationale de marchandise et de GENEVE du 17 février 1983 sur la représentation internationale de marchandises. Enfin, l'on évoquera la plus importante aujourd'hui en termes de ratifications, la Convention de Vienne du 11 avril 1980 sur les contrats de vente internationale de marchandises. Préparée par la Commission des Nations Unies pour le Droit du Commerce International (CNUDCI), elle a été soumise par l'Assemblée Générale des Nations Unies à la Conférence de Vienne regroupant 62 Etats, dont les Etats-Unis, la Chine Populaire, l'Egypte, la Syrie, la Hongrie, la Zambie et la Yougoslavie.

[380] En principe, la convention internationale serait applicable nonobstant le fait que la partie cocontractante étrangère ait son établissement dans un Etat partie à la convention.

[381] Il convient d'observer que dans ce domaine, aucun des Etats-parties au Traité n'était signataire de la Convention Internationale de Vienne du 11 avril 1980, portant Loi Uniforme sur la vente commerciale des marchandises. Il n'existait par ailleurs dans les législations internes aucune codification relative à la vente commerciale, et seules des références aux dispositions du Code Civil, ou encore certains textes spécifiques à la réglementation des contrats d'exclusivité de vente ou d'achat (décret du 7 décembre 1970 au Sénégal) constituaient la seule référence législative en la matière. La Convention de Vienne ayant recueilli aujourd'hui l'adhésion de la plupart des grands pays opérateurs économiques du commerce international, il a paru essentiel d'introduire dans le droit positif des Etats-parties au Traité une législation qui soit la plus proche possible des dispositions aujourd'hui applicables dans la plupart des Etats.

[382] A la seule exception, des ventes aux consommateurs, des ventes judiciaires et des ventes de valeurs mobilières, ainsi qu'aux contrats dans lesquels la part prépondérante de l'obligation de la partie qui fournit les marchandises ne consiste pas en une fourniture de main-d'œuvre ou d'autres services.

[383] N. DIOUF, « La vente commerciale », *Communication E.R.SU.MA.*, p.2.

[384] C'est pourquoi, les rédacteurs de l'Acte Uniforme ont pris soin de délimiter avec précision son domaine d'application.

caractère internationaliste déjà très poussé de la Loi Uniforme qui a vocation à s'appliquer dans seize Etats. Tracer une nouvelle frontière entre cet « Espace OHADA », et les autres pays du monde nous a dès lors paru inutile et dangereux »[385]. Quoiqu'il en soit, ces règles contenues dans les articles 202 à 288 qui trouveront à s'appliquer au contrat de vente commerciale font prévaloir la volonté et le comportement des parties dans la détermination de la loi applicable au contrat (1); à défaut les usages professionnels avant toutes autres règles supplétives (2).

1. L'exaltation de l'autonomie de la volonté

La libre détermination de la loi applicable à la transaction. L'Acte uniforme consacre le principe de l'autonomie de la volonté. L'article 206 de l'Acte uniforme dispose qu' « *en matière de vente commerciale, la volonté et le comportement d'une partie doivent être interprétés selon l'intention de celle-ci, lorsque l'autre partie connaissait ou ne pouvait pas ignorer cette intention. La volonté et le comportement d'une partie doivent être interprétés selon le sens qu'une personne raisonnable, de même qualité que l'autre partie, placée dans la même situation leur aurait donné. Pour déterminer l'intention d'une partie, ou d'une personne raisonnable, il doit être tenu compte des circonstances de fait, et notamment des négociations qui ont pu avoir lieu entre les parties, des pratiques qui se sont établies entre elles, voire encore des usages en vigueur dans la profession concernée* ». Il s'ensuit que les dispositions de l'Acte Uniforme relatives à la vente commerciale ont un caractère supplétif ; les parties pouvant en écarter l'application par convention contraire[386]. Une fois que les parties se sont mises d'accord sur le contenu de leur contrat, à savoir vendre du café ou du cacao, la question du choix de la loi applicable va nécessairement se poser. Dans un tel contrat de vente qui, par son caractère international, fait appel à un droit différent du droit interne des parties concernées, les contractants ont la liberté de choisir la loi applicable. Au demeurant, le principe d'autonomie, selon lequel la loi applicable aux contrats, comme les transactions intragroupe de café ou de cacao, est celle que les parties ont elles-mêmes choisi, emporte certaines conséquences.

Les conséquences du principe d'autonomie de la loi applicable. On peut attribuer deux types de conséquences à l'autonomie des parties de fixer la loi applicable à leur contrat. La première est liée à la vocation universelle de la convention de La Haye de 1955 sur la loi applicable aux ventes à caractère international d'objets mobiliers corporels. En effet, bien que la Côte d'Ivoire n'ait pas ratifié cette convention, elle peut s'appliquer à tout

---

[385] A. SAKHO, « Acte uniforme sur l'arbitrage international », *Communication E.R.SU.MA.*, p. 6

[386] A l'exception des dispositions des articles 215 à 280 de l'Acte uniforme sur le droit commercial général.

contrat de vente internationale de café et de cacao pourvu que le tribunal saisi soit celui d'un Etat contractant[387]. Les éléments objectifs de rattachement à la souveraineté ivoirienne, notamment la nationalité ou le domicile des parties, le lieu de conclusion ou d'exécution, n'ont aucune influence. De même, il est sans importance que la loi qu'elle désigne soit également celle d'un Etat contactant. La seconde conséquence est attachée au recours quasi fréquent à la clause arbitrale. Dans le contexte actuel de l'économie mondiale, non seulement la plupart des pays exportateurs de café et de cacao ont mis en place une législation propre à encourager les opérations d'exportation et à ouvrir leurs marchés aux opérateurs étrangers, mais également certains ont adhéré aux conventions internationales d'arbitrage[388]. Or, la clause d'arbitrage que les parties insèrent dans leur contrat de café ou de cacao permet, de déterminer justement la législation applicable, parfois de donner compétence à un centre d'arbitrage comme la Chambre de Commerce Internationale, (CCI). Toutefois, aussi étendue que puisse paraître la liberté reconnue à la volonté des parties de déterminer la loi applicable à leur transaction, elle reste enfermée dans des limites.

Les limites à la liberté de déterminer la loi applicable. Il ne peut être en effet ignoré que, quelle que soit la pertinence des justifications, « le rattachement psychologique » est toujours regardé avec une certaine suspicion par les tribunaux, dans la mesure où il tend à faire de l'ordre légal la chose des parties. Il est évidemment à craindre qu'elles ne désignent, dans la majorité des cas, une loi différente de celle dont les dispositions impératives protègent le plus efficacement les intérêts collectifs ou particuliers que leur convention est susceptible d'affecter, sinon de ruiner[389]. C'est à raison que les tribunaux saisis auront souvent tendance à qualifier « d'internationalement impératives » des règles dites « d'application immédiate », « d'application nécessaire », ou encore « de lois de police » dont ils imposent le respect aux parties. Alors même qu'elles sont issues d'ordres juridiques autres que ceux auxquels ces dernières ont déclaré soumettre leur relation contractuelle. En matière de négoce de café et de cacao, les règles impératives sont celles qui visent à la sauvegarde sociale et à la protection de l'organisation économique. Concernant la disposition relative à la sauvegarde sociale, elle touche le plus souvent à la protection des personnes, notamment la réglementation de la qualité des produits de café et de cacao et la concurrence dans le secteur d'activité. S'agissant des règles inhérentes à la protection de l'organisation économique[390], elles portent sur un domaine vaste qui a d'abord concerné les différents accords

---

[387] V. HEUZE, *La vente internationale de marchandises*, LGDJ, 2000, n°18, p. 19.
[388] Acte uniforme relatif au droit d'arbitrage adopté le 11 mars 1999.
[389] V. HEUZE, *op. cit.*, n° 13, p.13.
[390] Il s'agit là d'un vaste domaine où la responsabilité des Etats croît en proportion du développement du commerce international. Il en résulte à l'évidence un droit de regard sur les conventions privées qui risques de mettre en cause les intérêts économiques des Nations.

internationaux sur le café et le cacao conclus entre pays producteurs et pays consommateurs[391]. Puis, elles se sont intéressées aux règles liées à l'organisation de la commercialisation intérieure de ces matières premières et aux dispositions consécutives aux paiements internationaux. La force de ces dispositions réside naturellement dans leur caractère d'ordre public dont le but est de s'imposer à tous. Elles n'auraient pas eu la même portée si elles étaient simplement supplétives dans la mesure où les usages professionnels pourraient écarter leur application.

2. Le recours aux usages professionnels

Force de loi et usages professionnels. La force de loi qui se dégage des usages professionnels dans le commerce du café et du cacao est issue des dispositions de l'article 207 de l'acte uniforme portant droit commercial général, selon lequel « *les parties sont liées par les usages auxquels elles ont consenti et par les habitudes qui se sont établies dans leur relations commerciales. Sauf convention contraire des parties, celles-ci sont réputées s'être tacitement référées dans le contrat et pour la formation à tout usage dont elles avaient connaissance ou auraient dû avoir connaissance et qui, dans le commerce international est largement connu et régulièrement observé par les parties à des contrats de même type dans la branche commerciale considérée* »[392]. Ce texte consacre ainsi une règle qui s'impose avec évidence. Les parties sont normalement liées par les usages, lesquels prévaudront donc sur les dispositions supplétives puisque ces dernières sont seulement facultatives.

Tout d'abord, il en ira ainsi, lorsque les parties auront accordé leur violon pour rendre ces usages, quels qu'ils soient, applicables. Dans cette hypothèse, en effet, les usages seront purement et simplement intégrés dans le contrat[393]. Il faut ensuite que ces usages soient connus des parties ou, tout au moins, que celles-ci puissent être regardées comme ayant l'obligation de les connaître. En vérité, cette seconde exigence n'est pas dépourvue de liens

---

[391] Ces accords contiennent des clauses économiques afin de stabiliser les prix de ces produits de base sur le marché international et reposaient principalement sur des quotas d'exportation ou des restrictions de la production ainsi que sur le principe des stocks régulateurs financés par l'Organisation Internationale du Café et l'Organisation Internationale du Cacao.

[392] La seule exception notable réside dans la volonté contraire des parties exprimée dans le contrat commercial de vente.

[393] En revanche, si elles n'ont pas clairement exprimé leur intention, l'application de ces usages, dont la teneur doit être établie selon les prescriptions de la loi ivoirienne désignée par le droit international du for, est subordonnée à deux conditions. Il faut tout d'abord que les usages considérés soient largement connus et régulièrement observés dans la zone géographique et le secteur d'activité dans lesquels les parties opèrent. A défaut, en effet, la vente ne serait pas comprise dans leur domaine, et faute pour les parties de s'y être expressément référées, il ne serait pas légitime de les déclarer tenues à leur observance.

très étroits avec la première[394]. Mais, cette référence à la connaissance des usages par les parties est utile à plus d'un titre, dans la mesure où elle tend à lever toute équivoque sur le fondement de leur application. Parce que les contractants connaissaient les usages, ils devraient s'attendre à ce qu'ils fussent applicables à leur opération. Par conséquent, s'ils ne les ont pas d'un commun accord écartés, il est parfaitement justifié de les regarder comme y ayant consenti. Vraisemblablement, au fil du temps, la loi des marchands, appelée « *lex mercatoria* », s'est forgée une telle réputation qu'elle est devenue incontournable dans le commerce international, en l'occurrence dans le négoce des produits de base de café-cacao. De sorte qu'il est sans doute incontestable que les transactions de café et de cacao reposent généralement sur des accords négociés individuellement entre acheteurs et vendeurs[395]. Mais, en pratique, l'accord est couché dans un document standardisé, appelé contrat-type, formalisant les conditions générales de la vente[396].

La transaction intragroupe ayant pour objet les matières premières peut dans une certaine mesure être aisément maîtrisée par les autorités de contrôle. Car, il est difficile de tromper « exagérément » la vigilance du fisc sur le prix du café ou du cacao[397]. La situation devient plus délicate lorsque certaines opérations portent sur des services, constituant l'accessoire de la transaction principale. Car, il est de la plus grande complexité de dénouer les intrigues dont l'objet est assis sur la matière grise, notamment les dépenses de recherche et de développement, les redevances en tout genre ou, mieux, les investissements publicitaires, etc.

---

[394] En effet, pour qu'il soit permis de considérer que l'une des parties, qui alléguerait l'ignorance d'un usage, aurait dû connaître celui-ci, il faut qu'il soit d'application courante dans les contrats portant sur les mêmes objets, et conclus à la fois dans la même région du monde, et dans la même branche commerciale.

[395] Ces négociations peuvent s'effectuer par téléphone, télécopie ou courrier électronique.

[396] En fonction des produits, l'on peut distinguer différents contrats-types utilisés dans le commerce international. S'agissant du cacao, les associations interprofessionnelles ont élaboré trois contrats standards: le contrat C.A.L. principalement utilisé pour le commerce vers l'Europe ; le contrat F.C.C. concerne plus spécifiquement le commerce entre pays francophones d'Afrique occidentale et les destinations autres que les Etats-Unis; et le contrat C.M.A.A. qui porte exclusivement sur les pratiques commerciales à destination des Etats-Unis. En ce qui concerne le café, les deux contrats-types les plus utilisés sont ceux de la Fédération Européenne du Café - F.E.C. et de la Green Coffee Association - G.C.A de New York.

[397] En général, les autorités de l'administration fiscale se réfèrent aux cours mondiaux des matières premières pour se faire une opinion sur le montant du prix produit.

B. Les prestations de nature immatérielle, accessoires au contrat de base

L'imbrication des relations contractuelles. Dans le cadre du fonctionnement de la multinationale, les contrats du café ou du cacao font partie d'un ensemble plus vaste de relations contractuelles qui s'imbriquent entre elles pour former un tout. Certes, les contrats de vente de ces matières premières revêtent de l'importance, parce qu'ils constituent le levier central autour duquel gravitent tous les autres contrats. Notre propos n'est nullement de délimiter de façon exhaustive le domaine de ces contrats dits accessoires, encore moins d'apprécier leur traitement au regard du droit. En raison de leur importance dans les échanges internes aux multinationales, il nous a paru légitime d'en témoigner leur existence. Aussi divers que ces contrats puissent paraître, l'on peut les discriminer sur la base de leur caractère immatériel qui permet de distinguer les contrats sur des éléments incorporels (1), les prestations de services (2) et les opérations financières (3).

1. Les contrats sur les biens incorporels[398]

Les facteurs incorporels. Les facteurs incorporels jouent non seulement un rôle de plus en plus prédominant dans les choix stratégiques des entreprises multinationales du secteur café-cacao, mais demeurent également une donnée incontournable dans la problématique des prix de transfert. Pourtant, les systèmes comptables OHADA et fiscaux ivoiriens ne prennent que peu en compte la réalité des investissements immatériels. Fiscalement, l'investissement capitalistique reste de loin plus encouragé que l'investissement humain ou qualitatif. Alors, comment les administrations fiscales ivoiriennes pourraient-elles parvenir à distinguer dans cette hypothèse les compétences particulières du personnel sur les plans comptables et fiscaux ? Force est de constater ainsi toute l'incertitude qui règne autour de la question de la valorisation des investissements incorporels. A titre d'exemple, l'affaire DHL a récemment opposé cette société à l'administration fiscale américaine au sujet de la valorisation d'un bien incorporel cédé à une filiale asiatique. L'importance de ce bien est stratégique puisqu'il s'agit du nom DHL lui-même. La société a produit un rapport d'expert américain valorisant le bien incorporel en question à 20 millions de dollars. L'administration rejeta cette valorisation, estimant que le nom DHL devrait être valorisé entre 500 et 600 millions de dollars. Le jugement a été frappé d'appel tant par la société que par l'administration[399]. Le plus inquiétant n'est pas tant que le bien puisse être évalué entre 20 à 600

---

[398] Malgré une terminologie qui évoque plus la vente de biens corporels que la concession d'éléments incorporels, la problématique fiscale des prix de transfert recouvre aussi la valorisation des flux incorporels au sein des groupes multinationaux de café et de cacao.

[399] G. MONSELLATO, « Les méthodes de détermination des prix de transfert pour les biens incorporels », *Option finance*, n° 588 du 20 mars 2000, p. 32.

millions de dollars selon qui l'évalue, mais surtout que les administrations et les entreprises multinationales parviennent à concilier leur point de vue sur l'acceptation des biens incorporels eux-mêmes. Viendra par la suite naturellement la question de leur valorisation.

Au sens large, les conventions sur les « biens incorporels » visent les droits d'utilisation d'actifs industriels tels que les brevets, les marques de fabrique, les noms commerciaux, les dessins et modèles, le savoir-faire, ainsi que les secrets industriels et commerciaux. En pratique, l'on distingue deux catégories de biens incorporels. D'une part, les biens incorporels commerciaux, également dénommés les biens incorporels manufacturiers que sont les brevets, le savoir-faire et les logiciels informatiques[400]. D'autre part, les biens incorporels attachés à des activités commerciales que l'OCDE[401] appelle « la propriété industrielle d'entreprise », c'est-à-dire les biens incorporels de commercialisation. Il s'agit des marques de fabrique ou de commerce et des noms commerciaux liés à l'exploitation commerciale des produits et des services, des réseaux de distributions, de la clientèle, des graphismes à valeur promotionnelle prononcée. La valeur des dits biens dépend de nombreux éléments : notoriété de la dénomination, efficacité du contrôle qualité, disponibilité des biens et services en question, importance des dépendances de promotion et leur succès, valeur du marché auquel l'accès des biens est ouvert, importance de la recherche et développement, (R&D). Cette dernière prestation, la recherche et développement, R&D fait partie des contrats dits « management fees » ou contrats de prestations de services, accessoires aux transactions commerciales sur les biens corporels que sont les produits de café et de cacao.

2. Les contrats de management fees[402]

Importance des management fees. Les contrats de management fees sont des contrats résultant des prestations de services rendues à l'intérieur d'un groupe de sociétés. Traditionnellement, ils sont élaborés dans le cadre des groupes centralisés où la société-mère propose souvent à ses filiales un certain nombre de services d'ordre administratif, juridique ou financier dans

---

[400] D'une manière générale, ces biens sont les résultats d'activités risquées et supposent des coûts élevés de recherches et développement, R&D. L'entreprise qui les a mis au point entend rentrer dans ses fonds, c'est-à-dire récupérer les frais qu'elle a engagés à ce titre et réaliser un revenu en vendant les produits ou en concluant des contrats de prestations de services ou des contrats de licence.

[401] Rapport OCDE 1995, n° 6.2

[402] Le vocabulaire emprunté à la pratique ivoirienne, quelque peu vieillissant, est relatif aux contrats d'assistance technique. Aujourd'hui, du fait de la globalisation de l'économie, les termes empruntés à la pratique des affaires internationales se mondialisent également, du moins s'anglicisent. Et on parle à ce propos de contrat de management fees.

un objectif de rationalisation et d'optimisation des coûts[403]. Si la mise en place de contrats de management fees est donc avant tout l'expression d'une nécessité économique et organisationnelle, l'importance des enjeux juridiques et fiscaux ne doit pas être négligée[404]. Au plan des enjeux juridiques,[405] les contrats de management fees présentent le risque de mise en cause de la responsabilité pénale des dirigeants, notamment dans le cadre de l'abus de biens sociaux[406], c'est-à-dire, la réalisation de dépenses considérées comme contraires à l'intérêt social. Ce délit pénal, prévu par l'article 891 de l'Acte uniforme sur les sociétés commerciales et du G.I.E., vise le gérant de la société à responsabilité limitée, les Administrateurs, le Président-Directeur Général, le Directeur Général, l'Administrateur Général ou l'Administrateur Général Adjoint qui, de mauvaise foi, font des biens ou du crédit de la société, un usage qu'ils savaient contraire à l'intérêt de celle-ci, à des fins personnelles, matérielles ou morales, ou pour favoriser une autre personne morale dans laquelle ils étaient intéressés, directement ou indirectement[407].

Au niveau fiscal, le champ d'application du contrat de management fees comprend notamment les services administratifs[408], les services comptables[409], les services financiers[410], les services informatiques,

[403] Toutefois, ces contrats répondent également aux besoins des structures plus décentralisées où l'organisation par division des produits nécessite souvent de répartir les coûts exposés par les différentes divisions entre entités juridiques qui les composent.

[404] Il est par conséquent évident que ces contrats soient l'objet d'une attention accrue dans le cadre des contrôles fiscaux. Par ailleurs, dans le contexte actuel de durcissement de la position de l'administration fiscale ivoirienne en matière de prix de transfert, au sens large, les contrats de management fees sont souvent perçus comme un moyen privilégié de répartir la matière imposable entre diverses entités du groupe, voire, dans un contexte international, un moyen d'évasion de l'impôt

[405] D'autres enjeux juridiques peuvent être évoqués, notamment en matière d'abus de majorité et de l'action en comblement de passif. Mais, l'on prendra le temps d'aborder ces questions au cours des développements ultérieurs dans la mesure où elles ont trait au prix des transactions intragroupe, en l'occurrence la rémunération de celles-ci.

[406] M.-A. DEYSINE de BOURQUENEY, M.-H. PINARD-TILLIER et L. DELORME, « Management fees et prix de transfert : vaut mieux prévenir que subir », *Option Finance,* n° 481, du 5 janvier 1998, p. 28.

[407] Toutefois, en France la jurisprudence admet à cet effet qu'un acte accompli, non dans l'intérêt propre d'une société mais dans celui de son groupe, ne soit pas constitutif d'un abus de biens sociaux lorsque les trois conditions suivantes sont réunies (Crim. 4 février 1985, D. 1985.478):

- les deux sociétés concernées appartiennent au groupe,
- l'opération est dictée par un intérêt économique, social ou financier commun, apprécié au regard d'une politique élaborée pour l'ensemble du groupe,
- la rémunération versée n'est pas dépourvue de contrepartie ou ne rompt pas l'équilibre entre les engagements respectifs des diverses sociétés concernées, et n'excède pas les possibilités financières de celle qui en supporte la charge.

[408] On évoquera, entre autres, la planification, la coordination et la gestion du personnel.

[409] La rédaction d'actes, assistance dans des opérations de restructuration…

l'assistance pour la production, le marketing, la commercialisation. A vrai dire, les activités visées sont celles qui répondent à un besoin de l'entreprise bénéficiaire. C'est une question de bon sens, et un corollaire de la notion d'intérêt social. *A contrario*, les services ne présentant aucun caractère d'utilité sont exclus du domaine des contrats de management fees. Il va ainsi des services qu'une société-mère engage régulièrement en sa qualité d'actionnaire pour le compte de ses filiales. Ces services ne sont rien d'autres que des dépenses d'actionnaires, également appelées par les experts de l'OCDE « stewardship expenses », plus précisément les coûts rattachés à la structure juridique de la société-mère[411].

Par ailleurs, la commercialisation des produits de café et de cacao nécessitant des ressources financières conséquentes[412], la problématique de leur financement revêt un intérêt capital dans le cadre des transactions intragroupe des multinationales du secteur.

3. Les transactions financières intragroupe

Palette de choix des modes de financement interne. Dans un contexte mondial marqué par une conjoncture économique difficile, les opérations financières intragroupe répondent également à la préoccupation croissante des entreprises multinationales qui est d'obtenir la meilleure gestion possible des flux monétaires et financiers. Les firmes internationales du secteur du café et du cacao de Côte d'Ivoire n'échappent pas à cette dynamique. En effet, les difficultés d'accès au crédit auprès des banques locales par les sociétés affiliées à des groupes multinationaux ont accentué la nécessité de mettre en œuvre des modes de financement interne. A vrai dire, les sociétés de groupe disposent d'une large palette dans le choix de la nature de leurs transactions financières internes que l'on peut distinguer selon qu'elles visent à injecter des capitaux frais dans la trésorerie de la filiale ou à consolider le crédit de l'entreprise vis-à-vis des établissements bancaires extérieurs.

Injection par capitaux frais. La souscription à l'augmentation de capital propre[413], les subventions et les avances en compte courant constituent les modes les plus usités de transactions financières par injection de capitaux

---

410 Le contrôle de la solvabilité, la gestion des contrats de prêt, l'assistance dans la gestion des risques de taux d'intérêt et de change, etc.

411 Il s'agit, entre autres, des dépenses occasionnées par l'organisation des assemblées d'actionnaires de la société-mère, l'émission d'actions de cette société et les frais de fonctionnement des organes de direction et de surveillance.

412 Que le cadre de la commercialisation soit celui du marché libre ou à l'intérieur du groupe.

413 Le recours à l'augmentation du capital comme procédé de financement ne fait plus de doute aujourd'hui. Et pour cause, ce sont vraisemblablement les fonds propres qui font le plus défaut aux filiales du secteur café et cacao en vue de redresser leur situation financière, apurer leur passif, relancer leur production et assurer leur développement.

frais. La transaction financière basée sur les subventions[414] se définit comme une remise de sommes d'argent à fonds perdus, par la société-mère, dans le but de résorber le déficit d'exploitation de la filiale ou de compenser une sujétion à elle imposée par la société-mère[415]. Il en résulte que la subvention est purement et simplement une aide accordée dans un but économique bien déterminé[416]. Les avances en compte courant[417] sont, semble-t-il, l'un des modes de financement intragroupe les plus répandus[418]. L'on s'accorde à reconnaître qu'elles sont du point de vue juridique comme des créances des associés sur la société. Autrement dit, elles s'analysent comme des sommes d'argent mises à la disposition de la société par les associés. Très souvent, les avances en compte courant sont consenties sans intérêt par la société-mère au profit de sa filiale.

Conventions de trésorerie intragroupe. A l'heure où l'intégration économique gagne davantage les entreprises, les techniques de transactions financières, telles que les conventions de trésorerie intragroupe apparaissent comme un nouveau mode de développement. En effet, la plupart des pays développés[419] où sont établies les sociétés mères des filiales ivoiriennes autorisent les opérations de trésorerie à l'intérieur du groupe, en dépit du principe attribuant le monopole des contrats de prêts aux établissements de crédit[420]. S'il est vrai que de telles mesures profitent aux entreprises locales qui appartiennent à des groupes multinationaux, il est souhaitable que le législateur ivoirien songe à inscrire dans sa législation de tels instruments de nature à favoriser l'émergence de groupes de société.

Résorption du passif. Il est établi que le manque de fonds propres peut résulter d'un endettement excessif de la société. Aussi deux possibilités

---

414 La notion de subvention est généralement rattachée à celle de personnes publiques, consistant en la remise de fonds à des personnes qui assurent une activité d'intérêt général. Elle est donc quelque peu ignorée du droit des sociétés. Et pourtant, l'usage des subventions par les entreprises privées fait aujourd'hui florès.

415 Théodore HOEGAH, *Thèse, op. cit.* p. 65

416 Il s'agit entre autres de compenser les déficits d'exploitation ou l'insuffisance des recettes d'exploitation. Il peut également s'agir de couvrir certaines charges d'exploitation ou procurer à la filiale les disponibilités nécessaires pour augmenter son potentiel technologique et commercial.

417 J. M. BERMOND de VAULX, « Les comptes courants d'associés », *Rev soc* 1971, p. 479 ; A. COURET, « Comptes courants d'associés et entreprises en difficulté », *Revue banque* 1981, p. 1242.

418 D. OHL, *Les prêts et avances entre sociétés d'un même groupe*, Librairies techniques, n° 1, p. 17.

419 Il s'agit notamment des Pays-Bas, de la France et des Etats-Unis.

420 Ainsi, en France, la validité des opérations de trésorerie au sein d'un groupe résulte d'une exception à cette règle posée par l'article L 511-7 du Code monétaire et financier qui précise que le monopole des établissements de crédits ne fait pas obstacle à ce qu'une « *entreprise, quelle que soit sa nature, puisse [...] procéder à des opérations de trésorerie avec des sociétés ayant avec elle directement ou indirectement des liens en capital conférant à l'une des entreprises liées un pouvoir de contrôle réel sur les autres.* »

s'offrent-elles à la société-mère en vue d'équilibrer le bilan de sa filiale. Elle dispose de la faculté soit de consentir à un abandon de créances, soit de capitaliser ses créances sur sa filiale à l'effet de préserver le crédit de celle-ci. Du point de vue *stricto sensu*, et conformément aux dispositions de l'article 1282 et suivants du Code civil applicable à la Côte d'Ivoire, les abandons de créances sont regardés comme une remise volontaire de dette[421] à titre gratuit. Si l'intention libérale est au fondement de cette opération, il convient de souligner que celle-ci fait défaut s'agissant des abandons de créances entre sociétés d'un même groupe, car ce n'est sûrement pas par « charité chrétienne » que la société-mère renonce à la créance qu'elle détient sur sa filiale. En le faisant, elle vise sans aucun doute à la sauvegarde de son renom et à la poursuite de l'activité de sa filiale, donc de la sienne propre. Quant à la capitalisation des créances, elle se présente comme un moyen précieux pour sauver le crédit de la filiale. Ce procédé consiste à transformer la créance de la société-mère en titre d'associés, c'est-à-dire à augmenter sa participation au capital de la filiale afin de soulager son passif et d'améliorer sa structure financière.

Affermissement du crédit. Pour affermir le crédit de la filiale, le cautionnement[422] et, de plus en plus, la lettre de confort sont les principaux moyens dont dispose la société-mère pour garantir les engagements de sa filiale. Il est vrai que le cautionnement passe pour être l'un des modes de garantie les plus efficaces dans la mesure où la caution donnée par la société-mère à sa filiale permet à celle-ci d'accéder aux capitaux étrangers. Cependant, il porte en lui-même les risques de son efficacité dans la mesure où il assure aux créanciers un accès direct au patrimoine de la société-mère. Dès lors, c'est à l'effet de prévenir de tels risques, notamment, l'utilisation du cautionnement à des fins purement personnelles par des dirigeants ayant des intérêts dans la filiale et qui détourneraient à leur profit le crédit du groupe tout entier que l'article 449 de l'Acte uniforme sur les sociétés commerciales et du GIE[423] a subordonné son octroi à une autorisation

[421] La remise de dette est définie comme la convention par laquelle le créancier consent gratuitement au débiteur, qui l'accepte, l'abandon complet ou partiel de sa dette.

[422] Aux termes de l'Article 3 de l'Acte uniforme sur les sûretés, « *le cautionnement est un contrat par lequel la caution s'engage envers le créancier qui accepte, à exécuter l'obligation du débiteur si celui-ci n'y satisfait pas lui-même. Cet engagement peut être contracté sans ordre du débiteur et même à son insu* ».

[423] L'Article 449 de l'AUSGIE stipule : « *Les cautions, avals, garanties et garanties à première demande souscrits par la société pour des engagements pris par des tiers font l'objet d'une autorisation préalable du conseil d'administration.*

Le Conseil d'Administration peut, dans la limite d'un montant total qu'il fixe, autoriser le Président Directeur Général ou le Directeur Général, selon le cas, à donner des cautions, avals, garanties ou garanties à première demande.

Cette autorisation peut également fixer, par engagement, un montant au-delà duquel la caution, l'aval, la garantie ou la garantie à première demande ne peut être donné.

Lorsqu'un engagement dépasse l'un ou l'autre des montants ainsi fixés, l'autorisation du conseil d'administration est requise dans chaque cas.

préalable du conseil d'administration dans le cadre des sociétés anonymes. En revanche, la lettre de confort ou de patronage[424] née de la pratique des affaires, en particulier du commerce international, s'analyse généralement comme un engagement moral sans portée juridique. En effet, il s'agit d'un document par lequel la société-mère promet au créancier de sa filiale, le plus souvent une banque, de s'assurer que sa filiale respectera les engagements qu'elle a contractés à son égard[425]. De façon générale, la lettre de patronage a un caractère essentiellement déclaratif et n'engage pas la responsabilité de la maison-mère, sauf à démontrer son comportement fautif tendant par exemple à faire croire à la solvabilité de la filiale alors qu'elle savait que sa situation financière était obérée[426]. Toute chose qui témoigne du particularisme de la transaction intragroupe, en tant qu'un type de contrats « propres à leur genre ».

SECTION II : DU PARTICULARISME DE LA TRANSACTION INTRAGROUPE

Plan. Nous avons montré, plus haut, que les transactions intragroupe étaient soumises au droit commun des contrats. Cependant, il ne faudrait pas ignorer le fait que l'enceinte dans laquelle se déroulent ces échanges échappe pour une bonne part « au réflexe » du juriste. Le groupe multinational de sociétés est généralement considéré comme une entité non-juridique[427]. En effet, à mesure que les échanges se dérouleront dans cet « univers clos », les flux intragroupe vont nécessairement finir par s'émanciper de l'emprise du droit commun pour emprunter une nature hybride, « propre à leur genre ». Ce caractère ambivalent[428] de la transaction intragroupe traduit toute l'ambiguïté de cette notion et tend à relativiser la qualification précédemment retenue, en tant que contrat de vente. En raison de leur ambivalence, les flux intragroupe constituent un réel défi pour le droit. Car

---

Par dérogation aux dispositions des alinéas qui précèdent, le président directeur général ou le directeur général, selon le cas, peut être autorisé à donner, à l'égard des administrations fiscales et douanières, des cautions, avals, garanties ou garanties à première demande, au nom de la société, sans limite de montant.

Le Président Directeur Général ou le Directeur Général, selon le cas, peut déléguer le pouvoir qu'il a reçu en application des alinéas qui précèdent. »

[424] Elles sont encore appelées lettre de patronage, de parrainage ou d'intention.

[425] L. NURIT-PONTIER, *Les groupes de sociétés*, Ed. Ellipses, collection Le droit en question, 1998, p. 56.

[426] Th. HOEGAH, Thèse *op. cit.*, p. 188.

[427] Faut-il le rappeler, le groupe de sociétés est un simple fait économique, n'ayant fait l'objet de consécration particulière de la part du législateur.

[428] La transaction intragroupe repose sur une ambivalence (C'est ce que le Pr. Paul DEMBINSKI considère comme un « hiatus »), entre d'un côté la dimension formelle des flux qui a lieu entre deux entités juridiquement indépendantes, et, de l'autre, sa dimension substantielle qui retient l'unité organique des deux unités, voir P. DEMBINSKI, *op. cit.*, p. 3.

elles peuvent aussi bien se révéler d'une part comme une technique d'organisation juridique des échanges au mépris des règles classiques (Pg I) et d'autre part, en tant que moyen d'optimisation fiscale des échanges au profit de l'entreprise multinationale (Pg II). A l'évidence, c'est à l'aune de ces fonctions que nous nous situerons afin de mieux cerner la nature de contrat *sui generis*.

Parag I : Une technique d'organisation des échanges.

Une technique privilégiée. Alors qu'elle est mise en place grâce aux moyens fournis par le droit[429], la transaction intragroupe s'en est émancipée subrepticement[430] au point de constituer à l'heure actuelle une préoccupation majeure pour le juriste. A l'expérience des groupes de sociétés, le regain d'intérêt pour ce mode d'échanges est si grand que l'on s'imagine difficilement comment le commerce international du café et du cacao pourrait se passer de ses services. L'idée de lui substituer d'autres modes alternatifs parait presque irréalisable. C'est dire combien la pratique des transactions intragroupe du café et du cacao constitue aujourd'hui la technique privilégiée d'organisation juridique des échanges au sein des entreprises multinationales. En vain, les raisons que l'on pourrait rechercher afin de justifier une telle pratique trouveraient leur pleine satisfaction dans la sphère juridique. Par conséquent, c'est de l'analyse économique, notamment « la théorie des coûts de transactions », que la voie de recherche semble la plus éclairante en terme de justification de ce phénomène (A). Néanmoins, du fait qu'il se manifeste sans tenir nécessairement compte du droit, il y a des risques réels qu'il présente un certain nombre de conséquences dommageables pour la société (B).

A. Le fondement théorique

Marché et théorie économique. La recherche du fondement théorique de la transaction intragroupe passe, sans nul doute, par l'analyse de la clé de voûte de l'activité économique qu'est la notion de marché, avec ses corollaires que sont les concepts de prix, de transaction ainsi que des acteurs économiques[431]. Le marché est un terme d'usage courant[432] autour duquel

---

[429] En effet, le droit met à la disposition de l'entrepreneur qui veut faire le commerce du café et du cacao, en limitant les risques que susciterait cette gestion pour son patrimoine, le contrat de société. De même, l'intervention des groupes de sociétés en la matière permet de diluer la responsabilité qui pourrait peser sur une société simplement constituée sans aucun lien d'appartenance.

[430] Cette émancipation s'est réalisée à partir de l'instant où le cadre naturel des échanges du café et de cacao qui est bien celui du marché s'est transporté dans le vase clos du groupe, notion non-juridique.

[431] La notion de transaction est prise ici dans son acception contractuelle.

s'articule la conception contemporaine économique[433] dont la mécanique permet l'apparition au grand jour du prix d'un bien[434] : celui qui résulte de la confrontation d'offrants et de demandeurs[435]. De fait, le marché du café ou du cacao correspond à l'ensemble des échanges concernant ces matières premières. Il n'est pas précisément localisé en un point du territoire ivoirien puisque les échanges couvrent un espace géographique plus ou moins large, qui intègre parfois la quasi-totalité du pays. Si ces matières premières présentent des catégories ou des qualités différentes, le marché sera segmenté ou différencié. On peut alors distinguer plusieurs marchés en fonction des sous-produits : par exemple, le marché de l'Arabica, le marché du Robusta, le marché du Cacao Grade I, le marché du Cacao Grade II. En théorie, on raisonne comme si « les commodities » du café et du cacao dont on étudie le marché sont homogènes, mais en pratique, le produit échangé est généralement hétérogène. Ce qui se traduit d'ailleurs, par la multiplicité des prix pratiqués dans son commerce. Par ailleurs, du fait de la confrontation de l'offre et de la demande, les prix résultent de négociations qui impliquent normalement des rapports de force.

Marché, vérité et justice du prix. Dans certains cas, ces prix peuvent être plus ou moins bloqués ou fixés par divers mécanismes tels que la réglementation des prix, l'intervention d'un stock régulateur, la fixation de prix aux producteurs. Toutefois, dans une économie de marché les prix sont dits « libres » en ce sens que leur variation et fixation se déroulent librement au fil des confrontations[436]. Il faut rappeler que le marché « des produits de base » présente un caractère international, en ce sens que les échanges se font au-delà des frontières ivoiriennes et mettent en relation des opérateurs issus de pays différents que sont, notamment, les producteurs, les négociants, les torréfacteurs, les chocolatiers et les consommateurs. Dans la logique économique, les transactions portant sur ces produits s'effectuent par l'intermédiaire de ces acteurs autonomes et en principe indépendants du commerce international. Eu égard à cette autonomie et à la liberté

---

[432] Le terme de marché, « mercatum », est utilisé dans des expressions très diverses : faire le marché, marché du travail, marché noir, marché au comptant, marché à terme, marché des matières premières, etc. Comme le souligne H. Kelsen « *Toute tentative qui vise à définir un concept doit partir de l'usage courant du mot qui dénote le concept* », Théorie générale du droit et de l'Etat, LGDJ, 1992, p. 56.

[433] La paternité de cette définition est attribuée à la théorie économique, dans la mesure où elle en a assuré la divulgation en la conceptualisant.

[434] Pour Adam SMITH, comme le rappelle F. BRAUDEL: *« le marché est le lieu de « la main invisible », l'offre et la demande s'y rencontrent et s'y équilibrent automatiquement par le biais des prix »*, in *Civilisation, économie et capitalisme, XVè - XVIIIè siècle, T2, Les jeux de l'échanges*, Ed. Armand Colin, 1979, p. 259.

[435] L'utilisation des termes « offre » et « demande » peut paraître ambiguë, on peut confondre leur signification analytique et leur évaluation statistique. En effet, l'offre est la quantité que les agents souhaiteraient vendre à un prix donné ; la demande étant la quantité que les agents souhaiteraient acheter à un prix donné.

[436] Leur niveau n'est donc pas fixé administrativement ou par une autorité quelconque.

contractuelle caractéristique de l'économie de marché, le prix qui en résulte sert de base à la transaction. En disant le prix, le marché révèle « la vérité » et fait œuvre de « justice »[437]. Par conséquent, « l'idée même qu'il pourrait exister des modes d'élaboration du prix autres que la transaction issue du marché porte le doute au cœur de l'édifice technique, mais aussi moral de l'économie de marché »[438].

Or, du fait de la mondialisation de l'économie et du renforcement de la concurrence, on assiste aujourd'hui à un autre type d'échanges des matières premières : la transaction intragroupe. Dans la mesure où l'entreprise qui souhaite maintenir sa compétitivité est amenée non seulement à transformer son organisation et à redéfinir ses frontières mais également, à reconsidérer la ligne de partage entre « le faire » et « le faire faire », qui distingue entre ce qui doit être produit par elle-même et ce qu'elle doit acquérir auprès d'autres entreprises sur le marché.

Marché et théorie des coûts de transaction. La meilleure explication plausible de ce mode d'échanges nous est fournie par la théorie des coûts de transaction[439]. Tout en remettant en cause le marché comme mode d'ajustement optimal, cette théorie oppose les structures de marché et d'entreprise. Elle démontre la raison d'être de cette dernière, en tant que lieu arbitrant la transformation des matières premières. De ce fait, ces matières se trouvent momentanément soustraites à l'emprise directe du marché. C'est seulement au terme de cette transformation, à la sortie de l'entreprise que les produits, en l'espèce, de café ou de cacao, apparaissent sur le marché. A l'origine de ce courant économique, c'est le prix Nobel d'économie Ronald Coase[440] qui, le premier, a mis en évidence que le passage par le marché entraîne des coûts. Le recours à l'entreprise permettrait donc d'en économiser. Par la suite, l'américain Olivier Williamson va caractériser ces situations et proposer une liste des facteurs explicatifs pour le choix entre marché et entreprise[441].

---

[437] Dès lors, le bon fonctionnement du marché, par le biais de « la vérité des prix » garantirait non seulement l'efficacité technique de l'économie de marché, mais encore sa suprématie morale.

[438] P. H. DEMBINSKI, « Enjeux éthiques des prix de transfert », *Rapport moral sur l'argent dans le monde*, 2005, p. 228.

[439] Les coûts de transaction peuvent être définis comme « *les coûts auxquels on doit faire face en échangeant un bien ou les services d'un facteur de production sur un marché.* » : J. –L. MUCCHIELLI, *Multinationales et mondialisation*, Seuil, Paris, 1998, p. 207.

[440] R. H. COASE, "The nature of the firm", in *The Firm, the market, and the law*, Chicago University Press, Chicago, 1988.

[441] Pour lui, les coûts de transaction ont deux origines : - *ex ante* : ils correspondent aux coûts de recherche et de négociation d'un contrat avec un partenaire économique ; - *ex post* : ils sont constitués par les coûts de contrôle du déroulement du contrat, par les pertes dues à un contrat initial mal adapté à la situation réelle et les coûts de sa renégociation éventuelle ; enfin, par les coûts d'opportunité que représente l'immobilisation des actifs économiques destinés à garantir le respect des clauses du contrat par exemple une caution ; O. E. WILLIAMSON,

De l'avis de ces auteurs, dans les hypothèses dans lesquelles le recours au marché s'avère trop intense en « coûts de transaction », l'entreprise s'impose comme une alternative efficiente pour organiser la vie économique. A l'instar de l'économie communiste où les transactions des biens et services entre les divers sites ne faisaient que refléter la volonté du planificateur, de même au sein des groupes multinationaux, notamment de café et de cacao, la gestion des flux et des transactions internes ne relève point directement de la logique du marché, mais en est un reflet indirect, par les choix et paris stratégiques et opérationnels de l'entreprise. Si, l'on en croit l'école « des coûts de transaction », le fait qu'une grande partie des opérations se déroulent à l'intérieur des entreprises et non sur le marché suffit à démontrer que cette manière de faire est la plus efficace. Aujourd'hui, l'on reconnaît en effet que le recours au marché obéit plus à un principe de subsidiarité[442]. L'entreprise ne s'y réfère que si ce qu'elle peut produire en interne est disponible sur le marché à meilleur prix ou dans une qualité meilleure[443].

Aussi le contexte économique et juridique semble-t-il d'ailleurs privilégier ce mode d'échanges. On doit tout d'abord constater que la libéralisation de la filière des produits de base de café et de cacao incite les entreprises multinationales à une plus grande intégration à la fois verticale qu'horizontale en renforçant leur présence sur tous les marchés géographiques. Ce qui nécessite des investissements considérables et conduit donc à une spécialisation de l'entreprise sur des métiers stratégiques[444]. Ensuite, l'établissement des réseaux d'entreprises participe à la prise en compte des activités jugées non stratégiques, effectuées par d'autres, mais qui font partie des priorités des sociétés membres du réseau.

En dépit de la pertinence que l'analyse économique puisse présenter dans la justification des transactions intragroupe, elle reste toutefois au doute juridique. Cela s'explique par le manque de transparence inhérent à ce genre de procédé de commercialisation dont le faible prix peut paraître suspicieux.

"The Economic Institutions of Capitalism Firms, Markets, Relational Contracting ", *The Free Press*, 1985, New-York.

442 D. FERRIER, *Droit de la distribution,* 2è éd., Litec Paris, 2000, p. 211.

443 D. COHEN, « De la mondialisation à la troisième révolution industrielle », in M. GOUILLOUD, A. SCHLUMBERGER et J. FIELD (dir.), *Les chances des Français*, Albin MICHEL, Paris, 1998, p. 39.

444 Ainsi après avoir cédé la totalité de ses plantations en Malaisie, le groupe français Bolloré s'est désengagé du négoce de café et de cacao, un secteur dont le groupe est actif *via* sa filiale DAFCI en Côte d'Ivoire. Au sein de la multinationale, on indique que la décision est purement « stratégique ». Et elle ne tient ni à la crise actuelle que connaît le pays- « *autrement Bolloré se serait totalement retiré de la Côte d'Ivoire* », explique-t-on, ni aux résultats de l'entreprise. En excluant DAFCI de son portefeuille, Bolloré cherche plutôt à se recentrer donc sur son cœur de métier et son activité principale en Afrique: le transport et la logistique. Près de 66% du chiffre d'affaires du groupe se réalise dans ce domaine qui emploie 82,9% de ses effectifs. Outre DAFCI, le groupe français est présent en Côte d'ivoire à travers des sociétés comme SDV, Saga, Delmas (transport maritime et logistique) et Sitarail (transport ferroviaire).

B. Les conséquences pratiques.

Libéralisation, concentration et position dominante. Il peut paraître *a priori*[445] douteux d'affirmer que le commerce intragroupe du café et du cacao au sein d'une multinationale puisse avoir des conséquences négatives à l'égard des tiers[446]. Ce serait toutefois omettre de prendre en compte deux repères essentiels au marché mondial des produits de base. D'une part, l'idée que les producteurs des matières premières et les exportateurs locaux constituent un pan important des acteurs économiques opérant sur la scène internationale[447]. D'autre part, le fait que l'accroissement des échanges intrafirme a pour conséquence de réduire corrélativement l'importance des transactions entre entreprises indépendantes à une portion congrue.

Or, dans le cadre du programme d'ajustement structurel, avec son corollaire de libéralisation des échanges, la prégnance des groupes multinationaux est telle que le législateur ivoirien n'aura d'autres choix que de s'inscrire dans cette mouvance internationale, qui impose la restauration de la liberté économique. A cet égard, il a adopté la loi n°91-999 relative à la concurrence[448]. Dans un secteur agro-industriel où la physionomie est loin d'être atomisée[449], puisque largement dominée par une poignée de multinationales de café et de cacao, ce dispositif est apparu comme l'arme idéale de protection contre toutes formes de pratiques susceptibles d'entraver le libre jeu de la concurrence. Comment pouvait-il en être autrement, eu égard aux défis majeurs[450] qu'il s'était proposé de relever ? Le doute était-il permis dès lors que le législateur ivoirien a institué une Commission de la concurrence ? Toutefois l'analyse des activités de cette Commission pour les premières années de son fonctionnement incite à se rendre compte que l'efficacité de l'arsenal portant droit de la concurrence n'aura été que théorique[451]. C'est pourquoi, à la faveur de la libéralisation totale de la

---

[445] Sous réserve des implications d'ordre fiscal que nous nous proposons de détailler au §. 2 suivant.

[446] Compte tenu du fait que ceux-ci demeurent étrangers à l'affaire et ne devraient en principe avoir à subir ses conséquences.

[447] En même temps que les entreprises multinationales de café et de cacao.

[448] Les dispositions de cette loi visent entre autres :

- la modernisation de l'environnement institutionnel des entreprises ;
- l'émergence, le développement des marchés libres et la transparence de ceux-ci ;
- la recherche de la compétitivité des entreprises nationales.

[449] En réalité, elle ne l'est plus qu'à ses deux extrémités, la production de la matière première et la consommation finale. Les autres étapes, notamment l'exportation, la torréfaction, la transformation et la distribution connaissent un processus de forte concentration.

[450] Ces défis sont liés aux pratiques tant individuelles que collectives de nature à vicier l'exercice de la concurrence.

[451] Les raisons qui peuvent justifier cette contre performance tiennent non seulement au fait que cette structure garante de la liberté économique ne dispose d'aucun pouvoir décisionnel, la loi ne lui conférant qu'un pouvoir consultatif général. Mais surtout, dans les rares hypothèses où elle a émis des avis en matière contentieuse, leur portée s'est avérée assez laconique, sans doute, en raison de la compétence trop générale de la Commission.

Caisse de stabilisation en 2000, les pouvoirs publics ont bien voulu mettre en place une nouvelle structure plus spécialisée et sectorielle[452], l'Autorité de régulation de café et de cacao, (ARCC), ayant en charge la régulation de la filière.

Néanmoins, pas plus que sa devancière, celle-ci ne parviendra à établir une nette distinction entre les deux volets de sa mission, à savoir la régulation purement administrative[453] et la fonction qui l'établit comme garant du respect des bonnes pratiques concurrentielles, ce qui aura pour conséquence d'occulter cette dernière prérogative au profit de celle-là. Aujourd'hui, le constat est que le fonctionnement du marché de café et de cacao ivoirien n'obéit à aucune régulation particulière. Si bien que la tendance à la concentration économique est assez significative, les entreprises multinationales étrangères ayant une position quasi dominante dans le secteur. Aux termes de l'article 35 de la loi, « *la concentration résulte de tout acte, quelle qu'en soit la forme, qui emporte transfert de propriété ou de jouissance sur tout ou partie des biens, droits et obligations d'une entreprise ou qui a pour objet ou pour effet de permettre à une entreprise ou à un groupe d'entreprises d'exercer directement ou indirectement, sur une ou plusieurs autres entreprises, une influence notable* ». Quant à la notion de position dominante, elle s'entend, conformément à l'article 8 de la loi, « *d'une entreprise ou d'un groupe d'entreprises dont les activités occupent, sur le marché intérieur ou une partie substantielle de celui-ci, une situation dominante caractérisée par un monopole ou une concentration manifeste de la puissance économique* ». En elle-même, la position dominante n'est pas répréhensible, seuls les abus résultant de cette domination sont interdits par l'article 8 de la loi[454].

Impact sur les sociétés locales. En l'absence de mécanisme de régulation de la concurrence au niveau national, les risques d'abus apparaissent à la fois inévitables et dommageables. Inévitables, car la filière du café et du cacao est particulièrement oligopolistique, le pouvoir de marché étant exercé par un petit nombre d'entreprises multinationales. En effet, ce sont les mêmes acteurs, qui dominent quasiment la filière locale, qui ont également « pignon sur rue » sur la scène internationale[455]. Dans ces

---

[452] Cette volonté de régulation sectorielle tient compte des différentes composantes de l'économie. Ainsi, à chaque secteur correspond un organisme donné: l'A.T.C.I. pour les télécommunications, l'A.N.A.R.E. pour l'énergie, le C.N.C.A. au niveau de la presse, par exemple.

[453] Elle a pour objet, entre autres, de délivrer des agréments aux opérateurs économiques du secteur.

[454] Ils peuvent se manifester par « le refus de vente, les ventes jumelées ou les conditions de ventes discriminatoires ainsi que par la rupture de relations commerciales établies, fondé sur le seul refus du partenaire de se soumettre à des conditions commerciales justifiées. »

[455] Dans le cas du café, deux principaux groupes d'acteurs opèrent sur les marchés internationaux: les négociants internationaux et les torréfacteurs. Trois négociants internationaux- Neumann, Volcafé et Cargill- contrôlent à eux seuls un tiers des parts du

conditions, les risques d'abus peuvent être dommageables pour l'économie nationale, notamment à l'égard des sociétés locales de taille modeste et des producteurs de matières premières.

Si l'idéologie de l'économie de marché, qui repose sur le principe de la saine émulation et de la compétitivité entre les différents acteurs, apparait comme un gage de prospérité économique et sociale, l'on pourrait alors se préoccuper du sort des firmes nationales confrontées aux filiales des géantes entreprises multinationales sur le marché ivoirien. Il est évident que celles-ci auront du mal à connaître le moindre développement économique, dès lors que la concentration économique du secteur tend non seulement à conférer aux firmes étrangères concernées un certain pouvoir d'influence sur le marché du café et du cacao, mais également à leur attribuer un pouvoir de monopole. Il est bien curieux de croire que ces petites et moyennes entreprises ivoiriennes qui butent sans cesse sur les financements de la traite café-cacaoyère puissent résister à ces géants disposant de fonds de roulement mirobolants. En vérité, elles seront, au final, condamnées soit à disparaître soit à intégrer l'un des réseaux dont la tête de file n'est autre qu'une filiale étrangère. Dans une telle hypothèse, leur indépendance économique vis-à-vis de cette dernière ne s'en trouvera que compromise.

Impact sur les producteurs de café et/ou de cacao. Selon le Rapport 2004 de la CNUCED sur les « Pays Les Moins Avancés », (P.L.M.A.), « la libéralisation du commerce et les politiques d'exportation « sont associées » au déclin global des cours des matières premières agricoles ». Ainsi, à propos du « droit à la nourriture », le Rapporteur Spécial à la Commission sur les Droits humains des Nations- Unies pouvait fortement conseiller qu'une action immédiate soit menée pour atténuer la crise de l'agriculture en abordant les questions du « dumping à l'exportation » pratiqué par les pays développés. Il en est de même à l'égard du contrôle exercé sur les produits alimentaires et sur l'agriculture par les entreprises transnationales qui ont profité de la chute des cours des matières premières : « *les marchés mondiaux des matières premières sont de plus en plus dominés par un petit nombre de transnationales qui ont le pouvoir d'exiger des bas prix des*

---

marché mondial et les six entreprises leaders, près de la moitié. La concentration parmi les torréfacteurs est encore plus marquée. Deux sociétés - Nestlé et Philipp Morris- détiennent la moitié des parts de marché pour le café torréfié et instantané. Les cinq principales entreprises (les deux précédentes plus Sara Lee, Procter et Gamble & Tchibo) contrôlent plus des deux tiers du marché.

Le marché mondial du cacao quant à lui s'est transformé depuis dix ans, à la suite d'une vague de fusions et acquisitions. En 1980, à Londres, il y avait plus de trente maisons de commerce qui achetaient du cacao à grande échelle. Aujourd'hui, les quatre principaux torréfacteurs de cacao- Archer Daniel Midland (ADM), Barry Callebaut, Cargill et Hosta- contrôlent près de 40% de la capacité mondiale du marché. Lorsque les plus gros chocolatiers comme Nestlé, Cadbury Schweppes et Mars rejoignirent ce groupe de leaders, neuf entreprises maîtrisaient à elles seules 70% de la capacité totale.

producteurs tout en maintenant élevés les prix à la consommation, augmentant ainsi leur marge et profit »[456].

Cette réflexion nous paraît assez pertinente dans la mesure où en dépit de l'embellie des cours des matières premières observée, à la suite du mouvement initié par la libéralisation, il serait prétentieux d'affirmer que les planteurs resteront vraiment gagnants à long terme. En effet, il s'agit notamment de vérifier si au cours du processus les acheteurs internationaux de dimension mondiale ne vont pas « verrouiller » l'achat aux producteurs par un oligopole, dès lors que la phase de la concurrence a pu être dépassée. Même si pour l'instant ce n'est pas le cas, puisque l'oligopole est « en construction ». Les planteurs profitent d'opérations de surenchère des prix des produits de café et de cacao entre les opérateurs en présence. Qu'en sera-t-il à l'avenir ? C'est l'incertitude qui « plane » sur l'avenir et cette insécurité juridique n'est pas faite pour rassurer le paysan, producteur des matières premières.

A côté de cette fonction d'organisation des échanges, les transactions intragroupe de café et de cacao peuvent également constituer également un moyen exceptionnel d'optimisation fiscale au profit de l'entreprise multinationale.

Parag II : Un instrument d'optimisation fiscale

Définition de l'optimisation fiscale. L'optimisation fiscale peut être définie comme l'utilisation par le contribuable de moyens légaux afin de réduire au minimum le montant de l'impôt dû. Elle consiste ainsi à permettre au contribuable de choisir pour l'exercice de son activité économique le cadre juridique qu'il juge le plus favorable, du point de vue fiscal, là où le législateur lui offre une alternative[457]. A cet égard, l'optimisation fiscale n'est pas condamnable, d'autant plus qu'elle se distingue très nettement des procédés illégaux, notamment de fraude et d'évasion fiscale. Elle trouve son fondement dans la liberté de gestion dont jouit tout contribuable dans l'exercice de son activité économique. Il s'ensuit donc que l'optimisation se révèle comme un instrument efficient de bonne gestion fiscale (A). Toutefois, elle reste un instrument redoutable à manier avec modération dans la mesure où son utilisation abusive peut être fatale pour son auteur (B).

---

[456] J. ZIEGLER, "The right to Rood", *Report submitted by the Special Reporter on the right to food*, Commission on Human Rights, United Nations Economic and Social Council, 9 February 2004, pp 9, 13.

[457] On ne peut donc reprocher à un acteur économique d'adopter la solution la plus favorable à ses intérêts.

A. L'optimisation : un instrument de bonne gestion fiscale

La gestion fiscale dans le temps et dans l'espace. Dès l'instant où l'optimisation vise à réduire au strict minimum le montant de l'impôt, il est incontestable qu'elle participe de l'efficience de la gestion fiscale des entreprises. Au demeurant, l'on distingue généralement deux modalités d'optimisation fiscale : la gestion fiscale dans le temps et la gestion fiscale dans l'espace[458]. Seule cette dernière fera l'objet de notre attention. Les réflexions sur l'optimisation fiscale dans l'espace posent le problème du caractère égalitaire de cette forme d'optimisation. La raison c'est que l'égalité devant l'impôt est un principe fondamental du droit[459]. Face aux autres formes d'optimisation fiscale, une bonne expertise est sans doute nécessaire, mais on peut considérer que la capacité d'accès à cette expertise est à peu près identique pour tous. Au contraire, pour l'optimisation dans l'espace, il faut non seulement une expertise mais une organisation. Or, toutes les sociétés ne peuvent aussi aisément jouer sur les prix de transfert, la facturation de redevances ou d'intérêts d'emprunt. Cela demande une dimension que n'atteignent que les entreprises multinationales.

1. Le fondement

L'optimisation, fraude et évasion fiscales. La tentation est de plus en plus grande d'assimiler l'optimisation fiscale aux procédés de fraude et d'évasion fiscales. Cet amalgame procède d'une certaine hypocrisie[460].

---

458 Dans l'hypothèse où l'optimisation se fait *en jouant avec le temps*, l'exemple le plus caractéristique est sans aucun doute la gestion par une entreprise de ses déficits vers l'arrière ou vers l'avant A l'évidence, on peut également *jouer avec l'espace*, c'est-à-dire non seulement profiter des zones franches qui fleurissent sur le territoire national, mais aussi disparaître ou plutôt se soustraire à une souveraineté fiscale jugée trop pénalisante ou trop envahissante et se placer sous une souveraineté plus accueillante ; en d'autres termes, délocaliser certaines activités sociales ou le siège social.

459 Ce d'autant plus que l'optimisation fiscale exige une bonne connaissance des règles fiscales et le recours à des montages souvent complexes, ce qui nécessite de faire appel à un conseiller fiscal dont les honoraires ne sont pas à la portée du contribuable commun. N'y ont donc recours que les contribuables, qui non seulement peuvent supporter un tel coût, mais de surcroît sont assurés qu'il sera *in fine*, compensé, par l'économie fiscale ainsi réalisée. En conséquence, une telle situation soulève manifestement des problèmes d'équité devant les charges publiques d'autant plus que certains contribuables très bien pourvus pourraient bénéficier d'une réduction substantielle du montant de leur impôt. D'ailleurs, l'article 13 de la Déclaration des Droits de l'Homme et du Citoyen de 1789, qui pose le principe d'une répartition de l'impôt entre les citoyens « en raison de leur faculté » serait ainsi remis en cause, créant ainsi un sentiment de frustration chez certains citoyens et fragilisant d'autant le consentement à l'impôt, si ces exonérations et réductions n'étaient pas la contrepartie de missions d'intérêt général encouragées par le législateur.

460 Ph. MARINI, « Comment réduire le besoin d'optimisation fiscale », *Lamy Optimisation fiscale*, Mai 2002, Etude 101, n°1 : « *Les débats sur l'optimisation fiscale sont trop souvent teintés d'hypocrisie : condamnée au nom de la morale parce qu'elle profiterait, par nature*

Comment peut-on comprendre que le législateur et l'administration fiscale, qui ont suscité l'émergence de ce phénomène par le biais de la doctrine administrative et des lois fiscales incitatives, puissent aujourd'hui observer d'un œil fort suspicieux les montages d'optimisation fiscale pratiqués par les entreprises. ». A vrai dire, cette confusion serait, du fait d'un citoyen ordinaire que nos critiques seraient privés de consistance, tant la matière des prix de transfert prête elle-même à un tel « mélange des genres ». Car, en l'espèce, les techniques d'optimisation fiscale, de fraude et d'évasion fiscales ont pour but d'éluder substantiellement l'impôt normalement dû et peuvent avoir pour effet de transférer indirectement les bénéfices vers l'étranger.

D'un point de vue terminologique, il faut noter que ces derniers procédés trouvent leur matérialité dans la manipulation des prix de transfert[461]. Au plan strictement juridique, si la distinction paraît aisée entre fraude fiscale et optimisation fiscale, il faut reconnaître que les frontières sont souvent difficiles à tracer à l'égard de cette dernière et l'évasion fiscale. En effet, l'optimisation se définit comme une technique par laquelle le contribuable s'attache à arbitrer entre les différentes possibilités offertes par la législation fiscale dans le sens le plus favorable à ses intérêts propres. La fraude fiscale[462] implique, quant à elle, une soustraction volontaire à l'impôt, par des manœuvres allant de la dissimulation de recettes ou d'activités à la sous-estimation des bases. Il en résulte que la technique utilisée dans un cas est conforme à la légalité fiscale tandis que dans l'autre, est constitutive d'une entorse à la loi. L'évasion fiscale et l'optimisation ayant toutes les deux un objectif commun, éluder l'impôt en tirant profit des failles ou des options de la loi, il s'est avéré difficile d'établir le départ entre elles. On a pu ainsi concevoir une acception plus large de la notion d'« évasion fiscale »[463] qui couvrirait toutes les formes de minimisation de la charge fiscale, mais qui permettrait d'en distinguer deux types[464], l'évasion inacceptable et l'évasion acceptable.

---

aux contribuables dont la base imposable est importante, l'optimisation n'en est pas moins légale et souvent encouragée par le législateur… »

461 A propos, le professeur Sylvain PLASSCHAERT posait la question: la manipulation des prix de transfert est-elle un cas d'évasion ou de fraude fiscale ? in « *Moyens d'améliorer la coopération internationale, européenne et plus large, contre la fraude et l'évasion fiscales, en particulier les pratiques de prix de transfert au sein des sociétés multinationales* », *Communication au Colloque sur l'évasion et la fraude fiscales internationales*, Conseil de l'Europe, Strasbourg, p. 2.

462 On distingue parfois la faute moins grave, que constitue l'omission – par exemple, le fait de remplir une déclaration de revenu incomplète- des infractions plus graves, comme les fausses déclarations, les factures truquées…

463 Au départ, la notion d'évasion fiscale a désigné la forme internationale de la fraude. Le plus souvent, elle correspond à l'« art d'éviter de rentrer dans le champ d'attraction de la loi fiscale ». Enfin, elle devient « un terme générique désignant l'ensemble des manifestations de fuite devant l'impôt ».

464 Il existerait, dans la pratique, une zone intermédiaire entre opérations légales et illégales, dans laquelle l'évasion n'est constatée que si les circonstances de l'espèce font apparaître un

En revanche, la tolérance ne serait pas admise, dès l'instant où la confusion relève du fait même des instances ayant vocation à la création de la norme fiscale. Les propos de MM Michel Taly et Gérard Mestrallet[465] sont assez éclairants quand ils affirment qu'« *assimiler optimisation fiscale et fraude fiscale revient par conséquent à assimiler habileté et malhonnêteté. Cet amalgame est doublement regrettable : d'abord parce qu'il manifeste une défiance systématique vis-à-vis des entreprises, alors même que celles-ci, lorsqu'elles recourent aux techniques d'optimisation fiscale, ne cherchent guère qu'à assurer leur compétitivité ; ensuite parce qu'il revient à postuler l'incompétence de l'administration fiscale, comme si cette dernière était dans l'incapacité de discriminer entre ce qui est conforme au droit et ce qui ne l'est pas* »[466]. Et ces spécialistes de la fiscalité de poursuivre en des termes beaucoup plus incisifs : « (…) *à supposer qu'elle ne soit pas à mettre sur le compte d'une intention maligne, cette confusion repose sur une méconnaissance de la fiscalité internationale en général, et du mécanisme des « prix de transfert » en particulier. Ces prix de transfert sont en fait les niveaux de prix pratiqués entre entreprises, membres d'un même groupe économique, en rémunération d'un service ou d'un produit fourni par une des entités du groupe. L'idée directrice est d'appliquer à ces prix les prix dits de « pleine concurrence », c'est-à-dire ceux pratiqués entre entreprises indépendantes. Mais leur niveau est librement décidé par les entreprises, à charge pour l'administration fiscale de les redresser s'ils sont faux ou irréalistes ; et il n'existe aucune obligation pour l'entreprise de faire agréer préalablement les prix de transfert par l'administration* ».

Afin d'achever définitivement notre conviction quant à la connotation positive du concept, il suffira de démontrer que l'optimisation ne conduit pas nécessairement à éluder, fuir ou contourner l'imposition. En effet, elle peut conduire dans certaines hypothèses à choisir un régime d'imposition plutôt qu'un régime de non imposition ou d'exonération. On en vient par là au fondement réel de l'optimisation fiscale qui n'est autre que l'exercice de la liberté de gestion.

---

abus. Négativement, l'on parle d'« évasion inacceptable » lorsque l'opération est contraire à l'esprit de la loi, ou les motivations sont exclusivement fiscales ou encore couchée sur un acte fictif ou déguisé. Positivement, « l'évasion acceptable » serait toute forme de réduction de la base imposable conforme aux intentions du législateur. Cette dernière correspondrait à ce qu'on appelle de façon sulfureuse « optimisation fiscale ». Quoi que cette discrimination semble refléter la réalité des faits, elle nous paraît cependant assez manichéenne distinguant d'un côté la catégorie des formes d'évasions fiscales réputées « bonnes » et de l'autre celles qui sembleraient « abjectes ». On pourrait même se demander si l'on n'est pas en train de porter un jugement moral sur un sujet purement juridique.

[465] Michel TALY est co-Président de la commission fiscalité de l'Institut de l'entreprise et Gérard MESTRALLET, Président directeur général de Suez.

[466] MM TALY M. et MESTRALLET G., Optimisation fiscale et fraude fiscale : dangereuse confusion, mauvais procès, in http://www.institut-entreprise.fr/index.php?id=605.

Optimisation et liberté de gestion fiscale. L'on s'accorde à admettre la validité des montages faits en vue d'optimiser les charges fiscales de l'entreprise, et ce, nonobstant les risques de déperdition budgétaire encourue par l'Etat. La fiscalité, a-t-on écrit, est l'art de faire des choix[467]. La loi, elle-même offre aux entreprises la possibilité de choisir entre différentes techniques juridiques et fiscales pour atteindre un résultat économique déterminé. Le contribuable qui use de cette liberté n'enfreint aucunement la loi fiscale. Au contraire, il accomplit un acte de saine gestion, car l'impôt est avant tout une dépense, et la réduction des dépenses participe de la bonne gestion des entreprises[468]. Si le contribuable est habité par un esprit éclairé de la dépense, il ne peut que choisir la technique la moins onéreuse fiscalement, lorsque la loi met à sa disposition différentes options possibles. Ses choix, dans pareilles hypothèses, ne peuvent être que parfaitement licites et donc opposables à l'administration fiscale. En dépit de l'encouragement fiscal à l'optimisation fiscale aussi bien de la part du législateur que de l'administration, aucune disposition légale n'est venue consacrer cette pratique. De sorte que c'est à la jurisprudence française que l'on doit l'affirmation de la trilogie des principes fondateurs de l'exercice du libre choix de la voie la moins imposée. Il s'agit tout d'abord de la notion de la liberté de gestion, qui n'est que la résultante du pouvoir souverain reconnu aux dirigeants de sociétés dans la conduite de leurs affaires sociales.

En vertu de ce principe nettement ancré en droit social et fiscal, les dirigeants sociaux disposent d'une liberté totale dans la détermination des buts et des moyens de leur politique, la gestion étant un domaine réservé aux maîtres de l'affaire[469]. On en déduit donc que le juge n'a pas qualité à apprécier les décisions de gestion des entreprises[470], encore moins, l'administration qui ne saurait s'ériger en censeur ou en contrôleur de gestion de l'entreprise. Ensuite, la gestion fiscale, second fondement de l'optimisation, pénètre, de plus en plus, les mœurs des contribuables. Chacun reconnaît la nécessité d'une bonne gestion financière, d'une bonne gestion commerciale, d'une bonne gestion sociale, car elles conditionnent le développement, voire la survie des entreprises. Quid de la gestion fiscale ? La réponse part de l'idée que l'entreprise ne doit plus subir l'impôt. Mais, elle doit pouvoir, au contraire, l'intégrer comme une variable certaine, à prendre en compte dans ses décisions de gestion[471]. Comme le chef d'entreprise prudent et avisé, le contribuable éclairé doit gérer la fiscalité au mieux de ses intérêts[472]. Enfin, la règle de la non-immixtion du fisc[473] dans la

[467] M. COZIAN, *les grands principes de la fiscalité*, *op.cit.*, n°9, p. 87, n°18.
[468] Th. HOEGAH, *Thèse op. cit.*, p. 210.
[469] *Ibidem.*, p 213.
[470] Le ferait-il, qu'il outrepasserait ses pouvoirs et violerait gravement le principe de la souveraineté de la volonté sociale.
[471] Il ne peut en être autrement, car toutes les décisions de gestion ont une incidence fiscale.
[472] M. COZIAN, *op. cit.*, n°2, p. 18.

gestion de la société, qui représente le troisième fondement sur lequel repose l'optimisation fiscale, est la traduction même du principe de l'opposabilité des choix du dirigeant de la société à l'administration fiscale. A cet égard, le Fisc prend acte des décisions prises par les dirigeants de la société, dès lors qu'il ne peut s'ingérer dans leur gestion, sous réserve des pouvoirs généraux de contrôle et de vérification[474], qui lui donnent compétence pour s'assurer de la régularité de la comptabilité et de la sincérité du bilan.

Les principes qui gouvernent les techniques d'optimisation en matière des prix de transfert ainsi définis, il convient d'étudier son mécanisme, c'est-à-dire analyser les voies et moyens dont disposent les entreprises multinationales du secteur en vue de réduire leur charge fiscale.

2. Mécanisme

Il importe de préciser que le mécanisme d'optimisation fiscale se situe au cœur de la problématique des prix de transfert. En effet, il repose avant tout sur le principe que l'entreprise multinationale peut tirer profit des disparités fiscales nationales par une répartition avantageuse des charges et des produits entre les entreprises du groupe[475]. Toutefois, son efficience suppose également l'existence d'un réseau de conventions fiscales internationales, pouvant servir de véhicule de localisation préférentielle de la matière imposable[476].

Afin d'optimiser la gestion de sa fiscalité, la firme va bénéficier de choix fiscaux, de nature et de portée variables. Précisément, en retenant comme critère de différenciation la portée des choix fiscaux, l'on distingue de manière usuelle les choix fiscaux tactiques et les choix fiscaux stratégiques.

Choix d'optimisation tactiques. Les choix fiscaux tactiques sont des choix qui sont de nature à procurer un avantage financier à l'entreprise, quasiment à brève échéance, mais dont la portée reste limitée. Il s'agit pour l'essentiel de choix qui procèdent de la technique fiscale. Leur importance ne doit cependant pas être négligée, car elles peuvent à terme procurer un

---

473 Le principe de non-immixtion est une règle trompe-l'œil dans la mesure où il ne signifie assurément pas que l'Administration fiscale soit dépourvue de tout moyen de contrôle des sociétés. Elle reste détentrice du pouvoir de vérification de la comptabilité des sociétés. Toutefois, la portée de la règle prive l'administration de se prononcer sur l'opportunité des décisions prises par les organes sociaux.

474 C'est sur la base de ces pouvoirs qu'elle est en droit de refouler des charges déductibles des entreprises, celles qui sont objectivement contraire à l'intérêt social, voire à la morale des affaires.

475 Th. LAMORLETTE et P. RASSAT, *Stratégie fiscale internationale*, Maxima 1997, 3è éd., p. 27

476 Dans cette stratégie d'optimisation au demeurant fort légitime certains stratèges peuvent être tentés, sous couvert de constructions juridiques plus ou moins artificielles de tirer tout à la fois des avantages fiscaux concédés par la législation nationale et des dégrèvements d'impôts octroyés par les traités fiscaux internationaux.

avantage distinctif à l'entreprise multinationale[477] concernée, en l'occurrence celle de café et de cacao. En règle générale[478], ces choix tactiques résultent de l'exercice d'options explicitement contenues dans la loi fiscale. C'est le législateur, qui en pleine connaissance de cause, offre une possibilité d'option aux entreprises. Dans d'autres cas, l'option relève non d'une disposition de la loi, mais d'une tolérance de l'administration fiscale qui admet une application assouplie de tel ou tel dispositif. Dans le même ordre d'idées, il faut également prendre en considération les silences éventuels de la réglementation fiscale sur le traitement de telles ou telles opérations, silences qui peuvent être utilisés par l'entreprise multinationale au mieux de ses intérêts.

Dans la pratique des prix de transfert, les choix tactiques sont souvent suscités par les opportunités qu'offrent l'internationalisation des activités et la décentralisation des centres de production et de gestion. Les méthodes sont relativement simples dans leur principe[479], mais elles peuvent être complexes à mesure que se développe l'imagination. En ce qui concerne les entreprises multinationales du secteur café et cacao, une certaine pratique peut constituer un axe majeur de choix tactiques. Elle est relative au mode de commercialisation des produits de café et de cacao à l'intérieur du groupe multinational. En effet, les conditions concrètes de fonctionnement des entités du groupe peuvent être prises en considération pour justifier la modulation des taux de facturation pratiqués entre les entreprises apparentées du secteur. Par exemple, en lieu et place d'une vente directe des produits de café et de cacao par la filiale A ivoirienne à la société-sœur B française, la tactique consisterait à recourir à une troisième entité, généralement la société-mère C située dans un Etat à fiscalité privilégiée[480]. Cette dernière société aura pour fonction de se charger de centraliser et de facturer l'ensemble des ventes et des achats du groupe. On l'appelle à juste titre, centre de facturation[481]. Par ce procédé, les parties à la transaction intragroupe de café et de cacao pourraient s'accorder sur le fait qu'une marge substantielle soit allouée au centre de facturation, compte tenu, notamment, de l'importance des droits de propriété concédés aux différentes

---

[477] On peut évoquer à cet effet le choix d'un mode d'amortissement, d'un procédé de valorisation, d'un mode de calcul, M. CHADEFAUX et J.-L. ROSSIGNOL, « L'optimisation fiscale de l'entreprise: fondements et limites », *Lamy optimisation fiscale de l'entreprise*, Sept 2005, n° 7, p. 201-7.

[478] *Ibidem*. .

[479] La simplicité des choix tactiques réside dans la supposée pression fiscale ivoirienne élevée qui nécessite la fuite du contribuable vers des territoires plus cléments fiscalement.

[480] Nous préférons l'appellation « pays à fiscalité privilégiée ou faible » que celui de « paradis fiscal » qui peut paraître péjorative. A titre d'illustration, nous retenons l'Etat helvétique comme celui de la société-mère du groupe.

[481] Certains préfèrent le terme « centre de refacturation », mais la technique utilisée reste la même.

filiales étrangères, une licence d'exploitation, un brevet ou une formule de fabrication ou encore une marque de produits.

Cependant, certaines opportunités offertes se situent à la frontière des choix stratégiques, notamment en cas de recours à des fins tactiques à des déficits fiscaux reportables non prescrits. Les opérations de fusion-absorption ont une portée très vaste et engagent l'entreprise sur une plus grande période. Elles peuvent donc être également qualifiées de choix stratégiques.

Choix d'optimisation stratégiques. Les choix fiscaux stratégiques sont des choix dont la portée fiscale revêt une grande importance : choix d'un régime d'imposition, choix d'un régime de groupe, fiscalité applicable à des restructurations, etc. Si les choix d'optimisation tactiques trouvent dans la plupart des montages leur source dans le droit interne ivoirien, il n'en va pas de même pour les options dites « stratégiques ». En effet, ces dernières sont fondées sur des arbitrages entre les dispositions de droit interne et de droit conventionnel. A cet égard, l'on peut soutenir que l'utilisation des sociétés holding dans les schémas d'optimisation fiscale dans le cadre des transactions intragroupe est la marque la plus tangible du succès de l'arbitrage entre le juridique et le fiscal. En effet, le recours à une telle structure par la création de holding intermédiaire ou la transformation de la société mère en holding est devenu aujourd'hui extrêmement courant dans les groupes multinationaux[482]. Ce qui a pour conséquence de faciliter l'évaporation des profits réalisés dans des pays à fort taux d'imposition[483] vers des Etats à fiscalité privilégiée.

Les sociétés holding étrangères suscitent un réel intérêt compte tenu du régime de faveur que leur accordent un certain nombre d'Etats. Dans le cadre des prix de transfert dans l'industrie du café et du cacao, l'on peut en citer deux, à titre illustratif. Il s'agit des cas que représentent les Etats helvétique et néerlandais.

La Suisse et les Pays-Bas : deux exemples d'option stratégique. Dans l'exercice des options stratégiques, la Suisse occupe une place capitale à l'égard des entreprises multinationales ivoiriennes du secteur, non seulement du fait de son système fiscal attractif, mais surtout parce qu'elle arbitre les sièges de deux sociétés-mères de firmes internationales dont l'importance dans l'économie nationale est assez significative. Ce sont la société Nestlé

---

[482] Th. LAMORLETTE et P. RASSAT, *op. cit., p.* 44.

[483] « La holding servira de société relais et permettra le transfert de bénéfices dans l'hypothèse classique suivante : Une société A située dans un Etat à forte imposition désire prendre une participation dans une société B. Au lieu de réaliser directement cette prise de participation, elle aura recours à la création d'une holding dans un paradis fiscal. Les titres de la filiale seront détenus par la holding. Le transfert des bénéfices de la société B vers la holding permettra de les faire échapper à l'impôt qui aurait été perçu si le transfert était directement entre la société A et la société B. » (Ch. CUTAJAR-RIVIERE, *La société écran : essai sur la notion et son régime*, LGDJ 1998, n°110, p. 79.)

CI et la société SACO, ayant respectivement pour société-mère, la Société Nestlé située à Vevey en Suisse et la société Barry Callebaut dont le siège est à Zurich en Suisse. Quant à la Hollande, elle a depuis très longtemps acquis une bonne réputation en tant que pays particulièrement propice à l'implantation des holding, eu égard à son régime fiscal très incitatif. Dès lors, ce pays va occuper un positionnement assez stratégique dans les choix des groupes multinationaux du secteur de café et de cacao. Cette position n'est guère surprenante, car aujourd'hui le port néerlandais de Rotterdam est à raison considéré comme l'une des principales voies d'entrée dans l'Union Européenne. Mais, qu'est ce qui fonde véritablement cette renommée hollandaise ? Les raisons peuvent s'apprécier aussi bien au plan fiscal que juridique.

Au plan de l'attractivité fiscale, le choix de la société holding néerlandaise peut être justifié par les différents paramètres :

- l'exonération des dividendes de source étrangère encaissés par les sociétés holding, subordonnée à des conditions peu contraignantes[484];
- l'exonération des retenues à la source des redistributions de dividendes au sein de l'Union. Cependant, lorsque les dividendes sont reçus d'un pays ou reversés dans un pays avec lequel aucune convention fiscale n'a été signée, ils sont assujettis à une retenue à la source de droit commun dont le taux est particulièrement élevé, en moyenne 25%, ce qui explique l'attrait que peut présenter un pays signataire d'un bon réseau de conventions fiscales permettant, selon les cas et les circonstances, de réduire généralement les retenues en cause à 5%, 10% ou 15%[485] ;

---

[484] Concernant **les conditions tenant aux titres de participation :** le taux est de 5% ;
les conditions tenant aux sociétés en présence :
- les actions ne doivent pas être détenues à titre « de stock » *(vooraad)*, ce qui vise principalement les participations acquises en vue d'être cédées dans des sociétés sans activité réelle ;
- ni la société mère, ni la filiale ne doivent être des sociétés d'investissements ;
- la détention des actions ne doit pas être en principe considérée comme constitutive d'un simple placement (investissement de portefeuille), étant entendu que cette condition n'est pas exigée pour les participations dans des filiales de l'Union et qu'il est possible d'obtenir par *ruling* la certitude que cette condition est satisfaite.

[485] Les Pays-Bas présentent la caractéristique unique d'être liés par une convention fiscale à un paradis fiscal, à savoir les Antilles néerlandaises, en vertu de laquelle la retenue à la source exigible à raison du paiement de dividendes par une société néerlandaise à sa société mère antillaise est réduite à 7,5%. Les sociétés « *offshore* » établies aux Antilles sont soumises à l'impôt sur les sociétés à un taux de 2,4% pour la première tranche des bénéfices de 100 000 NLG et de 3% pour le surplus. Elles peuvent toutefois demander à être imposées au taux de 5,5% au titre des dividendes versés par leurs filiales résidentes des Pays-Bas. Dans ce cas, la retenue à la source exigible dans ce dernier pays est limitée à 5%.

- l'absence d'imposition des plus-values dégagées lors de la cession des participations détenues dans les sociétés filiales[486];
- les droits d'apports sont limités à 0,55% ;
- l'absence de retenues à la source sur les intérêts versés à des prêteurs étrangers affiliés ou non.

Au niveau de l'attractivité juridique, les critères prédominants au choix des Pays-Bas sont principalement de deux ordres :
- la souplesse du droit des sociétés : l'on peut créer des actions donnant des droits différents, moduler les droits financiers, prévoir des clauses de sortie et de préemption, faire détenir les actions par une « fondation » afin de dissocier les propriétés économiques et juridiques, etc.
- les délais de création des sociétés sont de six à huit semaines. Cependant, il faut relever qu'à l'égard de ce dernier critère la Hollande ne fait pas mieux que les deux autres pays de la Benelux, notamment, la Belgique et le Luxembourg, où une société peut être créée en quarante-huit heures[487].

Il est vrai, les attraits que suscitent ces Etats à l'égard de l'optimisation tiennent généralement à l'agressivité de la législation nationale. Cependant, il faut ajouter que lorsqu'ils disposent en plus d'un bon réseau de conventions fiscales internationales, leur choix dans les schémas d'optimisation fiscale intragroupe devient presque incontournable. L'important en la matière réside dans la possibilité de pouvoir tirer à la fois profit des avantages qu'offrent les différents pays à fiscalité attractive et les dispositions d'ordre conventionnel. Pourvu que l'usage de ces dernières ne soit pas abusif, c'est-à-dire dévoyé de son principe même, celui d'éliminer le phénomène de la double imposition.

B. L'optimisation : un moyen redoutable à manier avec modération

Problème. Les entreprises multinationales de café et de cacao ont-elles toute liberté dans l'exercice de leur politique d'optimisation ? Si le principe est acquis que tout contribuable a la latitude de réduire au maximum sa charge fiscale, il reste à préciser que cette faculté n'est ni absolue ni illimitée. La liberté de l'utilisation de l'optimisation en tant qu'instrument de minimisation du fardeau fiscal doit nécessairement prendre en considération

---

[486] L'exonération des plus-values a normalement pour corollaire la non déductibilité des moins-values, sauf dans le cas des Sociétés holding luxembourgeoises, dites *Soparfi*.

[487] Il est vrai qu'il existe dans ces pays un marché de « prêt à portée » offrant la faculté d'acquérir des sociétés préexistantes.

une double limite. L'une est générale et porte sur le risque fiscal et l'autre, spécifique à la matière des transactions intragroupe, concerne le risque d'abus des conventions fiscales, ou *treaty shopping.*

1. Le risque fiscal

Une limite d'ordre général. L'écueil majeur auquel s'expose toute entreprise dans le maniement des instruments fiscaux aux fins d'optimisation fiscale est bien le risque fiscal[488]. Chacun le sait, le législateur s'est ménagé la possibilité de contrôler l'application qui est faite des règles fiscales et de sanctionner « les errements » constatés afin, d'une part de préserver l'intérêt de l'Etat, créancier de l'impôt et, d'autre part, de prévenir les risques de déperdition fiscale. L'administration fiscale est, ainsi, en droit de contrôler les déclarations souscrites par les contribuables qui supportent de fait un risque fiscal[489]. Généralement, cette notion englobe deux types d'acceptions. La première, classique, correspond au non-respect des règles fiscales, alors que la seconde se rapporte davantage à la méconnaissance d'une disposition favorable qui peut générer un manque à gagner important. Se conjuguent ainsi un risque-sanction à un risque-perte d'opportunité[490]. Le risque fiscal n'est pas propre à la transaction intragroupe de café et de cacao. Il est inhérent à toutes opérations juridiques effectuées par l'entreprise susceptible d'avoir des répercutions fiscales.

Au-delà de sa vocation générale, force est de reconnaître qu'il revêt un caractère assez redoutable dans la mesure où le risque fiscal est un risque permanent et non simplement ponctuel, même s'il est limité dans le temps du fait du délai de reprise et s'accroît en fonction des caractéristiques des opérations. Mais, c'est surtout parce qu'il est difficile à cerner et à évaluer que le risque constitue un réel défi pour les schémas d'optimisation. La difficulté réside dans le fait que sa révélation résulte pour l'entreprise d'une procédure de contrôle fiscal qui est, par nature, aléatoire. Cette difficulté est également renforcée par le fait que la notion même d'irrégularité, source de risque, est parfois délicate à évaluer. Certaines irrégularités fiscales sont en

---

[488] La complexité croissante de la réglementation qui s'applique à la vie de l'entreprise lui fait subir une multitude de risques susceptibles de représenter des coûts considérables en cas de contrôle. L'environnement fiscal participe naturellement aux préoccupations de l'entreprise du fait de son caractère particulièrement contraignant qu'il est difficile de maîtriser. Il en résulte que le risque fiscal trouve son origine dans la complexité des règles applicables, mais bien évidemment aussi dans la façon qu'a l'entreprise de les appréhender dans le cadre de sa politique fiscale.

[489] L'administration fiscale peut procéder à une vérification de comptabilité et, à cette occasion, malgré le principe de non-immixtion, remettre en cause des dépenses qui ne se rattachent pas à une gestion normale ou qui n'ont pas été engagées dans l'intérêt de l'entreprise par un redressement pouvant conduire à l'application de sanctions.

[490] M.CHARDEFAUX et J. –L. ROSSIGNOL, « La performance fiscale des entreprises », *Revue de droit fiscal*, n°30-35, p. 1451.

effet simples à caractériser[491]. Mais le risque fiscal ne constitue pas la seule limite à l'optimisation fiscale. Il y a également le risque d'abus de conventions fiscales qui peut survenir à l'occasion de certains choix stratégiques opérés par les entreprises. Contrairement au risque fiscal, *lacto sensu*, l'abus de traité ou « treaty shopping » est un risque tributaire des transactions intragroupe.

2. Le risque de treaty shopping

Une limite spécifique. Poursuivant un double objectif, les conventions fiscales permettent, à titre principal, de prévenir les risques éventuels de double imposition. La pleine et entière réalisation de cet objectif s'opère fréquemment par l'attribution à l'un des deux Etats signataires de la qualité de créancier exclusif de la dette d'impôt. L'allocation au contribuable d'un crédit d'impôt égal à l'imposition acquittée dans l'un des Etats contractants, par exemple l'Etat de la source des revenus, et imputable sur l'impôt dû dans l'autre Etat, l'Etat de résidence du contribuable, peut permettre d'obvier aux risques potentiels de double imposition[492]. Clair dans son énoncé, cet objectif peut, dans sa réalisation, engendrer de nombreuses difficultés. Un risque d'usage incorrect des dispositions conventionnelles peut notamment naître du fait de contribuables qui, n'entrant pas normalement dans le champ de la convention considérée, désire néanmoins s'en prévaloir.

Il est vrai que l'extension continue du réseau des conventions fiscales mais également la disparité, parfois importante des législations nationales des Etats signataires, peuvent motiver la recherche d'une localisation préférentielle de la matière imposable. En effet, dans une stratégie d'optimisation, certains stratèges peuvent être tentés, sous couvert de constructions juridiques plus ou moins artificielles, de tirer profit tout à la fois des avantages fiscaux concédés par les législations nationales et des dégrèvements d'impôts octroyés par certaines conventions. Sans aucun doute, l'abus de convention fiscale, ou *Treaty shopping*, représente à l'heure actuelle un risque de grande importance à l'égard de l'optimisation internationale. Cette intensité du risque se ressent également à l'occasion de transaction intragroupe de café et de cacao. Alors, comment peut-on appréhender un concept qui, du fait de ses implications, est susceptible de fragiliser la sécurité juridique des schémas optimisants ?

Définition du treaty shopping. Etant donné que l'Administration fiscale et le juge ivoirien sont peu diserts sur la question ; dès lors, c'est en se

[491] Si l'entreprise enfreint une règle établie et codifiée avec précision, la dimension financière du risque est aisée à mettre en évidence et l'impact financier facilement déterminable. Le non-respect d'une condition de forme, une erreur de taux, pour ne citer que ces exemples, constituent des irrégularités fiscales dont la mesure financière ne soulève pas de problèmes particuliers.

[492] La lutte contre l'évasion et la fraude fiscales figure parmi les autres desseins identifiés.

référant à la doctrine[493] que l'on doit les caractéristiques permettant d'identifier les principaux schémas juridiques, dans un contexte de transactions intragroupe susceptibles d'être contestées par l'administration fiscale ivoirienne. Ainsi, l'une des premières personnes à s'intéresser à ce sujet est bien A. Beauchamp qui a clairement défini « le treaty shopping » comme « la pratique qui tire avantage des dispositions du traité, essentiellement les exonérations fiscales et les réductions du taux de l'impôt, par des individus, sociétés ou autres personnes morales n'ayant pas droit aux avantages du traité[494]». Pour sa part, le Professeur Bernard Plagnet retient, outre cette définition, celle de J.- C. Goldsmith qui caractérise de la sorte l'abus de convention : « *On entend par chasse aux traités le fait de rechercher les pays disposant de conventions internationales contre les doubles impositions et d'y établir une structure intermédiaire plus ou moins réelle afin de bénéficier des stipulations favorables de ces conventions* ».

Eléments constitutifs du treaty shopping. De ces définitions, l'on peut déduire les éléments constitutifs de l'abus de droit tel qu'entendu par la législation ivoirienne. L'Administration fiscale demeure, en effet, fondée à réprimer les manœuvres subreptices des contribuables qui, sous couvert d'artifices et contrariant l'esprit du texte d'imposition, réduisent irrégulièrement la dette de l'impôt[495]. Intégrer à l'article 25 du LPF, la procédure de répression permet au fisc de contester les cas d'abus révélant tous les traits d'une simulation ou d'une fraude à la loi fiscale. Il faut entendre l'abus de droit sous ses différentes acceptions, c'est-à-dire, l'abus de droit par acte fictif, l'abus de droit par acte déguisé et l'abus de droit par interposition de personnes[496]. Quant à l'abus de droit par fraude à la loi, il vise à rendre inopposable à l'administration fiscale les actes qui, à défaut de simulation, « *(...) n'ont été inspirés par aucun autre motif que celui d'éluder ou d'atténuer les charges fiscales que l'intéressé, s'il n'avait pas passé ces actes, aurait normalement supportées eu égard à sa situation et à ses activités réelles* »[497]. Dans un contexte international et appliquées à l'analyse des transactions intragroupe de café et de cacao, ce sont tout à la fois les conjectures d'abus de convention par simulation que les hypothèses d'abus de droit par fraude à la loi conventionnelle qui sont ainsi susceptibles d'être désavouées par le fisc. En l'espèce, il s'agit dans des cas nettement

---

[493] L'on citera néanmoins utilement la magistrale étude du Pr. B. PLAGNET (« L'abus des traités, Pratique française », *Dr. Fisc.* 1986, n°52, p. 1528, et s.; et du célèbre ouvrage de B. GOUTHIERE (*Les impôts dans les affaires internationales*, éd. Francis Lefebvre, 6è éd., 2004, n° 2517 et s.)

[494] B.PLAGNET, *Guide mondial des paradis fiscaux* ; *idem, art. op.cit.*, n° 3, p. 1528.

[495] Pour de plus amples développement sur l'abus de droit, Voir R. GOUYET., « Qu'est ce que l'abus de droit fiscal ?, » *JCP* éd. N, 14 déc. 2001, n° 50, p. 1833 et s.

[496] *idem.* « Quels sont les abus de droit par simulation sanctionnés par l'administration fiscale ? », *JCP* éd. E, 16 nov. 2000, n° 46, p. 1796.

[497] En France; CE, plén., 10 juin 1981, n° 18 664.

circonscrits, de prévenir la création de structures intermédiaires, qui s'inscrivant en apparence dans une perspective d'optimisation de la charge fiscale, sont en réalité dénués de toute consistance économique.

Toutefois, la répression de ces abus paraît de prime abord ardue. Elle suppose la démonstration, par l'Administration fiscale, du défaut plus ou moins avéré de substance de la structure litigieuse. Une telle démonstration est facile à apporter lorsque l'entité juridique revêt les caractéristiques d'une coquille vide. En revanche, il paraît plus délicat d'arguer d'un quelconque abus par fraude à la loi fiscale en présence d'une structure dont l'habillage juridique et économique est suffisamment substantiel. On expérimente là déjà toute la fragilité du traitement de la rémunération des transactions intragroupe, notamment de café et de cacao.

CHAPITRE II

Le prix de transaction intragroupe

La fragilité du prix. L'étude du chapitre précédent a révélé que la transaction intragroupe de café et de cacao accédait à l'univers juridique par le canal du contrat de vente. Celle-ci n'avait d'autre choix que de se couler dans le moule juridique de celui-là, de sorte qu'empruntant sa nature, elle adopte nécessairement son mode de rémunération. D'emblée, l'on pourrait se demander l'opportunité d'une étude consacrée au prix de transaction intragroupe, si telle est que cette étude est identique à celle de la vente. Une telle réflexion est bien justifiée, car la transaction intragroupe est avant tout un contrat de vente. Cependant, il ne faut jamais perdre de vue que cette dernière ne présente pas les caractéristiques d'une vente ordinaire puisqu'elle met en relation, par définition, deux personnes morales ayant des liens très étroits[498]. Dès lors, un prix librement débattu par deux sociétés intimement liées, même s'il demeure valable juridiquement, peut dans certaines hypothèses paraître suspect aux yeux de l'administration fiscale[499].

Comme dans toute vente, la transaction intragroupe de café et de cacao est rémunérée par le paiement d'une somme d'argent. Cette contrepartie appelée « prix » apparaît comme l'objet monétaire et la pierre angulaire des relations contractuelles[500]. Ainsi, le prix dans un contrat synallagmatique à titre onéreux[501], dans la mesure où il constitue l'objet de l'obligation d'une

---

[498] Ce lien peut être juridique ou économique.

[499] En même temps que les parties, le Fisc trouve un intérêt dans la stipulation du prix dans la mesure où celui constitue l'assiette de l'impôt sur les bénéfices.

[500] Lorsqu'une personne physique ou morale s'engage à transférer la propriété d'un bien, en l'occurrence du café ou du cacao, à une autre ; c'est assurément parce que la contre-prestation escomptée prendra presque toujours la forme de prix.

[501] L'idée de prix suppose, avant tout, le caractère onéreux du contrat. Néanmoins, Mme Anne FRISON-ROCHE fait remarquer que le prix comme « mécanisme naturel de compensation [...] a place dans des actes pourtant inspirés, selon toutes les apparences, par un esprit de gratuité, de libéralité. Ainsi le voudrait l'explication de la genèse du mécanisme obligatoire [...] selon laquelle, le don, en ce qu'il appelle un contre-don, aurait été la forme primitive de l'échange. Ne peut-on d'ailleurs pas, se demande l'auteur, soutenir que le donateur est récompensé par la gratitude du bénéficiaire, la preuve en étant tirée a contrario du mécanisme

partie et, corrélativement, la cause de l'obligation de l'autre, représente pour l'une comme pour l'autre un élément essentiel, au point que l'on a pu, à juste titre, le présenter comme le « centre de gravité du contrat »[502], la préoccupation qui anime les contractants. De nombreuses dispositions affirment le subjectivisme du prix[503], le laissant à l'entière liberté des parties. Il est cependant notoire d'observer une immixtion des pouvoirs publics dans le champ contractuel. Comment s'étonner de cet interventionnisme législatif et réglementaire dans la sphère du contrat, la chose des parties ? En effet, les prix de transfert constituent aujourd'hui une passerelle privilégiée des cocontractants dans leur volonté manifeste de contourner certaines dispositions du droit fiscal par la minoration des prix de vente. Ce faisant, c'est tout le fondement du principe de la commutativité des contrats qui est mis en péril, rendant toute idée de recherche de la réalité et de l'existence du prix basée sur l'équivalence des contreparties réciproques, incertaines, voire improbables (Section 1).

Par ailleurs, un second « goulot d'étranglement »[504] peut être détecté au niveau de la question de la détermination du prix. L'observation de celle-ci semble révéler un constat. Tout d'abord, la fixation du prix serait-elle sur le strict plan juridique une condition de formation du contrat ou, au contraire, un élément d'exécution ? Puis, sur le terrain du droit fiscal, entendu comme une opération de quantification et de liquidation, la détermination du prix renvoie non seulement à la notion de valeur, elle-même aussi essentielle que difficile à appréhender. Mais, elle implique également l'idée d'un juste prix, concept bien connu, mais source réelle d'ambiguïté (section 2).

SECTION I : L'INCERTITUDE QUANT À L'EXISTENCE DU PRIX DE TRANSACTION

Présentation. En juxtaposant le concept d'« existence » auprès de celui d'« incertitude », il n'est pas dans notre propos de soutenir que « le prix n'est plus » et de marquer son absence à l'occasion de la transaction intragroupe de café et de cacao. En la matière, l'adage « pas de prix pas de

---

de la révocation pour ingratitude ? » (« L'indétermination du prix », *RTDCiv.* 1992. 269 s., spéc. p.270). Dans le même sens, cf. Marcel MAUSS montrant que toute donation est, en réalité, un échange car il y a très souvent un objectif intéressé (*Forme et raison de l'échange dans les sociétés archaïques*, in Sociologie et Anthropologie, PUF, 1960, p. 145 et suiv. *Adde* J. CARBONNIER, *Flexible droit*, 8è éd., 1995, p.309 et 321).

[502] P. de FONTBRESSIN, *Les clauses de prix, in «* Les principales clauses des contrats conclus entre professionnels », Colloque de l'Institut de droit des affaires d'Aix-en-Provence, PUAM 1990, spéc. p. 19.

[503] Le prix est dit « subjectif » parce que les idées de négociation, d'autonomie et de liberté sont mises en avant, voire valorisées.

[504] Un goulot d'étranglement qui peut également fragiliser les règles applicables en matière de prix des transactions intragroupe de café-cacao.

vente » demeure le principe. Mais, il est apparu important de rechercher les risques susceptibles de remettre en cause l'équilibre contractuel de ces échanges du fait des circonstances particulières de leur déroulement[505]. Lorsqu'ils sont révélés, de tels risques pourraient affecter l'existence même du prix, en tant que cause de l'obligation du vendeur, de remettre la chose à l'acheteur (§1). Toutefois, la liberté dont ces acteurs disposent n'est ni totale ni absolue, de sorte que le prix, normalement affaire privée des parties, est désormais regardé par les pouvoirs publics comme un élément assez sensible. Il va donc se voir propulser à un rang transcendant le simple accord et gré des parties. Etant un instrument de permutation entre des patrimoines qui s'intègrent dans un système d'échanges, le prix va se faire inévitablement assigner des fonctions économiques dont la réalisation justifie que des garanties soient apportées sous la forme d'exigence d'un prix réel et sérieux (§2).

Parag I : Les risques d'atteintes à l'existence du prix

Plan. L'examen des prix de transfert conduit à minimiser les risques qui peuvent affecter l'existence des prix des transactions intragroupe de café et de cacao, dès lors que les prix sont des prix de marché, résultant du jeu de l'offre et de la demande. *A contrario*, les catégories de prix susceptibles de risques sont ceux qui proviennent de la manipulation et de la complaisance des parties. Afin de présenter leurs incidences au plan juridique, il convient avant tout d'exposer quelques hypothèses classiques de transaction intragroupe affectées de risques, inspirées de la pratique contractuelle des entreprises multinationales de la place.

A. Quelques hypothèses d'atteintes à l'existence du prix

A l'occasion des entretiens[506] et sur la base de documents obtenus, certaines hypothèses nous ont paru révélatrices de la pratique des groupes multinationaux du secteur. Elles méritent donc d'être présentées succinctement[507].

---

[505] La particularité de ces liens se trouve dans la parenté entre les personnes morales, parties au contrat de vente de café-cacao.

[506] Plusieurs entretiens ont eu lieu à plusieurs niveaux et à différents stades des travaux au cours, auprès des services de l'administration fiscale, des douanes, des trésors, des structures de régulations (BCC, ARCC, FRC, etc.), des opérateurs économiques (Cargill, Saco, Outspan, Coopex, ...), de l'ICCO et de l'ICO. Cependant, les noms des personnes rencontrées ne peuvent figurer ici compte tenu du devoir de réserves et du secret professionnel qui pèsent sur bon nombre d'entre eux.

[507] Ces hypothèses reflètent la réalité pratiquée dans le secteur du négoce de café et de cacao, tant au niveau local que sur le marché international. Toutefois, les impératifs liés à la

Première hypothèse. La commercialisation des produits fabriqués par la société Alpha, située à Abidjan, masse de cacao, beurre de cacao, tourteaux et poudre de cacao, est assurée par sa société-mère Bêta Suisse par l'intermédiaire de sa filiale commerciale Delta installée en Suisse. La société Delta organise et réalise pour le compte de la société Alpha la vente de ses produits en positionnant ceux-ci sur le « LIFFE », la Bourse des matières premières de Londres. Alpha ne possède pas de direction commerciale dans son organigramme. Les contrats de vente Alpha sont matérialisés par des contrats d'achat Delta ou d'une autre filiale du groupe (Gamma en Pologne par exemple). Les conditions de vente contractualisées sont celles qui prévalent sur le marché de Londres aux heures et dates où sont passées les ordres d'arbitrage pour :

- Prix : Prix de base des fèves du marché ;
- Ratio de conversion : Produit/fèves ;
- Terme d'échéance arrêté pour la réalisation effective de la transaction.

Tous ces éléments sont dits Fix : Fix. Price, Fix.date, Fix Quantity, donc fixés définitivement. En cas de non respect de l'un de ces « éléments Fix », la partie lésée est fondée à introduire une procédure contentieuse.

Premier commentaire. Au regard de ce qui suit, il convient de distinguer la régularité de l'arbitrage entre Delta Suisse et Alpha Côte d'Ivoire et de la réalité du prix d'achat des produits de cacao par la société Delta Suisse. Sur le premier point, l'arbitrage réalisé par Delta Suisse pour le compte d'Alpha CI ne suscite aucun commentaire particulier, car il paraît conforme aux pratiques contractuelles prévalant pour ce type d'opérations sur le marché des *commodities* de café et de cacao. Sur le second point, en revanche, nous transposons ici les critiques de l'administration fiscale. Le contrat d'achat qui matérialise la transaction entre Delta Suisse, ou une autre filiale du groupe, par exemple Gamma Pologne, est établi avec un ratio de conversion fèves/produit très inférieur à celui qui a servi de base au contrat de vente officielle, suivant les cotes en vigueur à l'arbitrage. Parmi les semi-produits, on note pour l'année n :

	Ratio d'achat	Ratio de vente	Ratio référence
Masse de cacao	1,20	1,38 à 1, 43	1,42
Beurre de cacao	2,17	2,35 à 2, 45	2,38
Tourteaux de cacao	0,26	0,3 à 0,90	0,88
Poudre de cacao	0,35	0,85 à 1, 05	1,04

On note par conséquent de façon formelle que la différence entre le ratio du contrat d'achat et celui du contrat de vente entraîne une dévalorisation du

---

confidentialité des informations recueillies nous obligent à utiliser des noms d'emprunts et à travestir souvent certains détails importants.

produit et une baisse du chiffre d'affaires d'Alpha CI, de l'ordre de 20% de ses recettes totales au profit de sa société mère. L'application d'un ratio d'achat de 1,2 pour les transactions intragroupe de masse de cacao suscite un tel constat : « Le ratio fixé à 1,2 est inférieur aux ratios de référence publiés par la compagnie « Commodities Corporation » et il a toujours été inférieur aux ratios réels. De plus, compte tenu d'un cœfficient de transformation de 0,80, rendement industriel, la valeur du produit est inférieure à la valeur marchande des matières premières ». Le bilan financier de l'entreprise constate donc une moins-value. La vente des produits transformés ne couvre pas la valeur marchande de la matière première nécessaire à leur transformation. Les conséquences pour l'économie ivoirienne sont importantes :

- 20% environ du chiffre d'affaires d'Alpha CI sont encaissés par les filiales européennes de Bêta Suisse, traduisant ici un détournement du chiffre d'affaires ;
- la partie du chiffre d'affaires détournée ampute les résultats nets d'Alpha CI, qui servent d'assiette à la fiscalité sur le bénéfice de l'entreprise. Ce type de détournement peut être diversement qualifié : transfert indirect de bénéfices à l'étranger, fraude et évasion fiscales ;
- la spoliation des bénéfices et résultats de l'entreprise Alpha CI du fait du détournement d'une partie importante de son Cash flow.

Deuxième hypothèse. Le groupe Volcafé, dont la maison mère est située à Winterthur en Suisse dispose de plusieurs filiales dont certaines sont situées dans les pays producteurs de café, notamment, en Côte d'Ivoire, au Cameroun, et au Brésil. Pour éviter de payer l'impôt, le négociant en café a installé une société boite aux lettres dans le paradis fiscal de Jersey[508]. Le mécanisme est apparemment simple : les filiales dans les pays producteurs vendent le café à la société Cofina, qui le revend à de gros clients ou à Volcafé Winterthur, à des prix et marges manipulés, dissimulant des montages fort ingénieux. Théoriquement, la société Cofina revendait à des clients le café acheté auprès des filiales des pays exportateurs. En pratique, celle-là n'ayant aucune existence véritable, ce sont plutôt celles-ci qui nouent les contacts et négocient directement avec les acheteurs finaux. Les instructions données aux responsables de ces sociétés exportatrices à cet effet sont claires[509]. Ces dernières établissaient les contrats et les documents

---

[508] Jersey fait partie des îles de la Manche, ne prélevant pas d'impôts sur les bénéfices.

[509] Les dirigeants de Volcafé affirment ceci aux responsables des sociétés locales : « *Prenez garde à ce que toutes les communications avec les acheteurs finaux soient faites au nom de COF et indiquez clairement à vos clients qu'ils reçoivent tous les documents de la part de COF (....). L'établissement de contrats, d'avenants, de factures, etc. et l'expédition de documents au nom de COF sont sous votre responsabilité (...). Pendant la négociation du contrat, vous pouvez garder les documents sur vous pour avoir l'information sous la main et vous y référer facilement, mais ils devraient être gardés séparément et rester strictement*

de fret comme s'ils émanaient de Cofina. Dans le groupe Volcafé, les collaborateurs étaient tous employés des diverses filiales, mais ils travaillaient également pour le compte de Cofina. A Jersey, une personne signait les documents importants pour Cofina. L'archivage des documents était également effectué par Cofina.

Deuxième commentaire. La particularité de cette seconde affaire réside dans le fait qu'elle a été très médiatisée. En effet, elle a fait l'objet d'un reportage diffusé le 24 avril 2004 par la télévision suisse alémanique, sous le titre « le négociant en café suisse Volcafé échappe aux impôts au détriment des pays du Sud ». Mais, c'est surtout les critiques faites par la Déclaration de Berne[510] qui ont conduit la fermeture de la société « boîte à lettre » Cofina. Au regard des documents publiés par la Déclaration de Berne, les bénéfices de Cofina Suisse en 98 se chiffrait à 24 102 093 US$. Ces recettes n'ont pas été taxées. Selon cette Association, « si ces recettes étaient déclarées là où elles avaient été réalisées, elles auraient dû être soumises aux impôts selon les règles nationales des pays producteurs. Dans le même temps, les autres sociétés du groupe Volcafé accusaient ensemble une perte de 19 millions de dollars ». Au-delà des.procédés douteux de recours à « des sociétés offshore », c'est-à-dire sociétés créées dans des paradis fiscaux par certaines multinationales, l'intérêt de l'espèce réside dans la pratique de sous-facturation des prix du café acheté en vue de faire apparaître artificiellement un déficit dans les résultats de la filiale locale, toute la marge étant donc transférée à la société Cofina de Jersey. En effet, tout est comme si la stipulation de tel prix dans les contrats de vente des matières premières était « déconnectée » de la réalité, et que ces pratiques affectaient le prix dans son existence même, faute de sincérité.

L'analyse combinée de ces deux affaires achève de nous convaincre que la marge de manœuvre dont disposent les parties à l'échange intragroupe n'est autre chose qu'une manifestation du principe de liberté des prix. Il est institué par la loi n° 91- 999 du 27 décembre 1991 qui postule dès son titre 1er la consécration de la liberté des prix et des échanges[511]. On peut lier son fondement à la Déclaration des droits de l'Homme et du citoyen de 1789 laquelle érige en son alinéa 2 la liberté en « droit inaliénable et sacré ». Au plan des principes économiques, elle trouve également ses germes dans la liberté du commerce et de l'industrie. Finalement, parce qu'elles donnent

---

confidentiels. La forme définitive du document doit être conservée par la COF » ; voir Document annexé VOLCAFE.

[510] La Déclaration de Berne (DB) est une Organisation Intergouvernementale suisse qui s'engage pour les relations Nord-Sud plus équitables. Elle est une Association suisse ayant pour but de promouvoir une solidarité active entre les groupes de populations, en faveur des pays en développement. Cette Déclaration a été élaborée à la suite de deux réunions, l'une à Gwatt le 4 janvier 1968 et l'autre le 10 mars 1968 à Berne.

[511] L'article 1er de la loi dispose : « *les prix de biens et services échangés en Côte d'ivoire sont librement déterminés par le jeu de la concurrence.* »

aux acteurs intragroupe du commerce international la faculté du choix des méthodes de gestion, de production et de distribution, ces règles conduisent à considérer incontestablement le prix comme un élément soumis au seul gré des opérateurs économiques. Cependant, l'exercice sans limites de cette liberté peut être source de dérives et d'abus dont les conséquences sont perceptibles au niveau des divers terrains juridiques, en droit commun comme en droit fiscal.

B. Les conséquences pratiques des atteintes à l'existence du prix

Plan. La réalité juridique est tissée d'un ensemble de techniques qui se côtoient, se mêlent et parfois se heurtent[512]. Le prix fait alors partie de ces concepts dont les risques d'atteintes à son existence peuvent avoir des répercussions à l'égard de plusieurs disciplines juridiques Ainsi, par exemple, la pratique d'une filiale qui consiste à vendre ses produits de café et de cacao à une société apparentée à un prix dérisoire, en deçà du prix de revient représente un risque affectant l'existence même du prix. Qui plus est susceptible de constituer une violation de la norme juridique, au sens de la théorie de la cause de l'obligation, de l'intérêt social ou de l'acte anormal de gestion. Selon que l'on attachera de l'importance à tel ou tel fondement, les implications se situeront sur le terrain du droit civil, du droit des sociétés ou du droit fiscal.

1. Sur le terrain du droit commun

Parce que les prix des transactions intragroupe de café et de cacao mettent en cause des sociétés juridiquement indépendantes ayant vocation à la réalisation de profit et résultant de stipulations contractuelles, il va sans dire que les conséquences seront appréciées sur un double terrain du droit commun : tout d'abord celui du droit des contrats, puis celui des sociétés.

En droit des contrats. La théorie de la cause[513] se situe constamment en toile de fond dans l'étude de tous les contrats. Certaines dispositions générales, comme l'article 1108 du code civil, qui constituent son fondement légal, l'érigent en quatrième pilier des conditions de validité des conventions. L'article 1131 du même code affirme à cet effet que l'obligation sans cause, ou sur une fausse cause, ou sur une cause illicite, ne peut avoir aucun effet. Il en résulte donc que la théorie postule l'idée que la formation d'un contrat doit être nécessairement subordonnée par l'existence d'une cause, entendu au sens large comme la contrepartie convenue. En droit commun des contrats, l'on a pu reconnaître à cette théorie un office de

---

[512] Fl. DEBOISSY, *La simulation en droit fiscal*, LGDJ, 1997, n°108, p. 41.

[513] Il faut d'entrée de jeu bien distinguer deux types de causes, la cause du contrat et la cause de l'obligation. C'est la seconde qui fera l'objet de notre analyse.

qualification générique des contrats à titre onéreux et des contrats à titre gratuit. A l'égard de cette dernière catégorie, les contractants sont « mus par un but désintéressé, ne poursuivant aucun avantage personnel »[514] ; ils font alors preuve de libéralité, de bienfaisance et de solidarité. Le contrat à titre gratuit s'analyse comme un engagement sans contrepartie pécuniaire, dès lors qu'il consiste dans l'attribution d'un avantage à l'une des parties sans équivalent. Est-ce pourtant qu'une telle obligation serait dépourvue de cause ? Evidemment que l'on répondrait par la négative, en ce sens que la cause apparaîtrait ici comme la volonté de ne rien recevoir en échange.

La cause de l'obligation se confond ici avec l'intention de libéralité ou « animus donandi ». A titre d'illustration, la donation représente le prototype de ces types de contrats. Mais, il est de plus en plus cas des contrats de bienfaisance qui présentent la particularité de ne pas appauvrir son débiteur. En effet, la partie qui s'engage ne transférant pas de propriété, mais se contentant plutôt de rendre un service qui n'entraînera pas une diminution en fin de compte de son patrimoine[515]. Ceci dit, il n'y a pas de prix dans les contrats soutenus par une intention libérale, pas de contrepartie due. Dès que ce prix apparaît, le contrat cesse d'être à titre gratuit et devient onéreux. A l'évidence, l'existence du prix, entendue comme la contrepartie ou l'équivalent[516] dans la mesure où elle détermine la nature onéreuse de la seconde catégorie des contrats, matérialise la théorie de la cause. Dans cette hypothèse, chaque cocontractant ne s'engage que parce qu'il attend une contrepartie de l'autre. La cause de l'obligation de chaque partie réside dans l'échange[517] envisagé. Ainsi, le but spécifique du contrat onéreux consistera dans l'accomplissement de ce « sunallagma ». La stipulation du prix discrimine donc le contrat en convention à titre onéreux dont le but est ainsi de parvenir à un échange de valeurs économiques. Il s'ensuit que parmi les contrats à titre onéreux, figurent en bonne place le bail qui nécessite un loyer, le contrat de travail qui requiert le versement d'un salaire, l'échange qui oblige à un transfert réciproque de biens, le contrat d'entreprise qui

---

[514] H., L. et J. MAZEAUD et Fr. CHABAS, *Leçons de droit civil*, Tome 2, 1er volume, Obligations, Théorie générale, 9è édition, n°100.

[515] Dans le commodat ou prêt à usage, le prêteur rend service à l'emprunteur. Mais, ce dernier est tenu, après usage du bien prêté, d'une obligation essentielle de restitution. En contrepartie, il ne doit rien au prêteur – sinon la gratitude, prix psychologique. Le commodat étant un contrat à titre gratuit, le versement d'une somme pouvant entraîner sa disqualification et sa requalification en bail (*Cf.* Jean François OVERSTAKE, *Essai de classification des contrats spéciaux*, LGDJ, 1969, tome 91, préface J. BRETHE DE LA GRESSAYE, p. 213s.)

[516] J. MAURY, *Essai sur le rôle de la notion d'équivalence en droit civil français*,. Tome 1, *La notion d'équivalence en matière contractuelle*, Thèse Toulouse, 1920, p. 39 s. ; V. –L. CHAIGNEAU, *Le problème moral des prix*, LGDJ, 1943, p. 33-34 ; Ph. MALINVAUD, *Droit des obligations réciproques*, Litec, 8è éd., 2003, n° 238 : « *Dans tout contrat synallagmatique, il y a des obligations réciproques. Le plus souvent, il s'agira d'une chose ou d'une prestation de service et, d'autre part, d'un prix versé en contrepartie. Ce prix apparaît comme l'objet de payer, laquelle se retrouve dans presque tous les contrats à titre onéreux* ».

[517] L'échange est pris ici dans son acception économique et non juridique.

implique le versement d'une rémunération et la vente qui suppose un prix. Dans tous ces cas où le prix, entendu *lacto sensu* apparaît comme la contre-prestation d'une autre obligation mise à la charge du créancier de l'objet monétaire, la vente fait figure de contrat à titre onéreux par excellence[518].

La spécificité du contrat de vente, qui se confond ici aisément à la transaction intragroupe, réside dans le fait non seulement qu'elle emporte transfert de propriété des marchandises, en l'espèce de café et de cacao, de la part d'une société qui vend à une autre qui achète, mais surtout qu'elle nécessite le paiement d'un prix. Sans ces deux « piliers », ni la transaction intragroupe ni la vente donc ne peuvent recevoir cette qualification. D'ailleurs, en vertu de la théorie de la cause, le prix de vente des produits de café cacao s'analyse comme la cause de l'obligation du vendeur ; et corrélativement le transfert de propriété de ces biens, l'objet de l'obligation de l'acheteur. Aussi l'article 1582 du code civil ne définit-il pas ce contrat comme « une convention par laquelle l'une s'oblige à livrer une chose et l'autre à la payer »? Mieux encore, pour que la transaction intragroupe de café et de cacao existe en tant que contrat de vente, il est nécessaire que le prix soit stipulé avec la ferme intention de l'exiger[519]. Or, dans la pratique très souvent le prix figure bel et bien dans les stipulations contractuelles. Mais, il arrive que la filiale qui se propose d'acheter les matières premières ne verse pas le prix, sous le prétexte qu'elle rencontre par exemple des difficultés économiques et financières. Parfois, le prix convenu, quoique réellement versé est si minime qu'il ne saurait constituer une véritable contrepartie[520].

Dans pareilles circonstances, le contrat de vente déclaré peut être annulé, pour défaut de prix et donc de cause. Cette nullité qui prive l'acte passé de toute existence légale, est absolue ; c'est-à-dire, ne saurait être susceptible ni de confirmation ni de ratification[521]. Une telle sanction nous paraît appropriée compte tenu de l'intérêt en cause. Si le législateur soumet les exigences du prix au rang des règles d'ordre public, c'est sans doute parce que le prix, source de la volonté des parties au contrat est socialement et économiquement utile[522]. Mais, en réalité elle est rarement mise en jeu compte tenu de l'enjeu que cette opération présente pour les sociétés appartenant à un même groupe multinational. C'est pourquoi, l'on admet que

---

[518] A. BENABENT, *Droit civil : les contrats spéciaux civils et commerciaux*, Montchrestien, 7è, n° 13, p. 13 ; Au point que certains divisent la matière des contrats spéciaux en deux parties : la vente et « les autres contrats » (MALAURIE et AYNES, 8è éd.)

[519] Dans ce sens, en droit français, Montpellier, 6 mars 1963, *Gaz. Pal.* 1963.2.230.

[520] Dans la mesure où il est insuffisant ne serait-ce que pour couvrir son prix de revient.

[521] En droit français, Civ., 16 nov. 1932, S. 1934. 1.1., note ESMEIN ; 4 août 1952, S.1853.1.20. ; 17déc. 1959, *S.* 1960. 1. 177.

[522] P. de FONTBRESSIN, « De l'influence de l'acceptation du concept de prix sur l'évolution du droit des contrats », *RTDCiv.* 1986, p. 655.

les conséquences liées aux risques d'atteintes du prix des cessions présentent certes un intérêt à l'égard de la théorie de la cause.

Par ailleurs, un tel intérêt ne doit pas faire illusion, du fait de sa portée assez limitée. Il nous semble qu'il en va différemment sur le terrain du droit des sociétés, dans la mesure où la contrepartie exigée ici relève de l'essence même des sociétés commerciales, c'est-à-dire : « la réalisation des bénéfices. »

En droit des sociétés. En matière de droit des contrats, les atteintes au prix des transactions sont une remise en cause de la nature commutative[523] du contrat de vente. Au contraire, elles constituent une violation de l'intérêt social en ce qui concerne le droit des sociétés. L'enjeu de la question quitte ici le terrain de la nature du contrat pour celui de la finalité des organes dirigeants, mais aussi celui de la recherche d'un équilibre des pouvoirs au sein de la société[524]. La notion d'intérêt social n'apparaît dans l'AUSC que de manière incidente, notamment à propos des pouvoirs des dirigeants sociaux. On la retrouve, par exemple à l'article 277 sur la SNC, lorsqu'il dispose que « dans les apports entre associés, et en l'absence de détermination de ses pouvoirs dans les statuts, le gérant peut faire tous les actes de gestion dans l'intérêt de la société (…) », à l'article 298 sur la SCS qui renvoie à l'article 277, à l'article sur la SARL reprenant les dispositions sur la SNC, à l'article 891 qui réprime l'abus des biens sociaux, de crédit, de pouvoir et de voix dans les sociétés et enfin à l'article 130 et 131 sur l'abus de majorité et de minorité. Faut-il voir dans cette absence de définition légale un facteur d'insécurité juridique et d'arbitraire dans l'espace de l'OHADA ? Nous ne le pensons pas. Ce concept forgé au gré des besoins par la jurisprudence française, dans laquelle le législateur de l'Acte uniforme a puisé une bonne part de sa source d'inspiration, participe de la flexibilité de la règle de droit. Il ne faudrait donc pas y voir un signe de négligence ou d'oubli. Puisqu'il s'insère dans ce qu'il convient d'appeler un standard juridique, un concept à contenu variable, appelé aussi concept mou[525].

Par ailleurs, l'on admet volontiers que le défaut de définition claire et précise peut être source d'incertitudes et de querelles doctrinales. Certains auteurs prétendent que l'intérêt social est l'intérêt de l'entreprise[526], c'est-à-dire qu'il englobe non seulement l'intérêt des associés, mais également celui des salariés, des créanciers, des clients, voire de l'Etat[527]. D'autres estiment que l'intérêt social doit s'entendre comme l'intérêt propre de la société :

---

[523] Du fait du double caractère synallagmatique et onéreux du contrat de vente.

[524] J. SCHAPIRA, « L'intérêt social et le fonctionnement de la société anonyme », *RTD Com* 1971, p. 959.

[525] B. SAINTOURENS, « La flexibilité du droit des sociétés », *RTD Com* 1987, p. 483.

[526] B. TEYSSIE, « L'intérêt de l'entreprise, aspect du droit social », *D.* 2004, p.1680

[527] Par ex. J. PAILLUSSEAU, « Les fondements du droit moderne des sociétés », *JCP* E., 1995, I, 488.

celle-ci est constituée dans l'intérêt des associés[528], qui attendent une création de la richesse, et tout particulièrement dans les sociétés par actions, une optimisation de la valeur de leurs titres[529]. Le choix entre les deux conceptions n'est pas neutre. Il influe nécessairement sur le mode de gouvernement de la société. La question essentielle étant celle de savoir qui des dirigeants ou de l'assemblée des associés fixe l'intérêt social[530]. Elle devient plus complexe dès lors que l'on est en face d'un groupe de sociétés : y a-t-il « un intérêt social du groupe qui doit l'emporter sur telle ou telle filiale ? » Autrement dit, les hypothèses dans lesquelles des dirigeants d'une société-mère s'approvisionneraient en matières premières auprès de l'une de leurs filiales à des prix exagérément élevés, peuvent-elles constituer une atteinte à l'intérêt social ?

La question présente un réel intérêt en matière de prix de transfert, cependant sa réponse exige de distinguer entre deux situations. D'une part, en présence d'une filiale contrôlée à 100% par la société-mère qui règne sans partage sur le groupe exerçant sur chaque entité placée sous son contrôle une emprise manifeste, le problème de l'intérêt social ne se poserait même pas, compte tenu du pouvoir absolu que dispose celle-ci sur la politique générale du groupe[531]. D'autre part, dans le cas où la société mère partage le droit de vote avec d'autres actionnaires, fussent-ils minoritaires, l'on pourrait retourner l'interrogation de cette façon : l'*affectio societatis*[532] étant le fondement de l'acte social, serait-il possible de concevoir le diktat des actionnaires majoritaires sur les moins nantis dans la politique managériale du groupe, notamment en matière des prix de transfert ? A priori, il n'y a pas de doute que de tels agissements soient de nature à émousser l'intérêt social. Mais, encore faut-il distinguer selon que la ligne de démarcation entre la majorité et la minorité se situe au sein de la société-mère du groupe ou au contraire à l'intérieur de l'une de ses filiales.

---

528 D. MARTIN, « L'intérêt des actionnaires se confond-il avec l'intérêt social ? », in *Mélanges D. Schmidt*, Joly 2005, p. 359.

529 D. SCHMIDT, « De l'intérêt social », *JCP*, éd. E, 1995, I, 468.

530 Si les dirigeants sociaux ont le choix des moyens, l'exercice de leur pouvoir doit s'inscrire dans le cadre de l'objectif qui leur a été assigné.

531 En fonction de ses objectifs, la société mère peut décider des coûts de telles ou telles transactions de sorte à localiser des profits importants dans telle filiale donnée plutôt que dans telle autre sur le territoire duquel le fardeau fiscal est exubérant.

532 C'est la volonté de s'associer, telle qu'elle découle de l'art. 4 de l'AUSC "*La société commerciale est créée par deux ou plusieurs personnes qui conviennent, par un contrat, de mettre en commun des biens ou leur industrie, en vue de partager le bénéfice ou de profiter de l'économie qui pourra en résulter (...). La société commerciale doit être créée dans l'intérêt commun des associés.*" En cela, l'*affectio societatis* correspond à une volonté d'union ou à une convergence d'intérêts des associés, qui sont censés se préoccuper de la bonne marche de leurs sociétés. L'intensité de *l'affectio societatis* varie selon la forme de la société et du nombre plus ou moins grand d'actionnaires, les risques courus par les associés sont importants, plus l'*affectio societatis* est accentuée. A l'inverse, dans les sociétés où l'actionnariat est très atomisé (*beaucoup d'actionnaires ne détenant que peu d'actions)* elle serait assez faible.

En considérant la première hypothèse dans laquelle coexistent au sein de l'actionnariat de la société-mère des actionnaires majoritaires et minoritaires, il est peu probable pour les seconds d'utiliser aux fins des prix de transfert le moyen de défense fondé sur l'abus de majorité avec succès. Car, les éléments cumulatifs constitutifs[533] de la notion de l'abus auront de la peine à se constituer dans la mesure où les actes posés par la majorité seraient nécessairement dans l'intérêt collectif de la société mère. En d'autres termes, toute politique de prix de transfert du groupe bénéficierait *in fine* à l'ensemble du groupe, et donc des actionnaires minoritaires. En revanche, dès lors que la coexistence se déroule au sein de l'une des filiales, l'abus de majorité se transporte en matière de prix de transfert et peut être invoqué par les minoritaires dès lors qu'une décision des majoritaires leur fait grief. La jurisprudence canadienne « Ford Motor of Canada Ltd » ou « la question de 3 milliards de dollars »[534] nous en fournit une parfaite illustration.

A l'heure des sanctions, le droit fiscal ne saurait demeurer en reste à l'égard des manœuvres souvent fantaisistes des dirigeants des sociétés filiales, constitutives d'une double violation de l'existence du prix et de l'intérêt social. Le Fisc ne dispose-t-il pas d'ailleurs de sérieuses raisons de protester et un arsenal approprié pour organiser sa riposte ?

---

[533] Selon l'alinéa 2 de l'article 130 de l'AUSC, « il y a abus de majorité lorsque les associés majoritaires ont voté une décision dans leurs seuls intérêts, contrairement aux intérêts des associés minoritaires, et que cette décision ne puisse pas être justifié par l'intérêt de la société. »

[534] Les faits en l'espèce sont relativement clairs. Il s'agit d'une opération de privatisation ou d'éviction forcée dans le cadre de laquelle FORD US avait tenté, en 1995, de faire l'acquisition d'environ 6% des actions de FORD CANADA dont elle n'était pas propriétaire. Les actionnaires minoritaires n'étant pas d'accord sur le prix de l'action estimé à 185 $ ont fait valoir qu'ils étaient illégalement brimés par le régime de prix de transfert entre Ford US et Ford Canada.

Le juge Cumming saisi de l'affaire devrait trancher sur deux moyens : d'une part, celui fondé sur la méthode appropriée pour la détermination des prix de transfert afin de calculer la perte de profit de Ford Canada ; et d'autre part, le traitement inégalitaire des actionnaires minoritaires.

Si dans le premier cas, le juge a estimé la cohérence de la méthode choisie parce qu'elle permet de parvenir à de meilleurs résultats de pleine concurrence et conforme à la réalité de l'entreprise Ford ; dans l'autre hypothèse, il s'est voulu plus ferme. Car, il affirme qu'il ne suffit pas pour un contribuable d'avoir simplement un régime de prix de transfert qui ne sera pas contesté par l'administration fiscale ; le régime doit éviter plutôt de traiter injustement les actionnaires minoritaires, ce qui pourrait constituer un abus au sens de la Loi sur les sociétés par actions du Canada. (In *Revue Faits Saillants de la Fiscalité canadienne*, Volume 12, n° 3, mars 2004, p.5.)

2. Sur le terrain du droit fiscal

Importance des bénéfices réalisés. Autant que la filiale vendeuse des produits agricoles et la société acheteuse apparentée[535], le Fisc est intéressé au résultat de la société [536]résultant de son exploitation commerciale. L'existence d'un impôt spécifique sur les BIC au taux de 27% est la justification d'un tel intérêt, qui fait de l'Etat en quelque sorte associé dans bien de sociétés[537], étant donné qu'il a droit à un peu plus du quart des bénéfices réalisés[538]. Par conséquent, l'activité commerciale de café et de cacao entre sociétés liées doit absolument être guidée par la recherche d'une contrepartie généralement constituée par un prix, même si aujourd'hui la nature de la contrepartie est entendue au sens large[539]. Cette exigence qui repose sur un double fondement : la nécessité de protection des prérogatives de la puissance publique et le principe que la recherche du profit que justifie l'exercice des affaires, est la manifestation de la gestion normale de l'entreprise.

A contrario, une transaction intragroupe par exemple qui consisterait pour une filiale ivoirienne à facturer à sa maison mère pour un prix de 50.000 FCFA la tonne de cacao alors que sa valeur réelle est autour d'un million (1. 000 000) de F FCFA cesse d'être considérée comme un acte normal, tombant sous le coup de l'acte anormal de gestion[540]. Ayant pour vocation de vérifier que les décisions de l'entreprise qui ont une répercussion fiscale ont bien été prises dans l'intérêt de celui-ci[541], la théorie de l'acte anormal de gestion postule que la minoration de l'actif soit compensée par une contrepartie. Bien qu'elle soit d'émanation jurisprudentielle, la doctrine[542] lui trouve un fondement juridique dans les articles 14 et 18 du CGI, qui traduit par ailleurs les deux catégories d'actes anormaux de gestion. Généralement, ce sont les dispositions de l'article 16 CGI qui donnent l'occasion de recourir à la notion de l'acte anormal de gestion. En ce que définissant les charges déductibles, elles fondent le refus de déduction dès

---

[535] Pour l'une l'intérêt réside dans le paiement du prix des produits, pour l'autre, c'est plutôt le transfert de propriété

[536] L'hypothèse est évidemment celle des sociétés de capitaux, notamment des sociétés par actions ou les SARL compte tenu de leur pleine personnalité fiscale.

[537] Cette vocation de l'Etat aux bénéfices ne s'accompagne toutefois pas au partage des pertes, en cas de résultats déficitaires.

[538] M. COZIAN, *Précis de Fiscalité des Entreprises*, 30è éd., 2008-2009, n°28, p.16.

[539] L'avantage procuré à l'entreprise peut tout de même être de nature économique ou financière.

[540] La théorie de l'acte anormal de gestion se limite à l'imposition des bénéfices. Ainsi, elle exclut de son champ d'application la TVA dont le caractère réel suppose que la taxe ne peut être assise que sur des sommes réellement encaissées, empêchant toute spéculation sur un éventuel prix normal ou anormal.

[541] P. SERLOOTEN, *Droit fiscal des affaires*, éd. Dalloz, 5è, 2008, n° 32, p. 35.

[542] *Ibidem.*, p. 35.

lors que les dépenses ne correspondent pas à l'intérêt de la société, parce qu'étrangères à celle-ci et ne présentent pas un caractère excessif[543].

Eviter la fraude. Il y a également acte anormal lorsque l'entreprise renonce à un profit qu'elle aurait pu réaliser, pour des raisons étrangères à l'entreprise. Cette modalité de la théorie semble trouver sa justification dans l'article 14 du CGI qui définit le bénéfice imposable. D'ailleurs, le Professeur Serlooten dénonce la fragilité d'un tel fondement textuel. Pour lui, dans la mesure où cette disposition ne vise que le bénéfice net ainsi que les opérations effectuées par l'entreprise, il paraîtrait difficile de fonder sur cette base le pouvoir reconnu à l'administration non pas évidemment pour se substituer à l'entreprise afin de faire un acte qu'elle n'avait pas fait, mais pour, au moins, faire comme si cet acte avait été effectué[544]. Quoiqu'il en soit de la justification légale, il demeure que de toute façon le souci permanent est d'éviter la fraude à partir du moment où il a été posé le postulat que la gestion de l'entreprise est nécessairement commandée par la recherche du profit. L'administration est donc en droit de réintégrer dans les bénéfices de l'entreprise, le montant du manque à gagner injustifié, du fait d'une transaction intragroupe portant sur des produits de café et de cacao à prix coûtant, par exemple. En pratique, ces hypothèses dans lesquelles la théorie de l'acte anormal de gestion trouve à s'appliquer, peuvent coïncider très souvent avec les impératifs de répression du transfert indirect de bénéfices institués par l'article 38 du CGI[545]. En effet, dans sa gestion fiscale, le groupe de sociétés multinationales aura une forte propension à gonfler les bénéfices d'une filiale située dans un Etat peu imposé en diminuant corrélativement ceux qui seront dégagés en Côte d'Ivoire. Il en résulte que le prix issu d'une telle transaction qui ne peut être considéré comme un prix normal, l'une des sociétés s'appauvrissant au profit d'une autre, trouverait à être sanctionné sur ce double fondement[546].

---

543 L'on notera que l'article 18 du CGI a une préférence pour l'usage du concept de « travail effectif », « d'opération réelle » pour justifier la déduction des charges de personnels, y compris le salaire du conjoint de l'exploitant individuel et la déduction des redevances de cession ou concession de licences d'exploitation, de brevets d'invention, de marque de fabrique, procédés ou formules de fabrication. Mais, c'est à l'occasion de la déduction des rémunérations exceptionnelles allouées par le CA à ses membres pour des missions et mandats qui leur sont confiés, et aux frais et dépenses engagées, qu'il exige et recours à « l'intérêt de la société ».

544 P. SERLOOTEN, Op. cit., n° 32, p. 36.

545 A la double condition qu'il existe un lien de dépendance entre les entreprises en cause et que la transaction donne lieu à l'octroi d'un avantage commercial ou financier à l'entreprise étrangère.

546 La grande identité entre les domaines respectifs de l'acte anormal de gestion et du régime de répression des bénéfices de l'article 38 du CGI incite à considérer l'un comme étant la transposition de l'autre au plan interne ou international. Toutefois, cette identité de domaines est loin d'être parfaite. (Cf. M. COZIAN, Les transactions intragroupe : le principe des transactions à prix normal, BF 3/96 Chronique, p.110 et s.)

En définitive, pas plus qu'en droit commun des contrats et des sociétés, la liberté dont jouissent les sociétés du groupe en droit fiscal n'est pas illimitée. Notamment, lorsqu'elles sont amenées à traiter entre elles, la stipulation d'un prix du café ou du cacao peut être motivée par l'intention de localiser leurs bénéfices au gré de leurs convenances, « d'alléger certaines sociétés pour en accabler d'autres ». Du fait que de tels prix constitueraient une façade, une fiction, la liberté qui préside à son existence ne peut être que surveillée, conditionnée en vue de pallier les conséquences qu'elle pourrait engendrer dans l'absolu. Il apparaît par conséquent normal de la baliser, la sécuriser à travers des règles qui garantissent la sincérité, le sérieux et la réalité du prix.

Parag II : Les garanties apportées dans l'exigence de prix réel et sérieux

Plan. Tout est comme si le prix constituait, de prime abord, un facteur drapé du manteau de la liberté, mais que derrière celle-ci, se cachaient nombre de petites chaînes[547], lesquelles seraient le signe de la garantie nécessaire à l'exigence de prix réel et sérieux. Essentiellement d'origine jurisprudentielle, cette exigence n'a pas moins un fondement légal, du reste à l'égard de sa première composante. En effet, l'existence du prix dans les contrats onéreux constitue depuis toujours une condition de validité et de qualification de ces contrats. Néanmoins, lorsque le prix stipulé dans la transaction intragroupe du café ou du cacao n'est que de pure forme, déconnecté de la réalité, il devient nécessairement un moyen de fraude qui, par essence, corrompt tout et mérite d'être sanctionné. A cet égard, l'importance du droit fiscal n'est plus à démontrer aux fins de garantir la sincérité des stipulations pécuniaires qui seraient faussées par d'éventuelles opérations « d'artificialisation » du prix guidé par un souci d'évitement de l'impôt[548]. Mais, avant de dévoiler la consistance de cette garantie, il conviendrait d'aborder le bien fondé de l'exigence de prix réel et sérieux.

A. Le bien-fondé de l'exigence

Etroitesse du domaine légal de la lésion. Au sens du droit commun, les raisons qui ont permis de dégager l'exigence de prix réel et sérieux[549] semblent bien assez claires aux yeux de la doctrine. Il s'agit en effet de

---

[547] L'expression est de Ch. de BROSSES, Lettres, « A Voltaire », 1758, in M. THIOYE, *Recherches sur la conception du prix*, PUAM, n° 30, p. 38.

[548] Selon une terminologie ayant cours au Canada et en Belgique, l'évitement est perçu comme le signe d'un « incivisme fiscal » (*Cf.* T. AFSCHRIFT, *L'évitement licite de l'impôt et la réalité économique*, Lancier, Bruxelles, 1994.)

[549] N. COIRET, *L'indétermination du prix dans les contrats*, Thèse Bordeaux I, 1989, p.75 s.

remédier à l'exiguïté du domaine légal de la lésion[550], d'étendre ce domaine au-delà des confins tracés par le législateur, en vue *in fine* de généraliser le principe de la commutativité. Une neutralité complète des pouvoirs publics les aurait sans doute conduits à laisser les parties contractantes[551] et elles seules juges de l'équilibre de leurs prestations réciproques. Une telle conception est en effet celle que l'on retrouve dans la théorie classique des obligations, à savoir la doctrine de l'autonomie de la volonté, « un des principes les plus importants du droit civil » selon l'expression de R. Demogue[552]. A suivre au pied de la lettre cette philosophie, ce serait seulement aux parties libres et égales de défendre leurs intérêts au moment de la conclusion de leur transaction, et partant de se prémunir contre toute forme de lésion. Ainsi, étant donné que la volonté ne saurait être source d'injustices, à moins d'insanité d'esprit ou de « suicide commercial » volontaire, nul ne se mettrait dans des liens contractuels dont il saurait le caractère nuisible à ses intérêts[553]. Tirant certainement les conséquences de cette doctrine, le législateur a voulu marquer son indifférence de principe à l'égard de la théorie de la lésion entre personnes capables. L'article 1118 du Code civil[554] dispose que la lésion « ne vicie que les conventions dans certains contrats ou à l'égard de certaines personnes (…) ». Cette vision est renchérie par les dispositions de l'article 1134 du Code civil qui fait du contrat librement consenti et valablement signé la loi des parties.

Elargir l'étroitesse de la lésion. Afin d'éluder la difficulté, la jurisprudence se devait de trouver un autre chef d'accusation pour annuler les contrats lésionnaires grâce à divers moyens juridiques, notamment à travers les techniques des vices du consentement, à savoir l'erreur, le dol et la violence[555]. A l'évidence, le mobile recherché était bien de procéder à un réajustement du prix par voie détournée de sorte à « prendre en considération les impératifs de la justice commutative » sur le fondement de mécanismes de droit commun autres que celui de la lésion. Il s'agit par là de court-

[550] Dans le langage courant, la lésion correspond au tort, au dommage, à l'atteinte à des droits ou à des intérêts.

[551] Fussent-elles des personnes morales liées entre elles ou pas.

[552] R. DEMOGUE, *Les notions fondamentales du droit privé*, LNDJ, 1911, p. 147

[553] E. GOUNOT, *Le principe de l'autonomie de la volonté en droit privé. Contribution à l'étude critique de l'individualisme*, Thèse Dijon, 1912, p.73 et s. ; J. MAURY, *Essai sur le rôle de la notion d'équivalence en droit civil français, Tome 1, La notion d'équivalence en matière contractuelle,* Thèse Toulouse 1920, p. 159 et s., Fr. TERRE, Ph. SIMLER, et Y. LEQUETTE, Droit civil. *Les obligations*, Précis Dalloz, 8è éd., 2002, n°304.

[554] L'on peut fort bien rapprocher cette disposition à l'article 1313 du même code qui stipule que « les majeurs ne sont restitués pour cause de lésion que dans les cas et sous les conditions spécialement exprimées dans le présent code. »

[555] Pour étude plus détaillée de la question (Cf. M. THIOYE, *Recherches sur la conception du prix dans les contrats*, Tome 2, éd. PUAM, 2004, n°1509 et s. p. 681)

circuiter l'étroitesse de son domaine pour en faire bénéficier tous les contrats et toutes les personnes[556].

Réalisme fiscal et exigence de prix réel et sérieux. Au contraire, en droit fiscal c'est plutôt la considération du « réalisme fiscal » qui sert de mobiles à l'exigence de prix réel et sérieux. En effet, les prix de vente des produits de café et de cacao étant constitutifs du chiffre d'affaires réalisé par les entreprises, intéressent au premier chef le législateur fiscal, en raison précisément de l'impôt BIC dont ils constituent l'assiette. Au-delà de l'intérêt lié aux résultats de l'entreprise d'une manière générale, les prix sont aussi une préoccupation essentielle du Fisc, dès lors qu'ils génèrent des impôts directs ou indirects. Toutes les mutations ou presque, qu'elles soient à titre onéreux ou à titre gratuit, donnent lieu à la perception de droits au profit de l'administration fiscale. Par conséquent, cette dernière a pleine conscience des techniques de fraude à la réglementation fiscale qui se développent de plus en plus dans le but de ne pas payer ou de payer le moins possible. En riposte à ces pratiques frauduleuses qui faussent la « sincérité des déclarations », le service des impôts s'est alors fait reconnaître des pouvoirs exorbitants et régaliens qui lui permettent aujourd'hui de passer dans « l'art de contester le prix déclaré »[557]. Le droit fiscal se contente ainsi de mettre en œuvre le principe du réalisme qu'on lui reconnaît. Dès que l'administration des impôts doute de l'exactitude voire du caractère raisonnable du prix déclaré, elle peut, à condition de respecter la procédure contradictoire et de rapporter les éléments de preuves de ses allégations, redresser ce prix en vue de percevoir le montant de l'impôt éludé.

Il n'y a pas de doute : un certain nombre de règles garantissent le respect de l'exigence de prix réel et sérieux, afin que les prix stipulés à l'occasion de transaction intragroupe ne soient pas opposables à l'administration. Sur le fondement de règles impératives empreintes d'objectivisme, celle-ci s'arroge le droit et le pouvoir de contester ces prix en cas de distorsion évidente avec la réalité. Ce sont ces garanties dont il faut maintenant tenter d'exposer la consistance.

B. La consistance de l'exigence

Les impératifs d'un prix réel et sérieux répondent aux besoins d'un ordre public économique qui véhicule un objectivisme patent. Mais, il ne faudrait pas exagérer la consistance de cet objectivisme d'autant plus qu'il présente

---

[556] D'ailleurs, l'article 1168 du Code civil qui stipule entre autres que « ...le *contrat de vente peut être résolu [...] par la vileté du prix* » semble, en matière de vente, avoir consacré cette brèche à l'indifférence de principe de la théorie de la lésion.

[557] M. COZIAN, Les grands principes de la fiscalité des entreprises, 3è éd., Litec, 1996, p. 124 s., Variations fiscales sur un prix de vente (ou l'art de contester le prix déclaré), JCP, N, 1995, n° 3259, p. 399.

des limites à l'égard du prix sérieux : en raison de l'admission de prix symbolique et négatif.

1. Un objectivisme né de l'exigence

Un objectivisme né de l'exigence d'un prix réel. De prime abord, la garantie d'objectivité liée à l'exigence d'un prix réel[558] peut sembler superfétatoire à l'occasion d'une transaction intragroupe de café et de cacao portant nécessairement sur un prix, lequel prix n'est ici contesté que dans son quantum. D'ailleurs, les études sur la question abordées par la doctrine ne sont analysées que sous le fondement de la théorie de la simulation, qu'elle soit par acte fictif, par acte déguisé ou par interposition de personnes. Or, l'intérêt de cette problématique en matière de prix de transfert[559] n'est perceptible qu'à l'égard des montages juridiques utilisés par les sociétés. Cependant, sous l'angle du prix, l'exigence d'un prix réel s'analyse comme une garantie dans la mesure où elle vise à ne pas « corrompre » la vision traditionnelle du contrat synallagmatique à titre onéreux de la transaction intragroupe. Comme on l'a rappelé plus haut, dès l'instant où cette transaction s'effectue dans le cadre d'une vente, l'exigence d'un prix devient une donnée fondamentale. Faute de quoi, il n'y aurait pas de contrat de vente de café et de cacao, le prix étant une condition à la fois de validité et de qualification de ce contrat. Si la garantie est entendue comme un prix existant, il n'en demeure pas moins que dans les faits cette existence ne soit que théorique. En d'autres termes, elle peut ne pas correspondre à la réalité, parce que le prix stipulé serait ridiculement bas au regard de la valeur vénale des produits. D'où la seconde exigence tirée du « prix sérieux ».

Un objectivisme né d'une exigence d'un prix sérieux. C'est négativement que la doctrine définit le prix sérieux. MM Collart Dutilleul et Delebecque[560] affirment que « le prix sérieux s'oppose au prix dérisoire. Ce dernier est un prix qui présente avec la chose une disproportion telle qu'on ne peut pas le considérer comme une contrepartie de cette chose [...]. Le prix non sérieux est considéré comme un prix inexistant... ». MM Malaurie et alii[561] suivent la même démarche en considérant qu' « un prix est sérieux lorsqu'il n'est pas dérisoire » et qu' « un prix est dérisoire lorsqu'il est inexistant ou ridiculement bas... ». En réalité, au prix « dérisoire » présenté comme celui qui est totalement disproportionné au point de n'avoir aucun

---

558 La réalité du prix signifie ici qu'elle ne doit pas être une simple apparence.

559 L'intérêt de la théorie de la simulation qui présente nécessairement une incidence sur le prix n'a d'intérêt ici qu'à l'examen des montages juridiques dont les parties ont recours pour éluder le fardeau fiscal.

560 Fr. COLLART DUTILLEUL et Ph. DELEBECQUE, *Les contrats civils et commerciaux*, Précis Dalloz 6è éd., 2002, n° 157.

561 Ph. MALAURIE, L. AYNES et P.-Y., GAUTIER, *Les contrats sociaux*, Defrénois, éd. 2004, n° 214.

rapport avec la valeur effective de la chose, l'on assimile fréquemment le prix dit « vil »[562]. Les prix de transaction intragroupe de café et de cacao qui s'avéreraient après coup « vils » ou « dérisoires » sont considérés par conséquent comme des prix non sérieux que la jurisprudence sanctionne par la nullité absolue voire l'inexistence[563]. Il en résulte que les juges entendent réaliser, grâce à ce moyen « moins formaliste »[564], ce que l'article 1118 du Code civil leur interdisait de faire : « grâce à la théorie de la vileté du prix, les tribunaux peuvent [...] réparer les injustices trop scandaleuses de toute espèce de vente, et, dans les ventes normalement sanctionnées par la lésion... »[565]. Plus explicite est l'assertion de P. Esmein[566] selon laquelle « en réalité, la jurisprudence a trouvé là un moyen, d'ailleurs acceptable, malgré la subtilité signalée, de parer à l'insuffisant redressement de la lésion qui lui permet de satisfaire la soif de justice commutative du public quand la lésion devient trop grande »[567]. A l'évidence, il y a bien un objectivisme certain dans la garantie apportée par la règle d'un prix réel et sérieux, notamment à l'égard des transactions intragroupe de café et de cacao. Car, aussi bien civilement, fiscalement que pénalement elle est assortie par des sanctions qui visent à relativiser la liberté dont disposent les acteurs à la transaction intragroupe. Il est formellement défendu de mentir sur le quantum effectif de leurs obligations pécuniaires, et les parjures en seraient pour leurs propres frais : nullité, redressement, amende, voire peine d'emprisonnement. Le prix déclaré doit être réel, le message délivré par la transaction intragroupe doit être conforme à la réalité, les allégations des parties doivent être exactes. En ce que ce ne sont plus de simples intérêts privés qui sont en cause, mais des considérations objectivistes, majeures fondées sur l'ordre public et matérialisées par l'impôt.

Bien que cette garantie présente une grande importance dans son principe, l'on ne saurait, cependant, occulter le fait que la pratique

---

[562] Or sur le plan terminologique, tout porte à les distinguer. Le terme « dérisoire » viendrait du latin « *derisio* » qui signifie « moquerie » ; de ce fait l'on considère que le prix est dérisoire lorsqu'il « est trop faible, trop minime pour être sérieux » quantitativement insignifiant et juridiquement insuffisant. Quant au vocal « vil », il trouverait son étymologie dans le latin « *vilis* », lequel est le contraire de « cher » ou « estimable ». Le prix ici ne correspondrait pas à un prix inexistant, car le prix vil est bien réel, même s'il est manifestement inférieur à la valeur du contrat.

[563] En France, voir Rouen, 3 sept. 1985, *Gaz. Pal.* 1986. 287 : l'arrêt affirme expressément que « le défaut de prix, tout comme l'absence équivalente de prix sérieux, entraîne la nullité absolue de la vente... ». Arrêt prononçant la nullité pour vileté du prix, Civil. 1, 8 déc. 1998, Bull. civ. I, n° 353, p. 243-244

[564] B. STARCK, H. ROLAND et L. BOYER, *Droit civil, Les obligations 3, Régime général*, 5è éd., n° 989.

[565] H., L. et J. MAZEAUD et Fr. CHABAS, Leçon de droit civil, Tome 3, Deuxième volume. Principaux contrats : vente et échange, Montchrestien, 7è éd., 1987, n°213.

[566] P. ESMEIN, note sous Cass. Civ., 16 nov. 1932, *S.* 1934. I 1, spéc. p. 3

[567] B. OPPETIT, « Le rôle du juge en présence des problèmes économiques en droit civil français », *Travaux de l'association Henri CAPITANT*, Tome XXII, 1970, p. 191.

aujourd'hui est à la tendance d'un rétrécissement de l'objectivisme dans l'exigence de prix sérieux

2. Mais, un objectivisme circonscrit

Prix symbolique, prix négatif et pratique des affaires. Aussi paradoxal que cela puisse paraître, il arrive que la garantie découlant de l'exigence d'un prix sérieux dans les transactions intragroupe de café et de cacao soit remise de plus en plus en cause par la pratique des affaires. Il n'est pas rare que les sociétés multinationales qui transigent entre elles s'accordent sur des prix ridiculement bas ; ou qu'elles pratiquent dans leurs transactions des prix dits sérieux, mais auxquels elles renoncent à recouvrer après coup. Ne pourrait-on pas observer dans ces pratiques une sorte de transposition des règles du droit des contrats ou des entreprises en difficulté dans le domaine des prix de transfert ? Rien n'est moins sûr dès lors que ces disciplines juridiques du droit des affaires reconnaissent toutes désormais la validité des ventes à prix symboliques. De même la licéité du prix « négatif » des droits sociaux ne semble plus être discutée en jurisprudence. Entendu que le prix négatif désigne l'hypothèse dans laquelle la valeur des obligations mises à la charge du cédant[568] dépasse le prix de vente convenu, « en sorte que tout se passe comme si le prix avait été payé par le vendeur et non point par l'acheteur »[569]. En principe, le sort de ces pratiques ne devrait faire l'objet de doute : la nullité pour absence de cause. Pourtant, les prix symboliques et les prix négatifs n'ont cessé de prospérer dans la vie des affaires, notamment dans les cessions d'entreprises en difficulté, ou des titres servant à leur contrôle[570], compte tenu des engagements économiques et financiers assumés par le cessionnaire[571]. Comme un phénomène de mode, la transaction intragroupe de café et de cacao n'échappe pas à cette tendance. Ainsi, une société-mère de droit ivoirien pourrait s'engager, par exemple, à facturer à sa filiale singapourienne un prix excessivement inférieur à la valeur vénale, aux fins de s'assurer des débouchés certains dans ce pays ; ou abandonnera ses créances consécutives à la vente des produits agricoles, excipant des difficultés financières de sa filiale.

Nécessité d'une contrepartie économique. Malgré la vileté apparente du prix dans ces hypothèses, l'opération n'en reste pas moins causée. Cette cause ne réside pas dans le prix symbolique ou inexistant ; mais dans le fait

---

[568] C'est l'hypothèse des entreprises en difficulté.

[569] Th. LAMBERT, « L'exigence d'un prix réel dans les cessions de droits sociaux », *Revue des sociétés*, 1993, p. 11 s.

[570] Fr. DEKEUWER-DEFOSSEZ, « L'acquisition des droits sociaux pour un prix symbolique », *Dr. et patr.*, n° 28, 1er juin 1995, p. 35 et s.

[571] Ces engagements peuvent être d'ordres divers : substitution dans les engagements de cautions de dettes sociales, remboursement des comptes courants d'associés dans les cessions de droits sociaux (Cf. Ch FREYRIA, art. préc. n° 6.) ; maintien de l'emploi dans le cadre de l'entreprise en difficulté.

que la nécessité d'une contrepartie de la vente sous la forme d'un prix n'est plus analysée exclusivement dans sa conception juridique, en tant que contrepartie monétaire. Mais, elle est prise également dans sa dimension économique, de sorte que l'avantage que l'opération procure à l'entreprise qui cède ses produits de café ou de cacao peut ne pas être exprimé pécuniairement, pourvu qu'elle ait une nature économique ou financière. De fait, cette contrepartie économique, au sens large peut résider, notamment dans le souci de s'assurer le contrôle d'un marché, de maintenir un certain niveau d'activité, de se procurer des débouchés normaux. Quant à l'avantage financier, il pourra consister à venir en aide à une filiale en difficulté[572], à une société dont l'entreprise a décidé de prendre le contrôle. On peut alors craindre dans le prix symbolique une sorte de résurgence du subjectivisme, d'ailleurs bien accueillie par la doctrine. M. Freyria écrit à ce propos qu'« il est inconcevable que de telles opérations puissent faire l'objet d'une condamnation généralisée. Bon gré mal gré, sous la poussée des impératifs économiques, compte tenu de la permanence de la crise et des opérations de révision des structures qu'elle impose, il convient d'en reconnaître la validité… ». L'auteur de conclure qu' « il faut décidément rompre avec l'application aveugle de la technique civiliste de la vileté du prix » [573] dans de telles opérations.

En résumé, nonobstant les incertitudes qui pèsent sur son existence, le principe demeure bel et bien celui selon lequel le prix de la transaction intragroupe de café et de cacao ne doit pas être vil ou dérisoire. Si l'on admet qu'il puisse être symbolique, c'est à titre exceptionnel et à des fins bien déterminées. L'objectivisme bien que circonscrit, limité reste de rigueur, d'autant plus que l'Administration fiscale ne voit pas d'un bon œil les prix « insuffisants ». Certes, à la lueur des contraintes particulières imposées à l'exigence d'un prix sérieux, sur le terrain du droit des sociétés, des procédures collectives ou des prix de transfert, il peut nettement paraître que la mode est à laisser les parties libres de tailler à leur prix la cote, la dimension qui leur convient. Encore, faut-il qu'elles puissent justifier du mode de détermination du prix de ces transactions intragroupe. En la matière, le Fisc n'hésite pas à déroger au principe de sa non-immixtion dans la relation contractuelle, se faisant « l'estimateur » du prix, et éventuellement son « redresseur » dès lors que ses intérêts sont mis en péril.

---

[572] Cf. Jurisprudence française, CE 14 juin 1963, n° 57457, *Dr. Fisc.* 1964, n° 13/14, comm. 467, concl. Ducamin ; *Lebon*, p. 371.

[573] Ch. FREYRIA, art. préc., spéc. n° 16.

SECTION II : LA COMPLEXITÉ QUANT À LA DÉTERMINATION DU PRIX DE TRANSACTION

Présentation. L'existence du prix est une chose et sa détermination étant une autre, permet de qualifier le caractère onéreux ou gratuit de la transaction intragroupe de café et de cacao. En revanche, la question de la détermination du prix qui ne se pose que parce que le prix stipulé au contrat de vente, existe, se présente comme une règle technique ayant vocation à arrêter le quantum de l'obligation monétaire de la vente. Or, suivant l'article 1591 du Code civil qui dispose que « le prix de la vente doit être déterminé et fixé par les parties », c'est dans sa dimension de technique juridique que les questions posées par la détermination du prix deviennent assez embarrassantes. Faut-il entendre la nécessité de fixation du prix comme une règle absolue dont la transgression priverait la transaction intragroupe de toute existence légale ? Ou au contraire, la règle de la prédétermination aurait-elle une portée toute relative en vertu de laquelle le prix de vente du café et du cacao, sans être chiffré immédiatement par les sociétés apparentées pourrait valablement l'être au jour de leur paiement ? A partir de quelles méthodes ou critères devra être arrêté le montant des prestations ? Le besoin de parvenir à un prix le plus juste possible conduit-il à assujettir le prix à la volonté contractuelle des parties au contrat ou à se référer à des indices objectifs, totalement extérieurs à celles-ci ?

Au-delà des hésitations que suscitent ces interrogations, c'est surtout le caractère douteux d'une réponse absolue et définitive qui importe de relever. Ce qui nous incite à appréhender la détermination du prix de la transaction intragroupe de café et de cacao sous deux perspectives distinctes : juridique et fiscale. Il conviendra donc d'aborder successivement le problème de la préfixation du prix dans le contrat de café cacao (§1) et de la question du prix normal ou du juste prix dans le dit contrat (§2).

Parag I : La détermination du prix dans sa dimension juridique

Plan. Comme toute vente, la transaction intragroupe de café et de cacao n'échappe pas à l'exigence de préfixer concrètement dans le contrat le prix, édicté par l'article 1591 du Code civil (A). Mais, la particularité des opérations contractuelles relatives à ce type d'échanges, qui tient dans son appartenance à la catégorie des contrats économiques, a conduit bon gré mal gré la doctrine et la jurisprudence à tolérer la pratique dite : « d'open price contract » (B).

A. Le principe : la préfixation du prix dans le contrat de vente

Assurer le caractère éclairé du consentement. Une réflexion sur les fondements de l'article 1591 du Code civil nous impose à se poser d'emblée une double interrogation : Quelle est la raison d'être d'une telle règle qui fait de l'accord préalable des parties contractantes une condition essentielle du contrat de vente ? Comment peut-on connaître la somme que devra payer l'entreprise multinationale débitrice si aucun prix n'a été clairement stipulé lors de la formation de l'accord ? Face à l'indécision de répondre objectivement à ces questions somme toute légitimes, certains auteurs ont jugé bon de rechercher les explications au plan des principes. En effet, l'exigence de la prédétermination du prix dans le contrat de vente permettrait de palier un éventuel défaut de fixation initiale du montant de l'obligation pécuniaire. Mais, c'est surtout parce qu'elle viendrait comme pour rappeler aux parties à la transaction intragroupe qu'en raison du caractère « commutatif » de leur contrat, elles ne pourraient valablement s'engager sans connaître l'étendue réelle de leurs engagements, au risque de rendre quasiment impossible son exécution. En vérité, la règle reposerait sur une nécessité du droit, sur une vocation de la norme juridique, celle d'assurer le caractère éclairé du consentement que l'article 1108 du Code civil place en tête des impératifs pour la validité de toute convention. Or, l'on peut se demander naturellement comment la société exportatrice pourrait bien s'engager à transférer la propriété de ses produits de café et de cacao si elle ignore son prix ou plus exactement si elle n'est pas en mesure de connaître l'économie qu'elle réalisera à l'occasion de cette affaire. Réciproquement, l'entreprise multinationale importatrice des matières premières éprouverait de réelles difficultés à payer un prix dont elle n'a pas connaissance du montant au moment de son exigibilité. Manifestement, dans un cas comme dans l'autre, leur consentement se révélerait imparfait dès lors que les parties contractantes n'ont pas été en mesure de connaître l'étendue de leurs engagements et les conséquences exactes qui en découlent. Ainsi, « l'incertitude sur le prix ferait naître une incertitude sur le consentement même »[574]. De là, certains codificateurs du Code Napoléon de 1804 dont le législateur ivoirien s'est inspiré, sont arrivés à la conclusion selon laquelle l'indétermination rendrait impossible l'exécution du contrat en général qui, au sens strict du terme ne serait pas conclu, faute d'accord sur un élément essentiel. En dépit de la pertinence de ce fondement juridique, il n'en demeure pas moins qu'il présente le risque de confusion entre les conditions d'existence du contrat de vente et les éléments de son exécution. C'est pourquoi, d'autres auteurs ont préféré rechercher les motivations profondes de la règle dans son utilité pratique.

Utilité pratique de la préfixation du prix. Il a été donc soutenu que lorsque le prix n'est pas déterminé, il y aurait un double risque, d'une part

[574] GRENIER, Discussion devant le corps législatif, in Recueil complet des travaux préparatoires du Code civil, par P.-A. FENET, 1827-1829, tome XIV, p. 185.

celui de la justice contractuelle[575] et, d'autre part, celui de la survenance de contentieux qui pourraient encombrer l'appareil judiciaire. Si le législateur donne force obligatoire au contrat, c'est parce qu'il serait économiquement et socialement utile. Mais, le contrat ne pourrait être utile que s'il est juste, au sens de justice contractuelle. Autrement dit, d'une justice qui viserait à assurer l'équivalence des prestations des parties, et non d'une justice qui, au contraire de la première, serait distributive[576]. Dans cette circonstance, chaque partie devrait recevoir « l'équivalent » de ce qu'elle donne et réciproquement, ainsi qu'en dispose l'article 1104 du Code civil[577]. De fait, en reprenant notre hypothèse précédente, la société importatrice devrait, théoriquement au moins, payer un prix qui soit à peu près équivalent à la valeur des produits de café et de cacao en contrepartie de laquelle elle s'engage. Au cas où ce prix n'est pas déterminé ou tout au plus déterminable au jour de la conclusion de l'accord « commutatif », la firme exportatrice s'exposerait au bon vouloir[578] de son cocontractant quand viendra le temps d'exécuter le contrat de vente des produits. Ce qui pourrait avoir également pour effet de briser l'égalité et partant la justice contractuelle.

Dès lors, le législateur a repris donc à son compte ces différents risques en vue d'en édicter l'exigence d'un prix déterminé ou déterminable de manière à protéger l'une quelconque des parties contre l'arbitraire virtuel de l'autre[579]. M. Molfessis[580] a pu écrire à juste titre que « la jurisprudence en matière de détermination du prix dans les contrats [...] est fille de l'essor de la proportionnalité... » dans les contrats. Il serait, dit-on difficilement admissible qu'un contrat confère à la volonté de l'une des parties, après l'accord, le pouvoir de déterminer un élément aussi substantiel que le prix. Il en résulte que la détermination du prix de la transaction intragroupe, en tant qu'élément essentiel du contrat de vente, ou plus exactement en tant que « chiffrage » de l'élément fondamental qu'est le prix, devrait être prévue d'avance et ce conformément à sa fonction sociale de sauvegarde de sa

---

[575] Cf. L. CADIET, « Une justice contractuelle », l'autre in Etudes offertes à J. GHESTIN : « Le contrat au début du 21è siècle », LGDJ, 2001, p. 177 et s.

[576] ARISTODE, *Ethique à Nicomaque*, Livre V.

[577] Ce texte semble bien exiger, dans le contrat de vente commutatif qui met en présence un prix, que celui-ci soit en rapport avec le bien ou le service qui en constitue la cause. Toutefois, la portée de ce principe est à relativiser. Etant donné que l'équivalence dont il est question est une équivalence « subjective », c'est-à-dire qu'elle relève de la seule volonté des parties (Cf. Th. REVET, La détermination unilatérale de l'objet dans le contrat, in L'unilatéralisme et le droit des obligations, p. 31 s., spéc. n° 14 et 15, p. 41-42.)

[578] Avec le risque que cela comporte de la part de l'importateur de payer les produits au prix le plus bas possible.

[579] I. CORBISIER, La détermination du prix dans les contrats commerciaux portant vente de marchandises. Réflexions comparatives, Rev. Inter. Dr. Comparé, 4. 1988, p. 767 s.

[580] M. MOLFESSIS, Le principe de proportionnalité et l'exécution du contrat, in Colloque de Paris du 20 mars 1998, Existe –t-il un principe de proportionnalité en droit privé ?, Les Petites Affiches, n° 117, 30 sept. 1998, p. 2 s., spéc. p. 27.

justice contractuelle[581]. Outre l'égalité et la justice contractuelle, l'explication de la détermination initiale du prix au plan de la pratique réside dans le fait qu'elle préviendrait de lourds contentieux. En effet, le défaut de la préfixation du prix contiendrait des germes de futurs litiges. Il en sera ainsi, notamment, dès lors que la société-mère profiterait abusivement de sa position de force ou de la position dépendance économique de sa filiale étrangère, lui imposant un prix manifestement dérisoire[582]. Il ne serait pas surprenant en l'espèce d'assister à des désaccords susceptibles de donner lieu à des querelles judiciaires inextricables en raison de l'enjeu financier en cause.

Aussi pertinente que puisse paraître cette justification, encore faut-il qu'en pratique les entreprises multinationales juridiquement dépendantes aient l'intention et le courage d'attraire devant les tribunaux nationaux leurs partenaires commerciaux du même groupe. Ce qui, relevant de la pure fiction du fait des liens très étroits qui les lient, relativise le bien fondé de l'explication apportée, déplaçant l'intérêt de la règle sous un autre angle : à savoir si la règle de la préfixation du prix s'applique avec la même rigueur à l'égard des transactions passées dans le cadre de sociétés intégrées économiquement. C'est l'hypothèse du contrat dit « open price » qui est un type de contrat dans lequel les parties ont entendu garder le silence sur la clause essentielle qu'est le prix des marchandises, objet de la vente.

B. Une tolérance à titre exceptionnel : le contrat dit « open price »

Intérêt du contrat « open price ». Le contrat « open price »[583] se présente comme un type de contrat dans lequel les deux cocontractants ont gardé le silence sur la clause essentielle du prix des produits achetés. En vertu de l'article 1591 du Code civil, un tel contrat serait sanctionné par la nullité absolue, du fait que l'indétermination du prix priverait la vente de l'un de ses éléments essentiels à sa conclusion[584]. L'on a montré que la raison, au plan des principes et de la pratique, s'est tissée autour de l'idée

---

[581] Une illustration de l'intérêt pratique de la détermination est souvent exprimée par une certaine forme de dirigisme étatique. En effet, l'Autorité de Régulation du Café et du cacao contraint les professionnels de l'exportation de ces matières premières à déclarer leur prix d'enregistrement. Cette impérieuse nécessité de déclaration suppose préalablement les prix d'exportation de ces produits soient déterminés.

[582] Ph. GRANDJEAN, obs., JCP. E, Cahier droit de l'entreprise, n° 3-4, 1997, p. 22 : dans ces condition, il serait de « la nature humaine » de faire naître « une très grande tentation d'abus ».

[583] Nous avons gardé l'intitulé anglais parce que largement répandu dans la pratique et la doctrine, restituant l'idée de silence du contrat sur la clause de prix avec plus de simplicité.

[584] Un contrat sans accord préalable sur le prix n'est pas un contrat parfait au sens propre du terme, « l'incertitude sur le prix ferait naître une incertitude sur le consentement même… » (GRNIER, « Discussion devant le corps législatif », in Recueil *complet des travaux préparatoires du Code ci*vil, par P. – FENET, 1827 -1829, tome XIV, p. 185.)

selon laquelle seul un accord préalable sur le prix était de nature à garantir une bonne justice contractuelle et, incidemment, de prévenir les conflits. Mais, si cette condition de prix de vente déterminé ou à tout le moins déterminable était appliquée à la lettre, elle conduirait, non seulement à la sanction suprême de nullité absolue de manière systématique, également à rendre inconcevable la conclusion de nombreux contrats, portant notamment sur les matières premières de café et de cacao cotées sur les marchés à terme, dont les modalités concrètes d'exécution sont largement dépendantes de la conjoncture économique. Depuis, le législateur de l'OHADA a dû mesurer l'enjeu de la question, au point de tolérer la pratique d'« open price contract ». Toutefois, il nous semble que son dynamisme sur le sujet se justifie aujourd'hui par la nécessité de prendre en compte les contrats de distributions intragroupe ainsi que la constitution de réseaux intégrés comme des réalités économiques nouvelles. Compte tenu essentiellement de leur poids dans l'économie nationale et du fait de leur spécificité, ces contrats ne pouvaient constituer un simple rapport d'échanges facilement appréhendé par le droit civil classique ; mais aussi et surtout un rapport d'organisation des rapports économiques et juridiques suivis par les partenaires[585].

Raison d'être des contrats « open price ». Avec l'avènement de l'Acte uniforme portant droit commercial général du 17 avril 1997, en son livre V, le législateur semble avoir changé de position dans le cadre de la vente commerciale de marchandises, en admettant le principe du contrat dit « open price ». L'article 235 de l'AUDCG dispose à cet égard que « la vente ne peut être valablement conclue sans que le prix des marchandises vendues ait été fixé dans le contrat de vente, à moins que les parties ne se soient référées au prix habituellement pratiqué au moment de la conclusion du contrat dans la branche commerciale considérée, pour les mêmes marchandises, dans des circonstances comparables ». Cette disposition légale qui ouvre la possibilité de corriger le défaut d'une détermination du prix de vente paraît assez originale par rapport aux règles classiques de droit civil. Néanmoins, pour être originale, son émergence semble avoir été difficile. Au surplus, elle pourrait laisser transparaître quelques doutes quant à son applicabilité effective. L'origine de l'article 235 de l'AUDCG que l'on attribue à raison à la Convention de Vienne sur la vente internationale de marchandises[586] semble trouver ses prémices dans la Loi uniforme sur la vente internationale

---

[585] M. A. FRISON- ROCHE, « L'indétermination du prix », *RTD com.*, 1992, 269, spéc. n°9, p. 275.

[586] L'article 55 de la CVIM stipule que : « *Si la vente est valablement conclue sans que le prix des marchandises vendues ait été fixé dans le contrat, explicitement ou implicitement ou par une disposition permettant de le déterminer, les parties sont réputées, sauf indications contraires, s'être tacitement référées au prix habituellement pratiqué au moment de la conclusion du contrat dans la branche commerciale considérée, pour les marchandises vendues dans des circonstances comparables.* »

du 19 juillet de 1974[587]. Le problème posé par le contrat « open price » ne se limitant pas à ses aspects juridiques, il soulève aussi des questions économiques en raison des répercussions qu'un tel contrat peut avoir sur les mécanismes de l'importation et de l'exportation. C'est justement pourquoi, il n'est pas étonnant que les travaux préparatoires de la Convention de Vienne sur la vente internationale de marchandises aient donné lieu à des débats houleux entre la majorité des pays occidentaux et industrialisés d'une part et d'autre part, les pays en développement. Les arguments avancés par ces derniers selon lesquels la détermination du prix pratiqué uniquement par le vendeur ne pourrait qu'être source d'arbitraire et dangereuse pour leur survie économique, ont conduit à l'amendement de cette mention. Par ailleurs, eu égard à l'importance et au caractère exceptionnel de la tolérance accordée par l'article 235 de l'AUDCG, il est apparu nécessaire de s'assurer de son applicabilité au regard des autres dispositions de l'AUDCG, notamment en son article 210 qui affirme qu'« une proposition de conclure un contrat adressée à une ou plusieurs personnes déterminées constitue une offre si elle est suffisamment précise et si elle indique la volonté de son auteur d'être liée en cas d'acceptation. Une proposition est suffisamment précise lorsqu'elle désigne les marchandises et, expressément ou implicitement, fixe la quantité et le prix ou donne des indications permettant de les déterminer ».

La prétendue contradiction des textes. A priori, la simple lecture de ces articles peut relever une sorte de contradiction entre ces deux dispositions, puisque l'article 210 de l'AUDCG exige que le prix soit déterminé ou déterminable, alors que l'article 235 envisage l'hypothèse d'une vente sans prix ou « open price contract ». En effet, la réaction habituelle de la doctrine face à ce problème est de souligner l'incompatibilité entre l'exigence d'une offre valable d'après l'article 210 d'une part et la condition préalable d'applicabilité de l'article 235 d'autre part[588]. Si la proposition de conclure un contrat ne prévoit aucun prix, alors dit-on, le prix n'est pas suffisamment déterminé pour qu'il y ait une offre valable et, dès lors, la vente n'étant pas valablement conclue, l'article 235 ne peut s'appliquer. Cependant, à l'examen de ce syllogisme, il est aisé de cerner ses limites. De fait, il ne tient pas suffisamment compte de la volonté réelle des parties. Alors que celles-ci sont convaincues de pouvoir compter sur le prix du marché selon l'article 235 de l'AUDCG, dès lors qu'elles n'ont pas fixé de prix de vente initialement. Ainsi, il ne serait pas légitime d'affirmer un défaut de détermination, impliquant une nullité de la vente. Par conséquent, les parties ont bel et bien implicitement[589] donné l'indication du prix. Il s'ensuit que le contrat de vente est valablement conclu d'après l'article 210 et qui, en même

[587] Elle prévoit en son article 57 qu'à défaut d'une fixation du prix dans le contrat, l'acheteur devrait payer le prix habituellement demandé par le vendeur au moment de la conclusion du contrat.

[588] HEUZE, *La vente internationale de marchandises*, Paris GLN JOLY 1992, p. 174 s.

[589] Conformément à l'article 210 de l'AUDCG.

temps peut profiter de la disposition supplétive de l'article 235 de l'acte. L'on peut donc conclure en l'absence de contradiction entre ces deux dispositions, qui au contraire paraissent se combiner aisément.

Le contrat d'« open price » et les législations étrangères. En tolérant « l'open price contract » dans les transactions, le législateur de l'OHADA entend engager résolument ses Etats parties dont la Côte d'Ivoire à prendre le train de la mondialisation économique, jouer leur partition dans le concert des échanges internationaux, être en phase avec la plupart des nations développées dont ils sont partenaires commerciaux. A titre d'illustration, sous réserve de la France, des Pays Bas et de la Belgique qui manifestent encore leur fidélité séculaire à la règle d'un prix de vente certain, bon nombre d'Etats admettent la validité du contrat « open price » dans leur législation interne. Ainsi, pour les systèmes juridiques de la « Common Law » tels que les Etats Unis[590] et la Grande Bretagne[591], lorsque les parties ont observé le silence sur le prix de leur transaction, l'acheteur sera obligé de payer un prix raisonnable ou « reasonable price ». En droit allemand, le défaut de fixation du prix est suppléé, soit par le prix en Bourse selon l'article 285 BGB, soit par le prix de marché conformément à l'article 453 BGB, soit encore le prix de liste[592]. Il en va de même en Italie[593] et en Espagne[594] puisqu'ils admettent dans leur législation la possibilité de surmonter l'obstacle du défaut d'une fixation expresse par des critères supplétifs, notamment de prix en bourse ou de marché.

Au regard de ce qui suit, l'on conviendra aisément que deux critères essentiels président à la fixation des prix résultant d'une transaction de vente : le critère subjectif du fait de l'expression de la volonté contractuelle et le critère objectif tenant compte d'indices extérieurs au contrat, notamment le prix du marché. Alors, dans l'hypothèse d'un contrôle fiscal des opérations intragroupe de café ou de cacao, lequel des critères serait déterminant pour l'évaluation du juste prix de transaction ? Est-ce le critère d'évaluation des prix pratiqués par le jeu de l'offre et de la demande, et donc celle de la loi du marché ? Ou au contraire, c'est la volonté clairement exprimée par les sociétés apparentées, à l'occasion de leur contrat de vente que retiendra l'administration fiscale ?

---

[590] V. Sect. 2-305, Parag. 1, du « Uniform Commercial Code » des Etats Unis d'Amérique.

[591] V. Sect. 8 du « Sales of Goods Act 1979 ». Sur la jurisprudence anglaise relative à la détermination du prix de vente ; v. ATIYAH, *The Sale of Goods,* 7th, Ed. *Pitman*, London, 1985, 26 s.

[592] V. Palandt, Bürgerliches Gesetzbuch, 47. Aufl., München, 1988, § 433 (Putzo), Anm. 5.

[593] V. Art. 1474 du Code civil italien.

[594] V. Art. 1447 et 1448 du Code civil espagnol.

Parag II : La détermination du prix dans sa dimension fiscale.

Comment évaluer le juste prix ? Au sens fiscal du terme, la détermination du prix de la transaction intragroupe pose manifestement le problème d'évaluation du juste prix ou du prix normal[595] des produits échangés. Cette difficulté finit nécessairement par nous mener dans une sorte d'impasse tant la notion même de « juste prix » est source d'incertitude et d'ambiguïté. Mais surtout, compte tenu de l'adéquation du prix à la valeur, ce dernier concept est d'une grande complexité[596]. Faut-il alors renoncer à définir le juste prix de la transaction intragroupe, à partir du moment où il semble constamment « écartelé, tiraillé » par l'ambivalence de la mesure du « juste »? Par ailleurs, poser l'exigence d'un prix juste ne conduirait-il pas vers « un chemin marécageux » ? Comment vouloir imposer un équilibre si l'on n'en maîtrise pas les paramètres ? La tâche est à l'évidence ardue et l'issue douteuse. Mais le juriste confronté aux réalités ne semble guère se résigner et clamer son impuissance. Au-delà de l'énorme subjectivité qui entoure le juste prix et de la connotation objective qui pèse sur la notion de la valeur, l'on peut convenir à la suite du Professeur Saintourens que le prix juste peut être sommairement défini comme l'expression de la valeur par rapport au contexte économique et social dans lequel évoluent les produits échangés.

De cette définition, il en ressort que le prix est juste, soit parce qu'il correspond à la contreprestation attendue telle que se la représentent les parties contractantes, fussent-elles des sociétés affiliées, soit parce qu'il fait référence à des indices totalement extérieurs à l'acte. Dès lors, il convient de s'appuyer sur cette double exigence subjective et objective pour appréhender la question de l'évaluation du juste prix des transactions.

A. La prise en compte de critères subjectifs, mais incertains

Sur le fondement de la liberté des prix. Les critères subjectifs de la détermination d'un juste prix de la transaction intragroupe de café et de cacao trouvent pour une large part leur fondement dans les principes juridiques édictés par le législateur lui-même. Mais ils tirent également leur

[595] D'emblée, nous utilisons la terminologie de « juste prix » indifféremment du concept de « prix normal ». Même si l'on convient que la première a un champ d'application plus étendu et que l'administration fiscale marque sa préférence pour l'expression de « prix normal » plutôt que de « juste prix » sans doute compte tenu de l'acception polysémique de cette dernière. Ainsi, elle le définit négativement par l'expression du « prix anormalement bas ou élevé », notamment dans la théorie de l'acte anormal de gestion ou de la pratique des prix de transfert.

[596] La valeur n'étant pas une notion juridique mais économique, il est donc possible qu'il y ait des écarts entre le prix et la valeur, cf A. MRABTI, *Contribution à l'étude critique de la notion de lésion*, Thèse Paris II, 1986, p. 23 et s. et 139 et s. ; L. ORSINI, *Le juste prix dans la vente d'un immeuble*, Thèse Aix- Marseille III, 1994, p. 150 s.

source dans la relativité qui se dégage du concept de « valeur » compte tenu de la dose de psychologie que toute personne attache à la conception du prix. Au niveau des principes, conscient de la délicatesse de la question du juste prix, le législateur n'a semble-t-il pas hésité sur le choix des notions pour affirmer l'importance de la subjectivité des parties dans la conception de leur prix de transaction. Il s'est donc servi des cordes les plus sensibles « des instruments juridiques », à savoir la liberté individuelle, entendue comme droit inaliénable, sacré et ayant pour corollaire la théorie de l'autonomie de la volonté[597], en vue de faire porter l'écho de son message le plus loin possible. A cet égard, l'article 1er de la loi n° 91- 999 du 27 décembre 1991 a posé comme postulat la liberté des prix et des échanges[598]. Jamais, semble-t-il, une disposition légale n'est allée trop loin dans la consécration du subjectivisme comme critère de détermination du juste prix, par la liberté des parties dans leur contrat. Ce faisant, elle vise à faire des parties les seules « maîtres d'œuvre » de l'évaluation de leur prix, quel qu'en soit le lieu où se déroulent les échanges, à l'intérieur d'un groupe de sociétés ou entre des entreprises indépendantes.

Sur le fondement de la volonté contractuelle. Le code civil recèle certaines dispositions qui érigent la volonté contractuelle comme un élément subjectif indispensable à la détermination du juste prix dans les transactions. Le législateur civil semble marquer ainsi son attachement au caractère subjectif de l'élément prix par la limitation du domaine de la lésion à travers l'article 1118 du code civil[599]. Le motif invoqué est que la liberté exprimée au moment de la conclusion de la vente ne doit pas en principe être remise en cause, sous prétexte de déséquilibre des prestations, d'insuffisance du prix versé. D'ailleurs, n'est-ce pas là une application combinée des grands principes juridiques de la théorie de l'autonomie de la volonté contractuelle et de la force contraignante « inter partes » du contrat ; cette dernière dégagée par l'article 1134 du Code civil[600] ? Pour les tenants de cette conception, l'obligation contractuelle n'est que le produit de la volonté ; si

---

[597] Cette théorie repose sur un double socle d'égalité et de liberté et suit la droite lignée de la doctrine libérale selon laquelle l'individu est rationnel, s'engage pour son propre intérêt et ne se voit contraint que par des obligations auxquelles il a bien voulu se soumettre.

[598] Elle dispose clairement que « les prix des biens et des échanges en Côte d'Ivoire sont librement déterminés par le jeu de la concurrence. » Il faut entendre ici la concurrence dans le sens du mécanisme de confrontation de l'offre à la demande dans lequel le vendeur et l'acheteur se mettent d'accord sur leurs clauses contractuelles, en l'occurrence le prix.

[599] L'article 1118 du code civil stipule : « la lésion ne vicie les conventions que dans certains contrats ou à l'égard de certaines personnes… »

[600] L'article 1134 du Code civil affirme que « les conventions légalement formées tiennent lieu de loi à ceux qui les ont faites. Elles ne peuvent être révoquées que par leur consentement mutuel, ou pour des causes que la loi autorise. Elles doivent être exécutées de bonne foi. »

une partie est obligée, c'est sans aucun doute parce qu'elle l'a voulue conformément à l'adage « *Solus consensus obligat* »[601] ?

Cette position volontariste du juste prix de la vente s'explique essentiellement sur le plan de la théorie par les « valeurs » attachées à la transaction commerciale, à savoir l'autonomie de la volonté et le respect de la parole donnée. La liberté contractuelle invite les parties à fixer elles-mêmes le prix des marchandises échangées qui leur paraît convenable, d'autant plus qu'elles sont a priori, les mieux placées pour apprécier le « juste prix »[602]. Ainsi, M. Hauser[603] paraît avoir bien résumé cela en ces termes : « en faisant du contrat « un monde » à part soumis à l'influence essentielle de deux volontés qui en constituent la substance unique, la thèse classique ne pouvait être hostile à l'admission d'une institution qui ouvrait une brèche dans cet organisme isolé du monde extérieur. Il ne pouvait paraître que dangereux de peser l'équilibre du contrat avec une balance et des poids qui lui étaient extérieurs (...). Le principe de la lésion conservait en lui des dangers d'objectivisme et ne pouvait être admis qu'exceptionnellement ». En pratique, la thèse « individualiste » favorable au subjectivisme dans la détermination du prix des transactions se justifie par la nécessaire sécurité dans les relations juridiques, sécurité qui serait compromise par une annulation trop fréquente pour cause de lésion. En effet, le prix stipulé au moment de la formation du contrat ne serait jamais, *a priori*, à l'abri d'une future contestation de la part d'une des parties, s'estimant après coup flouée. Ce qui reviendrait à dire que lors de la signature du contrat de vente, la volonté bilatérale exprimée sur le prix n'aurait qu'une portée limitée, précaire, en attendant une hypothétique action de remise en cause. Manifestement, une telle situation serait attentatoire de la stabilité des conventions, voire des échanges économiques.

Intérêt de la volonté individuel. Il en résulte que ce sont les concepts de liberté et de volonté qui ont créé ce qui a d'impératif et de contraignant dans l'obligation, y compris dans la dette du prix. Par conséquent, « tout ce qui a été voulu est nécessairement juste, puisque cela a été voulu et pouvait ne pas l'être, soit d'une manière absolue, soit aux conditions auxquelles cela a été voulu »[604]. Chacun étant en principe libre de contracter ou de ne pas

---

[601] H. CAPITANT, « Le régime de la violation des contrats », D.H. 1934, chr., p. 1 s. : « le respect de la signature, c'est-à-dire l'obligation de tenir ce qu'on a promis, d'exécuter les obligations que l'on a librement contractées relève de la morale aussi bien que du droit. C'est un principe aussi vieux que le droit ».

[602] Ainsi, bien que l'article 1104 du Code civil exige, dans les contrats commutatifs, que la chose fournie par l'un soit « regardée comme l'équivalent » de ce qu'il reçoit, l'équivalence en question est subjective et, à ce titre, relève de l'appréciation des parties. (Cf. Th. REVET, La détermination subjective de l'objet dans le contrat, in L'unilatéralisme et le droit des obligations, p.31 s., spéc. p. 41-42, n° 14 et 15.)

[603] J. HAUSER, *Objectivisme et subjectivisme dans l'acte juridique*, Thèse LGDJ, 1971, tome 117, préface P. RAYNAUD, spéc. 962 s., spéc. 974 s., 1449 s.

[604] H. de PAGE, *Le problème de la lésion dans les contrats*, Bruxelles 1946, p. 12.

contracter, de la même manière qu'il retire des avantages dans le contrat, il doit supporter les inconvénients de l'opération et, plus spécifiquement le « préjudice » qu'il subirait éventuellement du fait d'une inéquivalence structurelle des prestations de prix et de livraisons des marchandises. Car, de toutes les manières, un tel préjudice ne serait que virtuel, la volonté ne saurait être créatrice d'injustices : « qui dit contractuel dit juste » selon la formule heureuse de Fouillé[605] ; à moins d' « insanité d'esprit ou de suicide commercial » volontaire. Ainsi, Gounot recommande dans l'ultime phrase de sa célèbre thèse que « la volonté de l'individu soit faite, mais que par la volonté de l'individu, la justice s'accomplisse [606] ».

Incertitude des critères subjectifs. Concernant les mobiles personnels, il existe une sorte de psychologie des prix de sorte qu'il paraît presqu'illusoire d'écarter la subjectivité des parties dans la fixation du juste prix des marchandises, chacun ayant vis-à-vis du prix sa propre réaction. En effet, si dans une économie de marché, il doit en toute vraisemblance exister ce que l'on appelle la valeur marchande ou vénale, il ne faudrait toutefois pas oublier qu'il peut tout aussi exister ce que l'on dénomme valeur sentimentale, affective ou encore psychologique[607]. De même, à titre d'illustration, la valeur d'une certaine quantité de café ou de cacao fixée par une filiale à sa maison-mère étrangère peut légitimement varier de celle échangée avec une entreprise indépendante[608] pour plusieurs raisons. Tout d'abord, dans une période de surproduction la société exportatrice peut avoir intérêt à pratiquer les prix les plus bas en vue d'écouler plus rapidement ses produits. Ensuite, en temps de pénurie, celle-ci peut ne pas être intéressée à vendre ses matières premières à des firmes concurrentes. Si elle le faisait les prix seraient fixés à un niveau élevé, parfois dissuasif. Alors qu'à l'égard de ses partenaires affiliés, les marchandises de café et de cacao ont pu être cédées à un prix acceptable, en vue d'assurer le fonctionnement des activités

---

[605] A. FOUILLEE, *La science sociale contemporaine*, 2è éd. Paris, Hachette, 1885, p. 410. *Adde* L. CADIET, art. préc., in Etudes offertes à GHESTIN : *Le contrat au début du 21 è siècle*, LGDJ, 2001, p. 177 s., spéc. 178 : « la formule n'a pas, sous sa plume, le sens qui lui est habituellement prêté, qui laisse croire que Fouillée a été le chantre d'un pur libéralisme : Fouillée en réalité est un des pères du solidarisme juridique. ».

[606] E. GOUNOT, *Le principe de l'autonomie de la volonté en droit privé, Contribution à l'étude critique de l'individualisme*, Thèse Dijon, 1912, p. 458.

[607] J. CARBONNIER, *Flexible droit, op. cit.*, p. 312 : « *Il est dans le contrat, des aspects psychologiques que l'économie ne suffit pas à expliquer, des aspects ludiques, et l'on songe aux marchandages des bazars orientaux, ou même (tant qu'il y en a eu) de nos champs de foire. Mais aussi des éléments affectifs : le shopping n'est pas exclusivement un mécanisme économique, il s'y mêle une part d'affectif, disons presque de passionnel, sans aller jusqu'à parler, avec certains sociologues américains, de l'état de transes hypnoïdes dans lequel se trouverait placée à travers un magasin de libre service (et probablement un professeur dans une librairie). Les mécanismes purement économiques ne suffisent pas à rendre raison du plaisir de contracter. [...] La volonté n'est pas tout. Il y a le sentiment, il y a la passion* ».

[608] D'ailleurs, il y aura également une différence d'appréciation de la valeur du bien entre deux sociétés totalement indépendantes.

de production du groupe. Enfin, dans le cadre de la division du travail au sein des groupes multinationaux, du fait qu'une société soit titulaire du brevet de fabrication ou de la marque du produit, le prix auquel elle acquiert ses matières premières peut notablement différer de celui pratiqué entre d'autres entités du groupe, ou même entre des entreprises opérant en toute indépendance. Par ailleurs, cette subjectivisation du juste prix est pleinement justifiée dans un régime d'économie libéralisée dans la mesure où la loi de l'offre et de la demande n'est autre chose que la valeur de l'échange – c'est-à-dire « le compromis opéré entre la valeur attribuée au bien par l'ancien propriétaire qui l'a vendu et la valeur admise par le nouveau propriétaire qui l'a acquis [609] ». Par la suite, la valeur des marchandises n'est que le reflet d'un état de conscience où les croyances et les désirs se combinent et s'ajoutent suivant des gradations innombrables[610]. Cependant, dans ces conditions, l'idée de juste prix ne peut que susciter une certaine retenue, car source d'inquiétudes, d'incertitudes ; difficile à saisir parce que fuyant et multiforme dès lors qu'elle implique une kyrielle de notions qui place *l'intuitu personae* au cœur de la question : sentiment, affection, psychologie, désir personnel, convenance, choix, négociation, option stratégique, intérêt du groupe, liberté contractuelle, etc.

A propos de cette dernière, force est de noter que la liberté est une chose, et l'usage que les contractants peuvent en faire en est une autre. De sorte que bien qu'admis, les critères subjectifs deviennent secondaires, voire inopérants pour déterminer le juste prix de transaction intragroupe, parce que trop dogmatique et vaine. Ainsi, il a fallu recourir à une certaine forme d'objectivisation afin de limiter les dérives.

B. La considération de critères objectifs, mais insuffisants

Liberté individuelle et règles d'ordre public. De prime abord, envisager des critères dits objectifs en vue de déterminer les prix de vente dans une économie de type libéral, fondée sur la liberté contractuelle des cocontractants peut paraître paradoxal. Mais, à y regarder de près, il n'en est rien d'autant plus que la liberté dont il s'agit n'est pas exclusive des règles de fixation objective du prix. Dès l'instant où, dans cette vision, rien n'est absolu, pas même la liberté pourtant déclarée « inaliénable et sacrée ». Ce serait pure chimère que de penser que celle-ci permet de faire tout ce que l'on veut, toute chose imaginable[611]. Bien au contraire, la liberté n'est autre

---

[609] Cl. BAJ, « Problème du droit français : prix ou valeur » ?, Petites Affiches, n° 143, 1995, p. 17.

[610] E. DEMONTES, « Le fondement juridique de la lésion », *Rev. Crit. Lég. Jur.* 1924, p. 37s. et 161 s.

[611] On mesure dès lors l'excessivité des propos de KANT selon lesquels « une personne ne peut être soumise à d'autres lois qu'à celles qu'elle se donne à elle-même (soit seule, soit de

que ce que les lois autorisent, la faculté de faire ce que l'on a le droit de faire[612]. En l'espèce, cette faculté accordée aux sociétés multinationales qu'elles soient mères ou filiales de déterminer librement leurs prix, en l'occurrence résultant de leurs échanges internes de café ou de cacao, ne saurait nuire aux intérêts de la communauté nationale[613]. Pas plus qu'elle ne devrait être en contrariété avec les dispositions de l'article 6 du Code civil, prescrivant sa conformité aux bonnes mœurs et à l'ordre public. Cette dernière peut désigner « le caractère des règles juridiques qui s'imposent pour des raisons de moralité ou de sécurité impératives dans les rapports sociaux »[614] et exprimer « le vouloir-vivre de la nation que menaceraient certaines initiatives individuelles en forme de contrats ».[615] L'on a pu à juste titre affirmer que l'ordre public, quel qu'il soit, apparaît comme « l'antithèse de la liberté contractuelle »[616] en ce sens qu'il empêche les parties de s'exprimer librement. C'est cet ordre public, au regard des nécessités supérieures et des impératifs d'intérêts légitimes qui pousse le législateur et particulièrement l'administration fiscale à exercer une fonction de « surintendance »[617] et de défenseur du prix de cessions internes, notamment à l'égard des produits de café ou de cacao.

Administration fiscale et défense de l'ordre public. A l'égard du Fisc, la protection de l'ordre public économique à travers la définition d'un juste prix constitue une question à la fois digne d'intérêt et d'extrême délicatesse. Intérêt particulier, car en sa qualité de gendarme des intérêts du Trésor ivoirien, il se doit aussi de veiller à ce qu'à l'occasion des ventes intragroupe, il y ait moins de déperdition possible de l'assiette fiscale. Il devra ainsi s'assurer que les déclarations des contribuables retraçant les prix des transactions soient empreintes de sincérité et d'exactitude. Question délicate également d'autant plus qu'aux fins de permettre à l'Administration fiscale d'atteindre ses objectifs de recettes budgétaires, le législateur a édicté un certain nombre de règles censées permettre de contrôler d'un point de vue objectif les prix déclarés par les sociétés multinationales de la filière. Ainsi,

---

concert avec les autres)», in Doctrine du droit, traduction Barni, p. 33, cité par A. WEILL, Thèse, Le principe de la relativité des conventions en droit privé, Paris 1939, p. 8

612 « Nul n'a de droit s'il n'est dans le droit » (E. GOUNOT, *Thèse préc.*, p. 454, reprenant une formule de SALEILLES).

613 De toute évidence, la liberté faisant office d'enseigne va, au fond, se trouver presque cantonnée à un rôle de figurant devant les véritables acteurs que constituent les règles posées par le législateur et l'administration fiscale sous le contrôle du juge.

614 Lexiques des termes juridiques, V° Ordre public, p. 134. Le Vocabulaire juridique (sous la dir. de G. CORNU, *Vocabulaire juridique* H. Capitant, 2è éd., PUF, 1990, V° Ordre public)

615 J. CARBONNIER, *Les obligations*, Thémis, PUF, 22è éd. 2000, n° 69. Adde, PORTALIS (cité par G. RIPERT, « L'ordre économique et la liberté contractuelle », in *Mélanges GENY*, tome 2, p. 347 s., qui intéresse plus directement la société que les particuliers ».

616 G. FARGAT, *L'ordre publique économique*, LGDJ 1963, tome 37, préface B. GOLDMAN, p. 31.

617 L. JOSSERAND, « Le contrat dirigé », D .H. 1933, chr. p.18 s., n° 32.

la parade semble résider[618] dans la législation économique instituée par la loi n° 91-999 du 27 décembre 1991 relative à la concurrence. Elle dispose en son article 1er que : « les prix des biens et services échangés en Côte d'Ivoire sont (...) déterminés par le jeu de la concurrence ». Autrement dit, pour être considérés comme justes, les prix de transfert du café ou du cacao doivent être établis par référence aux prix de marché, tels qu'ils résultent de la confrontation de l'offre et de la demande. D'ailleurs, cette exigence trouve son application dans l'article 38 al. 1er du CGI qui sanctionne son non respect en ces termes : « *pour l'établissement de l'impôt sur les BIC dû par les entreprises qui sont sur la dépendance ou qui possèdent le contrôle d'entreprises situées hors de Côte d'Ivoire, les bénéfices indirectement transférés par ces dernières soit par la majoration ou la diminution des prix d'achat ou de vente, soit par tout autre moyen, seront incorporés aux résultats* ». Même si la référence au mécanisme du marché ne paraît pas en soi dépourvue de légitimité dès lors qu'elle est extérieure aux entreprises juridiquement liées, il nous paraît néanmoins critiquable et dangereux de fonder les redressements sur ce seul motif qui paraît limité et insuffisant.

Les insuffisances du critère de marché. Par définition, le recours au marché suppose nécessairement son existence. Or, si tel est le cas en ce qui concerne les matières premières brutes de café et de cacao faisant l'objet de cotation sur les principaux marchés à terme de Londres et de New York, il en va différemment en ce qui concerne leurs produits dérivés que sont la liqueur de cacao, le café torréfié, le tourteau et le beurre de cacao, etc. En l'absence de marché, la vérification par l'Administration des prix pratiqués par les entreprises multinationales sur une base objective peut relever d'une vraie gageure. Compte tenu de ces insuffisances, le législateur a trouvé comme substitut à la carence du marché, le critère de la comparaison des prix pratiqués par les entreprises apparentées avec ceux des entreprises similaires exploitées normalement[619]. A priori, cette solution peut paraître salutaire dès l'instant où elle est contraire à la stricte application de la référence au prix du marché. Cependant, elle est loin de constituer la panacée susceptible de sortir de l'impasse dans lequel l'établissement d'un juste prix des cessions intragroupe de café et de cacao semble nous mener. Ce d'autant plus que le législateur fiscal ivoirien ne va pas jusqu'au bout de sa logique. Il ne tire pas suffisamment les conséquences du critère de comparabilité des prix de cessions internes à l'égard des entreprises indépendantes. De sorte

---

[618] L'on se rend finalement compte que le recours de cette loi est fait à la fois dans le critère subjectif que le critère objectif. Au sens de ce dernier, le prix résultant de la concurrence doit être entendu comme le prix de l'ensemble des offres et des demandes dans le secteur d'activité considéré, correspondant à la fameuse « main invisible » d'Adam Smith, c'est-à-dire le marché.

[619] L'alinéa 2 de l'article 34 du CGI affirme qu'à défaut d'éléments précis pour opérer les redressements prévus à l'alinéa précédent, les produits imposables seront déterminés par comparaison avec ceux des entreprises similaires exploitées normalement.

que la mise en application systématique de cette règle dans une dimension purement fiscale peut mener à de nombreux excès, au redressement d'un grand nombre d'entreprises multinationales sur des bases souvent contestables. Toute chose qui serait une source réelle d'insécurité juridique à l'égard des investisseurs internationaux intéressés par les matières premières locales.

Lorsque des prix pratiqués par certaines de ces entreprises ne correspondent pas à ceux de leurs concurrents indépendants, la question que l'on est tenté de se poser est de savoir si une telle attitude traduit nécessairement une intention frauduleuse de manipuler les prix, de transférer indirectement les bénéfices vers l'étranger ? A vrai dire, nous ne le pensons pas. D'autant plus que le différentiel de prix peut se justifier par des considérations commerciales, notamment en raison de la stratégie mise en place par la multinationale en vue de pénétrer un marché étranger. Au surplus, le critère de comparaison prévu par l'article 38 al 2 du CGI n'ayant pas une portée dogmatique qui viserait à la détermination de « la valeur des produits vendus » *in abstracto*, il doit viser à rechercher si le bénéfice d'une opération a été justement réparti entre acheteur et vendeur dans des conditions commerciales normales. Il s'ensuit que la définition des prix de transfert appropriés dans un but exclusivement fiscal serait de nature à ignorer la nécessité économique que sont les groupes multinationaux et par conséquent à fausser l'appréhension des résultats économiques des entreprises locales.

Pour sortir de cette espèce « d'imbroglio juridique » dans lequel nous a conduit la question de la fixation d'un juste prix de cession interne de café ou de cacao, il serait plus judicieux d'explorer une autre voie. L'analyse économique semble être la bonne, compte tenu de son pragmatisme et du fait qu'elle permettrait d'ajuster les prix de transfert aux réalités à la fois économiques, financières, sociologiques et commerciales des entreprises multinationales du secteur du café et du cacao.

CONCLUSION DE LA PREMIÈRE PARTIE

Cette première partie des travaux a porté sur une analyse purement juridique du mécanisme des prix de transfert. L'étude a été envisagée aussi bien au regard du sujet que de l'objet des prix de cession interne.

Le sujet des prix de transfert. Le titre premier a permis « d'aller à la rencontre » des acteurs des prix de transaction intragroupe, à savoir les entreprises multinationales. On s'est rendu compte à cet égard qu'il n'est pas du tout aisé d'appréhender ce nouveau genre de « sujet », « le sujet des prix de transfert », qu'est l'entreprise multinationale, tant la notion est complexe. Qu'est-ce-que l'entreprise multinationale ? C'est l'OCDE qui nous a fourni la meilleure définition, en ce sens qu'elle l'appréhende comme une « société qui fait partie d'un groupe multinational »[620]. Mais, une fois cette signification donnée, les choses semblaient se compliquer. Sans doute, parce que cette acception semble quelque peu tautologique, l'extrême diversité des entreprises multinationales comme la technicité des règles qui gouvernent le négoce des produits de base ne facilitaient pas non plus leur étude. Il fallait, toutefois, dépasser cette complexité afin de tenter de cerner l'identité du sujet. On a montré que la bi-appartenance, à la fois nationale du pays et multinationale à l'égard du groupe, constitue la véritable « identité » de l'entreprise multinationale, en tant que sujet des transactions intragroupe.

Par la suite, la tentation était grande d'aller à la quête des différentes variantes de l'entreprise multinationale, impliquée dans l'industrie du café et du cacao en Côte d'Ivoire. A mesure que l'on suivait le processus de concentration des entreprises, il était possible d'établir le postulat qu'à côté des groupes de sociétés issues du processus de concentration horizontale coexistaient des groupes fondés sur une concentration verticale[621]. Sur ce point, l'étude a révélé que la filière du café et du cacao constitue une terre « d'élection » des groupes de fait, justifiée par le désir des grandes multinationales de fidéliser leur réseaux d'acheteurs de produits, de PMEX et de producteurs organisés en coopératives.

---

[620] OCDE, Principes applicables en matière de prix de transfert à l'intention des entreprises multinationales et des administrations fiscales, OCDE 2001, Glossaire, p. G5.

[621] G. FARJAT, *op. cit.*, p. 122

L'objet des prix de transfert. Le but assigné au second titre était de déterminer l'objet des transactions intragroupe. Bien entendu, cet objet n'est autre que la représentation monétaire des marchandises échangées[622]. On l'a appelé « objet monétaire », rémunération ou plus exactement prix de transaction intragroupe. Au préalable, l'attention portée sur le concept de transaction intragroupe a contribué à dissiper les incertitudes concernant sa nature, contractuelle, particulièrement de contrat de vente. Cependant, l'enceinte au sein de laquelle se déroulaient les flux – à l'intérieur du groupe - conférait à la notion de transaction intragroupe une certaine particularité. Ce caractère ambivalent de la transaction intragroupe traduit toute l'ambiguïté de cette notion.

Concernant l'objet des transactions intragroupe proprement dit, l'analyse a stigmatisé la fragilité de la rémunération des flux de cession interne. Un prix librement débattu par deux sociétés intimement liées, même s'il demeurait valable juridiquement, pouvait dans certaines hypothèses, paraître suspect aux yeux de l'administration fiscale[623]. Alors, la véritable question à laquelle il fallait s'attendre était : comment déterminer les prix des flux intragroupe, d'un point de vue de l'analyse purement juridique ? Cette difficulté a fini par nous mener dans une sorte d'impasse tant la notion même de « juste prix » est source d'incertitudes.

Dès lors, il convenait de s'appuyer sur une double exigence subjective et objective pour appréhender la question de l'évaluation du juste prix des transactions. La subjectivisation du « juste prix » est pleinement justifiée dans un régime d'économie libéralisée dans la mesure où la loi de l'offre et de la demande n'est autre chose que la valeur de l'échange – c'est-à-dire « le compromis opéré entre la valeur attribuée au bien par l'ancien propriétaire qui l'a vendu et la valeur admise par le nouveau propriétaire qui l'a acquis [624] ». Force est cependant de noter que la liberté est une chose, et l'usage que les contractants peuvent en faire en est une autre. De sorte que bien qu'admis, les critères subjectifs deviennent secondaires, voire inopérants pour déterminer le juste prix de transaction intragroupe, parce que trop dogmatique et vaine. Ainsi, il a fallu recourir à une certaine forme d'objectivisation afin de limiter les dérives. La parade semblait résider dans la législation économique instituée par la loi n° 91-999 du 27 décembre 1991 relative à la concurrence. Elle dispose en son article 1er que : « les prix des biens et services échangés en Côte d'Ivoire sont (...) déterminés par le jeu de la concurrence ».

---

[622] On oppose ainsi volontiers « l'objet physique » de « l'objet monétaire ». En l'occurrence, dans le premier cas il s'agira de la matière première du café ou du cacao ; dans l'autre cas, le prix du café ou du cacao vendu.

[623] En même temps que les parties, le Fisc trouve un intérêt dans la stipulation du prix dans la mesure où celui constitue l'assiette de l'impôt sur les bénéfices.

[624] Cl. BAJ, « Problème du droit français : prix ou valeur ? », *Petites Affiches*, n° 143, 1995, p. 17.

D'ailleurs, cette exigence trouve son application dans l'article 38 al. 1er du CGI qui sanctionne son non respect. Par définition, le recours au marché suppose nécessairement son existence. Or, si tel est le cas en ce qui concerne les matières premières brutes de café et de cacao faisant l'objet de cotation sur les principaux marchés à terme de Londres et de New York, il en va différemment de leurs produits dérivés que sont la liqueur de cacao, le café torréfié, le tourteau et le beurre de cacao, etc. En l'absence de marché, la vérification par l'Administration des prix pratiqués par les entreprises multinationales sur une base objective peut relever d'une vraie gageure, au regard de l'analyse purement juridique. D'où l'intérêt qu'on peut avoir à passer à une autre dimension : celle de l'analyse économique du droit, applicable aux prix de cession intragroupe.

SECONDE PARTIE

L'adaptation économique de la pratique fiscale des prix de transfert

Constat. L'étude précédente a révélé que la notion des prix de transfert dans le secteur du café et du cacao pouvait avoir des conséquences dommageables à la fois pour l'entreprise multinationale et l'administration fiscale. Pour l'une, elle court le risque de se faire redresser sur une base imposable élargie. Or, la réalité économique de son activité peut en être autrement, étant réduite à sa juste expression. A l'égard de l'autre, le risque consisterait à voir s'évaporer vers d'autres cieux une bonne partie de ses recettes fiscales.

Origine du phénomène. L'intensification du commerce du café et du cacao à l'échelle internationale a rendu de plus en plus complexe le phénomène des prix de transfert dans le secteur. En effet, la fin des années quatre-vingt dix a marqué une nouvelle ère pour les firmes multinationales, désireuses de s'implanter en Côte d'Ivoire : le marché n'a cessé de s'ouvrir, les barrières douanières d'être abaissées et les mesures fiscales d'attirer les investisseurs. L'objectif poursuivi par le législateur ivoirien est bien connu. Il s'agit, entre autres, de relancer l'économie nationale, et dans une certaine mesure, d'occuper une place de choix dans le commerce international des produits de base de café et cacao[625]. Mais cette ouverture ne présente pas que des effets positifs puisqu'elle peut être source de réelles complications, notamment à l'égard du contrôle des flux entre la filiale locale et le groupe multinational[626].

Problème de droit. Il est indéniable que l'implantation des entreprises multinationales sur le territoire ivoirien témoigne à la fois de son attractivité et de sa compétitivité. Cette compétition qui s'y déroule n'est pas que

[625] Cet objectif nous semble largement atteint, car la Côte d'Ivoire occupe le leadership de la production mondiale de cacao et se classe parmi les premiers Etats producteurs de café en Afrique.

[626] Bien entendu, les contrôles des flux de café et de cacao concernent autant les groupes nationaux que les filiales des groupes étrangers.

nationale. Elle peut aussi s'exporter au-delà des frontières territoriales, puisque les firmes locales sont susceptibles d'entrer en relation commerciale avec d'autres sociétés, notamment, des sociétés sœurs ou mères, situées dans des Etats étrangers, et donc, sur des marchés étrangers. Dans le même temps, elle pose le problème de l'imposition des transactions intragroupe sur des fondements, parfois, contestables. En effet, l'approche territorialiste du droit fiscal ivoirien a pour effet d'appréhender la réalité économique de la firme multinationale non pas dans sa globalité, mais sur une base partielle, parcellaire, voire partiale. Dès lors, comment peut-on parvenir à fixer les prix de transfert de café et de cacao le plus légitimement possible, sachant que certains comportements des multinationales ne sont pas dénués de toute motivation fiscale[627]. Ne conviendrait-il pas d'affiner la réglementation fiscale, en la matière, afin de l'ajuster aux impératifs d'ordre économique ?

Plan. Procéder à l'adaptation économique de la pratique fiscale des transactions intragroupe dans le secteur du café et du cacao conduit à dépasser l'analyse purement juridique des principes traditionnels fiscaux pour une analyse économique des prix de transfert. A vrai dire, l'idée de base qui résulte de cette évolution majeure, caractérisée par deux logiques opposées - juridique et économique - n'est pas anodine. Elle vise, au-delà des cloisonnements juridiques, parfois étanches, à ériger un corpus de règles consensuelles et directrices capable de légitimer d'un point de vue économique[628] l'établissement des prix de cession interne de ces matières premières (Titre1).

Au-delà de la quête d'une certaine légitimité, ne faudrait-il pas voir dans la démarche de valorisation de ces flux commerciaux un signe manifeste et caractéristique du réalisme fiscal ? Rien n'est moins sûr, étant donné qu'elle aura pour objet d'appréhender la matière imposable, non plus sur une approche « dogmatique » exclusivement fiscale mais sous un angle « pragmatique », sous le prisme de la réalité économique des échanges de café et de cacao effectués à l'intérieur du groupe multinational (Titre II).

---

[627] Ces comportements peuvent avoir pour objet le transfert de bénéfices vers l'étranger.

[628] D'ailleurs, la doctrine et les professionnels de matière sont unanimes à reconnaître que la question des prix de transfert revêt une dimension plus économique que juridique.

TITRE PREMIER

La consécration de la légitimité économique du prix

Des prix prétendument illégitimes. La fixation des prix de transfert est par nature une source réelle de contentieux récurrents entre l'administration fiscale et l'entreprise multinationale pour qui les prix définis par l'une ou par l'autre sont illégitimes, anormaux, voire incohérents. Ces réactions peuvent à bien des égards, se comprendre lorsqu'on sait que le Fisc n'a qu'une vision « obtue », une optique locale de la réalité des transactions. Or, lorsqu'une « Multinationale » fixe ses prix, elle se détermine dans une perspective globale. De là, à prétendre que tous les prix des transactions intragroupe de café et de cacao sont suspicieux, peut paraître excessif. Alors, comment est-il possible de séparer « le bon grain de l'ivraie », de distinguer les prix pertinents des prix impertinents ?

Nécessité d'une légitimité du prix. Dès l'instant où un climat de suspicion tend à se développer entre les différents acteurs de l'économie, l'Etat et les opérateurs économiques, il s'avère plus que nécessaire de restaurer le climat de confiance, car ces derniers demeurent, avant tout, les principaux créateurs de la richesse nationale. Cela suppose donc un minimum d'accord sur des règles claires et précises qui fondent la légitimité des prix de transfert, en particulier dans le secteur du café et du cacao. Afin de garantir la sécurité des échanges intragroupe des produits de base, au niveau international, les principes dégagés doivent être largement établis, universellement partagés et basés sur une démarche économiquement cohérente.

Plan. A ce jour, un large consensus semble naître autour des règles qui gouvernent la fixation des prix pratiqués, tirant leur bien-fondé dans l'économie de marché. Qualifiés de « prix de pleine concurrence », ces prix reposent sur « le principe de pleine concurrence ». Faisant autorité en matière de transactions intragroupe, « le principe de pleine concurrence » est affirmé aussi bien par le droit positif ivoirien que par les législations internationales (Chap I). D'inspiration occidentale, la légitimité économique tant recherchée est en passe d'être dévoyée dans ses modalités d'application, en l'occurrence, compte tenu des particularités propres au négoce des produits de base et surtout du degré de développement du pays (Chap II).

CHAPITRE I

Une légitimité économique affirmée dans son principe

Problème juridique. A l'instar de toutes les nations modernes, la Côte d'Ivoire n'échappe pas à la complexité des difficultés posées par la globalisation des entreprises du secteur du café et du cacao. Toutes les règlementations au plan juridique susceptibles de faire *florès* hier, paraissent aujourd'hui obsolètes. Les autorités ivoiriennes pouvaient-elles se borner à une application littérale de ces règles fiscales traditionnelles sans courir le risque de se voir reprocher « le délit » de harcèlement fiscal ? Ne gagneraient-elles pas à actualiser ses règles matérielles de contrôle aux impératifs de la mondialisation et à refuser tout redressement systématique quand bien même elles auraient de fortes présomptions de transfert indirect de bénéfices à l'étranger ?

Plan. Le souci de favoriser des relations apaisées entre l'administration fiscale et les entreprises multinationales d'une part, et d'autre part, de fonder les procédures d'évaluation des transactions intragroupe sur des règles claires, nettes et consensuelles, a conduit sans aucun doute à l'expression du principe de pleine concurrence (Section II). Par delà la règle de principe, l'intérêt de la démarche réside plus dans ses motivations profondes. En effet, elle est justifiée, entre autres, par la volonté de conciliation de certaines données juridiques et économiques, parfois, contradictoires : la théorie de l'impôt et la dimension extraterritoriale de la firme multinationale ; la nature unitaire et économique du groupe multinational et les objectifs budgétaires de l'Etat, impliquant le respect de certains principes, tel que le traitement égalitaire des contribuables et l'idéal de neutralité de l'impôt (Section I).

SECTION I : LA JUSTIFICATION THÉORIQUE DU PRINCIPE DE PLEINE CONCURRENCE

Présentation. Afin de mieux cerner la substance réelle du principe de pleine concurrence et de comprendre les motivations profondes de ses rédacteurs, il a fallu « aller à la racine du mal ». De ce retour aux sources, le constat est sans appel. Certains grands principes du droit fiscal paraissent actuellement désuets (Par I). Il semble alors s'imposer un compromis qui tiendrait compte des intérêts contradictoires des parties en présence, notamment, l'entreprise multinationale et l'administration fiscale (Par II).

Parag I : L'inadéquation des règles classiques fiscales

Pour justifier le caractère inadéquate de certains principes de droit commun en matière de prix de transfert, il convient d'observer d'une part que le concept de territorialité de l'impôt est en voie d'obsolescence (A) et d'autre part que l'unité économique du groupe à l'échelle multinationale n'est généralement pas prise en considération pour la détermination de l'assiette fiscale (B).

A. La dégénérescence du principe de territorialité de l'impôt

Souveraineté fiscale et territorialité de l'impôt. Le concept de territorialité de l'impôt est intimement lié à l'idée de souveraineté politique de l'Etat. La Côte d'Ivoire ayant accédé à l'indépendance le 7 août 1960[629], elle faisait son entrée dans le concert des nations souveraines. Ainsi, elle s'est dotée d'institutions propres et d'un territoire sur lequel s'exerce l'autorité politique de l'Etat. En effet, l'article 31 de la Constitution stipule clairement que la souveraineté appartient au peuple et qui l'exerce[630]. Elle s'analyse donc comme un mode d'exercice du pouvoir politique, mieux, le gouvernement du peuple par le peuple et pour le peuple. Au demeurant, l'expression de la souveraineté nationale, qui peut être ici qualifiée de politique, peut admettre une autre variante, dite souveraineté fiscale. Cette dernière est d'ailleurs une composante essentielle du pouvoir régalien de l'Etat. Parce qu'elle a pour vocation de fixer les contributions de natures diverses destinées à financer les dépenses publiques de l'Etat, la fiscalité occupe avant tout une fonction budgétaire. Elle est formée par un corpus de règles qui commande l'imposition de l'activité économique des personnes physique et morale. Afin d'opérer une nette distinction entre les contribuables relevant de sa sphère de compétence et ceux qui relèvent d'Etats étrangers, le législateur fiscal a dû adopter le système d'imposition de territorialité qui définit le champ d'application territorial de la loi fiscale.

Signification du concept de territorialité. « L'Etat a un territoire propre et une souveraineté propre. Il jouit de la souveraineté territoriale. Jusqu'à l'extrême limite de ses frontières qu'il ferme par des barrières douanières, il est maître absolu en matière fiscale […]. C'est dans sa souveraineté

[629] L'art 29 de la Constitution ivoirienne du 23 juillet 2000 dispose que « l'Etat de Côte d'Ivoire est une République indépendante et souveraine. »

[630] C'est l'article 32 de la Constitution qui énonce l'exercice de la souveraineté par le peuple.

territoriale que l'Etat trouve l'unique source de son pouvoir d'imposition qui est ainsi illimité […]. En matière d'impôt, l'Etat jouit d'un pouvoir absolu au-dedans de son territoire tandis qu'il ne jouit d'aucun pouvoir en dehors de son territoire -sous réserve- des accords internationaux qu'il a contractés »[631]. Ces écrits du Professeur Chrétien illustrent parfaitement la conception territorialiste de la compétence fiscale étatique adoptée par la Côte d'Ivoire, profondément inspirée du système français. L'article 2 du Code général des impôts dispose : « l'impôt est dû, à raison des bénéfices réalisés en Côte d'Ivoire »[632]. En effet, cette disposition qui est la base légale du principe de territorialité de l'impôt, traduit l'idée selon laquelle la compétence est exclusivement territoriale et qu'un critère de rattachement entre le sujet et l'objet de l'impôt et le territoire de l'Etat d'imposition est nécessaire pour légitimer le droit de cet Etat d'imposer ce sujet ou cet objet. Aussi est-il affirmé que « chaque impôt comporte presque inévitablement, en fonction de sa nature propre, des règles de rattachement territorial spécifique »[633], règles qui sont alors dénommées règles de territorialité de l'impôt[634].

Application du principe de territorialité de l'impôt. Le principe de territorialité trouve essentiellement à jouer dans une logique internationale. En effet, une société ivoirienne dont l'activité se développe exclusivement sur le territoire ivoirien, à l'exclusion de tout autre Etat, se verra soumise à l'impôt ivoirien B.I.C. En revanche, dès que cette société projette d'opérer hors de la Côte d'Ivoire, il conviendrait de mettre en œuvre l'article 2 du CGI, afin de déterminer quels seront les bénéfices qui seront imposables en Côte d'Ivoire. Et, le cas échéant, s'ils sont générés par une entreprise exploitée hors de Côte d'Ivoire, ils échapperont à la fiscalité ivoirienne. En vertu de l'article 2 du CGI, l'imposition des BIC est déterminée en tenant compte uniquement des bénéfices réalisés en Côte d'Ivoire, ainsi que ceux

---

[631] M. Chrétien, « Contribution à l'étude du droit international fiscal actuel : le rôle des organisations internationales dans le règlement des questions d'impôts entre les divers Etats », *R.C.A.D.I.*, 1954 – II, t.86, p.15.

[632] Loi n°75935 du 26 décembre 1975, art. I modifiée par la loi n°78-1096 du 30 décembre 1978, an. fiscale, art. 10.

[633] G. GEST et G. TIXIER, *Droit fiscal international*, PUF, Coll. Droit fondamental, 2è éd., 1990, n°2, p. 14. Ces auteurs précisent que : « la définition de critères de rattachement territorial est donc un préalable, au moins en théorie, à l'édiction des règles d'imposition proprement dites » (n°90, p.120), et donc que « le jeu combiné des critères de rattachement territorial permet de définir le champ d'application territorial de la loi fiscale » (n°92,. 122).

[634] A la conception territorialiste de la compétence fiscale étatique, l'on oppose une conception dite de la mondialité de l'impôt, défendue par la plupart des pays industrialisés, à l'exclusion de la France, de ses anciennes colonies, de Hong Kong et Singapour. Pour elle, la compétence fiscale étatique est illimitée, en ce sens où les Etats ne seraient aucunement restreints, en droit tout du moins, dans la détermination de l'étendue de leur pouvoir d'imposition. Tout au plus, admet-elle que les Etats soient limités en fait par des difficultés de recouvrement de l'impôt. Les règles dites d'imposabilité, ne seraient donc pas nécessairement territoriales.

dont l'imposition est attribuée à la Côte d'Ivoire par une convention internationale relative aux doubles impositions. Le principe de territorialité[635] implique par conséquent que la Côte d'Ivoire est en droit d'imposer tous les revenus engendrés sur son territoire et uniquement[636] sur ce territoire.

Les critères d'application du principe. La question de la répartition du droit d'imposition entre la Côte d'Ivoire et d'autres Etats étrangers ne soulève aucune difficulté particulière si l'exploitation dont on cherche à appréhender les revenus s'avère être une filiale. Puisque celle-ci est, par nature, détachable de la société-mère, et rattachable, pour les bénéfices qu'elle réalise, au pays dans lequel elle a son siège. En revanche, si l'entreprise ivoirienne ne choisit pas de développer son activité hors de Côte d'Ivoire par la création d'une structure juridiquement distincte, l'administration va rechercher si cette exploitation peut néanmoins obtenir une personnalité fiscale, à défaut d'en avoir une d'ordre juridique. En d'autres termes, il faudrait que l'administration fiscale détermine si les activités effectuées à l'étranger « *ont une consistance telle qu'elle permette de constater l'existence d'une entreprise exploitée dans ce pays* »[637]. Si c'est le cas, les pertes et bénéfices des succursales implantées à l'étranger seront donc, sauf conventions contraires, exclus du calcul de l'impôt en Côte d'Ivoire[638]. Le critère posé par l'article 2 du CGI est plutôt vague puisqu'il vise uniquement « *les entreprises exploitées en Côte d'Ivoire* ». Aussi l'honneur est revenu à la doctrine administrative de préciser ce qu'il fallait entendre par « exploitation en Côte d'Ivoire » et « exploitation à l'étranger ». Il ne suffit pas, en tout cas, de réaliser des opérations à destination de l'étranger et notamment d'exporter pour que les bénéfices correspondants échappent à l'impôt ivoirien. Il faut une véritable implantation sur le territoire étranger. De façon synthétique, l'on relève trois critères distincts de localisation d'une exploitation à l'étranger : l'établissement à l'étranger[639], la représentation à l'étranger[640] et, à défaut, le cycle commercial complet[641] à

[635] Il est également appelé principe de la source, par opposition au principe de la résidence.

[636] Et ce, que ces revenus soient réalisés par des résidents ou des non-résidents.

[637] B. CASTAGNEDE, « Evolution et cohérence des règles de territorialité de l'impôt », *RFFP*, 1999, n°68, p. 277.

[638] Les règles ivoiriennes reposant aussi sur un strict concept de symétrie, la non déduction des pertes à l'étranger ira de pair avec l'exonération des profits qui seront réalisés. Le principe de territorialité revient donc à étendre aux simples « établissements » d'une société ivoirienne située à l'étranger, le régime résultant du principe de la personnalité de l'impôt, selon lequel chaque personne morale doit être imposée distinctement et personnellement à raison des bénéfices qu'elle réalise.

[639] Il doit s'agir d'une installation professionnelle, pouvant prendre la forme d'une usine, d'un bureau de vente, d'une succursale, d'un chantier de construction…

[640] Dès lors que la société ivoirienne réalise à l'étranger des opérations par l'intermédiaire d'un représentant qu'elle détache sur place, il y a bien exploitation à l'étranger. Pourvu que le représentant soit doté d'une certaine autonomie et notamment de pouvoir engager la société et

l'étranger. Les mêmes critères permettent de connaître dans quels cas une entreprise étrangère est imposable en France à raison des opérations qu'elle réalise. En revanche, les conventions de double imposition signées par la Côte d'Ivoire retiennent l'établissement stable[642] comme critère de localisation des activités.

Une ère nouvelle, de nouveaux problèmes aussi... Tant que les activités déployées par les entreprises ivoiriennes d'origine ou étrangères présentaient un caractère national très marqué, la définition des critères de répartition de l'assiette ne suscitait pas de réel intérêt. Or, à l'ère de la mondialisation de l'économie, et spécifiquement de la libéralisation de la filière de café et cacao, les sociétés n'hésitent pas à recourir à des stratégies de développement de plus en plus performantes et adaptés à leurs besoins. Ainsi, elles ont su tirer profit des incitations économiques proposées par l'Etat ivoirien[643]. Parfois, elles ont dû segmenter leurs activités en plusieurs cycles d'opérations pour les rendre plus rentables. En ce sens, lorsqu'un groupe ivoirien est implanté dans plusieurs pays en disposant dans chacun d'eux d'un établissement stable, l'un des problèmes les plus délicats est la ventilation des bénéfices entre les différents établissements stables. D'ailleurs, la question se complexifie davantage dès lors que les relations commerciales et financières se nouent entre les différentes entités du groupe : l'une vend ce que l'autre fabrique, une autre jouant le rôle de sous-traitant, l'autre d'établissement financier ou de centre de recherche. Dans ces hypothèses, le problème reste identique selon que l'implantation ait lieu sous la forme de succursale ou de filiale[644]. Et l'approche stricte du concept de territorialité ne saurait contribuer à aplanir les difficultés rencontrées dans la ventilation des bénéfices de l'entreprise soumis à l'impôt BIC. Pour y

---

de passer des contrats en son nom. C'est l'hypothèse des courtiers, des commissionnaires et des importateurs.

[641] En l'absence des critères prédéfinis, il y a exploitation à l'étranger lorsque les opérations qui y sont réalisées constituent un cycle commercial complet, par exemple des achats suivis de reventes. Cependant, selon une jurisprudence française, ces opérations ne sont le reflet d'une activité autonome localisable à l'étranger qu'à condition qu'elles soient détachables de celles qui sont réalisées en France. Ainsi, il a été jugé qu'une société française qui achetait des vins en Algérie et les revendait dans différents Etats d'Afrique n'exerce pas une activité autonome à l'étranger du fait que toutes les opérations commerciales et financières étaient décidées à partir du siège français ; les bénéfices correspondants ont donc été imposés en France (CE, 14 mars 1979 : RJF 5/79, n° 284).

[642] L'établissement stable désigne une installation fixe d'affaires où l'entreprise réalise tout ou partie de son activité, pouvant être une succursale ou une représentation commerciale à l'étranger. La notion de cycle commercial complet est ignorée par les conventions fiscales signées par la Côte d'Ivoire.

[643] D'ailleurs, ces mesures incitatives d'attractivité économique ne sont pas propres à l'Etat de Côte d'Ivoire. Tous les Etats essaient de proposer aux entreprises étrangères des législations appropriées à leurs besoins, notamment la réduction de leurs coûts de production.

[644] M. COZIAN, *Précis de fiscalité op. cit,* p. 263, n° 656.

parvenir, la solution consisterait à moduler l'application du principe de territorialité avec les impératifs de l'économie internationale.

C'est d'ailleurs l'approche défendue dans les conventions fiscales contre les doubles impositions qui traite l'établissement stable comme une entité autonome pratiquant des prix de pleine concurrence. Si l'autonomie est reconnue à l'établissement stable aux fins de l'impôt, force sera de reconnaître que le droit positif ivoirien méconnaît au contraire l'unité du groupe, en tant qu'entité juridique et digne d'intérêt en droit. Ce qui explique, également, au moins partiellement, le recours au principe de pleine concurrence.

B. L'absence de reconnaissance de l'intérêt du groupe

Admission du groupe de sociétés au plan conceptuel. Contrairement à son homologue français[645], le législateur OHADA ne se contente pas d'évoquer la notion du groupe de sociétés de manière incidente, à l'occasion de la conceptualisation des liens de droit qui unissent les entités d'un même groupe. Non seulement, il lui consacre le Titre 1er de son Livre IV, mais également lui donne une définition claire et précise, entendue comme « un ensemble formé par des sociétés unies entre elles par des liens divers qui permettent à l'une d'elle de contrôler les autres ». Le contrôle est perçu ici comme « la détention effective du pouvoir de décision » au sein de la société contrôlée. Il se détermine par la maîtrise de plus de la moitié des droits de vote d'une société, directement par la détention des titres correspondants, ou, indirectement, en vertu d'accords conclus avec d'autres associés de la société. Lorsque la fraction du capital détenu est comprise entre 10 et 50%, il y a participation au sens des articles 176 et 179 de l'Acte uniforme. Au contraire, on parle de société mère et filiale, si la participation de la première dans le capital de la seconde représente plus de la moitié. Certes, cette consécration est pavée de bonnes intentions de la part de ses initiateurs.

Toutefois, cela suffit-il pour que l'on puisse parler d'une véritable révolution par rapport au droit français ? Une réponse négative s'impose, dans la mesure où l'évocation des liaisons de groupe - directement ou indirectement ; explicitement ou implicitement- par les législations, en droit des sociétés, française et OHADA ne vise qu'un même objectif : établir des règles qui permettent la caractérisation des liens juridiques entre les sociétés. Aussi le droit fiscal ne fait-il pas exception à la règle. En effet, il n'appréhende le groupe que sous l'angle de l'application du régime des

---

[645] Le législateur français ne donne pas de définition au concept de groupe de sociétés, évoquant la notion partiellement, incidemment, dans le cadre des dispositions du Code de commerce, aux articles L. 233-1 et s., consacrées aux filiales, aux participations et aux sociétés contrôlées.

sociétés mères et filiales[646], en vue d'éviter que les bénéfices de la filiale soient soumis à une double imposition au titre de l'impôt BIC. Pas plus que cette dernière discipline, l'Acte uniforme de l'OHADA relatif au droit comptable ne reste pas insensible à la réalité du groupe[647], puisqu'il consacre son Titre deuxième aux comptes consolidés de groupe et à l'obligation pour les filiales situées sur son territoire d'établir des comptes combinés. Cette atomicité du droit des groupes de sociétés est caractéristique de l'incertitude qui règne sur la notion même de groupe ainsi que du refus de lui reconnaître la qualité d'être juridique, capable d'avoir une existence propre en dehors des sociétés qui la composent.

Négation de l'existence du groupe au plan juridique. Au sein du groupe, seules bénéficient de la reconnaissance juridique du législateur les sociétés qui le composent. Par conséquent, ce sont également ces dernières qui jouissent de la personnalité morale ; et qui en tant que tel sont titulaires de droits subjectifs. Leur identité se concrétise par la nationalité, la dénomination sociale, le siège social, une durée de vie, un patrimoine et un intérêt social exprimé par un représentant légal. Elles sont donc réputées être juridiquement autonomes et indépendantes.

Pourquoi pas un intérêt du groupe... Traditionnellement, les principes d'autonomie et d'indépendance des personnes morales constituent des normes fondamentales. Mais, celles-ci sont à l'heure actuelle « bousculées » par la réalité économique et sociale des groupes de sociétés[648]. Elles le sont dans tous les secteurs du droit des activités économiques, d'une manière particulière dans le secteur du négoce de café et de cacao. Lorsqu'on observe dans le fonctionnement des groupes de sociétés que l'indépendance juridique de la société, société contrôlée, peut être purement formelle et que sa dépendance économique est, au contraire, bien réelle, la société contrôlante ou contrôlaire[649], il paraît difficile de comprendre l'absence d'un véritable statut, homogène et cohérent, du groupe.

---

646 Aux termes de l'article 22 du CGI : « *le régime fiscal des sociétés mères est applicable aux sociétés ivoiriennes par actions ou à responsabilité limitée qui détiennent, dans le capital d'autres sociétés revêtant l'une de ces formes, des participations satisfaisant aux conditions ci-après :*
1- Les titres de participations doivent revêtir la forme nominative et être déposés auprès d'un établissement désigné par l'Administration.
2- Ils doivent représenter au moins 10% du capital de la société émettrice.
Toutefois, aucun pourcentage minimum n'est exigé pour les titres reçus en rémunération d'apports partiels admis au régime fiscal des fusions.

647 Ce sont les articles 74 et suivants de l'Acte uniforme qui consacrent cette double obligation, de comptes combinés et de comptes consolidés de groupe. Elle permet entre autres, de communiquer aux marchés financiers, et d'une manière générale à tous les intéressés (dont les actionnaires et le personnel), une information financière pertinente.

648 J. Paillusseau, La notion de groupe de sociétés et d'entreprises en droit des activités économiques, Recueil Dalloz, 2003, n°34, p. 2347.

649 Le mot « contrôlaire » a été inventé par C. Champaud dans son ouvrage : Le pouvoir de concentration de la société par actions, Sirey 1962.

D'inspiration française, il est vrai que l'approche OHADA du groupe de sociétés se veut pragmatique, dans la mesure où elle consiste à établir l'existence de liens de groupe pour les besoins de l'application de règles particulières de droit commun. A une époque de pleine mutation économique, de libéralisation de la filière café et cacao, faut-il encore continuer à retenir une telle approche ciblée qui présente l'inconvénient majeur de conduire à appliquer au groupe autant de régimes qu'il n'y a de dispositions qui les régissent ? Evidemment, une telle démarche ne peut être ni facteur d'efficacité ni de compétitivité économique pour un pays en quête de repères de développement, dès lors que l'on dénie au groupe de sociétés un statut légal qui vise à le réglementer en tant que tel. A notre humble avis, le législateur ivoirien gagnerait à s'inspirer du modèle allemand de « l'Organschaft »[650] qui vise à l'organisation du contrôle de la société-mère et à la protection des créanciers et des actionnaires minoritaires. A la vérité, la particularité du régime de droit allemand réside dans ce que la domination de la société-mère est régie par un contrat de filiation, par lequel l'entreprise dominante est autorisée à donner des directives à la société dominée et à faire prévaloir, le cas échéant, l'intérêt du groupe sur celui de la société dominée[651].

D'ailleurs, en France, la jurisprudence a fini par accepter dans une certaine mesure l'intérêt de groupe, pour la première fois par la Cour de Cassation dans un arrêt Rozemblum du 4 février 1985[652], en posant le principe suivant : « [...] le concours financier apporté par des dirigeants de fait ou de droit d'une société à une autre entreprise d'un même groupe dans laquelle ils sont intéressés directement ou indirectement, doit être dicté par l'intérêt économique, social ou financier commun, apprécié au regard d'une

---

[650] La législation allemande - en particulier le titre III de la loi du 6 septembre 1965 relative aux sociétés par actions, consacré aux sociétés économiquement liées – établit une distinction entre les groupes à structure contractuelle, dans lesquels un contrat d'entreprise lie la société dominée à celle dominante, et les groupes de fait, caractérisés par la domination économique d'une société sur une autre, notamment par la détention d'une participation majoritaire. Dans le groupe de fait, les sociétés dominées doivent établir un rapport de dépendance, vérifié par les commissaires aux comptes, qui rend compte de toutes les relations juridiques avec la société dominante. Il s'agit d'une formalité lourde destinée à inciter les groupes de fait à devenir des groupes de droit. Le régime juridique des groupes de droit est marqué par l'organisation du contrôle de la société-mère et par la protection des créanciers et actionnaires minoritaires.

[651] Elle peut par exemple ordonner à cette dernière de lui céder des marchandises à un prix inférieur à celui du marché ou encore peser sur sa politique du personnel ou sur la gestion de sa trésorerie. Mais, en tout état de cause, l'entreprise dominante doit compenser les pertes et les bénéfices de l'entreprise dominée. Il institue ainsi une véritable intégration fiscale, renforcée par un pouvoir de contrôle étendu sur la société dominée, qui contribue à légaliser les opérations contraires à l'intérêt social de cette dernière, dès lors que ces opérations servent les intérêts de la société contrôlante ou d'autres sociétés-sœurs du groupe.

[652] *JCP* E 1985, II, 14614, notez W. Jeandidier. – Adde, Cass. Crim., 9 déc. 1991 : BRDA 15 mars 1992, p.12.

politique élaborée de ce groupe, il ne doit ni être démuni de contreparties ou rompre l'équilibre entre les engagements respectifs des diverses sociétés, ni excéder les possibilités financières de celles qui en supportent la charge. » A ce propos, le Professeur Plagnet soulignait que « dans le cadre de ces relations « mère-filiale », l'intérêt du groupe est souvent sous-jacent, même s'il n'est pas explicitement invoqué »[653]. Dans l'attente de l'émergence d'un intérêt du groupe, juridiquement protégé, en droit ivoirien, la consécration du principe de pleine concurrence trouve toute sa justification d'autant plus qu'il constitue un palliatif à cette carence, mais surtout une sorte de « pis-aller » à la conciliation des intérêts, souvent contradictoires, entre l'administration et l'entreprise.

Parag II : La prise en considération des intérêts en présence

Plan. Par entreprise multinationale de café et de cacao, on entend la société en tant qu'habillage juridique. Mais aussi, elle est perçue comme une technique d'organisation de l'activité de production et de distribution, ayant pour objet ces produits de base, et déployée sur plusieurs Etats, dont la Côte d'Ivoire. Prise dans sa dimension juridique ou économique, l'entreprise a une finalité essentiellement lucrative, c'est-à-dire réaliser des profits. Pour mener à bien son objectif, l'entreprise dispose de la liberté de ses choix. Elle peut donc juger opportun de localiser ses activités de négoce sur le sol ivoirien et ses activités de distribution et de service dans tel ou tel Etat, dans un souci de rationalité économique. De telles stratégies ne devraient être couronnées que de succès et mériteraient qu'encouragement, puisqu'elles reposent sur les principes même de la liberté de gestion de l'entreprise et du libéralisme économique. Or, à y regarder de plus près, elles risquent de priver le Trésor Public de Côte d'Ivoire de ses principales ressources financières, au profit d'autres Etats. Dans cette mesure, la réaction de l'administration fiscale ivoirienne peut être assez vive[654]. D'autant plus qu'elle aura une tendance quasi-systématique à opérer des redressements dès lors qu'elle subodore un transfert indirect de bénéfices vers des Etats étrangers.

A l'évidence, « une paix des braves » s'impose à l'égard des acteurs de l'économie nationale et mondiale. Ainsi, les conditions d'une relation « apaisée » passent sans aucun doute par la recherche d'un compromis entre les intérêts des uns et des autres. En ce sens, dans la perspective de déterminer les prix de transfert du café et du cacao de la façon la plus juste

---

[653] B. PLAGNET, « Les relations financières entre « sociétés sœurs » : l'intérêt du groupe existe-t-il en droit fiscal ? », *Bull. de l'A.N.S.A.*, janv-fév. 1997, p.3.

[654] Les autorités ivoiriennes éprouvent naturellement le désir de préserver « la substance fiscale » du pays et donc d'éviter autant que possible des ponctions du groupe (maison-mère ou filiales-sœurs) sur la substance économique de la filiale locale.

possible, le principe de pleine concurrence est appréhendé comme un « pis-aller ». Comme tel, il est de nature à prendre en considération les aspirations de maximalisation des profits des uns (A) et les intérêts légitimes de préservation de l'ordre public économique des autres (B).

A. A l'égard de l'entreprise multinationale

Préalable. Avec la nécessité d'une prise en compte des intérêts des entreprises multinationales, c'est toute la stratégie de ces firmes qu'il faudrait bien exposer. On s'en tiendra uniquement à présenter de façon succincte les grandes tendances et à admettre que l'établissement de la norme de pleine concurrence résulte d'un arrangement dans lequel l'organisation et la nature économique de la firme internationale trouvent leurs places. Ces développements n'auront donc pas pour objet de justifier les options stratégiques des entreprises multinationales du secteur.

Présentation. Le fait que des firmes débordent le cadre traditionnel de la politique et de l'économie de leurs Etats d'origine pour s'établir à un niveau mondial est source de questionnements, si ce n'est d'inquiétudes. Raymond Vernon, Professeur à la prestigieuse université d'Harvard, remarquait en 1977 que « l'Entreprise multinationale a fini par être vue comme l'incarnation de presque tout ce qui déconcerte dans la société moderne[655] ». Comme le soulignent également dans leur ouvrage collectif Yves Crozet, Lahsen Abdelmalki, Daniel Dufourt et René Sandretto[656], l'ubiquité est certainement le maître mot pour qualifier le développement « tentaculaire » et l'omniprésence de ces sociétés qui sont « partout chez elles »[657]. En effet, la logique des entreprises multinationales à s'émanciper de leur base nationale tient à des considérations de nature fiscale et extra-fiscale. Ainsi, l'organisation des transactions intragroupe par le Top management du groupe multinational peut être faite de manière à minimiser le poids de l'impôt, tout en maintenant la vitalité économique de l'entreprise.

1. Les motivations non fiscales des entreprises multinationales

La pénétration des économies nationales, une part belle aux préoccupations d'ordre économique et commercial. L'élargissement du champ géographique des activités des entreprises multinationales de torréfaction et de broyage peut répondre à un désir de rapprochement des zones de productions des matières premières[658]. Ceci est d'autant plus vrai

---

[655] R. VERNON, *Storm over the Multinationals*, Harvard University Press, 1977, p. 288

[656] CROZET Yves, ABDELMALKI Lahsen, DUFOURT Daniel et *alii, Les Grandes questions de l'économie internationale,* Paris, Nathan, 1997, p. 103.

[657] P. DOCKES, *L'internationale du capital*, Paris, PUF, 1975, p. 287.

[658] Le souci de rapprochement des zones de production des matières premières de café et de cacao est sans doute une constante des entreprises multinationales. Il répond à une logique de

que tous les groupes multinationaux de la filière café et cacao sont quasiment tous représentés sur le marché ivoirien ; certes pour des raisons de proximité, mais surtout en vue de prévenir les risques de position monopolistique et de domination de la filière de l'un des concurrents, seul à être établi sur la place ivoirienne. En effet, les filiales de ces négociants internationaux, véritables sociétés d'exportation que sont, notamment, Cargill, ADM, Nestlé, Barry Callebaut, opèrent comme des centrales d'achats qui achètent directement à la source pour s'approvisionner. En somme, avoir son propre canal d'approvisionnement assure la régularité du café et du cacao nécessaire et élimine l'intervention de tout intermédiaire. Toute chose qui permet d'augmenter ses profits. Au-delà de la logique de la sécurisation de l'approvisionnement, la recherche d'avantages compétitifs est également une motivation de la multinationalisation des entreprises. Dès lors, l'organisation du groupe répond particulièrement à un désir de spécialisation des différentes **filiales, interdépendantes les unes des autres**[659]**.** Celles-ci peuvent par conséquent occuper diverses fonctions, constituer un maillon de la chaîne de production, un distributeur du groupe ou encore une entité vouée à la recherche et au développement[660].

2. Les motivations d'ordre fiscal des firmes internationales

La pénétration des marchés nationaux, une démarche non dépourvue de motivations fiscales. La volonté des firmes multinationales d'intensifier leurs échanges commerciaux de café et de cacao au niveau mondial est commandée par différentes motivations parmi lesquelles la fiscalité occupe une place de choix. Comment parvenir à organiser ses activités économiques sur un marché désormais planétaire de manière à mieux optimiser ses coûts fiscaux ? Telle semble être la question qui revient de façon lancinante dans la stratégie des multinationales. Les entreprises internationales qui opèrent dans la filière ivoirienne n'échappent donc pas à cette logique. Il suffit

---

réalisation des investissements directs à l'étranger ayant pour origine les pays développés et pour destination les pays en développement. Par ailleurs, l'objectif d'industrialisation des jeunes nations africaines donne l'occasion d'assister à un mouvement de flux économique en sens inverse. Dans le but d'atteindre son objectif de transformer plus de la moitié de sa production de cacao, l'Etat de Côte d'Ivoire a dû encourager certaines entreprises nationales à s'internationaliser, en suscitant directement la création de firmes de production ou de commercialisation des matières premières de café et de cacao dans des territoires étrangers. Il s'agit notamment, de l'implantation de l'usine Nord Cacao, établie à Dunkerque en France, chargée de la transformation du beurre ; du projet de l'usine de chocolaterie à Qinke, en Chine suscitée par le Président Henri Konan Bédié, mais abandonné suite au coup d'Etat de 1999 et du rachat de l'usine de chocolat de « Fulton » située dans l'Etat de New York, en décembre 2003 par le FRC.

[659] Les sociétés filiales sont interdépendantes entre elles ; mais elles sont également dans un rôle de dépendance à l'égard de leur maison-mère.

[660] P. MINNE et S. DOUENIAS, *Planification fiscale internationale des sociétés belges*, Bibliothèque fiscale de la Solvay, Ed. Larcier, 2004, n° 783, p. 550.

d'accorder plus d'attention à leur mode opératoire et particulièrement à la structuration géographique de leurs transactions au niveau mondial. L'on comprend alors mieux leur préférence pour certains Etats, réputés pour leur faible pression fiscale, lorsqu'il s'agit de choisir le lieu d'implantation de leurs filiales de distribution ou de production. Ces Etats ont pour nom la Suisse, le Luxembourg, la Belgique et les Pays-Bas. D'ailleurs, le cas de ce dernier pays est particulièrement topique. Traditionnellement ouverts au commerce et aux investissements internationaux du fait de leur histoire, de leur positionnement géographique et de la nécessité économique, les Pays-Bas sont situés au premier rang mondial en terme d'importations et de réexportations de fèves de cacao, destinées au broyage[661]. En effet, l'attractivité fiscale des Pays-Bas est réelle pour les groupes nationaux et étrangers, qui peuvent bénéficier de nombreux régimes favorables. Dans la plupart des cas, ces groupes, notamment Nestlé, Philip Morris, Kraft Foods, Masterfoods, Cadbury, Ferrero, Cémoi, Cargill, Barry callebaut et ADM organisent leurs structures en localisant la société tête du groupe aux Pays-Bas, mais peuvent aussi y créer des filiales intermédiaires, sous forme de sociétés de droit néerlandais[662]. A l'heure où « la bataille économique fait

---

[661] Selon l'Organisation mondiale de cacao, en 2003, les Pays-Bas importaient 558,7 milliers de tonnes de cacao et en réexportaient 97,3 milliers de tonnes. La Belgique se classe en deuxième position, en termes d'importations et de réexportations, estimées respectivement à 73,2 et 37,8 milliers de tonnes de fèves.

[662] La politique d'attractivité fiscale hollandaise repose sur six piliers :

- La réduction de l'impôt sur les sociétés, de l'impôt sur les dividendes et des charges administratives : le taux d'imposition de l'IS est passé de 35 % en 2001 à 29,6 % en 2006 puis 25,5 % en 2007 ; le taux de retenue à la source sur les dividendes, dû lors de la distribution des bénéfices ou du boni de liquidation, a également a été réduit de 25% à 15%, et supprimé pour les distributions au profit de sociétés-mères établies dans l'Union Européenne et détenant au moins 5% du capital de la filiale néerlandaise.
- Le réseau des conventions fiscales et des accords spécifiques avec les contribuables (*ruling*) : les Pays-Bas ont mis en place un réseau dense de 76 conventions fiscales internationales, permettant de réduire la retenue à la source sur les paiements de dividendes et des taxes sur les royalties et les intérêts versés ou reçus. Les ruling, équivalents du rescrit français, sont le plus souvent demandés par les entreprises pour connaître les conséquences fiscales aux Pays-Bas des transactions intra-groupe, l'appréciation par l'Administration d'une situation de fait au regard d'un texte fiscal ou de la jurisprudence (notamment, l'application du régime « participation-exemption »), ou la détermination de l'assiette taxable aux Pays-Bas d'opérations entre entreprises apparentées (Prix de transfert) ;
- Le régime de la participation-exemption (*deelneming vrijstelling)*: particulièrement attractif pour les holdings mais restreint à partir de 2004, a pour objet d'éviter la double imposition des revenus distribués et est ouvert aux sociétés néerlandaises et étrangères, sous réserve que la société-mère étrangère dispose d'un établissement stable imposable aux Pays-Bas. Ce régime dispense d'imposition les dividendes et autres produits de distribution, les gains ou pertes de change, et les plus ou moins-values sur les participations éligibles ;
- Les régimes des intérêts intra-groupe (« *rentebox* ») et des redevances sur les brevets (« *patent box* ») : le régime optionnel de la « ***rentebox*** », inscrit dans la loi de finances

rage », sous les auspices de la mondialisation, la Côte d'Ivoire ne saurait rester à la traîne. Elle offre aussi aux investisseurs internationaux un dispositif très attractif[663] susceptible d'intéresser les grandes entreprises multinationales du négoce du secteur du café et du cacao.

Ce régime fiscal incitatif est contenu dans le Code des investissements issu de l'Ordonnance n°2012-487 du 07 juin 2012 est un ensemble de mesures incitatives mises en place dans le souci d'adapter le régime des investissements privés aux nouvelles données de l'économie, notamment aux

---

pour 2007, prévoit une imposition réduite à **5 %** pour les intérêts nets perçus par des filiales néerlandaises sur des activités de financement intra-groupe. Il est cependant en cours d'examen par la Commission européenne au titre des **aides d'Etat**, et il n'est donc pas évident qu'il puisse entrer en vigueur. De même, le taux d'imposition d'une fraction des redevances sur les concessions de brevets (*patent box*) a été diminué à **10 %** afin de favoriser l'innovation technologique, selon des modalités **inspirées du régime français**. En France, ce taux est réputé favorable et se situe à 15 %, dans le cadre du régime des plus-values de long terme. L'option pour la « *patent box* » permet d'appliquer le taux réduit à la fraction de revenus qui excède les coûts de développement (la part inférieure étant taxée au taux normal de l'IS), plafonnée à quatre fois ces coûts ;

- Le régime des sociétés d'investissement (FBI et VBI) : La stratégie néerlandaise consiste à intégrer le groupe des Etats membres disposant d'une législation favorable à l'investissement, tels que le Luxembourg (avec les Soparfi) et l'Irlande. L'impôt sur les augmentations de capital a ainsi été aboli en 2006. Le régime des **FBI** (assujettissement à l'IS avec exonération, crédit d'impôt pour la retenue à la source sur les dividendes perçus), créé en 1969, a été étendu le 1er janvier 2007 aux établissements stables de sociétés étrangères. Un nouveau régime (**VBI**) a été introduit début 2007. Ouvert aux sociétés NV ou fonds d'investissements néerlandais, comme aux entités étrangères comparables, sans restriction tenant aux actionnaires ou au financement des investissements, il prévoit une exemption totale d'impôt sur les sociétés et de taxe sur les dividendes. Il constitue donc un outil juridique séduisant pour **structurer des investissements comportant des versements d'intérêts**, dans la mesure où les flux entrants d'intérêts sont généralement exonérés de retenue à la source au plan interne. Dans ce cas, les intérêts sont reçus en franchise d'impôt par le bénéficiaire final (exemption d'impôt au niveau de la société, et exemption de taxation du dividende pour l'investisseur) ;
- Une passerelle vers les places off-shore : les Pays-Bas constituent un point d'entrée vers les **régimes privilégiés des Antilles néerlandaises et d'Aruba**, considérés par l'OCDE comme des paradis fiscaux. Une convention fiscale, le BRK, lie les Pays-Bas et ses anciennes colonies et permet de procéder à des montages avantageux. Ainsi l'interposition d'une société écran aux Pays-Bas permet de contourner l'application de la retenue à la source sur les intérêts versés ou sur les redevances et sommes versées en contrepartie de prestations de services. Les sommes peuvent ensuite être transférées vers ces territoires également en franchise de retenue à la source.

[663] Deux types de mesures fiscales sont généralement prévues : le code des investissements et les conventions d'établissement.

- Le code d'investissement est caractéristique d'une politique d'encouragement sélectif plus ou moins libérale, a trait soit à des règles d'amortissement exceptionnel, soit à des mesures d'exemption ou d'exonération d'impôts ou taxes locaux ;
- La convention d'établissement, comme son nom l'indique, constitue « un agrément particulier » conclu entre l'Etat de Côte d'Ivoire et l'investisseur, permettant à ce dernier de bénéficier sur une certaine durée, en plus des avantages fiscaux, de garanties d'ordre juridique et financier ; elle précise également les obligations mises à sa charge.

perspectives de croissance[664]. L'intérêt que suscite la question de l'investissement pour les Etats en développement économique a été maintes fois démontré. En témoignent les riches contributions faites par la doctrine en général[665], et en particulier par Maître Esmel Sidonie dans sa thèse[666] consacrée aux « mesures fiscales d'incitation à l'investissement dans la stratégie de développement et les relations internationales des Etats africains, à travers les exemples de la Côte d'Ivoire et de la Tunisie ».

Dans le cadre limité de la problématique des transactions intragroupe du café et du cacao, il ne serait pas utile de revenir sur ses analyses. Cependant, il peut être nécessaire de souligner que le gouvernement ivoirien, à l'instar des pays en développement a fait des choix politiques destinés à attirer l'investissement en ayant égard à l'ensemble des objectifs du développement économique. Ces objectifs convergent tous vers l'instauration d'un environnement fiscal accueillant, attrayant et compétitif. Ils constituent également un outil efficace de nature à susciter l'emploi pour l'économie nationale[667] et la richesse par l'efficacité industrielle[668]. Par ailleurs, sous l'angle des prix de transfert, le fait d'utiliser l'incitation fiscale à l'investissement comme levier de développement économique de la Côte d'ivoire peut se révéler après coup comme une arme à double tranchant. D'une part, il faut craindre qu'après avoir attiré sur son territoire de nombreuses entreprises multinationales, à travers divers avantages fiscaux incitatifs, l'Etat durcisse ses règles de taxation des flux internationaux au sein des grands groupes. Plutôt que de les soumettre aux règles d'imposition

---

664 Ces avantages consistent entre autres en des exonérations sur certains impôts pendant un certain nombre d'années (5 ans pour la zone A et 8 ans pour la zone B). Pour le régime de la déclaration à l'investissement, les impôts concernés sont l'impôt sur le bénéfice industriel et commercial ou l'impôt sur les bénéfices non commerciaux, la contribution des patentes et des licences. Pour le régime de l'agrément, en plus des exonérations précitées, il faut y ajouter la contribution foncière sur les propriétés bâties au cas où l'investissement est supérieur à deux milliards de francs CFA. De même, le montant du Droit Unique de Sortie qui leur est appliqué est de 60 francs par kilogramme sur le cacao transformé.

665 A. ESOUSSI, *Fiscalité et investissements (Analyse et commentaire du code d'incitation aux investissements)*, Publications de l'imprimerie officielle de la République de la Tunisie, 118 p.

666 S. ESMEL, Les mesures fiscales d'incitation à l'investissement dans la stratégie de développement et les relations internationales des Etats africains, à travers les exemples de la Côte d'Ivoire et de la Tunisie, Thèse 1999, Paris 12, 532p.

667 En dehors des avantages liés à l'accroissement des ressources financières et des avoirs en devises, la convoitise des pouvoirs publics ivoiriens pour les investissements transnationaux peut être justifiée par le fait que les sociétés transnationales sont en mesure de leur offrir un ensemble de ressources et de services de grande qualité, difficile à trouver ailleurs. Si cet ensemble se compose surtout de capitaux, il donne aussi accès au savoir technique et à la science de la gestion, ainsi qu'aux circuits internationaux de commercialisation et aux facteurs de production nécessaires.

668 ONUDI, Xè session de la Conférence générale : Table ronde 5 Promotion des investissements dans les pays en développement, en particulier en Afrique (difficultés, perspectives et expériences), Vienne-Autriche, 1er au 5 décembre 2003, p. 7.

ordinaires, le risque c'est que l'Etat encourage les multinationales étrangères à s'installer sur son sol pour ensuite les taxer, principalement par le biais du contrôle des transactions entre la filiale locale et le groupe[669]. D'autre part, il est établi que les sacrifices consentis par le législateur, en se privant d'une portion congrue de ses recettes fiscales, visent comme but essentiel de rassurer les investisseurs à s'implanter sur le sol ivoirien, plus compétitif. En contrepartie, les entreprises multinationales sont tenues à un minimum d'impôt applicable aux activités bénéficiant des avantages fiscaux, une sorte d'impôt plancher à l'américaine. A cet égard, tout manquement à cette obligation, source de recettes fiscales garanties, du fait de manipulation des prix de transfert, en vue de transférer des bénéfices à l'étranger, est de nature à saper les efforts consentis par l'Etat et dommageable pour notre jeune économie[670].

Conscients que le maniement des instruments fiscaux à des fins de développement économique peut s'avérer redoutable, les multinationales et les administrations tentent de trouver un compromis dans l'application du principe de pleine concurrence, qui permet de sécuriser les investissements. Cette sécurité juridique nécessite la défense de l'intérêt général, à travers les principes de l'égalité de traitement et de la neutralité fiscale, dont la finalité essentielle est de réaliser les objectifs budgétaires du Trésor public.

B. A l'égard de l'administration fiscale

Financer les charges publiques : une vocation classique de l'impôt. Traditionnellement, l'impôt joue un rôle financier et budgétaire de premier plan. A ce titre, il sert à procurer des recettes à l'Etat en vue de la couverture des dépenses publiques. Toute action menée doit donc avoir pour finalité essentielle d'accroître les recettes fiscales. Au contraire, les comportements qui visent à éluder l'impôt peuvent constituer un réel défi pour les autorités publiques, en ce sens qu'ils seraient de nature à saper l'équilibre budgétaire du Trésor public. Or, c'est justement l'hypothèse même des transferts indirects de bénéfices vers l'étranger, *via* la fixation des prix de transfert. Ce qui pose la problématique de la fraude et de l'évasion fiscales dans le secteur du café et du cacao et imprègne, en pratique, toute discussion sur le rôle des transnationales dans les pays en développement. Elle a pour origine la faculté qu'ont les sociétés multinationales de manipuler leur système de prix internes de telle sorte que leur impôt sur les bénéfices et autres taxes se

---

[669] G. MONSELLATO, « Evitons la guerre fiscale », in *La rédaction web des Echos*, 6 décembre 2004, p. 1.

[670] Les dividendes que l'Etat est en droit d'espérer recueillir en contrepartie des avantages fiscaux concédés ne sont plus garantis précisément en raison de la pratique des prix de transfert dans le secteur du café et du cacao. Il est d'ailleurs significatif que les manipulations des cessions intra-groupe demeurent une réalité dans le macrocosme économique en Côte d'Ivoire.

trouvent sous-évalués. L'ampleur du phénomène est telle qu'un responsable de l'administration fiscale[671] a pu confier que chaque année, les redevances supportées par les entreprises de droit ivoirien au profit des multinationales étrangères, représentent une moyenne de 250 milliards FCFA, soit « une perte fiscale » de l'ordre de 87,650 milliards FCFA[672]. Cet état de fait traduit le degré « d'érosion des finances publiques » et confère aux multinationales une position de quasi-privilégiées, rompant ainsi le principe égalitaire des contribuables devant la loi.

La préservation du principe d'équité fiscale. La règle de l'équité fiscale trouve son fondement dans le principe de l'égalité devant la loi, consacré par la Déclaration Universelle des Droits de l'Homme du 10 décembre 1948, qui prescrit l'égalité de tous devant la loi, mais aussi l'égal accès de tous, sans distinction, à la protection de la loi. En matière des prix de transfert, les opportunités offertes aux grandes multinationales de réduire au maximum, voire de supprimer, leurs charges fiscales, au détriment des contribuables scrupuleux, constituent une rupture d'égalité à l'égard des petites entreprises nationales[673]. Afin de se prémunir contre cette forme de discrimination, de déséquilibre de fait entre les différentes entreprises de la filière, et d'éviter qu'elle ne désagrège tout l'édifice fiscal, le législateur ivoirien a mis en place, à raison, un dispositif approprié de contrôle des prix de transfert. L'objectif ainsi poursuivi permet également de réaliser l'idéal de neutralité fiscale, tant escompté.

Tendre vers l'idéal de neutralité fiscale[674]. C'est une lapalissade que d'affirmer que « la fiscalité n'est pas neutre ». La charge fiscale varie,

---

[671] A. SEHIA, « La problématique de la déductibilité des frais d'assistance technique au regard de l'impôt BIC », in *La Tribune de l'impôt*, n° 2, du 31 juil. au 30 sept. 2004, p. 45 : « *Chaque année, les redevances supportées par les entreprises de droit ivoirien au profit des multinationales étrangères représentent une moyenne de 250 milliards, soit une « perte fiscale » de 87, 650 milliards. Cet exemple ne concerne qu'un seul aspect du phénomène, notamment celui du transfert indirect de bénéfices par le biais des frais d'assistance technique. Or les transferts de bénéfices se réalisent par plusieurs autres moyens, causant donc un préjudice financier beaucoup plus important à l'administration fiscale* ».

[672] Les redevances ne concernent qu'un procédé parmi d'autres symptomatiques de la question des prix de transfert. C'est dire toute l'importance et l'ampleur du phénomène qui ronge les deniers publics de l'Etat.

[673] En droit fiscal, le principe de l'égalité devant l'impôt se traduit par l'imposition identique de tout contribuable se trouvant dans la même situation de fait ou de droit qu'une autre situation. La charge fiscale est ici supportée par tous et répartie, non pas de façon égale, mais de manière équitable, de sorte que chacun y participe selon sa capacité contributive, c'est-à-dire en raison de sa richesse, de son revenu ou de sa fortune.

[674] Certains impôts, la TVA, l'impôt foncier et la patente notamment, sont dus à raison de la seule activité exercée, quelle que soit la dimension économique de l'entreprise. Que l'entreprise soit membre d'une multinationale ou simplement nationale, le montant de la TVA payée, par exemple, ne tient compte que de l'ampleur du chiffre d'affaires réalisé, et non l'appartenance à un groupe multinational. En effet, on ne manipule pas le droit des sociétés pour payer moins de TVA ou de la patente ; l'idéal de neutralité est alors atteint. Il en va

parfois, dans des proportions considérables selon que l'on opte pour telle structure juridique plutôt que telles autres, ou que l'on adopte tel montage juridico-fiscal. Naturellement, ces situations discriminatoires sont regrettables, l'idéal étant celui de la neutralité fiscale. Déterminer le poids de l'impôt en fonction des considérations tenant aux stratégies juridiques, au détriment des résultats économiques ou financiers de l'entreprise, peut être source d'arbitraire et de surenchère. Surenchère contestable, car il incite les firmes internationales du secteur « à la course à l'optimisation fiscale », à l'art de faire de bons choix juridiques et de bons choix fiscaux. Or, en la matière, la conciliation n'est pas toujours aisée. Les résultats sont souvent factices, parfois désastreux, si bien qu'elle peut exposer les transactions intragroupe de café et de cacao dans une sorte d'insécurité juridique. Les risques d'arbitraire également sont d'autant plus patents que les possibilités qu'ont les entreprises multinationales de réduire au maximum leur fardeau fiscal ne sont fondées sur aucune légitimité et légalité, si ce n'est l'appartenance à un groupe[675].

L'affaire SACO. Quand « le géant mondial du chocolat affronte » le premier producteur de cacao, il est certain que l'enjeu de la bataille en vaudra la chandelle : un redressement fiscal d'un montant de 106 milliards de FCFA. Tout commence en février 2001, suite à une procédure de vérification de comptabilité de l'entreprise SACO, filiale ivoirienne du groupe suisse Barry Callebaut, par l'inspection des finances. Aux termes des investigations, l'administration fiscale reproche à la société SACO d'avoir irrégulièrement transféré des profits réalisés en Côte d'Ivoire sur la période de 1997 à 1999, à Zug en Suisse, grâce à des manipulations financières portant notamment sur le calcul du prix de vente à l'exportation des produits semi-finis obtenus à partir de la transformation du cacao. Au-delà des implications politiques et diplomatiques, force est d'indiquer que cette affaire s'inscrit dans un contexte général de lutte contre la fraude et l'évasion fiscales par les autorités ivoiriennes. Elle aura eu surtout le mérite de constituer un précédent unique dans la filière de café et de cacao. Si bien qu'elle peut servir de leçon à toutes entreprises étrangères, opérant dans le secteur, tentées par « l'aventure des pratiques abusives en matière de prix de transfert ». Celles-ci devraient désormais compter sur la force de réaction de l'administration fiscale.

Pour autant, le pouvoir de redressement du Fisc n'est pas absolu. Il doit s'exercer selon des règles et procédures claires, intelligibles et cohérentes. Ce qui évite le sentiment donné aux entreprises multinationales de subir un

---

autrement de l'impôt sur les bénéfices industriels et commerciaux qui varient en fonction de la structure juridique adoptée.

[675] Maurice COZIAN, « les transactions intra-groupe : le principe des transactions à prix normal », *BF*, 3/96, p. 110.

harcèlement fiscal, toute chose qui serait gravement préjudiciable à l'économie nationale, par ricochet au commerce international.

SECTION II : L'AFFIRMATION EN « DEMI-TEINTE » DU PRINCIPE DE PLEINE CONCURRENCE

A problématique mondiale, dispositif international. On ne le répétera jamais assez, les prix de transfert dans le secteur du négoce de café et de cacao constituent par leur nature une problématique globale. Autant appliqués à mauvais escient, ils peuvent servir à déguiser une fuite de bénéfices à l'étranger, autant les redressements subséquents donnent lieu à une double imposition[676]. Cette question d'envergure mondiale posée aux administrations fiscales et aux entreprises multinationales, ne peut être résolue d'une manière unilatérale. Il est nécessaire d'adopter une approche multilatérale reposant sur des principes largement admis de la fiscalité internationale. D'ailleurs, l'impérieuse nécessité pour les Etats d'accorder leurs violons dans la lutte contre les différentes formes d'obstacles au commerce international s'est traduite par une adhésion totale au principe de pleine concurrence, *standard universel* en matière de fixation de prix de transfert. Cette règle est clairement affirmée dans la législation interne de la plupart des pays développés, ainsi que dans les conventions fiscales liant l'Etat de Côte d'Ivoire (Par I). En droit interne, le ralliement du pays à cette norme de pleine concurrence est teinté d'une sorte « d'hypocrisie » d'autant plus qu'il manque de clarté et de précision, alors que la pratique trahit les dispositions légales (Par II).

Parag I : Un principe nettement exprimé

Plan. L'adoption, par les Etats, de règles destinées à empêcher les délocalisations de bénéfices par la voie des prix de transfert a donné lieu à des frictions vis-à-vis des groupes multinationaux[677]. Cette situation, exacerbée par la coexistence de plusieurs règlementations nationales en matière de prix de transfert, est extrêmement préjudiciable pour le commerce mondial, en général, et celui des produits de base, en particulier. Dans cette optique, la Côte d'Ivoire se devait, par la voie conventionnelle, de proclamer son adhésion solennelle au consensus international, exprimé par le principe de pleine concurrence et à l'ensemble de règles qui permet d'articuler le

[676] Puisque la nature même de ces impositions est d'imposer après coup en Côte d'Ivoire un revenu qui a déjà été taxé par le passé dans un autre pays.

[677] Car à partir du moment où l'administration ivoirienne entend rectifier la transaction intragroupe de café et de cacao, par exemple, réalisée entre une filiale locale et une société apparentée étrangère, la réintégration, dans l'escarcelle du contribuable, du manque à gagner pour l'Etat, entraîne mécaniquement une double imposition économique d'un même flux.

droit légitime de chaque Etat d'imposer les transactions qui lui portent préjudice (A). Ce faisant, elle ne faisait qu'emboîter le pas à la plupart des pays développés (B).

A. Dans les conventions fiscales internationales

Justification. Dans les années soixante, l'avènement de nouveaux Etats sur la scène a été accueilli favorablement. Mais, nul ne pressentait les mutations et le développement des échanges économiques qui s'ensuivraient, liés à l'exercice de la souveraineté fiscale[678]. Aujourd'hui, les entreprises étant largement globalisées et ayant ouvert les frontières depuis, le commerce intragroupe représente près de 60% du commerce mondial. Devant l'importance des flux générés et pour se protéger contre toute forme d'érosion de leur base imposable, les Etats se sont dotés d'instrument juridique international.

Dispositions conventionnelles. En l'absence d'un droit fiscal international commun et à défaut de règlement des problèmes par la voie unilatérale, la Côte d'Ivoire a choisi le chemin des conventions fiscales[679]. Ce souci légitime de protection de ses recettes fiscales et l'équilibre de sa balance de paiement a, d'ailleurs, toujours été une préoccupation majeure du législateur ivoirien. En attestent non seulement la densité des conventions fiscales signées par la Côte d'Ivoire[680], mais également l'ancienneté de son

---

[678] Z. TOGBA, *op. cit.*, p. 81.

[679] La Côte d'Ivoire n'a pas prévu dans sa législation interne des dispositions particulières tendant à éviter le phénomène de la double imposition, à l'exception de l'exonération des revenus acquis à l'étranger.

[680] A ce jour, le réseau conventionnel se compose de 12 conventions bilatérales avec la France, l'Allemagne, la Belgique, le Norvège, le Canada, la Grande Bretagne, l'Italie, la Suisse, le Liban, le Maroc et la Tunisie ; et de 3 conventions multilatérales signées avec les Etats de l'OCAM (Organisation Commune Africaine et Mauricienne), signée le 29 janvier 1971 à N'Djamena au Tchad, avec les Etats de la CEAO (Communauté Economique de l'Afrique de l'Ouest) à Bamako le 29 octobre 1984 et avec les Etats de l'UEMOA (paraphée, mais pas encore signée). A ce jour, les difficultés rencontrées en pratique à l'occasion de l'application des deux premières conventions ont conduit à la nécessité de recourir à la troisième. Il convient d'apporter à ce titre quelques précisions :

- Même si l'OCAM et la CEAO ont été dissoutes, les conventions fiscales signées par les Etats membres de ces deux organisations restent en principe toujours en vigueur ;
- Cependant, l'application de ces deux conventions pose des problèmes. Pour ce qui est de la convention fiscale CEAO, il existe deux Etats membres de l'UEMOA qui n'ont jamais fait partie de la CEAO, à savoir le Togo et la Guinée Bissau. Par ailleurs, le Bénin qui a adhéré à la CEAO après la signature de la convention fiscale entre les Etats membres de cette organisation n'est pas lié à cette convention. En ce qui concerne la convention OCAM, certains Etats membres de cette organisation ne l'auraient pas signée. En outre, un Etat comme l'Ile Maurice l'aurait dénoncée. Par conséquent, seule la signature d'une convention fiscale multilatérale entre les Etats membres de l'UEMOA pourra écarter de manière durable les risques de doubles ou multiples impositions.

réseau conventionnel[681]. En cette matière, les conventions fiscales conclues entre le Pays et les Etats tiers se sont largement inspirées des Modèles de Convention des Nations Unies et de celui de l'OCDE. Elles consacrent, entre autres, le pouvoir de redressement des bénéfices imposables de l'administration fiscale de l'Etat d'implantation des entreprises multinationales. Ce pouvoir de rectification est basé sur un principe fondamental : le principe de pleine concurrence. Ainsi, l'article 9 des différentes Conventions fiscales conclues[682] prévoit :

« *Lorsque*

- *a) une entreprise d'un Etat contractant participe directement ou indirectement à la direction, au contrôle ou au capital d'une entreprise de l'autre Etat contractant, ou que*
- *b) les mêmes personnes participent directement ou indirectement à la direction, au contrôle ou au capital d'une entreprise d'un Etat contractant et d'une entreprise de l'autre Etat contractant, et que, dans l'un et l'autre cas, les deux entreprises sont, dans leurs relations commerciales ou financières, liées par des conditions convenues ou imposées, qui diffèrent de celles qui seraient convenues entre des entreprises indépendantes, les bénéfices qui, sans ces conditions, auraient été réalisés par l'une des entreprises mais n'ont pu l'être en fait à cause de ces conditions, peuvent être inclus dans les bénéfices de cette entreprise et imposés en conséquence.* »

Signification du principe. En vertu du principe de pleine concurrence, il convient en premier lieu de comparer les conditions entre entreprises associées et celles qui auraient été convenues entre entreprises indépendantes pour décider s'il peut y avoir ajustement de prix de transfert. Deuxièmement,

---

[681] L'expérience ivoirienne remonte à la convention de 1956 conclue entre la France et l'Afrique Occidentale Française. Cet accord qui continuait à être appliqué *de facto* après l'indépendance, le 7 août 1960, ne résolvait plus les problèmes de double imposition entre la France et la Côte d'Ivoire, il a donc été remplacé par la convention CIFRA (Côte d'Ivoire-France), signée à Abidjan le 6 avril 1966, approuvée par la loi n°68-344 du 29 juillet 1968 (JORCI n°39 du 8 août 1968), modifiée par les avenants du 25 février 19885 et 19 octobre 1993.

[682] La convention fiscale signée avec la France en constitue l'exception, d'autant plus que les dispositions relatives aux entreprises associées sont rédigées dans des formules plus savantes, faisant d'ailleurs apparaître la notion de « transfert indirect de bénéfices. L'article 11 de la convention CIFRA dispose ainsi :

1.- *Lorsqu'une entreprise de l'un des Etats contractant, du fait de sa participation à la gestion ou au capital d'une entreprise de l'autre Etat contractant, fait ou impose à cette dernière, dans leurs relations commerciales ou financières, des conditions différentes de celles qui seraient faites à une tierce entreprise, tous bénéfices qui auraient dû normalement apparaître dans les comptes de l'une des entreprises, mais qui ont été de la sorte transférés à l'autre entreprise, peuvent être incorporés aux bénéfices imposables de la première entreprise.*

2.- *Une entreprise est considérée comme participant à la gestion ou au capital d'une autre entreprise, notamment lorsque les mêmes personnes participent directement ou indirectement à la gestion ou au capital de chacune de ces deux entreprises.*

si les conditions diffèrent, il y a lieu de comparer les bénéfices déclarés par l'entreprise et ceux qui, sans ces conditions, auraient été réalisés par l'une des entreprises, afin de chiffrer le redressement éventuel.

Portée du principe. Clair dans son énoncé, le principe de pleine concurrence dégagé par les dispositions conventionnelles n'en demeure pas moins source d'équivoque, en pratique. Notamment lorsqu'elles sont mises en équivalence avec les dispositions de l'article 38 du Code général des impôts. Certes, les deux dispositions constituent les deux facettes qui fondent le pouvoir de redressement reconnu au Fisc ivoirien. Mais, en fait, leur lecture combinée laisse transparaître un paradoxe. Tandis que l'édifice du principe de pleine concurrence est érigé autour des critères de comparabilité pour évaluer les risques de manipulation de prix de transfert, l'article 38 du CGI semble reléguer ces indices au second plan, la primauté étant réservée à l'évaluation directe, dans la mesure où il dispose dans son 2ème alinéa que « *à défaut d'éléments précis pour opérer les redressements prévus à l'alinéa précédent, les produits imposables seront déterminés par comparaison avec ceux des entreprises similaires exploitées normalement.* »

La prééminence des dispositions des conventions fiscales internationales sur celles de droit interne. Au-delà de la différence d'approche méthodologique évoquée, le premier réflexe qui vient à l'esprit, c'est de s'interroger si les règles dégagées par les conventions fiscales ont une autorité supérieure à celle des dispositions législatives contenues dans le Code Général des Impôts. L'article 87 de la Constitution ivoirienne du 23 juillet 2000 ne dispose-t-il pas que « les traités ou accords régulièrement ratifiés ont, dès leur publication, une autorité supérieure à celle des lois, sous réserve pour chaque traité ou accord, de son application par l'autre partie » ? Il en résulte que le principe de la primauté des conventions fiscales internationales sur les dispositions législatives ne fait l'objet d'aucun doute. D'ailleurs le Code Général des impôts le consacre expressément, notamment aux articles. 92 CGI et 237 CGI à travers les expressions « *sous réserve des conventions internationales* ». Certes, celles-ci ont une prééminence avérée sur la loi, mais de là, à conclure qu'elles sont, en la matière, d'application systématique pour l'établissement de l'impôt, au détriment du Code Général des impôts, il y a là un grand pas à franchir.

Le principe de subsidiarité dans le cadre des conventions fiscales internationales. A dire vrai, la raison d'être des conventions fiscales internationales est de régler les cas de conflits, en retirant à un Etat le droit de taxer qu'il tirait de sa législation interne, pour l'attribuer à un autre Etat contractant. Une fois saisi, le juge de l'impôt doit tout d'abord répondre à la question de savoir si l'imposition litigieuse est légale au regard du droit interne applicable[683]. Ensuite, et seulement si la réponse s'avère positive, il

---

[683] Damien BLAISE, l'article 209 B est-il devenu une arme obsolète dans la lutte contre l'évasion fiscale ? BF 11/02, p. 763, n° 11.

conviendrait d'examiner l'éventuel conflit avec la norme internationale, lequel « ne peut évidemment se résoudre qu'au bénéfice de la convention fiscale » en application des dispositions de l'article 87 de la Constitution. Autrement dit, la convention ne peut que retirer le droit d'imposition reconnu par la législation interne[684]. Telle est la priorité dans l'examen des questions, qui a pour effet de conférer aux conventions fiscales un caractère subsidiaire, dégagé pour la première fois en France en 1975[685] et réaffirmé régulièrement[686]. C'est dire qu'en dépit de la consécration conventionnelle du principe de pleine concurrence, les règles d'établissement et de contrôle en matière de prix de transfert des transactions intragroupe sont avant tout du ressort des législations internes des Etats. En la matière, le droit positif des Etats membres de la plupart des Etats de l'OCDE et quelques Etats non membres en constitue le terrain de prédilection.

B. Dans les législations fiscales étrangères

Le modèle imposé des Etats membres de l'OCDE. Un regard jeté sur le droit interne des Etats étrangers fait mieux prendre conscience des vertus dégagées par le principe de pleine concurrence, tant il occupe une place de choix dans leur ordonnancement juridique. A défaut d'une analyse exhaustive, l'on consacrera une attention particulière à la législation de trois Etats membres de l'OCDE[687], les Etats-Unis d'Amérique, l'Allemagne et la France.

La réglementation américaine, signe avant-coureur du principe de pleine concurrence. En matière des prix de transfert, l'arsenal fiscal américain reste de loin l'un des plus anciens et certainement des plus étoffés. D'ailleurs, l'OCDE s'en est largement inspirée dans ses travaux. La raison peut résider sans doute dans le fait que les Etats-Unis d'Amérique sont les premiers à abriter des groupes multinationaux[688], au double sens numérique et historique du terme. C'est l'article 482 de l'Internal Revenue Code – IRC - qui en constitue le fondement légal et que l'on peut traduire ainsi :

« *Dans toutes les hypothèses où il existe deux ou plusieurs organismes, commerces ou centres d'affaires qu'ils soient ou non enregistrés, qu'ils*

---

684 Maurice COZIAN, Précis de fiscalité des entreprises, Coll. Litec Fiscal, 31è éd., 2007-2008, p. 260, n° 648.

685 CE 19 décembre 1975 : RJF 2/76 n°77 p. 64.

686 CE 11 juillet 1991, n° 57 391, Ministre chargé du budget c/Société française des techniques de Lummus : RJF 10/91 n° 1208 aux conclusions du Président Fouquet.

687 D'abord, le choix des Etats-Unis d'Amérique s'explique par le fait qu'ils soient précurseurs du principe de pleine concurrence. Ensuite, l'Allemagne se justifie par son poids économique de premier ordre dans l'Union Européenne. Enfin, la France s'explique par l'importance des flux économiques avec la Côte d'Ivoire.

688 Voir, notamment M. BONTURI et K. FUKAZA, « Analyse empirique de la mondialisation et des échanges intra-entreprises », *Revue économique de l'OCDE*, n°20, Printemps 1993, p. 165 et s.

soient ou non organisés aux Etats-Unis et qu'ils soient ou non affiliés, possédés ou contrôlés directement ou indirectement par les mêmes intérêts, le ministre de finances ou son représentant peut répartir, ventiler ou affecter le bénéfice brut, les déductions, les crédits ou les allocations entre ou parmi les organismes, commerces ou centres d'affaires, dans la mesure où il apprécie que cette répartition, ventilation ou affectation est nécessaire pour éviter la fraude fiscale ou pour refléter clairement le bénéfice de l'un desdits organismes, commerces ou centres d'affaires»[689]. Il importe d'observer que ce texte fondamental ne fait qu'autoriser l'Administration fiscale américaine, c'est-à-dire, *l'Internal Revenue Service*, à opérer des redressements, sans pour autant indiquer quel principe de base va être appliqué. Or, ce principe, dénommé « Arm's length standard » a été adopté dès 1934, par l'IRS. Il résultait d'une doctrine élaborée par la Société des Nations, SDN, à l'occasion de l'établissement d'une convention type de non-double imposition[690]. Ce concept postule que le prix de transfert établi par une société multinationale pour la vente de biens ou de services avec ou entre filiales étrangères doit être identique à celui qu'aurait accepté de payer un tiers indépendant traitant avec un autre dans des conditions normales. Depuis, il a été repris par l'OCDE, sous le terme de « principe de pleine concurrence. »

Le dispositif allemand, une réglementation en perpétuelle évolution. En Allemagne, c'est tout d'abord la loi fiscale du 8 septembre 1972 qui réglemente les prix de transfert (« die Verrechnungspreise »), prescrivant qu'ils doivent être en conformité avec le principe de pleine concurrence. Ce dispositif a été complété par une circulaire des services du ministère fédéral des Finances publiée en 1983 qui expose les principes que doivent appliquer les agents de l'administration fiscale lors de la vérification des bénéfices des sociétés faisant partie d'un groupe multinational. Cette circulaire est d'une grande importance pratique dans la mesure où l'administration allemande explicite le principe de pleine concurrence de la façon suivante : « Dans les relations d'affaires entre personnes apparentées, il convient d'apprécier fiscalement si les intéressés se comportent comme des tiers indépendants [« Frendvergleich »]. La référence applicable est celle des conditions du marché de pleine concurrence et du comportement normal d'un gestionnaire avisé dans ses rapports commerciaux avec des tiers indépendants »[691]. A cette prescription, il convient également de rapprocher la loi fiscale relative avec l'étranger. En effet, l'article 1 de la loi, l' « AStG » dispose que

---

[689] Internal Revenue Code –Section 482 ; voir notamment, P. RASSAT et G. MONSELLATO, les prix de transfert, p. 129.

[690] N. GHARBI, *op. cit.*, p. 47, n° 68.

[691] Instruction du ministère fédéral des finances du 23 mars 1983, § 211 cité par J.- J. UETTWILLER, « Comment déterminer les prix de cession intragroupe (les règles de détermination des prix de transfert des biens et produits dans les relations internationales) », Rev. Soc. 1995, p. 465.

« lorsque les revenus qu'un contribuable tire de ses relations d'affaires avec une personne dont elle est proche sont réduits du fait que ledit contribuable stipule, dans le cadre de telles relations d'affaires à l'étranger, des conditions qui différent des conditions que des tiers indépendants les uns des autres auraient stipulées dans une situation identique ou presque semblable, les revenus de ce contribuable doivent [...] être fixés au niveau qu'ils auraient atteint si les conditions stipulées avaient été fixées par des tiers indépendants entre eux »[692]. A vrai dire, cet article présente l'avantage de donner une définition plus précise du principe de pleine concurrence.

Par ailleurs, la loi réformant l'imposition des entreprises a permis pour la première fois la codification dans les textes des dispositions en matière de prix de transfert[693]. Or, celles-ci étaient jusqu'alors prises uniquement dans les instructions administratives[694]. Désormais, c'est le §1 « AStG » qui fait office de norme fondamentale dans le droit fiscal allemand en matière de rectification des recettes en cas de problème de prix de transfert. Enfin, en marge de la réglementation sur les prix de transfert, la loi de finances rectificative allemande pour 2008 a introduit une disposition spécifique concernant l'imposition systématique des transferts transfrontaliers de fonctions entre sociétés du même groupe. De tels transferts ne se limitent pas aux cas déjà circonscrits par la loi de cession de fonds de commerce mais bien à une notion plus large de « business opportunities », comme par exemple le fait de transférer un risque à une société étrangère ou de lui déléguer la prestation d'un service. Ainsi, lorsque ledit transfert s'effectue à partir d'une société allemande, il entraîne la reconnaissance d'une plus-value taxable. Il appartient en outre au contribuable de documenter et d'évaluer un tel transfert sur la base d'une estimation de la perte de profits futurs. L'administration aura ensuite la possibilité de mettre à jour cette estimation sur la base des données réelles. Cette disposition constitue une réelle nouveauté dans le paysage européen des prix de transfert[695]. Il est légitime de se demander si, à l'aune du modèle allemand, certains Etats de l'OCDE tels que la France ne seraient pas tentés par la mise en place d'un dispositif comparable.

Le corpus français en matière de prix de transfert, une réglementation dynamique et profondément inspiratrice. La législation

---

[692] P. –J. DOUVIER, « Une nouvelle bataille économique : les prix de transfert (les principes directeurs de juillet 1995) », BF 12/95, p. 675.

[693] 62è Congrès de l'Ordre des Experts Comptables, Comment sécuriser vos prix de transfert en Europe, Atelier de la profession.

[694] Cf, Règlement administratif- procédure du 12 avril 2005, relatif aux principes de contrôle de la répartition des recettes entre personnes proches entre elles entretenant des relations d'affaires internationales portant sur les obligations d'intervention et de coopération, sur les corrections ainsi que sur les procédures d'accord et d'arbitrage.

[695] A. GLAISE, « Allemagne : imposition des transferts de fonction », *http://www.arsene-avocat.com*

française applicable en matière des prix de transfert est de loin l'une des plus anciennes de l'OCDE[696]. Elle remonte à une loi du 31 mai 1933. L'article 76 de la loi a intégré dans le Code Général des Impôts, sous l'article 57, un texte de portée générale. Cette disposition[697] constitue la pierre angulaire du dispositif français de lutte contre la fraude et l'évasion fiscales. Il ne faut cependant pas croire que l'ancienneté acquise par la France justifie le dynamisme et l'efficacité actuels de son système répressif en matière de prix de transfert. Elle a connu un retard considérable pour accommoder son arsenal fiscal à l'évolution de l'économie mondiale et au développement du commerce international. Il a fallu attendre 1981 pour qu'intervienne la première modification, suite au toilettage de l'article 238A du CGI[698].

Quinze années, c'est le temps nécessaire pour renforcer le dispositif. Ainsi, en plus de l'article 57 du CGI, le Livre des Procédures Fiscales prévoit en son article L13B[699], des obligations documentaires à la charge des entreprises. En effet, ces obligations ont la particularité de renverser la charge de la preuve sur le contribuable, ainsi que le confirme l'Instruction du 23 juillet 1998[700] sur les dispositions de l'article L13B du Livre des Procédures Fiscales en matière de contrôle des opérations internationales. A dire vrai, la période antérieure à 98[701] a eu pour conséquence de rendre l'environnement de la matière assez instable. Toute chose qui installe une insécurité juridique et fiscale, préjudiciable aux flux internationaux. L'insécurité naît ainsi dès lors que les textes censés éclairer la matière sombrent dans la complexité, faute d'informations appropriées des

---

[696] Dans l'ordre d'ancienneté, il faut noter que c'est en 1915 que le Royaume-Uni adopta la loi permettant de réprimer les transferts indirects de bénéfices. Il fut suivi en 1917 par les Américains, puis en 1925 par les Allemands.

[697] L'article 57 du CGI (dans sa version originale) dispose que : « *Pour l'établissement de l'impôt sur le revenu dû par les entreprises qui sont sous la dépendance ou qui possèdent le contrôle d'entreprises situées hors de France, les bénéfices indirectement transférés à ces dernières, soit par voie de majoration ou de diminution des prix d'achat ou de vente, soit par tout autre moyen, sont incorporés aux résultats accusés par les comptabilités. Il est procédé de même à l'égard des entreprises qui sont sous la dépendance d'une entreprise ou d'un groupe possédant également le contrôle d'entreprises situées hors de France. A défaut d'éléments précis pour opérer les redressements prévus à l'alinéa précédent, les produits imposables sont déterminés par comparaison avec ceux des entreprises similaires exploitées normalement.* » En effet, cette disposition autorise l'administration fiscale française à redresser tous les transferts indirects de bénéfices entre sociétés dépendantes, c'est-à-dire faisant partie d'un même groupe.

[698] Loi du 30 déc. 1981, n° 81-1160, art. 90 II.

[699] Loi du 12 avril 1996, n° 96-314, art. 39-II.

[700] Inst. 13-L-7-98, n° 9 et suivants, BOI du 29 juillet 1998.

[701] Elle est caractérisée par un manque d'expérience de la pratique des prix de transfert, tant au niveau de l'administration elle-même, que du contribuable et des cabinets de conseils fiscaux.

contribuables sur leurs droits et obligations en la matière[702] de la part de l'administration fiscale[703].

En revanche, la période postérieure à l'an 1998 a marqué du sceau une ère nouvelle, d'autant plus que le regain d'intérêt suscité par la matière, participe de la vigueur du dispositif français. Tout d'abord, du point de vue de la littérature juridico-fiscale, l'on a assisté à l'avènement du premier ouvrage, spécialement dédié au sujet ; depuis, les contributions se succèdent, qu'elles soient sous forme d'articles, de manuels ou de thèses. Ensuite, la volonté de pacifier les relations entre les contribuables et l'administration a conduit cette dernière à opérer « une petite révolution fiscale »[704], en ouvrant la voie à la conclusion d'accords[705] à la réalisation des transactions. Enfin, pour mieux informer les PME développant des opérations transfrontalières avec des entreprises qui leur sont liées, la Direction Générale des Impôts a mis à leur disposition un guide[706] synthétique[707], en version papier, également disponible sur Internet[708] et illustré de nombreux exemples pratiques.

Au regard de l'évolution du système de contrôle des prix de transfert français, il ne fait l'objet d'aucun doute sur son dynamisme dans le traitement des opérations d'envergure internationale. On pourrait alors se demander légitimement si cette vigueur du dispositif explique qu'il ait profondément inspiré la plupart des Etats de l'Afrique francophone[709], particulièrement l'Etat de Côte d'Ivoire dans leur politique de législation ?

---

[702] Or, la mise à disposition du contribuable d'un cadre précis et cohérent de la réglementation sur les prix de transfert aurait permis de le renseigner sur la conduite à tenir quant à la réalisation d'opérations d'envergure internationale.

[703] On notera qu'en 1996, l'équipe de spécialistes des prix de transfert rattachée au Bureau des Vérifications Nationales et Internationales (DVNI) de la Direction Générale des Impôts ne comprenait que 5 personnes. En sus, à l'exception d'ouvrages anciens qui traitaient de façon générale du procédé de transfert indirect de bénéfices à l'étranger, il n'existait aucun ouvrage dédié à la question dans la littérature juridique et fiscale française.

[704] C. SILBERZTEIN et V. SCHMITT, « le dispositif français d'accord préalable en matière de prix de transfert : une petite révolution fiscale », *Dr. Fisc.*, 2000, n°5, p. 255.

[705] Instruction du 7 septembre 1999 BOI 4 A-8-99.

[706] Instruction du 28 novembre 2006 BO 4 A-13-06.

[707] Ce guide, le premier du genre offre aux PME :
- d'établir une politique de prix de transfert cohérente,
- de déterminer un prix de pleine concurrence,
- de justifier son caractère de pleine concurrence.

[708] http://www2.impots.gouv.fr/documentation/prix_transfert/guide-app-pme.pdf

[709] Jamais, nous semble-t-il, de dispositions fiscales françaises n'ont inspiré un grand nombre d'Etats d'Afrique. A titre d'illustration, l'on rappellera simplement que les dispositions de lutte contre la fraude et l évasion fiscales (dans sa version originale) contenues dans l'art 57 CGI français, ont été purement et simplement reprises à l'art 20 CGI du Bénin, à l'art 22 CGI burkinabé, à l'article 38 CGI de Côte d'ivoire, à l'art 22 CGI de la Mauritanie et à l'art 33 CGI tchadien.

Parag II : Un principe implicitement évoqué en droit interne

Plan. Une lecture sommaire de l'art 38 CGI et partant du constat qu'il a été largement inspiré du dispositif fiscal français, l'on a vite fait de conclure à l'affirmation du principe de pleine concurrence. Cependant, une relecture plus attentive conduit à relativiser la portée de cette affirmation, qui semble plutôt implicite. Telle est la traduction ivoirienne du principe de pleine concurrence, qui transparaît au terme de l'art 38 CGI (A). A l'heure où l'attention de la communauté internationale est focalisée sur la nécessité pour les Etats de légiférer dans le sens du développement du commerce international, un plaidoyer pour une réécriture des dispositions de l'art 38 CGI paraît sans aucun doute opportun (B).

A. La traduction ivoirienne du principe de pleine concurrence : Art 38 CGI

Plan. Une application littérale du principe de pleine concurrence, version Art 38 CGI peut non seulement inciter l'administration fiscale à une imposition forfaitaire (A), mais surtout rendre compte de la place subsidiaire accordée à la méthode de comparabilité, fondement même du prix de pleine concurrence (B).

1. La tentation de l'imposition forfaitaire par l'Administration fiscale

La prééminence de la méthode de l'évaluation directe. « Pour l'établissement de l'impôt sur les bénéfices industriels et commerciaux dû par les entreprises qui sont sous la dépendance ou qui possèdent le contrôle d'entreprises situées hors de Côte d'Ivoire, les bénéfices indirectement transférés à ces dernières soit par la majoration ou la diminution des prix d'achat ou de vente, soit par tout autre moyen, seront incorporés aux résultats. Il est procédé de même à l'égard des entreprises qui sont sous la dépendance d'une entreprise ou d'un groupe possédant également le contrôle d'entreprises situées hors de Côte d'Ivoire.

A défaut d'éléments précis pour opérer les redressements prévus à l'alinéa précédent, les produits imposables seront déterminés par comparaison avec ceux des entreprises similaires exploitées normalement[...]. »[710]

Telle est la formulation en droit interne ivoirien de la norme internationale qui, dégagée par l'OCDE, doit être utilisée pour la détermination des prix de transfert à des fins fiscales. Deux remarques s'imposent d'emblée. Premièrement, l'art 38 CGI dans son alinéa 1er semble instituer un ordre de priorité où la primauté est accordée à la méthode de l'évaluation directe, dès lors qu'il est question de rectifier les bases imposables en matière de prix de transfert. Dans cette optique, cette modalité

[710] Al. 1 et 2 de l'Art 38 CGI.

apparaît comme la procédure de droit commun. Deuxièmement, cette procédure est basée sur « des éléments précis », après lecture *a contrario* de l'alinéa 2 de la loi. Que faut-il alors comprendre par l'expression « éléments précis » ? Sans doute que ce recours consisterait à réaliser le redressement à partir des éléments propres à la comptabilité de l'entreprise. Toutefois, ni l'administration ni le Code général des impôts n'élucident clairement la notion, de sorte que « d'éléments précis » il n'y a de précision que dans l'expression elle-même. Tout le reste n'est en réalité qu'indéterminations et imprécisions. Faute de critères d'appréciation clairs, le recours à la méthode de l'évaluation directe, méthode au demeurant purement nationale, aurait pour effet de réduire la possibilité d'éviter la double imposition en cas de frictions entre l'administration fiscale ivoirienne et ses homologues étrangers. Or, le rapport de l'OCDE lance un avertissement à l'égard de tout recours à l'imposition forfaitaire. Il affirme, sans ambages, que « l'abandon du principe de pleine concurrence reviendrait à renoncer aux solides fondements théoriques [...] et compromettrait le consensus international, augmentant sérieusement par là même la menace d'une double imposition.[711]» On voit ainsi l'importance du risque lié à une application à la lettre de cette disposition légale.

2. L'articulation de l'art 38 CGI et le principe de pleine concurrence

Le caractère accessoire de la méthode de comparabilité. En mettant en perspective les dispositions de l'article 38 CGI avec celles des règles dégagées par le principe de pleine concurrence, l'on s'aperçoit de la place subsidiaire réservée à celles-ci[712]. Les termes utilisés par le 2è alinéa de l'article sont assez révélateurs : « à défaut d'éléments précis pour opérer les redressements prévus à l'alinéa précédent, les produits imposables seront déterminés par comparaison avec ceux des entreprises similaires exploitées normalement. » Il va sans dire qu'aucun recours à la méthode de comparabilité n'est possible, dès l'instant où la procédure de droit commun trouve vocation à s'appliquer. Alors, pourquoi, traditionnellement, est-il admis que les dispositions de l'article 38 du CGI font référence au principe de pleine concurrence et partant, érigent le prix de pleine concurrence comme une norme de juste évaluation des prix de transfert ? Faut-il l'avouer, il reste difficile de donner une réponse objective à cette question.

Par ailleurs, l'on peut relever que cette référence résulte à bien des égards d'une pratique bien établie dans les usages de l'administration, ayant fini par attribuer à ce texte « une dimension implicite » de pleine concurrence. Dans

---

[711] OCDE 1995, § 1.16, p. I-8.

[712] Un auteur a pu écrire en ce sens que « le redressement des bénéfices à l'aide d'éléments précis [...] est la procédure normale [...]. La procédure de comparaison n'est qu'une procédure exceptionnelle qui ne doit intervenir qu'à défaut d'éléments de détermination précis pour opérer le rehaussement ». V. B. JADAUD, op. cit., p. 307.

cette optique, un auteur rappelle, en droit français, que la référence au principe de pleine concurrence par l'administration et le juge de l'impôt revêt un caractère implicite[713]. Même implicite, la méthodologie établie par l'art 38 CGI en vue de procéder au rehaussement des bases imposables n'est pas sans danger. Car, rien n'empêche l'Administration de se référer à la procédure directe, conformément à la lettre de cet article. Au-delà des méthodes, c'est tout le principe de pleine concurrence qui se trouve hypothéqué par une application littérale de l'art 38 CGI. Et pourtant, il ne faut jamais perdre de vue que les principes OCDE s'imposent comme de véritables standards internationaux, desquels les administrations et les entreprises multinationales doivent s'inspirer. Il convient par conséquent de plaider pour une réécriture du principe faisant autorité en droit interne.

B. Plaidoyer pour une réécriture des dispositions de l'article 38 du CGI

« *Solidaires et unis, cultivons l'excellence pour bâtir une administration moderne au service du contribuable* »[714]. Ce slogan qui est celui de l'administration fiscale ivoirienne traduit aussi bien son désir ardent de se moderniser et sa volonté sans faille de se doter d'instruments juridiques appropriés aux standards reconnus au plan international. C'est pourquoi, il paraît opportun de revisiter l'écriture des dispositions contenues dans l'art 38 CGI (A) sous des formulations en adéquation avec les contingences de l'économie mondiale (B).

1. Pourquoi une réécriture de l'article 38 CGI ?

Un texte au contour flou et au vocabulaire parfois frappé de désuétude. En disposant qu' « à défaut d'éléments précis pour opérer les redressements prévus à l'alinéa précédent, les produits imposables seront déterminés par comparaison avec ceux des entreprises similaires exploitées normalement », la formule de l'art 38 alinéa 2 paraît assez remarquable. En effet, ce texte législatif est le seul du genre à se référer de façon explicite à une méthode d'évaluation des prix des transactions liées. Certes, cet article a eu le mérite d'exister, force est cependant de reconnaître qu'il ne précise pas le mode de « comparaison des produits ». L'administration n'ayant pas fourni d'indications précises sur les modalités de recours à cette technique d'évaluation, les dispositions de l'alinéa 2 paraissent aussi vagues que celles de l'alinéa 1er relatif à l'évaluation directe. La matière juridique exigeant une certaine exactitude et clarté dans l'usage des termes utilisés, il aurait fallu que le législateur ou l'administration donne plus de précisions sur le

[713] N. GHARBI, *Op. cit.*, p. 136.
[714] http://www.dgi.gouv.ci/dgi/vertus.htm

périmètre d'application de la loi. Ceci aurait présenté l'avantage de « couper court » à toute forme de supputations et de divergences d'interprétations, parfois préjudiciables aux contribuables. En outre, l'interprétation de cet alinéa paraît d'ailleurs complexe, le lexique utilisé étant parfois obscur. Ainsi, il n'est pas aisé de comprendre la notion de « produits ». Fallait-il entendre cette notion dans le sens d'éléments concourant à la formation du résultat d'exploitation, donc du résultat net de l'entreprise, ou au contraire, viserait-elle le chiffre d'affaires réalisé par la firme multinationale ? A l'analyse, une interprétation de la notion de « produits », en se référant au chiffre d'affaires de l'entreprise paraît moins pertinente.

Tout d'abord, parce que la problématique même des prix de transfert est liée au bénéfice et non au chiffre d'affaires[715]. En outre, cette disposition contribuerait à limiter la compétence de l'Administration dès lors qu'elle entend ajuster le chiffre d'affaires de l'entreprise liée par rapport à celles exploitées dans des conditions normales. Ce faisant, cette méthode risquerait de priver les charges de l'entreprise du champ d'application des prix de transfert[716]. En revanche, une interprétation qui tendrait à assimiler le terme « produits » à celui de « bénéfices » semble plus probable. Il s'agira donc de s'assurer que les profits réalisés par l'entreprise associée sont conformes aux bénéfices qu'elle serait susceptible de réaliser si elle avait été indépendante. Cette analyse nous semble plus pertinente dans la mesure où le bénéfice d'une entreprise est directement corrélé sur ses charges et ses produits d'exploitation. Par ailleurs, les imprécisions qui affectent souvent la bonne compréhension de la norme fiscale tirent leurs origines dans la désuétude du texte.

Un texte à la formulation « vieillotte » héritée du passé, en rupture avec la mondialisation. Il est inutile de revenir sur l'approche méthodologique de l'article 38 CGI, consistant à retenir à titre principal la méthode d'évaluation directe à partir des éléments précis (ressortant de la comptabilité) et à titre subsidiaire la méthode d'évaluation par comparaison avec les bénéfices des entreprises similaires exploitées normalement. Il n'est plus nécessaire de rappeler l'utilisation de concept aussi « énigmatique » que celui de « produits ». Ce qui retient en revanche notre attention, c'est bien la formulation retenue dans ces dispositions fiscales en vigueur, frappée de désuétude. Le caractère désuet du vocabulaire emprunté par l'article trouve ses racines dans le passé, et s'explique essentiellement par l'héritage

---

[715] Bien qu'on reconnaisse volontiers que ce solde intermédiaire de gestion concourt nécessairement à la formation de celui du résultat net.

[716] De plus, le chiffre d'affaires d'une entreprise ne donne aucune précision sur la justesse ou la justice du prix pratiqué lors de la transaction, indiquant simplement le montant total du volume de ventes. Que l'on vende, par exemple deux tonnes de café à 500 000 FCFA ou une tonne à 1 000 000 CFA, le chiffre d'affaires reste toujours identique. En considération du seul critère du montant du chiffre d'affaires, il est difficile de préjuger de la normalité des conditions de la vente.

législatif français reçu, au lendemain de l'indépendance en 1960. La codification de cette politique de lutte contre la fraude et l'évasion fiscales a été intégrée à l'article 38 du CGI par une loi adoptée en 1981[717]. Mais, en réalité, celle-ci n'est qu'une transposition en droit interne ivoirien de l'article 76 de la loi française du 31 mai 1933 portant fixation du budget général de l'exercice 1933, surtout connue pour avoir autorisé la loterie nationale[718], et codifiée sous l'article 57 du CGI[719]. L'on peut donc situer l'âge de ce texte à peu près à 75 ans en droit français et à 27 ans en droit ivoirien. Il paraît donc légitime d'affirmer que ses dispositions paraissent aujourd'hui « surannées, dépassées et vieillottes », lorsqu'on sait que les problèmes posés par l'environnement économique et fiscal au plan international des années trente sont de loin différents de ceux d'aujourd'hui.

Un toilettage juridique s'impose de lui-même, sauf à repréciser l'esprit et la lettre de ce dispositif fiscal, par une proclamation solennelle du principe de pleine concurrence dans le droit positif interne, à partir d'instructions administratives ou de décisions jurisprudentielles. Il semble que cette seconde alternative est celle empruntée par la France. Ainsi, après une longue période d'infidélité faite « au consensus de l'OCDE », consacrant le principe de pleine concurrence, basé sur les méthodes de comparabilité, le législateur et le juge français ont mesuré l'ampleur du danger auquel ils exposent leurs partenaires économiques qui réalisent des opérations avec l'international. A partir de 1990, la rupture s'est opérée avec la méthode d'évaluation directe. Et, l'administration fiscale, tout comme le juge de l'impôt ont progressivement intégré dans le droit positif français les valeurs et les principes chers « aux locataires du château de la Muette »[720]. Qu'est ce qui peut justifier le maintien par le législateur ivoirien, en l'état, du texte de l'article 38 du CGI, vieux de 75 ans, dès lors que le droit positif français dans lequel il a trouvé son inspiration l'a accommodé aux contingences économiques juridiques et fiscales actuelles ? A notre sens, à défaut de raisons valables, il est souhaitable de réécrire les dispositions de l'article 38 CGI.

---

[717] Loi n°81-1127 du 30 dé. 1981, an. fiscale, art. 9.

[718] Il s'agissait alors, à l'époque, « d'étendre le champ d'application des actes de gestion anormaux aux rapports entre sociétés et succursales situées dans deux Etats différents dont la France ». (V. en ce sens Jean-François PICARD, la détermination du bénéfice imposable en France, in RJF 11/84, p. 655.)

[719] On notera avec curiosité que le deuxième alinéa de ce texte ce passage : «… la condition de dépendance ou de contrôle n'est pas exigée lorsque le transfert s'effectue avec des entreprises établies dans un Etat étranger ou dans un territoire situé hors de France dont le régime fiscal est privilégié au sens du deuxième alinéa de l'article 238 A », n'a pas été repris par le Code général des impôts de Côte d'Ivoire.

[720] Le Château de la Muette est devenu d'abord le siège de l'OECE (Organisation Européenne de Développement Economique) en 1949, puis de l'OCDE (Organisation de Coopération et de Développement Economique) en 1961.

2. Propositions de textes en vue d'une réécriture de l'article 38 du CGI

« La critique est aisée mais l'art est difficile[721] ». A travers cette suggestion, nous n'avons aucune prétention de nous substituer aux brillants fonctionnaires du service de la législation fiscale des impôts de Côte d'Ivoire, dont le travail de qualité est assez remarquable. Notre démarche, une simple contribution, s'inscrit dans le cadre du processus d'amélioration du dispositif fiscal ivoirien, amorcé par l'administration fiscale, pour des normes plus conformes aux standards fiscaux internationaux. Deux formules alternatives peuvent être retenues.

Le maintien de l'art 38 du CGI, en y apportant des modifications[722]. L'objet de cette proposition vise le retrait de la méthode dite d'évaluation directe des dispositions de l'article. Le texte pourrait être rédigé, par exemple de cette façon :

« *Lorsqu'une entreprise ivoirienne a directement ou indirectement des liens de dépendance avec des entreprises situées hors de Côte d'Ivoire, les bénéfices indirectement transférés à ces dernières, soit par voie de majoration ou de diminution des prix d'achat ou de vente, soit par tout autre moyen, sont rapportés au résultat fiscal.*

En vue de cette rectification, les prix d'achat ou de vente de l'entreprise concernée sont déterminés par comparaison avec ceux des entreprises similaires exploitées normalement. »

La transposition en droit interne ivoirien de l'art 9 de la Convention modèle de l'ONU, adoptée par la Côte d'Ivoire. Cette disposition consacre le principe de l'« arm's length » ou principe de pleine concurrence. Les termes de la disposition peuvent être stipulés comme suit :

« *Lorsque deux sociétés liées concluent entre elles des transactions commerciales et financières et que les conditions qui les lient diffèrent de celles qui auraient été réalisées par la société exploitée en Côte d'Ivoire, tous bénéfices qui auraient dû finalement apparaître dans les comptes de cette dernière, mais qui n'ont pu l'être du fait des conditions différentes, sont inclus dans les bénéfices imposables de cette entreprise.*

Les sociétés liées sont des sociétés

- *l'une de droit ivoirien, l'autre étrangère dans lesquelles les mêmes personnes participent directement ou indirectement à la direction au contrôle ou au capital,*

---

[721] Cette formule devenue très célèbre est de Philippe Néricault DESTOUCHES. Elle exprime la facilité avec laquelle l'on fait des critiques alors qu'on ne ferait pas mieux soi-même.

[722] Cette première formule est assez proche de celle retenue finalement par le législateur marocain. V. CGI marocain, institué par l'article 5 de la loi de finances n°43-06 pour l'année budgétaire 2007 promulguée par le Dahir n°1-06-232 du 10 Hija 1427 (31décembre 2006).

- *l'une de droit ivoirien ou étrangère participant directement ou indirectement à la direction, au contrôle ou au capital d'une autre société de droit ivoirien ou étranger* ».

Une analyse sommaire de différentes législations en matière des prix de transfert permet de dégager une typologie des Etats :

- le premier groupe concerne les Etats dont les règles de contrôle des prix de transfert n'ont connu aucune évolution notable depuis leur adoption à nos jours, n'ayant pas mesuré l'importance de la question ;
- dans le deuxième groupe, une prise de conscience du phénomène semble bien réelle, car en pratique les nouvelles normes internationales sont intégrées dans le mode de réflexion et d'action des agents du Fisc. Mais, les textes n'ont pas suivi cette mutation ;
- naturellement, dans le troisième groupe, la pratique s'est accompagnée d'une modification substantielle des textes pour tenir compte des exigences actuelles du commerce international.

Sur la base de cette catégorisation, l'arsenal fiscal ivoirien se situe exactement dans le second groupe. Une telle position n'est ni reluisante ni conforme aux objectifs de performance et de résultat auxquels s'est assignée la Direction Générale des Impôts. Des efforts constants doivent être effectués, dans la perspective d'une prise en compte des propositions avancées plus haut. Mais, surtout, il semble important pour l'administration, de rendre plus aisée l'application de ces dispositions par une large information du contribuable sur ses droits et obligations en matière de prix de transfert, par décret, circulaires ou des notes administratives. C'est uniquement à cette fin qu'elle parviendra à justifier du bien-fondé du principe de pleine concurrence et à restaurer la confiance auprès des opérateurs économiques en général et ceux de la filière de café et de cacao en particulier. Partant, la détermination des prix de transfert dans le secteur d'activité pourrait retrouver une certaine légitimité économique. Mais, cette légitimité qui serait fondée dans son principe, ne semble pas moins confrontée à des difficultés dans ses modalités d'application, notamment à l'égard des règles qui gouvernent les transactions intragroupe du café et du cacao.

CHAPITRE II

Une légitimité économique affaiblie dans ses modalités

Problème juridique. On a abordé précédemment l'une des questions essentielles posées aux entreprises multinationales du secteur et à l'administration fiscale, celle de la juste rémunération du prix de la transaction intragroupe de café et de cacao. A ce stade de notre réflexion, une seconde question vient à l'esprit. Comment sortir de l'impasse créée par le problème du « subjectivisme juridique » en vertu duquel le vendeur demeure libre de fixer le prix de sa chose ; lequel prix peut-être remis en cause par l'Administration fiscale dès lors qu'elle l'estime « anormal » ? La réponse semble venir du côté des règles édictées par les conventions modèles de l'ONU et de l'OCDE.

En l'occurrence, en consacrant « le principe de pleine concurrence », elles déplacent la tendance du prix. On passe ainsi d'un prix empreint de « subjectivisme » à une évaluation de la valeur basée sur « l'objectivité ». En effet, cette règle à laquelle cette dernière organisation a consacré de nombreux travaux[723] postule clairement que le prix entre entités liées doit correspondre au prix de marché, c'est-à-dire à celui qui aurait été payé dans des circonstances similaires et par des entreprises indépendantes. D'une grande simplicité et clarté dans son énoncé, la norme de pleine concurrence n'est pas en soi critiquable, ne serait-ce qu'en faisant allusion au principe général qui prévaut en droit social, selon lequel « à travail égal, salaire égal »[724].

---

[723] Ces travaux de l'OCDE ont abouti à l'élaboration de rapports, intitulés « Principes applicables en matière de prix de transfert à l'intention des entreprises multinationales et des administrations fiscales », publié le 13 juillet 1995, et périodiquement examinés et révisés. A cet égard, il convient de rappeler qu'historiquement, les documents les plus pertinents ont porté sur les études du Comité des Affaires Fiscales, synthétisées dans le rapport de 1979 intitulé « Prix de transfert et entreprises multinationales » et sur les « trois études fiscales » de 1984, intitulé les « Prix de transfert et entreprises multinationales. Trois études fiscales » qui reprennent en substance le rapport OCDE de 1979.

[724] Sans doute, cette règle qui fait autorité en droit social peut trouver vocation à s'appliquer aux fins du contrôle de l'impôt. A priori, il n'y a pas de raison que des entreprises fussent-

Mais, il faut bien souvent se garder de se fier aux notions d'apparente simplicité. Elles peuvent réserver de réelles surprises, à partir du moment où l'on entend établir une sorte de familiarité avec elles, question de mieux approfondir leur analyse. En réalité, une chose est de poser des règles de principe, la définition de leurs modalités concrètes d'application en est une autre. La méthodologie définie peut-elle s'appliquer en toute circonstance ? Les moyens et procédures dégagés par les instances de l'OCDE sont-elles transposables au contexte particulier des Etats en développement, notamment celui de la Côte d'Ivoire ? Une réponse affirmative aurait permis de renforcer la légitimité économique des prix de transfert, dont la mise en œuvre des principes directeurs reposerait sur des bases tangibles et indiscutables. Et, pourtant, la réalité est tout autre ! Dans la négative donc, c'est tout l'effort de légitimation des prix qui s'en trouverait affecté, dévoyé et effrité.

Plan. En analysant avec attention l'ensemble de la réglementation en matière de prix de transfert dégagée par l'OCDE, l'on est de prime abord frappé par la richesse des travaux réalisés, ainsi que par le souci constant de leur amélioration. Par ailleurs, quel que soit leur degré d'amélioration, il faut surtout garder à l'esprit que les principes recommandés par « les locataires du Château de la muette » laisseront toujours un « goût d'inachevé », que dévoile la nature « d'imperfection », propre à toute œuvre humaine. C'est donc à raison que l'OCDE conseille que les méthodes de prix de transfert ne soient appliquées qu'aux cas d'espèces. Autrement dit, aucune méthode ne peut être recommandée en toute circonstance ; l'on ne peut aboutir à des résultats fiables que si la méthodologie choisie est appliquée de manière parcimonieuse (Section I). Cependant, une mise en œuvre assortie du principe de prudence suffit-elle pour rendre possible la transposition de ces méthodes en droit ivoirien ? Le doute reste permis compte tenu de la défaillance de notre système juridico-économique, notamment le défaut de bases de données sous nos tropiques susceptibles de permettre la recherche « d'entreprises comparables appropriées ». Or l'analyse de comparabilité constitue l'essence même du principe de pleine concurrence (Section II).

---

elles liées ou indépendantes, opérant dans des conditions identiques, soient rémunérées différemment. Mais, parce que nous vivons dans une société « au fond hypocrite » où « les notions même de prix, de rémunérations et de bénéfices ont toujours gêné… » rares sont ceux qui osent lever un coin de voile sur les conditions de leur traitement, « dire aujourd'hui qu'il (s) travaille(nt) pour en retirer un profit, les professions libérales se cachent derrière les paravents poussiéreux de leur Code de déontologie, les industriels de la santé mettent en avant l'intérêt de la santé publique, les pompes funèbres celui du service public…, tout le monde tourne autour du tabou, et danse fébrilement autour du dieu hypocrisie », voir J. CALVO, « L'Indétermination du prix dans les contrats : d'une indétermination à l'autre », *Petites Affiches*, 17janv 1996, n° 8, p. 20.

SECTION I : L'APPLICATION AVEC PARCIMONIE DES MÉTHODES DE PLEINE CONCURRENCE

Certes, la démarche du « législateur » de l'OCDE est sans doute pavée de bonnes intentions. Mais, les règles édictées en droit fiscal international ne peuvent revêtir ni la forme de directives ni celle d'instructions. En la matière, ces règles n'ont *stricto sensu* aucune valeur juridique, aucune force contraignante à l'égard des Etats membres, dont les systèmes fiscaux et comptables sont aussi divers que distincts[725]. Encore moins, pour les Pays non membres, telle que la Côte d'Ivoire, elles s'analysent comme de simples recommandations[726]. C'est pourquoi, les méthodes en matière de prix de transfert sont laissées au choix de leurs utilisateurs (Parag I). Par ailleurs, une application rigide des dites méthodes **pouvant conduire parfois à des solutions aussi absurdes qu'incongrues,** il est indiqué **d'observer la plus grande prudence** dans leur maniement (Parag II).

Parag I : Le choix de la méthode en matière de prix de transfert

Plan. En la matière, et s'agissant donc des transactions intragroupe de café et de cacao, aucune obligation n'est imposée aux parties dans la détermination de leur prix. C'est dire qu'une liberté est laissée à celles-ci dans le choix de la méthode à appliquer (A). La seule contrainte, qui en vérité n'en est pas une, puisqu'elle participe de la dimension économique des prix de transfert, est de sacrifier à une approche de nature économique (B).

A. La liberté de choix de la méthode de prix de transfert

Une variété de méthodes possibles. Les principes énoncés par l'OCDE prévoient que les transactions réalisées entre entreprises associées doivent respecter le principe de pleine concurrence. Ainsi, le paragraphe 1.6 des Principes rappelle que :

« En se référant, pour procéder à un ajustement des bénéfices, aux conditions qui prévaudraient entre entreprises indépendantes pour des

---

[725] Mais, les principes « ocdéens » sont d'une importance non négligeables, en ce sens qu'ils peuvent influencer les entreprises multinationales et administrations fiscales dans leur démarche, qu'il s'agisse de l'établissement ou du contrôle de l'impôt.

[726] « A prendre ou à laisser ! », comme le dirait le célèbre animateur de la télévision française Arthur, sur TF1 ; si on s'en tient à la rigueur des termes. Bien que la liberté soit entièrement laissée aux Etats de suivre ces recommandations, force est cependant de reconnaître qu'ils sont engagés d'une manière ou d'une autre. Les problèmes posés par la fiscalité internationale ne sont pas tributaires d'un seul Etat, ils intéressent au premier chef l'ensemble de la communauté des nations. C'est pourquoi, les solutions aux difficultés rencontrées ne sauraient en vérité être efficaces que si elles sont adoptées de façon consensuelle, et non prises isolément.

transactions et dans des circonstances comparables, le principe de pleine concurrence adopte la démarche consistant à traiter les membres d'un groupe multinational comme des entités distinctes et non comme des sous-ensembles indissociables d'une seule entreprise unifiée. »

Les règles de l'administration ivoirienne en matière de prix de transfert prévoient également que les transactions réalisées entre entreprises associées doivent respecter le principe de pleine concurrence. En effet, le principe de pleine concurrence, qui fait autorité, est énoncé à l'article 9 paragraphe 1 du Modèle de Convention fiscale de l'ONU[727] et de l'OCDE, lequel est à la base des conventions fiscales bilatérales liant la Côte d'Ivoire à ses homologues étrangers. L'article 9 stipule :

« [Lorsque] ... les deux entreprises [associées] sont, dans leurs relations commerciales ou financières, liées par des conditions convenues ou imposées, qui diffèrent de celles qui seraient convenues entre des entreprises indépendantes, les bénéfices qui, sans ces conditions, auraient été réalisés par l'une des entreprises, mais n'ont pu l'être en fait à cause de ces conditions, peuvent être inclus dans les bénéfices de cette entreprise et imposés en conséquence ».

Afin de s'assurer du respect de ce principe, plusieurs méthodes sont envisageables et conseillées par l'OCDE :

- la méthode du prix comparable sur le marché libre ;
- la méthode du prix de revente minoré ;
- la méthode du prix de revient majoré ;
- la méthode de la marge nette transactionnelle ;
- et la méthode du partage des bénéfices.

Une certaine typologie des méthodes est généralement proposée. Ainsi, les méthodes basées sur le prix sont considérées, à juste titre, conformément à leur objet, comme « des méthodes traditionnelles »[728], et regroupent les trois premières catégories. En revanche, lorsqu'elles viseront à appréhender directement le profit imposable de l'entreprise, l'on parlera de « méthodes transactionnelles[729] », portant sur les deux dernières catégories. Une analyse plus approfondie des méthodes permet, par ailleurs, de discriminer celles-ci, selon qu'elles portent directement ou non sur le prix même de la transaction intragroupe. En effet, seule la méthode du prix comparable sur le marché libre a une emprise directe sur le prix. Car son fondement est le principe de pleine concurrence même, il s'agira donc de « la méthode dite directe ». Les autres méthodes s'intéressent en réalité à des

---

[727] Modèle de Convention des Nations Unies concernant les doubles impositions entre les pays développés et pays en développement, Nations Unies, New York, 1980, p.29.

[728] Les méthodes traditionnelles sont effectivement anciennes, car elles sont une reprise du rapport de l'OCDE de 1979.

[729] Les méthodes fondées sur les bénéfices, également appelées méthodes transactionnelles ont été inspirées de la législation américaine.

éléments moins directs tels que l'analyse des marges réalisées sur ces transactions ; elles seront considérées à ce titre comme « des méthodes indirectes. » Par delà la fonction pédagogique de cette classification, l'intérêt pour le fisc ivoirien ou pour l'entreprise multinationale, c'est de savoir à combien vend-on telle ou telle quantité de café ou de cacao à une entreprise sœur, mère ou fille, à l'effet de déterminer le montant de l'impôt à payer.

La méthode du prix comparable sur le marché libre. Selon le paragraphe 2.6 des Principes OCDE, la méthode du prix comparable sur le marché libre, ou « comparable uncontrolled price method », ci-après dénommée « CUP », consiste à comparer le prix d'un bien ou d'un service transféré dans le cadre d'une transaction contrôlée, à celui d'un bien ou d'un service transféré dans des conditions comparables sur le marché libre. La méthode CUP requiert une grande similitude entre les produits et les fonctions. Si des différences trop importantes existent, ayant des incidences significatives[730] sur le prix de marché, il y a lieu d'effectuer un certain nombre de correctifs ou d'ajustements afin d'améliorer le degré de comparabilité. Cette méthode est particulièrement adaptée à la commercialisation des marchandises couramment vendues sur le marché. En revanche, elle est inappropriée aux transactions portant sur des produits très élaborés ou des biens incorporels, tels que le savoir faire ou les brevets. Le prix peut être obtenu en utilisant un comparable interne ou externe à l'entreprise[731]. Par ailleurs, dans certains cas, l'on ne disposera pas de comparables pour appliquer cette approche directe et il faudra comparer les transactions contrôlées et celles sur le marché libre sur la base d'indices moins directs que les prix, comme par exemple les marges commerciales. C'est ce qui sera appliqué pour les méthodes de prix de revente et du prix de revient majoré[732].

La méthode du prix de revente minoré. Généralement connu sous le terme anglais « resale price », il s'agit d'une méthode de prix de transfert fondée sur le prix auquel un produit, acheté à une entreprise associée, est revendu à une entreprise indépendante. On défalque de ce prix de revente une marge appropriée, la « marge sur prix de revente ». On effectue ensuite

---

[730] Différences de localisation géographique des marchés, de volumes, de condition de transport, d'assurances, de délais de règlement, de droits de douane, de qualité des produits, des termes contractuels, d'incorporels attachés aux produits, de risque de change…

[731] On parlera de comparable interne, lorsque l'entreprise concernée ou une autre entreprise du même groupe vend ou achète à une entreprise indépendante le même type de bien ou de service. Tandis que les comparables externes ne mettent en relation que des entreprises indépendantes qui commercialisent entre elles le même type de biens et de services.

[732] Ces deux méthodes sont basées sur une même idée : il s'agit de déterminer le prix de pleine concurrence à partir de la marge brute qu'elle devrait normalement générer. Toutefois, il convient d'insister dès à présent sur un point fondamental : ces méthodes ont pour objet de vérifier que le prix de la transaction est de pleine concurrence, et non que la marge de l'entreprise liée est suffisante. (Rapport OCDE 1995 § 2. 14, § 2. 32.) Cette précision est importante car l'ensemble de la philosophie qui anime ces méthodes en découle.

les ajustements nécessaires relatifs aux autres coûts liés à l'achat du produit, par exemple, les droits de douane. Enfin, le résultat obtenu est considéré comme étant le prix de pleine concurrence de la transaction d'origine entre les entreprises associées. La marge sur prix de revente correspond au montant à partir duquel un revendeur chercherait à couvrir ses dépenses liées aux ventes ainsi que ses autres charges opérationnelles, et à réaliser un profit adéquat, en rapport avec les fonctions exercées, les actifs utilisés et les risques assumés. La méthode du prix de revente est le plus souvent utilisée pour des distributeurs qui revendent des produits sans les avoir physiquement modifiés ou sans leur avoir apporté une valeur ajoutée significative. Cette méthode exige une comparaison détaillée des fonctions exercées, des risques assumés, et des termes contractuels des transactions contrôlées et de celles sur le marché libre. En conséquence, lorsque les transactions contrôlées et les transactions sur le marché libre impliquent le même revendeur, ces transactions sont susceptibles d'avoir un degré de comparabilité considérablement élevé, méthode du prix de revente interne. En l'absence de telles transactions, une comparaison valable peut être obtenue à partir de transactions comparables sur le marché libre menées par d'autres revendeurs, méthode du prix de revente externe.

La méthode du prix de revient majoré. La méthode du prix de revient majoré[733], connu sous le nom de « cost plus » est une méthode de prix de transfert fondée sur les coûts encourus par le fournisseur de biens ou de services lors d'une transaction contrôlée. Une majoration appropriée du prix de revient est appliquée à ces coûts, afin d'atteindre un niveau de profit adéquat en rapport avec les fonctions exercées, les actifs utilisés, les risques assumés et les conditions du marché. Le résultat obtenu, après addition de la majoration du prix de revient aux coûts précédemment cités, peut être considéré comme étant le prix de pleine concurrence de la transaction contrôlée. Cette méthode s'avère très utile lorsque :

- des produits semi-finis sont vendus entre parties liées ; ou
- la transaction contrôlée concerne une prestation de services.

Par conséquent, la méthode du coût de revient majoré est très souvent utilisée dans le cas de fabricants vendant leur production à des parties liées. Cette méthode nécessite une comparaison détaillée entre les transactions liées et celles réalisées sur le marché libre, au regard des produits fabriqués,

---

[733] La méthode dite « cost plus » est la dernière méthode traditionnelle étudiée dans le rapport OCDE. Elle consiste :
« Tout d'abord à déterminer, pour les biens (ou services) transférés à un acheteur apparenté, les coûts supportés par le fournisseur dans le cadre d'une transaction entre entreprises associées. On ajoute ensuite une marge sur le prix de revient approprié à ces coûts, de façon à obtenir un bénéfice approprié compte tenu des fonctions exercées et des conditions du marché. On obtient ainsi un prix pouvant être considéré comme le prix de pleine concurrence pour la transaction initiale entre associées. » (Rapport OCDE 1995 § 2. 32.)

des fonctions exercées, des risques assumés, de la complexité du processus de fabrication, de la structure des coûts et des incorporels. Les transactions contrôlées et les transactions sur le marché libre d'un même revendeur sont susceptibles d'avoir un degré de comparabilité considérablement élevé[734]. En l'absence de telles transactions, une comparaison valable peut être obtenue à partir de transactions comparables sur le marché libre menées par d'autres revendeurs[735]. La fiabilité de la méthode du prix de revient majoré peut être remise en cause s'il existe des différences matérielles entre les transactions contrôlées et celles sur le marché libre concernant les incorporels, l'efficacité du management, la structure des coûts, l'expérience acquise au sein de l'activité, les fonctions assumées et les produits.

La méthode de la marge nette transactionnelle. La méthode de la marge nette transactionnelle, ou selon la terminologie anglaise, « transactionnal net margin method », ci-après dénommée TNMM[736] est une méthode fondée sur les profits, qui consiste à vérifier que les transactions contrôlées respectent le principe de pleine concurrence. Cette méthode consiste à comparer les résultats financiers globaux issus de transactions contrôlées avec les résultats financiers de sociétés tierces exerçant des fonctions similaires et assumant des risques semblables. Contrairement aux méthodes transactionnelles, la TNMM ne nécessite pas une information très détaillée concernant les prix ou les marges brutes. De plus, les critères de comparabilité sont moins rigoureux dans le cadre de la TNMM que pour les autres méthodes présentées dans les Principes de l'OCDE. La TNMM consiste à déterminer, à partir d'une base appropriée, par exemple les coûts, les ventes, et les actifs, la marge bénéficiaire nette que réalise un contribuable au titre d'une transaction contrôlée, ou de transactions qu'il convient de combiner, conformément aux principes dégagés par le chapitre I des Principes OCDE. Par conséquent, cette méthode s'applique de manière similaire à celle du prix de revient majoré ou celle du prix de revente, mais elle s'applique à un niveau de marge nette plutôt qu'à un niveau de marge brute. Le degré de comparabilité a un impact sur la fiabilité de l'analyse TNMM. Cette fiabilité peut être affectée par des différences dans la structure des coûts, la pratique des affaires, ou l'efficacité du management. Toutefois,

---

[734] On parle de méthode du prix de revient majoré interne.

[735] Dans ce cas, la méthode est dite méthode du prix de revient majoré externe.

[736] Le § 2. 14 du Rapport de l'OCDE de 1995 stipule que : « Avec la méthode de prix de revente, le point de départ est le prix auquel un produit acheté à une entreprise associée est revendu à une entreprise indépendante. On défalque ensuite à ce prix (le prix de revente) une marge brute appropriée (la « marge sur prix de revente ») représentant le montant sur lequel le revendeur couvrirait ses frais de vente et autres dépenses d'exploitation et, à la lumière des fonctions assumées (en tenant compte des actifs utilisés et des risques encourus) réaliserait un bénéfice convenable. Le prix obtenu après défalcation de la marge brute peut être considéré, après correction des autres coûts liés à l'achat du produit (par exemple, les droits de douane) comme un prix de pleine concurrence pour le transfert initial de propriété entre entreprises associées. »

le degré de comparabilité des fonctions et des produits requis pour obtenir des résultats fiables est moins important que pour les méthodes traditionnelles. Les ajustements susceptibles d'être effectués portent sur des différences de classifications des comptes, de termes de crédit, de rotation des stocks, de risque de change et de circonstances de l'activité.

La méthode du partage des bénéfices. Contrairement aux méthodes transactionnelles, La méthode du partage des bénéfices consiste à redistribuer les profits (ou les pertes) opérationnelles proportionnellement à la contribution relative de chaque entreprise à la réalisation de ce profit (ou de cette perte). La contribution relative pourra se mesurer à partir des fonctions exercées, des risques assumés, des ressources utilisées et des coûts encourus. Selon le paragraphe 3.5 des Principes OCDE,

« *La méthode du partage des bénéfices consiste tout d'abord pour les entreprises associées à identifier le montant global des bénéfices provenant des transactions contrôlées qu'elles effectuent. Ces bénéfices sont ensuite partagés entre les entreprises associées en fonction d'une base économiquement valable qui se rapproche du partage des bénéfices qui aurait été anticipé et reflété dans un accord réalisé en pleine concurrence* ». L'application de la méthode du partage des bénéfices est recommandée lorsque les deux entreprises impliquées dans la transaction contrôlée contribuent conjointement à la création d'un actif incorporel. Ces entreprises réalisent alors chacune un bénéfice résiduel résultant de cet incorporel.

Cette méthodologie « ocdéenne » a donné l'occasion de décrire les méthodes couramment utilisées pour la fixation du prix de pleine concurrence, dont celui des transactions intragroupe de café et de cacao. En réalité, ces méthodes ne sont que le reflet juridique de l'aspect économique de la pratique du principe de pleine concurrence. Quelle que soit l'acception que revêt cette norme internationale, elle conserve la même substance juridique. Mais sa mise en œuvre nécessite une analyse économique affinée, précise, de la situation des entreprises liées, qui permettra d'identifier des transactions comparables pertinentes et de choisir la méthode adéquate pour évaluer le prix de transaction liée[737] .

B. L'exigence d'une approche économique

L'utilité de l'analyse économique. Les études de l'OCDE offrent un outil essentiel à la définition des prix de transfert de café et de cacao au-delà de toutes considérations fiscales. Elles reposent sur une approche essentiellement économique qui présente une grande utilité dans la détermination des prix de transactions affiliées. En effet, l'OCDE a élaboré un ensemble de règles auxquelles elle a tenté de donner le caractère le plus objectif possible en adoptant des logiques économiques qui, théoriquement,

[737] O. MARICHAL, *Sécurisez vos prix de transfert*, Coll. EFE, n° 373, p. 140.

doivent être indépendantes aussi bien de la volonté de la Multinationale que des Etats. En définitive, fixer un prix de pleine concurrence ne se réduit pas à sélectionner une méthode et à l'appliquer. Pour opérer le meilleur choix possible, il est nécessaire de pratiquer un certain nombre d'opérations préalables dans lesquelles la créativité des entreprises et des administrations peut pleinement s'exprimer. Il s'agira de procéder à la détermination des termes de l'analyse économique de pleine concurrence, notamment, l'indicateur de profits pertinents, les stipulations contractuelles, les fonctions et les risques de l'entreprise, et les conditions économiques du marché. Cette étude analytique sera basée sur des raisonnements empreints d'économie qui, en la matière, reposent sur le concept de la comparabilité.

1. La raison d'être de l'approche économique

L'analyse de comparabilité. Elle constitue le cœur même de la démarche économique du principe de pleine concurrence. Le paragraphe 1. 19 du Rapport de l'OCDE de 1995 fait d'ailleurs dépendre l'appréciation des cinq critères successifs que sont « les caractéristiques du bien ou du service », de « l'analyse fonctionnelle », des « clauses contractuelles », des « situations économiques » des entreprises ainsi que de la « stratégie » de celles-ci, de leur degré de comparabilité. En pratique, la base même de l'analyse de comparabilité consiste à comparer les résultats de la politique de l'entreprise avec des données indépendantes, le plus souvent la marge d'exploitation[738]. Dans le secteur du café et du cacao ivoirien, le problème qui pourrait se poser est de savoir : les PME d'exportation de café et de cacao, en tant qu'entreprises indépendantes, peuvent-elles réellement servir de base de comparaison aux filiales de groupes internationaux en raison de leur petite taille ? Déjà posé dans certains Etats, les administrations fiscales n'ont pas hésité, en se servant de cet argument, à remettre en cause l'analyse de comparabilité pour imposer une analyse du partage du profit au sein du groupe ou recourir à une approche forfaitaire de l'impôt à payer.

A notre sens, cette analyse est erronée. Ce, d'autant plus que les principes de l'OCDE expliquent clairement que toute comparaison doit se faire avec des entreprises indépendantes, faute de quoi l'échantillon de comparabilité ne pourra être légitime, car lui-même potentiellement soumis à une problématique de prix de transfert. D'ailleurs, M. Gianmarco Monsellato, l'une des personnalités incontournables en matière de prix de transfert faisait remarquer qu' « il est évident que les entreprises indépendantes sont nettement plus petites que les filiales du groupe. Cependant, la base de comparaison ne porte pas sur l'entreprise elle-même, mais sur les fonctions et les risques qu'elle assume »[739]. Il est certain qu'à fonctions et risques

[738] Exception est faite en ce qui concerne la méthode de partage de profit.

[739] Gianmarco MONSELLATO, « La gestion fiscale des prix de transfert », *L'expert-comptable suisse,* 2006, n° 4, p. 274.

identiques, on peut estimer que la marge retirée de ces fonctions et risques doit être également comparable et, par conséquent, la taille n'a pas d'impact sur l'analyse de comparabilité. Et, M. Gianmarco de conclure à juste titre en ces termes : « Du point de vue de l'entreprise, une analyse de comparabilité objective, même imparfaite, vaut mieux qu'une analyse de partage de profit, voire une méthode forfaitaire, imposée par une administration fiscale. Plus les entreprises acceptent de se laisser entraîner vers des méthodes subjectives ou dépourvues de fondements économiques, plus elles augmentent leur risque fiscal »[740]. Pour pallier cette situation l'OCDE recommande vivement aux entreprises et aux administrations de recourir à des outils économiques, tels que les indicateurs de profitabilité afin de mieux asseoir l'analyse de comparabilité.

L'analyse des indicateurs de profit. Une application fiable de la méthodologie des prix de transfert exige la sélection d'un indicateur de niveau de profit, ci-après dénommé « PLI », qui donne la mesure la plus fiable du profit ou de la marge que la partie testée aurait obtenu si elle avait négocié, avec les entreprises associées, dans des conditions de pleine concurrence ou dans des circonstances comparables. Un PLI mesure, pour une société, le retour sur l'investissement des ressources et sur les risques assumés. La fiabilité des PLI peut être sujette à un certain nombre d'ajustements effectués afin de corriger d'éventuelles différences concernant le capital utilisé et/ou les fonctions exercées. En général, les PLI peuvent être regroupés en ratios financiers, calculés uniquement à partir des données du compte de résultat, et en retour sur capital employé, calculé à partir des données du compte de résultat et du bilan. Lors de la mesure du profit, trois groupes de PLI sont généralement admis comme outils de mesure objectifs de rentabilité. Ces trois catégories sont : retour sur actifs, retour sur ventes, et retour sur coûts. Cependant, d'autres PLI peuvent être utilisés dans la mesure où ils fournissent une base fiable en accord avec le principe de pleine concurrence. Trois PLI couramment utilisés, correspondant aux trois catégories citées ci-dessus, sont : **le retour sur actifs d'exploitation ou« ROA »**, qui mesure le retour sur capital, **la marge d'exploitation**, et **le retour sur les charges d'exploitation ou « ratio Berry ».** Ces trois ratios peuvent se définir comme suit :

Le retour sur actifs d'exploitation.

$$\text{ROA} = \frac{\text{Résultat d'exploitation}}{\text{Actifs nets d'exploitation}}$$

[740] Gianmarco Monsellato, art. précit., p. 275.

Les actifs d'exploitation sont définis comme étant les actifs totaux comptables ajustés moins les immobilisations financières[741].

La marge d'exploitation.

$$\text{Marge d'exploitation} = \frac{\text{Résultat d'exploitation}}{\text{Chiffre d'affaires net}}$$

La marge d'exploitation est généralement moins fiable que le ROA lorsqu'il existe des différences de fonctions entre la partie testée et les sociétés comparables. La fiabilité de ce PLI est réduite si, du fait de différences fonctionnelles, les entreprises analysées ont des intensités capitalistiques différentes, c'est-à-dire, si elles utilisent des montants d'actifs différents pour générer un franc de vente[742].

---

[741] Etant donné que la relation entre profits et actifs d'exploitation est généralement moins affectée par les différences fonctionnelles que la relation entre profit et ventes (ou dépenses), un degré élevé de comparabilité fonctionnelle, entre la partie testée et les sociétés comparables, est moins important pour une analyse utilisant le ROA (qui mesure le retour sur capital) que pour une analyse utilisant des ratios financiers. Toutefois, dans le cas où les actifs d'exploitation du bilan ne mesureraient pas de façon fiable le capital employé, le ROA pourrait s'avérer être un PLI moins fiable que les ratios financiers. De plus, le ROA peut s'avérer moins fiable que les ratios financiers lorsqu'il existe des différences de cycles économiques entre la partie testée et les sociétés comparables. Au cours d'un cycle économique, les profits d'une entreprise peuvent être plus spécifiquement liés aux ventes qu'aux actifs (particulièrement aux actifs immobilisés et aux stocks). De même, si le bilan ne reflète pas précisément l'utilisation moyenne du capital sur l'année, le ROA peut s'avérer ne pas être fiable. De telles situations apparaissent, par exemple, lorsque l'activité de l'entreprise est saisonnière. Les actifs d'exploitation sont définis comme étant les actifs totaux comptables ajustés moins les immobilisations financières. Etant donné que la relation entre profit et actifs d'exploitation est généralement moins affectée par les différences fonctionnelles que la relation entre profits et ventes (ou dépenses), un degré élevé de comparabilité fonctionnelle, entre la partie testée et les sociétés comparables, est moins important pour une analyse utilisant le ROA (qui mesure le retour sur capital) que pour une analyse utilisant des ratios financiers.

[742] La fiabilité de la marge d'exploitation, comme celle de tout autre PLI, est affectée par la précision des informations sous-jacentes utilisées pour son calcul. Si les données du compte de résultat sont plus précises que celles du bilan, alors la marge d'exploitation sera plus fiable que le ROA. Par conséquent, la marge d'exploitation est généralement le PLI recommandé pour des sociétés de vente au détail et de distribution, étant donné que pour de telles sociétés le compte de résultat donne une mesure plus fiable que le bilan de la rentabilité de l'entreprise. De plus, la marge d'exploitation prend en compte les différences de gestion. Ce PLI est particulièrement pertinent lorsqu'il existe des différences significatives dans la publicité, les activités promotionnelles et l'effort marketing des sociétés comparées. Par ailleurs, la marge d'exploitation n'est pas sensible aux différences de classification des coûts des biens vendus et des autres charges d'exploitation, contrairement par exemple au ratio Berry. Enfin, en comparaison avec le ROA, la marge d'exploitation permet une meilleure observation des différences de cycles économiques entre la partie testée et les sociétés

Le Ratio de Berry.

$$\text{Ratio Berry} = \frac{\text{Marge brute}}{\text{Dépenses opérationnelles}}$$

La marge brute correspond au chiffre d'affaires net moins le coût d'achat des marchandises vendues. Les dépenses opérationnelles correspondent aux dépenses d'administration plus les provisions et les amortissements. Comme la marge d'exploitation, le ratio Berry est plus sensible que le ROA aux différences fonctionnelles entre la partie testée et les sociétés comparables.

En définitive, l'analyse des indicateurs de profit permettrait d'affiner l'approche de comparabilité des transactions internes de café et de cacao. Cependant, une analyse économique plus pertinente exige d'étudier en profondeur la réalité économique de ces échanges intragroupe pour évaluer le prix qu'auraient convenu des entreprises indépendantes placées dans une situation équivalente. Cette démarche aura pour objet l'examen des termes de l'analyse économique, c'est-à-dire les déterminants de l'analyse de comparabilité.

2. Les outils de l'approche économique

Les cinq facteurs capitaux de comparabilité. L'analyse économique des prix de transfert de café et de cacao consiste à appréhender la réalité économique de ces transactions. Autrement dit, elle vise à évaluer le prix de café ou de cacao qu'auraient convenu des entreprises indépendantes placées dans une situation équivalente. Il est certain que les éléments susceptibles d'analyse seront aussi divers que les transactions concernées, car les entreprises non associées détermineront leur prix en prenant en compte l'ensemble des faits économiques significatifs. Il paraît alors improbable de dresser une liste exhaustive des éléments nécessaires à cet effet. Néanmoins, l'OCDE retient des critères essentiels que sont « les caractéristiques du bien ou du service », de « l'analyse fonctionnelle », des « clauses contractuelles », des « situations économiques » des entreprises ainsi que de la « stratégie » de celles-ci, pour une comparabilité pertinente à des fins de fixation des prix de transfert. Quelle signification peut-on donner à ces éléments ?

L'importance des déterminants de comparabilité. En premier lieu, la prise en considération des caractéristiques des biens ou services objets de la

---

comparables. En effet, les conditions économiques d'une industrie sont plus fidèlement reflétées par la fluctuation du niveau des ventes que par le capital employé d'une entreprise.

transaction peut être primordiale[743]. En la matière, s'agissant de commerce portant sur des matières premières et des produits élaborés ou semi-finis de café ou de cacao, il faudra examiner attentivement les caractéristiques physiques propres aux transactions portant sur des biens corporels que sont : la fiabilité du café ou du cacao, la qualité des biens échangés ainsi que le volume de l'offre et la facilité d'approvisionnement[744]. On pourrait trivialement affirmer ici qu'il est fait application de l'adage populaire qui veut que « l'on ne mélange pas les serviettes et les torchons » ; car, ils n'ont sans doute pas « le même prix ». L'intérêt de l'analyse des caractéristiques physiques des biens ou des services est confirmé par une jurisprudence constante dans plusieurs pays de l'OCDE[745].

En deuxième lieu intervient la phase incontournable de l'analyse fonctionnelle[746]. Elle consiste à déterminer le rôle et les responsabilités de chacune des entreprises liées dans leur relation économique.[747] En un mot, il s'agit ici d'abord de dire « qui est qui et qui fait quoi », d'identifier les différentes fonctions entreprises[748], les risques assumés[749] et les actifs

---

743 Le paragraphe 1. 19 du Rapport de l'OCDE dispose que « les différences dans les caractéristiques des biens ou des services expliquent souvent, au moins en partie, les différences de leur valeur sur le marché libre. Par conséquent, une comparaison de ces caractéristiques peut être utile pour déterminer la comparabilité des transactions entre entreprises associées et des transactions sur le marché libre. »

744 La comparaison devient plus délicate lorsque les transactions portent sur des biens très proches sans être identiques. Ainsi, serait-il possible de comparer une transaction portant sur du café avec une transaction, équivalente en tout autre point, mais portant sur du cacao ? Pour approfondir la réflexion : peut-on mettre en perspective une transaction portant sur du café Robusta soluble et une autre basée sur du café Arabica ? Une transaction ayant pour objet du beurre de cacao est-elle comparable avec une autre transaction qui porte sur des tourteaux ou de la poudre de cacao ?

745 En France, voir par exemple CAA Nancy 26 janv. 1995, n° 92-240, SARL Moulin de la Chée : RJF 6/95, n° 712 ; CE 31 juill. 1992, req. n° 61 286, SNAT : RJF 11/92, n° 1468 ; CE 21 févr. 1990, req. N° 84-483, SARL Solodet/ RJF 4/90, n° 376 sur la comparabilité des caractéristiques des produits ; CAA Paris 20 nov. 1990, req. n° 1172, Reynolds Tobacco France : RJF : 5/91, n° 255. Aux Etats-Unis d'Amérique, voir également la jurisprudence « Eli Lilly and Co v. comm'r » oct 27, 1988, 856 F. 2d 855 (7th cir. 1988), « Compaq computer corporation v. comm'r » 113 TC 214, « Bausch and lomb, incorporeted v. comm'r », 933 F. 2d 1084 (2d cir. 1991).

746 L'analyse fonctionnelle n'est rien d'autre qu'une décomposition de l'entreprise en somme de fonctions et de risques considérés comme des investissements. A chacun de ces investissements est attaché un retour sur investissement prévisionnel. La somme de ces retours donne la marge brute de la société, ramenée aux transactions contrôlées. Elle permet de vérifier la comparabilité des transactions ou des sociétés indépendantes avec respectivement la transaction ou la société contrôlée.

747 Rapport OCDE § 1.20.

748 Les transactions intragroupe de café et de cacao peuvent être de différentes natures : la conception, la recherche et développement, la fabrication ou la production, l'assemblage, les prestation de services, l'achat ou vente de biens corporels, la distribution, la sous-traitance, les prestations financières, la cession, la concession ou la mise à disposition d'actifs incorporels, notamment, le brevet, la marque, le procédé de fabrication…

corporels et incorporels ainsi que les moyens utilisés[750] au regard de l'activité de l'entreprise multinationale testée.[751] Il s'agit ensuite de rechercher quel niveau de rémunération sera attribué à chacune de ces fonctions si elle était exercée sur un marché de pleine concurrence. Il en résulte toute l'importance de l'analyse fonctionnelle.

D'après la théorie économique, par exemple, un distributeur ordinaire de café soluble ou de tablettes de chocolat devrait gagner, à long terme, beaucoup moins qu'un producteur de ces marchandises. Ainsi, la société Barry Callebault suisse distributrice des produits de sa filiale ivoirienne SACO, société de transformation de cacao en chocolat, ne mérite pas de recevoir une rémunération plus importante. Du point de vue fiscal, l'intérêt de l'analyse fonctionnelle réside également dans ce qu'elle permet de qualifier une structure juridique impliquée dans une transaction intragroupe. En effet, cette étude pourrait par exemple permettre de distinguer si la Société Cargill West Africa, entreprise exportatrice de café et de cacao, mais également qualifiée d'entité de distribution, selon la terminologie appropriée, est fiscalement un agent commercial ou un distributeur à part entière. Sur la base de cette qualification fiscale en dépendra la méthode de détermination des prix de transfert la plus adaptée, et donc de calculer le profit de pleine concurrence devant être alloué à la structure. Le profil fonctionnel de l'entreprise peut résulter dans certains cas des clauses contractuelles[752].

---

[749] L'entreprise multinationale de café et de cacao peut par exemple être exposée aux risques suivants : les risques de marché (variation des matières premières, des prix des produits vendus, etc.), la gestion des stocks, les risques financiers (variation des taux de change et d'intérêt, risque de crédit), les risques industriels (défauts de fabrication, fermeture d'usine, coûts de restructuration) et le risque pays.

[750] Aux fins de l'analyse fonctionnelle en matière de prix de transfert, l'entreprise doit normalement recenser les actifs corporels, incorporels et les moyens d'exploitation qu'elle utilise pour réaliser les fonctions qui lui sont confiées en tenant compte :

- du type d'actifs : usine, équipement, brevet, savoir-faire et marque de fabriques, etc.
- des caractéristiques de ces actifs : importance économique ou stratégique, âge, valeur marchande, localisation,
- des autres moyens mis en œuvre : personnel salarié, recours à des spécialistes ou à la sous-traitance.

[751] En général, la pratique a recours à la méthode américaine dont R. FEINSCREIBER est l'un des farouches défenseurs, appelée « concept to consumer » ou « de la conception au consommateur », selon la traduction française. Cette démarche originale va consister à analyser les différentes étapes du processus de commercialisation de café ou de cacao. Ainsi, elle s'écarte de l'analyse purement juridique qui consiste à appréhender le groupe comme un ensemble de sociétés intimement liées. Dans sa dimension économique, cette approche permet de distinguer clairement les différentes chaînes de la création de la valeur : c'est-à-dire, elle part de la recherche et développement, à la distribution, en passant par la production, le marketing et la distribution et la vente du produit.

[752] Généralement, c'est à la lumière des contrats passés entre les entreprises apparentées que l'on obtiendra des informations précises sur l'importance des responsabilités encourues, notamment en terme de risques de crédit, de change, de garantie, etc.

En troisième lieu, la place accordée aux clauses contractuelles est remarquable[753], dans la mesure où elles peuvent impacter sur les conditions de mise en œuvre de la transaction intragroupe. L'analyse de comparabilité des termes contractuels portera, pour la plupart, sur divers éléments tels que la forme et les conditions du paiement, le volume de la transaction, les garanties fournies, la durée du contrat et les conditions de renégociation.

En quatrième et cinquième lieu viennent les facteurs liés à la situation économique et la stratégie des entreprises liées. La mise en relief de ces critères est en soi délicate parce qu'ils sont empreints d'une dose de subjectivité,[754] propres à chaque secteur d'activité ou entreprise donnée. Non seulement, elle exige une analyse pertinente de l'environnement de l'activité économique par le biais du marché sur lequel celle-ci opère ; mais aussi de définir le positionnement stratégique de la firme qui préside à la réalisation de son activité. Cette délicatesse liée à la définition de ces facteurs de comparabilité préfigure à la difficulté liée à la mise en œuvre de la méthodologie des prix de transfert, et qui nécessite le respect du principe de prudence.

Parag II : Le respect du principe de prudence en matière de prix de transfert

Problématique. On se rappelle encore les doutes suscités par l'analyse juridique de la fixation des prix intragroupe de café et de cacao. En lieu et place de la détermination d'une valeur aussi précise que possible, elle nous a plutôt entraîné dans une sorte d'impasse. Sous prétexte de l'inexistence, dans le Code civil comme en doctrine, d'une approche globale et systématique du

---

753 L'intérêt de l'analyse des clauses contractuelles a été mis en exergue à plusieurs reprises par la jurisprudence française : Voir notamment : CAA Nancy 26 janv. 1995, n° 92-240, SARL Moulin de la Chée : RJF 6/95, n° 712 ; CAA Nancy 6 juill. 1995, req. n° 92-110 et n° 92-272, SA VAG France : RJF 12/95, n° 1362. L'importance de cette dernière mérite qu'on y revienne. Les faits sont simples. La société exportatrice française SAG est la filiale exclusive d'une société étrangère qui fabrique des véhicules automobiles. La première a obtenu de la deuxième une réduction de prix sur les véhicules qu'elle importait moyennant la prise en charge d'une garantie incombant normalement au constructeur. Estimant la rémunération anormale, l'administration fiscale a réintégré dans les résultats de la société française la différence entre le coût de prise en charge de cette garantie et la réduction dont bénéficiait cette société. La Cour rejeta la position du Fisc en estimant que le coût de la garantie était répercuté sur les concessionnaires et que la réduction était déterminée en prenant en compte un certain nombre d'éléments contractuels comme les délais de règlement, les frais de publicité…qui auraient aussi dû être analysés pour identifier l'existence d'un éventuel transfert de bénéfice à l'étranger.

754 En raison du subjectivisme qui caractérise les critères liés à l'analyse des conditions économiques et de la stratégie de l'entreprise, l'on a volontairement choisi d'étudier la question au Titre II de la 2è partie consacré à l'affirmation du réalisme économique. Le Titre I abordant plutôt les problématiques liées à « l'objectivisme » des prix intragroupe de café et de cacao est moins enclin à traiter de ces questions.

prix, ou d'une définition générique du prix qui dépasserait le cadre d'un contrat en particulier[755]. Ainsi, les espoirs se sont portés à juste titre sur l'analyse économique. En effet, la science économique étant définie comme l'étude des activités d'une collectivité humaine relatives à la production, distribution et à la consommation des richesses[756], elle devrait permettre alors d'appréhender les prix de transfert sous un angle plus objectif[757].

Plan. Considérée comme une science exacte[758], la discipline de science économique devrait en principe donner également des résultats aussi fiables qu'incontestables. A vrai dire, les résultats qu'elle propose sont-ils si précis et exacts, les règles qu'elle édicte peuvent-elles trouver vocation à s'appliquer en toutes circonstances ? On en doute fort bien, dès lors que leurs initiateurs eux-mêmes recommandent la plus grande attention dans leur maniement. A notre humble avis, cette exigence de précaution n'est rien d'autre qu'une application pure et simple du principe de prudence (B). Pour s'en convaincre, il suffira d'en donner les raisons profondes ainsi que le sens que revêt cette acception (A).

A. La justification du principe de prudence

La mère de la vertu ! Que l'humilité et l'obéissance[759] soient considérées comme mères de la vertu, cela ne surprend guère. C'est même une vérité chrétienne. Saint Paul dit de Jésus qu'il s'humilia, se faisant obéissant jusqu'à la mort[760]. Si l'adage populaire va jusqu'à affirmer que « la patience est la mère de toutes les vertus », que dire alors de l'attitude de « bon père de famille[761] » recommandée aux praticiens des prix de transfert, à qui l'on conseille circonspection et modération ? Que peut recouvrir la règle de prudence en la matière (1) et quelles en sont les motivations profondes (2) ?

---

[755] V. LARRIBAU-TERNEYRE, « L'exigence d'une notion de prix », in Colloque de Pau du 7 mars 1997, *Exigences en matière de prix,* Cahiers Dr. Entr., n° 5/1997, spéc. p. 25.

[756] Le Petit LAROUSSE illustré 2006, Coll. Larousse 2005, p. 392.

[757] C'est ce que Najib GHARBI appelle dans sa thèse, « l'objectivation économique du prix de pleine concurrence ». (V. Najib GHARBI, *Le contrôle fiscal des prix de transfert,* L'Harmattan, 2005, n° 351 et s., p. 167.)

[758] Il faut se garder de faire des confusions sur le sens des expressions : la science économique est sans doute une science exacte. Ce qui est loin d'être le cas en matière de prix de transfert.

[759] Saint AUGUSTIN a pu écrire que : « l'obéissance n'est pas tant une vertu que la mère des vertus. » (Morales : 35 :28).

[760] V. Bible : Philipiens 2 : 8.

[761] L'expression « bon père de famille » est une notion assez familière du code civil. Désignant le type d'homme normalement prudent, soigneur et diligent, elle a été utilisée dans diverses situations : la détermination des obligations qui pèsent sur celui qui a la conservation (C. civ., a. 1137, 1880, 1962), l'administration (C. civ., a. 450, 1374) ou la jouissance (C. civ., a. 601, 1728, 1806) du bien d'autrui, en supposant chez le père de famille, érigé en modèle, la gestion moyenne d'une gestion patrimoniale avisée.

1. La signification de la règle de prudence

Une référence implicite. Tout a été, presque, écrit sur les règles qui président à la fixation des prix de transfert, du reste en ce qui concerne leur contenu. Mais, rien n'est dit de façon explicite sur leur portée juridique. Par portée juridique de la règle, l'on entend ici faire allusion à l'étendue et à l'efficacité de cette réglementation. En d'autres termes, quelle efficacité attribuée aux règles et méthodes préconisées par l'OCDE, à l'effet de déterminer les prix de transfert ? Sont-elles d'application limitée ou absolue ? Parviennent-elles à redonner une image fidèle et sincère des bénéfices imposables ? Peuvent-elles être mises en œuvre de façon immédiate ou nécessitent-elles une dose d'appréciation ? Pour dire vrai, à la lecture du Rapport de l'OCDE[762], ce qui frappe dès le premier abord, c'est sans doute l'absence de référence claire, nette et précise au principe de prudence dans l'application des méthodes de pleine concurrence. Or, le vocabulaire et le style utilisés sont révélateurs de l'existence de la règle de prudence[763]. Il est vrai que le concept de « prudence » n'est pas directement cité. Mais, certaines expressions voisines[764] évoquées de manière épisodique font référence à son contenu et permettent de mieux le reconnaître. L'arbre ne saurait ainsi cacher la forêt !

Un moyen de marketing fiscal. Pourquoi ferait-on pareille hypocrisie à l'égard du principe de prudence ? Evidemment, aucune raison crédible ne peut justifier un tel traitement. Au contraire, il y a un intérêt certain à réhabiliter cette règle, en lui accordant la place qui est la sienne dans le corpus des « Principes directeurs de l'OCDE ». Lorsque l'on sait que ses recommandations ont dépassé le cadre limité des pays membres pour s'adresser aux Pays en développement, il va de soi que l'objectif affiché par l'OCDE est de rallier le plus grand nombre d'Etats possible au principe de pleine concurrence. A cet égard, de notre point de vue, le principe de prudence peut représenter un important levier de marketing[765] fiscal en

---

[762] OCDE, Principes *applicables en matière de prix de transfert à l'intention des entreprises multinationales et des administrations fiscales*, 13 juill. 1995, Coll. OCDE 2001., régulièrement révisés.

[763] On relève un langage récurrent et significatif de la conjonction de subordination « si » dans plusieurs passage du texte (du § I-I au § III-27, la conjonction de subordination aurait été utilisée au moins une dizaine de fois.), un recours fréquent du verbe « pouvoir » (il apparaît également au mois dix fois du § I-I au § II-3), ainsi que la référence au mode conditionnel (« [Lorsque]...les deux entreprises [associées] sont (...) liées par des conditions imposées, qui diffèrent de celles qui seraient convenues entre des entreprises indépendantes, les bénéfices qui, sans ces conditions, auraient été réalisés par l'une des entreprises... »).

[764] Il s'agit entre autres des expressions telles que « hésiter à procéder à des ajustements », « commencer par vérifier la fiabilité de cette méthode ».

[765] Le Mercator définit le marketing comme étant l'effort d'adaptation des organisations à des marchés concurrentiels, pour influencer en leur faveur le comportement de leurs publics, pour une offre dont la valeur perçue est durablement supérieure à celle des concurrents. (Mercator, 8è éd., 2006.)

faveur des jeunes Etats africains, telle que la Côte d'Ivoire[766]. N'ayant été ni consulté ni associé à sa conception et à son élaboration, ces Etats se sentent moins concernés par le principe de pleine concurrence, censé régir les transactions intragroupe au plan mondial. Toutefois, cette hostilité des Etats peut être palliée par une réactualisation des mécanismes de « pleine concurrence » de sorte à consacrer la règle de prudence comme l'un des principes directeurs[767]. Toute chose qui leur permettrait de mieux adapter le principe de pleine concurrence aux contingences locales, le rendant plus conforme aux intérêts propres de nos Etats[768].

Une définition par assimilation. En l'absence de référence expresse au principe de prudence dans les principes directeurs de l'OCDE, il est tout autant impossible d'y trouver une définition claire et précise. Cependant, comme le moine par ses habits, on reconnaît le principe de prudence en matière de prix de transfert à travers certains traits caractéristiques. Ces signes distinctifs ne lui sont pas propres. On les retrouve également dans d'autres disciplines, notamment, en droit constitutionnel, en droit international, en droit de l'environnement, en droit fiscal et en droit comptable. Cette dernière discipline ne se contente d'ailleurs pas seulement de l'évoquer, elle en fait un principe général. Ainsi, l'article 3 de l'Acte uniforme sur les comptabilités des entreprises[769] stipule nettement que « la comptabilité doit satisfaire, dans le respect de la règle de prudence, aux obligations de régularité, de sincérité et de transparence inhérentes à la tenue, au contrôle, à la présentation et à la communication des informations qu'elle a traitées. Plus loin, l'article 6 de l'acte uniforme poursuit : « l'application du système comptable OHADA implique que la règle de prudence est en tout cas observée, à partir d'une appréciation raisonnable des événements et des opérations à enregistrer au titre de l'exercice… ». Quelle que soit la sphère juridique, l'acception du principe de prudence revêt la même réalité, en ce sens qu'il poursuit la même démarche[770], recherche le

---

[766] Il ne faut pas se leurrer ; ces pays hésitent à transposer en droit interne le principe de pleine concurrence. Et ce, en dépit des nombreux attraits que les experts de l'OCDE tentent de mettre en exergue au cours des instances internationales.

[767] Prendre l'initiative d'inscrire la règle de prudence au rang des principes directeurs en matière de prix de transfert n'est ni superfétatoire ni surabondant. Elle présentera sans doute le mérite de rétablir la confiance entre les différents acteurs du commerce intragroupe. En ce sens, elle participe de la remise en cause de la vision que peuvent avoir certaines entreprises multinationales vis-à-vis des agents du Fisc, c'est-à-dire des gens qui se prendraient pour « ZORRO prêt à tirer sur n'importe qui, n'importe où et n'importe comment », dès qu'il s'agit de prix de transfert.

[768] Ce qui aura également pour avantage de remettre en cause certains clichés véhiculés par la perception « des principes directeurs de l'OCDE », vus comme « de nouvelles formes d'impérialisme économique ».

[769] Acte uniforme portant organisation et harmonisation des comptabilités des entreprises, adoptés le 23 mars 2000, parus au JO OHADA n° 10 du 20 mars 2000.

[770] Il s'agit d'une démarche empreinte de sagesse, de précaution, de circonspection et de réserve.

même idéal[771] et vise à se protéger contre un risque probable. En se référant aux règles qui régissent les prix de transfert, l'on se rend compte que ces critères sont bien remplis[772]. Ainsi, en parodiant le Professeur Michel Prieur, le principe de prudence en matière de prix de transfert peut se définir comme étant l'expression de la sagesse populaire qui, face à l'incertitude, préfère la prudence à une audace qui pourrait « être suicidaire à l'expansion du commerce mondial » ; il est le refus d'une société où l'Homme quel qu'il soit, agent du fisc ou simple contribuable, jouerait sans contrôle à l'apprenti sorcier dans l'établissement et/ou le contrôle des prix intragroupe[773]. La crainte de l'incertitude constitue avant tout l'essence même du principe de prudence.

2. Le fondement du principe de prudence

La prudence n'est pas une science ; elle est ce qui en fait lieu là où la science fait défaut[774]. Selon le paragraphe 1.12 *in fine* du Rapport de l'OCDE :

« La fixation des prix de transfert n'est pas une science exacte et nécessite une appréciation personnelle de la part de l'administration fiscale comme du contribuable[775] ». Loin d'être un aveu d'impuissance dans la quête de la vérité sur le prix des échanges économiques à l'intérieur des groupes, cet article est non seulement un appel pour une prise en compte du principe de prudence dans les mécanismes de base des prix de transfert, mais également un moyen pour mieux comprendre le fondement même de la règle. Un élément paraît central dans cette définition : c'est le degré de certitude pour l'évaluation des prix des flux commerciaux, à l'heure de la mondialisation de l'économie. Si la détermination des prix de transfert n'est pas en soi un exercice mathématique, il va de soi que les résultats auxquels elle aboutirait ne peuvent qu'être hypothétiques, discutables, voire incertains. Tel est le premier pilier auquel on peut rattacher le fondement de la règle de prudence, faite d'incertitudes sur la réalité du prix.

---

771 Arriver à donner une image fidèle, vraie et sincère de la situation patrimoniale de l'entreprise telle qu'elle se présenterait dans la réalité : tel est l'idéal recherché dans l'application du principe de prudence.

772 Tout d'abord, le but recherché en la matière est de parvenir à déterminer les prix des transactions intragroupe le plus justement possible. Ensuite, les risques liés à un contentieux sur les prix de cession internes sont bien connus, et dissuasifs en raison de l'importance des sommes en jeu. Enfin, la prudence est en vérité la démarche conseillée, dès lors qu'il est reconnu que certaines méthodes peuvent être difficiles à mettre en œuvre, nécessitant une appréciation…

773 Michel PRIEUR, *Le principe de précaution, op. cit.* p. 214.

774 A. COMTE-SPONVILLE, *Petit traité des grandes vertus*, PUF, Coll. Perspectives critiques 1995, p. 392.

775 Rapport de l'OCDE §1.12, in fine.

D'ailleurs, la Déclaration de Rio adoptée le 13 juin 1992[776] qui consacre le principe en droit international est on ne peut plus explicite : « les Etats font preuve d'une prudence d'autant plus grande que les données sont incertaines, peu fiables ou inadéquates. » On pourrait bien croire que le principe de prudence ainsi compris est la résultante d'une ignorance[777]. La proposition doit être correctement comprise. Elle est la traduction de toute la complexité que l'on rencontre dans l'application des méthodes proposées, relatives au principe de pleine concurrence[778]. Ce d'autant plus qu' « il n'existe pas de méthode qui soit utilisable en toute circonstance »[779], et « qu'il n'est pas possible d'établir des règles précises pouvant s'appliquer dans chaque cas »[780]. L'OCDE reconnaît elle-même les difficultés d'application du principe de pleine concurrence[781] ainsi que les déficiences congénitales[782] qui l'affectent. Face à ces contingences, faut-il se résigner ? Absolument pas ! L'attitude recommandée en pareille circonstance, deuxième pilier du principe de prudence, est celle guidée par la raison, la vigilance et le bon sens. A partir du moment où les méthodes de pleine concurrence utilisées, sans discernement, peuvent avoir des conséquences désastreuses et conduire à des résultats économiques aberrants[783], la règle prudentielle s'impose d'elle-même. Elle a ainsi pour objet d'appréhender les lignes directrices des prix de transfert non pas comme « des dogmes », « des vérités absolues », applicables en toutes circonstances mais, au contraire de conférer une marge de manœuvre importante aux différents acteurs du processus de fixation des prix intragroupe. Certaines hypothèses de la méthodologie de l'OCDE ont été le champ d'expérimentation du principe de prudence en matière de prix de transfert.

---

[776] Article 6-2 de la convention de Rio sur l'environnement et le développement du 13 avril 1992.

[777] Puisqu'il est en quelque sorte consubstantiel à l'absence d'une certitude scientifique.

[778] J.VERHOEVEN, *op. cit.*, p. 76.

[779] Rapport OCDE § 1. 68, p. I-30.

[780] Rapport OCDE § 1. 70, p. I-30.

[781] Ainsi, comme le note le paragraphe 1.8 du Rapport de l'OCDE : « On constate […] que le principe de pleine concurrence fonctionne bien dans la majorité des cas. (…) Néanmoins, dans certains cas le principe de pleine concurrence est difficile à mettre en œuvre, par exemple pour des grands groupes produisant de façon intégrée pour des biens hautement spécialisés, traitant des biens incorporels uniques et/ou fournissant des services spécialisés. »

[782] Le paragraphe 1.9 du Rapport OCDE précise : « *Pour certains, le principe de pleine concurrence présente des déficiences intrinsèques dans la mesure où la méthode de l'entité distincte sur laquelle il s'appuie ne prend pas toujours en compte les économies d'échelle et les interactions entre diverses activités qui résultent de l'intégration des entreprises.* »

[783] Olivier MARICHAL, Sécurisez vos prix de transfert, Ed. EFE, 2004.

B. Des applications concrètes du principe de prudence

On a vu que les conséquences liées à la fixation d'un prix de transfert sont telles qu'il est recommandé d'agir avec la plus grande vigilance. Certes, les circonstances dans lesquelles l'esprit de clairvoyance est voué à s'appliquer sont nombreuses, mais pas limitatives. En se bornant aux aspects d'ordre méthodologique des prix de transfert, on peut illustrer notre propos à travers deux exemples : selon que la règle de prudence porte sur le choix de la méthode ou sur son traitement.

1. La prudence dans le choix de la méthode de pleine concurrence

La prudence et la liberté de choix de la méthode. En donnant la possibilité aux praticiens d'exercer librement leur choix d'une méthode parmi tant d'autres, l'OCDE inscrit par là la règle de prudence dans le domaine des prix de transfert. Afin de calculer le prix de pleine concurrence, elle aurait pu en recommander une et une seule. Mais, une telle éventualité priverait les contribuables et les administrations fiscales de toute faculté de discernement. Elle aurait également conduit à des résultats aussi aberrants qu'incohérents. Cela est d'autant plus vrai que les différentes méthodes qui sont en apparence identiques, c'est-à-dire identifier un prix de pleine concurrence, ont chacune des caractéristiques propres et un champ d'application particulier[784]. Néanmoins, l'expression la plus éloquente de la règle de prudence en matière des prix de transfert est moins dans la diversité des méthodes proposées que dans la faculté de préférer l'une par rapport à une autre.

La règle de la hiérarchie des méthodes. Selon les principes de l'OCDE, il doit être fait application en priorité d'une méthode transactionnelle[785]. C'est seulement dans le cas où celle-ci ne peut être appliquée qu'il est fait recours aux méthodes de profit[786]. Cette hiérarchisation de l'échelle des méthodes[787] enferme *a priori* les entreprises et l'administration dans un cadre de rigidité indéniable. En instituant un ordre d'application des méthodes de valorisation des prix de cession intragroupe, le rapport OCDE attribue à chacune une valeur relative et une légitimité plus ou moins

---

[784] *Ibidem*, n°470, p. 183.

[785] Au sein même des méthodes transactionnelles ou traditionnelles, la préférence est accordée à la méthode du prix comparable sur le marché libre. Si cette dernière ne peut recevoir une application correcte, en raison de l'absence de transactions comparables fiables, les contribuables ou les administrations pourront alors appliquer une méthode sur la marge brute, c'est-à-dire le prix de revient majoré ou prix de revente minoré.

[786] G. MONSELLATO, « Comment déterminer ses prix de transfert pour les biens corporels et les services ? », *Option Finance*, n°564, p. 32.

[787] Cette hiérarchisation des méthodes semble avoir été adoptée par la législation ivoirienne. En effet, l'article 38 du CGI précise : « Qu'à défaut d'élément précis...les produits imposables sont déterminés par comparaison avec ceux des entreprises similaires exploitées normalement ».

grande[788]. En imposant aux parties de rechercher avant tout un prix de marché[789], ce dernier devient l'élément prédominant d'une étude des prix de transfert, à la différence de la profitabilité des entreprises qui est alors reléguée à une utilisation et une importance secondaires. Parce qu'elle place la règle de précaution au cœur de la décision, la hiérarchie des méthodes offre au contribuable la liberté de choisir sa méthode, la possibilité d'opter pour une méthode subsidiaire. Il lui appartiendra[790] alors de démontrer non seulement que la méthode prioritaire est inadaptée, mais en outre que seule la méthode utilisée lui permet de s'approcher de l'idéal de pleine concurrence. Ainsi, cet exercice des règles de prudence participe, à notre humble avis, d'une grande sécurité juridique au profit du contribuable, en enfermant l'action de l'Administration. Lacordaire ne disait-il pas qu' « entre le fort et le faible, c'est la liberté qui opprime et la loi qui affranchit »[791]. En dépit des prescriptions de l'OCDE, la pratique des firmes multinationales et de l'administration fiscale semble s'orienter vers la règle de meilleure méthode.

La règle de la meilleure méthode. C'est la version française du principe de *best method* qui postule qu'une analyse des prix de transfert d'une entreprise multinationale conduit à adopter directement la méthode la plus appropriée à la situation et non à éliminer les méthodes les unes après les autres[792]. Le degré d'application du principe de prudence est beaucoup plus grand ici, car il permet aux différents acteurs d'user d'une liberté beaucoup plus importante que dans le cadre de la règle de la hiérarchie des méthodes. A partir de l'instant où toutes les méthodes sont placées sur un strict pied d'égalité, le champ de discernement des uns et des autres est d'autant plus élargi qu'ils ont une totale liberté dans le choix de la méthode la plus pertinente, sans avoir à prouver au préalable que les autres méthodes étaient inapplicables[793]. Cette liberté d'appréciation de la méthode n'est rien d'autre qu'une application du principe de prudence en matière de prix de transfert. Cette souplesse de la règle en termes de liberté de choix de la méthode de

[788] La position centrale de la méthode des prix comparables dans le rapport de l'OCDE prend toute son importance. Parallèlement, les méthodes sur les profits deviennent, symboliquement au moins, marginales et moins fiables.

[789] O. MARICHAL, *op. cit.*, n°474, p. 184.

[790] Toutefois, la méthode choisie doit être cohérente avec ses conditions d'exploitation.

[791] H.LACORDAIRE, « Entre le fort et le faible, entre le riche et le pauvre, entre le maître et le serviteur, c'est la liberté qui opprime et la loi qui affranchit », 52e Conférence de Notre-Dame, 1848.

[792] « A study of intercompany pricing under section of 482 of the Code » 1988-2 CB 458, 1988 IRB LEXIS 3758, 1988-49 IRB 7, notice 88-123.

[793] Les éléments à prendre en compte pour affiner la recherche de la méthode la mieux appropriée portent non pas sur le défaut d'applicabilité des autres techniques, mais sur la qualité des données disponibles, le degré de comparabilité entre les transactions liées et indépendantes, le nombre, l'étendue et l'exactitude des ajustements requis pour l'application de chaque méthode.

pleine concurrence ne présente pas que des avantages. Elle peut s'avérer après coup contraignante pour l'entreprise multinationale. De fait, la règle de la meilleure méthode oblige le contribuable à fournir une double preuve : l'une pour montrer que sa méthode donne le résultat de pleine concurrence le plus fiable et l'autre, en particulier pour justifier que la méthode susceptible d'être employée par l'administration est moins pertinente. La méthode choisie, la règle de prudence peut également se révéler dans le traitement de celle-ci.

2. La prudence dans le traitement de la méthode de pleine concurrence

L'utilisation d'un intervalle de pleine concurrence. Il ne suffit pas de retenir une méthode donnée ; encore faut-il valider son choix en le comparant avec une transaction ou un résultat réalisé par une entreprise indépendante[794]. A cet égard, le souci de prudence commande que les praticiens veillent à ne pas sélectionner, soit un trop grand nombre, soit un nombre très restreint d'entreprises, au risque de diminuer la fiabilité de l'étude. Dans certains cas, il est possible d'appliquer le principe de pleine concurrence en se basant sur un seul chiffre, qui peut être le prix ou la marge de l'entreprise comparable. Mais, ces hypothèses sont rarissimes. En général, l'échantillon d'entreprises comparables ayant des ratios de rentabilité différents, l'entreprise devra alors se positionner au regard des entreprises issues du panel retenu. Il est d'usage de considérer la médiane comme la rémunération de pleine concurrence vers laquelle doit tendre l'entreprise pour ses transactions intragroupe. Toutefois, cette règle considérée comme rigide a connu un assouplissement avec la notion « d'intervalle de pleine

---

[794] La recherche et la sélection d'entreprises nécessitent de procéder en plusieurs étapes selon une chronologie établie :

1. Examen des caractéristiques des biens et des services et recherche des entreprises exerçant dans le même secteur que l'entreprise concernée, sur le même territoire géographique et sur la même période que celle pour laquelle les prix de transfert doivent être validés ;
2. Sélection des entreprises qui exercent la même fonction que celle de l'entreprise concernée ;
3. Sélection d'un indicateur d'indépendance. Il représente le degré d'indépendance vis-à-vis de ses actionnaires. Plus le degré d'indépendance est important plus les tarifications constatées sont représentatives d'un prix de marché ;
4. Examen des données financières disponibles des entreprises sélectionnées afin de ne conserver que celles qui ont le même profil, c'est-à-dire dont les transactions sont similaires à celles réalisées par l'entreprise concernée, notamment le chiffre d'affaires, le nombre de salariés, l'existence ou non d'actifs incorporels de forte valeur, activité d'export ou strictement nationale ;
5. Sélection lorsque l'échantillon des entreprises comparables est constitué, d'un ratio pertinent compte tenu de la fonction et des risques à rémunérer ainsi que de la méthode de rémunération choisie, pour apprécier la rémunération de pleine concurrence.

concurrence »[795]. Elle se définit comme la fourchette de prix acceptable pour apprécier si les conditions d'une transaction entre entreprises liées sont de pleine concurrence. Cela procéderait d'une approche pragmatique et de bon sens[796]. En pratique, il est courant de retenir comme intervalle de pleine concurrence, l'intervalle interquartile, c'est-à-dire les entreprises comprises entre les quartiles 2 et 3[797]. Le principe de prudence peut aussi s'apprécier dans l'usage d'un intervalle de données s'étalant sur plusieurs années.

L'emploi de données portant sur un intervalle d'années. De façon générale, il faut comparer les données du contribuable vérifié portant sur une année avec les données des entreprises comparables pour les mêmes années. Cependant, il est souvent nécessaire de faire preuve de discernement dans le traitement des données ; ce qui implique de recourir à des données s'étalant sur plusieurs années. A cet effet, le paragraphe 1-49 du Rapport de l'OCDE affirme : « Afin d'appréhender parfaitement les faits et les circonstances de la transaction entre entreprises associées, il pourrait en général être utile d'examiner des données portant à la fois sur l'exercice vérifié et sur des exercices antérieurs. L'analyse de cette information pourrait faire apparaître les faits qui ont pu influencer, ou auraient dû influencer, la fixation du prix de transfert. Les données d'exercices antérieurs permettront de savoir, par exemple, si la perte déclarée par le contribuable pour une transaction fait suite à une série de pertes antérieures pour des transactions similaires, si elle est le résultat des conditions économiques particulières au cours d'un exercice antérieur qui ont eu pour effet d'accroître les coûts au cours d'exercices ultérieurs, ou si elle tient au fait que le produit se trouve à la fin de son cycle de vie. » En fait, l'utilisation des données peut être faite sur trois ans, et ce, en dépit de la règle de la spécialité des exercices comptables.

Il s'agit là d'une solution pratique, mais non technique ; qui peut être présentée comme une manifestation de la règle de prudence en matière de prix de transfert. En définitive, si la souplesse qui caractérise ce principe permet d'appliquer plus facilement les méthodes de pleine concurrence dans la plupart des Etats, il en est certains qui sont réfractaires à son application. C'est le cas de la Côte d'Ivoire dont le dispositif juridique et économique actuel reste inadapté aux exigences du principe de pleine concurrence.

---

[795] Selon le paragraphe 1-45 du Rapport OCDE : « les différences entre les chiffres constituant cette fourchette peuvent être dues au fait qu'en général l'application du principe de pleine concurrence ne permet d'obtenir qu'une approximation des conditions qui se seraient établies entre des entreprises indépendantes. Il est également possible que les différents points de l'intervalle résultent de ce que les entreprises indépendantes effectuant des transactions comparables dans des circonstances comparables ne pratiqueraient pas exactement le même prix pour la transaction en question. »

[796] P.-J. DOUVIER et Bruno GILBERT, « Prix de transfert : comment préparer son contrôle fiscal ? » (1ère partie) *Option Finance*, n° 758, 2003, p. 29.

[797] En sont donc exclues les entreprises les moins rentables, du quartile1, c'est-à-dire 25% des entreprises de l'échantillon qui réalisent les moins bons résultats ; et les entreprises les plus profitables, du quartile 4, c'est-à-dire 25% des entreprises qui réalisent les meilleurs résultats.

SECTION II : DE L'INAPPLICABILITÉ DES MÉTHODES DE PLEINE CONCURRENCE TRANSPOSÉES AU PLAN INTERNE

Parce qu'elles connaissent un réel succès auprès des Etats développés, il n'est pas impertinent de songer à calquer les méthodes de pleine concurrence au contexte des pays en développement en général, et celui de la Côte d'Ivoire en particulier. Encore faut-il s'assurer que les conditions de leur mise en œuvre soient remplies afin qu'elles puissent produire les effets escomptés : garantir la normalité des prix de transfert, en l'occurrence dans le secteur du café et du cacao. Or, à l'expérience des faits, certaines contingences liées au niveau de développement économique du pays paraissent rédhibitoires à l'effectivité des principes directeurs de l'OCDE au plan interne. Mieux, elles constituent autant d'obstacles à surmonter que l'applicabilité de la norme de pleine concurrence tend à devenir presqu'un leurre. Par souci de commodité, l'on distinguera ces obstacles, selon qu'ils sont d'ordre structurel (Parag I) ou simplement conjoncturel (Parag II).

Parag I : Les obstacles d'ordre structurel

Plan. Le principe de pleine concurrence étant tributaire de la notion de marché, le prix de cession entre les entités liées doit nécessairement correspondre à celui qui aurait été payé dans des circonstances similaires par des entreprises indépendantes. En un mot, l'identification du marché doit être en sorte qu'elle favorise l'exercice d'une concurrence pure et parfaite entre les acteurs. Appliqué au secteur du café et du cacao, cet idéal de marché parfait est loin d'être une réalité compte tenu de la structure (A), fortement oligopolistique et des caractéristiques même du marché (B).

A. La structure du marché

La structure du marché de café et de cacao revêt une double particularité ; elle est très concentrée et souffre d'un déficit d'entreprises indépendantes.

1. Un marché à forte concentration

Un marché oligopolistique. Par structure du marché de café ou de cacao il faut entendre le poids relatif des différents acteurs à chaque stade de la filière et l'intensité de la concurrence entre eux. A vrai dire, l'on peut distinguer différents types de marché des produits en fonction de leur degré de finition et qui permettent de mettre en évidence le poids relatif des acteurs du secteur du café et du cacao. On caractérise souvent la nature concurrentielle de ce marché par diverses expressions, telles que « le monopole[798] », « la concurrence pure[799] », « oligopole »[800]. Ces expressions, issues de la théorie microéconomique permettent de rendre compte de la réalité des mécanismes de la loi de l'offre et de la demande, à différents stades du marché des produits de café et de cacao.

Le secteur de l'exportation des produits. La Côte d'Ivoire a une économie profondément extravertie, dans la mesure où elle est obligée d'exporter plus des deux tiers de sa production de café et de cacao vers les Pays consommateurs, les Etats-Unis, les Pays-Bas, l'Allemagne et la France. L'activité d'exportation est donc une activité ayant pignon sur rue dans la filière. Chaque année plusieurs dizaines de sociétés sollicitent un agrément auprès de l'Etat afin de pouvoir exercer cette profession. Néanmoins, on observe dans l'ensemble une tendance à la concentration de la profession d'exportateur depuis 1997/98 au profit des exportateurs adossés au négoce ou à l'industrie de transformation dont la part de marché est passée de 60 à près de 80%. Ainsi, lors d'une étude consacrée aux prélèvements dans la filière café-cacao, le BNETD[801] faisait le constat suivant :

- « les nombreux petits exploitants locaux qui représentent chacun moins de 2% des exportations totales et dont l'activité s'est fortement ralentie depuis la libéralisation ; leur part de marché qui était de 43% en 1997/98 est passée à environ 10% en 2002/2003 ;
- les exportateurs adossés à des maisons mères de négoce international, tels que TROPIVAL, PROCI, DELBAU, CIPEXI, CCA, DAFCI… qui font chacun entre 3 et 12% des exportations totales et dont la part de marché qui était d'environ 30% en 1997/98 est passée à environ 50% en 1999/2000 ;
- les exportateurs liés à des industries multinationales de transformation, notamment SIFCA-ADM et CARGILL dont la part de marché est passée de 10% en 1997/98 à près de 30% en 1999/2000 [802] ».

Il s'ensuit que la structure du marché des produits de café et de cacao, notamment dans le secteur de l'exportation est fortement oligopolistique. A titre d'illustration, pour la campagne 2005-2006, quatre-vingt-dix entreprises se sont vues attribuer des agréments d'exportation. A eux seuls, dix de ces exportateurs représentaient plus de la moitié des achats de cacao, achetant

---

[798] Un monopole au sens d'un seul producteur ou offreur, ne se rencontre pratiquement pas sur les grands marchés de matières premières. A titre d'illustration, on cite généralement l'exemple de la société De Beers qui contrôle près de 80% des ventes mondiales de diamant.

[799] Lorsqu'il y a un grand nombre de vendeurs et d'acheteurs ayant chacun une dimension insuffisante pour influer sur le prix du marché, il s'agit d'une situation de « concurrence pure » ou atomistique.

[800] Les situations d'oligopole désignent les hypothèses dans lesquelles quelques vendeurs ayant chacun un poids relativement important dominent le marché.

[801] Bureau National d'Etudes Techniques et de Développement.

[802] BNETD, *les prélèvements dans la filière café cacao : état des lieux (rapport provisoire)*, octobre 2003, p. 17.

60,1% de la récolte, soit 623 815 tonnes[803]. Selon la Bourse du café et du cacao, (B.C.C.), les principaux exportateurs ayant chargé le café aux différents ports d'Abidjan et de San Pedro du 1er janvier au 4 mars 2007, tous appartiennent à des sociétés étrangères, membres de groupes multinationaux, dont respectivement le singapourien Outspan-Olam (18 346 t), le néerlandais Cipexi-Continaf (10 749 t), le suisse Nestlé (9 374 t), le britannique Tropival-EDF & Man (7 905 t), le français Proci-Touton (4 273 t), le brésilien Zamacom (3 182 t)[804].

Le secteur de la transformation des produits. Même mineure, la Côte d'Ivoire s'est dotée d'une industrie de transformation de café et de cacao, du moins pour ce qui est des produits semi-finis. On notera qu'au niveau de l'industrie du café, il n'y a qu'une seule entreprise de transformation : la société NESTLE-CI[805]. Au niveau de l'industrie du cacao, le marché est dominé par quatre entreprises : SACO, UNICAO, MICAO et CEMOI-CI[806]. Cette situation d'oligopole donne au marché une vision déformée, voire imparfaite[807]. Ainsi, elle peut présenter plusieurs inconvénients, au regard de l'Ordonnance 2000-583 du 17 août 2000 fixant les objectifs de l'action économique de l'Etat en matière de café et de cacao. D'abord, parce qu'elle réduit de façon drastique le nombre des exportateurs au détriment des entreprises de petites tailles, essentiellement des coopératives et des PMEX, puis, elle participe d'une trop grande concentration des opérateurs, concentration susceptible de biaiser le libre jeu de la concurrence. Ensuite, elle favorise les risques de position dominante et d'ententes illicites[808]. Cette pratique est d'autant dommageable à l'économie de la filière qu'elle est en contradiction complète avec l'ordonnance de 2000-583 qui la prohibe. C'est pourquoi, les autorités de l'ARCC, garantes de la régulation administration du secteur, gagneraient à redoubler de vigilance dans leur contrôle.

---

[803] On notera qu'aucune donnée n'est disponible sur les activités d'achat ou d'exportation de 32 de ces sociétés.

[804] Au total, on peut estimer selon les estimations de la BCC 59 829 tonnes de café exportées pour la période en 2007. Or, pour la même période en 2006 et 2005, on notait respectivement 76 216 tonnes et 110 000 tonnes. Sans grand risque de se tromper, on peut affirmer que les événements survenus le 19 septembre 2002, liés à la crise militaro-politique, ont durablement affecté l'activité du café, d'autant plus qu'avant cette date la production avoisinait 250 000 tonnes.

[805] En dehors des sociétés SAT et IVOIRE TORREFACTION qui ne sont en réalité que des torréfacteurs.

[806] Ces quatre entreprises de transformation de cacao sont toutes filiales d'importants groupes internationaux : SACO-BARRY CALLEBAUT, UNICAO-ADM, MICAO-CARGILL, CEMOI-CI- CEMOI-France.

[807] Par opposition au marché pur et parfait.

[808] On rappellera par exemple au passage qu'en France il y a trois sociétés (offreurs) qui proposent des services de téléphonie mobile à des millions de demandeurs (clients). La concurrence devenant quasi-inexistante entre les opérateurs, l'Etat français est intervenu afin d'obliger les offreurs à réviser le coût des SMS (Short Message Service) qui étaient facturés six à huit fois leur prix de revient.

Néanmoins, il faudrait mieux définir ce qu'est une position dominante, les seuils de volumes d'achats à ne pas dépasser afin d'éviter de nuire inutilement à la libre concurrence. Certes, ces pratiques sont dommageables à la concurrence dans la filière café et cacao. Mais, il ne faudrait pas perdre de vue que l'importance ici est de cerner les obstacles à la détermination d'un prix de pleine concurrence. Or, il est notoire que la prégnance des grands groupes multinationaux sur l'ensemble de la filière du café et du cacao rend presque illusoire l'application des principes directeurs de l'OCDE, faute d'entreprises comparables indépendantes.

2. Un marché en pénurie d'entreprises indépendantes comparables

Une pénurie liée à la forte concentration de la filière. Dans un secteur où la structure même du marché est fortement concentrée, il n'est pas surprenant qu'il y ait une pénurie d'entreprises comparables indépendantes. En la matière, la répétition est une vertu pédagogique ! Comme on l'a évoqué plus haut, il n'y a qu'une et unique entreprise dans la transformation du café. C'est la société Nestlé-Ci. Comment déterminer le prix de pleine concurrence censé être le reflet du juste prix des produits de Nescafé vendus par cette dernière aux entreprises apparentées, situées en Suisse, en France ou en Algérie ? Dans le secteur du cacao, ce sont les sociétés Micao, Unicao, Saco, Cémoi auxquelles on ajoute Chocodi[809] qui transforment le cacao en beurre, en poudre, en liquide et en tourteaux. Elles sont toutes, sans exception, filiales d'une multinationale. Dans cette hypothèse, est-il possible de trouver des entreprises comparables indépendantes pour servir de base de comparaison des prix intragroupe pratiqués sur un marché où il n'y a que des entreprises dépendantes ? Sans doute, l'on pourrait croire que l'espoir d'en trouver quelques unes viendrait du côté des sociétés d'exportation. Il est vrai que la politique des pouvoirs publics est de faire des COOPEX et des PMEX des entités susceptibles de faire concurrence aux entreprises multinationales. Pour l'instant, ce ne sont que des vœux pieux qui ont encore du temps pour s'accomplir. Les COOPEX restent et demeurent des coopératives agricoles et ne revêtent pas encore la structure de société commerciale. Si les PMEX rentrent bel et bien dans ce moule de sociétés commerciales, elles restent encore très marginales et leur trop grande dépendance vis-à-vis des entreprises multinationales[810] affecte l'intégrité de leur indépendance. A

[809] La société Chocodi fait partie, comme la société Saco, des entreprises de transformation de cacao en Côte d'Ivoire, appartenant au groupe Barry Callebaut. La première a vocation à fabriquer des produits finis, des produits chocolatés, tel que le Nescao. Tandis que la deuxième s'intéresse plutôt aux produits semi-finis, notamment la poudre, le beurre et le liquide et le tourteau de cacao.

[810] Dans la pratique, l'on assiste, de plus en plus, à des alliances informelles entre des PMEEX et des multinationales. Pour les unes, elles permettent de sécuriser leurs approvisionnements. Pour les autres, c'est une opportunité à prendre des positionnements stratégiques sur le marché international des *commodities*.

l'évidence, il y a un réel déficit des entreprises comparables sur le marché des produits. Dès lors, le fait de déplacer le champ des recherches de comparabilité du marché des produits vers le marché géographiquement pertinent ne présenterait-il pas un intérêt ?

La transaction comparable et le marché géographiquement pertinent. Identifier le marché pertinent n'est pas une chose aisée. Le contrat de café ou de cacao est généralement international ; il est donc conclu entre deux sociétés agissant par définition sur des marchés géographiques généralement différents. L'analyse devrait en principe choisir entre deux marchés qui semblent aussi pertinents l'un que l'autre. Une illustration permet de mieux éclairer notre propos : le groupe Cargill est une multinationale spécialisée dans la commercialisation, le traitement et la distribution de produits et services agricoles, alimentaires, financiers et industriels. En Côte d'Ivoire, il est très actif dans l'exportation des fèves vers les Etats-Unis, les Pays-Bas et la France ; et dans le processus de transformation du cacao en produits semi-finis, grâce à sa filiale locale Cargill West Africa. Les brevets utilisés, les marques de fabrication et de distribution appartiennent à la maison-mère du groupe basée aux Etats-Unis. Comment déterminer le prix qui doit rémunérer la société ivoirienne pour une transaction entre la Côte d'Ivoire et l'étranger ? Si aucune transaction comparable n'est disponible, doit-on alors attribuer à la société MICAO, entreprise de transformation locale, la marge d'une société intervenant sur le marché américain, ou sur un marché européen où intervient le groupe ?

La complexité de la question préfigure toute l'ambiguïté qu'il y a à apporter une réponse globale et absolue concernant l'identification du marché géographique pertinent. A notre humble avis, c'est au cas par cas que l'on peut y répondre. En pratique, elle peut dépendre également des objectifs fiscaux recherchés : si l'on veut maximiser le bénéfice en Côte d'Ivoire, le marché de comparaison sera bien entendu confiné au territoire ivoirien (ayant de faibles coûts). Dans le cas contraire, le prix sera celui des marchés américains ou européens qui proposent des transactions comparables. Cette problématique de la détermination du marché géographique pertinent dépasse le simple cadre de la question de comparabilité des transactions. En filigrane, elle rejoint le thème sensible et éminemment politique des « location saving » : qui doit bénéficier des économies de coûts grâce à la délocalisation de l'activité de production et donc à quel Etat appartient le droit de taxer le surprofit généré par cette restructuration ? Cette problématique lourde de conséquences est très souvent un point d'achoppement entre l'administration fiscale et les multinationales, exerçant en Côte d'Ivoire. Elle laisse entiers les obstacles posés dans l'application du principe de pleine concurrence du fait non seulement de la structure du marché, mais également de ses caractéristiques.

B. Les caractéristiques du marché

Selon la théorie économique, le caractère pur et parfait d'un marché se mesure à l'aune de la concurrence qui s'y déroule. Cette réalité est aussi valable pour les produits de base de café et de cacao dans la mesure où le prix et l'information constituent des caractéristiques essentielles à la dynamique des marchés des matières premières. Il suffit donc d'un défaut de transparence sur les informations disponibles sur le marché en général ou sur le prix du marché en particulier pour que les conditions d'exercice d'une pleine concurrence soient affectées.

1. Le prix du café ou du cacao

La volatilité des prix du café et du cacao. Un prix est dit volatile lorsqu'il revêt un certain nombre de caractères : changeant, variable, capricieux, indécis, inconstant, irrésolu, lunatique et ondoyant. En un mot, les cours des matières premières de café et de cacao obéissent très rarement à une tendance rectiligne et homogène ; on va jusqu'à dire qu'ils sont versatiles. A titre d'exemple, le marché du cacao avait poursuivi ses activités en l'an 2000, dans la même tendance baissière qu'en 1999, en l'absence de nouvelles fondamentales susceptibles de le doper ou de le faire infléchir. Toutefois, à la fin de l'année 2001, il a connu une hausse spectaculaire. Cette hausse s'est accentuée pour passer, d'un niveau d'environ 550 FCFA/kg à des niveaux allant jusqu'à 1300 FCFA/kg en 2002. Mais, depuis le mois de mai 2003, on a renoué avec la baisse continue des cours, oscillant entre 900 FCFA/kg et 800 FCA/kg. En ce qui concerne le café, la libéralisation du marché a été accompagnée, en 1998, d'une bonne tenue du marché du café. Les prix bord champ du café, qui étaient d'environ 350 FCFA/kg, évoluèrent jusqu'à atteindre les 700 FCFA/kg dans certaines régions en 1998/1999. Depuis la campagne 2000/2001, ces prix ont connu une baisse remarquable, due à l'offre importante du café, avec l'arrivée sur le marché de nouveaux pays comme le Vietnam[811]. Il en résulte que les cours de ces *commodities* suivent une évolution en « dents de scie » : une période de baisse drastique fait généralement place à une hausse suivie immédiatement par une longue période baissière.

Dans un Etat tel que la Côte d'Ivoire, la variabilité des prix peut présenter des effets pervers du fait de sa trop grande dépendance à l'égard de ces matières premières pour son essor économique[812]. En sus de ces problèmes

---

[811] Cette situation a dû d'ailleurs amener l'Etat ivoirien à mettre en place un système de soutien des prix sur la campagne 2001/2002 pour avoir un prix bord champ de 200 FCFA/kg.

[812] L'instabilité des prix internationaux entraîne une instabilité des recettes d'exportations, induisant une instabilité des finances publiques génératrice de graves difficultés. En période d'expansion l'accroissement des recettes fiscales, mais aussi la facilité de recourir alors à l'endettement extérieur, entraînent l'augmentation des dépenses publiques. Cette dernière est une source de déficit en période de chute qu'il est difficile de résorber en raison de la rigidité

d'économie politique, la versatilité des cours pose également de réelles difficultés dans l'appréciation du juste prix de transaction intragroupe. Pour s'en convaincre, il suffit de prendre l'hypothèse d'une entreprise multinationale qui achète du café Robusta auprès des coopératives agricoles où la matière première est cotée à la Bourse de Londres à 1 000 FCFA/kg. Un mois plus tard, au moment de vendre la même quantité et qualité de café à une société membre du groupe basée en Europe, les cours sont à leur plus bas niveau, soit 500 FCFA. Sans s'engager dans des calculs économétriques, il est évident que la société locale va enregistrer des pertes opérationnelles considérables à cet effet. Cette situation économique aurait pu se justifier aisément si les parties à l'opération étaient indépendantes entre elles. Or, les liens de parenté entre les entreprises, dans notre cas, risquent manifestement de rendre plus ardue la justification du juste prix vis-à-vis de l'administration fiscale. Et ce, d'autant plus que les conditions contractuelles sont rarement matérialisées sur un document écrit, susceptible de constituer un moyen de preuve tangible.

Le secret des prix des transactions de café et de cacao. Il est exact qu'en raison du secret des affaires, toute entreprise a le droit de garder jalousement par devers elle les informations qui concernent les transactions commerciales et financières, notamment celles liées au prix. D'ailleurs, le secret des affaires est consacré en droit. A ce titre, l'administration fiscale ne saurait s'immiscer dans la gestion de l'entreprise, en portant des jugements de valeur sur la qualité ou les résultats de la conduite des affaires[813]. Ceci étant, les entreprises ne peuvent faire n'importe quoi, n'importe comment, cultiver le mystère sur les prix de leurs transactions, surtout là où l'administration fiscale est appelée à réaliser sa mission de contrôle de l'impôt. Plus que le contribuable, les différents services de l'administration, des douanes, des statistiques, du commerce et des prix et de l'industrie, ainsi que les structures de la filière, l'autorité de régulation de café et de cacao (ARCC), la bourse de café et de cacao (BCC) et le fonds de régulation et de contrôle (FRC) sont tenus de collaborer étroitement avec les agents du Fisc en vue d'exercer plus efficacement le contrôle des flux financiers des sociétés de café et de cacao. En pratique, les différentes administrations ne coopèrent guère, de sorte que le secret des prix dans le secteur des matières premières est aussi sacré qu'un secret d'Etat et symptomatique de l'opacité qui règne dans la collecte des informations dans la filière en général.

à la baisse des dépenses, en particulier lorsque celles-ci sont des dépenses du personnel de la fonction publique. Il en résulte le problème chronique de l'inflation et de l'endettement public. Enfin, l'instabilité des recettes d'exportations est vraisemblablement un facteur d'instabilité politique, notamment en raison des changements brutaux qu'elle entraîne des revenus absolus et relatifs. Ainsi, l'instabilité des prix peut être une raison importante de conflits entre les agriculteurs et le pouvoir politique.

[813] M. COZIAN, *op. cit.*, n° 1373, p. 543.

2. L'information sur le marché de café et de cacao

Le règne de l'opacité dans la filière du café et du cacao. Parmi les substantifs, notamment de « secret », d'« opacité » et de « discrétion », décrivant le flux de l'information au sein de la filière[814], celui qui s'y prête le mieux est sans doute le concept d'opacité. Tout d'abord, il faut se rappeler que la politique de libéralisation amorcée entre 1998 et 1999 est consécutive aux pressions croissantes des institutions financières internationales, portant sur l'obligation d'enrayer l'opacité de la filière du café et du cacao. Le FMI et la Banque Mondiale ont, à cet égard, posé le respect du principe de transparence dans la gestion de la filière comme l'une « des conditionnalités » essentielles pour la reprise de leur coopération financière avec la Côte d'Ivoire. Dix ans après la libéralisation de la filière café cacaoyère, aucun changement majeur qualitatif n'est intervenu en la matière. Pis ! A l'opacité de la gestion des ressources du cacao du temps de la CAISTAB[815] a succédé l'opacité des fonds brassés par la multitude de structures de régulation et d'encadrement[816]. On se contentera simplement d'évoquer ici quelques faits anecdotiques. De toutes les structures de la filière, l'Autorité de Régulation de Café Cacao (ARCC) est la seule qui appartienne à 100% à l'Etat. Cependant, d'après un audit juridique réalisé par l'UE, et finalisé mi-2006, les comptes de l'Autorité n'ont jamais fait l'objet d'un examen par la Cour des Comptes ivoirienne, contrairement aux dispositions du décret n° 2000-751 du 10 octobre 2000[817]. De plus, lors de l'audit de l'UE, la coopération avec les institutions de la filière a été parfois difficile. Néanmoins, le gouvernement n'a pas jugé nécessaire d'encourager les dirigeants des structures à apporter leur pleine collaboration aux audits juridiques et financiers de l'UE, alors qu'il exerce une grande influence sur ces derniers et qu'il avait lui-même sollicité la réalisation de ces audits[818]. Par ailleurs, il faut noter qu'à la suite des critiques formulées à l'égard de la gestion opaque de la filière tant au plan intérieur qu'à l'international, l'on a

---

[814] Le terme opacité s'oppose à celui de transparence. Est donc opaque toute situation qui au lieu d'obéir à une démarche de transparence et de clarté, paraît plutôt ambiguë et incompréhensible.

[815] La CAISTAB désigne la Caisse de Stabilisation des produits de café et de cacao.

[816] Selon un article de Jeune Afrique/ L'intelligent n°2337 du 23 au 29 octobre 2005, les experts des institutions de Bretton Woods ont constaté que " plus de 400 milliards de F CFA avaient été prélevés sur le dos des planteurs entre 2002-2004 et que seulement 130 milliards avaient été dépensés pour le développement des activités ".

[817] Ce décret stipule clairement que l'ARCC est soumise au contrôle de la Cour des comptes.

[818] Les auditeurs de l'UE ont déclaré ne pouvoir travailler correctement qu'avec l'ARCC, et dans une certaine mesure la BCC. Un scénario similaire s'est produit lorsque le panel d'experts de l'ONU en Côte d'Ivoire a tenté en vain le 5 octobre 2006 d'organiser des réunions avec les Institutions de la filière. Il semble que le FRC n'ait pas répondu à l'invitation qui lui a été adressée. Bien que les représentants officiels du FDPCC aient effectivement rencontré le panel d'expert de l'ONU, ils auraient refusé de fournir des détails sur les recettes et les dépenses.

assisté depuis 2000 à une floraison d'audits et enquêtes[819], à l'exclusion des différents comités de pilotage, mis en place. A ce jour, malgré les conclusions des audits, le degré de transparence dans la filière ne s'est guère amélioré[820]. Les actes de corruption sont une pratique courante dans la filière et ceux qui en bénéficient tiennent généralement à rester discrets sur leurs opérations. Il est non seulement difficile, mais également dangereux d'enquêter sur cette « filière secrète » et de rendre compte de la situation. Les cas de violences contre l'inspecteur général des finances François Kouamé Kouadio[821] et de disparition du journaliste franco-canadien Guy-André Kieffer[822] sont emblématiques de ce climat de peur et de violence.

---

[819] On citera successivement les cinq audits par date d'ancienneté :
- Rapport d'inspection des structures et des mécanismes de gestion de la filière de café-cacao, campagne 2001-2002 et 2001-2002, dressé par l'Inspection Générale d'Etat ;
- Etat des lieux des prélèvements dans la filière café-cacao, dressé par le Bureau National d'Etudes Techniques et de Développement (BNETD), octobre 2003 ;
- Audit des flux financier de la filière de café-cacao de Côte d'Ivoire, effectué par l'Investissement Développement Conseil (IDC) et financé par l'UE ;
- Etude diagnostic des organisations et des procédures de la filière café-cacao de Côte d'Ivoire, mai 2006, réalisé par le Cabinet juridique Ghelber et Gourdon et financé par l'UE ;
- Enquête du Procureur de la République Raymond TCHIMOU sur saisine du Président de la République Laurent GBAGBO en date du 11 octobre 2007, en vue de mener des investigations sur des présumés détournements dans la filière (les résultats de cette enquête ne sont pas encore communiqués).

[820] Lors d'un rapport diligenté par une Organisation Non Gouvernementale, Global Witness, très active au niveau international, les enquêteurs de l'ONG n'ont pu, selon leurs allégations, accéder à aucune information relative aux transactions des institutions de la filière cacao après 2003 (Global Witness, « Chocolat chaud : comment le cacao a alimenté le conflit en Côte d'Ivoire », juin 2007, p. 50).

[821] Le 3 août 2002, François Kouamé KOUADIO, inspecteur général d'Etat (IGE), a été sérieusement battu et laissé pour mort. Deux jours auparavant, il avait échappé à une tentative d'enlèvement. Kouadio a dû sans doute être ciblé après avoir été identifié comme l'auteur du rapport de l'IGE sur la filière du café et du cacao, commandité par le gouvernement, qui avait été présenté par le gouvernement en mai 2002 et divulgué clandestinement par la presse en juillet. Le rapport signalait entre autres que 32 milliards de F CFA (62,6 millions de millions de dollars US) avaient été transférés en avril 2002 depuis le compte de la Réserve et de Prudence à la BCEAO vers un compte à la CAA et prévenait que la CAA « ne pouvait peut-être pas résister à des demandes (éventuelles) de Fonds émanant du Ministère de l'économie et des finances (Le quotidien le Patriote, « l'inspecteur d'Etat tabassé par cinq inconnus », 5 août 2002).

[822] Le 16 avril 2004, le journaliste Guy-André KIEFFER a été enlevé à Abidjan. On ne l'a plus jamais revu ; il aurait été torturé à mort. KIEFFER travaillait sur la réforme cacao pour le compte d'un cabinet de conseil ; durant cette période il aurait reçu des menaces de mort liées à son travail. Il est ensuite redevenu journaliste indépendant, travaillant, entre autres, pour la « Lettre du continent », une publication française dédiée au secteur des renseignements, rendant compte des divers scandales et autres allégations de corruption en Côte d'Ivoire, notamment celle ayant trait à la transformation de la Banque d'Etat, la Caisse Autonome d'Amortissement (CAA), à la Banque Nationale d'Investissement ; à Lev-ci et au contrat Gambit. Les menaces dont a fait l'objet GAK se seraient poursuivies, jusqu'à son enlèvement et sa disparition. Des enquêtes judiciaires sont en cours en Côte d'Ivoire comme en France ;

L'information et la transparence du marché. Autant l'opacité est un mal à la saine gestion de la filière, autant le manque d'accès à l'information et aux analyses sur le marché des matières premières constitue un handicap majeur à la théorisation de la politique de pleine concurrence par le législateur fiscal ivoirien. Et pourtant, la libéralisation du secteur devrait s'accommoder d'un ensemble de mesures favorisant la concurrence, notamment la transparence des informations sur le marché, accessibles à tous les acteurs. En réalité, la libéralisation est intervenue sans que ces mesures d'accompagnement aient connu leur aboutissement. A l'heure de la mondialisation où les entreprises multinationales dominent largement les filières nationales ainsi que les firmes locales, l'accession à l'information sur des marchés aussi stratégiques que ceux des matières premières de café et de cacao est capitale. Dès lors que l'information devient asymétrique au profit des grands groupes de sociétés étrangères, il y a fort risque de se trouver en face d'un « délit d'initié »[823].

Cette préoccupation a été d'ailleurs au cœur du consensus de São Paulo, adoptée à la onzième conférence quadriennale de la CNUCED (XI) qui s'est tenue au Brésil en juin 2004[824]. Il serait donc temps que chaque coopérative

---

les conclusions ne sont pas encore connues (Le quotidien Le Libéral, « ce que les tueurs reprochaient à Guy-André KIEFFER », 17 juin 2004).

823 Cette information peut porter sur les cours mondiaux, les prix pratiqués ailleurs, donc sur le niveau et l'évolution de la demande, ainsi que de l'offre, sur l'état des stocks, sur les stratégies des agents clés en matière d'offre et de demande et enfin, sur les politiques qui se préparent.

824 Dans l'attente de la douzième session de la CNUCED en 2008, dans le cadre du consensus de São Paolo, le paragraphe 11 de la réunion de personnalités sur les questions relatives aux produits de base stipule en particulier : « Nous reconnaissons que les gouvernements, les entreprises et les agriculteurs des pays en développement n'ont pas suffisamment accès à une information et à des analyses actuelles, détaillées, précises et facilement compréhensibles, et n'ont pas non plus la capacité d'utiliser pleinement cette information et ces analyses pour prendre des décisions. Une meilleure information stratégique et organisée est nécessaire au niveau international pour une meilleure prise de décisions (notamment pour déterminer les tendances et les pertes de revenu réelles résultant de la détérioration des termes de l'échange) et au niveau local pour donner aux agriculteurs l'information dont ils ont besoin, si possible en temps réel. Pour ce qui est du niveau international, nous constatons avec une grave préoccupation que les ressources consacrées à l'analyse de questions relatives aux produits de base diminuent dans certaines institutions internationales. C'est là un important obstacle à l'identification et à l'exploitation de débouchés commerciaux et de possibilités de diversification. Une meilleure circulation de l'information en direction des pays en développement peut aider les gouvernements de ces pays à prendre de meilleures décisions et est également nécessaire pour éviter de mauvaises décisions d'investissement risquant d'entraîner non seulement des pertes pour les nouveaux investisseurs, mais aussi des situations d'offre excédentaire. Nous appelons au renforcement de la capacité de la CNUCED et d'autres organisations internationales compétentes de diffuser régulièrement une information et des analyses spécialisées sur un large éventail de produits de base et de questions relatives à ces produits, de mettre en place des réseaux afin de contribuer à la transparence des marchés, et de concevoir des instruments d'appui pour faciliter l'utilisation de cette information, en particulier par les producteurs. »

agricole, chaque PMEX ait droit à une connexion Internet adéquate afin de pouvoir suivre en temps réel l'évolution des cours ainsi que les grandes tendances et évolutions sur le marché international du café ou du cacao. Cet accès direct aux données sur le marché constitue le moyen idoine de rétablir

---

Les décisions idoines adoptées au cours de la CNUCED XI complètent utilement le mandat adopté à la dixième session de la CNUCED stipule entre autre "[qu']il faudrait améliorer la transparence des marchés et l'information commerciale, de même que les capacités des entreprises des pays en développement d'accéder à l'information et de l'exploiter, en particulier sous forme électronique" (paragraphe 68) et "aider à améliorer la transparence des marchés et les flux d'information, notamment en recueillant et en publiant, fréquemment et régulièrement, des informations et des données sur les produits" (paragraphe 144). C'est dans cet esprit que la CNUCED a développé une nouvelle manière de travailler, dans laquelle des connaissances spécifiques (dans ce cas précis une expertise des marchés internationaux des produits de base) sont réunies en combinant nos efforts avec ceux d'autres organisations internationales, universités, bourses de produits, associations sur les produits de base, organisations financières régionales, banques, compagnies de négoce, sociétés de stockage et d'inspection. La création de nouvelles synergies bénéficie à de nombreux acteurs intéressés par les produits de base aussi bien dans les pays développés que les pays en développement. Les acteurs concernés vont des responsables des politiques gouvernementales aux petits producteurs (via des relais organisés), des négociants aux industries de transformation, des chercheurs aux banquiers. En particulier, le projet INFOCOMM, information de marché dans le secteur des produits de base, cherche à promouvoir la transparence des marchés, à en améliorer la compréhension par une meilleure interprétation du fonctionnement des structures de marché et ainsi qu'à favoriser l'analyse de ces marchés pour permettre la mise en place de politiques pertinentes au niveau de la production, de la transformation, de la mise sur le marché et du financement. Les principaux objectifs du projet INFOCOMM, financé par le Gouvernement français, incluent les points suivants:

1. Le développement d'un portail électronique international (www.unctad.org\infocomm) dans lequel plus de 40 synthèses sur les produits de base contenant une analyse à forte valeur ajoutée et des informations pratiques sur les structures de marché et l'innovation seront disponibles ;
2. L'établissement d'accords de partenariat avec d'autres agences internationales et groupes d'études spécialisés sur les produits de base, afin d'actualiser et de diffuser une information spécifique et précise ;
3. La coopération avec de nombreux partenaires, incluant la société civile, pour disséminer une information sur les marchés des produits de base, en particulier à l'intention des pays en développement ;
4. L'agencement d'un réseau actif de contacts et le renforcement de la coopération entre acteurs ayant une expertise dans le monde des produits de base, y inclus les universités ;
5. La mise en place, dans le cadre de ce portail, d'un point de référence sur les bourses émergentes des produits de base ;
6. La création, dans le cadre de ce portail, d'une entrée spécifique relative aux activités menées par le "Projet P" sur le développement des structures dans l'agriculture, dont le calendrier des séminaires, les études réalisées, les participants, etc ;
7. La publication du manuel "World Commodity Survey", un livre de trois cent trente pages passant en revu plus de quatre-vingt matières premières ainsi que les secteurs industriels clés relatifs aux produits de base ;
8. La préparation d'un cédérom sur les structures de marché du cacao, décrivant et analysant la situation de chaque pays producteur ;
9. Le renforcement des activités de conseil eu égard aux politiques économiques, commerciales et financières relatives aux produits de base.

la symétrie d'informations entre les différents acteurs de la filière. C'est également un critère élémentaire de mise en application des conditions d'une « concurrence parfaite » entre les entreprises multinationales et les PME nationales. Même si ces mesures ne sont pas irréalistes en soi, force est de reconnaître qu'elles pourraient buter sur certains aspects liés à la conjoncture économique du pays.

Parag II : Les obstacles d'ordre conjoncturel

Plan. Quantitativement, les difficultés que les autorités ivoiriennes peuvent rencontrer dans la mise en œuvre de la norme de pleine concurrence paraissent plus nombreuses, prises sous l'angle structurel. Néanmoins, il ne faudrait pas sous-estimer les obstacles d'ordre conjoncturel. Certes, ils sont moins abondants a priori ; mais, ils ont une capacité de nuisance considérable, du moins sur la qualité du système juridique et économique du secteur. En effet, les blocages que l'on peut déceler, consécutivement à la conjoncture de l'économie, ont un caractère rédhibitoire, empêchant l'opportunité d'une véritable sécurisation des investissements et l'essor du commerce, fondés sur des règles directrices reconnues à l'échelle mondiale. Il conviendrait de les distinguer[825] selon qu'ils sont du fait des moyens techniques inexistants/obsolètes (A) ou des ressources humaines compétentes, mais peu spécialisées (B).

A. Des moyens techniques inexistants, parfois obsolètes

L'évaluation du prix de pleine concurrence souffre de l'absence d'instrument de mesure. Aussi séduisant que puisse paraître le rôle remarquable qu'est appelé à jouer le principe du prix de pleine concurrence, s'agissant de la fixation des prix de transfert dans le secteur du café et du cacao, il n'en demeure pas moins qu'elle soit confrontée à un certain nombre d'obstacles absolus liés à l'état économique de la Côte d'Ivoire. En effet, la mise en œuvre du principe de pleine concurrence[826] exige la comparaison de transactions et de bénéfices réalisés par des entreprises dépendantes avec ceux d'entreprises indépendantes. Ce qui suppose la disponibilité de telles informations. En outre, un caractère suffisamment comparable doit donc exister. Cependant, cette comparaison ne peut résulter que des conditions

---

[825] Une autre distinction permettrait d'opposer les obstacles du fait des moyens techniques et humains d'une part et d'autre part, les obstacles en raison des dispositions inappropriées en droit positif. L'on a finalement préféré faire l'impasse ici sur cette dernière catégorie de difficultés dans la mesure où elle a été longuement étudiée au paragraphe II de la Section I (se rapportant à l'application « en demi-teinte » du principe de pleine concurrence) du Chapitre I du présent Titre.

[826] Modèle de convention OCDE, art. 9.

propres à chaque opération de pleine concurrence, à partir d'une base de données financières. Or, en l'état actuel du développement économique des Etats africains en général, de la Côte d'Ivoire en particulier, l'existence d'une banque de données fiables sur les transactions commerciales et financières des entreprises qui réalisent des activités économiques sur le territoire fait cruellement défaut. Au contraire dans la plupart des pays membres de l'OCDE, l'importance pratique de ces bases de données publiques est attestée. En France, la base la plus utilisée aussi bien par les entreprises, leur conseil et l'administration est *Diane*[827]. Les praticiens utilisent également la base de données *Amadeus*, contenant des informations sur des sociétés basées à travers toute l'Europe[828]. Aux Etats-Unis, les bases les plus connues sont *Compustat*, *Compact Discolsure* et *Moody's*. Il existe des bases de données mondiales telles que Worldscope. C'est donc un paradoxe que de recommander à l'administration fiscale ivoirienne d'inscrire le principe de pleine concurrence dans son droit positif interne, en l'absence d'instruments de sélection d'entreprises potentiellement comparables. A moins que l'on interprète cela comme une sorte d'interpellation des pouvoirs publics ainsi que des bailleurs de fonds afin d'engager des réflexions profondes sur la nécessité de promouvoir un tel instrument économique et financier. Les avantages qui en découleraient n'intéresseront pas que la matière des prix de transfert. Ils seront également bénéfiques aux différentes politiques menées, destinées à améliorer la sécurité fiscale en vue de renforcer l'attractivité économique de la Côte d'Ivoire. Car, tout investisseur qui s'intéresse au secteur du café et du cacao ivoirien a besoin avant tout de s'informer sur l'état du marché, les acteurs en présence et le degré de concurrence qui prévaut. Néanmoins, des efforts doivent être accomplis dans le but d'améliorer la logistique de l'administration, qui parait aujourd'hui dépassée par les vicissitudes du temps.

Des moyens logistiques et techniques obsolètes jusqu'en 2001, des efforts réalisés depuis, mais gagneraient à être améliorés. Jusqu'à un passé récent, les services de l'administration fiscale ivoirienne connaissaient un dénuement total, du moins en ce qui concerne les moyens logistiques et techniques mis à leur disposition, quasiment frappés d'obsolescence. La prolifération des entreprises informelles dans le tissu fiscal en est une parfaite illustration. Elle témoigne également des difficultés des pouvoirs publics à disposer des ressources nécessaires pour assurer une meilleure fiscalisation des entreprises qui exercent sur le territoire national. Le 9 février 2000 constitue une date importante pour la Direction Générale des Impôts ivoirienne. Elle marque l'avènement d'une nouvelle équipe, qui s'est engagée à bâtir une administration moderne au service du contribuable. Certes, il y a eu la crise du 22 septembre 2002, avec ses effets pervers sur les

---

[827] Elle rassemble des données financières et commerciales sur des entreprises françaises

[828] Les bases de données Diane et Amadeus sont édictées par le bureau Van Djick et SCRL.

réformes de l'Etat. Mais, les efforts accomplis pour doper l'administration fiscale ivoirienne d'outils de travail performants sont appréciables[829]. On notera tout d'abord la création du site Internet de la DGI, offrant une base documentaire bien fournie. En outre, les différents services des impôts sont désormais reliés au plan informatique par un système de réseau grâce à un serveur autonome de sorte que toutes les informations concernant les contribuables sont disponibles pour tous en temps réel. Autrement dit, l'information circule aisément entre les directeurs, les sous-directeurs et tous les agents, sous réserve bien entendu de leur niveau d'habilitation.

Enfin, dans la perspective d'une plus grande efficacité dans la lutte contre la fraude fiscale et d'un contrôle plus efficient des activités des entreprises, l'administration fiscale s'est dotée de moyens de collecte et de traitement de l'information. Ceci s'est traduit par la création d'un service particulier de collectes et de recoupements, dénommé « Infocentre », chargé de mener en complémentarité avec la Sous-Direction des Enquêtes et Recoupements[830] les missions de recherches et d'investigations en matière fiscale. L'Infocentre est pourvu de moyens lui permettant de constituer une banque de données sur les contribuables[831], utilisable directement et immédiatement par les services de contrôle de la DGI. En dépit des avancées constatées, force est d'affirmer que l'administration ivoirienne ne doit pas « dormir sur ses lauriers ». Elle doit continuer dans cet esprit pour améliorer le dispositif technique et logistique de ses services. En matière de prix de transfert, rien n'est acquis et les occasions de fraude sont constamment actives. Même si elle disposait d'informations adéquates en vue de la comparabilité des entreprises, encore faut-il que son personnel ait les capacités de les traiter.

---

[829] Par exemple, au niveau de la Direction des Grandes Entreprises de la DGI, les progrès accomplis dans le suivi et la gestion des contribuables sont tels qu'il n'y a pratiquement plus de contribuables défaillants chroniques au niveau des déclarations d'impôts. Le taux de défaillants oscille aujourd'hui entre 1,5 % et 3 % en moyenne contre 15 % en 2000. Il s'agit en général de structures qui sont en difficultés économiques ou financières et non de véritables mauvais contribuables (S. OUATTARA, « La gestion fiscale des grandes entreprises », Atelier du FMI, Bamako, 4 -7 avril 2005).

[830] Les Brigades d'Enquêtes sont spécialisées dans la recherche des informations d'ordre économique, juridique ou social ayant une incidence fiscale en vue de leur exploitation par les services d'assiette et de contrôle. Plus précisément, elles ont pour mission de recouper l'ensemble des informations disponibles sur l'activité économique et d'identifier les cas de fraude et les opérateurs économiques concernés.

[831] A ce jour, les fichiers qui ont pu être constitués concernent :

- Les achats et les ventes locales effectués par les contribuables ;
- Les importations et les exportations ;
- Les transferts de fonds ;
- Les marchés publics ;
- Les honoraires et les impôts sur les traitements et salaires.

B. De la nécessité de spécialiser le personnel de la DGI

Une ressource humaine de qualité, mais peu spécialisée. S'il y a une administration fiscale d'un pays en développement qui peut se targuer de la qualité de ses ressources humaines, c'est sans aucun doute celle de Côte d'Ivoire. En effet, les conditions d'accès aux postes de responsabilité en qualité d'administrateurs, d'inspecteurs et de contrôleurs des impôts sont telles qu'il faut figurer parmi les majors au concours d'entrée dans la prestigieuse Ecole Nationale d'Administration, ENA. Une seconde sélection intervient à la sortie de l'école ; cette fois, ce sont les meilleurs parmi les meilleurs de chaque cycle qui sont autorisés à suivre une formation complémentaire à l'Ecole Nationale des Impôts de Clermont-Ferrand, en France. C'est dire que ce n'est pas la compétence des agents du fisc qui est en cause, pour l'application des principes directeurs en matière de prix de transfert. Il s'agit plutôt de leur spécialisation. De fait, l'internationalisation rapide des entreprises ainsi que la sophistication de leurs systèmes comptables et d'informations ont creusé un écart entre l'expertise de l'administration et celle des entreprises à dimension multinationale. S'agissant d'une matière aussi complexe que celle des prix de transfert, il est de la plus grande nécessité que le personnel de l'administration s'engage résolument dans la voie de la spécialisation. Ce qui aura le mérite de contribuer à préparer les agents du Fisc à relever à l'échelle nationale les énormes défis posés par la problématique mondiale des prix de transfert, notamment dans le secteur du café et du cacao. Une administration bien formée aux enjeux des grandes questions de la fiscalité internationale fera sans aucun doute preuve de pragmatisme dans ses procédures d'imposition, consciente que les prix de transfert sont loin d'être une science exacte.

TITRE SECOND

Les manifestations du réalisme fiscal en matière du prix

Problème de droit. La question des prix de transfert, notamment dans le secteur de café et de cacao est incontestablement « un serpent de mer ». Depuis que tout le monde en parle, entreprises multinationales et administrations ne parviennent toujours pas à se mettre d'accord. Plus les échanges s'intensifient, plus le sentiment de mener un dialogue de sourd s'agrandit, chacun donnant l'impression de détenir la vérité du prix. Essentiellement, la difficulté réside en ce que les prix de cession interne paraissent aux yeux du Fisc tellement loin de la réalité des transactions, hors des proportions commerciales, qu'il refuse de se flouer après coup. De l'autre coté, les firmes estiment très souvent que leurs prix sont justifiés quand bien même ils s'écarteraient des prix du marché ou des entreprises concurrentes. Les interrogations à l'origine de notre réflexion sont les suivantes : la complexité de la question de valorisation des prix intragroupe doit-elle conduire à renoncer à lui apporter des solutions concrètes ? Assurément pas ! Dès lors, comment peut-on parvenir à trouver un équilibre entre ces différents acteurs économiques ? A cet égard, les travaux de l'OCDE ont considérablement contribué à dégager un ensemble de solutions qui s'articule autour du principe de pleine concurrence. Comme on l'a rappelé plus haut cette norme qui stipule sommairement que les prix pratiqués entre sociétés d'un groupe multinational doivent correspondre à ce qui aurait été demandé entre personnes morales indépendantes, donne une certaine légitimité économique à la rémunération des transactions intrafirme. Mais, à y regarder de près, cette règle n'a pas qu'une vocation de légitimation des prix. Parce qu'ils s'efforcent à apporter des réponses claires, précises et pragmatiques, sur des bases parfois objectives, souvent justifiées d'un point de vue subjectif ; parce qu'ils ont vocation à s'écarter des paravents juridiques pour rechercher la véritable réalité des faits économiques, les principes et procédures qui découlent de la norme de pleine concurrence sont en vérité le reflet de la manifestation du réalisme fiscal en matière des prix de transfert.

Plan. Tout est fait en sorte de préserver les intérêts des uns et des autres. La Côte d'Ivoire ayant fait le choix, en droit fiscal, du système déclaratif contrôlé, l'on comprend alors que toute latitude sera laissée aux entreprises multinationales de déterminer leur prix de transfert, leur niveau étant librement décidé. Cependant, cette liberté n'est ni générale, ni totale, encore moins absolue, étant donné que l'administration fiscale a tout pouvoir pour exercer ses prérogatives régaliennes de contrôle de l'impôt. Elle se réserve le droit de redresser ces prix fixés s'ils sont irréalistes ou anormaux. Il conviendrait alors de distinguer les deux variantes d'application du réalisme en matière de prix de transfert. La première tient à la fixation du prix à l'aune du réalisme en droit fiscal (Chap I); tandis que la seconde est consécutive au contrôle du prix à la lueur du pragmatisme fiscal (Chap II).

CHAPITRE I

La fixation des prix de transfert à l'aune du réalisme du droit fiscal

Préalable. Dans le cadre de ce chapitre, loin de nous est l'idée de mettre en évidence les différentes méthodes des prix de transfert, ainsi que l'ensemble des conditions de rémunérations « appropriées » ou « inappropriées » effectuées par les opérateurs internationaux de la filière café et cacao. Et pour cause ! Ces analyses ont déjà été suffisamment abordées au cours des études antérieures. En revanche, le parallèle entre la fixation des prix et le réalisme n'est pas dénué de sens. Il permet de « dérouler » notre étude sous sa seule « couverture » économique. Autrement dit, les prix déterminés par les sociétés ne doivent être guidés qu'à des fins exclusivement économiques, tout but essentiellement fiscal étant d'avance condamné, au nom de la théorie de l'abus de droit. En la matière, toute transaction intragroupe portant sur le commerce du café ou du cacao doit pouvoir être justifiée économiquement ; c'est à ce prix qu'elles donnent lieu à l'application du réalisme fiscal.

Plan. Qu'est-ce qu'une loi fiscale ? Par définition, c'est une loi qui ne s'embarrasse pas des artifices juridiques, mais s'attache à appréhender la masse fiscale, où qu'elle se trouve[832]. C'est pourquoi, l'examen minutieux du droit positif en la matière nous enseigne que le réalisme fiscal que d'aucuns ont vite fait « d'enterrer » trouve ici un écho retentissant. En ce sens que les conditions générales et particulières des échanges à l'intérieur du groupe sont soumises aussi bien en pratique (Section 2) que dans leur principe (Section 1) au seul objectif de cerner et saisir un état de fait économique, voire de le reconstituer en le dépouillant de la façade derrière laquelle il est dissimulé.

---

[832] S. KOUVTANAOVITCH, « Drogue et fiscalité, entre réalisme et angélisme », *Les nouvelles fiscales*, n° 923, 1er novembre 2004, p. 22.

SECTION I : LES MANIFESTATIONS DU RÉALISME AU NIVEAU DES PRINCIPES

Selon le Petit Larousse, le réalisme se définit comme une disposition à voir la réalité telle qu'elle est et à agir en conséquence[833]. Cette réalité est ici le phénomène des prix de transfert que révèle la mondialisation de l'économie. Constater le phénomène est un fait, lui apporter une réponse en est une autre. A cet effet, les experts se sont réunis à l'occasion des instances internationales, dans le cadre de l'ONU ou de l'OCDE et sont parvenus à s'accorder sur le principe de pleine concurrence, en tant que règle la plus réaliste qui soit pour résoudre les difficultés posées par les prix de transfert (Parag 2). Cette préférence nettement affichée par la plupart des Etats rend par conséquent vaine toute recherche de principes alternatifs (Parag 1).

Parag I : La quête de principes alternatifs vouée à l'échec

Par nature, les prix de transfert forment une matière à géométrie variable, mouvante, et évolutive. Au fur et à mesure de l'évolution des problématiques engendrées par une mondialisation croissante des échanges, des voix semblent s'élever pour décrier le consensus dégagé par l'OCDE. On va jusqu'à lui proposer des palliatifs, censés remédier à l'insécurité juridique et fiscale à laquelle sont en proie les acteurs de l'économie globale. Avant de présenter ces solutions dites alternatives ainsi que les faiblesses intrinsèques qui contribuent à les desservir (B), il sera utile de connaître les reproches faits au principe de pleine concurrence (A).

A. Les reproches faits au principe de pleine concurrence

La théorie de pleine concurrence : « une prestidigitation juridique ». L'article 9 du paragraphe 1 du Modèle de convention de l'OCDE et de l'ONU se réfère, pour procéder à un ajustement des bénéfices, aux conditions qui prévaudraient entre entreprises indépendantes pour des transactions et dans des circonstances comparables. Ce faisant, le principe de pleine concurrence adopte la démarche qui consiste à traiter les membres d'un groupe multinational comme des entités distinctes et non comme des sous-ensembles indissociables d'une seule entreprise unifiée[834]. C'est justement cette théorie, consistant à traiter à peu près sur un pied d'égalité les entreprises multinationales et les entreprises indépendantes, qui fait dire aux pourfendeurs du principe de pleine concurrence qu'il relève de la « prestidigitation juridique ».

---

[833] Le Petit Larousse, Grand Format, 2004, p. 860.

[834] OCDE, Principes applicables en matière de prix de transfert à l'intention des entreprises multinationales et des administrations fiscales, OCDE 2001, n° 1.6, p. I-3.

A cet effet, un auteur ironise, faisant remarquer que cette norme, telle qu'intégrée dans les Principes OCDE, place le contribuable dans « la peau d'Alice aux pays des merveilles »[835]. Ainsi, pour ces détracteurs, cette règle entend faire d'une réalité une fiction, qui consiste à comparer deux situations, par nature différentes, donc incomparables. Or, il n'est nullement possible d'assimiler les entreprises liées et les entreprises indépendantes, ces dernières étant « des créatures économiques différentes »[836], selon l'expression de Lebowitz ; et ce, pour trois raisons. Tout d'abord l'intégration des entreprises[837], verticale ou horizontale, ne prend toujours pas en compte les économies d'échelle et les interactions entre les diverses activités de l'ensemble des membres du groupe[838]. Par ailleurs, les entreprises multinationales sont susceptibles de se livrer à des activités dans lesquelles les entreprises indépendantes ne s'engageraient pas, lesquelles activités sont strictement intégrées. La meilleure hypothèse d'école se rencontre généralement dans le cadre des prestations assises sur la propriété intellectuelle, telle que les brevets et les services très spécifiques. Ce qui a fait dire au Professeur Hamaerkers que le principe de pleine concurrence aurait eu davantage de mérite si des entreprises qui appartiennent au groupe pouvaient être comparées entre elles, plutôt que par rapport aux entreprises non liées qui n'exerceront presque jamais ce type d'activité[839]. La seconde raison, non des moindres, réside en ce que les sociétés apparentées ne négocient pas nécessairement dans les mêmes conditions que si elles avaient été indépendantes. Dans ce dernier cas, ce sont les principes de liberté contractuelle, d'autonomie de la volonté et de la force obligatoire du contrat *inter partes* qui prévalent.

Or, dans l'autre, le pouvoir de contrôle d'une société-mère peut par exemple être de nature à influer les conditions dans lesquelles les biens et services sont échangés dans le groupe. Le paragraphe 1.5 des Principes

---

[835] « As in Alice in Wonderland, the market-based arm's length approach turns reality into fancy, and then pretends it is real world ». Voir Jerome. R. HELLERSTEIN, Federal Income Taxation of Multinationals: Replacement of separate accounting with formulary apportionment, in Tax Notes, 1993, vol. 60, n° 10, p. 1131

[836] Brian E. LEBOWITZ, Transfer pricing and the end of international taxation, in Tax Notes International, 1999, vol. 19, n° 3, p. 1201.

[837] Ainsi, à titre d'illustration, un auteur a pris l'exemple non pas d'un champ de café ou de cacao, mais d'un groupe qui détient et gère une plantation de caoutchoucs. Il dit ceci : « Le groupe est aussi engagé dans la production de latex et fabrique divers produits allant du pneu, aux bottes et gants, et diffuse ses produits par le biais des fabricants et des distributeurs liés. L'activité globale qui s'en dégage ne saurait valablement être comparée à la somme des activités d'un gérant de plantation, d'un producteur de latex, d'un fabricant et d'un distributeur, tous indépendants et tous intervenant à un degré divers de la chaîne de valeurs, car la synergie qui se dégagera du groupe leur est étrangère. » Voir. Walter HELLERSTEIN, The case for formulary apportionment, in ITPJ, mai/juin 2005, p. 103.

[838] OCDE, Principes applicables en matière de prix de transfert à l'intention des entreprises multinationales et des administrations fiscales, OCDE 2001, n° 1.9, p. I-4.

[839] Hubert HAMAERKERS, "Arm's length, how long ?", in ITPJ, mars/avr. 2001, p. 30.

applicables en matière de prix de transfert à l'intention des entreprises multinationales et des administrations fiscales dispose à cet égard qu' « Il ne faut pas croire que les conditions qui président aux relations commerciales et financières entre des entreprises associées s'écartent toujours de celles qu'imposerait le marché libre »[840]. A contrario, le fait d'appartenir à un groupe peut, dans certains cas, avoir un impact sur la façon dont se négocient les transactions intra-firme. Voilà que cela légitime les suspicions que peuvent avoir les administrations fiscales au sujet des prix de transfert. Enfin, la troisième raison invoquée contre le principe de pleine concurrence est qu'il donne lieu à des coûts d'un montant moindre que ceux pratiqués entre sociétés indépendantes. Selon la théorie économique, les coûts sont « internalisés » au sein du groupe, or les entreprises non apparentées doivent juxtaposer leurs efforts pour exécuter la même série de transactions et réaliser la même chaîne de valeur[841].

Le principe de pleine concurrence : une norme d'application disparate. Un sondage effectué par un cabinet d'avocats en 2003[842] et en 2006[843] stigmatisait la disparité dans l'application du principe de pleine concurrence par la plupart des Etats, y compris ceux de l'OCDE, traduisant un manque d'uniformité des règles applicables en la matière. Ainsi, la mise en œuvre de la méthode sélectionnée peut varier d'un Etat à un autre. Par exemple, les Etats-Unis appliquent la règle de la meilleure méthode ou « best method rule » ; or, elle est défendue par l'OCDE lui préférant la règle de la hiérarchie de la méthode. Les différences d'approche entre les pays sont réelles et peuvent avoir un impact direct sur le contribuable. Le Professeur Hamaekers rappelait à juste titre que les principes de l'OCDE demeurent muets quant à la manière de régler un conflit entre Etats portant sur le choix de la méthode[844]. En effet, la procédure de règlement amiable contenue dans les conventions bilatérales pourrait s'avérer dans ce cas totalement inopérante, car bloquée au stade des négociations portant sur la méthode entre les autorités compétentes des deux pays, alors même que ces dernières chercheraient à utiliser une méthode assise sur les profits. La double imposition qui en résulterait alors, constituerait un sérieux préjudice à l'entreprise, de même qu'un réel constat d'échec pour les principes de l'OCDE[845]. C'est dans ce cadre que la répartition globale, selon une formule

---

840 OCDE, Principes applicables en matière de prix de transfert à l'intention des entreprises multinationales et des administrations fiscales, OCDE 2001, n° 1.5, p. I-2.

841 J. M.T. WIHLEM, *Thèse op. cit.,* p. 247.

842 « Ernst & Young's 2003 Transfer Pricing Global Survey ». Voir Mitchell J. Tropin, Divergent views of arm's length principle creating concern for multinationals, Ernst & Young finds, in TMTPR, 12 nov. 2003, vol. 12 n° 13, p. 619.

843 Ernst & Young, Transfer Pricing enforcement increasing worldwide even as countries'approaches diverge, survey says, in TMTPR, 27 sept. 2006, p. 3.

844 H. HAMAEKERS, "Arm's length, how long?", in ITPJ, mars/avr. 2001, p. 30.

845 J. M. T.WIHLEM, Op. cit, p. 250.

préétablie, a été parfois proposée comme une alternative au principe de pleine concurrence pour déterminer la répartition appropriée des bénéfices entre différents pays.

B. Les solutions alternatives et leurs limites

Le contexte historique et géographique de la répartition globale selon une formule préétablie. Le paragraphe 3.59 des Principes directeurs applicables en matière de prix de transfert définit la méthode de la répartition globale comme étant « une formule préétablie qui consiste à répartir les bénéfices globaux d'un groupe multinational sur une base consolidée entre les entreprises associées localisées dans différents pays au moyen d'une formule préétablie et automatique »[846]. Des auteurs ont tenté de la subdiviser en deux principes : la globalisation des résultats d'après la méthode de la répartition fractionnaire et la généralisation de la consolidation des résultats inspirée des régimes du bénéfice consolidé et bénéfice mondial[847]. En réalité, quels que soient les démembrements de la méthode, l'idée essentielle est invariable et postule que le groupe international constitue une unité économique qui ne peut être subdivisée en plusieurs unités séparées, la somme des activités de celles-ci ne pouvant être égale à l'activité globale de la firme multinationale. D'origine très ancienne, la méthode de la répartition globale d'après une formule préétablie serait apparue, à la même époque que le principe de pleine concurrence, au cours de l'année 1933. A cette occasion, la Ligue des Nations avait entrepris de diffuser un sondage à l'échelle mondiale auprès des vingt sept Etats les plus influents de l'époque et de leurs entreprises, afin de connaître les réglementations fiscales de chacun d'eux, dans le but de dégager un consensus permettant de taxer les activités transfrontalières réalisées au sein des groupes de sociétés. Trois méthodes voient ainsi le jour : la méthode des comptes séparés, qui contient déjà en germe ce qui deviendra plus tard le principe de pleine concurrence ; la méthode empirique, ancêtre de la méthode de la marge nette transactionnelle, qui repose sur la comparaison des marges nettes des entreprises ; et la méthode dite de répartition formulaire. Déjà à cette période, certains Etats comme l'Espagne et la Suisse plébiscitaient cette dernière méthode, n'hésitant pas à y recourir pour l'imposition transfrontalière des activités intragroupe. En 1939, lorsque les conclusions du sondage étaient rendues publiques, l'on s'est rendu compte du succès de la méthode fractionnaire, puisque la majeure partie des entreprises interrogées se prononçait pour son application[848]. Les motifs invoqués

[846] Rapport OCDE, *op. cit.*, n° 3.59, p. III-22.
[847] N. GHARBI, *op. cit.*, n° 197, p. 99.
[848] J. M. T.WIHLEM, Le droit français des prix de transfert à l'aune des phénomènes de mondialisation et de construction communautaire, Thèse Strasbourg, 2007, p. 252.

d'alors étaient que les coûts engendrés par la mise en application pratique de la séparation des comptes étaient plus prohibitifs. A l'heure actuelle, la méthode de la répartition globale d'après une formule préétablie est encore appliquée dans certains Etats tels que la Suisse, le Canada et les Etats-Unis, à l'occasion des relations commerciales entre les Etats fédéraux, les Provinces ou les Cantons.

L'exemple de la Californie est d'ailleurs assez anecdotique. MM Patrick Rassat et Gianmarco Monsellato l'expliquent bien dans leur ouvrage dédié aux prix de transfert : « Afin de s'assurer une recette fiscale plus importante, et aussi plus stable, l'administration fiscale californienne a mis au point l'Unitary Business System. [...] La base d'imposition n'est plus déterminée d'après le résultat comptable local, mais en fonction d'une formule d'allocation forfaitaire établie sur les données consolidées du groupe. En substance, le résultat imposable en Californie par une formule rapportant les immobilisations, salaires, et chiffres d'affaires locaux aux immobilisations et chiffres d'affaires consolidés. En multipliant le résultat net consolidé par ce ratio, on obtient l'assiette imposable en Californie. Avec cette méthode, une entreprise comptablement déficitaire en Californie demeure tout de même redevable de l'impôt local si elle est bénéficiaire au niveau consolidé. Plus important, une entreprise qui a lourdement investi en Californie, mais à perte dans un premier temps, supportera une lourde charge en Californie. A l'inverse, une entreprise très profitable en Californie, mais qui, au niveau consolidé se révèle déficitaire du fait d'investissements massifs hors Californie, ne supportera pas d'impôts dans cet Etat. »[849] L'exemple californien rend compte du fait que cette méthode peut présenter un certain nombre d'attraits, parmi lesquels la garantie de recettes fiscales stables et importantes, quelle que soit la situation financière des contribuables.

Les opportunités théoriques de la répartition fractionnaire. Pour ses défenseurs, la méthode de la répartition globale selon une formule préétablie, présente des avantages certains. Ils font valoir, en premier lieu, que cette méthode est plus conforme à la réalité économique, un groupe multinational ne doit être envisagé qu'en tant que tel ou sur une base consolidée pour bien refléter la réalité des relations commerciales entre les entreprises associées. En deuxième lieu, ils prétendent qu'elle peut être un réel palliatif au principe de pleine concurrence, inapproprié aux groupes très intégrés dans la mesure où il est difficile de déterminer la contribution de chacune des entreprises associées au bénéfice global du groupe multinational. Ainsi, la propriété intellectuelle étant par nature unique, il s'avère souvent délicat, voire impossible, de trouver des transactions comparables sur le marché libre. Dans cette hypothèse, la méthode de répartition fractionnaire apparaît comme la plus à même de déterminer la part du bénéfice global à attribuer à tel ou tel Etat, compte tenu de la détention juridique et économique des actifs

[849] P. RASSAT et G.MONSELLATO, *Op. cit.*, n° 1.4, p. 62.

incorporels, objets des transactions visées. Une partie de la doctrine[850] semble avoir le même sentiment, concernant le commerce électronique. Face à la complexité des problèmes posés par ce type particulier d'échanges qui rend parfois impossible d'appliquer les critères de comparabilité, essence même du principe de pleine concurrence, ces auteurs sont convaincus que la méthode de la répartition fractionnaire permet de mieux déterminer le niveau de profit généré par de telles activités. En troisième et dernier lieu, les partisans de la méthode de répartition fractionnaire estiment d'une part qu'elle offre une grande commodité administrative et une grande sécurité pour le contribuable, réduisant le coût du respect des obligations fiscales pour ce dernier, puisque par définition une seule série de comptes est à établir pour l'ensemble du groupe à l'intention des autorités fiscales nationales. Aussi un auteur ne soulignait-il pas à bon escient que le groupe pétrolier Exxon a déboursé pas moins de vingt-cinq millions de dollars américains en honoraires de conseils économiques et juridiques externes pour s'assurer que ses prix d'achat du brut de pétrole étaient conformes au principe de pleine concurrence[851]. D'autre part, ils soutiennent que cette méthode est dotée d'une certaine souplesse, pouvant s'adapter aux conditions propres à l'activité globale à valoriser à des fins fiscales ; le fait que certains coûts notamment liés à la main d'œuvre soient pris en compte, présente l'avantage de rendre aux personnes qui ont contribué à la réussite d'une activité les fruits de celle-ci. Mais, on voit déjà apparaître en filigrane les effets pervers d'une formule assise uniquement sur des éléments de capital, menant à localiser l'essentiel du profit dans des Etats où se concentre la majorité du capital. Alors que la valeur ajoutée de l'activité n'est pas nécessairement générée dans ces Etats.

Les limites de la répartition globale selon une formule préétablie. Si en théorie la méthode de la répartition globale selon une formule préétablie semble simple à définir, en termes d'opportunité, il n'en demeure pas moins qu'elle est sujette à de sérieuses difficultés dans sa mise en œuvre[852]. Ce d'autant que, pour éviter la double imposition, elle requiert nécessairement

---

[850] Walter Hellerstein, The case for formulary apportionment, précité ; Jinyan Li, Slicing the digital pie with a traditional knife, effectiveness of the arm's length principle in the age of e-commerce, in Tax Notes International 2001, vol. 24, n° 8, p. 775 ; du même auteur, voir Global Profit Split, an evolutionary approach to international income allocation, précité ; Jeffrey Owens, the tax mens cometh to cyberspace, in Tax Notes International 1997, vol. 14, n°22, p. 1833. Par ailleurs, il est à noter que ce dernier auteur ne recommande pas le recours à la répartition formulaire pour determiner la part de revenu générée par des activités de commerce électronique, mais la méthode du Profit Split telle que recommandée par l'OCDE. Il reconnaît cependant les difficultés du principe de pleine concurrence à appréhender de telles activités.

[851] *Ibidem.*

[852] Nous renvoyons utilement nos lecteurs aux paragraphes 3-61 à 3-74 du Rapport de l'OCDE (Principes applicables en matière de prix de transfert à l'intention des entreprises multinationales et des administrations fiscales, OCDE 2001, p. III-22 à III-27).

le consentement de tous les Etats au niveau international à la fois sur l'application de la méthode que sur le mode de détermination de la base imposable globale pour le groupe multinational. N'est-ce pas pure chimère que de songer à coordonner étroitement au plan mondial les systèmes comptables des différents Etats pour une utilisation commune ? Le rapport de l'OCDE précise à cet effet : « *Même si dans certains Etats, des divergences pourraient surgir parce que chaque pays voudra sans doute inclure dans la formule des facteurs différents, ou privilégier certains d'entre eux, en fonction des activités ou des facteurs qui prédominent dans le pays considéré. Chaque pays aura intérêt à ce que la formule ou les pondérations adoptées maximisent ses propres recettes* »[853].

En outre, en dépit des allégations de ses défenseurs, cette méthode peut être source de coûts très élevés en termes de respect des obligations fiscales, ce d'autant plus que la collecte des informations de l'ensemble du groupe doit être après coup présentée dans chaque pays où la Multinationale est située, dans la monnaie locale, selon les règles comptables et financières. Par ailleurs, l'on fera remarquer que les Etats qui attirent les capitaux du fait de leurs faibles coûts sont généralement les plus accueillants fiscalement. Par voie de conséquence, la formule de répartition fractionnaire pourrait s'avérer comme un véritable instrument de délocalisation fiscale à la portée des amateurs de l'optimisation de la fiscalité. Dans la mesure où elle est complètement déconnectée des conditions du marché, de la situation particulière des différentes entreprises, cette méthode aboutira en toute logique à une répartition des bénéfices n'ayant aucun rapport avec la réalité économique de la transaction commerciale. Ce qui fait de la méthode de répartition globale selon une formule préétablie la solution la plus inique et arbitraire qui soit. Certes, elle peut trouver un champ d'expérimentation heureuse à l'intérieur de certains Etats, subdivisés en fédérations, en provinces, en cantons, ou dans le cadre des échanges intracommunautaires, en ce qui concerne l'Union Européenne. Toutefois, l'étendre à l'échelle planétaire nous paraît illégitime et irréaliste. C'est pourquoi, les pays membres de l'OCDE ont tenu à réaffirmer leur attachement au consensus qui s'est dégagé au fil des ans sur l'utilisation du principe de pleine concurrence entre les pays membres et les pays non membres et ont convenu qu'une solution alternative, telle qu'examinée doit être rejetée.

Parag II : La proclamation du principe de pleine concurrence comme étant la norme la plus réaliste possible.

Plan. « Lorsque deux entreprises sont, dans leurs relations commerciales ou financières, liées par des conditions convenues ou imposées qui diffèrent de celles qui seraient convenues entre des entreprises indépendantes, les

---

[853] Rapport OCDE, *op. cit.*, n° 3.59, p. III-22.

bénéfices qui sans ces conditions, auraient été réalisés par l'une des entreprises mais n'ont pu l'être en fait à cause des conditions, peuvent être inclus dans les bénéfices de cette entreprise et imposés en conséquence »[854]. Tel est le consensus de l'OCDE, énonçant le principe de pleine concurrence, qui doit régir l'évaluation des prix de transfert à des fins fiscales. Simple dans son énoncé, le principe est d'application délicate compte tenu de la complexité des problèmes posés par l'économie mondialisée actuelle. Jusque-là, les solutions éventuelles de substitution ne sont acceptables ni en théorie, ni dans leur mise en œuvre, ni en pratique, faute de légitimité et de réalisme[855]. C'est pourquoi, les experts de l'OCDE affirment que « Tout en ayant à l'esprit ces considérations (pas toujours faciles à mettre en oeuvre), les pays membres continuent de penser que le principe de pleine concurrence [...] est théoriquement valide puisqu'il assure la meilleure approximation possible du fonctionnement du marché libre. [...] Il induit généralement parmi les membres de multinationales des niveaux de revenus corrects aux yeux de l'administration fiscale. Il reflète la réalité économique de la situation spécifique du contribuable qui procède à des transactions dans le cadre d'entreprises associées... » Plus qu'une reconnaissance, on assiste à la proclamation du principe de pleine concurrence comme étant la norme la plus réaliste possible. Pour se convaincre de cette assertion, il suffira de s'imprégner non seulement du bien fondé de l'application réaliste du principe (A), mais aussi de se rendre compte de la particularité du procédé utilisé pour expliciter le concept : la fiction juridique (B) ; et enfin de constater le caractère flexible, adaptable des mécanismes de mise en œuvre à la situation propre de chaque transaction (C).

A. Le bien fondé de l'application réaliste du principe

Réalisme fiscal et réalisme dans l'application du principe de pleine concurrence. Le principe théorique à la lumière duquel doit être comprise la mise en œuvre du principe de pleine concurrence est bien entendu celui du réalisme. Comment serait-il possible de cerner le bien fondé de cette règle, s'agissant de la fixation des prix de transfert, si l'on se détache de la discipline de base à laquelle elle se rattache ? Il ne fait l'objet d'aucun doute que le thème des prix de transfert est marqué du sceau de l'interdisciplinarité. Mais, force est de reconnaître que les problématiques majeures, notamment de double imposition, posées lors des échanges multinationaux entre sociétés d'un même groupe, ne se rencontrent qu'en matière de fiscalité internationale. On comprend dès lors que le réalisme

---

[854] Art 9 du Modèle de convention fiscale de l'ONU et de l'OCDE.
[855] Voir le paragraphe précédent ; également, OCDE, Principes applicables en matière de prix de transfert à l'intention des entreprises multinationales et des administrations fiscales, OCDE 2001, n° 1.14, p. I-2.

dont il est question ici n'est autre que celui du droit fiscal. C'est dire que la théorie du réalisme qui « irradie » toute la discipline fiscale est encore celle-là qui se manifeste à l'occasion de la fixation des prix de transfert. Lorsqu'on présente la discipline fiscale, il est d'usage de mettre l'accent sur deux caractères qui lui sont propres, le principe d'autonomie, [...] et le principe de réalisme[856]. Le principe du réalisme du droit fiscal est généralement présenté comme l'équivalent de l'autonomie ; en réalité, les deux notions sont intimement liées[857].

Appréhender l'impôt correspondant sur la base de la réalité économique. Nous n'avons pas la prétention de revenir sur les joutes intellectuelles ayant opposé Louis Trotabas[858] et François Gény[859] qui appartiennent aujourd'hui aux vestiges de l'histoire de la théorie fiscale. Cependant, s'il y a une certitude où tout le monde peut s'accorder c'est la faculté reconnue à l'administration fiscale d'appréhender les bases d'imposition réelles du contribuable par-delà le brouillard des apparences trompeuses qu'il aurait créées[860]. Ce droit porte un nom : le réalisme. On peut donc affirmer que le droit fiscal est donc réaliste[861]. En ce sens, le Fisc réalise la mission qui lui est dévolue, c'est-à-dire rechercher la matière imposable pour asseoir l'impôt correspondant, sur une base appropriée. A cet égard, la définition latine du mot fisc[862], qui veut dire *fiscus* désignant la petite corbeille d'osier destinée à recueillir de l'argent, à percevoir l'impôt, revêt ici tout son sens. Tel est le fondement du réalisme en droit fiscal, droit qui confère à l'administration le pouvoir de requalifier, de remettre en cause la situation apparente en vue d'appréhender la situation réelle. Cette même justification qui préside aux règles de droit fiscal général se retrouve également au cœur de certaines dispositions fiscales particulières, en l'occurrence l'application du principe de pleine concurrence.

Dans la mesure où ce standard international applicable en matière de détermination des prix de transfert prescrit de calquer les prix pratiqués par les entreprises multinationales à l'aune de ceux des entreprises indépendantes, il se dégage clairement la volonté d'établir un « référentiel » des prix. Pour ainsi dire, l'approche économique des prix de transfert est

---

[856] A.AGOSTINI, *Les options fiscales*, LGDJ, Paris, 1983, p. 144.

[857] L'autonomie signifie que le droit fiscal ne dépend pas des autres branches du système juridique pour déterminer ses propres concepts ; quant au réalisme, il apparaît comme la conséquence immédiate de cette autonomie : le réalisme est à la fois la démonstration et la conséquence de l'autonomie du droit fiscal.

[858] Voir. TROTABAS, « Essai sur le droit fiscal », *Rev. Sc. Législ. Fin.* 1928, p. 216.

[859] Fr. GENY, « Le particularisme du droit fiscal », *RTD civ.* 1931, p. 797.

[860] Fl. DEBOISSY, Op. cit., p. 286.

[861] Nous adhérons à cette thèse, même si nous n'ignorons pas que la doctrine actuelle a plutôt tendance à relativiser la portée de ce « principe », en réaction à certains excès. Voir, notamment. M. COZIAN, « Propos désobligeants sur une « tarte à la crème », L'autonomie et le réalisme du droit fiscal », *DF*, 1980, n° 41, p. 1054 et s.

[862] Gérard CORNU, *Vocabulaire juridique*, Association Henri Capitant, PUF, 2007, p. 413.

essentiellement comparative et c'est en se référant aux prix des entreprises indépendantes, aux prix du marché qu'une entreprise pourra justifier les prix de transfert qu'elle pratique. Le but des méthodes de calcul mises en œuvre est donc de parvenir à une légitimité objective des prix de transfert pratiqués[863]. Par delà la légitimité, cette démarche qui vise la justification du prix de cession interne est empreinte du réalisme fiscal dans la mesure où la règle de pleine concurrence repose sur des règles claires, nettes et précises, ainsi que des données objectives et quantifiables.

Lutter contre les diverses formes de transfert indirect de bénéfices. Au regard de ce qui précède, l'on peut dégager un autre fondement à la théorie du réalisme dans le cadre de la mise en œuvre du principe de pleine concurrence. C'est celui de la nécessité pour les pouvoirs publics de lutter contre toute forme « d'illusion juridique » créée par le contribuable afin de se soustraire à l'impôt, notamment par le truchement des techniques de fraude, d'évasion et d'optimisation fiscales. On retrouve en droit interne cet arsenal répressif dans les dispositions de l'article 38 du CGI[864] destinées à combattre les transferts indirects de bénéfices entre entreprises dépendantes, par voie de réduction ou majoration du prix des marchandises ou par tout autre moyen. Il permet ainsi au Fisc de redresser ces prix lorsqu'ils ne correspondent pas à ceux qu'on aurait constatés entre des entreprises indépendantes. Ce fondement peut en cacher deux autres : assurer l'égalité de tous devant l'impôt et la neutralité fiscale. En premier lieu, pour réaliser l'idéal de neutralité fiscale, le législateur est parfois amené à soumettre certaines opérations économiques à un même traitement fiscal quel que soit l'habillage juridique retenu. Ainsi, de même qu'une fiscalité comparable frappe le financement d'une immobilisation par emprunt classique ou par crédit-bail ; de même que malgré l'existence d'une clause de réserve de propriété, l'entreprise acheteuse est taxée comme si elle était déjà propriétaire ; de même le traitement de la rémunération des entreprises apparentées doit être comme celui des entreprises n'ayant aucun lien de parenté entre elles. En deuxième lieu, et en conséquence de ce qui précède, le fait de traiter, à peu près sur un pied d'égalité les entreprises indépendantes et les entreprises multinationales permet au principe de pleine concurrence de réaliser l'égalité fiscale. Ce faisant, il empêche que l'une ou l'autre de ces catégories d'entreprises soit privilégiée ou désavantagée sur le plan fiscal. Il évite ainsi de saper les positions concurrentielles relatives.

---

[863] P. RASSAT et G. MONSELLATO, *op. cit.*, n° 1.4, p. 28.

[864] Voir en ce sens l'al. 1 de l'art. 38 du CGI : « *Pour l'établissement de l'impôt sur les bénéfices industriels et commerciaux dû par les entreprises qui sont sous la dépendance ou qui possèdent le contrôle d'entreprises situées hors de Côte d'ivoire, les bénéfices indirectement transférés à ces dernières soit par la majoration ou la diminution des prix d'achat ou de vente, soit par tout autre moyen, seront incorporés aux résultats. Il est procédé de même à l'égard des entreprises qui sont sous la dépendance d'une entreprise ou d'un groupe possédant également le contrôle d'entreprises situées hors de Côte d'ivoire.* »

Cette justification n'a pas toujours été comprise, dans la mesure où d'aucuns estiment que vouloir reconstituer à l'occasion d'une transaction entre deux sociétés d'un groupe multinational les relations qui eussent été celles de deux entités indépendantes, relève de la fiction[865]. Mener une telle réflexion signifierait que l'on ignore tout de la notion même de la fiction[866]. Or, celle-ci est un procédé juridique auquel le législateur a recours de plus en plus lorsqu'il entend expliquer une situation donnée, par l'utilisation d'images.

B. Le particularisme du procédé utilisé : la fiction juridique

La définition de la fiction en droit. Le mot « fiction » trouve son origine dans la langue latine : *fictio,* substantif du verbe *fingo, fingere*, qui signifie primitivement « modeler dans l'argile »[867]. Telle était l'action des artisans qui travaillaient des matières molles. La signification de *fingo* s'élargit à « imaginer », « inventer faussement ». La fiction juridique consacre la règle du « comme si » en droit ; elle est un procédé de logique destiné à rendre compte de certains effets de droit et fondé sur une méconnaissance de la réalité[868]. Suivant le Vocabulaire Capitant, la fiction est un « artifice de technique juridique, mensonge de la loi, consistant à supposer un fait ou une situation différente de la réalité en vue de produire un effet de droit. »[869] Autrement dit, on tient pour vrai ce qui ne l'est pas. Voilà qui peut paraître étrange, curieux, voire ambigu. Comment le droit dont la vocation essentielle est de régir le vécu de l'homme en société, peut il s'en détacher pour se soumettre à l'imaginaire et se permettre de faire de la « science-fiction » ? Dans la mesure où la science juridique est par essence raison, logique, rigueur, vérité, exactitude et rectitude, peut-elle s'accommoder de fictions, d'artifices, d'apparences ou de mensonges ? Un retour à la matière nous conduit à tenir, dans ces circonstances, pour vérité, « le prix de pleine concurrence ». C'est dire que le prix pratiqué par des entreprises liées est « vrai », « normal » ou « juste » dès l'instant où il est comparable à celui des entreprises indépendantes ou du marché libre. De ce qui précède, il résulte que le principe de pleine concurrence s'inscrit, au plan de la technique juridique, dans la catégorie des fictions fiscales.

---

865 N. GHARBI, Op.cit., n° 252, p. 167.

866 L'erreur qu'il faudrait éviter est de saisir cette notion dans son acception banale, simpliste et qui renvoie à l'idée d'imaginaire, d'irréel, d'utopie, d'artifice, d'apparence, de manipulation et de fausseté...

867 Gérard CORNU, Vocabulaire juridique, Association Henri Capitant, PUF, 2007, p. 409.

868 R. HOUIN, « Rapport », in *Le problème des fictions en droit civil.* Travaux de l'Association Henri Capitant, 1847, p. 242 et s. ; voir également, Ph. WOODLAND, *Le procédé de la fiction dans la pensée juridique*, Thèse dactylographiée, Paris II, 1981, p. 8.

869 Vocabulaire juridique de l'Association H. Capitant, par G. CORNU et alii, 8è éd. 2007, V° Fiction.

Or, chacun sait bien que, parce que le prix de pleine concurrence est en quelque sorte « un prix travesti » en prix de marché, le prix de transfert ne reflète pas la réalité matérielle, palpable des échanges, issue « d'un marché mythique »[870], par opposition au marché de libre concurrence. Ce qui n'est donc pas fait pour atténuer le paradoxe qu'on lui prête. Ainsi, un auteur a pu écrire ceci : « Comparer un prix avec celui qui aurait été accepté sur le marché libre relève *a priori* d'une certaine capacité divinatoire »[871]. Bien entendu, ce qui peut paraître de prime abord paradoxal, c'est qu' « un prix est déterminé en raison des caractéristiques propres à chaque situation et à chaque partie à la transaction, qui parfois échappent à la logique économique »[872]. Mais, il faut naturellement dépasser cette première acception de la technique de la fiction, pour le moins, réductrice. Sauf à réduire son domaine à l'excès, il faut se garder d'appréhender la fiction en tant que mensonge créateur.

La fiction juridique : un champ d'application élargi. Cette force créatrice de l'imaginaire n'est évidemment que pure fiction de l'Homme. Dans la vie courante ainsi en va-t-il du pardon[873] qui réside dans l'oubli volontaire d'une faute commise, d'une offense reçue et consistant à faire « comme si » un fait n'avait jamais eu lieu. Dans le système juridique, il existe un domaine varié dans lequel la fiction trouve volontiers sa place, ledit système étant considéré comme une pure émanation de l'Homme. La plus grande fiction du droit est sans aucun doute celle qui est contenue dans l'adage *Nemo censetur ignorare legem*, « Nul n'est censé ignorer la loi »[874]. Elle signifie que tout texte régulièrement promulgué et/ou publié devient obligatoire pour tous, et nul ne saurait se soustraire à son application sous prétexte d'ignorance. Cette maxime[875] est justifiée par la stabilité sociale

---

[870] V. En ce sens Paul H. DEMBENSKI, Op.cit., p. 228.

[871] O. MARICHAL, Op. cit., n° 26, p. 12.

[872] *Ibidem.*

[873] Sur l'idée que le pardon permet de délier le passé et sur les liens que le pardon entretient avec l'oubli, Voir F. Ost, Le temps du droit, Ed. Odile Jacob, 1999, p. 112 et s.

[874] Sur cette maxime Voir notamment, G. DEREUX, Etude critique de l'adage « Nul n'est censé ignorer la loi » : *RTD civ.* 1907, p. 513 et s. ; R. GUILLIEN, Nul n'est censé ignorer la loi, in Mélanges en l'honneur de P. ROUBIER, Dalloz Sirey, 1961, Tome 1, p. 253 et s. ; F. TERRE, « Le rôle actuel de la maxime Nul n'est censé ignorer la loi », in Travaux de l'institut de droit comparé de Paris, Tome XXX, 1966, p. 91 et s. ; J. CARBONNIER, La maxime « Nul n'est censé ignorer la loi » en droit français : journ. Soc. Législ. Comp., 1984, p. 321 et s. ; P. DEUMIER, « La publication de la loi et le mythe de sa connaissance », in *Petites affiches*, 3 mars 2000, p. 6. Rapprocher, A. SAYAG et F. TERRE, *Connaissance et conscience du droit* :, Année sociologique 1975, p. 465 et s. Voir toutefois J. Dabin qui n'y percevait pas une fiction dès lors que la connaissance de la loi lui paraît possible chez quelques uns ; selon l'auteur « il n'y aurait fiction que si personne ne connaissait la loi ». Lire, J. DABIN, *La technique de l'élaboration du droit positif, spécialement en droit privé*, Bruxelles, Bruyant, Paris Sirey, 1935, p. 278.

[875] On signalera simplement que cette règle connaît de plus en plus d'exceptions. Notamment, sur la distinction entre les lois interprétatives et les lois supplétives ; si les premières sont

d'autant plus que l'application de la loi ne peut dépendre ni de la volonté de la connaître, ni de sa connaissance effective par les sujets de droit[876]. Déjà les magistrats romains y faisaient appel ; en particulier cette technique leur a permis de faire évoluer le droit des obligations[877]. En droit comparé, le Pr. Ph. Jestaz nous enseigne que la plus poétique des fictions est sans doute, en droit musulman, celle de l'enfant endormi dans le sein de sa mère, qui permet « d'attribuer au mari une naissance intervenue quinze ou dix huit mois après son départ pour la guerre ! »[878] C'est en quelque sorte l'équivalent de l'adage *« Infans conceptus pro nato habetur quoties de commodis ejus agitur »*, c'est-à-dire l'enfant conçu est tenu pour déjà né lorsqu'il y va de ses intérêts. En droit civil, l'idée que les héritiers continuent la personne du défunt[879], ou encore la théorie des comourants[880] est encore une illustration de la fiction juridique. Il arrive, parfois, que le Code civil indique même clairement la présence de la fiction. C'est ainsi qu'en droit des successions, la représentation est définie comme « une fiction de la loi, dont l'effet est de faire entrer les représentants dans la place, dans les degrés et dans les droits du représenté »[881]. Par ailleurs, il a pu être démontré que le droit fiscal est parsemé de fictions[882]. La rétroactivité est présentée dans ce domaine comme étant l'archétype de la fiction fiscale[883], en tant que technique juridique permettant d'opérer le retraitement au présent du

---

vraiment obligatoires, on peut écarter l'application des autres en exprimant une volonté contraire. Cette mise à l'écart de la loi supplétive, qui est généralement faite en connaissance de cause, peut aussi l'être par ignorance. Pousser à l'extrême on pourrait même dire qu'il n'est pas nécessaire de connaître les règles simplement supplétives puisqu'on n'est pas contraint de les appliquer. En matière civile, l'erreur de droit peut être invoquée, non pas pour échapper à la loi, mais pour demander la nullité d'un contrat conclu à la suite d'une erreur. Dans un souci d'information du consommateur, du locataire, etc., la loi impose parfois de reproduire expressément dans le contrat tel ou tel article d'une loi. Il s'agit là d'une condition de forme sanctionnée par la nullité du contrat. Cette technique, assez souvent utilisée par le législateur moderne pour protéger la partie la plus faible dans un contrat, va directement à l'encontre de la fiction de connaissance de la loi.

[876] Bien que cette maxime ne vise que la loi, la règle s'applique à l'ensemble des normes juridiques, qu'il s'agisse de lois, de décrets, d'ordonnances, d'arrêtés, etc.

[877] Lire J. – L. GAZZANIGA, *Introduction historique au droit des obligations*, 1ère éd., PUF, Collection Droit fondamental, 1992, n° 82, p. 99. Voir également, A. GALLET, *Etude sur la fiction de rétroactivité dans le droit français*, Thèse Poitiers, 1903, 177p.

[878] Ph. JESTAZ, *Le droit*, 3 è éd., Dalloz, Collection Connaissance du droit, 1996, p. 85.

[879] Cette fiction résulte de l'article 724 du Code civil : « Les héritiers légitimes, les héritiers naturels et le conjoint survivant sont saisis de plein droit des biens, droits et actions du défunt, sous l'obligation d'acquitter toutes les charges de la succession ».

[880] Cette théorie est consacrée par l'art. 720 du Code civil.

[881] Voir Art. 739 du Code civil. Cette formulation aurait été empruntée à Pothier. Voir, L. Lecocq, De la fiction comme procédé juridique, Thèse Paris, Rousseau, 1914, p. 95.

[882] Voir en ce sens, J. MOLINIER, « Fiscalité et fiction », in Mélanges offerts à P. COUZINET, Université des sciences sociales de Toulouse, 1974, p. 577 et s.

[883] O. DEBAT, *La rétroactivité et le droit fiscal*, Ed. Defrénois, EJA, 2006, n° 5, p. 8.

passé[884]. Certes, la technique de rétroactivité fiction permet généralement au législateur de prévoir que la disposition nouvelle qu'il édicte prendra effet à une date ultérieure ; dans le but d'avancer l'entrée en vigueur d'une mesure de faveur afin qu'elle profite à un maximum de sujets de droit. Mais, il peut arriver que ce soit les parties à un acte juridique qui prévoient que cet acte engendrera des conséquences sur le passé, c'est-à-dire produira des effets antérieurs à sa naissance. Par exemple, un traité de fusion pourra contenir une clause de rétroactivité pour tenir compte de la durée nécessaire à l'aboutissement de l'opération de fusion[885]. La fiscalité internationale est aussi inondée de fictions fiscales. La théorie de l'établissement stable[886] en est une illustration éloquente. N'étant ni définie en droit des sociétés ni dans le Code général des impôts, elle s'est forgée au gré des conventions fiscales internationales.

Indépendamment de toute caractérisation juridique, sous forme de succursale ou de représentation commerciale à l'étranger, l'établissement stable permet de traiter ces entités économiques comme une entreprise autonome pratiquant des prix de pleine concurrence, ne différant pas de ceux qui auraient été convenus avec des partenaires étrangers au groupe. Selon certains auteurs[887], cette autonomie se manifeste par l'existence d'un centre de décisions, organe pourvu d'une « personnalité commerciale et fiscale » distincte de celle de la maison mère, sans pour autant constituer une entité juridiquement séparée[888]. Autrement dit, l'établissement stable est donc imposé en fonction des bénéfices qu'il aurait réalisés s'il avait été juridiquement et économiquement indépendant[889]. Cette « fiction - établissement stable » a pour corollaire la « fiction - prix de pleine concurrence », puisque son imposition est calquée sur celle des transactions comparables des entreprises n'ayant aucun lien de dépendance.

Le principe de pleine concurrence : une fiction fiscale nécessaire. Il est vrai que le prix qui découle du principe de pleine concurrence ne correspond nullement à des transactions « réelles »[890], résultant du libre jeu de l'offre et de la demande effectué entre des acteurs indépendants. Il est

---

884 Voir M. MERCIER, *La rétroactivité : essai d'une théorie générale*, Thèse Paris I, 2003, n° 23, p. 18.

885 En ce sens, M. COZIAN, *Précis de fiscalité op. cit.*, n° 1270, p. 496.

886 L'établissement stable désigne une installation fixe d'affaires ou l'entreprise exerce tout ou partie de son activité.

887 G. GEST et G. TIXIER, *Droit fiscal international*, PUF, 1990, p.208.

888 Cette situation révèle l'originalité de la « fiction établissement stable » qui consiste à attribuer une « personnalité fiscale » à de simples établissements de sociétés dont le siège se situe à l'étranger. Ces entreprises, même non indépendantes et dépourvues de personnalité juridique propre, sont astreintes à tenir une comptabilité permettant l'établissement de l'assiette de l'impôt, comme s'il s'agissait de véritables entités juridiques complètement autonomes.

889 M. COZIAN, op. cit., n° 654, p. 263 et s.

890 N.GHARBI, *Op. cit.*, n° 24, p. 26.

aussi établi que l'appréhension de la réalité économique des transactions opérées à l'intérieur d'un groupe multinational peut s'avérer difficile, voire impossible pour l'administration, compte tenu du fait que les liens entre les entreprises peuvent influencer le prix déclaré. Devant ce constat, doit-on renoncer à rechercher le véritable prix, si tant est que celui présenté au Fisc s'avère à ses yeux suspect ? Absolument pas ! Ce serait sous-estimer la capacité d'imagination de l'Homme qui lui permet de concevoir les choses « comme si » telle condition se trouvait remplie, alors qu'elle faisait défaut. Si aujourd'hui le recours à la fiction prend de l'ampleur dans les diverses disciplines juridiques, si la fiction est prise en considération, en vue de faire utilement abstraction de la réalité, voire de substituer à la réalité[891] « une construction de l'esprit »[892], c'est à vrai dire parce qu'elle est digne d'intérêt[893]. Ce qui explique également qu'elle ait retenu à juste titre l'attention du législateur de l'OCDE.

On a parfois prétendu que le droit fiscal, en raison de son caractère intrinsèquement réaliste, était irréductible à la technique de la fiction[894]. Il n'en est rien ! La théorie de la fiction participe du réalisme ; du moins, son utilisation devient comme une sorte de nécessité pour le fiscaliste. Le commerce à l'intérieur du groupe multinational est spécifique par nature. De plus, il connaît sous l'effet de la mondialisation une ampleur phénoménale. Face à la complexité des difficultés que rencontrent les administrations en vue de distinguer dans le cadre des transactions intragroupe, celles qui résultent de conditions normales ou anormales, d'un prix normal ou anormal, juste ou inéquitable, le principe de pleine concurrence s'avère comme une technique nécessaire au profit des acteurs de la fiscalité internationale. Car, il est justifié par la promotion du commerce international et l'élimination des obstacles à l'investissement, la rupture d'avantages concurrentiels d'une catégorie d'entreprises aux dépends d'une autre, d'autant que la théorie de la fiction de pleine concurrence permet de traiter à peu près sur un pied d'égalité les multinationales et les entreprises indépendantes. A défaut d'une telle règle, l'appartenance à un groupe aurait pour vertu magique de

---

[891] Il ne faudrait nullement interpréter cette substitution de la réalité par « la construction de l'esprit » comme étant antinomique du réalisme induit par l'application du principe de pleine concurrence. Des explications en sont données à cet effet au cours du paragraphe suivant.

[892] G. CORNU, *Droit civil, Introduction, Les personnes, Les biens*, Tome I, Précis DOMAT, 12è éd., Montchrestien, 2005, n° 208, p. 93.

[893] F. TERRE, *Introduction générale au droit,* 6è éd., Précis Dalloz, 2003, n° 376, p. 382.

[894] Ainsi, selon certains auteurs, le refus par le droit fiscal du jeu de la rétroactivité résulte de son caractère réaliste, Ph. BERN, La nature juridique du contentieux de l'imposition, préface F.VEDEL, 1972, p. 147 à 154. En réalité le fondement de ce refus réside dans le principe de l'annualité de l'impôt : la rétroactivité est opposable à l'administration lorsqu'elle ne porte pas atteinte à l'annualité de l'impôt. Sur ce dernier point, V. M. COZIAN Propos désobligeants sur « une tarte à la crème » : *Op.cit.*, n° 28, p. 11.

transformer le mal en bien, les prix corrects en prix inacceptables[895] ; de transférer illégitimement des bénéfices à l'étranger au préjudice du Trésor public. Par le jeu de la « fiction – principe de pleine concurrence », on parvient ainsi à rétablir « la vérité » du prix des échanges internes au groupe. Ce prix ne reflète pas nécessairement la réalité matérielle de la transaction[896], mais il est la traduction de sa réalité économique.

De là à affirmer que le principe de pleine concurrence est une manifestation du réalisme fiscal, même sous l'angle de la fiction fiscale, ne saurait apparaître ni prétentieux ni présomptueux. D'ailleurs, sur un terrain aussi « marécageux » que celui des prix de transfert où certains principes généraux du droit ont montré leur limite, faute de résoudre efficacement la problématique de l'imposition des groupes multinationaux, la norme de pleine concurrence démontre qu'elle est le meilleur antidote, le moyen « prophylactique » le plus efficace, la réponse la mieux élaborée adaptée et adéquate aux comportements de certains stratèges, en marge parfois de la légalité. Plus qu'à la réalité, cet attachement de la règle à la pratique des affaires résulte surtout de la volonté de ses concepteurs d'accorder une place de choix à l'action, à la pratique et une dose de bon sens. Aussi mieux vaudrait associer au réalisme et au pragmatisme du principe le caractère de flexibilité.

C. L'efficacité du principe attestée par sa flexibilité

L'évolution dialectique de la tendance du prix. En suivant la trajectoire du prix au cours des différentes analyses menées sur le régime applicable aux transactions internationales entre sociétés groupées, l'on se rend compte du caractère dialectique de la tendance des prix de transfert. On se souvient que la première approche[897] du prix était purement « subjective », pris sous l'angle juridique. Etant donné que le prix est juste[898] parce qu'il a fait l'objet d'un accord de volonté, ou comme l'écrivent des auteurs « chacun étant le meilleur juge de ses intérêts, le juste prix est celui sur lequel les parties parviennent à s'accorder dès lors que leur comportement a été libre et

[895] M. COZIAN, Les transactions intragroupe : le principe des transactions à prix normal, in Les grands principes de la fiscalité des entreprises, 3è éd., Litec, 1996, n° 5, p. 381.

[896] Il peut être utile de préciser ici que la vérité visée par « la fiction – principe de pleine concurrence » n'est pas celle de la réalité concrète, matérielle ; mais plutôt celle de « la réalité fiscale » ou réalité économique pour être plus précis. La nuance est d'importance d'autant plus que cette réalité matérielle s'étant avérée délicate à appréhender dans un cadre « intragroupe », l'on se contentera de la réalité dite fiscale, créée par la fiction.

[897] Cette approche a fait l'objet de notre étude au cours de la première partie de notre travail.

[898] On peut essayer de définir un « juste prix » comme « le prix le plus bas qui permet à l'entreprise d'obtenir la qualité désirée, sur l'horizon escompté du besoin, dans des conditions de sécurité raisonnables et de délais respectés » : O. Bruel, Politique d'achat et d'approvisionnement, 2è éd. Dunod, 1996, p. 137.

éclairé »[899]. Avec les directives de l'OCDE, en l'occurrence sur la base des méthodes dites traditionnelles fondées sur les transactions, les choses vont évoluer dans le sens d'une renonciation à la subjectivité des parties, compte tenu des liens de parenté entre elles, pouvant avoir une influence sur les conditions des échanges[900]. Le juste prix est alors perçu comme représentant « la contrepartie d'un bien ou d'une prestation correspondant à sa valeur normale, raisonnable »[901]. Le caractère normal ou raisonnable est apprécié au regard du principe de pleine concurrence, l'étalon de mesure des transactions entre sociétés d'un groupe multinational. Lequel principe postule que le prix juste, normal ou raisonnable est celui qui se réfère au marché, ou du moins comparable à celui des entreprises indépendantes. Ainsi, c'est une valeur « objectivée » qui aboutit à un « prix objectif » puisque ses conditions de négociation sont extérieures à la volonté des parties, mais déterminées à l'aune du marché dans la mesure où celui-ci est concurrentiel.

Logiquement, cette approche « objective » ou comparative des prix devrait conduire au respect scrupuleux de l'égalité de traitement des prix pratiqués sur les marchés libres et captifs. Ces prix étant justes, d'un point de vue objectif, l'administration fiscale serait naturellement en droit de les rejeter, à partir de l'instant où ils s'écartent de manière sensible, évidente, du prix de pleine concurrence. Or, cette tendance « d'objectivisation » juridique des prix de transfert perçue comme « dogmatique » et « mécanique » a évolué, voire a été écartée aujourd'hui pour une approche plus « dynamique » et « pragmatique » du principe de pleine concurrence de l'OCDE. Si bien qu'il ne s'agit plus de rechercher si les parties à l'opération considérée ont négocié comme des tiers indépendants, mais plutôt si l'entreprise, qui ne se conforme pas aux prix comparables du marché, a des raisons commerciales et financières légitimes à faire valoir pour fonder une politique de prix à première vue anormale[902]. Dès lors, on perçoit avec le Pr. J. – L. Gall que « *l'attention se déplace, subtilement, de l'identité du prix à la normalité du prix, c'est-à-dire d'une analyse quantitative, objective – le prix fixé est-il celui de concurrents indépendants ? – à une analyse qualitative, subjective – le prix fixé est-il normal compte tenu des circonstances propres à l'entreprise et à sa politique ?* » [903]. On observera que le pragmatisme des artisans de l'OCDE a conduit à ériger des règles

[899] F. Terré, Ph. Simler, Y. Lequette, Droit civil, Les obligations, Dalloz, 7è éd., 1998, n° 276, p. 263.
[900] L'existence d'une relation de parenté entre des sociétés fait présumer que la négociation n'est pas nécessairement libre. Encore, faut-il que les parties combattent cette présomption en apportant la preuve contraire, que l'apparentement n'a à aucun moment affecté l'indépendance prétendue des deux partenaires.
[901] Vocabulaire juridique de l'Association H. Capitant, par G. CORNU et alii, 8è éd. 2007, V° Juste prix.
[902] J.-P Le GALL, « Quelques réflexions sur « l'arm's length principle » d'après le 46è Congrès de l'International Fiscal Association (Cancun-Oct. 1992) », *DF* 1992, n° 50, 1942.
[903] *Ibidem.*

dotées d'une grande flexibilité, adaptées à un domaine aussi complexe et mouvant que celui des transactions internationales entre sociétés d'un même groupe, oscillant entre subjectivité, objectivité et « objectivo-subjectivité » du prix.

Cette nouvelle tendance du prix qu'on appellera pour les besoins de la cause prix « objectif subjectivisé » nous a conduit finalement à (re) prendre en compte des motivations économiques et commerciales propres aux parties, notamment au groupe multinational pour la recherche ou l'extension d'un marché étranger, la promotion d'un produit ou la lutte contre la concurrence. Cette dernière approche du prix a été utilement appliquée dans un certain nombre de pays. Cette évolution des règles applicables en matière de prix de transfert s'avère nécessaire dans un contexte de mondialisation de l'économie, où la libéralisation croissante des échanges extérieurs pose de manière aiguë le problème de la compétitivité. La politique fiscale internationale entend en la matière jouer sa partition en permettant aux Etats de pouvoir renforcer la position de leurs entreprises nationales sur les marchés étrangers, confrontées à la concurrence internationale.

Le souhait d'une convergence des règles d'évaluation en douane vers celles du principe de pleine concurrence[904]. L'importance du sujet est à la mesure des enjeux, compte tenu de l'interconnexion des règles en matière de prix de transfert et de fiscalité indirecte[905]. En effet, une même transaction transfrontalière passée entre deux entreprises associées intéresse à la fois les administrations fiscales et douanières[906]. Or, comme le soulignent Douglas Zuvich et Thomas Herr dans leur ouvrage collectif[907], la plupart des entreprises multinationales s'attachent trop souvent à conduire leurs opérations sous le seul angle des prix de transfert, sans se soucier des incidences en matière de droit de douane et de TVA, alors même que ces matières, qui évoluent en synchronisation, relèvent de règles différentes, sont traitées par des équipes fiscales distinctes[908]. Le contribuable risque alors de se retrouver sous le feu croisé de deux services d'un même ministère,

---

[904] Telle est la problématique que les experts de l'Organisation mondiale de Douane et leurs homologues de l'OCDE devraient débattre, au cours de la Conférence conjointe OMD/OCDE sur le prix de transfert et l'évaluation en douane tenue du 3 au 4 mai 2006 à Bruxelles, en Belgique.

[905] Le prix des transactions transfrontalières constitue la base de détermination des droits de douane et des bénéfices enregistrés par chaque partie concernée dans la transaction et, partant, la répartition des impôts entre les pays. Les transactions entre parties liées ou entreprises apparentées ne sont pas soumises aux mêmes tendances du marché que les transactions entre acteurs indépendants. En conséquence, il existe un risque de manipulation, notamment par le biais de la sous facturation ou surfacturation, de la base des droits de douane ou des bénéfices.

[906] L'intérêt de l'administration fiscale réside dans l'imposition des bénéfices, tandis que l'administration des douanes se préoccupe de la perception des droits de douane et de TVA.

[907] D. ZUVICH et T. HERR, Customs considerations when establishing transfer pricing policies, in ITR 2005, 7th ed., n° 23, p. 53.

[908] Les principes applicables en matière de prix de transfert sont édictés par l'OCDE, alors que la réglementation de la valeur en douane est définie par l'accord de l'OMC.

cherchant chacun à appréhender la valeur du flux transfrontalier la plus équitable[909]. Certes, les règles d'évaluation en douane et de fixation du prix de transfert établissent des normes qui permettent de déterminer la valeur de « pleine concurrence » ou « raisonnable » de ces transactions. Mais, les règles d'évaluation en douane qui sont présentées dans l'Accord de l'OMC ne sont pas les mêmes que celles comprises dans les Principes directeurs de l'OCDE de 1995 en matière de prix de transfert. En réalité, les règles de l'OMC se rapprochent davantage des règles figurant dans les Principes directeurs de l'OCDE de 1979 qui ont connu une révision fondamentale en 1995. Ainsi, lorsque ces deux administrations du même ministère de l'économie et des finances apportent deux réponses différentes à la même question : « Quel est le prix de pleine concurrence/ quelle est la valeur en douane relative à la transaction ? », il se pose manifestement un problème de crédibilité du service public, du fait de l'existence de deux jeux de règles différentes.

A cet égard, la conférence des experts de l'OCDE et de l'OMD avait en charge d'examiner l'utilité et la possibilité de disposer de normes convergentes pour ces deux systèmes. Deux écoles de pensée semblent avoir émergé au sujet d'une relation éventuelle entre ces systèmes. Ceux qui considèrent que la convergence de règles douanières et fiscales est souhaitable et envisageable[910]. Et ceux qui préconisent la prudence, en ce qui concerne cette approche[911]. Plus fondamentalement, ces deux écoles de

---

[909] J M. T. WIHLEM, Thèse *op. cit.*, p. 100.

[910] Les partisans de la convergence des règles douanières font observer qu'une question de crédibilité pourrait se poser s'il existait deux ensembles de règles régissant la détermination de la valeur au sein d'une même entité administrative. Ils s'accordent à penser que cette situation entraînerait une augmentation des coûts de mise en conformité pour les entreprises et des coûts découlant de la mise en application des règles pour l'administration publique. Aussi suggèrent-ils que les dispositions relatives aux transactions entre parties liées contenues dans l'Accord de l'OMC sur l'évaluation en douane soient relativement concises par rapport aux principes directeurs de l'OCDE en matière de prix de transfert, eux plus précis et détaillés. Cela laisserait donc suffisamment de place à l'élaboration de directives ou de notes explicatives/d'interprétation, qui permettraient d'améliorer leur mise en œuvre. Ils soutiennent que cette approche n'implique pas la révision de l'accord de l'OMC, mais vise plutôt à faciliter et à parachever l'application adéquate des règles de l'OMD en vigueur. Cette approche laisserait le libre choix aux Administrations des douanes plutôt que de leur imposer une méthode. Ils encouragent en particulier les services douaniers à appliquer les fondements de l'analyse fonctionnelle résumée dans les principes directeurs de l'OCDE pour déterminer si le lien entre deux entreprises a une incidence sur le prix. Ils laissent également entendre que les apports du secteur pourraient s'avérer utiles pour examiner les principes directeurs de l'OCDE dans l'avenir.

[911] Ceux qui préconisent la prudence en matière de convergence des règles douanières et fiscales font remarquer que ces deux systèmes reposent sur des principes différents régissant la détermination de la valeur en douane des marchandises importées : le douanier détermine la valeur des marchandises sur la base des renseignements sur la transaction individuelle dont il dispose au moment de l'importation des marchandises ; tandis que la fixation des prix détermine la valeur des marchandises sur la base des renseignements disponibles sur

pensée laissent apparaître des contradictions[912] entre un certain nombre d'éléments qui sont nécessaires pour la conception des systèmes, notamment la simplicité, l'équité, la stabilité juridique, le caractère pragmatique et flexible de la règle de droit. Afin de résoudre cette question au plan national, certains pensent qu'il faille regrouper les administrations fiscales et douanières[913]. Nous ne sommes pas de cet avis. De notre point de vue, en ce qui concerne les pays en développement, la vocation fiscale de l'administration des douanes est si importante que sa fusion dans l'administration des impôts risque de compromettre son efficacité, en termes de rendement budgétaire. Il est préférable de garder en l'état la séparation des administrations, quitte à instaurer une coopération plus étroite entre les autorités douanières et fiscales pour ce qui est des questions d'intérêts communs. La particularité de nos Etats explique que les règles de pleine concurrence puissent s'adapter à notre niveau économique. Aussi encourageons-nous vivement la mise en place de « safe harbour » pour les jeunes économies, comme la Côte d'Ivoire, qui participeraient davantage à l'efficience des Principes directeurs de l'OCDE.

Encourager les « safe harbour » dans les pays en développement. L'examen des règles de droit commun applicables au principe de pleine concurrence donne aux Etats en développement un sentiment d'exclusion, compte tenu de l'incompatibilité de leurs économies aux exigences de ce standard international, en termes d'analyse économique, de recherche d'entreprises comparables, impliquant l'existence de bases de données publiques de sociétés commerciales. C'est pour cette raison que la plupart de ces Etats professent la norme de pleine concurrence ; mais, en réalité ne l'appliqueront presque jamais, faute de disposer de ressources humaines spécialisées, d'infrastructures techniques de pointe et de dispositifs juridiques appropriés. Par ailleurs, la matière des prix de transfert « n'étant pas une science exacte », il va sans dire qu'elle laisse subsister une bonne dose d'interprétation, de jugement de valeur et d'appréciation personnelle. Il

l'ensemble des transactions à la fin de l'exercice/des exercices. Ces personnes réfractaires font valoir que la convergence des règles s'avérerait plus coûteuse que le fait de maintenir les divergences actuelles.

[912] Le blocage semble provenir du fait que les autorités douanières et fiscales d'un même pays ont souvent des intérêts contradictoires. Pour une transaction à l'importation donnée, les fonctionnaires des douanes seront naturellement enclins à tenter d'accroître la valeur déclarée par leurs résidents dans le but de percevoir d'avantage de droits, tandis que les autorités fiscales chercheront à diminuer la valeur déclarée par leurs résidents afin de réduire le montant admis en déduction d'impôt. Autrement dit, au sein d'une entreprise multinationale, le spécialiste des questions douanières pourrait vouloir déclarer une valeur à l'importation aussi faible que possible tandis que le responsable des questions fiscales pourraient souhaiter appliquer des prix de transfert les plus élevés possible si ces prix peuvent donner lieu à des déductions d'impôts plus conséquents.

[913] Certains pays l'ont fait récemment: la Belgique, le Danemark, l'Irlande, le Luxembourg, le Mexique, les Pays-Bas, l'Espagne et le Royaume-Uni. D'autres l'ont fait dans le passé, puis ont décidé de les séparer à nouveau : le Canada.

est vrai que c'est ce souci permanent de prudence qui justifie l'efficacité, le pragmatisme et la flexibilité de la réglementation en vigueur. Cependant, dans une situation où l'on est appelé à trancher, entre contribuable et administration, lequel se rapprocherait le plus de la vérité économique ? Aucune réponse ne doit être absolue. Il faut tout relativiser, tant la matière elle-même est source de complexité. Si de telles préoccupations sont prégnantes dans le système fiscal des pays de l'OCDE, que dire alors des jeunes Etats à faible économie qui, du fait de la rareté de ressources financières, ne disposent d'aucun moyen technique moderne pour appréhender efficacement l'activité des entreprises multinationales implantées sur leur territoire.

Certes, le principe de pleine concurrence présente des avantages significatifs, en vue de favoriser les investissements internationaux et de lutter contre la double imposition. La Côte d'Ivoire ne peut cependant à l'heure actuelle en tirer profit, l'appliquer conformément à « la lettre des Principes de l'OCDE », tels qu'en vigueur dans les Etats membres, notamment en raison de l'absence de base de données pour la recherche d'entreprises indépendantes comparables. Néanmoins, cette situation ne doit pas pour autant amener à désespérer « des Principes applicables en matière de prix de transfert ». Car le régime de droit commun en la matière est assorti d'un régime dérogatoire dans lequel les Etats en développement peuvent y trouver leur compte. Il s'agit du régime des « safe harbour », entendu comme des « sphères de sécurité ». Les Principes de l'OCDE qui ne retiennent pas cette appellation, lui préférant celle de « régimes de protection », justifient sa raison d'être et le définissent comme suit : « Les difficultés que suscite l'application du principe de pleine concurrence peuvent être atténuées si dans certains cas, les contribuables peuvent se conformer, pour leurs prix de transfert, à un ensemble de règles simples et si les prix de transfert ainsi fixés sont automatiquement acceptés par l'administration nationale. […] En matière fiscale, un régime de protection est une réglementation qui s'applique à une catégorie donnée de contribuables exemptés de certaines obligations édictées par la législation fiscale et bénéficiant d'un régime exceptionnel, souvent plus simple. » Il en résulte que le mécanisme de « safe harbour » qui doit être distingué des accords préalables en matière de prix de transfert[914] constitue une opportunité réelle pour les Etats africains, en ce qu'il est d'application aisée, les règles et procédures de fixation des prix de transfert étant prédéfinies et simplifiées. Pour les entreprises, il suffit qu'elles respectent les conditions édictées par le législateur pour se préserver des velléités de redressement de l'administration fiscale en matière de prix de transfert. En ce qui concerne

[914] Il faut d'emblée indiquer que ce mécanisme diffère des accords préalables en matière de prix de transfert (APP), en ce qu'ils s'appliquent d'office. Dès lors que le contribuable s'inscrit dans un champ d'application personnel et matériel. Il est appliqué aux Etats-Unis.

l'administration, cette technique est un moyen de sécurisation des recettes fiscales ; et surtout, elle permet d'affecter davantage de ressources au contrôle des diverses impositions, autres que celles des prix de transfert[915]. Par ailleurs, l'efficacité des « safe harbour » nécessite qu'ils soient limités dans le temps[916] et mises en œuvre de concert avec les partenaires au développement, dans le cadre des instances internationales de l'ONU[917].

Quoi qu'il en soit, conçus comme une commodité, les « safe harbour » confèrent plus de souplesse, surtout lorsqu'il n'existe pas de prix de pleine concurrence correspondants ou comparables[918]. Au nom de cette flexibilité, les obligations du contribuable se trouvent allégées, il n'aura plus qu'à appliquer une méthode simplifiée, essentiellement basée sur une mesure de rentabilité, un barème de marge commerciale ou d'indicateurs de bénéfices propres à un secteur donné[919], en l'occurrence celui du café ou du cacao. De la sorte, l'on se rend compte que le réalisme applicable au principe de pleine concurrence ne se limite pas seulement aux règles de principes. Il trouve également à s'appliquer dans la pratique, dans la mesure où la mise en œuvre

---

[915] En réalité, la technique de « safe harbour » ne nécessite qu'une vérification minimale des prix fixés par les contribuables et des résultats de leurs transactions avec des entreprises associées.

[916] La limitation dans le temps du régime de protection est justifiée par son caractère exceptionnel. Destiné à palier les carences de notre système juridique, fiscal et économique, le mécanisme de « safe harbour » devrait avoir pour unique but de préparer nos Etats à l'application du droit commun des Principes directeurs en matière de prix de transfert, par la mise à profit de cette période probatoire afin de se doter des infrastructures techniques nécessaires.

[917] L'inconvénient majeur de l'application des « safe harbour » réside dans leur impact sur le plan international. En effet, les entreprises éligibles au régime de protection peuvent apprécier la sécurité qu'il leur apporte au point de relever les prix facturés à des entreprises associées afin d'être admis au bénéfice de ce régime, alors même que ces prix de transfert seront supérieurs aux prix de pleine concurrence qu'ils auraient pratiqués compte tenu de leur situation particulière. Cette hypothèse révèle que « les safe harbour » peuvent pénaliser à la fois les entreprises associées et leurs administrations fiscales, puisque ces entreprises déclareront moins de bénéfices et de revenus imposables. On se retrouve donc devant le problème de partage correct des recettes fiscales entre pays. Dans ce cas, l'administration fiscale du pays défavorisé est en droit de contester les prix résultant de l'application du régime de protection. Le contribuable ne pourra ainsi échapper au risque de double imposition. La nécessité pour les Etats en développement de concerter les Etats membres de l'OCDE, le cas échéant au cours des instances internationales de l'ONU permettrait de dégager des solutions concrètes de nature à atténuer le risque de double imposition.

[918] Rapport OCDE,, n° 4.101, p. IV-37.

[919] Concrètement, il pourrait s'agir de fixer les prix de transfert selon une méthode simplifiée préétablie. Par exemple, il serait possible, pour les entreprises engagées dans des fonctions simples de prestation de services, de recourir à la méthode du prix de revient majoré d'une marge accepté par avance. Au demeurant, il est opportun d'identifier à cet effet les seuils de profitabilité jugés suffisamment satisfaisants pour que l'Administration ne soit pas tentée de vérifier que les prix pratiqués au titre des transactions liées conduisent à une délocalisation des bénéfices à l'étranger. Ainsi, pour reprendre l'exemple, un prestataire de services qui réalise 5% de marge nette pourrait ne pas faire l'objet de contrôles additionnels, sa rentabilité ayant été assurée et jugée suffisante.

concrète de la fixation des prix de transfert nécessite que soient pris en compte des facteurs empreints d'une certaine rationalité économique, notamment ceux générant de la valeur dans l'entreprise ; et surtout de retenir une analyse qui se justifie économiquement dans la mesure où elle prend en considération des spécificités propres à l'entreprise.

SECTION II : LES MANIFESTATIONS DU RÉALISME DANS LA PRATIQUE

Une politique de prix de transfert économiquement justifiable. Pour réaliser les objectifs d'une politique de prix de transfert conforme au principe de pleine concurrence, les entreprises multinationales développent généralement une démarche rationnelle susceptible de justifier leur prix du point de vue économique[920]. Cette démarche analytique intègre nécessairement les cinq facteurs « déterminant la comparabilité »[921] d'autant plus qu'ils peuvent avoir une influence sur la caractérisation des transactions et la détermination du prix. Comme on l'a affirmé plus haut, la notion même de prix, concept juridique, et subséquemment celle de prix de transfert, est intimement liée à la notion de valeur, concept économique. Dès lors, les firmes transnationales sont amenées en pratique à déterminer quels sont les facteurs qui déterminent la création de la valeur dans le groupe, « méthodologie qu'il convient d'intégrer dans toute réflexion sur les prix de transfert »[922]. D'ailleurs, la réalité des contrôles fiscaux dans la plupart des pays de l'OCDE montre que c'est finalement sur ce point que porteront les débats[923]. De plus, ceci démontre que les applications du réalisme en matière de prix de pleine concurrence sont fondées sur la recherche d'une forme de

---

[920] Cette démarche de prix de transfert est économiquement justifiable :
- Déterminer les éléments clés de la création de valeurs ;
- Entreprendre une analyse factuelle détaillée de l'entreprise et de son business model, une analyse de la chaîne de valeur et une analyse de la répartition des fonctions, des risques et des actifs au sein du groupe ;
- Identifier les transactions, la structure légale et opérationnelle et définir les profils de responsabilités des entités considérées ;
Et déterminer la nature du pricing intragroupe.

[921] On rappelle que ces facteurs de comparabilité sont :
- Les caractéristiques des biens ou services (§1.19) ;
- L'analyse fonctionnelle (§1.20) ;
- Les clauses contractuelles (§1.28) ;
- Les situations économiques (§1.30) ;
- Les stratégies des entreprises (§1.31).

[922] S. GELIN et A. Le BOULANGER, Prix de transfert : du principe de pleine concurrence à l'analyse de la valeur, DF 2001, n° 48, p. 1673. Cet article a le mérite d'être rédigé par deux auteurs de formations disciplinaires distinctes, l'un économiste et l'autre fiscaliste, donnant à l'analyse du sujet un éclairage pluridisciplinaire.

[923] N. GHARBI, Le contrôle fiscal des prix de transfert, L'Harmattan, 2005, n° 333, 157.

cohérence économique (Parag 1). Certains prix de transfert qui présentent des incohérences ne sont pas, pour autant, inappropriés, anormaux et injustes. Car, ils peuvent être justifiés, pourvu qu'ils comportent une contrepartie économique (Parag 2).

Parag I : Des applications concrètes fondées sur la cohérence économique

Le fondement de la cohérence économique. La nécessité d'asseoir la fixation des prix de transfert sur une dynamique de cohérence économique trouve son fondement dans les vertus des schémas classiques d'organisation basés sur la théorie moderne de la gestion. En effet, ces schémas d'organisations pluridivisionnels constituent une caractéristique majeure des entreprises multinationales, d'autant plus qu'elles sont soumises à une décentralisation poussée, c'est-à-dire une délégation du pouvoir de décision de la direction centrale, ou du quartier général, aux directions des différentes entités[924]. Concrètement, lorsque les administrations auront à se prononcer sur la réalité de la rémunération des cessions internes, la préoccupation essentielle, qui les guidera, sera celle de savoir si le résultat net du contribuable est cohérent par rapport à la part relative de celui-ci au niveau du groupe multinational. Autrement dit, est-ce que le niveau de rémunération fixé par l'entreprise internationale correspond à la fonction assumée au sein du groupe, associée à un niveau de retour sur investissement ou de profit théorique ? Cette préoccupation est également le leitmotiv qui habite tout contribuable, d'autant plus qu'il traduit l'importance de la question de la chaîne de valeurs dans les sociétés évoluant en groupe. A cet égard, il doit en tenir compte, mieux déterminer son importance relative dans le processus de création de la valeurs dans la multinationale. Cette pratique est courante à tous les secteurs d'activités (A). Par conséquent, l'industrie du café et du cacao ne saurait y échapper. Il nous donne d'ailleurs l'occasion d'étayer notre propos à travers une illustration chiffrée ; du moins, en ce qui concerne les étapes de la formation du prix dans la filière (B).

A. Le processus de la création de la valeur dans l'entreprise multinationale : une pratique courante

De l'analyse du groupe à la chaîne de valeurs. La fixation des prix de transfert débute presque toujours par une analyse du groupe pris dans son

---

[924] De fait, cette décentralisation semble s'accompagner généralement d'une « répartition en divisions » définie par VERLAGE comme étant « une décentralisation plus une délégation de la responsabilité de profit vers des niveaux auxquels le pouvoir de décision existe également », V. H. - C. VERLAGE, *Transfer prices for multinational enterprises*, Rotterdam Universitty Press, 1975, p. 5.

ensemble, de son positionnement et de sa stratégie face à la concurrence et du secteur d'activité dans lequel il évolue, ainsi que des conditions de marchés qu'il doit affronter[925]. Cette analyse, qui vise à cerner les éléments contributifs à la création de valeurs dans le secteur d'activité considéré, est rendue possible grâce à un certain nombre d'outils élaborés[926], notamment l'emploi de la matrice S.W.O.T.[927] envisagée par M. Porter dans son célèbre ouvrage *« How competitive forces shape strategy »*[928]. En effet, « la réalité organisationnelle des groupes est fondée sur la mise en perspective de chaque tâche, et non sur leur répartition absolue entre telle ou telle unité [...]. Ainsi, plutôt qu'une simple agrégation de fonctions, de risques ou d'actifs, les groupes s'organisent autour de processus, tous orientés vers un but, créer autant de valeur que possible pour leurs clients et leurs actionnaires »[929]. L'importance de la théorie de la chaîne de valeur est telle que des managers qui en feraient l'impasse, se bornant à une simple analyse fonctionnelle, se limiteraient à une vision superficielle de l'organisation du groupe multinational et perdraient nécessairement l'essentiel en ne retenant qu'une analyse artificielle. Comme si chaque fonction assumée par une entité était séparée des autres. De même, « il n'est pas non plus possible de prendre chaque risque en compte isolément, sans chercher à identifier et comprendre le rôle dynamique de chaque processus, et les raisons pour lesquelles telle action présente pour le groupe un degré d'importance nettement supérieur à telle autre pour sa réussite d'ensemble »[930].

A titre d'illustration, imaginons un marché de produits de base où le processus de fabrication ne contribue que de façon marginale à la création de la valeur. Toute politique fiscale du groupe qui consisterait à transformer des filiales de fabrications autonomes en sous-traitants de fabrication ne présenterait aucune cohérence économique pour le Fisc, dès lors que les véritables causes génératrices de valeurs résident dans les fonctions de marketing, de vente et de distribution. Ainsi, les prix de transfert qui pourraient être fixés, sur la base que la rémunération d'un sous-traitant devrait nécessairement être sensiblement inférieure à celle d'un fabricant

---

[925] Cette analyse comprend généralement un aperçu du secteur, notamment ses caractéristiques économiques, notamment la structure du marché, les concurrents et les tendances. Des détails sur le positionnement du groupe, l'interaction avec les autres sociétés du secteur et les facteurs de différenciation doivent également être inclus dans cette analyse.

[926] Voir Najib GHARBI, *Op. cit.*, n° 346 et s., 163.

[927] S.W.O.T. : Strenghs, Weaknesses, Opportunities, Threats, traduit en français par les expressions : Forces, faiblesses, Opportunités et Menaces. V. S. GELIN et A. Le BOULANGER, « Prix de transfert : du principe de pleine concurrence à l'analyse de la valeur », DF 2001, n° 35, p. 1673.

[928] M. PORTER, "How competitive forces shape strategy", in Harvard Business Review, March-April 1979, p. 137 à 145.

[929] S. GELIN et A. Le BOULANGER, *op. cit.*, p.1676.

[930] *Ibidem.*

autonome, ne résisteraient pas à une analyse plus pertinente, en cas de contrôle fiscal[931].

C'est pourquoi, dans la perspective « d'une analyse industrielle », entendu comme la description détaillée du secteur d'activité, les praticiens se réfèrent de plus en plus à un certain nombre d'outils analytiques propices à la problématique de la création de valeur dans un groupe multinational. D'autant plus qu'ils replacent les prix de transfert dans leur vraie perspective économique, décrivent avec suffisamment de rigueur et de cohérence ce que recouvre le concept de valeur au cas d'espèce, par quel processus il se crée, dans quelle mesure telle ou telle activité y contribue, et quels doivent être les critères de comparabilité les plus pertinents. Cette approche dynamique, qui s'attache réellement à comprendre les mécanismes de création de la valeur, nous paraît donc cohérente, en adéquation avec la réalité économique des prix de transfert dans l'industrie considérée. Ainsi, elle sécurise les transactions intragroupe des entreprises multinationales et éclaire l'administration fiscale sur la sincérité de leur rémunération. En tout état de cause, la question de la chaîne de valeur revêt toute sa signification dans le processus de détermination des prix de transfert dans le cadre des pays de l'OCDE, car ils sont dotés de mécanismes appropriés de comparabilité et d'analyse fonctionnelle des entités économiques. Ce qui n'est pas le cas des pays en développement, comme la Côte d'Ivoire, confrontés à des obstacles conjoncturels et structurels. Par conséquent, toute étude sur l'origine de la création de valeur serait privée d'intérêt et de pertinence pour autant. Il n'en demeure pas moins qu'un examen du mode de formation des prix dans l'industrie du cacao ou du café, peut être un moyen d'éclairage supplémentaire à l'intention des administrations fiscales sur la fixation des prix des matières premières.

B. Le partage de la valeur dans l'industrie du café et du cacao

Par partage de la valeur, il faut entendre ici la répartition du prix à l'égard de l'ensemble des acteurs de la filière, c'est-à-dire entre le producteur, les rabatteurs, les pisteurs, les traitants, les coopératives, les exportateurs – usiniers, les transformateurs et l'Etat. En l'état actuel des choses, il est vrai, les entreprises multinationales, évoluant sur le marché ivoirien, sont dans l'impossibilité pratique de se soumettre aux normes et procédures applicables en matière de pleine concurrence telles que dégagées par l'OCDE[932]. De même, la structuration des prix et des revenus dans la filière du café et du cacao est difficile à apprécier compte tenu de la multiplicité des

---

931 Les différences de fonctions entre fabricants autonomes et sous-traitants, dans une telle hypothèse, n'ont aucune portée réelle sur la création de valeur.

932 Nous avons rappelé à ce propos que les raisons pouvaient être d'ordre conjoncturels et structurels.

formes des produits exportés[933]. Cela suffit-il pour affirmer que les firmes qui commercialisent dans l'industrie de café et de cacao sont dépourvues d'instruments économiques dans leur politique de fixation de prix à l'occasion des cessions intragroupe ? Nous ne le croyons pas. Ce n'est pas parce qu'il n'est pas simple de répondre à la problématique que l'on peut s'autoriser à s'en affranchir. D'ailleurs, le cadre juridique de la commercialisation de ces matières de base permet de se rendre vite compte de l'existence d'une structure indicative des coûts dans la filière. Certes, ce barème des coûts n'offre pas des conditions claires et objectives de détermination des prix de transfert dans cette industrie. Il faut, toutefois, reconnaître qu'il peut constituer un indice sérieux, sinon une opportunité réelle pour l'application de la méthode dite « cost plus » ou prix de revient, réputée être une des méthodes les plus usitées en matière de fixation du prix de pleine concurrence (1). Par ailleurs, compte tenu de la particularité des prix de transfert, cette opportunité doit être accueillie avec beaucoup de discernement. Elle comporte, en effet, plusieurs limites qui la relèguent finalement au stade de simples hypothèses d'école. Les modalités de détermination des rémunérations intragroupe ne dépendent pas que des charges supportées et des produits encaissés à l'occasion de la vente ou de l'achat des marchandises ; des facteurs liés au marketing, au know how et à la marque du groupe pouvant influer considérablement les prix de cession (2).

1. La justification du prix par application de la méthode « cost plus »

L'existence d'une structure indicative de prix. L'examen méticuleux du secteur du café et du cacao laisse entrevoir l'existence d'un barème indicatif des prix de ces produits de base. Le barème désigne une structure des coûts qui prend en compte les différents frais nécessaires au fonctionnement de la filière, engagés par les différents opérateurs. A priori, parler de l'existence d'un barème des prix dans un contexte de libéralisation de l'économie pourrait relever d'une certaine absurdité. En effet, dans le cadre d'un système libéralisé, chaque opérateur est entièrement libre de concevoir son propre barème, de négocier ses coûts, de prendre en charge la gestion des risques supportés pendant la commercialisation des produits. Il gère ses charges et négocie ses produits au mieux de ses intérêts à partir du jeu de l'offre et de la demande, étant au fait des notions de seuil de rentabilité et d'optimisation des coûts[934]. A vrai dire, la notion de barème des

[933] On distingue une variété de produits : la matière première elle-même (café ; cacao) et les produits élaborés induits (chocolat ; bonbon, crème, glace, beurre, poudre, boisson à base de caféine ; etc.)

[934] Ed. N'GUESSAN, Op. cit., p. 87.

coûts intermédiaires est une rémanence de la période dite de stabilisation[935] qui permettait d'établir les différents coûts d'approche depuis le bord champ jusqu'au port de destination[936]. Il est également dénommé **différentiel** dans la mesure où les coûts intermédiaires des opérateurs sont déterminés en différence selon les étapes successives de la filière[937]. En règle générale, l'on distingue deux types de différentiel, selon qu'il concerne le ramassage ou l'exportation. Plus simpliste, le différentiel de ramassage n'intègre que les coûts depuis le bord champ jusqu'à la valeur nu-centre de commercialisation[938]. On obtient la valeur nu-centre de commercialisation par l'addition de ces différents coûts au prix résiduel minimum nu-bascule producteur. En revanche, le différentiel d'exportation s'avère plus complexe parce qu'il est plus élaboré. On indiquera simplement qu'après le centre de collecte, le produit est transporté à l'usine pour son conditionnement et son stockage. A ce stade, il convient de distinguer :

- la valeur entrée usine

Valeur centre de collecte + valeur du transport = valeur entrée usine.

- la valeur loco-magasin de stockage

Valeur entrée usine + les différents coûts induits[939] = valeur loco-magasin.

---

[935] Le cadre libéralisé présente les mêmes acteurs que le cadre stabilisé, au niveau de la commercialisation intérieure et extérieure ; les marchés et instruments financiers restent identiques. Toutefois, la commercialisation intérieure se fait selon le marché libre ; les opérations étant librement négociées en tenant compte de la loi de l'offre et de la demande. Aucun prix n'est garanti à l'égard du planteur. Celui-ci subit directement les fluctuations du marché. Au niveau de la commercialisation extérieure, les ventes se font directement par les exportateurs, la seule contrainte étant l'enregistrement auprès de l'organe de régulation de leur engagement. Tous les supports servant aux procédures de vente et d'embarquement sont pratiquement identiques à ceux existant antérieurement ; sauf que la confirmation d'enregistrement (CDC) a remplacé la confirmation de vente (CV). Le mode de financement des filières n'a pas connu de changement significatif, même si l'accès au crédit est devenu plus difficile pour les petits et moyens exportateurs. Pour ce qui est de la qualité, désormais chaque opérateur est responsable de la qualité des produits commercialisés. L'achat se fait à la qualité, et les décotes effectuées sur les produits de moindre qualité sont supportées par les opérateurs.

[936] Sous la stabilisation, le prix bord champ et le barème des coûts étaient connus d'avance.

[937] Les différents stades de la filière peuvent être distingués de la manière suivante :

- du bord champ au magasin du centre de collecte des produits ;
- du centre de collecte à l'usine de conditionnement ;
- de l'usine de conditionnement à la valeur loco-magasin ;
- de la valeur loco-magasin à la valeur quai ;
- de la valeur à quai à la valeur FOB ;
- de la valeur FOB à la valeur CAF.

[938] Les charges composant ce barème concernent tout ce qui se rapporte à la collecte du produit, à savoir les véhicules, les appareils de mesure d'humidité et de pesée, la main d'œuvre, la rémunération de l'acheteur, la sacherie, etc.

[939] La valeur loco-magasin de stockage prend en compte les coûts suivants :

- les frais financiers en brousse ;
- les frais de transit entrée usine ;

Une fois que le produit est prêt à l'exportation, d'autres coûts seront engagés[940]. Ces frais ajoutés à la valeur loco-magasin donnent la valeur à quai.

A partir de la valeur à quai, d'autres charges interviennent au port avant l'exportation effective[941]. Ces coûts supplémentaires ajoutés à la valeur à quai donnent le prix FOB (Free On Board) de référence au port d'Abidjan ou de San Pédro du produit hors droit de douane.

Au-delà du stade FOB, s'ajoutent des frais qui visent à mettre le produit à la disposition du consommateur extérieur, qui forment le prix CAF (Coût, Assurance, Frais). Le prix CAF représente donc le coût à destination : Europe, Etats – Unis, Asie/Japon [942].

Que les prix soient en FOB ou en CAF, ils doivent nécessairement prendre en compte les redevances (ARCC, BCC, FRC), les taxes d'enregistrement et les prélèvements (sacherie, FDPCC, Réserves Prudentielles).

Le prix moyen CAF de réalisation exemple Europe, libellé en FCFA.

Valeur CAF = Valeur FOB de référence garantie + Frais fixes + Frais variables.

- l'usinage et le conditionnement ;
- les déchets (1,5%) ;
- la sacherie neuve export ;
- le stockage et loyer magasin ;
- les frais financiers de nantissement ;
- la tierce détention ;
- l'assurance intérieure.

[940] Ces frais sont liés au camionnage à quai et à la manutention entrée magasin et sortie magasin.

[941] Ces frais sont :
- l'aconage ;
- la commission de transit ;
- la taxe de port ;
- la rémunération - exportateur ;
- les frais de gestion – DUS ;
- les frais SGS – départ ;
- les frais de financement de la caution bancaire ;
- les autres ajustements pour l'équilibre.

[942] Le prix CAF comprend les frais suivants :
- le DUS ;
- les frais fixes : fret et surveillance à l'arrivée ;
- les frais variables : assurance, courtage, perte d'intérêt et freinte maritime.

APPLICATION : EXEMPLE PRATIQUE POUR LE CACAO[943]

Le prix de réalisation de 868 £/Tonne comme base de travail, date du 02/ 09/ 2004

Les composantes du prix	En F CFA par Tonne
Prix résiduel minimum producteur – Bord champ	341 709
Valeur nu-centre de commercialisation Vncc = Prix bord champ + frais de ramassage **Valeur entrée usine**	341 709 + 33 170 = 374 879 85 879
Veu = Vncc + transport entrée usine **Valeur loco-magasin de stockage** Vlm = Veu + Frais financiers / achats brousse + Usinage et conditionnement + Déchets + Sacherie neuve export + Frais. Gnrx + Stockage loyer magasin + Tierce détention + Nantissement + Assurance Intérieure.	374 879 + 11 000 = 385 879 385 879 + 71 655 = 457 534
Valeur à quai VA = Camionnage à quai + Aconage + Commission transit + Taxe de port + Empotage conteneurs + Traitement phyto. + Contrôle qualité B.V. + Contrôle poids quantité.	457 534 + 14 544 = 472 078
Valeur FOB de référence DUS + Frais de gestion du DUS 0,3% + Taxe receveur 0,2 % + Taxe d'enregistrement 5% CAF + Taxe d'équipement DGI 0,08% CAF + Redevances (BCC, ARCC, FRC) + Redevances (ACE, FDPCC) + Redevances sacherie + Réserve de Prudence + Rémunération de l'exportateur (10 000)	472 078 + 325 809 = 797 887
Valeur CAF globale de réalisation (FCFA) VCAF / FCFA = VA + + Fret maritime + Perte d'intérêt + Freinte maritime + Assurance maritime, courtage, Surveillance à l'arrivée.	797 887 + 49 336 = 847 223
Valeur CAF globale de réalisation brute en £ Conversion Taux CFA/£ Différentiel d'origine £	868 947,69 5

Source Edouard K. N'GUESSAN, Gestion des filières café et cacao en Côte d'Ivoire, Ed. Muse SARL 2004-2007, p. 119.

[943] Les paramètres de calculs, issus pour l'essentiel des prix officiels, ont été enrichis de certaines valeurs estimées sur la base des coûts réels, établis par plusieurs opérateurs. Il s'agit donc d'une moyenne représentative qui peut varier d'un opérateur à un autre.

Les intérêts liés à la référence d'une structure indicative des coûts. Plusieurs intérêts peuvent être attachés au recours d'une structure à titre indicatif des prix. C'est tout d'abord au plan de la fiscalité applicable aux droits de mutation des marchandises, au moment de leur vente à l'exportation, que le différentiel des coûts peut présenter un réel avantage. En effet, c'est le prix CAF d'enregistrement qui sert d'assiette à la taxe sur l'enregistrement de café et de cacao[944]. Par ailleurs, le prix CAF d'enregistrement qui doit être distingué du prix de réalisation CAF est déterminé sur la base de la moyenne suivante :

[Prix clôture j-1 + Prix ouverture j] /2[945].

Pour obtenir le montant de la taxe d'enregistrement, il convient ensuite d'appliquer au prix CAF d'enregistrement, le taux de 5 %, prévu à cet effet. En outre, des considérations de développement, en l'occurrence de lutte contre la pauvreté, peuvent justifier qu'on s'intéresse à la structure indicative des coûts. Redoutant les effets pervers du système de libéralisation de la filière, les pouvoirs publics ont ressenti la nécessité de maintenir, du moins à titre référentiel, le mécanisme du barème en vue de garantir aux paysans un prix plus rémunérateur. Il s'est donc agi de fixer à l'ouverture de chaque campagne un prix de référence, un prix plancher qui puisse servir de base de négociation avec les différents acheteurs de produits – pisteurs, rabatteurs ou exportateurs. Ces derniers sont en droit de refuser de céder leurs productions, dès lors qu'elles sont échangées à une valeur en dessous du prix indicatif. Enfin, parce que le différentiel des prix contient une somme d'informations concernant l'ensemble des charges que l'entreprise multinationale aurait supporté à l'occasion de la vente à l'exportation des produits de café et de cacao, celles-ci peuvent, dans une certaine mesure, servir de justification aux prix de transfert pratiqués. Pour étayer ses allégations de « justes prix », la firme pourrait faire valoir, par exemple, la structure indicative des coûts afin de démontrer que la rémunération qu'elle retire de l'exportation intragroupe des produits lui permet de couvrir son prix de revient ; mieux, de dégager une marge bénéficiaire. Aussi devrait-elle préciser que ce bénéfice serait conforme à celui réalisé par la plupart des exportateurs de la filière opérant dans des conditions similaires. Malgré le caractère séduisant, du point de vue de la forme, que suscite une telle démonstration, elle n'en demeure pas moins dépourvue de pertinence, au regard des exigences de fond en matière

---

[944] La taxe d'enregistrement est payable à la Direction générale des impôts, son niveau est déterminé par le législateur.

[945] Cette formule reste valable pour toutes les périodes ouvertes. Le taux de change retenu pour la période est celui en vigueur entre 10 h et 10 h 30 minutes, à la saisie des cotations. Le prix CAF d'enregistrement est exprimé, notamment pour le cacao en CAF Europe Good Fermented (en Euros, l'équivalent de 655,96 FCFA / Kg), corrigé du différentiel d'origine qui est révisable périodiquement.

de prix de transfert. D'autant plus que l'appréhension de la normalité des prix dans une relation intragroupe n'est pas uniquement fondée sur la computation des coûts et des marges qui ne seraient pas représentatifs de l'état du marché. Encore faut-il pouvoir évaluer avec justesse le montant des bénéfices. Or, c'est là que résident, à vrai dire, les véritables limites à la référence d'une structure indicative des coûts pour l'application de la méthode de pleine concurrence.

2. Les limites dans l'application de la méthode « cost plus »

L'impossible estimation de la marge bénéficiaire normale. Pour l'application du principe de pleine concurrence, le Paragraphe 2.32 du Rapport de l'OCDE de 1995, décrit la méthode du prix de revient majoré (« cost plus method », selon la terminologie anglaise), comme consistant : « tout d'abord à déterminer, pour les biens (ou services) transférés à un acheteur apparenté, les coûts supportés par le fournisseur dans le cadre d'une transaction entre entreprises associées. On ajoute ensuite une marge sur le prix de revient approprié à ses coûts, de façon à obtenir un bénéfice approprié compte tenu des fonctions exercées et des conditions du marché. On obtient ainsi un prix pouvant être considéré comme le prix de pleine concurrence pour la transaction initiale entre associés ». Il résulte de la lecture de ce mécanisme la nécessité de retenir un double critère. Tout d'abord, l'on prend comme point de départ le prix de revient de l'exportateur, apparenté, auquel on ajoute la marge bénéficiaire « normale »[946] de l'acheteur étranger, apparenté.

Dans la perspective du recours à une structure indicative des coûts de cacao ou de café, le premier critère ne pose aucune difficulté particulière parce que les frais supportés par l'entreprise multinationale pendant l'exportation des marchandises sont connus et parfaitement justifiables. Encore faut-il cependant que ces coûts ne recouvrent pas uniquement les charges directes liées à l'achat des matières premières, et dans une certaine mesure la main d'œuvre et les frais éventuels de transformation. Ils doivent nécessairement tenir également compte des coûts indirects qui s'y attachent, notamment les frais généraux, les frais de recherche et développement. En outre, en prenant comme base le prix de revient, on risque d'ailleurs d'attribuer une trop grande importance aux coûts d'origine ; minimisant après coup des facteurs impliqués dans la commercialisation non moins essentiels tels que l'offre et la demande, les incidences de la concurrence sur le prix pratiqué[947]. Par ailleurs, si la détermination des coûts du vendeur paraît aisée[948], il n'en va pas de même pour l'acheteur étranger (associé)

---

[946] Rapport OCDE de 1979, n° 63, p. 44.

[947] N. GHARBI, *Op. cit.*, n° 280, p. 135.

[948] Encore que ces coûts ne devraient pas seulement couvrir les coûts directs liés à l'achat des matières premières, et dans une certaine mesure la main d'œuvre et les coûts éventuels de

lorsqu'il va s'agir d'estimer sa marge raisonnable de revente. Quant au second critère relatif à la marge, il laisse entier la problématique des prix de transfert. Dès l'instant où la marge de l'entreprise exportatrice apparentée est susceptible d'être anormale, la question qui revient est celle de la marge qui devrait être pratiquée. Il suffit donc de remplacer marge par prix pour en revenir au problème initial[949]. En effet, on se rend bien compte, en pratique, que la difficulté a été repoussée de quelques degrés et les solutions resteront les mêmes. La marge normale applicable ne peut être déterminée que par référence à celle des entreprises concurrentes indépendantes étrangères. Or, dans le cadre des activités de sociétés multinationales, la difficulté réside dans l'acquisition des données comptables des entreprises situées à l'étranger[950]. A vouloir déterminer ses prix de transfert sur le seul fondement de la structure indicative des prix de café et de cacao, les entreprises courent le risque de s'écarter de la logique de cohérence économique et d'attirer l'attention du Fisc ivoirien. Mais, même inappropriés ou incorrects, les prix pratiqués peuvent paraître dans certains cas légitimes aux yeux de l'administration fiscale à partir de l'instant où ils comportent une contrepartie économique. Comme l'attestent d'ailleurs certaines situations habituellement rencontrées.

Parag II : Des situations habituellement rencontrées susceptibles d'être justifiées par une contrepartie économique

L'objectif recherché ici est de décrire la réalité telle que vécue par les acteurs économiques lorsqu'ils entendent évaluer les prix de transfert pratiqués. C'est dire que ces situations fréquemment observées en la matière sont tirées de faits réels et non fictifs ni imaginaires, puisqu'ils sont issus de la pratique commerciale des entreprises multinationales. Cependant, les exigences de réserves et de confidentialité, qui commandent la profession ont **également** guidé le choix pour l'anonymat, évitant ainsi que telle société ou telle autre ne se reconnaisse dans la description faite des opérations. Bien entendu, lesdites opérations doivent reposer sur une contrepartie économique, notamment justifiée par l'intérêt de l'exploitation.

---

transformation. Il importe également de tenir compte des coûts indirects qui s'y attachent : les frais généraux, les frais de recherche et développement, etc.

[949] J. –L. BILON, *Op. cit.*, n° 133, p. 116.

[950] Retenir la marge commerciale d'une entreprise indépendante concurrente étrangère nécessite de prendre en considération les divers facteurs qui varient d'un pays à l'autre, notamment les structures économiques et sociales, les habitudes des consommateurs, les facteurs techniques, tels que le taux de change, le contrôle des prix et la législation sur la concurrence, qui sont susceptibles d'agir sur le niveau des prix.

A. La description des opérations

Schéma. Schématiquement, on peut résumer les opérations commerciales entre les sociétés du groupe ZED de la façon suivante :

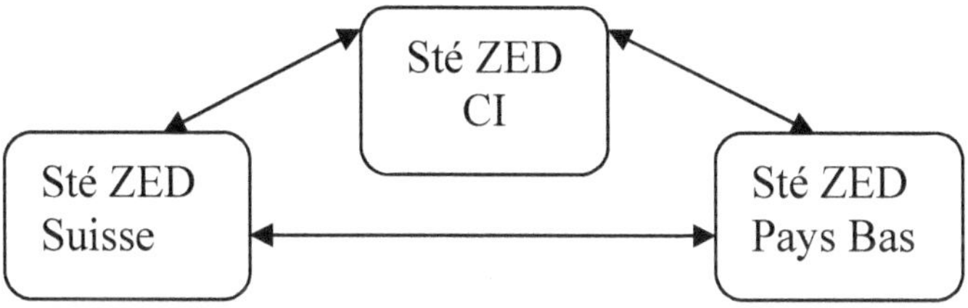

Relations intercompagnies. Les achats de la société ZED CI sont tous effectués auprès de la société ZED Suisse appartenant au même groupe. Cette société est une plateforme de négoce, tête de pont européenne pour le compte du groupe ZED. Elle achète les produits aux usines du groupe, à l'exception de quelques produits qui sont achetés à des sociétés extérieures, puis les revend aux différentes sociétés commerciales installées dans chaque pays parmi lesquelles la société ZED CI. En tant que plateforme de négoce pour le compte du groupe, la société ZED Suisse est chargée de refacturer aux distributeurs les marchandises achetées aux fabricants. Les marchandises ne transitent pas par cette société ; elles sont livrées directement en Côte d'Ivoire à partir de la plate-forme de distribution hollandaise. Les produits sont stockés physiquement aux Pays-Bas par un prestataire extérieur, la société IKS chargée du stockage des produits et de la préparation des commandes (conditionnement, picking et packing) ; elle est rémunérée par la société suisse ZED qui centralise toutes les commandes effectuées par les filiales distributrices. La société ZED Suisse refacture à ZED CI ces prestations avec un « cost plus » de 1%, conformément aux termes du contrat.

Méthode de détermination des prix de transfert. Selon les dirigeants de la société ZED CI, les prix intragroupe ont été fixés en tenant compte des fonctions assumées par les différentes entités du groupe que sont les usines et les distributeurs. Il est ainsi indiqué que les prix ont été fixés de manière à permettre aux usines du groupe d'assumer les charges liées à la fabrication des produits et aux frais de recherche et de développement. La société précise que les prix pratiqués sont équitables puisqu'ils correspondent à ceux qui seraient facturés à une société tierce pour des transactions comparables et selon une approche financière globale et non par comparaison avec des transactions comparables. La méthode utilisée serait celle du prix de revente qui tient compte, toujours selon la société, des fonctions assumées par les sociétés commerciales (distributeurs du groupe) dont les fonctions se limitent généralement à la distribution mais en aucun cas au développement de quelque valeur ajoutée que ce soit, à l'inverse des usines de ZED qui assurent les fonctions de recherche, développement, conception, production, vente et distribution. Les prix de revente ont été déterminés de manière à se situer dans une « fourchette de prix équitable », établie en fonction des marges moyennes relevées sur le marché local comme réalisées par les distributeurs tiers accomplissant des fonctions similaires. Toutefois, le problème est de savoir si cette façon de fixer les prix est de nature à convaincre l'administration, dès l'instant où les marges de la société enregistrent une baisse significative sur une période consécutive de trois années.

B. Des justifications apportées aux prix pratiqués

Allégation de la société. Afin de justifier la baisse de ses marges brutes, la société ZED CI a soutenu avoir fait l'objet d'une concurrence accrue sur le secteur A de ses activités, du fait de politique de prix agressifs. Par conséquent, elle a dû être obligée de diminuer et de réajuster ses prix de vente.

Position du Fisc. Les vérifications opérées par l'administration fiscale ont permis de constater que le faible niveau des marges brutes observées était lié pour l'essentiel à une augmentation des prix d'achat des produits fournis par la société suisse ZED et non par la diminution des prix de vente.

Analyse de la pertinence des justifications. Il est établi, lorsqu'une entreprise multinationale désire s'implanter sur un nouveau marché à concurrence accrue ou accroître une présence économique existante, qu'elle puisse être autorisée, à titre exceptionnel, à appliquer une politique commerciale agressive. Cette agressivité peut prendre la forme soit d'une diminution des prix de vente soit d'une renonciation du prix de cession. Un tel comportement de l'entreprise, limité dans le temps[951], n'aura rien d'anormal dans la mesure où une entreprise indépendante pourrait bien mener la même stratégie commerciale, si elle espère en retirer un avantage. Encore faut-il que la politique commerciale adoptée soit réelle et ne déguise pas un transfert indirect de bénéfices, par voie de majoration des prix d'achats[952], en lieu et place d'une diminution des prix de ventes. Or, l'analyse de l'organisation du circuit de distribution mise en place par le groupe ZED est justement révélatrice de cette pratique, voire inadaptée et inappropriée ; les prix d'achats des produits effectués par ZED CI ne lui permettant pas de dégager une marge bénéficiaire « normale », au regard des

---

[951] « La politique de pénétration de marché ne peut durer au-delà d'une période de temps raisonnable, une entreprise indépendante ne pouvant supporter des coûts trop élevés et faire des pertes au-delà de cette période sauf à être obligée de cesser ses activités »,voir Rapport OCDE §. 1.54.

[952] Au sens de l'art. 38 CGI.

charges supportées, des fonctions assumées et des risques assumés. En somme, on retiendra que la normalité des prix de transfert pratiqués est admise à l'aune de l'intérêt de l'entreprise, de la contrepartie économique qu'elle en retire. En la matière, tout est question de preuve et de démonstration.

CHAPITRE II

Le contrôle des prix de transfert[953] au regard du pragmatisme fiscal

Le sens d'une démarche pragmatique. Le pragmatisme vient du grec *pragmata* qui désigne une attitude attestant du souci d'être plus proche du concret, de la réalité, s'opposant par là aux idées abstraites et vagues de l'intellectualisme[954]. Est donc pragmatique toute démarche empreinte d'action, et de réussite, fondée sur la valeur concrète des choses, la pratique et le réalisme. On peut donc à juste titre rapprocher réalisme et pragmatisme[955]. Un rapprochement de ce dernier concept au contrôle fiscal n'est également pas dénué de tout sens. Dans un système fiscal à caractère déclaratif comme celui de la Côte d'Ivoire, le contribuable déclare et l'administration fiscale contrôle ses déclarations[956]. En matière de prix de

---

[953] « On commencera cette analyse en précisant que le secteur du café et du cacao n'exige pas une procédure de contrôle fiscal particulière. Ce sont les mêmes règles et pratiques gouvernant les transactions internationales qui régissent cette industrie. On soulignera simplement qu'étant donné le poids économique de ces matières premières dans l'économie nationale, les autorités fiscales n'hésitent pas à opérer un contrôle beaucoup plus strict des entreprises multinationales de café et de cacao. A ce propos, le Directeur Général des Impôts affirmait le jeudi 27 mars 2008 lors de sa traditionnelle rencontre avec la Chambre de commerce et de l'industrie française que les grandes filières agricoles d'import-export, notamment le cacao, le café et le bois, faisant partie des secteurs à haut risque de fraude, nécessitent un contrôle beaucoup plus accru. », voir *Fraternité matin,* quotidien ivoirien *du* 4 avril 2007.

[954] http://fr.wikipedia.org//wiki/Pragmatisme.

[955] Le lecteur comprendra utilement dans ces conditions la raison pour laquelle nous avons abordé la question du pragmatisme fiscal à l'occasion d'un titre consacré aux manifestations du réalisme fiscal en matière de prix de transfert. D'ailleurs, un auteur notait avec bonheur que « cet attachement de la fiscalité à la pratique des affaires [...] résulte surtout de la fonction moderne de l'impôt qui accorde nécessairement la première place à l'action et à la pratique. Il faut y ajouter un certain bon sens. Aussi, mieux vaudrait parler de pragmatisme, que de réalisme. » Voir M. MARTEAU-PETIT, *Mélanges en l'honneur de J.-P. LE GALL*, Ed. Dalloz 2007, p. 410.

[956] Même si ces déclarations bénéficient de la présomption de sincérité et d'exactitude, l'exercice de contrôle de l'impôt peut être appréhendé comme l'expression de la démocratie.

transfert, le contrôle fiscal connaît un regain d'attention toute particulière. Convaincu que la valorisation des échanges entre les différentes sociétés des groupes multinationaux est devenue un instrument privilégié d'évasion fiscale[957], le Fisc recherche avec ardeur les sociétés qui minimisent leur résultat fiscal en Côte d'Ivoire. Bien que cette volonté de l'administration se justifie pleinement, celle-ci ne saurait être amenée à considérer lors de ses investigations comme illégales, des opérations qui ne le sont pas. Ce qui aurait eu pour conséquence de conduire le pays dans une sorte d'insécurité fiscale. Alors, toute la question est de savoir comment le Fisc peut mener efficacement ses contrôles en la matière, sans qu'on lui reproche de pratiquer « du harcèlement fiscal ». C'est justement ce souci constant de recherche d'un équilibre qui guide la démarche aussi bien du législateur fiscal que de l'administration. Etant donné que cette démarche vise à doter la Côte d'ivoire de moyens fiscaux performants afin d'assurer un meilleur contrôle des transactions internationales[958], nous l'avons volontiers qualifiée de démarche pragmatique.

Plan. Une chose est de reconnaître que le dispositif de contrôle fiscal ivoirien met à la disposition de l'administration des moyens d'investigations importants, concernant les opérations des entreprises multinationales. Une autre, c'est de s'interroger sur l'efficacité des règles et procédures mises à la disposition des praticiens, tant du côté des entreprises multinationales que du Fisc, qui leur permettent de défendre et de sécuriser leurs positions fiscales respectives. Si l'ampleur du travail effectué ces dernières années est salutaire, ayant permis d'améliorer l'environnement général du contrôle en Côte d'Ivoire, on peut toutefois noter que des efforts restent à accomplir quant au contrôle des transactions des entreprises multinationales. Face aux nouveaux enjeux de l'économie globalisée, le législateur fiscal et l'Administration sont obligés de réadapter leurs outils de contrôle des opérations transfrontalières. Ce faisant, ils s'inscriraient pleinement dans la nouvelle tendance pragmatique des économies modernes, où le contrôle fiscal est en passe d'évoluer d'un contrôle a posteriori vers un examen a priori des prix de transfert. Une telle évolution ne peut être que souhaitable pour les groupes multinationaux implantés en Côte d'Ivoire. La question des prix de transfert ayant longtemps été le point de tension entre Administrations et firmes internationales, elle doit laisser place à des solutions de compromis plutôt qu'à des discussions contradictoires, parfois sans fins… Il conviendra donc au cours de ce chapitre de rendre compte de cette nécessaire mutation des procédures de contrôle des prix de transfert. Traditionnellement, perçu comme l'expression du pouvoir fiscal (Sect. I), le

[957] G. MONSELLATO, « Prix de transfert : comment gérer un contrôle fiscal », *Option finance*, n°509, 20 juillet 1998, p. 18.
[958] Bien entendu, il est fait en sorte que les droits et garanties des investisseurs soient préservés.

contrôle des transactions intragroupe doit donner de plus en plus lieu à une forme de contractualisation de l'impôt (Section II).

SECTION I : DE L'AFFIRMATION DU POUVOIR FISCAL

Plan. Pour la fixation des prix de transfert[959], l'entreprise multinationale est présumée de bonne foi. Compte tenu de cette confiance accordée, il est apparu légitime de reconnaître des prérogatives importantes à l'administration fiscale en vue de vérifier la sincérité du contribuable[960]. La confiance n'exclut pas le contrôle, a-t-on coutume de dire ! L'ensemble de ces attributs en vertu desquels le Fisc peut valablement engager des investigations pouvant aboutir à une remise en cause de la situation fiscale de l'entreprise est ce qu'on appelle ici « pouvoir fiscal ». Cette étude, n'ayant pas pour objet l'analyse des pouvoirs de contrôle de l'administration fiscale[961], nous amène cependant à faire le constat de l'efficacité limitée du pouvoir fiscal en matière de contrôle des transactions intragroupe. D'autant plus que la problématique des prix de transfert est globale et les mécanismes efficients pour la réguler dépassent nécessairement le cadre restreint du droit interne de la Côte d'Ivoire. Toutefois, l'approche pragmatique des pouvoirs publics, et par voie de conséquence de l'Administration, permet de choisir dans le système fiscal différentes techniques de contrôle qui conviendraient à ses besoins. Sans prétendre à l'exhaustivité, l'examen des dispositions de contrôle des transactions internationales, conduit à les distinguer les unes des autres selon qu'on se situe en droit interne (§I) ou sur le terrain du droit conventionnel (§II).

Parag I : En droit interne, un dispositif impressionnant mais insuffisant

Les firmes[962] qui appartiennent à une multinationale ont généralement à l'esprit que la Direction des impôts dispose entre « ses mains » d'un dispositif impressionnant, notamment la théorie de l'acte anormal de gestion et l'article 38 du CGI. Ils forment de « véritables armes d'assauts » à partir desquelles se fondent les redressements et les vérifications opérées en la matière. Malgré l'effet « d'impression » qu'il pourrait susciter, ce dispositif demeure cependant insuffisant devant les défis actuels que posent les échanges transfrontaliers aux jeunes économies comme celles de la Côte

---

[959] Il en est de même pour l'accomplissement des formalités de déclarations fiscales.
[960] J. GROSCLAUDE et Ph. MARCHESSOU, *Procédures fiscales, Cours,* Dalloz, 4è éd., p. 103.
[961] On rappellera que ces pouvoirs conférés à l'administration sont d'ailleurs assortis de nombreuses limites et garanties en faveur du contribuable.
[962] Lorsqu'elles sont amenées à déterminer leur prix de transfert intragroupe.

d'Ivoire[963]. D'autant plus que l'article 38 du CGI dans sa rédaction actuelle, faisant autorité en matière de prix de transfert semble aujourd'hui dépassé, donc incapable d'apporter des réponses concrètes à la problématique de la globalisation des économies (B). Quant à la théorie de l'acte anormal de gestion, elle a une portée si générale et des effets pervers sur l'investissement international qu'elle semble moins préférer par rapport aux dispositions de l'article 38 du CGI (A).

A. L'utilisation de la théorie de l'acte anormal de gestion

Un dispositif « de portée générale »[964] et contre-investissement. L'acte anormal de gestion peut être appréhendé de deux manières. Il est défini positivement par un acte fait au profit d'un tiers étranger à l'entreprise. Négativement, il est considéré comme un acte contraire à l'intérêt de l'entreprise. De nature essentiellement prétorienne, des auteurs lui ont trouvé un fondement juridique textuel[965] dans les dispositions de l'article 18 du CGI alinéa 8[966]. La théorie de l'acte anormal de gestion retient comme critère de la normalité d'une transaction la notion d'intérêt de l'entreprise. Ce qui relève de l'évidence quand on sait que la recherche du profit est la justification même de l'exercice des affaires. Ainsi, la gestion de l'entreprise sera considérée comme normale dès lors que son activité lui assure une contrepartie[967] des services qu'elle fournit ou des produits qu'elle livre. Sur la base de cette théorie, l'administration fiscale ivoirienne pourra, le cas échéant, sanctionner les transactions internes aux groupes nationaux, ainsi que la transaction intragroupe jugée anormale[968], sans être obligée d'apporter la double preuve exigée pour l'application de l'article 38 du CGI. L'apparente facilité avec laquelle cette règle peut être mise en œuvre n'est

---

963 A ce propos, le Pr. P. SERLOOTEN s'interroge à juste titre : « l'addition [...] des textes destinés à lutter contre la fraude fiscale internationale n'est-elle pas la preuve de l'inefficacité des armes mises à la disposition de l'administration ? » Voir P. SERLOOTEN, *Droit fiscal des affaires*, éd. Dalloz, 6è, 2008, note de bas de page n°4, p. 396.

964 Par l'expression « large portée », nous visons l'étendue du champ d'application de la théorie d'acte anormal de gestion, par rapport à l'article 38 du CGI.

965 Pour ces auteurs, ce sont le plus souvent les dispositions contenues dans l'article 39 CGI français qui sont l'occasion de recours à la notion d'acte anormal de gestion. Voir, P. SERLOOTEN, *Droit fiscal des affaires*, Dalloz 2008, n° 34, p. 37.

966 L'alinéa 8 de l'article 18 du CGI dispose que « les sommes versées ne sont admises comme charges déductibles pour l'établissement de l'impôt que si le débiteur apporte la preuve que ces dépenses correspondent à des opérations réelles et qu'elles ne présentent pas un caractère normal ou exagéré. »

967 Même si cette contrepartie est généralement constituée sous la forme d'un prix, rien n'interdit qu'elle revête d'autres formes, notamment la nature d'un avantage économique ou financier. Voir P. SERLOOTEN, *Droit fiscal des affaires*, Dalloz 2008, n° 2008, n° 35, p. 38.

968 Un éminent auteur affirmait que « la théorie de l'acte anormal de gestion vaut autant dans l'ordre international que dans l'ordre interne ». Voir M. COZIAN, « Les transactions intragroupe : le principe des transactions à prix normal », *BF* 03/96, p. 111.

pas en soi un avantage. A notre sens, la théorie de l'acte anormal de gestion ne devrait ni être mis en concurrence avec l'article 38 du CGI, ni trouver à s'appliquer sur le terrain des prix de transfert[969]. Tout d'abord, parce qu'elle a un champ d'application très étendu. Ce qui peut manifestement être un handicap à l'investissement direct étranger, dans un pays comme le nôtre dont l'économie est largement extravertie. En effet, alors que l'article 38 du CGI commande que soient mises en présence deux personnes apparentées, l'acte anormal de gestion a vocation à s'appliquer « quel que soit le bénéficiaire, fut-il totalement étranger à l'entreprise en cause »[970].

Il ne faut pas perdre de vue que les entreprises multinationales étant présumées de bonne foi, les prix de transfert qu'elles fixent sont également considérés comme étant justes. Toute remise en cause de cette présomption doit par conséquent être fondée sur l'article 38 du CGI, en apportant la preuve non seulement d'un transfert de bénéfices à l'étranger, mais également de l'existence d'un lien de dépendance. Or, permettre que l'Administration fasse usage de la théorie de l'acte anormal de gestion dès l'instant où les conditions de mise en œuvre de cette disposition textuelle feraient défaut, conduirait à priver les groupes multinationaux installés ou désireux de s'établir en Côte d'Ivoire de cette garantie substantielle prévue par le législateur[971]. Aussi estimons-nous que son application doit être limitée dans le cadre des transactions accomplies à l'intérieur du territoire ivoirien, de sorte à laisser l'exclusivité des opérations transfrontalières à l'article 38 du CGI. D'ailleurs, on se rend bien compte que l'administration fiscale ivoirienne[972] invoque rarement la théorie de l'acte anormal sans doute parce qu'elle fait preuve d'un réel pragmatisme dans l'appréciation de l'opportunité quant à l'utilisation de ce dispositif. Lequel dispositif peut

---

[969] En dépit de la position d'une jurisprudence constante en droit français, CE, 8è et 9è sous-sect., 26 juill. 1985, req. n° 40066 et 40067 : RJF 1985, n°10, p. 724. –V. également CE, 7è et 9è sous-sect., 4 nov. 1985, req. n° 43042 : *Dr. Fisc.* 1986, n° 7, comm. 231 ; RJF 1986, n° 1, p. 18 (il s'agissait dans cette affaires de ventes à prix préférentiels au profit de clients étrangers, sans aucun lien de dépendance). – CE, 8è et 9è sous-sect., 18 mars 1994, req. n° 68799-70814 : *Dr. Fisc.* 1994, n° 40, comm. 1703, note G. TIXIER et Th. LAMULLE ; RJF 1994, n° 5, p. 320 ; concl. Ph. MARTIN, ibid., p. 290 (dans cette affaire, le Conseil d'Etat a admis que l'Administration qui s'était d'abord placée sur le terrain de l'article 57 du CGI, invoque ensuite, par substitution légale, la théorie de l'acte anormal de gestion.)

[970] A. PUPIER, « Transfert indirect de bénéfices. Article 57 du CGI et notion d'acte anormal de gestion », *RRJ/Droit prospectif,* 1996, n° 1, p. 142.

[971] Pour certains auteurs, c'est à cet égard que se conçoit l'intérêt de l'utilisation de la théorie d'acte anormal de gestion, affirmant que « si l'article 57 du CGI (français) ne peut jouer faute de relation de dépendance, le juge pourra justifier un redressement en faisant simplement appel à la théorie de l'acte anormal de gestion. » Voir J. TUROT, Avantages consentis entre sociétés d'un groupe multinational. *art. préc., p.* 9 ; également, B. GOUTHIERE, *Les impôts dans les affaires internationales*, éd. Francis Lefebvre, 6è, 2004, n° 2503, p. 760.

[972] Pour les rares contrôles des opérations internationales que l'Administration a pu effectuer, en matière de prix de transfert, et qu'il nous a été donné d'observer, nous noterons l'impossibilité de relever leurs sources, eu égard à leur caractère confidentiel.

s'avérer après coup contre performant d'un point de vue économique. Elle chercherа plutôt à privilégier l'article 38 du CGI qui, loin d'être une technique superfétatoire, constitue « l'arme appropriée » pour le contrôle des prix de transfert, prévu pour lutter contre les risques de transfert indirect de bénéfices vers l'étranger.

Dans ce sens, en droit français, le commissaire du gouvernement Olivier Foulquet ne soulignait-il pas l'originalité du dispositif précité en affirmant que « *l'article 57 offre en principe à l'Administration une facilité supplémentaire par rapport à la théorie de l'acte anormal de gestion. En effet, l'administration qui soutient qu'une société a facturé un prix anormalement bas, doit, si elle invoque l'existence d'un acte anormal de gestion, justifier non seulement l'infériorité du prix facturé par rapport à celui du marché, mais encore que la minoration résulte non d'une simple erreur de gestion, mais d'une intention consciente, alors que si elle se fonde sur l'article 57 du CGI, la seule démonstration de la minoration du prix fait présumer le transfert de bénéfices* »[973]. Bien entendu, une telle justification ne serait pas du tout aisée à fournir compte tenu de la subjectivité qui caractérise la preuve « d'une intention consciente ». Au contraire, la démonstration d'un prix anormal pourrait être facilement établie parce qu'il peut reposer sur *des critères objectifs*.

B. Le recours aux dispositions de l'article 38 du CGI

Une arme spécifique contre les prix de transfert inappropriés. L'article 38 du CGI, alinéa 1er affirme clairement que « pour l'établissement de l'impôt sur les bénéfices industriels et commerciaux dû par les entreprises qui sont sous la dépendance ou qui possèdent le contrôle d'entreprises situées hors de Côte d'Ivoire, les bénéfices indirectement transférés à ces dernières soit par la majoration ou la diminution des prix d'achat ou de vente, soit par tout autre moyen, seront incorporés aux résultats. Il est procédé de même à l'égard des entreprises qui sont sous la dépendance d'une entreprise ou d'un groupe possédant également le contrôle d'entreprises situées hors de Côte d'Ivoire. » Cette disposition qui autorise expressément l'administration ivoirienne à redresser les transferts indirects de bénéfices entre sociétés dépendantes, constitue la seule base juridique, la pierre angulaire en matière de contrôle des opérations intragroupe. Expression du pouvoir régalien de l'Etat, elle permet de préserver la base taxable contre toute forme d'érosion. Pris dans sa lettre, l'article 38 du CGI est rédigé dans une extrême simplicité puisqu'il permet d'apprécier avec clarté l'étendue du champ d'application[974] des transferts indirects de

[973] CE, 21 fév. 1990, req. n°84483, *DF* 1990, n° 27, comm. 1305, concl. O. FOUQUET.

[974] On peut alors affirmer que le domaine de l'article 38 du CGI est assez large dans la mesure où il vise tous les transferts indirects de bénéfices, quels qu'ils soient et indépendamment du

bénéfices. Néanmoins, il faut parfois se méfier des choses qui paraissent simples de prime abord, car elles peuvent se révéler après coup d'une extrême complexité. Les dispositions de l'article 38 du CGI ne font pas exception à cette réalité. Claires dans leur énoncé, l'examen de ces dispositions donne à comprendre que l'application de l'article 38 du CGI n'est pas du tout aisée. Les difficultés sont soit simplement matérialisées par des obstacles soit trouvent leur source dans les effets de la mise en œuvre de l'article 38 du CGI.

1. Les obstacles liés à l'application de l'article 38 du CGI

Présentation. Issues de l'article 9 de l'annexe fiscale à la loi n° 81-1127 du 30 décembre 1981, portant loi de finances pour la gestion 1981, les dispositions de l'article 38 du CGI[975] n'ont subi qu'une seule modification jusqu'aujourd'hui[976]. Plus d'un quart de siècle passé, c'est une évidence d'affirmer que les problèmes de l'Etat ivoirien d'hier ne sont plus les mêmes à présent. Par exemple, les sociétés de traite d'origine essentiellement française et hollandaise des années 80 ont fait place en 2000 à de grandes firmes multinationales, en majorité américaines. Dans un contexte de mondialisation accrue, ces entreprises n'hésitent pas à localiser leur profit là où la fiscalité est plus clémente. Or, on sait que certains Etats à faible pression fiscale cultivent l'opacité sur leur système d'information. Dans pareille situation, on se rend bien compte que l'exigence de l'article 38 du CGI d'apporter la preuve du lien de dépendance entre l'entreprise ivoirienne à l'égard de son correspondant étranger peut être complètement paradoxale. Dans d'autres cas, lorsque l'impossibilité pour le Fisc de recueillir les éléments de preuves n'est pas due à l'inertie des autorités de l'Etat étranger, il peut s'agir de l'absence de coopération des dirigeants de l'entreprise multinationale, elle-même.

Dans un système d'opacité de l'information. On s'accorde en général à penser que la nécessité économique de faire baisser les coûts, y compris les coûts fiscaux, jusqu'à un niveau supportable, compte tenu en particulier de

---

pays en cause. D'ailleurs, lorsqu'il énonce que « le transfert indirect de bénéfices peut être opéré soit par majoration ou de diminution de prix d'achat ou de vente, soit par tout autre moyen », on peut entendre cette dernière expression comme laissant place à toutes techniques de transfert indirect de bénéfices.

[975] Jusqu'à la refonte qu'a subi le Code Général des Impôts et le Livre des Procédures Fiscales, prévue par l'article 45 de l'annexe fiscale à la loi n° 2003-206 du 27 juillet 2003, portant loi de finances pour la gestion 2003, les dispositions de lutte contre les transferts indirects de bénéfices vers l'étranger étaient codifiées à l'article 22 du CGI.

[976] L'article 7 de l'annexe fiscale pour la loi n° 2002-156 du 15 mars 2002 affirme que « les sommes ne sont admises comme charges déductibles de l'impôt que dans la double limite de 5% du chiffre d'affaires hors taxes et de 20% des frais généraux de l'entreprise débitrice. »

l'absence de coordination entre les Etats[977] explique dans une certaine mesure le recours à la localisation des flux intragroupe dans des pays ayant un taux d'imposition privilégié. Pourvu qu'un tel procédé réponde à des préoccupations économiques, ou plus exactement non exclusivement fiscales, il ne pose aucune difficulté particulière à l'administration ivoirienne dans l'exercice de son contrôle. Par ailleurs, il est établi que les Etats dont il est question, protègent de manière extensive la confidentialité des opérations qui se déroulent sur leur territoire, en vertu soit de la loi, soit de la jurisprudence, soit tout simplement de la « pratique » administrative[978]. Les affaires bancaires et financières, en particulier sont protégées. D'où le paradoxe si l'administration devait établir la preuve de la liaison d'une entreprise ivoirienne avec une autre résidente sur le territoire étranger considéré, faute de coopération des autorités de ce pays.

Afin de se prémunir contre de telles difficultés, le troisième alinéa de l'article 38 du Code général des impôts prévoit, pour ce qui concerne les intérêts et autres revenus de créances ainsi que les redevances, les rémunérations de services payées ou dues par une personne physique ou morale domiciliée ou établie en Côte d'Ivoire à des personnes physiques ou morales domiciliées ou établies hors de Côte d'ivoire, que :

- la condition de dépendance ou de contrôle n'est pas exigée ;
- il incombe au débiteur pour faire admettre comme charges déductibles lesdites sommes et rémunérations, d'apporter la preuve qu'elles correspondent à des opérations réelles[979] et ne présentent pas un caractère anormal et exagéré[980].

---

[977] B. GOUTHIERE, *Les impôts dans les affaires internationales*, éd. Lefebvre, 6è, 2004, n° 2400, p. 741.

[978] *Ibidem*, n° 2405, p. 744.

[979] Afin de prouver la réalité de l'opération, le contribuable doit apporter la preuve de sa matérialité. A cet effet, les seuls documents contractuels sont insuffisants. Il est nécessaire d'apporter tous les éléments de nature à établir que les engagements réciproques qui sont la contrepartie des sommes prises en charge ont été effectivement exécutés ou sont sur le point de l'être, lorsqu'il ya des prestations échelonnées dans le temps. Par exemple, dans le cadre d'une prestation de service, il faut pouvoir établir que le cocontractant a réellement exécuté sa prestation, dans le cas du paiement de redevance au titre de l'usage de titre de propriété industrielle ou de rémunération pour cession de savoir-faire, il y a lieu de démontrer l'existence de l'utilisation effective des droits concédés, du savoir-faire acquis .

[980] La preuve de l'absence de caractère anormal ou exagéré des charges supportées par le contribuable oblige ce dernier à démontrer que le contrat dont il a établi la sincérité est, en outre normalement équilibré. Il doit à cette fin apporter toutes justifications et précisions sur l'importance réelle des avantages qu'il a retirés du contrat et montrer que les charges qui en sont la contrepartie en représente la juste rémunération, compte tenu des débours habituellement exposés pour obtenir des services analogues. C'est ainsi que des redevances payées à raison de l'acquisition d'un brevet ou de la concession d'une licence d'exploitation, le débiteur ne doit pas se borner à fournir les titres officiels délivrés pour les protéger et à prouver qu'ils correspondent vraiment à une invention. Il lui appartient également d'établir que cette transaction s'inscrit dans le cadre d'une gestion normale et que son coût ne peut être regardé comme excessif.

En outre, l'article 7 de l'annexe fiscale à la loi de Finances pour la gestion 2002 a complété cette disposition en fixant comme plafond à cette déductibilité des sommes visées par l'alinéa susvisé, la double limite suivante :

- 5% du chiffre d'affaires hors taxes ;
- 20% des frais généraux de l'entreprise débitrice.

Quid des rémunérations de flux commerciaux portant sur des biens meubles corporels, notamment des matières premières de café ou de cacao payées à des personnes morales domiciliées ou établies en Côte d'Ivoire par des personnes morales domiciliées ou établies dans des pays étrangers dont le système d'informations est totalement opaque. En ce sens que les règles relatives au secret qui existent dans ces pays garantissent l'anonymat des actionnaires, empêchant de révéler l'identité des véritables propriétaires des entreprises qui y sont domiciliées. A l'égard de ces hypothèses, le législateur ivoirien n'a rien prévu, puisqu'il s'est contenté des cas relatifs aux intérêts et autres revenus de créances ainsi qu'aux redevances, aux rémunérations de services.

Il serait tout à faire légitime que les pouvoirs publics tiennent compte du fait qu'il peut être malaisé de justifier le lien de dépendance entre des entreprises ivoiriennes et des entreprises établies dans des pays moins coopératifs, avec un système de secret commercial inébranlable. Aussi, certains Etats étrangers ne pouvaient pas rester sans réagir. En France par exemple, la loi de finances pour 2002 a modifié l'article 57 du CGI, introduisant un alinéa 2 qui dispense l'administration d'avoir à prouver le lien de dépendance et de contrôle pour les transferts de bénéfices effectués au profit d'entreprises établies dans un Etat étranger ou dans un territoire hors de France dont le régime fiscal est privilégié. Même si cette disposition du législateur français présente le mérite d'exister, et d'apporter une forme de réponse au problème lié à la coopération des Etats, elle n'en demeure pas moins source d'ambiguïté. La question qui vient d'emblée à l'esprit est celle-ci : Qu'est ce qu'un « régime fiscal privilégié ? » A ce propos, l'article 238A, alinéa 2 précise certes en indiquant que : « *les personnes sont regardées comme soumises à un régime fiscal privilégié dans l'Etat ou le territoire considéré si elles n'y sont pas imposables ou si elles y sont assujetties à des impôts sur les bénéfices ou les revenus notablement moins élevés qu'en France* ». En pratique, il est établi que la détermination des critères s'avère d'une extrême délicatesse[981]. Autant dire que cet article crée

[981] On indiquera que si la loi française a défini la notion de « régime fiscal privilégié » par référence à une charge fiscale « notablement moins élevée » qu'en France, l'administration en a apporté des commentaires. Elle indique clairement qu'il n'est pas possible de fixer des critères qui soient significatifs dans toutes les situations, mais qu'à titre de règles pratiques on pourra présumer qu'on se trouve en présence d'un régime fiscal privilégié, lorsque les bénéficiaires étant passibles de l'impôt sur les sociétés, sont soumis à un prélèvement fiscal

plus de problèmes qu'il n'en règle, du fait de l'imprécision des critères[982]. C'est pourquoi, nous estimons que le législateur ivoirien ne gagnerait pas à recourir à la notion de « régime fiscal privilégié », encore moins celle de « paradis fiscal », dans la mesure où il entend faciliter la répression des transferts indirects de bénéfices vers des pays considérés comme tel (c'est-à-dire, à faible fiscalité). Il serait plus commode pour lui de retenir comme critère, aux fins du déclenchement de cette procédure, « le fait que le pays d'accueil des flux (quelle que soit leur nature : corporel ou incorporel) en cause pose au Fisc ivoirien de réelles difficultés dans la communication des informations économiques et financières des contribuables installés sur son territoire ». Dès lors qu'il va s'avérer que le système d'informations de cet Etat est complètement opaque, l'administration fiscale pourrait s'affranchir de fournir la preuve du lien de dépendance entre les deux entités juridiques, mais surtout être fondée à présumer la fictivité et l'insincérité des relations contractuelles passées aux dépends de l'entreprise ivoirienne, mais au profit du résident étranger. Si elle entend écarter cette présomption légale, l'entreprise multinationale devrait alors en apporter la preuve que les dépenses correspondent bien à des opérations réelles et qu'elles ne présentent pas un caractère normal ou exagéré. C'est-à-dire que les prestations ont été payées à leur juste prix. Il peut par ailleurs arriver que les Etats étrangers aient une fiscalité normale et soient plus coopératifs s'agissant de la diffusion des informations, mais que les obstacles proviennent plutôt des entreprises elles-mêmes.

En l'absence de coopération véritable de l'entreprise. Il est fréquent que l'administration détienne des indices de nature à faire présumer un transfert indirect de bénéfices de l'entreprise vers l'étranger. Mais, en l'absence de moyens juridiques spécifiques, celle-ci ne peut valablement confirmer ses présomptions en vue de mettre en cause celle-là pour pratiques incorrectes des prix de transfert. A cet égard, la tâche du Fisc ivoirien peut s'avérer délicate lorsque le contribuable refuse de coopérer véritablement avec lui. De la sorte, même si les arguments avancés par l'entreprise présentent un caractère fallacieux, l'Administration ne disposant pas d'une saine appréciation de la réalité économique de la transaction, elle ne peut l'évaluer en connaissance de cause. Elle ne pourrait dans ce cas que procéder purement et simplement à une décharge partielle, voire totale des redressements en cause. A supposer même que soit établie la preuve des transferts indirects de bénéfices, il reste cependant à déterminer avec

global inférieur d'au moins un tiers au taux normal de l'impôt français. Cf. D. Adm. 4 C 9113, n° 15 30 octobre 1997.

[982] Cette situation peut s'expliquer en partie par le fait que les dispositions de l'article 238A ont été mises en place pour lutter contre certains transferts vis-à-vis des « paradis fiscaux ». Or, ce concept n'étant pas connu dans la législation française, il a fallu par commodité de langage le substituer à celui de « régime fiscal privilégié. » On n'a fait que déplacer le problème sans le régler. Cette dernière expression étant aussi ambiguë que la première.

exactitude leur montant afin d'opérer les rectifications nécessaires. Là encore, la marge de manœuvre des vérificateurs s'avère réduite, d'autant plus qu'ils n'ont, pour seule source d'information juridique que les éléments comptables obtenus soit dans l'exercice d'une vérification de comptabilité[983], soit par le biais du droit de communication[984]. Des instruments qui peuvent être efficaces à l'occasion des opérations de contrôle menées sur le territoire ivoirien mais qui, au-delà, se heurtent aux frontières juridiques internationales[985]. La plupart des Etats modernes ont pris conscience de ce risque, par le renforcement et l'extension des moyens d'investigations de l'administration, l'instauration d'une procédure de demande d'informations et de documents[986]. Les exemples les plus connus sont ceux du modèle américain, visé à la section 6034 A de « l'Internal Revenue Code », et du dispositif français, institué par l'article L 13 B du LPF, éclairé par les commentaires administratifs de l'instruction du 23 juillet 1998[987]. Il faudra néanmoins faire observer que ce regain d'intérêt pour cette procédure de demande d'informations n'est pas propre aux Etats de l'OCDE.

Certains pays africains ont mesuré l'importance de la question du contrôle des prix de transfert. On rappellera dans un premier temps le cas du législateur camerounais qui a fait la remarque qu'aucune disposition de son Livre des procédures fiscales n'organise la mise en œuvre effective du dispositif prévu à l'article 19 du CGI, en matière de lutte contre les transferts indirects de bénéfices à l'étranger au profit des entreprises apparentées non établies dans le pays. A cet effet, il a instauré en 2007 un article L19 bis du LPF qu'une circulaire administrative a pris le soin d'en préciser les modalités d'application[988]. Un an plus tôt, le législateur ivoirien ayant fait également le constat que son dispositif en vigueur ne permettait pas de disposer de l'ensemble des informations et documents nécessaires aux opérations de contrôle. Afin de permettre un meilleur contrôle fiscal en matière de prix de transfert, la loi de finances pour l'exercice 2006[989] a renforcé de manière significative le droit de communication du Fisc en introduisant un nouvel article 50 bis. Il est désormais prévu que « *lorsque, au*

[983] La vérification de comptabilité est codifiée à l'article 2 du Livre des procédures fiscales.

[984] Ce sont les dispositions des articles 1 et 8 à 11 du LPF qui régissent le droit de communication de l'Administration en matière de contrôle de l'impôt.

[985] N. GHARBI, *Op. cit.*, n° 704, p. 331.

[986] Pour une présentation détaillée de la procédure, codifiée notamment à l'article L 13 B du LPF, on consultera utilement la Revue Fiduciaire, « Contrôle des prix de transfert. Mise en place d'une procédure d'informations et de documents », *La Revue Fiduciaire* FH 2710, 10 oct. 1998, n°795, p. 4 et s. ; voir, également, Ed. Juris-classeur 5, 1999, Contrôle fiscal des opérations internationales », p. (1) et suiv.

[987] Instruction du 23 juillet 1998, BOI 13 L-7-98, voir D. adm. 4 A 1214, 9 mars 2001.

[988] Circulaire n° 004/MINEFI/DGI/LC/L du 25 janvier 2007 précisant les modalités d'application de la loi de finances pour l'exercice 2007.

[989] Voir l'article 33 de l'annexe fiscale à l'ordonnance n° 2006-234 du 2 août 2006 portant budget de l'Etat pour la gestion 2006.

cours d'une vérification de comptabilité, l'Administration a réuni des éléments faisant présumer qu'une entreprise a opéré un transfert indirect de bénéfices, au sens des dispositions de l'article 38 du Code général des impôts, elle peut demander à cette entreprise des informations et documents précisant la nature des relations entre cette entreprise et une ou plusieurs entreprises exploitées à l'étranger, la méthode de détermination des prix des opérations de nature industrielle, commerciale, financière ou de toute nature qu'elle effectue avec des entreprises à l'étranger et les éléments qui la justifient, le cas échéant, les contreparties consenties (...) ». Ce dispositif constitue une nette évolution de la législation ivoirienne en ce qui concerne les prix de transfert, d'autant plus qu'elle offre à l'administration fiscale des moyens juridiques susceptibles de contraindre l'entreprise à être plus coopérative.

Jusqu'à présent, le dispositif de l'article 50 bis n'a pas encore été déclenché, si bien qu'il s'avère difficile d'apprécier ses conséquences à l'occasion des vérifications de comptabilité des entreprises apparentées domiciliées en Côte d'Ivoire. Cependant, il faut s'attendre qu'il suscite de vifs débats au cours des années à venir, au sein des milieux d'affaires en Côte d'ivoire[990]. Dans les pays où il est déjà en vigueur, on lui reproche souvent d'être source d'insécurité fiscale pour le contribuable[991]. Le motif invoqué est qu'il pourrait dénaturer l'économie générale des dispositions de lutte contre les transferts indirects de bénéfices contenues dans le Code Général des Impôts et induirait un renversement de la charge de la preuve sur l'entreprise. Tout en reconnaissant la pertinence de tels arguments, il nous plaît cependant de marquer notre désaccord. En effet, l'article L 13B du LPF français prévoit que lorsque : « *au cours d'une vérification de comptabilité l'administration a réuni des éléments faisant présumer qu'une entreprise a opéré un transfert de bénéfices, [...], elle peut demander à cette entreprise des informations et documents [...]* ». Il en résulte donc que le recours à la demande d'informations et de documents n'est ni obligatoire ni systématique.

---

[990] Déjà en France, lorsqu'il est apparu, des auteurs n'ont pas hésité à le critiquer, arguant qu'il serait une source d'une grande insécurité fiscale pour le contribuable. En ce sens voir C.SILBERZTEIN et J. – M. PRIOL, « Contrôles des prix de transfert : un dispositif critiquable ? », *Revue de Droit Fiscal*, 1998, n° 42, p. 128.

[991] On notera l'importance d'une doctrine assez critique. Voir M. TALY et P. SCHIELE, Les dispositions françaises tendant au contrôle des prix de transfert (CGI, art. 57 et LPF, art. L. 13B) sont-elles euro-compatibles ?, DF 2003, n° 29, p. 960 et s. ; A. WALL de, Un nouveau régime de contrôle des prix de transfert, Revue des Droits des Affaires Internationales, 1996, n° 5, p. 653 et s. ; G. LE SOLLEN, Les entreprises et la fiscalité des prix de transfert, La Tribune, 9 janv. 1997, p. XXVIII ; B. GOUTHIERE, France : Tranfer pricing legislation amended, more control expected, European Taxation, 1996/7, p. 223 et s. ; A. CASTLET et J. RUDERMAN, Tranfer pricing : documentation requirement in France, Tax Planning Int. Review, 1998/9, p. 25 et s.

Il est strictement encadré par le respect de certaines conditions et ne peut intervenir en principe que si, au cours d'une vérification de comptabilité, l'entreprise n'a pas fourni les informations relatives aux opérations intragroupe demandées par l'administration. En outre, l'instruction du 23 juillet 1998, commentant l'article L 13 B du LPF prend la peine de préciser de manière formelle que la charge de la preuve repose toujours sur l'Administration conformément, précise-t-elle, à la règle générale et aux dispositions particulières en matière de contrôle des prix de transferts[992]. Cela signifie qu'il ne s'agit pas d'une obligation de déclaration à proprement parler mais qu'il est simplement un moyen pour favoriser le dialogue contradictoire et de donner à l'administration les instruments de contrôle qui lui incombent en vertu de la loi. A vrai dire, l'objet de cette procédure n'est autre que d'introduire une obligation de « coopération » de la part de l'entreprise, afin que la question des prix de transfert soit examinée convenablement dès le début de la vérification, sans attendre les développements contentieux. Une telle « obligation de coopération » et d'information n'est-elle pas justifiée, eu égard à la situation déséquilibrée entre « la grande firme multinationale » et « la jeune administration fiscale ivoirienne » ? La grandeur de l'une est symbolisée par « son règne » sur l'économie mondiale, « abolissant les frontières étatiques », tandis que l'autre relève d'une nation jeune, commence à peine à s'imprégner des problématiques posées par la globalisation des économies dans l'ordre juridique interne des Etats[993].

Quoiqu'il en soit de ce nouveau dispositif du Livre des Procédures Fiscales, le législateur de Côte d'Ivoire fait œuvre de pragmatisme, évitant ainsi au pays de servir de « sanctuaire » à « des pratiques illégales de prix de transfert ». Ce d'autant plus qu'on convient, avec le professeur Allard de Waal[994], que : « *les firmes internationales sont plus prédisposées à déclarer correctement leurs prix de transfert, à soumettre spontanément leurs bénéfices là où l'administration est la mieux informée, donc la plus contraignante. Alors qu'elles n'ont guère à craindre une administration fiscale plutôt dépourvue de moyens d'investigation sur la formation des prix intragroupe* ». Si l'avènement de ce dispositif peut contribuer à faire « sauter les verrous » qui affectent l'efficacité du contrôle des prix de transfert, il ne nous restera qu'à déterminer les incidences fiscales de l'application des dispositions de l'article 38 du CGI.

---

[992] Instr. Du 23 juill. 1998, précit., n° 50.

[993] Il faut reconnaître que ce déséquilibre s'explique aussi par le choix du système de la territorialité par le législateur ivoirien, dans la mesure où il ne lui permet pas d'avoir une vision globale de la situation des entreprises multinationale exerçant sur son territoire, mais une vue partielle de son activité.

[994] Allard de WAAL, « Un nouveau régime de contrôle des prix de transfert », *Revue de Droit des Affaires Internationales*, n° 5, 1996, p. 656.

2. Les incidences fiscales de l'application de l'article 38 du CGI

Problème. Sur le fondement de l'article 38 du CGI, lorsque l'entreprise associée ne parvient pas à combattre la présomption de transfert indirect de bénéfices qui pèse sur elle, le Fisc ivoirien est en droit de procéder à la rectification des résultats irrégulièrement transférés. On a eu l'occasion d'insister sur les techniques de redressement. Celle de droit commun se fonde sur l'évaluation directe à l'aide d'éléments précis, alors que la technique subsidiaire repose sur l'évaluation extra-comptable par comparaison avec les entreprises similaires exploitées dans des conditions identiques. La différence entre les prix effectivement pratiqués et ceux qui devraient l'être par application de ces techniques constitue les bénéfices indûment transférés, qui doivent être intégrés aux résultats et imposés au taux en vigueur. A l'évidence, la mise en œuvre de l'article 38 du CGI pose le problème de l'incidence fiscale des résultats de l'entreprise multinationale rectifiés. Par voie de conséquence, leur assujettissement aux impôts ivoiriens sur le revenu comporte un risque de double imposition sur le plan conventionnel, nécessitant une procédure de réajustement corrélatif.

La rectification des résultats indûment transférés. Le régime fiscal de la rectification des sommes réintégrées dans les bases imposables, en vertu de l'article 38 du CGI sera examiné au regard de l'impôt sur les BIC et de l'IRVM.

L'imposition des sommes réintégrées à l'impôt sur les BIC. Les sommes réintégrées sont considérées comme des bénéfices de l'entreprise. A cet égard, la réintégration peut avoir pour effet d'accroître les bénéfices déjà déclarés, de créer des bénéfices lorsque les résultats déclarés étaient déficitaires, de diminuer ou de supprimer un déficit. Bien entendu, il n'est procédé à l'imposition que dans le cas d'augmentation ou de création de bénéfices : l'impôt est liquidé sur le montant des sommes réintégrées, au taux de droit commun. Dans les autres hypothèses, la réintégration réduit simplement le montant du déficit reportable conformément à l'article 26 du CGI[995] ou supprime toute possibilité de report.

L'imposition des sommes réintégrées à l'IRVM. Selon l'article 180 du CGI, l'IRVM s'applique à « tous les bénéfices ou produits qui ne sont pas mis en réserves ou incorporés au capital ainsi qu'à toutes les sommes ou valeurs mises à la disposition des associés, actionnaires et porteurs de parts et non prélevés sur les bénéfices [...] » Lorsque la rectification concerne une société soumise à l'IRVM[996], les sommes réintégrées sont considérées

---

[995] L'article 26 du CGI prévoit qu'« en cas de déficit subi pendant un exercice, ce déficit est considéré comme une charge de l'exercice suivant et déduit du bénéfice réalisé pendant ledit exercice. Si ce bénéfice n'est pas suffisant pour que la déduction puisse être intégralement opérée, l'excédent du déficit est reporté successivement sur les exercices suivants jusqu'au cinquième exercice qui suit l'exercice déficitaire. »

[996] En principe, l'IRVM est applicable aux revenus distribués par les sociétés quelle que soit leur forme juridique. Des exceptions sont cependant prévues en ce qui concerne notamment

comme distribuées. La notion de distribution est entendue ici, non dans son acception fiscale *stricto sensu*, mais au sens comptable du terme[997].

Dans les hypothèses où le redressement aboutit à la création ou à l'accroissement des bénéfices, l'établissement du transfert à l'étranger prouve l'existence du désinvestissement générateur de la retenue à la source au titre de l'IRVM ; la preuve contraire étant difficile à rapporter. La présomption de distribution s'applique aussi aux cas de diminution ou d'annulation d'un déficit. En effet, la déclaration d'un déficit causé par des transferts indirects à l'étranger est assimilable à une distribution bien que la réintégration ne fasse pas apparaître un solde bénéficiaire imposable. Toutefois, on peut s'interroger sur l'exigibilité de l'IRVM dans le cas où la société apparentée, étrangère, bénéficiaire des sommes réintégrées, n'est ni actionnaire ni associée[998], encore moins porteur des parts. Si l'on s'en tient aux termes de l'article 180 du CGI, seules les répartitions faites aux associés, actionnaires peuvent être considérées comme des revenus distribués. Exclusion étant faite aux tiers, fussent-elles sociétés-sœurs implantées dans un Etat étranger. On soulignera que cette analyse conduit à réduire considérablement le champ d'application de la notion de revenus distribués de l'article 180 du CGI, alors que la notion de sociétés dépendantes est perçue dans un sens très large, en matière de prix de transfert. D'où l'existence d'une parfaite contradiction entre ces deux notions qui peuvent favoriser les transferts indirects de bénéfices entre sociétés-sœurs, sans que leur redressement soit passible de l'IRVM. On pourrait en revanche raisonner à partir des dispositions conventionnelles qui consacrent la notion de transfert indirect de bénéfices et autorisent en conséquence les redressements. Ainsi, les sommes réintégrées ayant la qualification conventionnelle de bénéfices, seraient soumises à l'IRVM du fait de leur désinvestissement. En partant donc des conventions fiscales, on rejoindrait la

---

certaines redistributions de dividendes par une société mère, les dividendes distribués de sociétés d'investissement et clubs d'investissement agréés par le Ministre des finances et des produits des obligations versées à des personnes morales non établies dans l'un des pays membres de l'UEMOA. On notera que les sociétés étrangères, passibles de l'impôt BIC en Côte d'Ivoire, sont redevables de l'IRVM, sous réserve des conventions fiscales internationales, à raison des bénéfices qu'elles réalisent sur le territoire.

[997] Sont en effet considérés comme revenus distribués :
tous les bénéfices ou produits qui ne sont pas mis en réserve ou incorporés au capital ;
toutes les sommes ou valeurs mises à la disposition des associés, actionnaires ou porteurs de parts et non prélevés sur les bénéfices.

[998] Il n'est pas surprenant qu'une entreprise étrangère ayant un lien de dépendance avec une entreprise ivoirienne n'ait pas les qualités d'actionnaire, d'associée ou de porteur de part. On se rappellera qu'en matière de prix de transfert la notion de dépendance est entendue dans sa conception la plus large : une dépendance de droit et une dépendance de fait. Cette dernière dépendance peut expliquer les liens contractuels ou économiques entre une société ivoirienne et son homologue étrangère. Même dans l'hypothèse de la dépendance de droit, on peut évoquer le cas des sociétés-sœurs qui peuvent ne pas être associées ou actionnaires de la société locale.

notion de revenus distribués du droit interne. En dépit de la faiblesse de son fondement juridique, l'argumentation présente au moins l'avantage de lutter efficacement contre les transferts indirects de bénéfices entre sociétés juridiquement indépendantes, mais sous dépendance économique.

Quoiqu'il en soit, le problème de l'assiette de la retenue à la source doit être résolu. La base imposable est normalement constituée par le montant des sommes intégrées diminué de l'impôt sur les BIC[999]. Dans le cas d'un déficit, l'IRVM doit être liquidé sur la totalité de la réintégration, l'Administration fiscale n'ayant pu percevoir son « dû » au titre de l'impôt sur les bénéfices. Adopter toute solution contraire serait méconnaître l'objectif recherché par l'article 38 du CGI, à savoir la lutte contre l'évasion fiscale internationale. Au même titre que la lutte contre la fraude et l'évasion fiscales internationales, la double imposition est une préoccupation majeure tant pour les administrations fiscales que pour les entreprises multinationales. Ce d'autant plus que la rectification des bénéfices indûment transférés, consubstantielle au contrôle des prix de transfert, soulève subséquemment le problème du traitement de la double imposition qui en résulte.

La procédure d'ajustement corrélatif à la rectification. Lorsqu'un bénéfice a été transféré indirectement à l'étranger et que l'Administration a prouvé la réalité du transfert, la protection de la souveraineté fiscale ivoirienne et partant, l'application du principe de territorialité, conduisent à restituer à l'opération son véritable caractère. A cet égard, le redressement opéré sur le fondement de l'article 38 du CGI autorise le Fisc à rectifier le montant des sommes transférées dans les résultats de l'entreprise ivoirienne. Le rehaussement de la base imposable pose la question essentielle des ajustements corrélatifs. Ce d'autant plus qu'il est à l'origine d'une double imposition économique dans la mesure où, à l'imposition du bénéfice indirectement transféré de son lieu d'origine, en l'occurrence la Côte d'Ivoire, s'ajoute le maintien de son imposition au lieu de sa réception, c'est-à-dire au niveau de l'entreprise apparentée située sur le territoire étranger. On peut illustrer le phénomène de la double imposition économique de la façon suivante : Soit une filiale ivoirienne spécialisée dans le négoce qui vend à sa société-mère suisse une quantité donnée de cacao à un prix minoré.

A la suite d'un contrôle fiscal, particulièrement au cours de la vérification de comptabilité, l'Administration ivoirienne estime que le produit vaut 12 000 000 FCFA au lieu 6 000 000 FCFA, soit une réintégration 6 000 000 FCFA dans les résultats de la filiale ivoirienne.

- En Côte d'Ivoire, l'impôt sur les BIC (6 000 000 F x 25% = 1 500 000 F) et l'IRVM (6 000 000 F x 12% = 720 000 F) entraînent une

[999] L'article 184 du CGI, alinéa 7 dispose à cet effet que « pour les autres revenus ayant le caractère de revenus distribués, [« la base imposable est constituée »] par tous les éléments déterminés par l'administration. »

surcharge de 2 220 000 F (1 500 000 F + 720 000 F), soit 6 000 000 F x 37% (25% + 12%).

- En Suisse, les 6 000 000 FCFA sont, par hypothèse, soumis à l'impôt sur les sociétés au taux de 15%.
- Le taux global devient alors : 37% (en Côte d'Ivoire) + 15% en Suisse.

On notera également que le problème de la double imposition économique se manifeste aussi dans l'opération inverse : la filiale ivoirienne achète des engrais à 12 000 000 F CFA à sa société-mère, prix considéré comme anormalement élevé par le Fisc ivoirien qui procède à une rectification et porte le prix à 6 000 000 F CFA ; le taux global d'imposition reste identique : 37% en Côte d'Ivoire et 12% en Suisse. A l'exception de la convention fiscale passée avec le Canada, aucune disposition conventionnelle ne prévoit l'ajustement à pratiquer, la règle de conduite à suivre par la filiale implantée en Côte d'Ivoire ou la maison mère située à l'étranger, consécutive au redressement. Les conventions fiscales se contentent de poser le principe de la réintégration sans en dégager les conséquences sur l'imposition du siège étranger. En se référant à l'interprétation littérale de la convention, un Etat contractant peut bien ne pas tenir compte des redressements fiscaux intervenus, sans violer la convention fiscale signée avec la Côte d'Ivoire. Toutefois, une telle attitude ne serait pas conforme à l'un des fondements essentiels des conventions fiscales, à savoir éliminer la double imposition internationale. Ainsi, les entreprises multinationales, et non les Etats, subissent un préjudice direct : d'où la nécessité des solutions retenues en droit conventionnel.

La procédure spéciale d'ajustement prévue dans la convention passée avec le Canada. La meilleure façon de régler efficacement la question de la double imposition consiste à opérer un ajustement des résultats à l'étranger dans l'Etat de réception des sommes réintégrées en Côte d'Ivoire. En ce sens, la convention signée entre la Côte d'Ivoire et le Canada, (CICAN), est assez spéciale, dans la mesure où elle constitue la seule convention ayant prévu un tel dispositif. L'article 9-2 de la convention CICAN affirme clairement que « *lorsqu'un Etat contractant inclut dans les bénéfices d'une entreprise de cet Etat – et impose en conséquence- des bénéfices sur lesquels une entreprise de l'autre Etat contractant a été imposée dans cet autre Etat, et que les bénéfices ainsi inclus sont des bénéfices qui auraient été réalisés par l'entreprise du premier Etat si les conditions convenues entre ces deux entreprises avaient été celles qui auraient été convenues entre des entreprises indépendantes, **l'autre Etat procède à un ajustement approprié** du montant de l'impôt qui a été perçu sur ces bénéfices...* ». Cette disposition pose en effet le principe de l'ajustement des résultats d'une entreprise canadienne dont le partenaire ivoirien a subi un redressement de ses bénéfices parce qu'ils n'étaient pas conformes au prix de pleine concurrence. Concrètement, cette correction peut s'effectuer soit par une révision des bénéfices imposables au Canada, soit par un dégrèvement au Canada correspondant à l'impôt payé en Côte d'Ivoire au titre du redressement. Le premier système vise un bénéfice conforme à une situation de pleine concurrence, quand le second élimine la double imposition par un recours au procédé de l'imputation intégrale. Même si la convention n'indique pas un choix, il y a lieu de penser que le Canada pratiquera l'imputation intégrale[1000].

Par ailleurs, conformément aux dispositions de l'article 9-3 et 9-4, la convention CICAN est enfermée dans une double limite, à l'égard de l'obligation d'ajustement imposée au Canada : une limite temporelle et une limite matérielle. En ce qui concerne la limite temporelle, il convient de signaler que l'obligation de correction produit ses effets dans les délais prévus par le droit interne canadien, sans toutefois dépasser 5 ans à compter de l'année au cours de laquelle les bénéfices qui feraient l'objet d'un tel réajustement auraient été réalisés en Côte d'Ivoire. Pour ce qui est de la limite matérielle, l'Etat est dispensé de l'obligation de correction en cas de fraude, d'omission volontaire ou de négligence. En d'autres termes, le transfert indirect de bénéfices rectifié en Côte d'Ivoire doit constituer un cas d'évasion fiscale internationale. Mais, à quel niveau s'apprécie la fraude ? L'article 9-4 de la convention reste muet sur la question. On serait donc tenté de recourir à la Convention modèle proposée par l'OCDE qui invite à un ajustement automatique dès que le prix pratiqué au Canada n'est pas celui de pleine concurrence. Toutefois, les commentaires du modèle de convention tempèrent le caractère automatique de l'ajustement, en indiquant, pour ce qui est de notre convention, que l'Etat Canadien n'opère d'ajustement que s'il estime que les bénéfices rectifiés correspondent bien à ceux qui auraient été constatés si les transactions avaient été conclues en toute indépendance. Ce qui revient à considérer que le Canada contrôlerait le bien-fondé de la réintégration opérée en Côte d'Ivoire par rapport à des bénéfices réalisés dans les relations d'affaires en toute indépendance.

Il semble donc logique de juger le transfert à partir de la Côte d'Ivoire, c'est-à-dire, accorder l'appréciation des actes frauduleux à l'Etat de la source. Une telle solution parait plus réaliste parce qu'elle est conforme au but poursuivi, sanctionner les transferts indirects de bénéfices vers le Canada. Quelles que soient ses modalités d'application, le moyen de rectification des résultats suppose une imposition supplémentaire au titre de la réintégration. Cette imposition étant fondée, de l'avis du Fisc ivoirien, sur l'anormalité des prix de transfert pratiqués, la question essentielle est celle de l'appréciation du prix normal ou plus exactement du prix anormal. Dans

---

[1000] Sauf application du crédit d'impôt fictif, le Canada a fait le choix dans la convention avec la Côte d'Ivoire de la méthode de l'imputation intégrale comme règle de principe pour l'élimination de la double imposition internationale. Voir Art. 22-1 de la Convention.

notre cas, cet obstacle à la correction des résultats ne peut disparaître que si le Canada approuve sans contrôle le redressement opéré en Côte d'Ivoire. Dans ce cas, le recours à la procédure amiable s'avère indispensable.

Le mode traditionnel d'ajustement corrélatif prévu dans toutes les conventions : la procédure amiable. Prévue dans presque toutes les conventions fiscales[1001] signées par l'Etat de Côte d'Ivoire, la procédure amiable trouve son fondement dans les dispositions de l'article 25 des Modèles de convention de l'ONU et de l'OCDE. Cette procédure, très courante permet de réunir les autorités compétentes de chaque Etat où sont implantées les parties à la transaction afin que ces derniers éliminent la double imposition[1002] qui est susceptible de résulter de l'ajustement de prix de transfert[1003]. La question qui vient d'emblée à l'esprit est celle de savoir si l'on peut y recourir en matière de transfert indirect de bénéfices. Contrairement au doute qu'a pu émettre un auteur, c'est plutôt par l'affirmative que nous répondons à cette préoccupation[1004]. Autrement dit, les redressements effectués par le Fisc ivoirien, trouvant leur justification dans l'application du principe de pleine concurrence, s'intègrent bien dans le domaine défini par l'article 25 du Modèle de convention[1005]. D'ailleurs, sur ce point, la position de l'Administration française est assez claire, lorsqu'elle indique que figurent au rang des problèmes classiques, pouvant être soumis aux autorités compétentes, « les relations entre personnes apparentées, c'est-

---

[1001] Voir. art. 23 – CICAN et CINOR ; art. 24 – CIBEL et CITAL ; art. 25 – CIRFA ; art. 25 – CIFRA et art. 42 – CIMAL.

[1002] Le but de la procédure amiable est, d'une manière générale, d'éliminer par voie d'accord amiable, les difficultés d'application et d'interprétation des conventions. En effet, les conventions prévoient le recours à la procédure amiable dans trois séries de cas : le règlement de la situation du contribuable faisant l'objet d'une imposition non-conforme aux dispositions de la convention ; la recherche d'une solution aux problèmes relatifs à l'interprétation ou à l'application de la convention ; la concertation en vue d'éliminer la double imposition dans les cas non prévus par la convention. Voir B. PLAGNET, Droit fiscal international, Litec 1986, n°611, p. 311 ; et du même auteur, La procédure amiable, J. – CL. Fiscal ID, Fasc. 15 B et J. – CL B et J. - CL. Fiscal international, Fasc. 350-B.

[1003] Expliquer les notions d'ajustement primaire, corrélatif et secondaire.

[1004] A priori, si l'on se fonde sur le fait que la double imposition internationale est économique et non juridique – tout au moins dans les relations entre une filiale ivoirienne et la société-mère étrangère – la procédure amiable ne saurait trouver à s'appliquer : une interprétation restrictive des clauses conventionnelles qui visent la « personne » ou le « contribuable » victime de la double imposition s'oppose à l'utilisation de l'institution conventionnelle. Voir Z. TOGBA, *Thèse précitée*, p. 399.

[1005] De fait, la double imposition peut avoir pour conséquence, soit le refus de l'autre Etat contractant de prendre en compte la rectification opérée en Côte d'Ivoire, soit une contestation de la régularité du redressement au regard des conditions posées par la convention. Dans une telle hypothèse, il y a une violation manifeste de l'esprit de la convention, le redressement étant fondé sur une clause conventionnelle, notamment l'article 9 de la Convention modèle de l'ONU. Dans l'autre Etat, il se pose le problème d'interprétation de la convention. Qu'il s'agisse de la difficulté d'application de la convention ou de l'élimination de la double imposition, les dispositions des différentes conventions passées permettent de régler la situation.

à-dire tous les problèmes de transfert, allocations de dépenses, relations financières, […], entre sociétés d'un même groupe »[1006]. Du point de vue du déroulement de la procédure, les conventions attribuent l'initiative de la saisine des autorités compétentes à l'entreprise victime de la double imposition. Le délai de saisine varie en fonction des conventions. Il est de trois ans selon la convention signée avec la Belgique, de deux ans conformément aux conventions passées avec le Canada et l'Italie, et à compter de la première notification de la mesure ayant entraîné la double imposition. Rappelons qu'aucun délai n'est prévu dans les autres conventions[1007]. On notera également que les conventions conformes au Modèle de l'OCDE se déroulent généralement en deux temps : la première phase se situe uniquement dans l'Etat de résidence ou de nationalité ; la seconde phase se place au niveau des rapports entre les deux Etats contractants.

Cette procédure, plus rigide, s'oppose à celle prévue par la convention signée par la Côte d'Ivoire et la France, qui paraît plus souple puisqu'elle admet la possibilité de saisine des autorités des deux Etats. Aux termes de ladite convention, l'entreprise requérante doit apporter la preuve que « les mesures prises par les autorités fiscales des gouvernements contractants ont entraîné pour lui une double imposition »[1008]. On peut légitimement reconnaître que la charge de la preuve est plus lourde dans la convention CIFRA que celle imposée dans les autres conventions. Puisque celles-ci stipulent simplement que la procédure amiable peut être engagée « lorsqu'une personne estime que les mesures prises par l'autre Etat ou par les deux Etats contractants entraînent ou entraîneront pour elle une double imposition non-conforme aux dispositions de la présente convention ». On peut donc dire que ces conventions sont, sur certains points, conformes au Modèle de l'OCDE, dans la mesure où elles ne prescrivent aucun formalisme particulier, les autorités compétentes des Etats contractants pouvant communiquer directement entre elles en vue de parvenir à un accord[1009]. En revanche, la convention passée avec la France insère la procédure amiable dans un cadre institutionnel. En effet, les autorités compétentes peuvent s'entendre directement si le bien-fondé de la demande est reconnu. Mais, s'il apparaît que pour parvenir à une entente, des pourparlers soient opportuns, l'affaire est déférée à une Commission mixte paritaire, présidée alternativement par un membre de chaque délégation[1010].

[1006] Voir. Instr. Du 4 mars 1986, BODGI 14 F - I – 86, DF 1986, n° 13, ID. – 8730.

[1007] La question du délai est essentielle compte tenu de la complexité des problèmes soulevés par les prix de transfert. Il faut laisser un temps nécessaire afin que les administrations puissent s'organiser et instruire convenablement la procédure.

[1008] Art. 41 de la convention CIFRA, al. 1er.

[1009] La convention signée avec le Canada prévoit également une telle clause. Voir Art. 23 – al. 4 de la convention CICAN.

[1010] Art. 41 de la convention CIFRA, al. 3.

Dans la pratique, les autorités compétentes se déterminent en fonction des dispositions de la convention ainsi que des règles de leurs législations fiscales respectives. Par ailleurs, elles peuvent comme dans les recours judiciaires ou en matière d'arbitrage, se fonder sur des considérations d'équité dans la recherche d'une solution. Aussi, force est de constater que la marge d'appréciation laissée aux autorités compétentes, s'avère très importante. Au demeurant, comme le souligne le Professeur Plagnet, les Etats sont simplement tenus d'une obligation de « diligence », de moyen et non de « résultat » pour ce qui est de la réalisation d'un accord amiable[1011]. C'est pourquoi, le contribuable aura tout intérêt à introduire une instance contentieuse interne puisque les juridictions nationales ne sont pas liées par les termes de l'accord, éventuellement conclu, comme l'atteste une décision rendue en droit français[1012]. Est-ce sans doute la raison pour laquelle les entreprises multinationales sont dissuadées de recourir à cette procédure. Au surplus, la procédure n'est pas contraignante pour les Etats, dans la mesure où elle ne fait obligation aux Etats que de négocier, ceux-ci n'étant pas tenus d'arriver à un accord[1013]. Il est même possible qu'ils n'y parviennent pas du fait de divergences entre les législations nationales. Enfin, l'un des défauts majeurs de la procédure amiable réside dans ce que l'administration fiscale joue en la matière un rôle particulièrement douteux, étant à la fois juge et partie. A cet égard, il convient de souligner que la double imposition n'affecte pas que les seuls intérêts du contribuable. Elle porte également atteinte aux droits du Fisc. Dès lors, dans l'hypothèse où les autorités compétentes conviennent de supprimer la double imposition contestée, il est certain que cela se fera au détriment de l'une ou l'autre souveraineté fiscale concernée.

Or, il a été constaté que dans cette procédure tout est laissé au pouvoir discrétionnaire des autorités compétentes. Ce sont elles qui décident de la recevabilité de la demande. Aussi, rien ne les oblige à rechercher une conciliation avec l'administration étrangère et *a fortiori* à trouver une solution. En définitive, on peut affirmer que cet instrument conventionnel de lutte contre la double imposition résultant de l'application de l'article 38 du CGI est d'une efficacité relative. Non seulement parce qu'il est dépourvu de garanties réelles à l'égard de l'entreprise multinationale, mais également du fait de sa procédure qui peut se révéler souvent très longue et de ses résultats parfois incertains. C'est sans doute la raison pour laquelle certains Etats tentent d'étoffer ce dispositif afin de rassurer les investisseurs internationaux. On notera particulièrement le recours à des conventions d'arbitrage, soit dans un cadre bilatéral ou multilatéral. L'article 41 de la

---

[1011] B. PLAGNET, La procédure amiable, art. préc., p.6.
[1012] CE, 13 mai 1983, n° 28, DF 1983, n° 29-30, com. 1568, concl. Bissara ; D.S. 1983, 398, note TIXIER et A. FOUCAULT.
[1013] B. GOUTHIERE, Les impôts dans les affaires internationales, op., n° 2652, p. 837.

convention OCAM, alinéa 4 ne stipule-il pas qu'« en cas de désaccord persistant, les Etats intéressés désignent d'un commun accord un arbitre dont la décision s'impose aux parties ». Evidemment, l'intérêt de la clause arbitrale est réel, d'autant plus qu'elle permet de muer l'obligation de moyens qui pèse sur les autorités compétentes dans le cadre d'une procédure amiable en obligation de résultat. Par ailleurs, afin de faciliter le contrôle des prix de transfert et d'améliorer la protection des contribuables au regard du risque de double imposition, l'OCDE recommande la mise en place plus systématique des contrôles fiscaux. Cette procédure constitue un moyen pragmatique pour déterminer les obligations des firmes multinationales et assure un meilleur respect de la réglementation des prix de transfert[1014]. Encore que là, on ne se situe plus dans le contrôle institué par les dispositions de l'article 38 du CGI à proprement parler, mais dans le cadre des dispositions conventionnelles de contrôle.

Parag II : Un instrument souvent méconnu du contrôle fiscal, en droit conventionnel

L'assistance administrative internationale. Au cours des développements précédents, on a suffisamment mis en lumière l'objet des conventions fiscales, à savoir éliminer les doubles impositions. Si un tel objectif paraît essentiel, il doit cependant être mis en parallèle avec celui de lutte contre l'évasion et la fraude fiscales internationales. D'ailleurs, ce dernier est parfois perdu de vue. Et pourtant, il constitue avec l'élimination des doubles impositions les deux faces d'une même réalité conventionnelle. C'est donc à raison qu'il figure expressément dans le titre de la plupart des conventions passées par l'Etat de Côte d'Ivoire. Certaines conventions lui préfèrent le concept « d'assistance administrative internationale »[1015]. Cela ne doit pas pour autant égarer le lecteur. Puisqu'il ne s'agit que d'une simple périphrase, une sorte de figure de style, qui désigne le contenant par son contenu. C'est pour ainsi dire le but assigné à l'assistance administrative internationale : lutter contre toute forme de fraude et d'évasion fiscales internationales. Parmi les exceptions notables, on notera avec curiosité la convention ivoiro-suisse du 23 novembre 1987 signée à Abidjan, la Suisse ayant fait sur ce point une réserve importante. Etant donné que le système de la territorialité de l'impôt adopté confine l'expression de la souveraineté fiscale de la puissance publique en principe à l'intérieur de sa sphère territoriale, il s'est avéré plus que nécessaire de trouver des instruments de contrôle en vue d'agir au-delà des frontières nationales. Dans le cadre des

[1014] Les groupes multinationaux peuvent y trouver leur avantage car elle permet de déceler plus tôt les éventuels différents entre Etats et de réduire les délais entre les redressements effectués et la mise en œuvre des procédures amiables.

[1015] Voir, notamment la convention passée avec la France.

conventions fiscales, cette nécessité se traduit par l'assistance administrative internationale. En tant que telle, elle permet non seulement d'annihiler la limitation du pouvoir fiscal de l'Etat à ses frontières, mais surtout de favoriser une coopération fiscale internationale susceptible de combattre les pratiques préjudiciables à l'essor du commerce international dans un contexte de saine concurrence.

En pratique, elle s'organise selon « une procédure d'échanges d'informations », déterminant les modalités de l'assistance[1016] (A). Cependant, si a priori ce mode de contrôle original des opérations semble être une technique efficace, puisqu'il vient pallier les insuffisances du dispositif de droit interne, force est de reconnaître que sa mise en œuvre peut s'avérer délicate. La grande propension des Etats à s'arcbouter derrière leurs intérêts propres nous amènera l'inclusion dans les conventions de clauses qui amenuisent considérablement l'efficacité de cet instrument complémentaire de vérifications des opérations internationales (B). Sans doute, ces limites justifient que cet instrument de coopération internationale soit parfois méconnu des Etats dans l'exercice de leur contrôle fiscal. Or, compte tenu de l'objectif assigné à ce dispositif conventionnel, à savoir lutter contre la fraude et l'évasion fiscales, les autorités ivoiriennes en accord avec leurs homologues étrangères gagneraient à être plus pragmatiques, et à améliorer l'efficacité du cadre juridique des moyens d'échanges de renseignements (C).

A. Les modalités de l'assistance administrative à l'assiette

Plan. Généralement, les dispositions relatives à l'assistance administrative internationale, qui figurent à la fin des conventions, ont pour objet d'appliquer les dispositions de la convention ou celles de la législation interne des Etats contractants relatives aux impôts visés par la convention, dans la mesure où l'imposition n'est pas contraire à celle-ci. Parce qu'elle permet de demander des renseignements en vue de l'application des mesures prévues par la législation interne, l'assistance administrative contribue à lutter contre l'évasion et la fraude fiscales. Cet échange de renseignements entre les administrations fiscales peut revêtir trois formes. Celles-ci n'étant d'ailleurs pas exclusives les unes des autres, varient selon qu'elles sont faites sur demande, obtenues d'office ou spontanément. Quelle que soit la modalité

[1016] L'instrument de contrôle des prix de transfert mis à la disposition des Etats par le biais des conventions fiscales que constitue l'assistance administrative internationale recouvre à la fois l'assistance au recouvrement et l'échange de renseignements. Seule cette dernière variante retiendra notre attention parce que c'est elle qui intéresse l'établissement de l'assiette de l'impôt susceptible d'être éludé, lors des transactions intragroupe.

d'échanges de renseignements pratiqués, la nature des informations sollicitées doit être aussi claire que possible[1017].

1. L'échange de renseignements sur demande

Forme la mieux élaborée. On considère à juste titre que l'échange de renseignements sur demande est la forme la mieux élaborée de l'assistance administrative consistant à « demander les renseignements concernant un contribuable déterminé et pour un cas précis »[1018]. A l'exception des conventions CIFRA, CIMAL et OCAM, les autres conventions signées par la Côte d'Ivoire ne mentionnent aucune des modalités de l'assistance administrative. Mais, on présume bien que l'échange de renseignements pourrait prévaloir. Tout d'abord parce qu'il n'existe pas une tradition d'échanges des renseignements entre l'Administration ivoirienne et ses homologues étrangères. En outre, les Etats ne sont nullement enclins à livrer par eux-mêmes les informations obtenues lors de leur vérification fiscale en dépit de l'intérêt qu'elles puissent présenter pour les autres Etats contractants. Il s'agit d'être très précis, car « les demandes insuffisamment individualisées seront rejetées, comme celles qui se borneraient à requérir la liste des personnes possédant des biens ou revenus d'une nature déterminée »[1019]. Ainsi, le Fisc ivoirien peut demander des renseignements sur l'identité du bénéficiaire de redevances, de dividendes, d'intérêts de source ivoirienne, sur les relations spéciales entre le bénéficiaire et le débiteur ivoirien. Des informations capitales sur les prix des transactions intragroupe peuvent être de cette façon obtenues, pour ce qui est des entreprises apparentées étrangères. Quoique largement répandue, certains auteurs estiment que cette forme d'assistance a une portée limitée aux transferts et ajustements corrélatifs de bénéfices et au calcul du taux effectif d'imposition[1020]. Pour d'autres, l'échange sur demande est la formule la plus simple généralement admise par les administrations fiscales lorsqu'elles contrôlent la situation fiscale d'un contribuable opérant à l'étranger[1021]. L'échange de renseignements d'office constitue la deuxième variante de l'assistance administrative. Il se distingue des renseignements obtenus sur demande, en ce que les Etats contractants se transmettent souvent, sans demande préalable et périodiquement, des informations relatives à une ou plusieurs catégories de revenus […] ayant leur source dans un Etat et perçus par un résident de l'autre Etat.

[1017] L'échange des renseignements doit viser selon des cas concrets, excluant par là même, la communication d'informations générales.

[1018] G. ORSINI, « La coopération des administrations fiscales », *Les Petites Affiches,* n°97, 15 mai 2002, p. 50 et s.

[1019] G. GEST et G. TIXIER, *op. cit.,* p. 553.

[1020] *Ibidem, op. cit.,* p. 199

[1021] P. DIBOUT, « La modernisation des réponses à la fraude », in L. CADIER et E. NEVEU (dir -), *Regard sur la fraude fiscale*, Economica, Paris, 1986, p. 52.

2. L'échange de renseignements d'office

Procédure plus régulière, donc relativement efficace. La technique de l'échange de renseignements d'office instaure une procédure plus régulière pour la collecte d'informations, consistant pour les Etats contractants à se soumettre, automatiquement, des données fiscales. Il peut s'agir principalement de revenus de source ivoirienne perçus par des résidents des autres Etats contractants. A cet effet, les conventions CIFRA, CIMAL et OCAM prévoient que la liste des informations fournies d'office est dressée d'un commun accord entre les Administrations des Etats contractants. Il va sans dire que dès lors que les autorités compétentes se sont accordées sur ces modalités, les renseignements relatifs à des revenus de valeurs mobilières ayant leur source dans un Etat contractant sont transmis systématiquement à l'autre Etat. En raison du développement des échanges commerciaux entre la Côte d'Ivoire et certains Etats, notamment la France, les Pays-Bas et l'Allemagne, « la systématisation » des échanges d'informations mérite d'être soutenue et gagnerait sans doute à s'élargir au-delà de son domaine traditionnel. Force est de souligner que les conventions CIMAL et OCAM présentent sur la question une certaine originalité. Selon elles, les Etats ont la possibilité d'instituer une procédure de vérification conjointe « lorsque certains contribuables installés dans chacun des Etats intéressés présentent dans leurs opérations des comptes de liaison entre succursales ou filiales. »[1022] A cet égard, la convention OCAM stipule que la procédure pourra être déclenchée par l'administration fiscale d'un Etat contractant qui en avisera les autres. En revanche, dans la convention CIMAL, cette précision est sous-entendue, sans doute du fait de son caractère bilatéral. En tout état de cause, cette procédure originale de contrôle simultanée est un facteur discriminant des autres formes d'échanges d'informations, notamment par rapport à l'échange spontané de renseignements.

3. L'échange spontané de renseignements

Une procédure marginale. Lorsqu'une administration détient un certain nombre d'informations qu'elle juge utile à son homologue étrangère, elle peut spontanément les mettre à sa disposition. Il s'agit en principe de tous renseignements disponibles ou découverts lors des différents contrôles, sur pièce ou sur place, de nature à intéresser l'administration étrangère soit parce qu'ils donnent une indication de la fortune ou du train de vie, ou enfin d'une manière générale, parce qu'ils révèlent ou laissent supposer qu'une fraude a été commise dans l'autre Etat. Mais, selon le groupe d'experts de l'ONU[1023], ces informations fournies de façon spontanée par l'administration des impôts de l'Etat A doivent être communiquées exclusivement, et conformément aux

---

[1022] Voir. Conventions Art. 38-4° CIMAL et art. 37-4° OCAM.
[1023] Voir G. GEST et G. TIXIER, *op. cit.*, p. 554.

termes de la convention, à l'administration des impôts de l'Etat B. C'est dire, toute possibilité de détournement de procédures doit être écartée de ce chef. Même si les autorités de l'Etat qui reçoivent les renseignements pourraient raisonnablement croire qu'ils puissent présenter des intérêts certains pour d'autres fins que ceux ayant fait l'objet de la communication, cet Etat n'est pas en droit de les utiliser à ces fins. De surcroit, ce dernier ne saurait les communiquer à une autre administration, fut-elle des Douanes. Est-ce sans doute la raison pour laquelle l'échange spontané des renseignements semble demeurer marginal[1024]. Pour utile qu'elle soit, l'assistance administrative souffre d'un ensemble de limites, tenant notamment à la législation interne des Etats, qui certes ne la remettent pas en cause au fond, mais en réduisent véritablement le contenu et conséquemment l'efficience.

B. Les limites de l'assistance administrative à l'assiette

Problème. Conscients de l'intérêt que la fraude et l'évasion fiscales vont bien au-delà des frontières nationales et que nul ne peut agir de manière isolée, les Etats n'ont pas hésité à adopter une approche nouvelle de coopération administrative mutuelle et d'entraide réciproque. En pratique, cette approche s'est matérialisée par le renforcement des dispositions conventionnelles, notamment l'assistance administrative internationale. Pour autant, cet instrument qui prévoit, entre autres, l'échange de renseignements déroge aux principes traditionnels de la souveraineté fiscale des Etats[1025]. Compte tenu de son caractère dérogatoire, la portée de cette assistance ne saurait être absolue. Elle doit plutôt s'exercer dans le cadre des pouvoirs d'investigation et de contrôle des administrations fiscales sans entraîner leur élargissement et s'opérer « sous réserve de réciprocité »[1026]. Quoi de plus normal ! D'autant plus que la coopération fiscale, du moins toute coopération, ne saurait, par définition, être à sens unique. Quoique naturelle, « cette condition de réciprocité » peut être un véritable frein à l'efficacité des moyens d'échanges de renseignements entre des administrations fiscales étrangères. Ainsi, selon P. Michaud[1027], le principe de réciprocité est à l'origine « des problèmes de l'assistance fiscale internationale » dans la mesure où l'Etat requis n'est pas tenu de fournir les renseignements qu'il serait en mesure d'obtenir, lorsque des informations de même nature ne pourraient pas lui être communiquées par l'Etat requérant sur la base de sa législation ou de sa pratique administrative. A priori, l'assistance fiscale

[1024] *Ibidem.*

[1025] On explique cela par l'idée que les moyens et pouvoirs des administrations sont normalement mis en œuvre pour établir une imposition nationale et non pas pour aider un autre Etat.

[1026] B. PLAGNET, *op. cit.*, p. 320.

[1027] P. MICHAUD, « Les nouveaux problèmes de l'assistance administrative fiscale internationale », *Gazette du Palais,* 2, doctrine, 1985, p. 451 et s.

internationale semble présenter pour l'Etat un caractère obligatoire. En réalité, les restrictions à cette assistance sont telles que l'Etat a un pouvoir quasi-discrétionnaire quant aux suites à donner aux demandes formulées par l'Etat requérant. Dès lors, on peut légitimement reconnaître à la suite du Professeur Thierry Lambert que la communication de renseignements dans le cadre de l'assistance administrative « est une faculté, non une obligation, une opportunité à l'appréciation des Etats »[1028]. Il apparaît que les limitations à l'échange de renseignements peuvent être perçues à plusieurs niveaux, tantôt au regard du droit interne de l'Etat requis, tantôt à l'aune de celui de l'Etat requérant. Elles trouvent généralement leur fondement dans différentes clauses, liées au secret, à l'ordre public ou à « la législation » qui « produisent un effet variable sur l'échange de renseignements en matière de contrôle des prix de transfert »[1029].

La clause de législation. Le modèle de convention de l'ONU définit la clause de législation comme le principe selon lequel « l'échange de renseignements ne peut porter sur des informations que l'Etat requérant ne serait pas en mesure d'obtenir lui-même sur la base de sa propre législation ou de sa pratique administrative normale ». Cette limitation qui tient à la clause de législation obéit à des considérations de pure logique. De sorte que certains auteurs ont pu lui trouver une justification dans le principe de réciprocité de renseignements communicables[1030]. Une analyse attentive de la clause de législation peut conduire à délimiter son champ d'application selon trois hypothèses. La première variante de la limitation tient au fait que l'Etat auquel l'information est demandée ne peut valablement agir au-delà de ce que lui impose son droit interne. Et ce, même si en la matière l'Etat qui sollicite l'information dispose de larges pouvoirs.

A fortiori, dans l'hypothèse où ce dernier Etat serait incapable de recueillir ces renseignements, faute de moyens, l'Etat requis est fondé à se soustraire à son « obligation d'assistanat », car il serait injuste de le contraindre à les communiquer. On retrouve ainsi la seconde variante de la clause de législation. Quant à la troisième hypothèse, on doit considérer que l'Etat requis n'est pas obligé de communiquer des renseignements qu'il serait pourtant en mesure d'obtenir, lorsque de tels renseignements ne pourraient[1031] lui être transmis par l'Etat requérant, en raison de sa propre législation ou de sa pratique administrative. Ces différentes situations telles

---

[1028] Thierry LAMBERT, « Un aspect méconnu du contrôle fiscal : l'assistance fiscale internationale », *BF* 4/00, p. 216.

[1029] A. – G. HAMONIC – GAUX, *Le régime fiscal des prix de transfert pratiqués entre des sociétés françaises et américaines (le cas des droits de propriété incorporelle),* Thèse de Droit, Paris II, 1999, p. 200.

[1030] N. GHARBI, *op. cit.*, n° 603, p. 282.

[1031] La différence entre cette variante et la précédente réside dans le fait que dans un cas il ya une absence de moyens, alors que dans l'autre, les moyens y sont ; mais la volonté ne suit pas. Cette volonté résiderait dans la loi ou les pratiques administratives.

que présentées peuvent raisonnablement conduire à élargir le champ d'application de la clause de législation. Est-ce pour autant qu'il faudrait lui attribuer une portée absolue ? Nous ne le pensons pas. Car, il ne semble pas que la clause de législation doive être interprétée comme une limitation absolue à l'échange de renseignements. Même s'il convient de rappeler que le Comité des affaires de l'OCDE l'analysait initialement comme interdisant la communication d'informations qui « nécessiteraient des recherches spéciales ou un examen particulier de la comptabilité du contribuable ou des tierces personnes »[1032].

On se rend bien compte que le Comité des affaires fiscales a dû expressément revenir sur cette interprétation restrictive dans le nouveau commentaire donné[1033] sous l'article 26 du Modèle de convention. En ce sens, le Rapport de l'IFA est assez explicite. Puisqu'il estime que « si le fait de réciprocité est pertinent pour déterminer s'il ya lieu de donner une suite à la demande d'une partie au traité en pareil cas [...], la réciprocité ne devrait pas être demandée au coup par coup, à condition que, dans le contexte d'ensemble de l'échange des informations en vertu du traité, il existe une réciprocité générale et appropriée »[1034]. Quoi qu'il en soit, l'Etat requis, comme un juge de « l'opportunité », peut refuser de donner suite à une demande de renseignements, au nom de la clause de législation. Ce fondement n'est toutefois pas exclusif, puisque en d'autres circonstances « le refus de communiquer des informations » peut être basé sur des considérations strictement politiques, dont personne ne fait officiellement état, ou simplement invoqué au nom du *sacro-principe* du secret professionnel.

La clause du secret. Le secret professionnel auquel est astreinte l'administration fiscale ivoirienne tire sa source dans les dispositions de l'article 70 du Code général des impôts[1035]. Par delà son fondement textuel, la clause du secret peut revêtir un double aspect concernant d'une part le principe de spécialité. En vertu de cette règle, les informations reçues d'une

---

[1032] Voir Art. 26, § 2-16 du Modèle de convention de l'OCDE, 1963. Une telle lecture limitait l'échange aux seuls documents, notamment les déclarations, bulletins de recoupement, redressements, figurant au dossier fiscal du contribuable.

[1033] Voir Art. 26, § 2-16 du Modèle de convention de l'OCDE, 1977

[1034] B. GANGEMI, Rapporteur général lors du Congrès de l'IFA relatif à l'échange des informations dans le cadre de l'assistance administrative internationale, Cahier de Droit Fiscal International, Volume LXXV b, Congrès de Stockholm, 1990, p71.

[1035] Art 70 CGI : « *Est tenue au secret professionnel dans les termes de l'article 383 du Code pénal et passible des peines prévues audit Code toute personne appelée à l'occasion de ses fonctions ou attributions, temporaires ou permanentes, à intervenir dans l'assiette, le contrôle, le recouvrement ou le contentieux des impôts et taxes prévus par le CGI. Le secret s'étend à toutes les informations recueillies à l'occasion de ces opérations.*
Les fonctionnaires ayant au moins le grade de contrôleur appartenant aux cadres des Impôts et du Trésor doivent prêter serment avant leur titularisation. Ils sont ensuite commissionnés par le Ministre des Finances. »

administration étrangère « *ne doivent être utilisées que pour l'établissement ou le recouvrement des impôts même si elles sont susceptibles d'intéresser d'autres réglementations et de révéler des infractions d'une nature différente, par exemple à la législation sociale ou contrôle des changes* »[1036]. D'autre part, la faculté pour les Etats requis de refuser de fournir des renseignements qui dévoileraient un secret que ces Etats entendent protéger. Afin de mieux cerner cet aspect de la clause du secret, pour le moins essentiel, il vaut mieux mettre en perspective les notions de secret et d'échange d'informations. En effet, les renseignements qu'une administration serait à même de transmettre à son homologue étrangère dans le cadre de l'assistance à l'assiette dérogent à la règle du secret professionnel. *A priori,* cette transgression nous semble légitime, compte tenu de l'importance des objectifs visés : lutter contre la fraude et l'évasion fiscales internationales. Ainsi, l'insertion d'une clause d'assistance administrative à l'assiette dans une convention fiscale signée par la Côte d'Ivoire devrait suffire à délier les administrations ivoiriennes et étrangères de leurs obligations au secret pour tous les impôts visés par ladite convention.

On invoquerait à ce propos comme fondement le principe de la supériorité des traités par rapport à la législation interne. En pratique, la plupart des conventions signées par l'Etat ivoirien « comportent une disposition selon laquelle un Etat contractant ne saurait supporter l'obligation « de fournir des renseignements qui révèleraient un secret commercial, industriel, professionnel ou un procédé commercial ou des renseignements dont la communication serait contraire à l'ordre public »[1037]. De façon générale, ces expressions de secret commercial, de secret industriel et de secret professionnel se regroupent sous le même vocable de « secret des affaires ». Sous cette expression générique, il est tantôt opposé par l'Etat requis, tantôt imposé à l'Etat requérant pour justifier une limitation importante à la transmission de renseignements dans le cadre de l'assistance fiscale internationale. Reste à savoir au préalable, à déterminer ce que renferme un tel vocable. Autrement dit, que faut-il entendre par secret commercial, secret industriel ou secret professionnel, en un mot « le secret des affaires » ? En droit ivoirien, aucune disposition législative ou réglementaire, décision jurisprudentielle n'en donne de définition. On serait tenté, en fin de compte, de recourir à la signification que donne l'Organisation Mondiale de la Propriété Intellectuelle pour déterminer le mode de protection du secret des affaires. Elle définit d'une manière générale le secret des affaires comme étant « tout renseignement commercial confidentiel qui donne à une entreprise un avantage concurrentiel. Les

---

[1036] J. N. THOMAS, *Le contrôle fiscal des opérations internationales*, L'Harmattan, 2004, n°652, p. 309.

[1037] Voir notamment l'Art. 26 Convention fiscale signée entre la Côte d'ivoire et la France.

secrets d'affaires comprennent les secrets de fabrication ou les secrets industriels, ainsi que les secrets commerciaux »[1038]. Qu'est ce qui peut dès lors conférer à une entreprise un avantage concurrentiel ? Répondre à cette question revient également à se prononcer sur l'objet même des secrets d'affaires. Lequel objet est défini au sens large et inclut notamment les méthodes de vente, les méthodes de distribution, les profits des consommateurs, les stratégies publicitaires, les listes de fournisseurs et de clients et les procédés de fabrication. En droit français, la loi n° 78-753 du 17 juillet 1978 relative à l'Accès aux documents administratifs par la Commission d'Accès aux Documents Administratifs (C.A.D.A.) donne le même contenu à la notion[1039].

Une autre question qui vient à l'esprit est celle de savoir si les renseignements relatifs au prix, plus exactement aux prix de transfert puissent relever du secret des affaires. A notre sens, il ne doit faire l'objet d'aucun doute dans la mesure où les prix intragroupe portent sur des considérations économiques, stratégiques et techniques confidentielles et qu'ils confèrent, s'ils venaient à être divulgués, un avantage compétitif évident mais surtout anormal aux entreprises[1040]. En effet, ne convient-il pas de considérer que « la divulgation du montant des profits et dépenses d'une entreprise est toujours d'une certaine façon une entorse à un secret commercial »[1041] ou que « toute transaction simple implique une information confidentielle, qu'il s'agisse de marge bénéficiaire, de source de matières premières, que les parties considèrent certainement comme des secrets commerciaux »[1042]. En revanche, dans le cadre du contrôle des prix de transfert le caractère confidentiel des informations générales peut paraître assez douteux, notamment sur les prix de transfert. Ainsi, « en quoi la transmission de statistiques sur les revenus imposables, le nom et l'adresse d'un contribuable peut-elle révéler le procédé industriel ou commercial qui a permis au contribuable d'acquérir ce revenu »? [1043] Entre ces deux extrêmes,

---

[1038] http://www.wipo.int/sme/fr/ip_business/trade_secrets/trade_secrets.htm

[1039] Il faut considérer avec la C.A.D.A. que la notion de secret des affaires, c'est-à-dire de secret industriel et commercial, recouvre en premier lieu le secret des procédés techniques de fabrication, de travaux de recherches, et de manière générale, le « savoir-faire. En deuxième lieu, il recouvre les informations économiques et financières susceptibles de donner sur ces points une image de la « santé » mais également du crédit de l'entreprise. Enfin, en troisième lieu, le secret des affaires renvoie aux stratégies commerciales de l'entreprise ainsi que les contrats passés avec différents partenaires.

[1040] Cette position semble être celle de la doctrine américaine. Voir, notamment, G. HUFBAUER, "Model income tax treaties and exchange of information provisions, in Convention of inter-American Center of Tax Administrator", San Salvador, 1976, cite par S. GOLBERG, "USA Competence authority", *Bull. Of. Int. Fisc. Doc.*, 1986/10, p. 445.

[1041] G. GEST et G. TIXIER, *op. cit.*, p. 558.

[1042] B. GANGEMI, « Rapporteur général lors du Congrès de l'IFA relatif à l'échange des informations dans le cadre de l'assistance administrative internationale », *Cahier de Droit Fiscal International*, Volume LXXV b, Congrès de Stockholm, 1990, p72.

[1043] G. GEST et G. TIXIER, *op. cit.*, p. 558.

il est évident que la solution se situe à leur point « médian ». Elle consisterait finalement à considérer que toute donnée relative aux prix de transfert sur lesquels il pèserait de lourds soupçons de violation de la norme internationale de pleine concurrence, ne doit pas bénéficier de la clause de secret et subséquemment de la confidentialité. Par ailleurs, l'insertion d'une clause de secret dans les conventions fiscales relatives à l'assistance administrative peut s'expliquer « par le souci qu'a chaque Etat de protéger ses ressortissants contre tout risque d'indiscrétion, et par là même, notamment de ne pas désarmer l'économie nationale face à la concurrence étrangère »[1044]. Aussi est-il permis de considérer que l'existence de la clause de secret est « la manifestation d'une autre préoccupation des gouvernants, celle de sauvegarder l'ordre public, notion dont sont tirées d'autres restrictions apportées à l'assistance fiscale entre Etats »[1045].

La clause de l'ordre public. En raison du caractère dérogatoire à la souveraineté fiscale, reconnue à chaque Etat, la transmission des renseignements au titre de l'assistance fiscale internationale est généralement assortie d'une clause. En effet, l'Etat requis peut opposer une fin de non-recevoir à la demande de renseignements formulée par l'Etat requérant, s'il estime qu'une réponse favorable à une telle demande est de nature à porter atteinte à l'ordre public. Bien qu'elle n'ait aucun sens précis, la clause de l'ordre public devrait être entendue largement. Si l'on s'en tient aux commentaires de l'OCDE, elle vise les informations qui compromettraient les « intérêts vitaux de l'Etat ». Dans la réalité, la clause d'ordre public semble être, en fait, un moyen commode permettant à l'Etat requis d'opposer un refus à une demande d'informations sans avoir à en donner la motivation[1046].

C. Les moyens susceptibles d'améliorer les dispositions relatives à l'échange de renseignements

Le coût d'un échange de renseignements inadapté. L'échange de renseignements fiscaux doit rapidement pouvoir répondre aux défis de l'économie mondialisée et de l'expansion des activités transfrontalières à nos jeunes Etats. Car, les premiers à pâtir de son inadaptation seraient naturellement les gouvernements des pays en développement et dans une certaine mesure leurs citoyens. En premier lieu, parce que la fourniture de services publics aux administrés dépend pour une large part des recettes fiscales. La Côte d'Ivoire, comme la plupart des Etats, risque d'être contrainte de réduire ses prestations de services publics, si elle ne parvient pas à combattre les pratiques abusives en matière de prix de transfert qui

[1044] *Ibidem.*
[1045] G. GEST et G. TIXIER, *op. cit.*, p. 560.
[1046] *Ibidem.*

grèvent ses revenus. De la sorte, le Pays serait incité à accroître la charge fiscale qui pèse sur certains facteurs de production moins mobiles tels que le travail et la propriété immobilière, sans pour autant être à l'abri d'une aggravation de son déficit public. Deuxièmement, faute d'un échange d'informations susceptible de faire reculer l'évasion et la fraude fiscales, on verra perdurer la distorsion fiscale fondamentale qui aboutit à diminuer les revenus nets des « bons contribuables » au bénéfice de ceux qui ne s'acquittent pas de leurs obligations. Ceux-ci supporteront ainsi une plus grande part de la charge fiscale, non par une politique budgétaire mise en œuvre suivant un processus démocratique, mais par les politiques de fraude et d'évasion fiscales. Troisièmement, des échanges améliorés de renseignements contribueraient à économiser une partie des coûts engagés par les agents du Fisc dans leur chasse à la fraude transfrontalière. Ces économies permettraient de consacrer davantage de ressources à l'amélioration du service au contribuable. Enfin, si un nombre croissant de contribuables se mettent à franchir la frontière – physique ou par voie électronique – pour pratiquer quasi-impunément l'évasion ou la fraude fiscales, l'opinion publique finira par douter de l'équité de son système fiscal. C'est donc finalement pour préserver la confiance dans l'équité de ce système que nos Etats se doivent d'organiser un meilleur échange international de renseignements susceptibles de les aider à franchir l'obstacle des frontières fiscales.

Supprimer les obstacles à l'échange de renseignements. En dépit des limitations évoquées plus haut, il ne fait pas de doute que les conventions fiscales signées par la Côte d'Ivoire offre un cadre juridique étendu et efficace. Cependant, la mise en œuvre des dispositions relatives à l'échange de renseignements pourrait être améliorée. Par exemple, les pouvoirs publics ivoiriens pourraient prendre un ensemble de mesures de nature à permettre les agents de l'Administration fiscale d'accéder plus largement aux renseignements de source intérieure, en améliorant la qualité des informations disponibles, en utilisant mieux les mécanismes existants pour l'échange des renseignements ou encore en exploitant davantage les nouvelles technologies. Comme on l'a vu, les lois internes des pays concernés conditionnent généralement l'ampleur des échanges de renseignements qui s'effectuent en vertu des dispositions des conventions fiscales. De telles dispositions ne seront donc pas efficaces si la législation de chacun des deux pays, en l'occurrence la Côte d'Ivoire et l'autre pays signataire, ne permet qu'un accès minimal ou incommode aux renseignements à des fins fiscales. Il serait de la plus haute importance que les pays en question réévaluent les obstacles juridiques internes à l'obtention des renseignements qui, du fait de clauses de réciprocité des conventions fiscales, peuvent à leur tour les empêcher de recevoir des renseignements en provenance d'un autre pays. En pratique, la Côte d'Ivoire ne saurait attendre de l'autre partie contractante des renseignements qu'elle n'est pas elle-même en mesure de communiquer.

Un meilleur échange international dépend de la qualité – à améliorer – des renseignements disponibles au niveau national. Cela suppose la mise en place de mécanismes permettant de vérifier l'identité des personnes physiques ou morales entreprenant des transactions sur le territoire et l'enregistrement approprié de ces opérations. Le secteur bancaire semble être le meilleur exemple de ce qui devrait être fait dans ce domaine de l'identification des personnes et de la tenue de registres. Même si concrètement des efforts restent à faire en Côte d'Ivoire, le modèle français avec le FICOBA est assez révélateur, puisqu'il a permis de prévenir et de détecter efficacement les cas de fraude et de blanchissement de capitaux. Il est vrai par ailleurs que les Etats peuvent butter sur « le secret des affaires ». Cependant, il faut craindre que celui-ci ne soit utilisé finalement comme un paravent dans les affaires de fraude et d'évasion fiscales internationales. D'autant plus que le mécanisme consisterait à enregistrer une cascade d'entités dans des juridictions appliquant des dispositions strictes en matière de secret commercial, de secret industriel ou de secret professionnel. Dans cette perspective, une transparence plus accrue du capital des sociétés rendrait la vie plus difficile aux amateurs de la fraude et éviterait aux agents des impôts à démêler un écheveau inextricable pour identifier les véritables responsables de la transaction. Enfin, les procédures actuelles d'échanges de renseignements prennent souvent trop de temps. Un plus large recours aux nouvelles technologies de communication serait de nature à les abréger.

SECTION II : VERS LA CONTRACTUALISATION DES PRIX DE TRANSFERT

Présentation. Au cours des développements précédents, on a eu l'occasion de montrer que l'appréciation des prix de transactions intragroupe, en l'occurrence dans l'industrie de café et de cacao peut être une source réelle de dissensions entre entreprises multinationales et Administration. L'appréciation du prix, ou plus exactement de l'estimation de la valeur du produit échangé va inéluctablement varier selon qu'on se place d'un côté ou d'un autre. Les critères de perception ne sont pas toujours les mêmes, les intérêts des uns diffèrent généralement de ceux des autres. Tantôt, ce sont des considérations subjectives qui sont mises en avant. Tantôt, les préoccupations sont plutôt empreintes d'une certaine objectivité. Ces divergences d'approche peuvent non seulement conduire à la rectification des résultats éludés, mais également à une double imposition économique. Nous avons, par ailleurs, fait le constat de l'échec des différents mécanismes traditionnels de nature administrative et conventionnelle[1047] destinés à régler ce problème et à apaiser les relations conflictuelles entre le Fisc et les Multinationales. Or, cet aveu d'échec est plus que révélateur des limites de la puissance publique dans sa volonté de protéger sa base taxable par delà de sa souveraineté territoriale. Autrement dit, force est de reconnaitre en l'état actuel de notre législation, l'incapacité d'appréhender de façon efficace et globale un problème d'extrême complexité, que celui des prix de transfert. Est-ce la raison pour laquelle l'OCDE, à l'instar de plusieurs législations étrangères, recommande vivement de recourir à une forme de contractualisation des prix de transfert. Dès lors, le législateur ivoirien doit en tirer les leçons. Il doit se convaincre de ce que les enjeux d'un environnement fiscal international en profonde mutation commandent également un changement des rapports entre l'Administration et les entreprises. Des relations jusque-là conflictuelles et empreintes d'agressivité n'ont pas donné une entière satisfaction. C'est pourquoi, elles doivent donc nécessairement évoluer vers la voie d'une conclusion d'accords préalables à la réalisation des transactions (§I). Pour certains[1048], cette évolution n'est en réalité qu'une forme de révolution dans la mesure où elle participe du bouleversement des rapports de force entre Administration et entreprise, au regard de l'impôt. Comme toute révolution, elle peut susciter des craintes légitimes, emporter des velléités de résistance de part et d'autre, si le législateur n'y prend garde. Il gagnerait donc à définir avec clarté le cadre légal du dispositif ivoirien des accords préalables en matière de prix de transfert, de sorte à le rendre très attractif (§II).

Parag I : La nécessité d'évoluer vers des accords préalables en matière de prix de transfert

Le mécanisme de l'accord préalable en matière de prix de transfert est l'instrument de base de la contractualisation des procédures de fixation et de contrôle des prix de transfert. Technique d'origine anglo-saxonne, son adoption par l'OCDE et plusieurs droits internes consacre une doctrine internationaliste du droit fiscal fondé sur le libre échange[1049]. D'après l'OCDE, un accord préalable en matière de prix de transfert, (A.P.P.), « est un accord qui fixe, préalablement à des transactions entre entreprises

---

[1047] Les mécanismes traditionnels de nature administrative et conventionnelle sont relatifs aux techniques d'ajustement corrélatif et à l'assistance administrative d'échanges de renseignements. On peut y ajouter les contrôles fiscaux simultanés. Mais, cette dernière technique s'avère théorique puisqu'elle n'a jamais été mise en œuvre.

[1048] Caroline SILBERZTEIN et Vincent SCHMITT, Le dispositif français d'accord préalable en matière de prix de transfert : une petite révolution fiscale, Revue de droit fiscal, n° 5, 2000, p. 253.

[1049] J. – P. LE GALL, « L'illicite dans la fiscalité internationale », in *L'illicite dans le commerce international*, KAHN (Ph.) et KESSEDJIAN (C.) Dir., CREDIMI, vol, 16, Litec, Paris, 1996, pp. 315-322.

associées, un ensemble approprié de critères[1050] pour la détermination des prix de transfert appliqués à ces transactions au cours d'une certaine période »[1051]. L'APP présente divers intérêts à l'égard de ses cocontractants. A travers des adages bien établis dans le milieu des affaires, il conviendra de les distinguer selon que la sécurité qu'ils sont susceptibles d'offrir est d'ordre fiscal, ou tient à des considérations budgétaires.

A. La quête d'une meilleure sécurité fiscale, à titre préventif

« Mieux vaut prévenir que guérir ! » Cette maxime, devenue très célèbre, prend ici toute son importance. Traditionnellement fondée sur un principe de médecine chinoise, elle postule qu'il vaut mieux prendre ses précautions pour rester en bonne santé que de devoir soigner une maladie. Comme exprimant une vérité éternelle, cette règle s'est imposée aujourd'hui au-delà des cultures[1052] et des disciplines. Dès lors que l'on veut éviter un ennui, il peut s'avérer utile de prendre des mesures par anticipation plutôt que d'être obligé d'y remédier par la suite. Cette attitude qui obéît à une pure logique de prudence s'applique également au traitement des problématiques de transaction intragroupe. Et, la voie de la contractualisation en constitue la parfaite illustration. La conclusion d'accords préalables sur les prix vise pour objectif principal de réduire, sinon résoudre préventivement, les difficultés rencontrées respectivement par les entreprises multinationales et le Fisc pour la fixation et le contrôle des prix de transfert. Jusque-là, ces situations sont résolues par le législateur ivoirien et l'administration fiscale par les dispositions combinées de l'article 38 du CGI et des conventions fiscales conclues avec des Etats tiers. Ces dispositions consacrent le pouvoir de redressement des bénéfices imposables, fondé sur le principe de pleine concurrence. Aussi, elles préconisent les moyens susceptibles de remédier au phénomène de double imposition économique, qui résulte de la rectification intervenue. A propos, la Convention fiscale avec la Grande Bretagne prévoit en son article 9, alinéa 2 que : « lorsqu'un Etat contractant inclut dans les bénéfices d'une entreprise de cet Etat – et impose en conséquence – des bénéfices sur lesquels une entreprise de l'autre Etat contractant a été imposée dans cet autre Etat, et que les bénéfices ainsi inclus sont des bénéfices qui auraient été réalisés par l'entreprise du premier Etat si les conditions convenues entre entreprises indépendantes, l'autre Etat procède à un réajustement approprié du montant

---

[1050] Ces critères concernent par exemple la méthode de calcul, les éléments de comparaison, les correctifs à y apporter et les hypothèses de base, concernant l'évolution future.

[1051] OCDE, Principes applicables en matière de prix de transfert à l'intention des entreprises multinationales et des administrations fiscales, OCDE 2001, n° 4.124, p. IV-45.

[1052] La version anglaise est *« better safe than sorry, an ounce of prevention is worth a pound of cure »* qui peut être traduite littéralement de cette façon : « une once de prévention vaut mieux qu'une livre de guérison ».

de l'impôt qui y a été perçu sur ces bénéfices. Pour déterminer cet ajustement, il est tenu compte des autres dispositions de la présente Convention et, si c'est nécessaire, les autorités compétentes des Etats se consultent ».

Si en théorie, ce dispositif traduit en quelque sorte la bonne volonté des Etats, il faut toutefois reconnaître qu'en pratique il se heurte à de telles difficultés que sa portée s'en trouvera amoindrie. On indiquera, entre autres, que le dispositif ne fournit aucune précision sur les délais de la procédure. Il n'institue non plus à la charge des autorités compétentes des Etats contractants aucune obligation permettant de parvenir à un accord d'ajustement, si ce n'est la possibilité d'être consultées[1053]. C'est dire que la procédure d'ajustement corrélatif consécutive au redressement en matière de prix de transfert n'est pas un instrument approprié à la lutte contre la double imposition. Sans doute, cela explique le peu d'intérêt que lui accorde l'administration fiscale. Puisqu'à notre connaissance, elle ne l'a presque jamais déclenchée. A défaut de pouvoir régler la question de la double imposition économique, c'est tout l'environnement fiscal ivoirien des affaires qui en sera compromis. Quand on sait l'impact économique que peut avoir la double imposition sur les politiques d'incitation à l'investissement en Côte d'Ivoire, on observe que l'heure est suffisamment grave pour que le législateur « tire la sonnette d'alarme », prenne les dispositions qui s'imposent. Un système fiscal qui ne garantit pas suffisamment contre les risques de double imposition est aussi pernicieux pour l'économie nationale, que pour les investisseurs étrangers. Par ailleurs, l'arsenal de contrôle des transactions intragroupe peut revêtir un caractère pervers, à double sens. S'il est trop répressif, il présente le risque de faire l'amalgame entre les prix de transfert jugés comme étant anormaux et ceux considérés comme justes. Trop bienveillant, il ouvre la voie à toute sorte d'abus dans lequel n'importe quelle entreprise multinationale peut être tentée de transférer en toute impunité ses bénéfices vers l'étranger ; et ce aux dépends du Trésor ivoirien. En somme, la perspective d'un contrôle fiscal portant sur les prix de transfert[1054] en Côte d'Ivoire est loin d'offrir une sécurité fiscale suffisante, du fait des expériences décevantes à l'occasion des résolutions des différends en la matière, par les techniques traditionnelles de vérification. Ce qui s'est avéré très difficile et coûteux pour les entreprises multinationales et les autorités fiscales, aussi bien en termes de temps que de ressources. Dans

---

[1053] Voir C.SILBERZTEIN et V. SCHMITT, « Le dispositif français d'accord préalable en matière de prix de transfert : une petite révolution fiscale », *Revue de droit fiscal*, n° 5, 2000, p. 254.

[1054] Il y a lieu de noter que ces techniques amènent à examiner inévitablement les prix de transfert, et les conditions dans lesquelles ils sont fixés, un certain temps après leur fixation et il peut être réellement difficile d'obtenir des informations suffisantes pour déterminer si les prix utilisés étaient effectivement conformes au principe de pleine concurrence au moment où ils ont été fixés.

ces conditions où ni les unes ni les autres ne peuvent obtenir de sérieuses garanties sur le traitement fiscal des transactions intragroupe, l'accord préalable semble être un outil de sécurité fiscale, le meilleur moyen pour limiter – sinon éliminer totalement – les risques de contestation par les entreprises multinationales et l'Administration ivoirienne et son homologue étrangère[1055].

Dès lors, le législateur ivoirien ferait œuvre utile en observant la tendance qui s'est dessinée depuis quelques années. Cette tendance opère une rupture en ce sens qu'elle va plutôt dans le sens de rapports de partenariats et de collaborations entre entreprises et autorités fiscales. Tout est fait en sorte qu'il s'engage entre elles des négociations dans le respect des principes, de façon pratique et dans un esprit de coopération, afin de résoudre les problèmes de prix de transfert de manière efficace et prospective, d'utiliser les ressources du contribuable et de l'administration fiscale de façon plus efficace, en permettant au contribuable de prévoir le régime qui leur sera appliqué[1056]. Dans tous les pays où la procédure d'APP est mise en œuvre, elle connaît un fort succès. Probablement, parce qu'elle porte sur des données contemporaines plutôt que des données historiques souvent difficiles à appréhender, et favorise un climat de dialogue empreint de convivialité et de sérénité, contrairement à celui qui prévaut lors de la vérification de la comptabilité de l'entreprise. Ainsi, la contractualisation des prix de transfert présente un double avantage puisqu'elle sécurise à la fois les entreprises contre la toute-puissance de l'Etat et les ressources budgétaires du Pays contre les amateurs de fraude et d'évasion fiscales.

B. La recherche d'un outil sécurisant les ressources du Trésor public ivoirien

« Un tiens vaut mieux que deux tu l'auras ! » Qui croyait que le droit fiscal ne serait pas empreint de sagesse populaire ? La preuve, l'adage selon lequel « un tiens vaut mieux que deux tu l'auras ; l'un est sûr, l'autre ne l'est pas », en constitue une autre illustration. On rappellera tout simplement que

---

[1055] Et l'OCDE de préciser que « pour être plus efficace, le processus doit être appliqué d'une manière non conflictuelle, efficace et pratique et requiert la coopération de toutes les parties concernées. Il a pour objet de compléter plutôt que de remplacer les mécanismes administratifs et judiciaires ainsi que ceux mis en place par des conventions pour résoudre les problèmes posés par les prix de transfert. Le recours à un APP pourrait être le plus justifié lorsque la méthode d'application du principe de pleine concurrence pose des problèmes importants de fiabilité et d'exactitude ou lorsque les circonstances spécifiques dans lesquelles se posent les problèmes de prix transfert envisagés sont d'une complexité inhabituelle » ; voir OCDE, Principes applicables ne matière de prix de transfert à l'intention des entreprises multinationales et des administrations fiscales, OCDE 2001, n° 4.124, p. AN-25.

[1056] OCDE, Principes applicables en matière de prix de transfert à l'intention des entreprises multinationales et des administrations fiscales, OCDE 2001, n° 4.124, p. AN-24.

cet aphorisme[1057] est apparu dans sa forme actuelle sous la plume de Gilles Corrozet[1058], au XVIè siècle, qui semble s'inspirer d'un proverbe espagnol. C'est cependant sous la plume de La Fontaine que l'expression se popularise au XVIIè siècle dans sa fable « Le petit poisson et le pêcheur »[1059]. Il constitue en quelque sorte la nécessaire contrepartie de la canalisation de la toute puissance des pouvoirs publics dans l'exercice du contrôle des prix de transfert. Quoi de plus logique ! Dès lors que l'Etat accepte « de renoncer » à une partie de son pouvoir régalien pour s'engager dans une procédure de contractualisation, commandée principalement par la quête d'une plus grande sécurité fiscale pour l'entreprise, il est tout à faire légitime qu'il obtienne en retour une contrepartie suffisante. On peut donc dire que la sécurité procurée par les APP aux entreprises multinationales a pour corollaire l'assurance que les ressources de l'Etat seront approvisionnées par des entrées régulières de recettes fiscales. Ce qui ne serait pas le cas, bien entendu en l'absence d'APP. Les techniques utilisées par les groupes multinationaux sont tellement sophistiquées qu'il est presqu'illusoire pour le Fisc de s'assurer qu'il percevra son dû à chaque exercice fiscal. Même dans l'hypothèse où il s'engage à restaurer l'autorité de l'Etat par une répression des prix de transfert à l'intérieur de sa souveraineté fiscale, rien ne lui garantit une issue favorable de l'opération. On comprend donc qu'à défaut d'une telle certitude, le législateur ivoirien doit être plus pragmatique en

[1057] Du grec *aphorismos* « αφοριζειν », c'est-à-dire définir, délimiter, l'aphorisme est une sentence énoncée en peu de mots et par extension une phrase qui résume un principe ou cherche à caractériser un mot, une situation sous un aspect singulier. D'une certaine manière, l'aphorisme se veut le contraire du lieu commun. Si l'aphorisme, l'adage, le dicton ou la maxime énonce tous un principe général, ils se distinguent en ceci : l'adage et le dicton prétendent énoncer des vérités éprouvées, des lois, et ont un caractère plus anonyme ; la maxime a une connotation morale. Ils ont donc un caractère sentencieux. À l'inverse, l'aphorisme est un trait de l'esprit qui présente un caractère plus descriptif, spirituel voire paradoxal.

[1058] Gilles CORROZET est un célèbre écrivain et imprimeur français du XVIè siècle.

[1059] Cette maxime est devenue si célèbre qu'elle fut traduite dans plusieurs langues :

- Allemand : besser ein speling in der Hand als eine Taube auf dem Dach (Plutôt un moineau dans ta main qu'une colombe sur le toit.)
- anglais : a bird in the hand is worth two in the bush (Un oiseau dans la main vaut mieux que deux dans le buisson.)
- espagnol : más vale pájaro en mano que ciento volando (Un oiseau dans la main vaut mieux qu'une centaine qui volent.)
- espéranto : pasero kaptita, estas pli bona ol aglo kaptota (Un moineau qui a été capturé, est meilleur qu'un aigle qui sera capturé.)
- finnois : parempi pyy pivossa kuin kymmenen oksalla (Un oiseau dans la main vaut mieux que dix sur une branche.)
- japonais : Asu no hyaku yori, kyō no gojū. (Plutôt cinquante aujourd'hui, que cent demain.)
- portugais : mais vale um pássaro na mão que dois a voar (Mieux vaut un oiseau dans la main que deux qui volent).

engageant des réformes législatives, offrant l'opportunité à l'Administration d'engager des procédures d'APP avec les firmes transnationales.

Cette réforme aurait pour objet de sécuriser l'assiette imposable contre « les appétits extérieurs » et de garantir la pérennité des recettes fiscales, à l'occasion des prix de transfert. Ce faisant, le codificateur doit toujours garder à l'esprit que mieux vaut opter pour quelque chose que l'on peut obtenir dans l'immédiat plutôt que pour quelque chose de plus de valeur mais que l'on n'est pas sûr d'obtenir plus tard. Toutefois, aussi vertueux qu'ils puissent paraître, ces objectifs resteront « lettres mortes » si le codificateur ivoirien n'inscrit pas le dispositif d'APP - que nous appelons de tous nos vœux ! - au titre des priorités essentielles en vue d'en faire un réel outil d'attractivité économique au service de l'administration fiscale. Puisqu'il serait non seulement adapté aux réalités économiques des groupes multinationaux, mais également au contexte particulier de Côte d'Ivoire.

Parag II : La nécessité de définir un dispositif d'APP plus attractif

Une chose est de décider de suivre l'exemple des Etats modernes allant dans le sens d'une institutionnalisation des procédures d'APP dans le système fiscal ivoirien, une autre est de rendre ce dispositif plus attrayant afin de rassurer les principales destinataires que sont les entreprises appartenant à des groupes multinationaux, implantées sur le territoire. A cet égard, le législateur, tout comme l'administration fiscale, doivent adopter une démarche pragmatique, privilégiant la prise de mesures incitatives. Aussi, la politique des autorités compétentes devrait avoir pour objet de faire de cet instrument un véritable outil d'attractivité économique, pour l'investissement en Côte d'Ivoire. Ceci implique qu'il soit nécessaire de dissiper toutes les craintes que les entreprises pourraient légitimement exprimer (C) par l'adoption de mesures concrètes et sécurisantes. Ce besoin de garanties passe également par la mise en relief du bien-fondé des APP, comme pour assurer sa sécurité juridique (B). Par ailleurs, le succès de ce dispositif est subordonné à une procédure préliminaire : l'instauration d'une obligation documentaire dans le Livre de procédures fiscales (A).

A. L'utilité d'une procédure préliminaire

L'instauration dans le Livre de procédures d'une obligation documentaire : une condition indispensable à la réussite de la procédure des APP. On ne le dira jamais assez, les prix de transfert constituent une illustration pertinente des rapports de force entre les entreprises multinationales et l'administration fiscale. En la matière, ce rapport de force trouve toute son importance dans la distribution de la charge de la preuve. Etant entendu qu'il est toujours défavorable à celui sur qui pèse la charge de la preuve. L'un des principes fondamentaux de notre droit étant fondé sur la présomption d'innocence, nul ne peut être déclaré coupable jusqu'à preuve du contraire. Aussi, la discipline des prix de transfert ne dérogeant pas sur ce point aux règles directrices du droit fiscal, il revient en principe à l'administration fiscale de prouver que la base imposable estimée par l'entreprise multinationale est erronée, inexacte. Contrairement à certains pays étrangers, c'est donc sur elle que pèse la charge de la preuve puisqu'elle est obligée d'étayer ses allégations par des éléments probants. Subséquemment, la situation est tout à l'avantage des entreprises multinationales. Autant affirmer que le Fisc ne sera jamais en position de contester un prix qui serait intrinsèquement anormal, à défaut de disposer d'indices incontestables pour justifier ses présomptions.

Certains Etats l'ont compris. Certes, théoriquement, la charge de la preuve est maintenue *ab initio* sur l'Administration. En pratique, en cours de procédures, il s'opère en quelque sorte un renversement de la charge de la preuve sur la firme transnationale, grâce au dispositif instituant une obligation documentaire, inséré dans le Livre de procédures fiscales par certains Etats. Aussi, on comprend aisément que ces rapports de force en constant mouvement, en position favorable tantôt à « gauche », tantôt à « droite » ne sont pas de nature à garantir l'équilibre souhaité dans les relations entre administration et entreprise internationale. Aujourd'hui, le temps est plutôt à la stabilisation et à l'équilibre des positions des uns et des autres. Notre conviction est que la meilleure voie pour y parvenir passe par la contractualisation des prix de transfert. Pour la Côte d'Ivoire, la voie obligée de cette nouvelle forme de relation concertée passe inéluctablement et préalablement par l'adoption d'un article L 38 bis du LPF, instaurant une procédure documentaire à la charge des entreprises en matière de prix de transfert. Cette étape nous semble d'autant essentielle que les entreprises, conscientes du risque qui pèse sur elles désormais, dans une situation « peu favorable » n'auront d'autres choix que de saisir l'opportunité que leur offriront les procédures d'APP qui seront instituées par la suite par le législateur. Cet ordre chronologique des procédures qui a du reste été expérimenté ailleurs, nous paraît logique, et indispensable au succès des APP. Encore qu'il peut s'avérer utile de déterminer les fondements de cette procédure.

B. La raison d'être des APP

Le fondement conventionnel des APP : l'article 25-3 des Conventions modèles de l'ONU et de l'OCDE. Par définition, l'accord préalable de prix résulte d'un accord entre l'Administration ivoirienne et son « partenaire conventionnel », pour reprendre l'expression de M. Antoine Glaize, puisqu'il a pour vocation prioritairement d'éliminer le cas de double imposition en matière de prix de transfert. Or, l'article 25-3 des conventions modèles de l'ONU et de l'OCDE dispose que « les autorités compétentes des Etats contractants s'efforcent, par voie d'accord amiable, de résoudre les difficultés ou de dissiper des doutes auxquels peuvent donner lieu l'interprétation ou l'application de la Convention ». Cette disposition peut donc légitimement être considérée comme le fondement des APP bilatéraux ou multinationaux. D'ailleurs, les principes de ces Etats devraient en général être autorisés à conclure un APP si les problèmes que posent les prix de transfert sont susceptibles d'entraîner une double imposition [...]. Un tel accord serait juridiquement contraignant pour les deux Etats et créerait des droits pour le contribuable concerné »[1060].

La question qui pourrait se poser est la suivante : En l'absence de fondement juridique dans l'ordre interne ivoirien, les autorités administratives peuvent-elles valablement engager une procédure d'APP ? Comme le souligne fort opportunément l'OCDE, « dans la mesure où les conventions fiscales de double imposition priment sur le droit interne, l'absence de bases juridiques en droit interne pour la conclusion d'un APP n'empêchera pas l'application d'un APP au titre de la procédure amiable »[1061]. Aussi, rien ne saurait faire obstacle à l'Administration ivoirienne sur ce fondement conventionnel de proposer aux entreprises multinationales résidentes en Côte d'Ivoire des APP. Mais, quid dans l'hypothèse où un APP est sollicité à l'Administration ivoirienne par une entreprise, alors qu'aucune procédure d'APP n'existe dans l'autre Etat concerné ? Cela revient tout naturellement à rechercher d'autres fondements aux APP.

La base légale en droit interne : l'extension de la garantie prévue à l'article 25 du LPF aux accords préalables en matière de prix de transfert. Il est contestable que l'existence d'une convention fiscale passée entre l'Etat de Côte d'Ivoire et un Etat tiers est indispensable à la conclusion d'un APP. Mais, encore faut-il que la convention prévoit une procédure amiable. A contrario, aucune procédure d'APP[1062], du reste bilatérale ou multilatérale, ne peut être envisagée à raison des transactions existantes avec des entreprises situées dans des pays avec lesquels aucune convention n'a été conclue. Il serait, par conséquent, plus commode de donner une portée législative à la procédure d'APP afin de palier les insuffisances des conventions fiscales. A cet égard, le mécanisme consisterait à élargir le champ des garanties prévues par les rescrits, contenues dans les dispositions de l'article 25 du LPF, alinéas 1 et 2 aux APP. On signalera que le rescrit général – terme qui ne figure pas comme tel dans la réglementation – est une procédure de consultation préalable permettant au contribuable de bonne foi

---

[1060] Rapport OCDE de 1995, op. cit., n° 4.142, p. IV-51.

[1061] *Idem.*

[1062] A notre avis, rien n'interdit en revanche qu'un APP unilatéral soit conclu entre l'entreprise multinationale et l'administration fiscale ivoirienne. Puisque cette procédure n'implique nullement l'intervention d'une autre administration étrangère.

de se prémunir contre tout rehaussement d'imposition ou changement de doctrine lorsque l'Administration a pris formellement position sur une situation de fait au regard d'un texte fiscal[1063]. La méthode de détermination des prix de transfert pratiqués étant considérée, par hypothèse, comme une situation de fait, l'entreprise multinationale a donc le droit d'interroger l'administration ivoirienne afin de recueillir sa position. Par ailleurs, le législateur ivoirien peut faire mieux, en légalisant cette procédure par la codification d'un article 25 bis dans le Livre des procédures fiscales, dédié spécialement aux procédures d'APP qui concerneraient les groupes ivoiriens ou étrangers.

Cette disposition pourrait également prévoir la possibilité pour l'Administration de conclure un accord unilatéral de prix avec une entreprise. Sous réserve que dans ce cas, l'APU ainsi conclu ne présenterait pas la même étendue de garantie que celle de l'APP prévu dans le cadre de l'article 25 du Modèle de l'ONU et de l'OCDE. On a vu que ce dernier pouvait constituer un instrument de sécurité juridique pour les entreprises qui leur ouvre la possibilité d'obtenir des administrations ivoiriennes et étrangères – « les autorités compétentes » définies par les conventions fiscales – un accord bilatéral sur la méthode de valorisation de leurs prix de transferts futurs, dès lors qu'elle est considérée comme conforme au principe de pleine concurrence. Comme tel, il permet de prévenir la double imposition économique. Ce qui est loin d'être l'objet de l'APU en matière de prix de transfert. Il n'en reste pas moins que pour des raisons évidentes et pragmatiques, certaines administrations[1064] acceptent de se prêter aux accords unilatéraux. Ceux-ci pourraient s'analyser en une prise de position formelle de l'administration fiscale ivoirienne et garantir l'entreprise demanderesse que les prix pratiqués dans ses relations industrielles, commerciales ou financières intragroupe n'entrent pas dans les prévisions d'un transfert de bénéfices au sens de l'article 38 du CGI. En plus de ces garanties, le législateur doit apaiser les entreprises multinationales sur un certain nombre de points qui pourraient les dissuader de s'intéresser au dispositif d'APP qui leur sera présenté.

Le besoin de dissiper les craintes des entreprises à l'égard des APP. En dépit d'efforts réels de promotion et d'explication déployés par un certain nombre d'Administrations étrangères, le constat est que les demandes d'APP restent encore relativement faibles. Ils ne connaissent pas l'engouement auquel on pouvait s'attendre. Aussi, l'expérience témoigne en particulier de la persistance d'une méfiance de la part des grandes entreprises. Dans les pays en développement, comme la Côte d'Ivoire, cette méfiance est

---

[1063] Cette garantie peut toutefois prendre fin lorsque le droit a évolué, la situation de fait a été modifiée, ou que l'administration change son analyse de cette situation.

[1064] C'est le cas notamment des Etats-Unis, du Japon et de la France. Voir A. de L'ESTOILE-CAMPI et alii, Accords « préalables sur les prix de transfert. La France doit encore faire ses preuves », *BF* 2/00, p. 87.

d'ailleurs réciproque. L'Administration paraît peu enthousiaste à l'idée des APP. Sans doute, parce qu'elle est persuadée qu'en l'absence de moyens techniques et juridiques appropriés, et surtout de spécialisation de son personnel en matière de prix de transfert, l'issue des discussions dans le cadre d'un APP avec les entreprises lui serait toujours préjudiciable. Cette situation est moins préoccupante d'autant plus que l'Administration elle-même fait partie de « la classe » des décideurs et des pouvoirs publics, en même temps que le législateur. Le dialogue entre ces autorités est plus aisé. La préoccupation pourrait trouver solution dès lors que les pouvoirs publics inscriront les prix de transfert au cœur de leur politique de développement, en dotant la Côte d'Ivoire d'une réglementation en matière de prix de transfert à la mesure des enjeux mondiaux actuels et en accordant la priorité à la formation de ses ressources humaines. Reste que c'est au niveau des entreprises que se ressent un fort besoin de persuasion. Comment peut-on parvenir à leur faire comprendre que la politique des APP est une réelle opportunité à saisir dans un contexte international où les administrations développent de plus en plus une propension à la répression ? Pour notre part, la meilleure façon d'y arriver consisterait à faire des APP un véritable outil d'attractivité économique pour la Côte d'Ivoire. Il va s'agir d'apporter des réponses concrètes à un certain nombre de questions susceptibles de justifier la réticence des entreprises à recourir à une procédure qu'elles jugent - à tort-peu sûre et inéquitable.

Les cinq leviers de succès de la procédure d'APP. Plusieurs mesures peuvent être proposées en vue de garantir une plus grande sécurité des entreprises. Sans prétendre à l'exhaustivité, on en évoquera cinq qui paraissent essentielles et susceptibles d'être des leviers de succès à un éventuel projet d'APP :

• **Liberté** pour l'entreprise de déterminer la méthode qu'elle juge appropriée à ses prix de transfert, pourvu qu'elle soit conforme au principe de pleine concurrence.

Il en résulte donc que l'Administration doit se résoudre à accepter toutes les méthodes dès lors que celles-ci aboutissent à fixer un prix de pleine concurrence entre deux entreprises liées et qu'elles sont appuyées d'une documentation suffisante, fournie par des données commerciales, industrielles, financières ou juridiques[1065].

• **Allègement** des exigences en matière de documentation, de sorte à paraître plus souple pour un APP que pour une vérification classique des prix de transfert[1066].

[1065] Entretien accordé par M. GLAIZE aux Editions Francis Lefebvre, « Prix de transfert. Procédure d'accord préalable », *Feuillet Rapide Fiscal Francis Lefebvre*, Août-déc. 1999 (39-63), FR 61-99, p. 11.

[1066] OCDE, Principes applicables en matière de prix de transfert à l'intention des entreprises multinationales et des administrations fiscales, OCDE 2001, n° 4.155, p. IV-55.

Autrement dit, l'administration fiscale ivoirienne s'engage à ce que son champ d'intervention en matière d'accord préalable sur les prix de transfert ne soit pas plus large que le cadre traditionnel de contrôle. De plus, l'entreprise devra s'abstenir de communiquer des informations ou des documents sur elle-même ou sur sa branche d'activité, plus importantes que celles exigées lors d'une vérification de prix intragroupe. C'est notamment pour elle une façon de se prémunir des velléités du Fisc qui pourrait être tenté de les utiliser pour redresser éventuellement des exercices antérieurs non encore prescrits.

- **Interdiction** des détournements de procédures.

Selon l'OCDE, « des problèmes peuvent [...] se poser si les administrations fiscales font un usage, à des fins de vérification, des renseignements obtenus lors d'un APP » en évoquant, notamment, les hypothèses où « le contribuable retire sa demande d'APP ou si celle-ci est rejetée après instruction du dossier » et de conclure que « les renseignements non factuels qu'il a fournis dans le cadre de cette demande, tels que les propositions de règlement, les avis, opinions et jugements ne peuvent être considérés comme utilisables à des fins de vérification »[1067].

- **Réduction** des coûts et des délais liés à la procédure d'APP.

Les expériences des pays étrangers témoignent que la procédure d'APP peut paraître longue et couteuse à la fois. Il est vrai que du fait, notamment, des négociations que la procédure implique avec un Etat tiers, l'administration ne peut véritablement s'engager sur des délais. Toutefois, il serait souhaitable, comme le préconise M. Glaize[1068], de fixer « un calendrier prévisionnel de travail » afin que l'entreprise puisse gérer facilement ce projet en interne.

- **Garantir** la confidentialité des informations communiquées lors de la procédure d'APP.

On le savait, la confidentialité est un sujet fondamental en droit fiscal, notamment en matière de communication de renseignements. Ce qu'on ignore, peut-être, c'est le caractère sensible de la notion dans le domaine des prix de transfert, en particulier, à l'occasion d'une procédure d'APP. De sorte que contrairement à leurs habitudes, les autorités de l'OCDE prennent ici un ton plus péremptoire pour souligner que « les administrations fiscales doivent [...] préserver la confidentialité des secrets d'affaires et des autres informations et documents sensibles qui leur sont soumis au cours de la procédure d'APP » et de préciser avec la même fermeté « s'agissant d'un APP bilatéral, qu'il faut que les règles en matière de confidentialité s'appliquent aux Etats avec lesquels une convention fiscale a été conclue, de manière à empêcher la divulgation au public de données

---

[1067] *Ibidem.*

[1068] Entretien accordé par M. GLAIZE, *Op. cit.*, p. 12.

confidentielles »[1069]. Si ce cinquième levier nous paraît hautement important, il n'en demeure pas moins que sa portée demeure relativement limitée. En effet, les règles de confidentialité n'étant pas les mêmes dans les autres Etats, avec lesquels la Côte d'Ivoire a signé des conventions, certaines informations fournies dans le cadre de l'APP peuvent être considérées comme publiques à l'étranger[1070], voire être communiquées à la presse.

Aussi, dans la mesure où l'administration fiscale ivoirienne ne peut s'engager que pour elle-même, c'est toute la garantie apportée à l'entreprise résidente ivoirienne qui se trouverait amoindrie ; si son homologue étrangère, en cas d'accord bilatéral, considère que les informations contenues dans l'APP peuvent être divulguées au public. Autant reconnaître que le succès de ce levier dépend, nécessairement bilatéral, du renforcement de la sécurité fiscale apportée à l'entreprise dans l'autre Etat contractant. Enfin, il faut bien admettre pour autant que cette situation ne devrait en aucun cas occulter les attraits de la procédure des APP, dont l'objectif principal demeure avant tout de prévenir le risque de double imposition qui peut être préjudiciable aux firmes internationales, ainsi qu'à l'essor du commerce mondial.

[1069] Rapport OCDE, *op. cit.;* n° 4.158, p. IV-56.

[1070] Voir en ce sens, voir C. SILBERZTEIN et V. SCHMITT, *Op. cit.*, n° 5, 2000, p.257.

CONCLUSION DE LA DEUXIÈME PARTIE

Au début de cette partie, nous sommes partis de la constatation selon laquelle la notion des prix de transfert dans le secteur du café et du cacao pouvait avoir des conséquences dommageables à la fois pour l'entreprise multinationale et l'administration fiscale. Pour l'une, elle court le risque de se faire redresser sur une base imposable élargie. Or, la réalité économique de son activité peut en être autrement, étant réduite à sa juste expression. A l'égard de l'autre, le risque consisterait à voir s'évaporer vers d'autres cieux une bonne partie de ses recettes fiscales. En considérant que le système d'imposition ivoirien repose sur le principe de territorialité, l'interrogation qui s'imposait d'emblée était de savoir : comment parvenir à fixer les prix de transfert de café et de cacao le plus légitimement possible, sachant que certains comportements des multinationales ne sont pas dénués de toute motivation fiscale[1071] ? Ne conviendrait-il pas d'affiner la réglementation fiscale, en la matière, afin de l'ajuster aux impératifs d'ordre économique ? Procéder à l'adaptation économique de la pratique fiscale des transactions intragroupe dans le secteur du café et du cacao conduirait à dépasser l'analyse purement juridique des principes traditionnels fiscaux pour une analyse économique des prix de transfert. A vrai dire, l'idée de base qui résultait de cette évolution majeure, caractérisée par deux logiques opposées - juridique et économique - n'était pas anodine. Elle visait, au-delà des cloisonnements juridiques, parfois étanches, à ériger un corpus de règles consensuelles et directrices capables de légitimer d'un point de vue économique[1072] l'établissement des prix de cession interne de ces matières premières. Cette quête de légitimité des prix de transfert nécessitait de reconnaître l'inadaptation de certains principes fiscaux traditionnels – le principe de territorialité de l'impôt et la négation de l'existence juridique du groupe -, conduisant à la proclamation du principe de pleine concurrence comme étant la meilleure norme possible susceptible de fixer des prix de transfert de manière correcte. Cette règle demeure aujourd'hui un standard

---

[1071] Ces comportements peuvent avoir pour objet le transfert de bénéfices vers l'étranger.

[1072] D'ailleurs, la doctrine et les professionnels sont unanimes à reconnaître que la question des prix de transfert revêt une dimension plus économique que juridique.

universel, d'usage constant auprès des administrations fiscales et des entreprises multinationales. Néanmoins, il est à regretter que le ralliement du législateur ivoirien à cette norme de pleine concurrence soit teinté d'une sorte « d'hypocrisie » d'autant plus qu'il manque de clarté et de précision, alors que la pratique trahit les dispositions légales. C'est pourquoi, nous avions plaidé pour une réécriture de l'article 38 du CGI, afin qu'il affirme plus nettement l'adhésion du pays au principe de pleine concurrence. Nonobstant la légitimité des prix recherchée et fondée sur la règle de pleine concurrence, l'on s'est rendu compte que les différents acteurs – entreprises multinationales et administrations fiscales – ne parvenaient pas à s'accorder sur un prix équitable. Plus les échanges s'intensifient, plus le sentiment de mener un dialogue de sourds s'agrandit, chacun ayant sa « propre religion » concernant la vérité du prix. Les interrogations à l'origine de notre réflexion étaient les suivantes : la complexité de la question de valorisation des prix intragroupe devrait-elle conduire à renoncer à lui apporter des solutions concrètes ? Assurément pas ! Dès lors, comment pouvait-on parvenir à trouver un équilibre entre ces différents acteurs économiques ? A cet égard, les travaux de l'OCDE ont considérablement contribué à dégager un ensemble de solutions qui s'articulent autour du principe de pleine concurrence. Comme on l'a rappelé plus haut cette norme de pleine concurrence donne une certaine légitimité économique à la rémunération des transactions intrafirme. Mais, à y regarder de près, cette règle n'avait pas qu'une vocation de légitimation des prix. Parce qu'ils s'efforcent à apporter des réponses claires, précises et pragmatiques, sur des bases parfois objectives, souvent justifiées d'un point de vue subjectif ; parce qu'ils ont vocation à s'écarter des paravents juridiques pour rechercher la véritable réalité des faits économiques, les principes et procédures qui découlent de la norme de pleine concurrence sont en vérité le reflet de la manifestation du réalisme fiscal en matière des prix de transfert. Au nom de ce réalisme, nous avons encouragé le codificateur ivoirien à faire preuve d'un certain pragmatisme. Il devrait emboiter le pas à ses homologues étrangers afin de recourir à une forme de contractualisation des prix de transfert. Il doit, dès lors, se convaincre de ce que les enjeux d'un environnement fiscal international en profonde mutation commandent également un changement des rapports entre l'administration et les entreprises. Des relations jusque-là conflictuelles et empreintes d'agressivité n'ayant pas donné une entière satisfaction, elles doivent nécessairement évoluer vers la voie d'une conclusion d'accords préalables à la réalisation des transactions intragroupe.

CONCLUSION GÉNÉRALE

Résultat de l'étude. A l'instar des nations modernes, la Côte d'Ivoire n'échappe pas à la complexité des difficultés posées par la globalisation des entreprises, singulièrement dans le secteur du café et du cacao. Au terme de cette étude portant sur « les prix de transfert », en l'occurrence dans « l'industrie du café et du caco en Côte d'Ivoire », deux vues nous sont apparues, d'abord la perception des prix sous l'angle purement juridique du terme, puis la conception des prix sous le prisme de l'analyse économique du droit. Sans doute, cette démarche n'est pas la seule alternative pour tenter de répondre efficacement à la problématique soulevée par la présente étude. D'autres approches plus nuancées auraient pu être envisagées, notamment en distinguant la phase de la détermination des prix de celle de leur vérification, le contrôle *a posteriori* et le contrôle *a priori* des prix. Cela étant, il nous semble que la démarche suivie est l'une des meilleures possibles. Compte tenu de l'incapacité du droit, *lacto sensu,* de réguler le phénomène des prix de transfert, d'apporter des réponses concrètes et définitives, il fallait solliciter l'analyse économique afin de « voler au secours » de l'analyse juridique.

A cet égard, il s'est avéré quasi-impératif de nous interroger, dans un premier temps, sur les acteurs des prix de transfert - « Qui sont-ils ? Que font-ils ? Comment fonctionnent-ils ? » - et surtout, sur la nature des opérations communément appelées transactions intragroupe. Dès les premiers instants, l'on avait réalisé que la tâche ne serait pas aisée en raison de la technicité du sujet des prix de transfert – l'entreprise multinationale – et de l'ambivalence des flux intragroupe. A cela, il fallait ajouter l'hermétisme des filières du café et du cacao. Nous avons tenté de cerner à la fois l'identité et la diversité du sujet, puisqu'il était nécessaire de « transcender » cette complexité.

Concernant les caractéristiques propres aux entreprises multinationales, nous avons démontré que leur bi-appartenance, à la fois à la sphère territoriale et au groupe multinational, est révélatrice de leur véritable identité. Concrètement, le fait qu'une entreprise soit résidente du territoire ivoirien et fasse en même temps partie d'un groupe de sociétés, déployant son activité sur la sphère internationale, confère à celle-ci la qualité de « sujet » des prix de transfert.

L'étude a par ailleurs mise en lumière la diversité des entreprises multinationales. Jusque-là, nous nous sommes accoutumés à des groupes de sociétés fondés sur des liens de contrôle financier ou patrimonial, parce que la base du pouvoir économique est patrimoniale[1073]. Avec la perception juridique des mécanismes de transfert, on opère ainsi une rupture de conception. Le postulat étant qu'à côté des groupes de sociétés issues du processus de concentration horizontale, coexistent des groupes fondés sur une concentration verticale[1074], c'est-à-dire le contrôle par le marché, du fait que la collusion entre des entreprises suffise à créer un centre de décisions qui dominera plus ou moins le marché. En vérité, la quasi-totalité de la production agricole du café et du cacao est profondément intégrée, d'autant qu'elle porte sur des contrats de culture[1075]. En dépit des politiques de promotion des coopératives ou des petites et moyennes entreprises exportatrices, celles-ci demeurent tributaires des réseaux des groupes multinationaux, implantés localement, qu'il s'agisse des sociétés Cargill, ADM, Barry Callebaut, etc. Il était par conséquent impérieux de stigmatiser les risques d'abus de production agricole intégrée, singulièrement, l'inféodation du producteur intégré. En effet, le producteur intégré n'a pas clairement conscience, dans la plupart des cas, de ce que le « confortable ticket d'entrée » que lui fournit la multinationale intégratrice pour accéder à son réseau, à son marché, se transformera, à l'issue de leur relation d'affaires, en une redoutable « barrière à la sortie ». Dès lors, il s'est avéré nécessaire de sécuriser le cadre de production intégrée agricole par une refonte de la législation sur le mouvement coopératif en Côte d'Ivoire. La loi n° 97-721 du 23 décembre 1997 est venue abroger l'étape pré-coopérative ou de Groupement à Vocation Coopérative (GVC) introduite par la loi n° 66-251 du 5 août 1966.

Quant à l'examen de l'objet des transactions intragroupe, il était important de préciser d'emblée que la question de la détermination des prix de transfert porte davantage sur l'évaluation des flux que sur le concept de transactions intragroupe, proprement dit. Cette précision faite, il nous revenait également de lever tout *quiproquo* sur la qualification de vente de la transaction intragroupe de café ou de cacao : un contrat de vente de marchandises. Cependant, l'on a reconnu qu'en raison du caractère internalisé – « un vase clos » - des échanges commerciaux au sein du groupe

---

[1073] La détention d'une certaine quantité d'actions ou l'existence de liens financiers entre les différents responsables de sociétés juridiquement indépendantes.

[1074] G. FARJAT, *op. cit.*, p. 122.

[1075] Il convient de souligner qu'à côté des contrats de culture, l'on distingue le contrat d'élevage comme la seconde modalité des contrats d'intégration agricole. Il arrive souvent qu'un industriel ou un commerçant fournisse à un éleveur les jeunes animaux ainsi que les aliments, et les reprennent une fois engraissés moyennant rémunération forfaitaire.

multinational, la transaction intragroupe présente certaines spécificités par rapport à la vente commerciale ordinaire. Ceci explique que sous l'impulsion de la mondialisation, elle passe à être considérée comme une alternative économique privilégiée à l'occasion des échanges de groupes multinationaux. La cession interne permettrait, notamment, de résoudre leur difficulté de trésorerie ou même de financement, par le jeu des relations financières intragroupe et de garantir des sources d'approvisionnement régulières aux sociétés du groupe. Mais, surtout, elle constituerait pour les groupes multinationaux, un puissant instrument d'optimisation fiscale. Encore faut-il nettement parvenir à faire la distinction entre l'optimisation fiscale et certains procédés condamnables tels que, la fraude et l'évasion fiscale, l'acte anormal de gestion et l'abus de droit.

Tout l'intérêt des prix de transfert résidant dans la valorisation des échanges, c'est à ce niveau que l'analyse purement juridique a montré ses limites, faute de critères précis et fiables. Toutes les règlementations au plan juridique susceptibles de faire *florès* hier, paraissent aujourd'hui obsolètes. Point rétif à toute idée d'ouverture sur d'autres disciplines, le juriste n'hésiterait pas à faire appel à l'analyse économique du droit – *Law and Economics*, selon l'appellation américaine. A partir des outils propres à la science économique, il fallait régler les phénomènes juridiques. Pour dire vrai, celle-ci devrait avoir pour objectif de concilier deux positions contradictoires : celle de l'administration fiscale et celle de l'entreprise multinationale.

A l'égard de cette dernière, l'élargissement du champ géographique des activités des firmes peut répondre à un désir de rapprochement des zones de productions des matières premières. Ceci est d'autant plus vrai que tous les groupes multinationaux de la filière café et cacao sont quasiment tous représentés sur le marché ivoirien. Au-delà de la logique de la sécurisation de l'approvisionnement, la recherche d'avantages compétitifs est également une motivation de la multinationalisation des entreprises. Par ailleurs, la volonté des firmes multinationales d'intensifier leurs échanges commerciaux de café et de cacao au niveau mondial est commandée par différentes motivations parmi lesquelles la fiscalité occupe une place de choix. Comment parvenir à organiser ses activités économiques sur un marché désormais planétaire de manière à optimiser ses charges fiscales ? Telle semble être la question qui revient de façon lancinante dans la stratégie des multinationales.

Or, la logique du Fisc est tout autre, dans quelle mesure peut-on sécuriser au mieux les ressources du Trésor public de sorte à éviter la moindre déperdition de l'assiette fiscale ?

Comme la plupart des pays modernes ayant à cœur le développement de leurs économies, la Côte d'Ivoire est persuadée que la conciliation de ces deux logiques passe nécessairement par le principe de pleine concurrence, standard universel d'évaluation « des justes prix » de transactions intragroupe. Les différentes conventions fiscales qu'elle a signées prévoient expressément cette règle. Reste que dans la pratique de l'administration ivoirienne, tout se passe comme si la norme de pleine concurrence n'existait pas. Ni le Code général des impôts ni la doctrine fiscale ne s'y réfèrent clairement. Sans doute, parce que la problématique des prix de transfert est aussi actuelle que technique, et que l'administration ivoirienne n'est pas encore au fait de toutes ses subtilités, de l'expertise, ainsi que des indicateurs économiques d'appréciation des prix conformes au principe de pleine concurrence. Or, à l'heure où « la bataille économique fait rage entre les Etats », le dispositif de contrôle des prix de transfert pourrait constituer un paramètre non négligeable pour les investisseurs étrangers. Fort de cela, nous avions formulé un certain nombre de propositions à l'égard du législateur et de l'administration ivoirienne.

Propositions. Nos propositions visent principalement à l'amélioration des rapports entre l'entreprise multinationale et l'administration fiscale. Des relations empreintes d'agressivité et de suspicion devraient céder la place à un climat de confiance et de convivialité. C'est pourquoi, nous avons suggéré que les règles et procédures de contrôle de l'administration fiscale évoluent dans le sens d'une contractualisation des prix de transfert par la conclusion d'accords préalables sur les prix. Ces accords auront pour objectif principal de réduire, sinon résoudre préventivement les difficultés rencontrées respectivement par les entreprises multinationales et le Fisc pour la fixation et le contrôle des prix de transfert. Jusque-là, ces situations étaient résolues par le législateur ivoirien et l'administration fiscale par les dispositions combinées de l'article 38 du CGI, de l'article 50 bis du LPF et des conventions fiscales conclues avec des Etats tiers. Ces dispositions consacrent le pouvoir de redressement des bénéfices imposables, fondé sur le principe de pleine concurrence. Aussi, elles préconisent les moyens susceptibles de remédier au phénomène de double imposition économique, qui résulte de la rectification intervenue.

Si en théorie, ce dispositif traduit en quelque sorte la bonne volonté des Etats, il faut toutefois reconnaître qu'en pratique il se heurte à de telles difficultés que sa portée s'est trouvée amoindrie. A défaut de pouvoir régler la question de la double imposition économique, c'est tout l'environnement fiscal ivoirien des affaires qui en sera compromis. Quand on sait l'impact économique que peut avoir la double imposition sur les politiques d'incitation à l'investissement en Côte d'Ivoire, on observe que l'heure est suffisamment grave pour que le législateur « tire la sonnette d'alarme » et prenne les dispositions qui s'imposent. Un système fiscal qui ne garantit pas suffisamment contre les risques de double imposition est aussi pernicieux pour l'économie nationale, que pour les investisseurs étrangers.

Par ailleurs, l'arsenal de contrôle des transactions intragroupe peut revêtir un caractère pervers, à double sens. S'il est trop répressif, il présenterait le risque de faire l'amalgame entre les prix de transfert jugés comme étant anormaux et ceux considérés comme justes. Trop bienveillant, il ouvrirait la voie à toute sorte d'abus dans lequel n'importe quelle entreprise multinationale peut être tentée de transférer en toute impunité ses bénéfices vers l'étranger ; et ce, aux dépends du Trésor ivoirien. Dans ces conditions où ni les unes ni les autres ne peuvent obtenir de sérieuses garanties sur le traitement fiscal des transactions intragroupe, l'accord préalable semble être un outil de sécurité fiscale et le meilleur moyen pour limiter – sinon éliminer totalement – les risques de contestation par les entreprises multinationales et l'administration ivoirienne et son homologue étrangère. Aussi la contractualisation des prix de transfert présente-t-elle un double avantage puisqu'elle sécurise à la fois les entreprises contre la toute-puissance de l'Etat et les ressources budgétaires du Pays contre les amateurs de fraude et d'évasion fiscales.

Pour certains[1076], cette évolution n'est en réalité qu'une forme de révolution fiscale dans la mesure où elle participe du bouleversement des rapports de force entre administration et entreprise, au regard de l'impôt. Comme toute révolution, elle pourrait susciter des craintes légitimes, emporter des velléités de résistance de part et d'autre, si le législateur n'y prend garde. Il gagnerait donc à définir avec clarté le cadre légal du dispositif ivoirien des accords préalables en matière de prix de transfert, de sorte à le rendre très attractif

Un certain nombre de mesures non-limitatives ont pu être proposées en vue de garantir une plus grande sécurité des entreprises. A propos, on a parlé de leviers de succès pour un éventuel projet d'APP. Ces leviers auraient entre autres pour « ressorts » :

- la liberté pour l'entreprise de déterminer la méthode qu'elle juge appropriée à ses prix de transfert, pourvu qu'elle soit conforme au principe de pleine concurrence ;
- l'allègement des exigences en matière de documentation, de sorte à paraître plus souple pour un APP que pour une vérification classique des prix de transfert[1077] ;
- l'interdiction des détournements de procédures. ;
- la réduction des coûts et des délais liés à la procédure d'APP et
- la garantie de la confidentialité des informations communiquées lors de la procédure d'APP.

En définitive, nous avons souligné le fait que l'internationalisation rapide des entreprises ainsi que la sophistication de leurs systèmes comptables et d'informations ont creusé l'écart entre l'expertise de l'administration et celle des entreprises à dimension multinationale. S'agissant d'une matière aussi complexe et technique que celle des prix de transfert, il serait de la plus

[1076] C. SILBERZTEIN et V. SCHMITT, *Op. cit.*, p. 253.
[1077] Rapport OCDE, *Op. cit.*, n° 4.155, p. IV-55.

grande nécessité que le personnel de l'administration s'engage résolument dans la voie de la spécialisation. Ce qui aurait le mérite de contribuer à préparer les agents du Fisc à relever, à l'échelle nationale, les énormes défis internationaux posés par la problématique mondiale des prix de transfert, notamment dans le secteur du café et du cacao. Une administration bien formée aux enjeux des grandes questions de la fiscalité internationale fera sans aucun doute preuve de pragmatisme dans ses procédures d'imposition, persuadée que les prix de transfert sont loin d'être « une science exacte ».

Ce sont sur ces propos conclusifs que nous entendons mettre un terme à notre réflexion sur « les prix de transfert », exemple pris de « l'industrie du café et du caco en Côte d'Ivoire ». Par ailleurs, nous n'avons aucune prétention d'avoir épuisé la question, puisque les prix de transfert, plus exactement, « le prix reste un sujet inépuisable [1078]» qui, de ce fait, « a sans doute de quoi donné quelque vertige[1079] » aux administrations fiscales, aux entreprises multinationales et à leurs conseils.

[1078] P. –Y. GAUTHIER, « Les risques assumés par l'acheteur d'une entreprise en difficulté pris en compte pour le calcul et le montant du prix. », *RTD Civ.*, oct. – déc.1998, spéc. p. 927.
[1079] N. MOLFESSIS, « Les exigences relatives au prix en droit des contrats », *Les Petites Affiches*, 5 mai 2000, p. 41 et s., spéc. n° 1 : « le thème proposé a sans doute de quoi donner quelque vertige, tant la liste des questions que l'intitulé oblige à conclure, d'emblée, à l'impossibilité de traiter l'ensemble du sujet… ».

POSTFACE

La production, la transformation et l'exportation du café et du cacao contribuent significativement à la richesse de la Côte d'Ivoire.

Ces produits dont la Côte d'Ivoire est en 2014, premier producteur mondial en ce qui concerne le cacao et onzième pour le café, fournissent 15% du Produit Intérieur Brut, (PIB), et 40% des recettes d'exportation du pays.

Plusieurs entreprises multinationales exercent leurs activités dans ce secteur et différents contrôles fiscaux visant ces entreprises en ce qui concerne les prix de transfert, ont abouti à des redressements très élevés et à des contentieux lourds dont le traitement s'avère parfois long et difficile.

L'intérêt des travaux de Monsieur Noel-Faustin KOUAME tient à la démarche scientifique d'analyse qu'il a empruntée pour une meilleure compréhension de cette filière majeure de l'économie ivoirienne.

On relève notamment le choc de deux logiques. D'une part, la logique des entreprises multinationales qui sur ce marché devenu planétaire, développent des stratégies d'optimisation fiscale dont la frontière avec les différentes formes d'évitement de l'impôt, est difficile à établir. D'autre part, la logique de l'administration fiscale dont l'objectif est de procurer le maximum de recettes à l'Etat.

Pour concilier ces deux approches *a priori* contradictoires, l'auteur met à notre disposition une connaissance approfondie d'une notion fondamentale dans les relations intragroupe, à savoir, le principe de pleine concurrence.

Il fait également des propositions dont la Côte d'Ivoire et partant, tous les pays africains, pourraient s'inspirer qui portent notamment sur :

- la nécessité de traiter la question par une combinaison des aspects juridiques et économiques ;

- le renoncement à l'approche conflictuelle qui domine les relations entre les entreprises multinationales et les administrations fiscales, pour une approche contractuelle matérialisée par les accords préalables en matière de prix transfert (APP) ;

- la spécialisation en la matière, des agents de l'Etat chargés de la réforme fiscale et du contrôle des multinationales.

Cet ouvrage par lequel l'auteur met à la disposition des décideurs et des chercheurs, des informations et propositions pertinentes, est en somme, d'une grande utilité.

Abdourahmane CISSÉ,
Ministre auprès du Premier Ministre,
chargé du Budget et du Portefeuille
de l'Etat République de Côte d'Ivoire

BIBLIOGRAPHIE THÉMATIQUE[1080]

FISCALITÉ INTERNATIONALE

Ouvrages Généraux

CASTAGNEDE B., *Précis de fiscalité internationale*, PUF, Paris, 2002.

CHRETIEN M., *Contribution à l'étude du droit international fiscal actuel : le rôle des organisations internationales dans le règlement des questions d'impôts entre les divers Etats*, Recueil des cours, volume 8, 1954 - II.

DOUVIER P.-J., *Droit fiscal dans les relations internationales,* Pédone, collection « Etudes internationales, n°8, 1996.

DOUVIER P.-J, Fiscalité *internationale. Vingt études de dossiers*, Litec, collection « Fiscal », 1996.

DUCCINI R., *Approche fiscale des contrats internationaux*, Litec 1995.

DUCCINI R., *Fiscalité des contrats internationaux*, Litec, 1991.

ESMEL S., *les mesures fiscales d'incitation à l'investissement dans la stratégie de développement et les relations internationales des Etats africains, à travers les exemples de la Côte d'ivoire et de la Tunisie*, Thèse 1999, Paris 12.

ESSOUSSI A., *Fiscalité et investissements (Analyse et commentaire du code d'incitation aux investissements*), Publications de l'imprimerie officielle de la République de la Tunisie, 2001.

GEST G. et TIXIER G., *Droit fiscal international,* PUF, collection « Droit fondamental », 1993.

GOUTHIERE B., *Les impôts dans les affaires internationales*, Francis Lefebvre, 1998.

LAMORLETTE T. et RASSAT P., *Stratégie fiscale internationale*, Maxima, 1993.

LE GALL J.-P., *Fiscalité et exportations : Politiques et pratiques*, Litec/Feduci, 1984.

MARTINEZ J. –Cl., *Les conventions de double imposition*, Litec 1996.

MARTINEZ J. –Cl. et DI MALTA P., *Droit fiscal contemporain*, Tome 2, Les impôts, le droit français, le droit comparé, Litec, 1989.

[1080] Les références sont classées, pour chaque thème, par ordre alphabétique.

MINNE P. et DOUENIAS S., *Planification fiscale internationale des sociétés belges*, Bibliothèque fiscale de la Solvay, Ed. Larcier, 2004

NGUYEN Ph. –D., *La fiscalité internationale des entreprises*, Masson collection « Le nouvel ordre économique », 1985.

PICAULT P., *Fiscalité française des investissements à l'étranger,* Dunod, 1986.

PLAGNET B., *Droit fiscal international*, Litec, 1986.

TIXIER G. et GEST G., Droit fiscal international, PUF, 1990.

TIXIER G., *Droit fiscal international*, PUF, 1995.

Fiscalité

Ouvrages Généraux

BIENVENU J.-J. et LAMBERT T., *Droit fiscal*, PUF.

CASIMIR J.-P., *Le Code annoté des procédures fiscales. Contrôle fiscal, contentieux de l'impôt,* La Villeguérin, 5è édition, 1996.

COZIAN M., *Les grands principes de la fiscalité des entreprises*, Litec, 4è édition, 1999.

COZIAN M., *Précis de fiscalité des entreprises*, Litec, 31è édition, 2007/2008

DEBOISSY Fl., *La simulation en droit fiscal*, LGDJ, 1997.

DOUET F., *Précis de droit fiscal de la famille*, Litec, Paris, 2008.

DOUET F., *Contribution à l'étude de la sécurité juridique en droit fiscal interne français*, LGDJ, 1997.

GROSCLAUSDE J., *La doctrine fiscale en France*, Litec, 2003.

GROSCLAUDE J et MARCHESSOU P., *Droit fiscal général*, Dalloz 2è édition, 1999.

LAMBERT T., *Le contrôle fiscal*, Droit et pratique, PUF, 2è édition, 1998.

MERCIER J.-Y. et PLAGNET B., *Les impôts en France. Traité pratique de fiscalité des affaires*, Francis Lefebvre, 28è édition, 1996.

RIPERT G. et ROBLOT R., *Droit commercial*, Tome 3, *Droit fiscal des affaires*, par SERLOOTEN P., LGDJ, 5è édition, 1997.

SCHOLES M. et WOLFSON, M.-A, *Fiscalité et stratégie d'entreprise*, PUF, collection « Finance », 1996.

SERLOOTEN P., *Droit fiscal des affaires,* Dalloz, collection « Précis », 2008/2009.

TROTABAS L., *Essai sur le droit fiscal*, RSLF, 1928.

Thèses

HOEGAH T., *Le renflouement des filiales en difficulté*, Thèse, Dijon, 1986.

Articles

CHADEFAUX M. et ROSSIGNOL J-L., « L'optimisation fiscale de l'entreprise : fondements et limites », *Lamy optimisation fiscale de l'entreprise*, Sept 2005, n° 7, p. 201-7.

COZIAN M, « Le régime fiscal des sociétés de personne », *Rev. Sociétés,* 1980, p. 217

PLAGNET B., « Les relations financières entre « sociétés sœurs » : l'intérêt du groupe existe-t-il en droit fiscal ? », *Bull. de l'A.N.S.A.,* janv-fév. 1997, p.3.

GENYF., « Le particularisme du droit fiscal », *RTD civ.* 1931, p. 797.

MONSELLATO G., « Evitons la guerre fiscale », in *La rédaction web des Echos*, 6 décembre 2004, p. 1.

EVASION ET LA FRAUDE FISCALES

Thèse

CUTAJAR-RIVIERE F., *La société écran. Essai sur la notion et son régime juridique*, LGDJ, 1998.

DEBOISSY F., *La simulation en droit fiscal*, LGDJ, collection « Bibliothèque de droit privé », Tome 276, 1997.

THOMAS J.-N., *Le contrôle fiscal des opérations internationales*, L'Harmattan, collection « Finances Publiques », 2004.

VAN HASSEL F., *L'utilisation des sociétés étrangères à des fins d'évasion et de fraude fiscale*, Thèse Droit, Université Paris II, 1996.

Ouvrages

AGOSTINI A., *Les options fiscales*, LGDJ, Paris, 1983,

AFSCHRIFT B T., *L'évitement licite de l'impôt et la réalité économique*, Lancier, Bruxelles, 1994.

AUCHAMPS A., *Guide mondial des paradis*, Grasset/Fasquelle, 2è édition, 1992.

CHAHID NOURAI N. et FOUQUET O., et alii, *Optimisation fiscale et abus de droit,* EFE/Litec, collection « Référence Première », 1990.

FRANCIS LEFEBVRE (Editions), Dossiers pratiques Francis Lefebvre, *Opérations internationales, Pays et zones à fiscalité privilégiée*, Francis Lefebvre, 1994.

MARTINEZ J.-C., *La fraude fiscale*, PUF, 1984.

Rapports

BRARD J.-P., (Rapporteur), *« La lutte contre la fraude et l'évasion fiscales : Retrouver l'égalité devant l'impôt »,* Rapport d'information n° 1802, *Les documents d'information de l'Assemblée Nationale*, 8 septembre 1999.

INTERNATIONAL FISCAL ASSOCIATION (IFA), « Evasion fiscale/Fraude fiscale », *Cahiers de droit fiscal international/Kluewer, Volume LXVIIIa,* Congrès de Venise, 1983.

Articles

COZIAN M. « Fraude fiscale, évasion fiscale, optimisation fiscale », *Droit et patrimoine*, 1995, n°24, p. 3 et s.

COZIAN M., « Variations fiscales sur un prix de vente (ou l'art de contester le prix déclaré) », *JCP*, N, 1995, n° 3259, p. 399.

LAMBERT T., « Marché intérieur et évasion fiscale », Actes du Colloque consacré à la territorialité fiscale dans l'Union Européenne, organisé conjointement par le CERAP (Centre d'Etudes et de Recherches Administratives et Politiques) de l'Université Paris 13 et les Editions Législatives, tenu le 27 nov. 2001 à Paris, *Les Petites Affiches*, 2002, n°97, p. 34 et s.

PRIX

BAJ Cl., « Problème du droit français : prix ou valeur ? », *Petites Affiches*, n° 143, 1995, p. 17.

CALVO J., « Indétermination du prix dans les contrats : d'une indétermination à l'autre », *Petites Affiches*, 17 janv. 1996, n° 8, p. 20.

CHAIGNEAU V.-L., *Le problème moral des prix*, LGDJ, 1943.

COIRET N., *L'indétermination du prix dans les contrats*, Thèse Bordeaux I, 1989.

CORBISIER I., « La détermination du prix dans les contrats commerciaux portant vente de marchandises. Réflexions comparatives », *Rev. Inter. Dr. Comparé*, 4. 1988.

FRISON- ROCHE M. A., « L'indétermination du prix », *RTD com.*, 1992, spéc. n°9, p. 275.

ORSINI L., *Le juste prix dans la vente d'un immeuble*, Thèse Aix- Marseille III, 1994, p. 150.

LARRIBAU-TERNEYRE V., « L'exigence d'une notion de prix », in Colloque de Pau du 7 mars 1997, Exigences en matière de prix, *Cahiers Dr. Entr.*, n° 5/1997, spéc. p. 25.

MRABTI A., Contribution *à l'étude critique de la notion de lésion*, Thèse Paris II, 1986.

TIOYE M., *Recherches sur la conception du prix,* PUAM, 2004.

PRIX DE TRANSFERT

Ouvrages

DOUVIER P.-J., GIBERT B., GELIN S.et LE BOULANGER A., *Prix de transfert*, Francis Lefebvre, 2008.

GHARBI N., *Le contrôle des prix de transfert,* L'Harmattan, 2005, n° 11, p. 21.

MARICHAL O.et SCHMITT T., *Sécurisez vos prix de transfert*, EFE, 2004.

PLASSCHAERT S. R. –F., *Les prix de transfert et les entreprises multinationales. Une vue globale*, PUF/CEEIM, 1979.

RASSAT P. et MONSELLATO G., *Les prix de transfert*, maxima, 1998.

VERLAGE H.-C., Transfer prices for multinational enterprises, Rotterdam University Press, 1975.

THILMANY J., *Les transferts de bénéfices*, Belgique, CED/Samson, 1994.

Thèses

BILON, J.-L., *Transferts indirects de bénéfices à l'étranger (régime fiscal), Librairies techniques*, collection « Bibliothèque de droit de l'entreprise », 1981.

BUGUET A. I, *Détermination et implication des prix de cession interne*, Mémoire DEA, Bordeaux 2, 2002 ;

CARLI P., *Prix de transfert et évasion de capitaux : aspects douaniers et cambiaires de la surfacturation des marchandises importées*, Thèse Droit, Université Paris XII, 1989.

DIAW K.-M., *Réglementations et entreprises multinationales : allocations des coûts, taxes et prix de transfert*, Thèse de Sciences Economiques, Université de Toulouse I, 2001.

GHARBI N., *Le contrôle fiscal des prix de transfert : analyse rétrospective et étude prospective,* Thèse Paris 13, 2004.

HAMONIC-GAUX A.-G, *Le régime fiscal des prix de transfert pratiqués entre les sociétés et américaines (le cas des droits de propriété)*, 1999, Université Paris II,

IVANTCHEVA-FLAMANT J., *Le contrôle des opérations internationales par l'administration fiscale. Les prix de transfert*, Thèse Droit, Université Paris II, 2002.

JANS P., Les *transferts indirects de bénéfices entre sociétés interdépendantes*, Bruxelles, 1975.

KALATI G. N., *Système de prix de cession interne et choix stratégiques,* Mémoire DEA, Bordeaux 1, 1986.

LOUREIRO S., La facturation des prix de cession interne, Mémoire DESS, Montpellier 2, 2000.

MARICHAL O., *Prix, dépendance et transfert de bénéfices en droit fiscal américain et français,* Strasbourg III, 2002.

MBIANGA J.-G., *Contribution à l'étude des déterminants des politiques de prix de cession interne,* Thèse Doctorat, Grenoble, 1998.
MUNDET E., *Le régime fiscal des transferts indirects de bénéfices à l'étranger,* Thèse Droit Montpellier I, 2000.
WAVELET P., *Les prix de cession interne*, Thèse compl., Caen, 1972.
WILHELM T. J.-M., *Le droit français des prix de transfert à l'aune des phénomènes de la mondialisation et de construction communautaire*, Thèse Strasbourg, 2007.

Rapports

HSD ERNST & YOUNG, *Etude mondiale sur les prix de transfert*, 1997.
OCDE, *Prix de transfert et entreprises multinationales*, Rapport du Comité des affaires fiscales de l'OCDE, OCDE 1979.
OCDE, *Prix de transfert et entreprises multinationales, Trois études fiscales*, OCDE, 1984.
OCDE, *L'évasion et la fraude fiscales internationales. Quatre études*, OCDE 1987.
OCDE, *Principes applicables en matière de prix de transfert à l'intention des entreprises multinationales et des administrations fiscales*, OCDE 2001.

Articles

BREWER K, « The ownership or control threshold: more questions than answer », in *Journal of Global Transfer pricing*, vol. 2, n°1, févr.–mars 2000.
BORSTELL T. et ROUX G., « Prix de transfert : les spécificités allemandes », *Option finance,* 1996, N°429, p. 30.
BREZILLON D. et MONSELLATO G., « Prix de transfert : comment se préparer à un contrôle fiscal », *Option finance*, 1999, n°538, p. 27 et s.
DELORME L. et CHARLES-PEONNE D., « OCDE met à jour et compile ses publications en matière de prix de transfert », *Option finance*, 1995, n°341, p. 27
DEMBINSKI P. H., « Enjeux éthiques des prix de transfert », in *Rapport moral sur l'argent dans le monde*, 2005, p. 227.
DESJARDINS C., « Les contrôles se multiplient sur les prix de transfert », *Option finance*, 1998, n°497, p. 24.
DEYSINE de BOURQUENEY M.-A., PIUNARD-TILLIER M.-H. et DELORME L., « Management fees et prix de transfert : mieux vaut prévenir que guérir (1ère partie) », *Option finance*, 1998, n°481, p. 28 et s.

DHONNEUR R. et C. MAUCOUR, « Quelles garanties pour le contribuable lors d'un contrôle sur les prix de transfert », *Option Finance*, n° 668, 10 décembre 2001, p. 26.

DOUVIER P.-J. « Prix de transfert et reengineering de services », *Option finance*, 1995, n° 363, p. 30.

DOUVIER P.-J. et LE STANG F., « Les enjeux des prix de transfert », *MOCI*, 1996, p. 65.

DOUVIER P.-J., « Une nouvelle bataille économique : les prix de transfert (les principes directeurs de juillet 1995) », *BF*, 12/95, p. 675.

DOUVIER P.-J et GILBERT B., « Prix de transfert : comment préparer son contrôle fiscal ? (1ère partie) », *Option Finance*, n° 758, 2003, p. 29

DUBARRY J., « Prix de transfert – Récents développements en matière fiscale », *DPCI*, Tome 11, 1985, n°4, p. 595 et s.

GAUVENT S., « Le casse tête des prix de transfert », *L'Entreprise*, 1998/9, p. 88 et s.

GELIN S. et LE BOULANGER A., « Prix de transfert : du principe de pleine concurrence à l'analyse de la valeur dans l'entreprise », *DF*, 2001, n° 46, p. 1673 et s.

GODE H., « Prix de transfert : l'étau se resserre sur les partenaires franco-anglais », *Les Echos*, Mardi 21 janvier 1997, p. 49.

GOUTHIERE B., Prix de transfert, les entreprises françaises face à l'administration fiscale américaine, *BF* 7/92, n°1, p. 455.

KERGOS Y. et BRULE G., « Prix de transfert : une fonction dans l'entreprise », *Décideurs juridiques et financiers*, 2000, n° 15, p. 54 et s.

LACOUR Ph., « Les prix de transfert préoccupent les sociétés multinationales », *La tribune*, 2 septembre 1997, p. XXVIII.

LAZARUS Cl., « Le régime fiscal des prix de transfert », in *L'entreprise multinationale face au droit* (dir - B. GOLDMAN et Ph. FRANCESKAKIS), Litec, 1977, p. 258.

LE GALL et J.-P., « La règle de l'arm's length serait-elle incomptible avec le traité de Rome ? », *Droit et Pratique du Commerce International*, 1982, Tome 8, n°1, p. 65 et s.

LE GALL J.-P., « Quelques réflexions sur « l'arm's length principle » d' après le 46è Congrès de l'International Fiscal Association (Cancun – Octobre 1992) », DF 1992, n° 50, p. 1941 et s.

LE SOLLEN G., « Les entreprises et la fiscalité des prix de transfert », *La Tribune* 9 janvier 1997, p. XXVIII.

LONG J.-M., « Le contrôle fiscal des opérations internationales », *Cahiers juridiques et fiscaux de l'exportation*, 1998, n° 5, p. 1071 et s.

LUQUET P. et GONNET S., « Comment se protéger des redressements fiscaux sur les prix de transfert ?», *Option Finance*, 2004, n°782, p. 42 et s.

MARTIN M., « Les prix de transfert sous haute surveillance », in *L'Economiste*, du jeudi 10 décembre 2005.

MONSELLATO G., « Comment déterminer ses prix de transfert pour les biens corporels et les services ? », *Option Finance*, n°564, p. 32.
MONSELLATO G., « La gestion fiscale des prix de transfert, » in *L'expert-comptable suisse,* 2006, n° 4, p. 274.
PERIGNON B., « Prix de Transfert : le Japon contre-attaque », *MTF,* 1995, n° 67, p. 39 et s.
PLASSHAERT S. R.-F., « Moyens d'améliorer la coopération internationale, européenne et plus large contre la fraude et l'évasion fiscales, en particulier les pratiques de prix de transfert au sein des sociétés multinationales », *Actes Colloque sur l'évasion et la fraude fiscales internationales, Conseil de l'Europe,* Strasbourg 5-7 mars 1980, AS/Ec/TAX(31) 9, p. 1 et s.
SIBILLE P., « L'imposition belge des transferts dans les relations d'affaires internationales », *Intertax*, 1973/6, p. 149 et s.
SIMONIN D., « Importance du droit comparé dans la mise en place d'une politique de prix de transfert », *Revue Internationale de Droit Economique*, 1995, n°2, p. 435 et s.
SMART E. et CHARLES-PERONNE D., « Les prix de transfert dans le secteur bancaire (1ère partie) ou comment convaincre les banquiers que la notion de « juste prix » n'est pas seulement un jeu télévisé… », *Option finance*, 1995, n° 341, p. 30 et s.
TALY M. et SCHIELE P., « Les dispositions françaises tendant au contrôle des prix de transfert (CGI, art.57 et LPF, art. L. 13B) sont-elles euro-compatibles ? », *DF*, 2003, n° 29, p. 960.
TARIKA R., « Prix de transfert et accords de répartition des coûts », *Les Echos,* mari 2 décembre 1997, p. 65.
UETTWILLER J-J., « Comment déterminer les prix de cession intragroupe (les règles de détermination des prix de transfert des biens et produits dans les relations internationales) », *Rev. Soc.,* 1995, p. 465
VAYSSE P. et CHARLES-PERONNE D., « Les prix de transfert dans le secteur bancaire (2è partie) comment convaincre les banquiers que la notion de « juste prix » n'est pas seulement un jeu télévisé… », *Option finance,* 1995, n° 346, p. 34 et s.
VIDAL F., « Quand le Fisc américain sévit », *Option Finance,* 1995, n° 361, p. 19 et s.
VIDAL F., « Vers un armistice sur les prix de transfert », *Option Finance,* 1995, n°368, p. 10.

LE PRINCIPE DE LA TERRITORIALITÉ DE L'IMPÔT

Thèse

MELOT N., *Territorialité et mondialité de l'impôt*, Dalloz, Nouvelle Bibliothèque de Thèse, 2004.

Articles

BACONNIER R., « Territorialité et mondialité », *Les Petites Affiches*, 1990, n° 90, p. 19 et s.

BUISSON J., « L'évasion de la souveraineté fiscale dans les Etats membres de la Communauté : l'exemple de la France », *Dalloz*, 1999, n° 13, p. 129 et s.

CASTAGNEDE B., « Evolution et cohérence des règles de territorialité de l'impôt », *RFFP*, 1999, n°68, p. 277.

DOUVIER P.-J., « Résidence de l'entreprise : l'établissement stable et la résidence des sociétés dans l'Union Européenne », *Actes du Colloque consacré à la territorialité fiscale dans l'Union Européenne, organisé conjointement par le* CERAP (Centre d'Etudes et de Recherches Administratives et Politiques) de l'Université Paris 13 et s.

INTERNATIONAL FISCAL ASSOCIATION (IFA), « Territorialité de l'impôt : la fin de l'exception française ? », *FR*, 56-92, p. 13 et s.

LEMAIRE D., « Relation intragroupe et territorialité. Le point de vue de l'administration », in CHAHID-NOURAI N. et FOUQUET O., (dir -) Fiscalité internationale, *Edition Fiscalité*, Tome 2, 1989, p. 79 s.

MARTIN-LAPRADE B., « Relations intragroupe et territorialité », in CHAHID NOURAI N. et FOUQUET O., (dir. -), Fiscalité internationalité, *Edition Fiscalité,* Tome 2, 1989, p. 68.

PICARD J.-F., la détermination du bénéfice imposable en France, in *RJF* 11/84, p. 655.

Groupe de sociétés

Ouvrages

AMIEL-COSME L., *Les réseaux de distribution,* LGDJ, 1995.

CHAMPAUD Cl., *Le pouvoir de concentration de la société par actions,* Sirey 1962.

LANGEFIELD-WIRTH K., *Les joint venture internationales*, GLN Joly éditions, 1992.

L. AMIEL-COSME, *Les réseaux de distribution,* LGDJ, 1995.

LAZARUS Cl., LEBEN Ch., LYON-CAEN A. et VERDIER B., *L'entreprise multinationale face au droit*, Librairies Techniques, 1977.

NURIT-PONTIER L., *Les groupes de sociétés*, Ed. Ellipses, collection Le droit en question, 1998.

OHL O., *Les prêts et avances entre sociétés d'un même groupe,* Librairies techniques, 1980.

SMITH G. V. et PARR R. I., *Intellectual property. Licensing, an Joint Venture Strategies*, 2nd Ed. John Wiley & Sons Inc. New York 1998.

Thèses

BOUARD (DE) F., *La dépendance économique née d'un contrat d'intégration en droit des obligations*, Thèse Paris-Sorbonne, 2003

BLIN-FRANCHOMME, *Essai sur la notion de groupe en droit des affaires*, Thèse Toulouse 1998.

BRILL J.-P., *La filiale commune*, Thèse dactyl. Strasbourg, 1975.

ISSAOUI F., *Les groupes de sociétés en droit marocain,* Thèse, Perpignan, 2004.

JEANTIN M., *La filiale commune*, Thèse dactyl. Tour, 1975.

MIRAILLET J., *La filiale commune*, Thèse dactyl. Paris II, 1973.

PACHE G. et PARAPONARIS Cl., *L'entreprise en réseau*, PUF, 1993.

PIRONON V., *Joint venture, une contribution juridique à un instrument de coopération internationale*, Thèse Paris II, 2001, n°342, p. 200.

Articles

CALVO J., « La pratique internationale des joint venture », *Petites Affiches*, 16 mars 199O, p. 17.

DELMAS-MARTY M.et TIEDMANN K., « La criminalité, le droit pénal et l'entreprise multinationale », *JCP* 1979, I, n° 2935.

MODI KOKO BEBEY H.-D., « Le contrôle de la gestion des filiales par le société-mère dans le droit uniforme sur les sociétés commerciales en Afrique », in *Mélanges à l'honneur de Yves Guyon*, Dalloz, 2003.

OUTIN-ADAM O. et SIMON J., « Pour une société européenne », *Bull. Joly*, 1999-3, p. 337 § 65, spéc. p. 339, n°13.

PREVOST J-V., FERAUD M. et de DAMPIERRE H., « La joint venture, une alternative aux fusion- acquisitions », *Option Finance*, n°684.

PARIENTE M., Les groupes de sociétés et la loi de 1966, *Revue des sociétés*, 1996, p. 466.

INTÉRÊT SOCIAL ET INTÉRÊT DE GROUPE

BOULOC B., « Droit pénal et groupes d'entreprises », *Revue des sociétés*, 1988, p. 181 et s.

CHAMPAUD Cl., *Le pouvoir de concentration dans la société par actions*, Sirey, 1962.

COURET A., « L'intérêt social », *JCP,* Cahiers de droit de l'entreprise, 1996, n° 40, supplément n°4, p.1 et s.

FIELD B. et NEUVILLE C., (Propos recueillis par), « La position des acteurs de la vie économique sur l'intérêt social », *Droit et patrimoine,* 1997, p. 48 et s.

FONTBRESSIN de P., « La volonté individuelle à l'épreuve du droit des groupes », *Revue de jurisprudence commerciale*, 1988, p. 285 et s.

JEANTIN M., « Intérêt de groupe et intérêt de l'Entreprise », *&* janv. 1994, p. 14.
PLAGNET B., « Les relations fiscales entre « sociétés sœurs » : l'intérêt du groupe existe-t-il en droit fiscal ? », Bulletin de l'ANSA, janv. – févr. 1997, p. 3.
TARDIEU-NAUDET D., *Les créanciers du groupe de sociétés*, Thèse Droit, Université d'Aix, 1973.

Les abandons de créances

Ouvrage

BUR C., *L'acte anormal de gestion ou le premier risque fiscal pour l'entreprise*, EFE, 1999.

Thèses

CHABANNES J. –Y, *La liberté contractuelle et le droit fiscal*, Thèse Droit, Université Toulouse I, 1999.
DOM J.-P., *Les montages en droit des sociétés (aspects de droit interne)*, Thèse Droit, Université de Bordeaux I, 1994.

Articles

COZIAN M., « Le principe de non-immixtion dans la gestion des entreprises et la théorie de l'acte anormale de gestion », *DF*, 1980, n°24, p. 725 et s.
COZIAN M., « Les avances sans intérêts », *DF*, 1982, n° 45, p. 1302.
COZIAN M., « Les transactions intragroupe : le principe de transaction à prix normal », *BF* 03/96, p. 110.
LEBOWITZ B. E., Transfer pricing and the end of international taxation, in *Tax Notes International*, 1999, vol. 19, n° 3, p. 1201.
PLAGNET B., « La non-immixtion de l'administration dans la gestion des entreprises », *BF* 11/99, p. 687 et s.
PUPIER A., « Transfert indirect de bénéfices. Article 57 du CGI et notion d'acte anormal de gestion », *Revue de la recherche juridique/Droit prospectif*, 1996, n° 1, p. 129 et s.
TUROT J., « Avantages consentis entre sociétés d'un groupe multinational », *RJF* 5/89, p. 263 et s.
TUROT J., « L'entrepreneur, le risque et le fisc », *RJF* 11/90, p. 735, et s.
TUROT J., « L'attitude du Conseil d'Etat en matière de remontée de pertes étrangères », *Les Petites Affiches*, 1990, n° 90, p. 21 et s.
TUROT J., « Fiscalité des groupes non intégrés. Du rififi dans la jurisprudence sur les abandons de créances », *RJF* 1/92, p. 3 et s

WAAL de A., « Réflexion sur la théorie des abandons de créances », *DF* 1996, n°43, p. 1320.
WAAL de A., « Le régime fiscal des aides consentis par une société française à sa filiale ou succursale étrangère », *Revue de droit des affaires internationales*, 1997, n° 4, p. 524 et s.

Conclusions des commissaires du gouvernement

CE, 30 mars 1987, Plén., n° 52 754, « SA Labo-industrie », RJF 5/87, n° 489, concl. Martin-Laprade, p. 262 et s.
CE, 11 févr. 1994, n° 119726, « SA Les Editions J.-C. Lattès », DF 1994, n° 21-22, comm. 1046, concl. Bachelier.

L'IMPOSITION DU GROUPE MULTINATIONAL

Thèses

CHARLOT N., *La fiscalité des groupes de sociétés*, Thèse Droit, Université d'Aix III, 1995.
STOYANOV-DUBELLOY H., *L'imposition des résultats réalisés par les groupes de sociétés dans l'Union Européenne,* Thèse Droit, Université Paris II.

Articles

BLANCHER R., « Bénéfice mondial et bénéfice consolidé », *JCP* éd. Commerce international, 1968, p. 1353.
CLARK S. et KAM de F., « Profil de la fiscalité de la zone OCDE » *L'Observateur* (de l'OCDE), 1998, n°214, p. 28.
DOUVIER P.-J., « L'internationalisation des affaires et la répartition de l'assiette imposable : notion d'établissement stable », *BF* 12/93, p. 745.
DOUVIER J.-P., « La globalisation des économies : politique des prix de transfert et problème de l'établissement stable », *Droit et Pratique du Commerce International*, 1994, Tome 20, n° 2, p. 346.
VILLEMOT D., Les conséquences fiscales de l'adoption des normes comptables internationales », *DF* 2003, n° 50, p. 1581.

Les méthodes OCDE de détermination du principe de pleine concurrence

Rapports, actes de colloques, travaux collectifs, recueils

INTERNATIONAL FISCAL ASSOCIATION (IFA), « Transfer pricing in the absence of comparable market prices », *Cahiers de droit fiscal international*/Kluewer, Volume LXXVIIa, Cancùn Congress, 1992.

LE GALL J.-P., « Le regard de l'universitaire sur l'optimisation fiscale », in *Lamy optimisation fiscale de l'entreprise*, Mai 2002, n°109-3, p. 109-1.

OCDE, *Principes applicables en matière de prix de transfert à l'intention des entreprises multinationales et des administrations fiscales, Projet pour examen*, OCDE, 1993.

OCDE, *Les principes directeurs de l'OCDE à l'intention des entreprises multinationales*, OCDE, 1994.

OCDE, *Principes applicables en matière de prix de transfert à l'intention des entreprises multinationales et des administrations fiscales*, OCDE 1995, Classeur – Mise à jour en 2001.

Articles

BONNIER C. et SIMON C., « Comment fixer les prix de cession interne de capitaux ? », *Banque*, 1994, n° 553, p. 63.

DOUVIER P.-J., « Une nouvelle bataille économique les prix de transfert (les principes directeurs de l'OCDE) », *BF* 12/95, p. 666.

DOUVIER P.-J., « Comment déterminer les prix de transfert ? », *MOCI*, 1996, n° 12, p. 70.

DOUVIER P.-J., « La fixation des prix de transfert en matière de biens incorporels et de services intragroupe (fonction et documentation) », *BF* 12/96, p. 654.

DOUVIER P.-J., « Prix de transfert et commerce électronique : profit-split, une méthode d'avenir ? », *Bulletin européen/international Francis Lefebvre*, 22000, n0 6, p. 2.

ESCAUT P., « Les méthodes de détermination des prix de transfert : critères de choix et modalités d'application », *DF* 2004, n° 3, p. 162.

HAMAERKERS H., "Arm's length, how long ?", in *ITPJ*, mars/avr. 2001, p. 30.

ISRAEL H. et MAZEROLLE F., « Faut-il renoncer au principe de pleine concurrence ? », *DF*, 2001, n° 13, p. 553.

MONSELLATO G., « Comment déterminer ses prix de transfert pour les biens corporels et les services ? », *Option Finance*, 1999, n° 564, p. 31.

MONSELLATO G., « Comment déterminer ses prix de transfert pour les biens incorporels ?», *Option Finance*, 2000, n° 588, p. 31.

MONSELLATO G., TRUCHI J.-L. et PELLEFIGUE J., « Comparables dépendantes et indépendants : la tentation de l'administration fiscale française », *DF* 2004, n° 15, p. 716.

UETTWILLER J.-J., « Comment déterminer les prix de transfert de cession intragroupe (les règles de détermination des prix de transfert des biens et-produits dans les transactions internationales) », *Revue des sociétés*, juill.-sept. 1995, p. 459.

L'ACCORD PRÉALABLE EN MATIÈRE DE PRIX DE TRANSFERT

Articles

DONSIMONI P., « Prix de transfert. L'IRS américain rend publique ses APA : quels enseignements sont à en retirer aux USA et en France ? », *JCP* éd. Entreprise et Affaires, 1999, n° 20, p. 850.

GLAIZE A., « Question d'actualité. Prix de transfert. Procédure d'accord préalable » (entretien avec M. Glaise, Chef de bureau des affaires internationales à la DGI), *Feuillet rapide Francis Lefebvre*, Août-Déc. 1999, FR 61-99, p. 11.

L'ESTOILE-CAMPI de A. et alii, 3Accords préalables sur les prix de transfert. La France doit encore faire ses preuves », *BF* 2/00, p. 86.

MICHEL K., MARICHAL O. et LUQUET P., « Pourquoi et comment améliorer la procédure française d'accord préalable sur les prix de transfert ? » *Décideurs juridiques et financiers*, 2003, n° 50, p. 30.

SILBERZTEIN C., « Prix de transfert : négocier un accord préalable avec les administrations », *Option Finance 1999*, n° 563, p. 45.

SILBERZTEIN C. et PRIOL J.-M., « Contrôle des prix de transfert. Un dispositif critiquable ? », *DF* 1998, n° 42, p. 1285.

SILBERZTEIN C. et SCHMITT V., « Le dispositif français d'accord préalable en matière de prix de transfert : une petite révolution fiscale », *DF* 2000, n° 5, p. 253.

WRAPPE S., « APA : the IRS rediscovers ADR », *Taxes Notes International*, 1994/96, p. 1581.

DÉVELOPPEMENT – COMMERCE – AFRIQUE

ASSIDON E., *Le commerce captif. Les sociétés commerciales de l'Afrique noire*, L'Harmattan, Paris, 1989.

AZAM J.-P.et MORISSON C., *La faisabilité politique de l'ajustement en côte d'ivoire et au Maroc ?*, OCDE, Paris 1994.

BEGUIN J.-P, *Les entreprises conjointes internationales dans les PVD*, Ed. Institut Universitaire de Hautes Etudes Internationales, Genève, p. 206.

BERTHELEMY J.-Cl., *Quel avenir pour l'économie africaine ?*, OCDE, Paris, 1995.
CHAMBAS G., *Afrique au Sud du Sahara : mobiliser des ressources fiscales pour le développement*, Economica, 2005.
JEFFRIES R., « Moins d'Etat et plus de marché. Sur une analyse des politiques agricoles en Afrique ? », *Politique Africaine*, 1984, n° 14, p. 6.
KERLAN P., « L'interrelation du système fiscal français et des pays en développement », *ONU, New York*, 1971, ST/ECA/149.
LOSCH B., « Les agro-exportateurs face à la dévaluation », *Politique Africaine*, 1994, n° 54, p. 88.
ROIRE C., « Les grandes commerciales et le marché africain », *Revue française d'études politiques africaines*, 1971, n° 64.
SAWADOGO F. M., *Le régime juridique des sociétés d'économie mixte en Haute Volta*, Thèse Paris 1, 1981.

Côte d'Ivoire

BNETD, *les prélèvements dans la filière café cacao : état des lieux (Rapport provisoire)*, octobre 2003.
CONTAMIN B. et FAURE Y.A., *La bataille des entreprises publiques en côte d'ivoire*, Karthala-ORSTOM, Paris, 1990.
Direction Générale de l'Economie (dir-), *La Côte d'ivoire en chiffres, Ministère de l'Economie et des Finances de RCI*, Dialogue Production, Abidjan, 2007.
GBEDE J., Le *cadre juridique de la commercialisation du café et du cacao en Côte d'ivoire*, Thèse Abidjan 2001.
Global WITNESS, *Chocolat chaud : comment le cacao a alimenté le conflit en Côte d'ivoire*, Rapport, juin 2007
LOSCH B., *Le complexe café-cacao en Côte d'ivoire*, Thèse Montpellier, 2001.
MIEU. B, « Cacao : le grand ménage continue » in *Jeune Afrique*, du 21 au 27 septembre 2008, n° 2489, p. 44.
N'GUESSAN E., *Gestion des filières café et cacao en Côte d'ivoire*, Ed. Muse 2004 - 2007

Autres

ANOUKAHA F., CISSE A., N. DIOUF et *alii, OHADA Sociétés commerciales et GIE*, Juriscope, 2002.
BENARD C.-M., *Les limites de la personnalité morale en droit privé*, Thèse Toulouse 2003.

BERMOND de VAULX (J.M.), « Les comptes courants d'associés », *Rev soc* 1971.
BOULIN B., *Le siège social*, Thèse Paris II, 1985
BOUCHARD C., *La personnalité morale démythifiée*, LGDJ 1997.
CARBONNIER J., *Flexible droit*, LGDJ, 8è éd., 2001.
CATALA, *Mélanges en l'honneur*, Litec, 2001, p. 859
CHARTIER Y., *Droit des affaires 2, Sociétés commerciales*, PUF, 1988,
COHEN A. et BOULANGER P., *Trésor des paradoxes*, Paris, Belin, 2007.
COLLART DUTILLEUL. Fr. et Ph. DELEBECQUE, *Les contrats civils et commerciaux*, Précis Dalloz 6è éd., 2002.
COLLINS M. et DOORLEY T. L, *Les alliances stratégiques,* publ. Deloitte & Touche Braxton, Paris InterEditions1992.
COMTE-SPONVILLE A., *Petit traité des grandes vertus*, PUF, Coll. Perspectives critiques 1995
CORNU G., *Vocabulaire juridique*, Quadrige/PUF, mars 2007.
COASE R. H., *The nature of the firm, in « The Firm, the market, and the law »*, Chicago University Press, Chicago, 1988.
COURET A., « Comptes courants d'associés et entreprises en difficulté », *Revue banque* 1981
COZIAN A., VIANDIER A. et DEBOISSY Fl., *Droit des sociétés*, Litec, 2008.
CROZET Y., ABDELMALKI L., DUFOURT D. et SANDRETTO R., *Les Grandes questions de l'économie internationale*, Paris, Nathan, 1997.
CUTAJAR-RIVIERE Ch., *La société écran : essai sur la notion et son régime,* LGDJ 1998
DABIN J., *Le droit subjectif*, Dalloz, 1952, p.89.
DAHL H. S., *Dahl's Law Dictionary*, Dalloz, 1995.
DANET J., *Droit et discipline de production et de commercialisation en agriculture*, Thèse Paris II, 1982.
DAVID R., *Le Droit du commerce international. Réflexions d'un comparatiste sur le droit international privé*, Economica, 1987.
DEL CONT C., *Propriété économique, dépendance et responsabilité,* L'Harmattan, 1997.
DEMOGUE R., *Les notions fondamentales du droit privé*, LNDJ, 1911.
DOCKES P., *L'internationale du capital*, Paris, PUF, 1975.
ECHAUDEMAISON C.-D., *Dictionnaire d'économie et de sciences sociales*, Nathan, 4è éd., 1989.
FARGAT G., *L'ordre public économique*, LGDJ 1963
FARJAT G., *Droit économique*, PUF, Thémis, 2è éd., 1982.
FERRIER D., *Droit de la distribution,* 2è éd., Litec Paris, 2000
GARETTE B. et P. DUSSAUGE, *Les stratégies d'alliance*, Ed. d'organisation, 1995.
GOFFAUX-CALLEBAUT G., *Du contrat en droit des sociétés,* Préf. J.-P. GASTAUD, L'Harmattan, 2008.

GOLDMAN B., « La nationalité des sociétés dans la Communauté européenne », *Travaux du comité français de DIP*, 1966-1969, p. 240 et s.

GOUGET L., *Théorie générale du contrat avec soi-même*, Thèse Caen 1903.-

GUYON Y., « Personnalité morale des sociétés », *Juris-class.soc.*1980, fasc. 27 E-1, n°14.

GUYON Y., « Droits fondamentaux et personnes morales de droit privé », *AJDA*, 20 juillet/20 août 1998, n° spécial, p. 140.

GUYON Y., *Droit des affaires*, T I, 11è éd., Economica, 2001.

HEUZE V., *La vente internationale de marchandises*, LGDJ, 2000.

KAHN P. et KESSEDJIAN C. (Dir -), *L'illicite dans le commerce international*, Litec, Vol. 16, 1996.

KELSEN H., *Théorie générale du droit et de l'Etat*, LGDJ, 1992.

MALINVAUD Ph., *Droit des obligations réciproques*, Litec, 8è éd., 2003.

MARTIN G., « Les contrats d'intégration en agriculture », *Rev. trim. dr. com.*, 1974, 1.

MARTIN M., « L'intérêt des actionnaires se confond-il avec l'intérêt social ? », in Mélanges D. Schmidt, Joly 2005, p. 359.

MAURY J., *Essai sur le rôle de la notion d'équivalence en droit civil français*. Tome 1, La notion d'équivalence en matière contractuelle, Thèse Toulouse, 1920.

MENDOZA A., *Les noms de l'entreprise*, Thèse Toulouse 2001.

MICHALET C.-A., *Le capitalisme mondial*, PUF 1976.

MRABTI A., *Contribution à l'étude critique de la notion de lésion,* Thèse Paris II, 1986

NIBOYET J.-P., « Existe-t-il vraiment une nationalité de sociétés ? », *Revue de droit international privé*, 1927, p. 402 et s.

OVERSTAKE J.-F., *Essai de classification des contrats spéciaux*, LGDJ, 1969.

PAILLUSSEAU J., « Le droit moderne de la personnalité morale », RTD Civ. 1993.

PAILLUSSEAU J., « Les fondements du droit moderne des sociétés », *JCP E.,* 1995, I, 488.

PETEL Ph., *Les obligations du mandataire*, Litec 1988

PHILIPPE M., « Coopération inter-entreprises : le succès continue », *Etudes offertes à B. Mercadal, Ed. Francis. Lefebvre*, 2002, p. 245, spéc., p.246.

PIGASSOU P., « La distribution intégrée », *Rev. Trim. Dr. Com.* 1980, n°8, p.483.

PREVAULT, V° « Contrat d'intégration en agriculture », dans *Encyclopédie Dalloz* de droit civil.

RIPERT G., *Aspects juridiques du capitalisme moderne,* LGDJ, 1951.

SAINTOURENS B., « La flexibilité du droit des sociétés », *RTD Com* 1987

SCHMIDT D., « De l'intérêt social », *JCP,* éd. E, 1995, I, 468.

SOUSI G., « Les conventions conclues entre un mandataire et ses administrateurs », JCP 91, I, 3485.

TEYSSIE B., *Les groupes de contrats*, LGDJ, 1975.

TEYSSIE B., « L'intérêt de l'entreprise, aspect du droit social », D. 2004, p.1680

VANHAECKE M., *Les groupes de sociétés*, LGDJ 1962

VIRASSAMY G., *Les contrats de dépendance, essai sur les activités professionnelles exercées dans une dépendance économique,* LGDJ, 1986.

WILLIAMSON O. E., "The Economic Institutions of Capitalism Firms, Markets, Relational Contracting", *The Free Press,* 1985, New-York.

INDEX

A

B

C

D

E

F

I

J

L

M

O

P

R

S

T

U

TABLE DES MATIÈRES

L'HARMATTAN ITALIA
Via Degli Artisti 15; 10124 Torino
harmattan.italia@gmail.com

L'HARMATTAN HONGRIE
Könyvesbolt ; Kossuth L. u. 14-16
1053 Budapest

L'HARMATTAN KINSHASA
185, avenue Nyangwe
Commune de Lingwala
Kinshasa, R.D. Congo
(00243) 998697603 ou (00243) 999229662

L'HARMATTAN CONGO
67, av. E. P. Lumumba
Bât. – Congo Pharmacie (Bib. Nat.)
BP2874 Brazzaville
harmattan.congo@yahoo.fr

L'HARMATTAN GUINÉE
Almamya Rue KA 028, en face
du restaurant Le Cèdre
OKB agency BP 3470 Conakry
(00224) 657 20 85 08 / 664 28 91 96
harmattanguinee@yahoo.fr

L'HARMATTAN MALI
Rue 73, Porte 536, Niamakoro,
Cité Unicef, Bamako
Tél. 00 (223) 20205724 / +(223) 76378082
poudiougopaul@yahoo.fr
pp.harmattan@gmail.com

L'HARMATTAN CAMEROUN
BP 11486
Face à la SNI, immeuble Don Bosco
Yaoundé
(00237) 99 76 61 66
harmattancam@yahoo.fr

L'HARMATTAN CÔTE D'IVOIRE
Résidence Karl / cité des arts
Abidjan-Cocody 03 BP 1588 Abidjan 03
(00225) 05 77 87 31
etien_nda@yahoo.fr

L'HARMATTAN BURKINA
Penou Achille Some
Ouagadougou
(+226) 70 26 88 27

L'HARMATTAN SÉNÉGAL
10 VDN en face Mermoz, après le pont de Fann
BP 45034 Dakar Fann
33 825 98 58 / 33 860 9858
senharmattan@gmail.com / senlibraire@gmail.com
www.harmattansenegal.com

L'HARMATTAN BÉNIN
ISOR-BENIN
01 BP 359 COTONOU-RP
Quartier Gbèdjromèdé,
Rue Agbélenco, Lot 1247 I
Tél : 00 229 21 32 53 79
christian_dablaka123@yahoo.fr

Achevé d'imprimer par Corlet Numérique - 14110 Condé-sur-Noireau
N° d'Imprimeur : 130068 - Dépôt légal : juin 2016 - *Imprimé en France*